科研项目
汕头大学科研启动经费项目 "英国债法研究：
不当得利法与侵权法（STF18008）"

An Introduction to the Law of Restitution, Revised Edition
by Peter Birks

Copyright © Peter Birks 1985

版权登记号：图字 01-2024-3713 号

返还法述略

An Introduction to the Law of Restitution

［英］彼得·伯克斯（Peter Birks） 著

唐超 译

中国政法大学出版社

2024·北京

图书在版编目（CIP）数据

返还法述略 ／（英）彼得·伯克斯著 ；唐超译.

北京：中国政法大学出版社，2024. 11. -- ISBN 978-7-
5764-1670-1

Ⅰ. D913.04

中国国家版本馆 CIP 数据核字第 20247EH079 号

出　版　者　　中国政法大学出版社

地　　　址　　北京市海淀区西土城路 25 号

邮寄地址　　　北京 100088 信箱 8034 分箱　邮编 100088

网　　　址　　http://www.cuplpress.com（网络实名：中国政法大学出版社）

电　　　话　　010-58908441(编辑室)　58908334(邮购部)

承　　　印　　固安华明印业有限公司

开　　　本　　720mm×960mm　1/16

印　　　张　　28.5

字　　　数　　460 千字

版　　　次　　2024 年 11 月第 1 版

印　　　次　　2024 年 11 月第 1 次印刷

定　　　价　　135.00 元

汕头大学法政文库
总序

　　汕头大学地处中国改革开放前沿阵地、素有"海滨邹鲁"之称的汕头市，法学院（法律系）成立于1983年，是广东省最早开办法学专业、培养高层次法律人才的高等教育机构。法学院秉承"以人为本、因材施教"的理念，顺应当今世界潮流，融合中西法政精华，和谐敬业，传道授业解惑；承先启后，改革发展创新，努力培养具有良好道德品质、优秀专业水准、开阔社会视野，既能服务当代中国，又能参与世界竞争的法政人才。法学院倡导知行合一的学风，以"博学之、审问之、明辨之、笃行之"的古训为座右铭，追求经世致用的教育目标，激励莘莘学子既立"修身、齐家、治国、平天下"之志向，又存"穷则独善其身，达则兼济天下"之气度，以天地之正气育英才，传法政之精神塑新人。我们深知任重而道远，尤信千里之行，始于足下，锲而不舍，金石可镂。多年来，学院为社会各界输送了一大批德才兼备的高素质法律人才。

　　法学院广大师生挺立时代潮头，以追求真知识、大学问为使命，勇于探索，取得了一批反映社会主义市场经济、民主政治和全面推进依法治国发展需要、具有理论和应用价值的学术成果：或注重实践，或精研法理，或解析法条，或钩沉史事，或阐幽发微，或鸿篇巨制；不求阳春白雪、四海皆准，但求言之有物、掷地有声；未必面面俱到、中规中矩，或可发人深思、启迪未来。为及时反映学院师生开展学术研究的情况，并使已有之成果更好地实现学术转化，产生更大影响，遂发凡起例，编辑出版文库。"学术乃天下之公器。"愿本文库能够助益我国国家治理法治化之事业，并得到各界应有之关注与回应。

是为序。

汕头大学法政文库学术委员会

目 录

CONTENTS

引　论 ……………………………………………………………… 1

　第一节　返还法：体系待定 ……………………………………… 1

　第二节　戈夫与琼斯：分而后合 ………………………………… 3

　第三节　五点关键 ………………………………………………… 6

第一章　定义 ……………………………………………………… 9

　第一节　打磨"返还" ……………………………………………… 9

　第二节　返还与不当得利 ……………………………………… 17

　第三节　不得不当得利的原则 ………………………………… 23

　第四节　防止不当得利的三种模式 …………………………… 25

　第五节　小结 …………………………………………………… 26

第二章　辨异 …………………………………………………… 28

　第一节　债法中的返还 ………………………………………… 28

　一、返还与准契约 ……………………………………………… 29

　二、返还、侵权及其他不法行为 ……………………………… 39

　三、返还与契约 ………………………………………………… 44

　四、返还与其他杂项事实 ……………………………………… 48

　第二节　财产法中的返还 ……………………………………… 48

　一、所有权性质的权利与针对特定人的权利 ………………… 49

　二、非返还性质的对物权 ……………………………………… 50

　三、对物权的分类：基于法律事实 …………………………… 52

　四、反复发生的困难 …………………………………………… 70

第三节　相关法律门类下的返还 ………………………………… 74

第三章　法律手段与返还标准 …………………………………… 76

第一节　第一种返还标准下的法律手段 ……………………… 78

第二节　第二种返还标准下的法律手段 ……………………… 84

一、对人权与第二种返还标准 ……………………………… 86

二、所有权性质的权利与第二种返还标准 ………………… 88

三、通过代位返还 …………………………………………… 94

第四章　返还法的内部体系 ……………………………………… 99

第五章　通过牺牲原告而得利 ………………………………… 108

第一节　得利 ………………………………………………… 108

一、主观贬值 ………………………………………………… 108

二、得利的三项判断标准 …………………………………… 113

三、另外四点 ………………………………………………… 126

第二节　通过牺牲原告 ……………………………………… 129

第六章　非自愿转移Ⅰ：意思无效 …………………………… 137

第一节　不知 ………………………………………………… 137

一、不知与拦截减损 ………………………………………… 139

二、不知与实物利益 ………………………………………… 142

第二节　错误 ………………………………………………… 143

一、自发的错误 ……………………………………………… 143

二、诱发的错误 ……………………………………………… 163

第三节　强迫 ………………………………………………… 168

一、胁迫 ……………………………………………………… 169

二、真实不当影响 …………………………………………… 179

三、法律强迫 ………………………………………………… 181

四、道德强迫 ………………………………………………… 189

五、情势强迫 ………………………………………………… 197

第四节　不平等 ……………………………………………………… 198

一、易受伤害的关系 ………………………………………………… 199

二、易受剥削的交易 ………………………………………………… 202

三、个人不利处境 …………………………………………………… 210

第七章　非自愿转移Ⅱ：意思附限制条件 ………………………… 214

第一节　四个谬误 …………………………………………………… 216

一、契约对价 ………………………………………………………… 216

二、种与属 …………………………………………………………… 217

三、仅仅关注金钱 …………………………………………………… 220

四、排除违约当事人 ………………………………………………… 227

第二节　完全无效的要件 …………………………………………… 234

一、为何必须完全无效？ …………………………………………… 234

二、何者构成完全无效？ …………………………………………… 237

第三节　立法改革 …………………………………………………… 240

一、1943 年《法律改革法（履约受挫）》 ………………………… 240

二、1870 年《比例分配法》 ……………………………………… 248

三、1979 年《动产买卖法》第 30 条第 1 款 …………………… 249

四、法律委员会的建议 ……………………………………………… 249

第八章　自由接受 …………………………………………………… 255

第一节　以自由接受为依据的理由 ………………………………… 256

第二节　自由接受的发展 …………………………………………… 257

一、契约解释路径 …………………………………………………… 258

二、放弃契约解释 …………………………………………………… 260

三、衡平法上的平行规则 …………………………………………… 266

第三节　自由接受的要件 …………………………………………… 269

一、拒绝的机会 ……………………………………………………… 270

二、知道并非无偿的意思 …………………………………………… 271

三、忽视拒绝机会 ·································· 272

第四节 三个困难的主题 ························ 275

一、自由接受与契约 ·························· 275

二、自由接受与清偿他人债务 ·················· 277

三、衡平法上救济的不确定性 ·················· 279

第九章 政策推动的返还：各式案例 ·············· 283

第一节 无议会则不纳税 ······················ 283

第二节 遏抑不法行为 ························ 288

第三节 鼓励海上救助 ························ 292

第四节 保护债权人及投资人 ·················· 296

第五节 消灭异常结果 ························ 299

第十章 因不法行为而生的返还 ················ 302

第一节 放弃侵权之诉 ························ 303

一、不当得利中的替代分析路径 ················ 304

二、消灭不法的追认 ·························· 304

三、因不法行为而生的返还 ···················· 305

第二节 产生返还效果的不法行为 ·············· 307

一、初步难题 ································ 308

二、三个标准 ································ 315

三、若干特别不法行为 ························ 322

第三节 现实考虑 ·························· 334

一、避开法律障碍 ···························· 334

二、返还标准 ································ 338

第四节 术语难题 ·························· 342

第十一章 返还的第二项标准 ·················· 344

第一节 辨识幸存得利 ························ 344

一、基本规则 ································ 345

二、不端行为的影响 ················· 354

三、幸存得利消灭 ·················· 357

第二节　对幸存得利主张权利 ··········· 361

一、第一类范畴：财产权性质的权利请求 ······ 362

二、第二类范畴：针对特定人的权利请求 ······ 378

第十二章　抗辩 ················· 386

第一节　禁反言 ················· 386

一、内在于给付的陈述 ··············· 387

二、附随于给付的陈述 ··············· 389

三、不利益的信赖 ················· 391

四、两个难点 ··················· 393

第二节　境况变更 ················ 394

一、第二种返还标准下的权利请求 ········· 395

二、第一种返还标准下的权利请求 ········· 396

第三节　逆返还不可能 ·············· 399

第四节　不法性 ················· 407

第五节　无能力 ················· 415

一、实物利益 ··················· 416

二、受领金钱 ··················· 419

第六节　善意购买 ················ 421

一、初步看来应承担责任的第三人 ········· 421

二、受领的第三人承担何等责任？ ········· 422

三、受赠人的地位 ················· 423

四、有偿受领人的地位 ··············· 425

五、第三人是否真是第三人？ ············ 427

参考文献 ···················· 430

索引 ······················ 435

引　论

第一节　返还法：体系待定

任何法律主题应该都是可以掌握的，只要将那些细枝末节刈删斫削，即可看到将所有素材整合归拢到一处的"原则框架"（skeleton of principle）。若是就某个法律主题来说，这项工作似乎难以完成，那多半是因为这个主题太过松散，到了将其描述为茫无头绪亦不失恰当的程度。原则的基本结构一旦呈现，即应任其面对持续不断的批判。否则，那表面上的通畅易晓或许不过是古老谬误造成的错觉。批判让问题更简洁，而在这项关键性工作中，批评和描述之间的平衡关系因主题不同而有异。有些主题年深日久，业已形成公认的体系，便格外需要咄咄逼人的质疑、喋喋不休的讨论；有些主题缺乏任何一致赞同的理论框架，处于茫无头绪的危险之中，就更需要描述而非批评。

返还法正处于后种局面。其框架外形尚未搭建起来，迫在眉睫地需要简洁的，哪怕是过度简化的阐述，以将素材的碎片拼接成图。而后，方才需要批评以及更为复杂的修正和精雕细琢，这当然是任何成熟的法律主题都必不可少的特征。可以给出这样的简洁阐述吗？一个鸡生蛋、蛋生鸡的问题让事情变得困难了。或曰，原则框架不过是那藏身在法律主题技术细节背后的常识的隐喻（metaphor），而常识总是在专业的细致阐述之前先期而至，故不论该领域的文献数据如何浩如烟海、判例案型如何错综复杂，要给出简明扼要的阐述总是可能的。可这论辩当中存在破绽，盖常识得以不同方式安排整理。原则框架并不仅仅是法律主题背后的常识，毋宁说，原则框架是以特定方式对常识的组织整理，是从众多可能性当中选择的特定版本。那么应在何处选择？不是在判例中，准确地说，不单单在判例中，虽说英国法素来以其法官造法的特征而自豪乃是不言自明的事实［亦无碍此论断］。对抗制诉讼的压力以及随之而来的机会主义使得判例法完全以自生自发的方式成长起来，无暇过多顾及法律原则或者法律文件之间的体系要求。为各法律主题的体系构造所为之描述与辩护工作只有在法院之外才能找到，去当事人的争议甚远，盖当事人所关注者不外乎讼案的胜败得失。就法律而言，现在是教科书的时代。自从有关诉讼程式的清规戒律于 19 世纪被弃若敝屣，*对判例法的离心趋势加以束缚沮厄的重任即责无旁贷地落到了教科书肩上。若说诸如契约及侵权这样的法律主题如今已有了多多少少获得共识的结构，那么照前面引述的讲法，此乃事理使然，盖公认的常识总在法律根据/先例（authority）之前捷足先至，故判例要做的全部工作就是精心阐述理念的大纲。可这诚为虚谈妄论。恰恰相反，正是有了出自不同手笔的教科书代代相传、时时更订，方才经过时代的选择，逐渐形成了目前看来最为切合主题的体系结构。在这个渐进过程中，一些有欠合理的方案遂遭淘汰，而这个演化过程从未止歇，于今依然。随着这些理论著作中共识的层层累积，对那些被选定的最切合主题的框架结构，判例亦相应地予以确认并将此信息反馈。当然，那些早先未被采纳的方案，其间有诸多材料，批评意见亦可使之重焕生机。例如，衡平法上的禁反言原则使得今天的约因规则与过去大异其趣；而那个几乎被遗忘的关于有些交易显失公平的观念亦将契约绝对自由原则改头换面。判例法中蕴含的日日新的潜力可谓无穷无尽，教科书则将法律人的思想凝固成形。返还法的独特困难是，累积的案例材料固然体量庞大、历史悠久，但论教科书，真是略近于无。

某个法律主题，若其判例法不知何故竟未能得到教科书作者的垂青，便绝不能说有了任何众所周知的体系构造，而拣选出常识的某些版本这个长程

---

　　* 译按：诉讼程式、诉讼格式（forms of action），普通法上的诉讼程式，与普通法所确认的责任理论相适应。若原告未恰当地分析诉因，选择合适的责任理论并选用正确的诉讼程式，起诉将被驳回。按照不同的救济要求，诉讼可分为三大类：不动产诉讼，要求索回不动产；混合诉讼，要求索回不动产及赔偿对不动产的损害；对人诉讼，要求追索债务或动产，或要求赔偿对人身、财产或合同权利的损害。普通法上的诉讼程式通常有 11 种：侵害之诉（trespass）、间接侵害之诉（trespass on the case）、动产侵占之诉（trover）、收回土地之诉（ejectment）、返还动产之诉（detinue）、动产占有回复之诉（replevin）、追索债务之诉（debt）、允诺契据之诉（covenant）、报账之诉（account）、特别简约之诉（special *assumpsit*）、普通简约之诉（general *assumpsit*）。英国 1873—1875 年《司法组织法》将诉讼程式废除。薛波主编，潘汉典总审订：《元照英美法词典》，法律出版社 2003 年版（以下简作《元照英美法词典》），第 572 页。

工作亦不能说已起步登途。颇具讽刺意味处在于，此种情形，吾人就该主题之荦荦大端虽难陈一二，却能够将诸多委曲小变胪列分明（盖只要有耐心，总能将庞杂的案例裒集整理）。将纷然杂陈的案例归拢于一个有关常识的通畅易晓的大纲之下，固然有许多方法，但既无一被摒弃，亦无任何信息反馈给教科书作者，故当吾人欲就该主题从事简化工作之际，深感无从措手。浩如烟海的判例法，让人面对法律茫无头绪，是以，在教科书付之阙如的法律领域，最为急迫地需要公认的、阐释详尽的体系构造。就法律来说，非教科书无以担当体系构造的重任，并且不是一部教科书，而是一代代的教科书。

　　这个［鸡与蛋的］循环必须打破。与返还法情形相仿并且提供了乐观理由的是行政法。众所周知，行政法在过去 25 年里成功转型。韦德教授那部大作的初版于 1961 年付梓刊行之际，还不能说有行政法这门科目，有的只是卷帙浩繁的判例原材料。韦德亦称行政法为"法律家族里的笨崽"。[1] 如今，待到这部著作发行第 6 版，行政法已经有了自己统一的内部体系，由于诸多教科书的努力，体系愈见清晰，大概没有几位法律人会否认这一点。返还法亦迫切需要同样的改变。自 1873—1875 年《司法组织法》颁行，*教科书以雪崩之势蓬勃而出，而在行政法和返还法之外，很难想到还有哪一大套判例法，教科书竟会如此长久地将之冷落遗弃。而在这一对"笨崽"后进当中，返还法尤为惹人注目，一则，返还法现在落后更远；二则，若是行政判例法的形成还可以说完全仰仗现代政府那日益说一不二的角色，返还法则为平常私法关注的重点，素来为诉讼的主题，其历史与普通法一样悠长久远。

第二节　戈夫与琼斯：分而后合

　　若说返还法领域全无相关评注（疏议），自然并不真确。在英国，就有这

---

　　〔1〕　H. W. R. Wade, *Administrative Law*, 1st ed. , Oxford, 1961, preface.

　　*　译按：《司法组织法》（Judicature Acts），英国 1873—1875 年间改革高等法院组织和审判程序的法律。该法撤销了当时存在的那些最高司法组织，组成了单一的最高法院体系，下设高等法院和上诉法院。高等法院又再分为五个分庭，奠定了英国现代司法组织的基础。该法还统一了民事诉讼程序，规定任何法庭皆得实施普通法和衡平法的原则，同时又规定，二者发生冲突时，衡平法原则优先。《元照英美法词典》，第 748 页。

么一部伟大的教科书。[2]戈夫与琼斯的著作于 1966 年初刊枣梨，1978 年再版。愈读其书，便愈为其椽笔巨制所折服。在美国，毫无疑问，法律人对这个主题更为敏感，却迟迟不见教科书问世；现在总算有了帕尔默教授百科全书式的四卷本宏篇巨构。[3]正如本书篇末参考文献所示，新近又有两部加拿大作品跻身于返还法教科书的笾笾清单之上。还有一些重要作品，尤其是准契约、推定信托、信任义务领域的作品，也涉及返还法的部分内容或与其有交集。[4]但无可否认的事实是，就英国返还法整体来说，戈夫与琼斯的著作仍居绝对垄断地位。在此类作品如雨后春笋般涌现出来的同时，却还没有相关判例及资料汇编问世；相较侵权法及契约法众目所瞩的研究现状，[鲜明的反差]更不必多费笔墨。

就本书跟戈夫与琼斯大作的关系，这里简陈如下：首先，并且至为明显的一点是，若无戈夫与琼斯的著作在先，本书亦绝不敢做如此尝试。其次，本书全神贯注于搭建最为简洁的结构，从而能够统领归摄那部著作中的材料。当然不是简单描述该书章节条目；本书推出的体系，迥然有别于从该书目录所能读到的任何东西。若是这个体系看起来过于简单，那也无伤大雅，盖相较从那些基本结构从未得到过揭明甚或从未被探寻过的材料及问题入手从事理论分析，由简而入繁要容易理解和掌握得多。

考虑到前面说过的返还法的发展现状，得立即承认，这一追求简洁的努力本身并不简单。这项工作涉及对如下问题的理解：这个法律主题的现状是如何形成的，涵盖了哪些内容，诸如"准契约""推定信托"这样的疑难术语是如何使用，又如何滥用的。还涉及处理好与那些源自诉讼程式的语言及思维习惯的关系。此外，为了解决返还法难题而寻找合适的分析框架，这个工作用到的论辩及表达方式让那些坚信法律具有客观理性并认为此点十分重要的法律人深感头疼。这些法律人非常正确地将一己私见搁置一旁，认为这些一文不值，并期待着将那些已经存在于判例当中的法律以自己选定的睿智模式发掘出来。但有时，必须把分析框架强加给判例，让这些判例凭直觉感

〔2〕 Sir Robert Goff and Gareth Jones, *The Law of Restitution*, 2nd ed., London, 1978（以下简作 Goff and Jones）.

〔3〕 George E. Palmer, *The Law of Restitution*, Boston and Toronto, 1978.

〔4〕 参见书末所列芬恩（Finn）、肯纳（Keener）、奥克雷（Oakley）、谢赫德（Shepherd）、斯托加（Stoljar）、沃特斯（Waters）、温菲尔德（Winfield）、伍德沃德（Woodward）诸位作品。

知到分析框架的存在（倘果真能感知到的话）。依本书立场，直到那些或许还很脆弱、或许仅为独见的看法［指提供不同方案的教科书］忽然来一启聋聩之前，从判例法中成功演化出最终被采纳的分析框架这个进程根本不会开启，当然也不可能在判例中发现［这样的框架］。在教科书将材料牢牢把握、紧紧抓住之前，过于吹毛求疵才是真正违反理性的。

《奇蒂论契约法》（*Chitty On Contracts*）初版梓行于 1826 年，《波洛克论契约法》（*Pollock On Contracts*）于 1876 年刊刻问世，何以返还法定要苦苦等待戈夫与琼斯，直到 1966 年？对这个问题的讨论在本书前半部分占据了相当篇幅。最简短的可能回答是：自 18 世纪末叶以来，布莱克斯通那部影响深远的《英律疏议》即告诉世人，[5]普通法上的返还之债依赖于"默示契约"；而罗马法短语"准契约"（*quasi ex contractu*）的言外之义又在无意识中推波助澜。结果就是，这些非契约之债被方枘圆凿地强行纳入契约范畴。于是契约法著述的作者便总在尾章给这位陌生的客人草草安排一席之地了事。但这未能解释何以衡平法上的返还亦遭受同样湮没无闻的命运。约略说来，衡平法被理解为在普通法的不同部分添加的一系列附录或笺注，[6]普通法上的返还先得被认可为正大光明、独立无倚的法律领域，才有资格吸收衡平法的相应补充。于是，衡平法上的返还只得暂借各处栖身落脚：撤销（rescission）依附于契约法；并未受托之人却被视为受托人，称推定受托人（constructive trustee），通过这种办法，许多返还之债偷天换日，这部分返还法便在信托法中详考细问；其他返还法内容则四散于旁的各种名目之下。

戈夫与琼斯的大作一出，返还法飘零离散的命运遂告结束。该书统一返还法的成就得理解为一个更为广阔运动中最为重要的英国法事件，通过该运动，英美普通法开始着手纠正在 20 世纪大半岁月里将返还法冷落于一旁的过失，而正是在这个世纪，教科书已将普通法重新塑造。在美国，决定的一步是 1937 年《返还法重述》出版，[7]该书副标题为"准契约及推定信托"。而在大西洋此岸，赖特勋爵于法庭内外不遗余力地宣讲，何者为昨非，今是当

5

---

［5］　Blackstone, *Commentaries on the Laws of England*, 1st ed., 1765.

［6］　F. W. Maitland, *Equity* (revised by J. Brunyate), Cambridge, 1947, 19 f.

［7］　American Law Institute, *Restatement of Law of Restitution*, St. Paul, 1937.

何为;[8]丹宁勋爵亦然。[9]近期的其他一些变化表明,这一运动劲头正足,余势未歇。霍尔斯伯里［著作］第 4 版尽管在体系上仍将相关内容置于契约卷,但已放弃"推定契约"术语,转而采纳"准契约与返还"这一合成短语。[10]《判例法大全》(Law Reports)的检索系统已引入"返还"条目。《奇蒂论契约法》第 25 版赋予返还法以新的重要性与独立性。[11]在加拿大,两部新教科书接踵而至。[12]另外,返还法既进入大学课程表,下一代法律人及法官的观点当会深受影响。法律现在是研究生职业。过去十年,普通法世界的大学开设了众多返还法课程,主要集中在研究生阶段。今天的研究生就是明天的教师及法律执业者,返还法已不太可能重蹈离散的命运,再度寄身于其他声名赫奕的法律主题篱下。

6 　　倘吾人确信返还法的支离破碎不过是智识上的错误,一个始末根由皆有据可考、无可置疑的错误,那么亦该同样相信,这个修复损害的运动方兴未艾、其势难阻。当然,有位举足轻重的人物独持异议。阿蒂亚教授认为,那些投注于返还法的精力与热情最好用到对民事责任基础更为激进的重组上。按照阿蒂亚鼓吹的计划,返还法不过是一个更大领域的组成部分,其所谓"基于获益的责任"(benefit-based liability)。[13]

第三节　五点关键

　　要指出任何学问的肯綮之处,总非易事,盖但凡有一见出,便有持反论

---

[8]　Cf. Brook's Wharf and Bull Wharf Ltd. v. Goodman Bros. [1937] 1 K. B. 534; Fibrosa Spolka Akcyjna v. Fairbairn Lawson Combe Barbour [1943] A. C. 32; *Legal Essays and Addresses*, Cambridge, 1939, 1-65. 译按:罗伯特·赖特(Robert Wright, 1869—1964 年),1925 年任高等法院法官,受封爵士;1932 年任上议院常任上诉法官,并获终身贵族头衔(Baron Wright, of Durley in the County of Wiltshire);1935—1937 年任掌卷法官;1937—1947 再任上议院常任上诉法官。

[9]　Nelson v. Larholt [1948] 1 K. B. 339; "The Recovery of Money", (1949) 65, *L. Q. R.*, 37. 译按:阿尔弗雷德·汤普森·丹宁(Alfred Thompson Denning, 1899—1999 年),1944 年任高等法院法官,1948 年任上诉法院法官,1957 年任上议院常任上诉法官,1962 年任掌卷法官;1957 年受封男爵(Baron Denning, of Whitchurch in the County of Southampton)。

[10]　*Halsbury's Laws of England*, 4th ed., vol. 9, London, 1974, paras. 630-750.

[11]　*Chitty on Contracts*, London, 1983, vol. 1, 1063 (J. Beatson).

[12]　参见书末所列科利波特(Klippert)、弗里德曼与麦克劳(Fridman and McLeod)的作品。

[13]　P. S. Atiyah, *The Rise and Fall of Freedom of Contract*, Oxford, 1978, esp. 716 ff.

者。但稍作尝试总归有益。本书进路全以下面五项主张为根砥。头两项事关标的/争议事项的组织；后三项虽也涉及组织事宜，但首要关注者为就任何返还难题所使用的分析方法。

1. 在"返还法"学科，最为重要的区分是原告得到救济的两种不同度量标准。其一，通常标准为"受领价值"。确定被告受领的价值，不考虑其是否仍然持有该价值或者任何代表该价值之物。其二，例外标准为"幸存价值"。确定被告受领的价值还剩下多少，要借助所谓"追踪法"，当然这种方法往往高度人为。区分这两种度量标准，重要意义远逾区分对人权性质的返还权利与财产权性质的返还权利（personal and proprietary restitutionary rights）。

2. 第二项紧要区分是对那些产生返还法律效果的法律事实的区分，主要是比较构成不法行为的法律事实与不构成不法行为的法律事实。在不构成不法行为的法律事实当中，返还原因可能发生在原告一边，也可能发生在被告一边，还可能与双方都无关。很重要的是，第二层次的区分工作，真是非［案涉事实构成引起返还法律效果的］法律事实（即产生法律后果的一系列事实）莫属。

3. 不管什么法律主题，若是满篇充斥着拟制、视为、未经解释的类比这样的语言，也就无法理性地组织法律素材、睿智地适用法律规则。是以必须杜绝诸如"准契约""推定信托"这样的术语，除非能证明这些术语可以起到必要的作用，并且这样的拟制很容易识别，显而易见无害于理解。

4. 在契约法领域，所有法律人，哪怕在一些大问题上各持异见，都知晓并共享同样的分析模式，从而能够快速通过各个考察阶段（契约的订立、无效因素、违约、救济），而不必就其所作所为喋喋解说。返还法也必须拥有这么一套稳定的大问题，俾使一切难题皆得拆解并安排入独立的考察阶段。这里提出四个大问题：被告是否得利？若是，是否系通过牺牲原告而得利？若是，是否有任何要求产生返还法律效果的因素存在？若是，是否有返还法律效果仍被阻却的任何事由存在？经过这四个阶段，还有第五个大问题将考察引回主张一中讨论的返还标准：原告应依何种度量标准要求返还？

5. 在这个考察序列里，没有哪个问题比得利问题更受忽视。似乎所有返还法都关乎金钱，给人以诸多返还事由仅适用于金钱的印象（比如对价完全无效）。事实上，指向金钱的返还请求与指向其他标的［物］的返还请求存在着完美理论对称。不管被告取得的利益形态如何，返还事由一致。然而，纵使有正当返还事由，要求返还非金钱利益的原告却更少胜诉，盖此际往往不能像在被告受领金钱的情形下那样毫不含糊地证明被告确实得利。

现在可以回到这个主题的实质。首先要确定，大家都清楚返还到底指称什么，以返还命名的法律领域与其他法律范畴之间的精确关系。头四章旨在回答以下问题：什么是返还法？这四章构成单一的讨论［领域］，各部分不能轻易拆分。第一章单纯定义返还，就仿佛身外一片荒芜的法律世界中孤零零的主题。第二章试图探讨返还法与债法的关系，与财产法的关系，特别是与产生［债权及财产权］那些抽象法律现象的法律事实之间的关系。第三章力图淡化讨论返还主题时使用的那些语言，特别地，要将刚刚提到的五项主张中第一项里就两种返还标准所为之重要区分强加于那些语言。第四章简要描述返还法的内部结构，以及稍后［诸章］讨论各种返还事由的模式（pattern）。

第一章
定　义

小孩子很快就懂得，一旦将自己的玩具拱手送人，即难指望物归原主。　9
父母担心宠坏孩子，也不会对孩子的事务横加干涉，除非索还并非出于任性
无常。对成人间的事务，法院亦持有别无二致的简单规则：一方当事人将某
种价值让与他人，纵未得到任何回报，亦不能要回。[1]他方当事人于保有其
所受领者自有利益在，要排除这种利益，必须有强大到足以与维护交易安全
兼容共存的正当理由。设你向我支付了500英镑，要索回这笔钱，不能仅仅
因为你改变了想法，你得证明最初的给付系出于错误。如此，对错误给予救
济的动因即足以与安全利益相颉颃。为求得利益平衡，要考察错误的性质如
何，若结论有利于你，我就只能原数奉还。是以，在维护交易安全的前提下，
对错误给付的受领构成了产生返还效果的法律事实的适例。常见情形如，保
险公司错误地认为保险事故发生（支付保险费用就是预防此类事故），或者失
效的保险单事实上得到认可，一旦基于此类错误为给付，即生返还效果。[2]
就这个主题下的任何工作而言，首要任务就是组织并理解产生返还效果的全
部事实类型。

第一节　打磨"返还"

前段末句让人看清楚，"返还"语词本身并不指称法律事实。亦即，返还

---

[1]　纵在此处，亦有必要特别解说（caveat），盖衡平法上对归复信托的推定似乎与此简单出发
点相舛违，将证明责任转移给受领人，令受领人证明这表面的赠与真为赠与：参见后文边码60及边码
156以下。

译按：归复信托（resulting trust），若财产转让的情形表明让与人并没有使受让人从财产中受益的
意图，法律就将其规定为信托，属默示信托。《元照英美法词典》，第1193页。

[2]　Kelly v. Solari（1841）9 M. & W. 54；Norwich Union Fire Insurance Society v. Wm. H. Price Ltd.
［1934］A. C. 455.

不表示产生法律后果的单一事实或者事实集合。在此有别于"契约""侵权行为"。若是"信托"一词用来指称创立信托的行为,而非因此产生的信托法律关系,那么亦不同于"信托"。"返还"身属指称法律效果而非法律事实的术语序列。"赔偿、惩罚、返还,其他"序齿排班、蔚为整齐,"契约、侵权、返还,其他"则否。但凡训练有素的法律人都不会以为"赔偿"与"侵权"乃是彼此排斥的对立关系,例如,说"本件诉讼为赔偿诉讼,而非侵权诉讼",逻辑上的荒谬显而易见。赔偿之于侵权正如食肉动物之于流血,并非完全对立。在类似的句子里,若拿"返还"替换"赔偿",逻辑上的危险并无两样。"本件诉讼为返还诉讼,而非侵权诉讼",这一陈述是在法律后果与法律事实之间论说泾渭。〔3〕只是极偶然的,"侵权"事实果真并不产生"返还"效果,才算是言之成理。〔4〕

法律人总是不由自主地使用这种危险的表达,造成麻烦的根源在于,正如错误给付这样的典型例证,产生返还效果的大多数法律事实既非契约,亦非不法行为。从总体上把握产生返还效果的法律事实类型的主要益处在于,在法律人如今已相当熟稔的契约与侵权领域之外,描绘出一幅相对未知土地的地图,情形大抵如此。是以,说返还法的使命之一即为增加一个与契约及侵权既相辅相成又各擅胜场的新范畴,总归有几分道理。然而,纵使返还与契约、侵权实际上全无交集,为了前句所说目标,偏要冒风险,不顾混淆地将不同序列里的术语强拉硬扯到一起,总是愚蠢的。

出了法律领域,"返还"并非常用语词,更多的用法是"恢复原状"(restoration),两者含义大致相当且时常互为替换。既得说将某物或某人恢复至先前的状态,亦得说将某物返还某人。这两种用法彼此渗透影响,但明辨差异尤关紧要。本书仅在第二种意义上使用"返还"术语,第一种用法在这里只会导致混乱。规划当局得发文称:"兹许可开挖特定地块,然首要条件为,嗣后应将之恢复至先前的可耕作状态。"而政府得宣布:"政府将在金钱力所能及的范围内,确保灾难的每位受害者得到充分补偿。"这些例子表明,"返还"

---

〔3〕 But see Strand Electric and Engineering Co. v. Brisford Entertainments [1952] 2 Q. B. 246, 254 f. ("是以,本件租赁费用诉讼请求并非基于原告受有损失,而是基于被告为其利益使用了货物的事实。诉讼针对被告提起,是因为被告从物上享受了利益。故本件诉讼类似于返还之诉,而非侵权之诉",per Denning, L. J.)

〔4〕 Contrary to United Australia Ltd v. Barclays Bank Ltd. [1941] A. C. 1.

在第一种意义上使用时，并不意味着那个应为恢复原状之人曾经取得任何现在应予交出之物，而仅仅意指，接受修复之物或人遭受了需要弥补的损失或损害。这与第二种用法有云泥之别：返还非指使某人或某物恢复至其先前状态，而是指将某物归还某人，应为返还之人已取得该物总是不言自明的。"那个对老迈东家任意欺凌的管事面临着东家代理人提起的返还诉讼"，此句虽未明言，但推测可知，老东家于忍气吞声之中不少财物被巧取豪夺。哪怕应为返还之人到底是谁并未提及，受领人必须交出其所受领之物这个意思同样不言自明，例如"法院应命令返还错误给付"，或者"想法的改变不构成请求返还礼物的正当理由"。

对"返还"的第一种用法务必保持警惕、束之高阁，盖此种意义上的"返还"与"赔偿"原无两样。设受托人管理不善，致信托财产价值贬损，面临受益人要求其弥补损失的诉讼，此类衡平法上的诉讼近来即被称为"返还之诉"（an action for restitution）。[5]但这并非本书所要讨论的返还请求，否则就会发现很难说明白，比如过失侵权，何以要将之排除在外。普通法上针对粗心机车骑士提出的诉讼请求，亦旨在使受害人恢复到其原初状态，若不对弥补损失与返还收益加以区分，那亦得称作"返还"。而本书所关注者仅为第二种意义上的"返还"，即交出/让与收益，而非弥补损失。

将注意力集中于返还的此种意义，即总是指将某物交于他人，也就假定了应为返还之人事前已受领该物，遂得提出如下简明定义：返还是使某人将某物归还于他人的法律效果（Restitution is the response consists in causing one person to give back something to another）。这个定义立足于返还一词的通常含义，但将其他用法刈删斫削。如此又过于简略，故需再作调整。原因在于，返还法所欲哀集整理的素材在以返还命名之前，早已历经年深日久的发展，若不对其定义细加切磋琢磨，即难以将所欲规制的诉讼标的衽扱囊括。

需调整者计有五点，有些一目了然、简便易行，有些则否。这些调整都极紧要，但总得等本书导论性质的三章告一段落，方能将其重要性看个清楚明白。

第一，"归还"（give back），改为"让与"（give up）。

---

[5] Bartlett v. Barclays Bank Trust Co. ［1980］Ch. 515，542-3. 比较契约法案例 Bacon v. Cooper Metals Ltd. ［1982］1 All E. R. 397。

这个简约定义提到将某物归还，意味着应向其为返还之人将重新得到早先拥有而后又自其处落入他人之手的物。你出于错误向我给付，我必须照数归还，这种情形确实司空见惯。但还有许多亦应纳入返还范畴的情形，被告应让与原告之物非自原告而系自第三人处受领。可获利不法行为（acquisitive wrongs）即为显见适例。我将你的汽车出售，你得对我提出返还请求，令我交出自购买人处实际受领的价款；[6]我是你的受托人并收取了贿赂或秘密佣金，将信托事务处置失措，我必须将局外人给予我的尽数让与你。[7]还有些其他情形，并非源于义务违反。第三人给我 100 英镑，让我转交于你，至少自我告诉你我系为你而持有该笔款项时，我对你负有给付义务。[8]

若坚持"归还"表述，就会把非自原告处受领的类型拒之门外；"让与"却将之欣然接纳。遂可断言，返还当然意味着被告有所受领，这往往来自原告，却非必然如此。

第二，"将某物让与他人"（give up something to another），改为"将通过牺牲他人而受领者让与该他人"（give up to another something received at his expense）。

这个修正系由第一点引起。"将某物归还他人"这个短语于不动声色间说明了原告是何以进入故事的。正是原告，丧失了某物；这些情节都包含在"还"字中。原告曾经拥有，现在将重新拥有。从"归还"到"让与"的鼎革一时间竟使原告陷于乞援无处的窘境。"通过牺牲他人"则将"还"字的职能接管，说明了原告的返还请求何以成立。[9]

第三，"将通过牺牲他人而受领者让与该他人"，言犹未尽，须补一笔，"或所受领者的货币价值"（or its value in money）。

这个简约定义设想的是将所受领者原样返还（specific restitution），这样的景象当然凤毛麟角。纵使受领者为货币，被告需要让渡的也不是原来的那几张钞票或几枚硬币，只需要是同样价值的金钱。若所受领者为劳务，实物返还（in kind）亦无可能。你无法归还修理汽车或者焚烧垃圾的劳务，但能偿付这些劳务的货币价值。动产时或得让与，但同样得以货币形式返还。

13

---

[6] Chesworth v. Farrar [1967] 1 Q. B. 407.
[7] Williams v. Barton [1927] 2 Ch. 9.
[8] Shamia v. Joory [1958] 1 Q. B. 448.
[9] 就此短语的重要意义及其双重含义，参见边码 40 以下及边码 22。

第四，"某物"（something），改为"财产"（wealth）或"得利"（an enrichment）。

很难说何种物得视为财产，何物不得。所有格形容词在这里全无用武之地：你的房屋、你的汽车固为财产名目；你的妻子、你的孩子则否（当然，在某些社会里，这个问题或有不同答案）；你的名誉、你的隐私则为边缘类型，难置可否，盖虽非全部，却总有人将之标价而沽。返还法与那些并非财产的属性、利益全无干系。例如，父母因子女抚养问题而起争执，即非属返还法调整范围，哪怕诉讼主张是一方要求他方将自其处领走的孩子交还。同样，过去请求恢复婚姻权利的诉讼亦不该由返还法规制。[10]

之所以要这般排除，部分基于前述修正三，部分基于便宜考虑。返还通常以货币形式实现，不能以货币价值衡量的请求当然即被拒于此种财产性返还之外。当然只是排除于最常见的请求类型之外。毋庸置疑，不能说凡不能以货币价值衡量的请求即应从返还主题中彻底扫地出门，而只能说，对返还请求的财产性限制虽然模糊，却很必要，盖促进了返还法的同质性。

讨论始于这一陈述：返还是使某人将某物归还于他人的法律效果。经过前四点修正，调整如下：返还系使某人将通过牺牲他人所受领之得利或者该得利之货币价值让与给该他人的法律效果（*Restitution is the response which consists in causing one person to give up to another an enrichment received at his expense or its value in money*）。

第五点修正既未体现为文字形式，亦不便引入一套新词汇来表达。其所涉事体为，赋予短语"使某人向他人为让与"（causing one person to give up to another）某种限制性、技术性的意义。

最好通过例子来说明这种限制：假设我将脚踏车遗失而你拾得；或者不讲遗失与拾得，同样得假设我通过交易行为将之让与，但该交易行为因错误而归于无效；再或者你将之盗走。无论何种情形，脚踏车在物理上已落入你手，但在法律上仍然是我的；现在，无论是出于自愿还是迫于法庭裁决，你将脚踏车归还于我。在这样的虚构案例中，并不存在返还问题，无论如何，

14

---

[10] 此种诉讼程序式已为1970年《婚姻诉讼程序及财产法》（Matrimonial Proceedings and Property Act）第20条所废除。译按：恢复婚姻权利（restitution of conjugal rights），一种婚姻诉讼，指教会法庭强令抛弃配偶的丈夫或妻子回来与配偶共同生活。《元照英美法词典》，第1191页。

不存在本书标题意义上的返还。

我对脚踏车的所有权未受占有不幸中断的影响而持续存在，现在脚踏车又交回到我手里，不管在哪个阶段，都不发生当代法律人称为"返还"的法律现象。你若是认为这个立场令人诧异且纯系人为，那也只是因为，就法律的这个分支来说，择定名号本来尤为困难，而如今所选定者亦非完美无缺。术语混乱的危险依然存在。若不特指今天以返还法称之的法律分支，法律对那些不精确的用法诚然听之任之，则在这些不精确的场合，将他人拥有所有权之物交还其本人完全可以堂而皇之地称作返还。[11]

为术语明晰起见，就这第五点修正而言，不得不从消极排除转变为积极纳入。一旦作此困难修正，什么才算是返还呢？

需要考察的关键时间点为被告受领利益时。在这个时间点上，若法律仍然消极保留了在先权利（pre-existing rights），即不生返还效果。此即适才提及之脚踏车案情形。适相反对，倘在该时间点，法律积极创造了新权利，即生返还效果。试以错误给付为例说明：你出于错误向我给付了10英镑并将钞票置于我手，若此错误具有根本性，从而阻却了所有权转移，那么即便依据普通法，在钞票交到我手上而尚未与钱袋中的其他钞票混合时，所有权仍是你的。[12]此际，仍如脚踏车案，不生返还问题。但〔若是〕法律在受领的同时为你积极创造了新权利，那么，不管那张10英镑钞票的命运如何，你得对我提出返还请求，而我应当向你支付10英镑。这是在特定案情下，因利益受领而产生的新权利，其法律效果为，剥夺我通过牺牲你而受领的价值。返还即为在得利时所发生的积极的、新创造的法律效果。

正如前面定义所示，若法律使某人将通过牺牲他人所受领之得利或者该得利的货币价值让与给该他人，此即返还法律效果。这第五点修正系对"使……让与"的笺注。这一短语绝对不包含保留原来的所有权或者将物交还给所有权人的意思。这一短语实实在在的意思是，于得利之同时创设了新权利，以

---

　　〔11〕　参见1968年《盗窃罪法》（Theft Act）第28条（返还命令）。根据第28条第1款a项，法院得命令将失窃物返还。这并非本书技术意义上的返还。根据第28条第1款b项及c项，法院得命令以其他物代替失窃物返还，或者被告遭逮捕时被罚没的货币足以抵偿失窃物价值的，令其支付相当的货币。b项及c项通常发生技术意义上的返还效果，盖法律不得不积极应对，即创设新权利，而不是只知道保留原有权利。

　　〔12〕　Taylor v. Plumer (1815) 3 M. & S. 562.

取除（undo）该得利。

为何要做这些人为的名词之辨？理由在于判然界分返还法与财产法的必要性。这个困难界分的性质以及这两个法律分支的关系，留待下文详述。[13]这里只需要强调，不让这样两个法律主题陷入彼此不分的囹圄状况，无论于概念还是实务都极为必要。这种必要性在不动产法上鲜明生动地表现出来，最初这么叫［指 real property *］，盖其是返还土地之诉（"real" actions）的标的，在此类诉讼中，当事人得要求实际返还物本身（res），而不是金钱给付判决。[14]特定地块的所有权人得要求归还土地本身，今天的收回土地诉讼（action to recover land）也还是这样，这是古老的返还土地之诉在当代的继承者。设我占有黑亩，并确信自己拥有非限嗣继承地产权；但情形并非如此，由于不动产让与手续上的差错，事实上就该土地而言，我是一无所有，非限嗣继承地产权是授予你的。**这和前面的脚踏车案约略相同，尽管你并未占有物，但法律保留了你的产权/所有权（title），你得提起诉讼并收回土地。

---

〔13〕 参见后文边码49以下。

* 译按：从历史角度看，在英格兰法上，real property 是指可用物权诉讼（real action）予以实际返还和救济的物及物上权利。后因实际返还仅限于请求人持有自由保有利益的情况，如保有的是终身地产权，real property 遂越来越多地指土地和土地附属物以及其上的权利。同时，real property 也指其他一些得自由保有的东西，如官职、年金等，盖这些以前与土地所有权有关。《元照英美法词典》，第 1150 页。

〔14〕 Sir Frederick Pollock and F. W. Maitland, *The History of English Law*, 2nd ed.（repr.），ed. S. F. C. Milsom, Cambridge, 1968, vol. ii, 177 ff, 570 ff. 在英国法里，返还土地之诉（real action）或者不动产（real property）中"不动产的/土地的"（real）这个单词的用法与分析性概念"对物"（in rem）并不完全一致，相关内容详见边码 28、49—50。译按：real action，（罗马法）物权诉讼，为返回被别人占有但属于自己所有的财产而提起的诉讼，包括动产，亦包括不动产。（英格兰古法）返还土地之诉、不动产权益诉讼，普通法中自由土地保有人为回复其土地或某种土地权益而提起的诉讼。《元照英美法词典》，第 1148 页。金钱（给付）判决（money judgment），要求当事人一方向另一方给付一定数额金钱的终局裁决，区别于提供其他形式救济的判决（如发布禁制令、要求实际履行合同等）。《元照英美法词典》，第 926 页。

** 译按：黑亩与白亩（black acre and white acre），旧时法律著作为了用语精确，用于指称两块不同土地的假设用语，以避免混淆和用语模糊，类似于汉语中说"甲地与乙地"，常用于假设案件和辩论中。《元照英美法词典》，第 155 页。非限嗣继承地产（权）（fee simple），这种地产的继承不限于特定人，凡合法继承人均有权继承，包括直系的、旁系的和其他受遗赠的继承人。一旦拥有这种地产，本人享用终身（如果他有权，当然可以任意处置），并将永远传给其后的继承人。该权利是土地保有体系内最接近所有权的。《元照英美法词典》，第 541 页。不动产转让业务（conveyancing），指通过各种书面文件或契据让渡财产上特别是土地上权利的活动及其技巧，是律师业务的重要部分，主要包括土地权利调查、准备协议、办理抵押等与不动产转让有关的业务。《元照英美法词典》，第 319 页。

倘这种情况也称作返还，会出现怎样的局面？全部不动产法都将假诉讼之途于返还法安营扎寨。若是没有关于胜诉理由的解释，收回土地的诉讼根本没有办法说明或理解；而这样的解释不多也不少，正好就是一部有关不动产法律规则的教科书。

故，阻止这种局面发生的实际意义就彰明昭著了。一个财产法与返还法杂糅共处的主题太过庞大，必须拆解剖分，方能洞悉掌握。而沿着保留在先权利（以便阻却得利）与创设新权利（以便回转得利）之间的概念脉络明辨细微，正是拆解剖分的节者有间之处。如此剖分不但予人便利，概念上亦十足紧要：大多数返还性质的权利根本就不是对特定财产的权利（property right）；相对于对物权（*in rem*），返还是对人权（*in personam*）。那个遭"返还"罢黜取代的"准契约"范畴，积弊良多，其中之一就是将对人的返还权利（restitutionary rights *in personam*）与对物的返还权利（restitutionary rights *in rem*）区隔开来。如果对物的返还权利永远不能从其他财产权/所有权（proprietary rights）中辨明并分立出来，那么阻止这种区隔再度发生的唯一途径就只能是在不可分割的财产法领域处理对人的返还权利。但凡可能，概念冲突即应避免。这些事宜将于下章再做讨论。

最后小结，这颇为艰巨的第五点修正的理由是，若不做这项工作，财产法与返还法就将变成大杂烩，臃肿笨重、无从置手，更糟糕的是，由于把根本不属于财产法而属于债法领域的对人性质的返还权利强拉硬扯进对物权的大容库，无从精确分析。

要是从来就没有对物的返还权利这回事，事情就简单多了。返还法将尽皆归入债法，返还法和财产法的关系也就是完全分立的关系，而对"使……让与"的笺注得简陈如下：得利必须已归于被告名下，而让与必须采取的方式是，令被告承担债务，将物转让给原告（即移转物的所有权）或者偿付其价值。[15] 如此处理更为简洁明了、利落干脆，也更合乎罗马法，却为英国法力

---

[15] 也就是说，"让与"（give）必须在罗马法赋予"给付"（dare）一词同样的技术意义基础上理解："我们不能要求给付已是我们的东西，因为我们要求给付某物是为了通过给付使之成为我们的；已经是我们的东西不能再要求变为我们的。"（Gaius, *Institutes*, 4. 4.）译按：dare，（罗马法）给付，转让（财产）。这段引语的中译文出自［古罗马］盖尤斯：《法学阶梯》，黄风译，中国政法大学出版社 1996 年版，第 288 页。

所不及，盖有对物的返还权利在。[16]

第二节　返还与不当得利

前已述及，"返还"与"契约""侵权"非属同一序列。"契约""侵权"指称引起法律效果的法律事实，"返还"指称被引起的法律效果。前面特别讨论过一个引起返还效果的法律事实的例子：受领错误给付。此类事实的属概念是"通过牺牲他人而不当得利"（unjust enrichment at the expense of another）。这表述沉重笨拙，频繁使用更让人眩晕，故常以"不当得利"自代。但请切记（理由留待后述），这只是略语。"通过牺牲他人"这几个字要比看起来重要得多。其间颇有含糊不清之处，返还法于此生出巨大理论分歧。

下面几页不得不频繁提及"属概念"这个词。[17]属概念力图用几个词语，在高度概括的层次上，从众多看似截然不同的事实中提取出共同特征。这样，当一系列事实都符合属概念的描述时，就不会被看作仅仅是随机的杂集，而是同属下的异种。殴打、诽谤、过失、恐吓，诸如此类，是属概念"不法行为"或"侵权行为"下的种概念；买卖、租赁、代理、合伙、借贷的属概念则是"契约"。那么，出于错误、受到强制、依据丧失的基础所为之给付，自由接受的利益，被迫预先支付的费用，诸如此类（当然只是不完全枚举），所有产生返还效果的法律事实，其属概念即为通过牺牲原告而得利，简称不当得利。重要的是，不能认为这个属概念是从方才列举的事实中归纳而来。那种仅凭印象的做法，将使得其结论完全依赖于观察者所选取的事项，而观察者很可能无法对自己的选择标准给出满意说明。事实上，这个属概念是从返还本身的定义演绎而来。这个属概念下的种概念，也就是如方才所列举的那些具体表现，是嗣后在客观稳定的基础上认识和接纳的。以下几段将对此试为说明。

返还与不当得利这两个概念所界定的，毫厘不爽，正是同一法律领域。两个术语若合符节。打个比方，将该法律领域看作一个正四边形，其顶边为

17

---

〔16〕 参见后文边码57以下。

〔17〕 比较阿特金勋爵（Lord Atkin）、德弗林勋爵（Lord Devlin）使用怎样的语言，把所有可以说存在着注意义务的情形都包括进去：Donoghue v. Stevenson［1932］A. C. 562, 580；Hedley Byrne & Co. Ltd. Heller & Partners Ltd.［1964］A. C. 465, 524.

不当得利，即原因事实，侧边为返还，即法律后果。像这样契合无间的情形，在其他法律领域还不多见。应该支付或者给予特定数额金钱或特定数量之物（例如 100 英镑或 100 蒲式尔小麦）的一切债务（obligations），固得皆称负债（debt），但若去考察债务原因（causae debendi）清单，也就是产生为特定给付（certum reddere）之单一债务的众多法律事实，就会发现，这些事实各不相同，粉碎了构造单一属概念的所有企图：买卖、租赁、契据或本票生效要件的完成、借贷、债务人确认账单（account stated）、侵权之诉的放弃、错误给付、各式各样应税事实，指不胜屈。*这个法律事实明细单得开列很长，且五花八门，不可能给出单一属概念。同样还得不殚其烦地说，"侵权"范畴与"赔偿"亦非门当户对。一方面，针对侵权判给的赔偿金有时并不以原告的损失为标准，例如判给惩罚性赔偿金的情形；[18]另一方面，侵权行为之外的法律事实亦可产生损害赔偿请求权，如违约。

　　返还与不当得利的契合无间不过是幸运的事故，也就是说，这个法律效果的特殊性质恰巧使得产生返还的法律事实比较容易形成单一属概念。这里要详加申叙，盖不当得利借以登堂入室的台阶必须观察清楚，此节至关重要。若是法律令某人将通过牺牲他人所得之利或者该得利之货币价值让与给该他人，从而发生返还效果，那么从最高度概括的层次看，产生该法律效果的事实必须是通过牺牲他人而得利。这不过是同义反复。但确实还有许多通过牺牲他人所得之利，法律无意消灭之，最明显不过的例子就是 100 英镑的生日礼物。是以这种通过牺牲他人所得之利，有些是法律务必将之回转的，有些则否。这个区分需要略加说明。在前种情形，显然的推论就是，产生了积极法律效果的得利根本不该发生。于是便可能添加一个形容词来表达反对的态度。"不当"就是挺身而出的一词。于是就有了这样的表述，"通过牺牲他人而不当得利"。

　　经过这番煞费苦心的努力，方才得到如此简明的表述；但英国法院向来

---

　　* 译按：契据生效要件的完成（execution of deeds），指在证人的见证下完成签字、盖章、交付等一系列使契据生效的必要手续。《元照英美法词典》，第 508 页。Account stated：①（债务人认为无误的）确认欠账单，（债务人）认可账单。②在账目清偿诉讼（action for an accounting）中，被告陈述账目中到期的余额已经支付，并且其持有原告关于债务解除的声明的答辩。《元照英美法词典》，第 14 页。侵权之诉的放弃（waiver of tort），参见后文边码 314。

　　[18] Broome v. Cassell & Co. Ltd. [1972] A. C. 1027；Rookes v. Barnard [1963] 1 Q. B. 623.

极力反对这个属概念的使用。[19]对不当得利术语的抵触情绪必须克服，盖此抵触情绪在过去给整个返还法造成了巨大危害，于今依然。这种危害如何发生，下文马上阐述。问题很好解决，不外乎两条：首先，要证明对不当得利概念的坚闭固拒完全是出于不必要的误解；其次，对这个属概念的语词所能起到的和将起到的功用作更具体的阐释。

法官之所以不情愿使用不当得利这套术语，是出于对不确定性的担忧。[20]在英国法官看来，"不当"这个词会鼓励当事人从可能最适合于眼下个案的不管什么伦理或政治价值中引申出来一些抽象的正义概念，用来支援自己的诉讼主张。诚然，若总是根据少数几个社会成员秉持的信念来判断，那么没有什么财产不是不正当持有的。但不该指望法官来给这些疑难事项盖棺定论。在某种程度上，吾人称之为道德多元主义的那种美妙自由，正依赖于不得如此强求法官。是以，"不当"的确切含义从来不能求诸那虚无缥缈的不可知的正义观念，此点彰彰明甚。若是出庭律师极为不智地举出那种高蹈缥缈的论据，法官依其职权及意愿将此话头打断，也绝对无可厚非。

"不当得利"短语中的"不当"，依观察角度不同，可能意为"不准许的"（disapproved），或者用更中立的表达，"可回转的"（reversible）。这些限定词或许更为妥帖，盖更为明显地将目光投向案件本身。关键在于，不管选择哪个形容词来限定"得利"，其功用仅仅在于，根据案情本身，以一般方式来勘定那些要求将得利归还的因素。除非法律针对得利发生的具体情形规定了返还法律效果，否则没有什么得利可视为不当的、不准许的或者可回转的。至于对不确定性的担忧，解决之道并非望而却步、退避三舍，而是对那些企图使这个词语脱离实在法的任何论辩来个坚壁清野。

或反对说，若将"不当"紧紧绑缚于案件事实，那么发生返还效果的法律事实的属概念，如通过牺牲他人而不当得利，就必将投闲置散、意气消沉，

---

[19] Baylis v. Bishop of London［1913］1 Ch. 127, 140（Hamilton, L. J.）; Holt v. Markham［1923］1 K. B. 504, 513（Scrutton, L. J.）; Orakpo v. Manson Investments Ltd. ［1978］A. C. 95, 104（lord Diplock）; Re Byfield［1982］1 All E. R. 249, 56（Goulding, J.）.

[20] 这种担忧并非没有道理，盖上诉法院偶尔几次诉诸"正义"（justice）确实让人对那些影响结论的事实陷入迷惑不解当中：参见赫西案（Hussey v. Palmer［1972］1 W. L. R. 1286, 1289）。在该案中，当丹宁勋爵提到推定信托时，使用的几乎就是曼斯菲尔德勋爵（Lord Mansfield）过去谈到返还金钱之利的诉讼［返还取得和收到的款项］时所用的语言（参见后文边码34以下），但回避了对法院据以裁判的特定事实作详细说明（正如曼斯菲尔德勋爵那样）。

全无用武之地。这说法全然不对。在当前实在法中，徒劳无功的不幸存在于三处，而只要坚持属概念中词语的通常、严格用法，这些不幸皆可克服。

不幸之一在于，因为缺乏公认的、稳定的推理模式而产生不确定性。在契约法与侵权法中，不管在细枝末节上有什么分歧，大体知道该运用何种分析模式去解决困难，或者去构造论据或判决。这些法律领域的稳定性最终立足于对所涉法律事实（合意、过失伤害、诽谤等）的共识性把握。这些甚至儿童都可以领会的基本想象是稳定的分析得以铺陈推衍的起点。而在返还法中，即便这样的起点也付之阙如。若是不能采纳并使用属概念，也就意味着没有什么理论图景或想象需要去精心构造、细致分析了。最后不可避免的是，由于缺乏共同框架，两个法律人甚至不可能就这个主题展开交流讨论。

20 设法院打算驳回返还请求，必须循规蹈矩地阐明以下理由：（a）与初步印象相反，被告并未得利；或者（b）被告并非通过牺牲原告而得利；或者（c）得利发生的情形并非先例认为应将之取除的情形，在此意义上，得利并非不当；或者（d）基于其他考虑，应将返还请求驳回。

通过这般使用，属概念的词句提供了返还法主题缺乏的共享分析结构。过去那些使用了不管什么在当时看来最为恰当考察步骤的案例（尚无全景），如今都必须用这种问题模式考察一番。这一法律主题在知识上的困难和不可预见性也将因之而降低。帕尔默教授注意到了此间的反讽：英国法官虽然对不当得利那套语言闭门不纳，却恰恰造成了彼辈声称为之忧心挂怀的不确定性。[21]但吾人又得为英国法官说句公道话，不论是帕尔默，还是戈夫与琼斯，都未能充分说明如何将这套语言落实于个案并将之打造成为具有更大确定性的工具。任凭"不当"高蹈于缥缈天际，无缘从事尘间这紧迫的工作。[22]

不幸之二在于，由于未能从那些只是表面上不同的事实情境中甄别出重要的结构相似性（structural similarities），返还法主题呈现出支离破碎的状态。这意味着，围绕单一事实情境形成的小案群只顾发展自己的语言和技术，使

---

〔21〕 George E. Palmer, *The Law of Restitution*, vol. i, Boston and Toronto, 1978, p. 6.

〔22〕 Goff and Jones, p. 11. ["不当得利，不过是通常给予正义原则的名称，在形形色色的此类诉讼中，法律承认并落实这个正义原则。"稍后又写道："不管是'就出于过失给他人造成的损害必须承担赔偿责任'的侵权法原则，还是'条约必须信守'（*pacta sunt servanda*）的契约法原则，不当得利并不更加模糊。对原则的探寻不能和对概念的定义相混淆。"]困难在于，像侵权法与契约法这样的法律领域，文本开放的原则有界定严谨的概念居间调停，但在返还法中，上位阶的原则与下位阶的概念，不当得利需要一身两任。

得这个主题的异质性大于必要性。涉及比如强制清偿他人债务的案件，错误给付的案例从来不见引用；而碰上紧急介入他人事务的难题，亦未见利用强制清偿案例。这是法院未能形成一套稳定分析模式必然接踵而至的后果。

前面描述的方法，*基于属概念的文句，得快速重绘整个返还法图景，将那些看似毫无干系的碎片拼接完整。例如，错误给付与强制清偿被告债务之间的关系即得用下面的方法来组织：

1. 得利。这两种情形，被告俱得利：一为受领了货币，一为免去了本应支出的款项。

2. 牺牲原告。一为被告直接从原告处受领了货币；一为被告对其债权人所负债务消灭，而该债权人是从原告那里得到清偿的；那个向债权人给付的原告，若其实际给付少于被告本应给付者，只有该实际金额（少于全部债务**）系通过牺牲原告而取得。

3. 不当。这两个例子表明，不管是错误还是强制，都是要求发生返还效果的因素。两者都属于这样一组因素，其共同点为，使原告增益被告的意思失去效力。

4. 其他考虑。现在似乎万事大吉了，但根据某些事实，通过了前面三个考察阶段的原告可能仍会碰到一些阻却其返还请求的障碍，或为防范某些危险的一般限制，或为特定抗辩事由，比如禁反言或者境况变更。

若能想到的方方面面就这么多了，那么现在可以拿这些知识来尝试解决紧急介入他人事务情形中的难题。假设案情为避免某块麦田罹于火灾，需要讨论的问题将是：

1. 介入人付出的劳务或者该劳务的成果，是否得像受领一笔金钱或者节省一笔债务支出的场合那样，被视为被告麦田所有人的得利？

2. 若是，基于原告付出了劳务或者原告为了让他人付出这项劳务而支出金钱的事实，是否得认为被告系通过牺牲原告而得利？

3. 目睹他人财产面临危险而起了攘袖相助之意，能否认为，这种道德力量对介入人意识的影响完全相当于错误或者法律强制，从而通过类比，足以充任要求发生返还效果的因素？回答是肯定的，这里配得上那个形容词——

---

* 译按：参见引论第三节序号 4，以及边码 20 首部。

** 译按：原文为 less than the whole enrichment，当为"少于全部债务"之误。

"不当"。

这只是个分析样本，不过旨在用这种很基本的方法来展示，如何使用不当得利的语言在三个并不相似的事实情节中间架起沟通的桥梁，而这在英国判例法中鲜有人问津。

不幸之三在于，法院百般不情愿谈论不当得利，可法院求助的命名系统不但于知识无甚增益，甚或将人引入歧途。名不正则事不成，名纵属不当，亦聊胜于无。是以涉及产生返还效果的事实，过去主要依赖"准契约""推定信托"术语。本身含义颇为模糊的"代位"，有时也被勉强称作"准转让"（quasi-assignment）或者"推定转让"。"准"与"推定"含义相同。霍尔斯伯里过去常用"推定契约"，而不用"准契约"。[23]而"假准契约"（pseudo-quasi-contract）与"推定准信托"这样的术语亦不失时机地于文献之中琵琶半掩。[24]

牛津大学校园里流传着许多奇闻怪事，系主任之犬即为其中一则。学院规章明令禁止饲养犬类，某位系主任偏执意为之。学院管理部门就应否对此采取行动详为研讨，最后匆遽判定该纽芬兰拾猎系属猫科，旋旁骛他案。借助"准"（quasi-）或拟制技术，该犬被视为推定之猫，从而与其外观有别。若法律亦如是操作，定是麻烦丛生，那只好说，这个行当里的智者当真全无思辨之力，要不就是对这种善意的欺骗情有独钟。

此类术语麻烦是双重的。其将真理逐出家园，又将谎言延入庭院，荒诞不经，一目了然。为法律事实正名定分（这里是不当得利）的好处全然丧失，还不得不假设［不当得利］与那些完全形同陌路的事实或为妯娌姻娅。不当得利之为法律事实，本来与达成合意、设立信托或者让与财产素无瓜葛，亦

---

〔23〕 *Halsbury's Laws of England*, 4th ed., vol. 9, London, 1974, paras. 630–750. 译按：代位（subrogation），指由一人取代另一人的地位而对第三人依法请求给付或主张权利、要求补救或担保等。在债权债务关系中，若某人代为偿付债务，则其取代债权人的地位，得对债务人行使债权人的一切权利，与其未代为偿付时原债权人对债务人的权利相同。代位是衡平法上的制度设计，以使债或义务能最终清偿，而又使偿付债务者不致显失公平。代位分为两种，即合同代位与法定代位，前者是通过债权人与第三人的行为而明示代位，后者则是由于法律实施而产生的代位或默示代位。《元照英美法词典》，第1302页。推定转让（constructive assignment），指优先或欺诈性转让财产的行为通过法律转化成有利于债权人的转让。《元照英美法词典》，第304页。

〔24〕 P. H. Winfield, *The Law of Quasi-Contracts*, London, 1952, 26, 28; R. H. Maudsley, "Proprietary Remedies for the Recovery of Money", (1959) 75 *L. Q. R.* 235, 245.

与这三项事实的共同特质全无干系（这些事实在产生法律后果上的效力取决于意思表示）。若是布谷鸟竟被称作准画眉或者推定的乌鸦，那么也就难知其详了。

第三节　不得不当得利的原则

前文试着提出"通过牺牲他人而不当得利"，以之为产生返还权利的总合事实的属概念。文献频繁参引的却是"不得不当得利的原则"（principle against unjust enrichment），罗马法为其滥觞。《学说汇纂》保留了摘录自彭波尼（Pomponius）著述的两段片语。一处写道，"任何人都不得通过使他人蒙受损失而获利（*cum alterius detrimento*），诚然，此乃自然之公正"；另一处写道，"任何人都不得通过使他人蒙受损失或者对他人为不法行为而获利（*cum alterius detrimento et iniuria*），此乃自然法的公平要求"。[25]文字上略有出入，这里隐约涉及的语义含糊，下面几段正要详加讨论。必须马上补充的是，体现在这片语中的原则，尽管被用作准契约范畴中某些显著情形的理论根据，却并未为罗马法上的准契约范畴本身打下基础，也未能阐释该范畴的统一。[26]从法律事实向法律原则的跃进，这中间可有不少稀奇把戏可耍，须得格外提神留意。

原则以动态的或规范的方式将事实概念重加表述。"通过牺牲他人而不当得利"，这个描述性概念遂一变而为规范性规定，"任何人不得通过牺牲他人而不正当得利"，或者不那么像制定法条文的说法，"法律不允许任何人通过牺牲他人而不正当得利"。就这个表面上看起来公允平和的转换，有两点应加注意。

其一，本来煞费苦心，使"不当"目光向下专注于具体案例，原则却带来了令这番努力付诸东流的危险。每当原则造成这种威胁，就会受到质疑。诚然，原则不过就是伦理诉求，待到要采取步骤将其敲定落实，除了不得无视法律这一句，也就无话可说了。是以一旦利用"不当"来向下探究具体案

---

[25] Digest, 12.6.14；50.17.206. 译按：参见《学说汇纂》（第十二卷），翟远见译，中国政法大学出版社 2012 年版，第 147 页（"的确，任何人都不损人而利己，此乃自然之公正"）。

[26] 参见后文边码 29 以下。

例，"不正当得利"（unjustly enriched）就意味着：针对得利的具体情形，法律明确规定了返还法律效果。故而，"任何人不得通过牺牲他人而不正当得利"仅仅意指，"在法律明确规定应为返还的情形，任何人不得通过牺牲他人而得利"。换句话讲，法律应受尊重。后一陈述得归结为同样朴实无华的表达，"在某些情形，法律不允许通过牺牲他人而得利"。

其二，在某特定领域，也就是发生不法行为的情形，前述危险更是雪上加霜。危险的根源在于"通过牺牲［他人］"（at the expense of）语义上的模糊性。这一短语得仅指价值从原告处转移至被告处，这层含义亦可用"通过减损［他人］"（by subtraction from）来表达，亦得以原告向被告给付的例子来方便地说明。我向你给付 100 英镑，不管是否得回转，你都"通过减损我"而得利。这一短语的另一层含义为"通过［对他人］为不法行为"（by doing wrong to）。若某人付给你 100 英镑，让你殴打我，你"通过对我为不法行为"而得利，但并非"通过减损我"而得利，盖你的殴打行为于我的财富总额秋毫无犯。

法律原则，不管是目光向上还是目光向下的形式，都能够而且应该有所区分，以应对这种语义上的模糊性。事实上是两个不同的原则乔装为一；一旦重新表述，也就表现出差异。"法律不允许通过减损他人而不正当得利"于是变为，"在某些情形，法律不允许通过减损他人而得利"；而"法律不允许通过对他人为不法行为而不正当得利"一变而为，"在某些情形，法律不允许通过对他人为不法行为而得利"。

通过对"不当"如此释义，变化了的词义遂生显著意义分殊。相较原先那高邈深远的措辞，经过重写的减损原则少了几分勃勃雄心，却也无甚乖违之处。但从另一面看，重写的原则也真真切切讲出了很大不同。那高邈措辞暗示（实证法上并非如此），不法行为的收益永远必须让与：法律不允许任何人通过对他人为不法行为而不正当得利。这个暗示来自目光向上的"不当"与"通过［对他人］为不法行为"短语之间令人遗憾的共振。读者遂得推论，凡通过不法行为所取得者皆为不当，既迈出这一步，接下来原则要讲的当然就是，凡此类取得，受害人皆得要求收回。但此论非真。目光向下的表述却能领会此中真意：在某些情形，通过不法行为得到的利益必须让与。也就是说，不法行为本身并不总能独自构成要求返还的充分因素。"通过牺牲［他人］"具有双重含义，一方面指直接减损原告，他方面指通过违反对原告的义务而自其他途径间接取得，现代民法法系看重二者界分，值得学习。但普通法十有八九从心理上不能接纳这一知识，除非自己先从基本原理中吃到教训。[27]

就不得不当得利的原则而言，若是既不能区分辨析，以澄清"通过牺牲[他人]"的模糊性，又不能重新表述，使"不当"与具体案例紧紧勾连，那么前述关于不法行为的谬误或大言浮词便不会甩手而去，不过藏身匿迹而已。这潜伏的缺陷，得意识到其存在却又未将其识别，对不当得利那套语言长久蒙疑，其与有过焉。

最佳应对之道是将所谓不得不当得利的原则彻底弃置不御。一个中性的、看起来多少有些乏味的属概念，事实上却正有更为重要的工作要去做。

第四节 防止不当得利的三种模式

返还并非针对不当得利的唯一机制。若以防止（prevention）为属概念，得于其下区分出三个不同种概念：威吓（deterrence）、预防（anticipation）及回转（reversal）。换种分类法，也可以说防止（通过威吓与预防）与回转（通过返还）才是对应概念。

至为显明，刑法中惩罚不法侵占行为的规定对不当得利起了威吓作用。有关盗窃及相关犯罪的法律即旨在压制以社会不认许的方式侵占财富的企图。这句话也适用于敲诈勒索犯罪；另外还有许多专门案型，例如公司证券内幕交易。在民法中，有关侵占及欺诈的侵权法亦为整幅图景的部分。同样地，衡平法上信托受托人及其他类似信任关系的受信任人负有不得中饱私囊的义务。不论刑法还是民法，任何关于不得于某种情形取得财产的义务规定都得视为不当得利的威吓机制。威吓用在这里，并非惩罚的同义词，或者只是惩罚追求的目标。义务起到的威吓作用，就好似发布命令，设立了行为的障碍，这里是针对取得利益的方式设立障碍。

---

[27] 对民法法系返还法的概要介绍。参见 K. Zweigert and H. Kötz, *Introduction to Comparative Law*, Amsterdam/Oxford, 1977, vol ⅱ, 208 - 263. Cf. J. P. Dawson, *Unjust Enrichment, a Comparative Analysis*, Chicago, 1951, and "Indirect Enrichment" (1969) vol ⅱ, *Festschrift M. Reinstein*, 789. 译按：从基本原理中吃到教训（has learnt the lesson from first principles），此处所谓基本原理当指不得不当得利的抽象原则。

通过预防来阻止不当得利的例子，前面已经碰到，其机制为保有对物权而不受占有中断影响。你通过交易占有我的汽车，但该交易因根本性错误而无效。法律保留了我的所有权，由于这项机制，从这辆车上（*quoad*，纵非暂时使用），你未得到任何东西。消极预防不准许的得利，这个模式构成了法律的第一道防线，通常包含在"任何人不得给予其所未有者"（*nemo dat quod non habet*）的箴言或者"所有权神圣"的断语中。全靠对物权的这种存续能力（quality to survive），财产得到精心保护，这也正是财产法的天职庶务之所在。

26　　只有第三项机制才算是返还，这里法律规定了积极效果令受领人回转得利，否则，受领人即会享有得利。在前面对"返还"通常含义所为之第五点修正中，已就此有所讨论。返还权利是因被告有所受领而新创设的权利，其法律效果为取除该收益。

第五节　小结

"返还"，位在"赔偿"与"惩罚"的班序之中；"不当得利"这个略语，则与"契约"及"侵权"携手同列原因事实的清单之上。返还与不当得利若合符节，从不同侧面命名同一法律领域。经过前面的详考细究，可知不当得利事实上是两类不同法律事实的缩语，故要从中间剖分"返还/不当得利"这个正四边形。前面已提及，尤须注意。这个分割依据的是"通过牺牲［他人］"的双重含义往往遭忽略，很容易被遗忘。正如下图所示，这双重含义，一为"通过减损原告而不当得利"，一为"通过对原告为不法行为而不当得利"。

不当得利

通过减损	通过不法行为

返
还

在奥拉克波诉曼森投资有限公司案中，迪普洛克勋爵说道："诸位法官，不当得利之一般规则于英国法中无迹可寻。英国法所能为者，不过是就具体案件提供特殊救济，而这在以民法为基础之法律体系中，当可归入不当得利。"[28]此处所言，绝非意在驳斥不当得利。"一般规则"，若要完全通畅易晓，亦必语义模糊而难为适用。这样的"规则"，与那已被弃置不御的"原则"毫无二致。这里建议的方案［指类型化为减损与不法行为］，是为了更好地裁决［迪普洛克］勋爵所认可的具体案件。［不当得利这个］产生返还法律效果的原因事实的属概念，于现行法而言，既无所增益，亦无所更易，唯有对现行法更为深刻透彻的理解把握而已。

27

---

[28] Orakpo v. Manson Investments Ltd. [1978] A. C. 95, 104 (*per* Lord Dipliock).

第二章

辨　异

28　　本章继续前一章的工作，但关注重点为返还法与吾人更为熟稔的其他法律领域的界分问题。返还总是通过对人权或对物权来实现，有关对人权的法律为债法，有关对物权的法律则为财产法。本章将依次考察返还在债法及财产法中的位置，此项工作亦可看作是就这些概念范畴对返还主题的贡献尽力作个汇总。

第一节　债法中的返还

　　"债"，在普通法世界每个法律人的思维里，其本身都不是独立范畴。高等学府里亦未设置以债法命名的课程。讲授罗马法的热潮甫歇，一说起契约与侵权正因为同属债这个更大单位之下的两个范畴而（或最初）被认为彼此相关，英国人就开始莫名惊诧了。更准确地讲，当依照原因事实将［债］这个更大的概念实体分割开来，契约与侵权这两个范畴也就随之登台亮相了。当然亦得依照其他标准来划分，比方说（虽说很不方便），得将债区分为支付货币、交付货物、提供劳务的债务，诸如此类。这种依债务内容所为之划分，其不便处表现为，无论何种情形，都得喋喋不休地解释债务何以发生，而不论债务内容如何，原因事实角度的解释总不会变化太大。比方说，不管是支付货币、让与财产、提供劳务，还是对质量或其他事项的担保，就这些债务的产生，愿意受拘束的合意总是有力的解释。是以，若是某个法律体系坚持依债务内容来划分债法，只好针对每个债务类型翻来覆去地重复那种契约性解释。这种重复全无意义，极不经济。当然，债务内容的一致性更容易观察到，原因事实的一致性就不那么好把握。如前面提到的，负债（debt），就是这样的内容范畴。[1]   29

就契约与侵权的两分法，不满的声音时有所闻。[2]诚然，即便从债务发生事实的角度着手，也有不同分类法。盖依该种别形成原则（principle of speciation），不论分类的层次，还是分类者描述在其选定层次上所能观察到的实体的方式，都颇有余地。分类是否成功，要看分类方案是否经受得住考验。就眼下来看，以契约与侵权为产生债务法律事实的主导范畴，的确经受住了考验。是以，返还法既属于债法领域，返还即不得不与契约及侵权发生关联。但还不限于契约及侵权，在这两个范畴之外，还有一个朦胧可见的其他法律事实的杂集，其部分或全部被称为准契约。是以必须采纳的四个术语是：契约、侵权、准契约、其他杂项事实。下文将依次详考细究。不过，不论历史还是内容，返还法都与准契约形影不离，故此难点首当其冲。

一、返还与准契约

某种意义上，返还法与准契约法之间原无界限可言，盖准契约法整体都属于返还法的组成部分（当然，这说法或受质疑）。这些事情固然没办法精确量化，但若说返还法的三分之二甚或更多皆赖准契约以解释说明，这印象总不失为正确。如今返还法已将准契约法全盘接管、更名换姓，并加进了额外内容。这里需要详加解答的问题是，这种接管何以必要，以及在新的名目之下，又将哪些内容添加到那早已黯无颜色的范畴中。要回答这些问题，必须简单叙说准契约的历史沿革。

"准契约"名词，是"近乎源于契约"（*quasi ex contractu*）的英国化，而该术语是罗马法学的创造。若从文本表面看，这是盖尤斯在公元 2 世纪后半叶的发明；但这也许要归功于优士丁尼皇帝的委员会在 6 世纪的工作。创立小型法律丛书的职事既被免除，委员会遂经皇帝授权，得对原始法律材料审

---

〔1〕 参见前文边码 17 以下。合理金额（*quantum meruit*）也是合适的例子：cf. British Steel Corporation v. Cleveland Bridge and Engineering Co. Ltd. ［1984］1 All E. R. 505, 509 *per* Robert Goff, J. 。

〔2〕 布莱克斯通就没有采纳这种划分法。约翰·奥斯丁对此大为激赏，认为布莱克斯通的方法为更重要的区分，即第一位债务与第二位债务（primary and secondary obligations），提供了空间。John Austin, *Lectures on Jurisprudence*, 3rd. , London, 1869, 2, 796. 持相同意见的更晚的作品有：Grant Gilmore, *The Death of Contract*, Columbus Ohio, 1974, esp. 87 ff. ; P. S. Atiyah, "Contracts, Promises and the Laws of Obligations", （1978）94 *L. Q. R.* 193；cf. his *Rise and Fall of Freedom of Contract*, Oxford, 1979, esp. 1–11, 716–780。

写涂改、添增字句。

准契约一词遂以此种方式问世。盖尤斯根据产生债务关系的法律事实来划分各类债，他确信，一切债务关系要么出于契约，要么出于侵权，而就这个思想的提出，其为着先鞭者。〔3〕再往后几行，盖尤斯便碰上了错误给付的归还，而这既非出于契约，亦非出于侵权；〔4〕但当时，盖尤斯也不过扬了扬眉毛，略示惊讶而已。在此后的另一部作品中，盖尤斯提出第三项范畴来弥补两分法的瑕疵，即其他杂项事实。这回盖尤斯宣称，但凡债务关系，若非出于契约，即出于侵权，要么就出于各种其他原因。〔5〕要么是盖尤斯本人，要么是其后篡改了盖尤斯文本的什么人，接着将这子遗事实的杂集分为两个"准"范畴。〔6〕

优士丁尼《法学阶梯》采纳了这个最终的四分法。该书主张，债务关系要么源于契约或近乎（quasi）源于契约，要么源于侵权或近乎源于侵权。〔7〕普通法发现准侵权范畴无甚用处，倒是借用了"准契约"术语，但并未赋予罗马法上的同样内容。诚然，要透彻理解普通法对这一术语的使用，就得追根溯源至盖尤斯提出的那个三分法（契约、侵权、其他杂项事实），也就是用"准"范畴细分杂项事实之前的那个分类法。

为了面面俱到，而不是因为优士丁尼范畴的内容对普通法产生了什么影响，不得不说，优士丁尼的准契约并非因不当得利而生之返还债务的排他性范畴，尽管准契约也确实包含了具有相同内容及原因事实的债务关系，但整体不同。准契约囊括了由非契约适法行为（permitted acts，相对于禁止行为）产生的全部债务关系。这样的合法行为尽管并非契约，却和罗马法契约清单上的这个或那个有名契约产生相似法律效果。是以，受领错误清偿与受领借贷物（mutuum）具有同样的法律效果，并为同样的诉讼即返还之诉（cond-

---

〔3〕 Gaius, *Institutes*, 3.88.

〔4〕 Gaius, *Institutes*, 3.91.

〔5〕 Digest, 44.7.1 pr. (Gaius, 2 *Aurea*) *Obligationes aut ex contractu nascuntur aut ex maleficio aut proprio quodam iure ex variis causarum figures.*

〔6〕 Digest, 44.7.5 pr. (Gaius, 3 *Aurea*).

〔7〕 Justinian, *Institutes*, 3.13.1, 2. 优士丁尼先是将债分为市民法上的债（*ius civile*）与长官法上的债（*ius honorarium*）（颇类英国人首先将债分为普通法上的债与衡平法上的债），然后说："接下来分为四类，盖要么生于契约（*ex contractu*）或近乎生于契约（*quasi ex contractu*），要么生于私犯（*ex maleficio*）或近乎生于私犯（*quasi ex maleficio*）。"

ictio）所认许。[8] 未经邀请即介入他人事务之人（无因管理人，*negotiorum gestor*）因该合法行为而负有以［善良管理人的］注意为介入行为的债务。认许该债务的诉讼与返还全无关系，倒与基于委托契约的诉讼十分类似。故，介入人在真正意义上"仿佛存在委托契约"而受该制度规制，尽管其与原告之间事实上并无合意。监护人的地位与之相类；正如无因管理人一样，监护人的主要债务并非返还。不论无因管理人还是监护人，都必须弥补由其管理原告事务造成的损失。[9] 但这些讨论已经偏题。优士丁尼的范畴，除经过改换的名称外，从未被普通法继受。

不过，盖尤斯的三分法倒真是与普通法的事实相吻合。普通法也有契约与侵权范畴，并且同样明显的是，尽管试图通过拟制技术使这两个范畴穷尽一切，但确实未能涵盖所有事实根据。缴纳所得税的义务即为充分的证明，归还错误给付的义务亦是如此。显然，这些既非产生于契约，亦非产生于侵权。毋庸再举更多例子。可以看得很明白，盖尤斯关于契约、侵权、其他杂项事实的分类法正与普通法一致。

是以关键问题在于，这个借来的"准契约"用法是否包括了契约与侵权之外的余项杂集中的所有法律事实，抑或只是部分。真正坚实有据的回答本应来自案例，但事实上，从没有哪位法官认为有必要审查杂项事实的资格，俾便确定准契约术语的精确范围。这个术语在案例中不太经常出现，而一旦抛头露面，也总是等因奉此地宣称，某特定的非侵权诉讼请求，尽管并非契约诉讼请求，但亦有能力获得法院支持。换言之，这个罗马法术语的唯一职能就是用来说明，在侵权与契约之外别有根据；那个余项杂集范畴确实存在。在摩西诉麦克法兰案中，曼斯菲尔德勋爵正是如是用之。[10]

相当于今天小额索赔法院的司法机构判决摩西向麦克法兰支付 6 英镑，

---

[8] Justinian, *Institutes*, 3. 27. 6; Digest, 12. 6. 返还之诉（*condictio*）是罗马法上的金钱债务诉讼（action of debt）。法律既然赞成根据原因事实对债务分类，那种基于内容的范畴分类理由自然应予抛弃。正是借贷和错误清偿导致同样诉讼这个事实，使得盖尤斯在处理借贷关系时接触到了返还之诉的非契约根据，并进而使其意识到，契约与侵权的二分法不能穷尽债务发生原因事实的所有范畴。

译按：金钱债务诉讼，早期格式诉讼。《元照英美法词典》，第 21 页。消费借贷（*mutuum*），罗马法上的一种借贷，借方有权消费借得的物品，然后以同等数量返还给贷方。《元照英美法词典》，第 940 页。

[9] Justinian, *Institutes*, 3. 27. 1, 2. 就为他人利益所负担的费用，两者都允许反诉。反诉不同于直接诉讼，得与不当得利相关联。

[10] Moses v. Macferlan（1760）2 Burr. 1005.

摩西向王座法庭寻求救济，企图将钱收回。摩西的理由是，麦克法兰基于四张本票提起的诉讼违反了其对摩西的书面允诺，依该允诺，摩西不必就其本票背书行为承担责任。对摩西所提起之返还诉讼的一个异议是，"被告根据一相反的诉讼取得了货币，不可能假定任何契约以退还货币"。就此，曼斯菲尔德勋爵回应说："若依自然正义之理，被告负有退还货币的义务，从原告的事实陈述中探究当事人意图，法律默示债务存在并认可此项诉讼，仿佛基于契约而生（正如罗马法的表达，*quasi ex contractu*）。"[11]如此用法确认了原告不必去寻找契约为根据，但并未告诉读者，是否存在任何既非侵权，亦非契约，而且也不是准契约的诉讼请求（non-quasi-contractual）。准契约更为辽远的边疆，被冷落弃置，无人探问。

当然，无可否认，现代作家持有共识，即准契约并未将侵权与契约之外的全部余项杂集事实网罗无遗。其涉足不出由不当得利所生之债务关系。[12]依这种用法，普通法的四种债务原因事实为：契约、侵权、不当得利（准契约）以及其他杂项事实（由于第三类事实从中切除，第四类范畴缩窄）。相较期待，这个关于准契约在普通法中界限的结论远谈不上坚实牢靠，这就是一开始说到准契约整体落于返还法领域时略显踌躇的原因。一旦发现准契约包含了任何并非不当得利的债务关系，很显然也就超出了返还法的疆界。彰明较著的是，缴纳税款的债务以及判定债务就不属于返还法领域。*

何以要将该范畴更姓改名？部分是为了添入被准契约排除在外的内容，部分是为了切断与契约之间虚构的联系。

33　　准契约在内容上受到两个麻烦的限制。其一，难究其详，准契约总归已被普通法挪为己用，衡平法上纵使从内容及原因事实来分析与普通法债务别无二致的债务，也被拒之门外。比如迪普洛克案，[13]迪普洛克的遗嘱执行人

---

〔11〕　Moses v. Macferlan (1760) 2 Burr. 1012.

〔12〕　Cf. Goff and Jones, p. 3 f. Sir P. H. Winfield, *The law of Quasi-Contracts*, London, 1952, 1 f. （"就当代英国法来说，我以为真正的准契约应如是定义：这是加于特定人的责任，这种责任并非排他性地属于任何其他法律领域，其归责事由则为，若不令该人为支付，则将使其不当得利。"）

*　译按：判定债务（judgment debt），由有效的法院判决确定的债务，或在对债务人提起的诉讼中债务人败诉而产生的债务。《元照英美法词典》，第746页。

〔13〕　Re Diplock [1948] Ch. 465. 译按：这是上诉法院判决的引称，上议院维持了该判决，判例全称为 Ministry of Health v. Simpson [1951] AC 251。该案涉及追踪法以及返还金钱之利的诉讼。凯莱布·迪普洛克（Caleb Diplock）留下25万英镑遗产，遗嘱管理人误以为遗嘱中的慈善遗赠有效，遂向

误信慈善遗赠有效而将剩余遗产捐给几家慈善机构。死者近亲属要求慈善机构返还遗产，法院结论的主要内容是，受益人在衡平法上负有返还债务。与此项债务相关的对人请求在普通法上得不到支持，盖此处并无事实错误。但毫无疑问的是，尽管此类请求权是衡平法上的请求权，而非普通法上的请求权，但与普通法上的准契约债务在分析上并无区别。若受托人在获得某种收益的同时却违反了避免利益冲突的义务，针对受托人的对人请求权亦同。[14] 因不当得利而生以返还为内容的债务，与之相关的对人权也是一样。是以，至少要将准契约扩展到将那些衡平法上的类似债务包括进来，才算得上见识通达。这些返还性质的对人权，不管怎么命名，都不能再根据管辖权的不同而强推硬塞进彼此分立的范畴中。

其二，准契约被严格限定为债法范畴。契约、侵权、准契约及其他事实，这是根据原因事实对债务（或者从另外一面看，对人权）所作分类。于是对准契约的研究就很自然地作茧自缚，将不当得利看作产生对人权的原因事实，遂造成管中之见。盖若是法律事实在其某些特定表现中同样产生对物性质的返还权利，那么很显然，任何法律人都希望能够这样看待。不同的教科书，将某个单一原因事实［指准契约或不当得利］产生的不同种类的相似法律效果往四处驱散，没有人愿意鼓励这样的不便。

是以，对准契约术语的替换，旨在将那些相似的衡平法上的债务添加进来，同时［新术语］有可能到达对人请求权的范围之外。这变化中的第二点意味着，不当得利这个法律事实可以战胜最初与其构成种属关系的抽象现象，也就是债。以节制和谨慎的方式，契约法亦经历同样变化。对买卖契约的处理方法从来不会故步自封于该法律事实的对人法律效果。对所有权移转以及"任何人不得给予其所未有者"这个原则的讨论表明，这一法律事实在构

34

（接上页）若干慈善组织给付了剩余遗产，部分金钱已用于慈善设施的维修改良。上议院在另案中判决信托无效（Chichester Diocesian Fund and Board of Finance Incorporated v. Simpson），包括辛普森在内的迪普洛克若干亲属遂要求受领人返还金钱。上诉法院认为，原告在衡平法上得追踪到这些慈善机构持有的混合资金。有些混合资金未放在经常账户里，原告即享有相应财产份额；有些放在经常账户里，即适用先进先出规则。上议院支持上诉法院判决，指出若原告针对遗产管理人的权利已用尽，得在衡平法上请求慈善机构返还金钱。参见后文边码 143、363。

［14］ E. g. Boardman v. Phipps [1967] 2 A. C. 46；Regal（Hastings）Ltd. v. Gulliver [1942] 1 All E. R. 378.

成上被理解为，不仅包括对人权，也包括对物权。[15]

　　要增加或调整原有范畴的内容，这些变化可能本来就不需要摒弃旧有名称。但准契约的确不令人满意。在本书此前的讨论中，多半使用"通过牺牲他人而不当得利"来对产生返还效果的法律事实作忠实的类属描述，此点自不赘言。但有一点需要稍费笔墨，即深厚的历史原因从不同角度增加了尝试以"返还"取代"准契约"的紧迫性。还在 20 世纪早期，与契约的虚假联系就已经为原告寻求返还救济设置了想象中的障碍（imaginary obstacle）。

　　准契约听起来就像是"某种程度上的契约"（sort of contract）。不管这印象如何强烈，真实图景却是，准契约只能勉强地被容忍于契约的卧榻之侧栖身。在契约法著作中，总有那么孤零零的一章叨陪末座，多数读者起初都是在这里见到准契约的身影，正如读者也可能在不动产法的末尾看到离婚或者在行政法的附录部分看到所得税那样地适得其所。拉丁语表述倒是稳妥许多，"近乎源于契约"（quasi ex contractu）意味着"仿佛通过契约"（as though upon a contract），实际上并无契约存在的暗示是足够显明的。[16]但准契约这个名词却无法避开其虚假的言外之意，而蕴含在该名词里的先天错误信息又与两桩历史偶然事件发生了可怕的共振。同样的舛误竟从三个方面受到强化，这在法律史上也是极其令人纳罕的巧合。这段历史造成的结果就是，英国返还法直到今天才着手把自己从对契约法的误托终身中解放出来。这三桩完全不同的历史偶然事件是：第一，"近乎源于契约"术语虚假的言外之意；第二，斯莱德案（Slade's *case*，1602）过度的杀伤力；第三，布莱克斯通以"社会契约"为工具，解释依法律规定而强加于当事人的一切法律后果。第一点已充分讨论，这里简单评论其他两点。

---

　　[15] 参看 1979 年《动产买卖法》（Sale of Goods Act）第三部分，第 16 条至第 26 条。

　　[16] 毋庸置疑的是，罗马法自身无意使用该术语表达"某种程度上的契约"这个含义，而是后来一些罗马法专家错误地假定了这相反的意思，于是准契约的"默示契约"理论在罗马法学者中也有了自己的支持者。See e. g., *Pufendorf's Law of Nature and Nations* (tr. B. Kennet), 5th ed., London, 1769, 454, n. 7 (notes by Jean Barbeyrac); cf. J. G. Heineccius, *Elementa Iuris Civilis*, editio altera, Amsterdam 1731, 1, 349; 359; 362; R. Eden, *Jurisprudentia Philologica sive Elementa Iuris Civilis*, Oxford, 1744, p. 206. Contrast A. Vinnius, *In Quatuor libros Institutionum Imperialium commentarius*, edition secunda, Amsterdam, 1655, p. 695.

　　1602 年斯莱德案的立场是，[17]当事人得提起"基于允诺的诉讼"［action on a promise，即简约之诉（*assumpsit*）］以获得根据买卖契约所应支付的价款。依自然之理，无从质疑何以不能如此。毕竟，正如泰菲尔德（Tanfield）在论辩中所指出的，尽管买受人所说不过"成交"或"我将为之支付 16 英镑"这么只言片语，但确实默示地允诺了支付。[18]反对意见则为，要想追还价款，应提起金钱债务诉讼。至少在皇家民事法庭看来，"基于允诺的诉讼"乃类案诉讼，*其职责仅限于拾遗补阙，只要存在资历稍长的有名之诉，即不得提起基于允诺的诉讼。正是这个观点，即简约之诉为金钱债务诉讼所排斥，为斯莱德案所弃置不御或者说被压服了。

　　对斯莱德案的影响本应加以限制，只有那些欠债事实中确实包含了明示或默示支付允诺的案件，也就是确实"表示出承诺意思"（import an *assumpsit*）的案件，方才允许以简约之诉代替金钱债务诉讼。[19]大略而言，这里的诉讼程式是，"被告虽已允诺……却良心败坏地违背诺言"。倘原告打算援引的案件事实表明，被告仅仅是由于法律规定而被强加债务，被告并未表示过同意

---

　　〔17〕　Slade's Case（1602）4 Coke Rep. 91. 就当事人论辩，参见 J. H. Baker，"New Light on Slade's Case"，1971 *C. L. J.* 51，213.

　　〔18〕　Ibid.，51，55 f.

　　*　译按：（英格兰古法）违反简式合约索赔之诉、简约之诉（*assumpsit*），英格兰普通法旧式诉讼程式，主要针对违反简式合约的损失而请求赔偿，从类案侵权之诉发展而来。起初这一诉讼的救济仅给予存在明示协议的情况，后亦扩展到默示或推定协议的情况。故简约之诉又分为普通简约之诉和特殊简约之诉，前者基于默示合约，后者基于明示承诺；前者多发生于出卖、运输货物、完成劳务所引起的价金给付，后者常见于不履行协议所造成损失，偶尔也见于合同条款需要解释的情况。《元照英美法词典》，第 111 页。类案诉讼（action on the case）：早期英格兰法上诉讼的开始以令状为条件，每一令状都依个案诉因而制作，并形成了自己独特的格式，包含特定的程序。这一系列诉因及相应的令状渐渐为普通法所认可，并具有排他性，即普通法对除此之外的诉因不予认可，对相应的损害也不提供救济。1258 年《牛津条例》规定，未经国王及其大咨议会同意不得再签发新令状。1285 年《威斯敏斯特法 II》突破了限制，规定若某一案件缺乏相应的当然令状，但类似案件有当然令状，而且原案需要得到类似救济，此际，文秘署的令状签发官应同意签发新令状；如果他不同意签发，则应将该事项提交大咨议会决定。在上述情况下签发的令状被称为类案诉讼令状。类案诉讼从侵权诉讼中发展出来，为侵权诉讼不提供救济的间接损害提供救济。类案诉讼发展为缺乏正式诉讼格式时的替代诉讼格式。1875 年之后，所有诉讼格式被取消，但类案诉讼仍用来指原先所指的那些诉讼。《元照英美法词典》，第 22 页。

　　〔19〕　斯莱德案的第三项裁决是说，"每个有效契约本身都意味着承诺"，并非说每笔负债都意味着如此承诺（4 Coke Rep. 91，94）。倘我向你借钱，我确实默示地允诺要偿还；但我若是接了一笔错误清偿，我可没这样允诺，我可能认为这钱是该给我的，或者我可能决定无论如何都要抓牢这笔钱，想必你也会如此吧。

甚至违背被告意思，那么原告不可能提出那种主张［指简约之诉］，理性人这么认为，真是可以理解。可在 17 世纪，法院的立场是，原告得利用简约之诉追讨任何债务。[20] 原告在诉讼中会主张负债事实存在，继而陈述被告已允诺支付，但原告只需要证明负债事实即足以胜诉。盖被告负债事实一旦得到证明，就被告是否亦曾允诺支付其所欠款项之事即无从再提出任何问题。至于你的说法，是允诺主张遭忽视，还是被告已默示地允诺，对诉讼结果并无影响，若你说，被告已默示地允诺，指的也是"法律上默示"（implied in law）、"视为"（deemed），而非果真曾以不明言的方式允诺。

这种对普通简约之诉（*indebitatus assumpsit*，*适用于负债情形的基于允诺的诉讼）毫无道理的扩张意味着，只要使用被告已经允诺支付这样的措辞，哪怕未经允诺的债务，亦皆可据之提起诉讼。准契约债务（即不当得利产生的债务）即为未经允诺的债务之一种。这样，通过宣称拟制允诺存在的诉讼程式，准契约债务得以主张。这就是第一桩可怕的历史偶然事件。诉状（pleading）发展中的满拧别扭将"准契约"那误导性的言外之意坐实，甚至可以说造就了这误传误报的历史。再往后，要想否认与契约的联系也实非易事了。以偿还错误清偿的债务为例，就比如说在 1920 年吧，那时怎么可能将之与契约区别开来？这样的债务遂被称为准契约债务，通过基于允诺的诉讼，穷对付了超过两个世纪。

可以看到，在 1760 年的摩西诉麦克法兰案中，曼斯菲尔德勋爵差点招致这一危险。[21] 这是普通简约之诉。摩西因此声称麦克法兰对其负有 6 英镑的债务并已允诺支付。麦克法兰从诉讼程式上答辩说，自己费心尽力"通过相反诉讼"从摩西那里获得的金钱，怎么能说允诺（*assumpsit*）偿付呢？曼斯菲尔德勋爵对此异议漠然无视：倘确实有负债事实，原告不必证明允诺的存在。曼斯菲尔德勋爵接下来的尝试虽可谓才华横溢，却也不无危险，即以一他山之石（alien stone）而击二鸟：向罗马法术语"近乎源于契约"（*quasi ex*

---

〔20〕 City of London v. Goree (1677) 2 Levinz 174；Aris v. Stukely (1678) 2 Mod. 260；Shuttleworth v. Garnett (1688) 3 Mod. 240；Lamine v. Dorrell (1705) 2 Ld. Ray. 1216.

　* 译按：债务人承诺偿还或履行（*indebitatus assumpsit*），普通法诉讼方式，即普通简约之诉（general *assumpsit*）。原告诉称：被告向其所负的债务或义务已到期并证实上述情况，由此被告承诺履行债务或义务。《元照英美法词典》，第 680 页。

〔21〕 Moses v. Macferlan (1760) 2 Burr. 1005.

contractu）乞援，这样既可证明诉讼程式的正当性，又可确认诉讼的非契约性质。曼斯菲尔德勋爵明面上强调的是后一点，可他隐而未宣的目的却是，通过援引罗马法而其使对允诺的拟制显得有典有据。曼斯菲尔德勋爵暗示，罗马人同样将此诉讼理解为"仿佛基于允诺"（as though upon a promise）。曼斯菲尔德勋爵对其所作所为，毫无疑问心知肚明；而若非第二桩历史偶然事件，法律人大抵本来也会牢牢把握事实与拟制之间的区别。

第二桩历史偶然事件是布莱克斯通对社会契约理论的青眼有加。但凡法律不经当事人明确同意而要求其以某种方式为一定行为，布莱克斯通所持理由不外乎是，所有社会成员都默示同意依法律、理性以及正义的指示而行事。

"是以，任何人都理当而且事实上已经同意，按照判决所命令的或者根据对法律的解释所评定的数额，支付特定款项。每个个体既为国家成员，在方方面面都要对国家的公共宪章（municipal constitutions）及地方法令（local ordinances）严遵谨守，这是原始契约的一部分，而所有分享社会利益的人都加入了这个契约。"[22]

当事人不当得利，法律即令其负返还义务，并不问其是否同意，与施诸不法行为人的惩罚并无两样，只是不包含任何责难意思在内。是以，布莱克斯通以默示契约术语为解释工具，也实在是理所必至。纵使面对的素材并未提供思想的火花，他应该也会这么做。由于在 17 世纪对斯莱德案的过度援引，诉状中到处可见拟制允诺的身影，不但为其支持的理论提供了历史的证明，而且为该理论的表述预备了现成的基础。

"默示契约的第二种类型，既非来自任何法院的明示决定，亦非来自任何制定法的直接指示，而是源于自然理性以及法律的公正解释（just construction of law）。这种类型拓展至所有的推定允诺（presumptive undertaking）或者简式合约；尽管或许从未真正允诺，但从法院的一般默示立场及对真意的推定中滚滚而出，即任何人都应该为其义务或正义所要求者。是以……3. 默示简约之诉（implied *assumpsit*）的第三种类型就是，某人取得或者收到了他人的货币，但未支付任何有价值的对价：盖法律对此如是解释，即货币系为供所有

[22] *Commentaries on the Laws of England*, 1768, Book 3, p. 158 (facsimile edition, Chicago, 1979).

人使用而取得或收到，并默示如是收取货币者已经允诺并保证向真正的所有人报告账目。倘该人将货币不法扣留，将因违反这种默示允诺及保证而面临类案诉讼；在违背允诺而不法扣留的范围内，还要弥补所有权人的损害。这一救济适用广泛且为益甚多，凡被告收取了货币而依公允及善良原则（ex aequo et bono）应予偿还的案件几乎皆有其用武之地。就基于错误，或者对价无效，或者以强制、勒索或强迫签订契约（oppression）为手段，或者在原告处境被不适当利用情形而支付的货币，救济皆可成立。"[23]

布莱克斯通与曼斯菲尔德勋爵生当同时，而前面这一大篇论述，即以对摩西诉麦克法兰案判决一段久经考验的引用作结。但布莱克斯通给了默示契约新的强调与推动。此外，若将这段摘录放回上下文中阅读，就会看到，其并没有严格区分法律上的默示契约（被视为的，deemed）与事实上的默示契约（真实但未明言，genuine but tacit）。这意味着布莱克斯通并未打算令读者对真正事实与虚构事实之间的区别提神留意，而其读者为数甚夥。《英律疏议》在这个领域里的成功真可谓影响深远，把对返还债权的虚构契约性解释带入了19世纪，甚至在19世纪中叶诉讼程式被废弃之后，仍顽强存续；当时，诉状中的拟制也正被刈删干净，本来也能够成功对付诉讼程式。

这种负面影响从霍尔丹勋爵在1914年辛克莱尔诉布鲁厄姆案中的判词可见一斑：

"大体来说，就对人诉讼而言，英格兰普通法（不同于罗马法）真正认可的只有两类诉讼，即基于契约的诉讼及基于侵权的诉讼。当提到近乎源于契约（quasi ex contractu）的诉讼，指的仅仅是这样一类诉讼，即在理论上是基于由法律拟制而视为的契约（imputed）。只有在该契约若真实存在也将有效的情形下，拟制才能发生效力。"[24]

这段论述在两方面概括了默示契约这一谬种异端的遗害。首先，准契约范畴被断言并非独立存在。达尔文若是对可观测事实如此麻木不仁，就将一无所得。在错误、强迫签订契约或者对价无效情形受领了利益，此际的利益

----

[23]　*Commentaries*, Book 3, p. 161 f.

[24]　Sinclair v. Brougham [1914] A. C. 398, 415 (*per* Lord Haldane).

返还义务显然既非产生于契约，亦非产生于侵权。而经过如此扭曲，没有什么法律主题能够理性地加以考虑。这些诚然关乎紧要，但造成了法律本身的瑕疵倒是小，更主要的是，当律师都一头雾水时，不论讼案胜败得失，对当事人来说都难言妥当。其次，霍尔丹勋爵最后一句话让拟制焕发生机。当被告通过牺牲原告而得利时，被告是否应予返还并不取决于是否存在有效的偿还允诺。面对一只粉笔，最好问问，这是不是温斯利代尔干酪或者切达干酪。*在辛克莱尔诉布鲁厄姆案中，某公司受领了一笔越权支付款项，支付采取的是顾客存款形式，而公司并无经营该种银行业务的权力。公司向顾客所为之偿还允诺无效，这并无疑问，但这只是起点。问题是，考虑到契约无效，是否应令该公司返还。是以，再没有什么比从关于允诺的问题开始分析更问道于盲的了。

　　英国法上的准契约何以未能于契约法之外独立发展，以上关于其历史原因的叙述旨在强调，吾人需要新的起点，使用新的语言，并灌注多少有些不同的内容。目前，就返还与准契约之间的关系，所能说的最重要的就是，准契约术语应彻底摒弃，并无职事将其差遣。所谓准契约债务，也不过就是产生于不当得利的普通法上的债务，其内容为返还，而不当得利为其原因事实。坚持称其为准契约，就是坚持这样一种用法，既不增添任何信息，反时时带来将其误传误报的历史重演重现的危险。

二、返还、侵权及其他不法行为

　　小标题中说到"侵权及其他不法行为"，这很重要。返还法不得不应对的一役就是普通法与衡平法的区分。当然，这区分无法消弭，这就是英国法律生命的事实。但不能任由这一区分模糊了至关重要的统一性，尤其是法律事实的统一性。生活本身不可分割。然而两个法律体系用以响应同一事实的语词却是如此不同，以至于很难认识到谈论的是同一类型事实，或者就是一回事。以"不法行为"这一属概念为沟通普通法与衡平法的桥梁，遂在返还法这个特殊领域碰上该一般性问题。

　　何为不法行为（wrong）？一般以道德谴责、恶意作为或不作为、不诚实、

---

　　*　译按：英语中说 as different as chalk and cheese 或者 as like as chalk to cheese，表示根本不同、实质不同的意思。温斯利代尔（Wensleydale）与切达（Cheddar）是两种不同的干酪，以地名之。

过失，或者其他什么过错类型来定义，这在情理之中。但这条道路已被封闭，盖不以道德谴责为责任承担要件的侵权行为以及衡平法上亦得基于善意实施的违法行为都被不太合适地排除在外，前者如侵占/无权处分，后者如受托人使自己处于这样的处境，比如很可能受到驱动而牺牲信托财产的利益。为了把这些不以过错为责任要件的情形囊括进来，这里所说"不法行为"是在"违反义务"（breach of duty）的意义上使用的。某作为或者不作为，若是被描述为违反了普通法或者衡平法义务从而产生某种法律后果，即构成不法行为。这个定义没有排除违约不法行为（相对于表现为合意达成行为的"订立契约"）。这无甚大碍。"不法行为"是属概念，并未将违约归入侵权，事实上侵权、违约以及违反衡平法上的义务都是不法行为的种概念。

40　　不法行为通常产生赔偿后果，此际，不法行为/赔偿与返还之间遂见清晰区分，形成鲜明对照；不法行为产生惩罚后果这种更少见的情形出现时，亦然。得以下面这个稍显复杂的表格展示此间关系，如同前面那幅图的思路[第26页]，上面横栏为法律事实，侧栏为法律后果。未加考察的事项亦衺扢囊括，故上栏中的"其他[法律事实]"包括"契约"，暂未讨论。

	不法行为	不当得利	其他法律事实
返还	(×)	√	×
赔偿	√	×	?
惩罚	√	×	?
其他法律后果	?	×	?

　　表格中的叉号意味着该格没有内容，即相应法律后果不由相应法律事实产生。问号的含义是中立的，仅指不排除这里发生一定内容的可能。对号意味着这里有内容存在，相应法律事实引起相应法律后果。在不法行为/返还一格，以圆括号框住叉号，即（×），这就是马上要讨论的问题了。

　　在第一章，不考虑所有其他法律范畴而孤立考察这个问题，发现了返还与不当得利之间天衣无缝的啮合。有不当得利处，即有返还，反之亦然。反过来，这意味着不当得利不会引起任何其他法律后果，还似乎意味着返还不会因任何其他法律事实而产生。这就是上面表格展现的情景：在不当得利纵栏里，只有一个对号，也只有这个对号在返还横栏里。

但后一项命题，即没有其他法律事实会产生返还法律后果，逻辑上却颇不牢靠；当涉及不法行为时，即可看到该命题并不正确。这逻辑上的不牢靠在于："通过牺牲他人而不当得利"措辞一般地描述了返还发生的所有情形；是以从逻辑上讲，该描述应该能够涵盖那些表面上看与其相一致的同系列其他事实的构成因素；故而厕身此系列的其他法律事实产生返还法律后果，并非不可能。在不法行为处，这逻辑上的可能果然成真，但仅限于一组很容易界定的案例。

前文指出，"通过牺牲［他人］"具有两重含义：减损的含义以及不法 41 行为的含义。可获利不法行为（acquisitive wrong）的受害人欲就不法行为人的收益请求返还，而且要在自己［失利］与该收益之间建立［因果］联系，就必须依靠"通过牺牲［他人］"的不法行为含义，诉因即为不法行为。换言之，尽管控诉的是被告通过牺牲原告而不当得利，但只有证明［被告实施的］不法行为，才能站住脚。例如，在雷丁诉总检察长案中，[25]雷丁军士收取了丰厚贿赂，帮助走私犯的卡车穿过军队在开罗设置的路障，从而违背了对国王的义务。上议院认为，雷丁违反义务而受领的这笔金钱应归国王。除这笔钱是通过不法行为赚取以外，国王与这笔钱之间别无联系。国王的财富不会因为走私犯向雷丁所付的那笔款项而相应减少［指没有减损］。可见，国王的权利基础是该不法行为，即该不法行为构成诉因不可或缺的要素。稍后再度讨论这个主题时将会看到，就侵占/无权处分收益所提出的诉讼请求一般而言也合乎同样的分析。[26]

这是不法行为与不当得利重叠的一类案型。重叠的发生源于这个事实，即不当得利是在不法行为之上的层次抽象概括出来的。就同样的现象，应该可以举出其他例子。也就是说，从逻辑上讲，在"通过牺牲［他人］"的减损含义内也会存在这样的诉讼，即原告为了证明得利"不当"或者得利可以回转，仍然必须依靠不法行为这个理由。但实践中找不到这样的案例。不法行为之为引起返还后果的法律事实，所有例子都被"通过牺牲［他人］"的第二重含义囊括无遗。第一张图中的那条分割线构成了对这个主题的主要划

---

〔25〕　Reading v. A. -G.［1951］A. C. 507.

〔26〕　参见后文边码138。

分。[27]

应对这一局面的途径有二。其一，认识到不当得利必须理解为两类法律事实：通过不法行为而不当得利，以及通过减损他人而不当得利。于是产生了前面那个表格的第一个变体。[28]

	不法行为	通过不法行为而不当得利	通过减损他人而不当得利	其他法律事实
返还	×	√	√	×
赔偿	√	×	×	?
惩罚	√	×	×	?
其他法律后果	√	×	×	?

这个思路遭到强列反对。不管是否借助表格，这种操作最终都是为了通过安排有恰当联系同时在分析上有区别的系列术语，来方便清晰思考。但这一目标未克实现，盖"不法行为"与"通过不法行为而不当得利"可能并不那么好区分。换言之，通过在第一与第二纵栏之间划出清晰的界线来消除潜在的重叠，这办法不成功。"通过不法行为而不当得利"不过就是产生返还后果的不法行为范畴而已。

其二，在不法行为产生返还后果的情形，只讲"因不法行为而发生的返还"（restitution for wrongs），不讲"通过不法行为而不当得利"（unjust enrichment by wrongs）。这个办法的优胜之处在于更为经济，不足之处在于对术语的人为特殊化，当然，有时这不可避免。换言之，对不法行为引起返还后果的案件，法律事实不再独立描述，正如并不会根据法律事实产生了惩罚或赔偿后果而予独立描述一样。吾人以为，没有必要为"发生赔偿后果的不法行为"（compensation-wrongs）与"发生惩罚后果的不法行为"（penal-wrongs）划出独立纵栏，而是用更为简单的说法，不法行为（法律事实）可以导致赔偿以及/或者惩罚（法律后果）。同样，不必讲什么"不当得利的不法行为"（unjust-enrichment-wrongs）或者"发生返还后果的不法行为"（restitution-wrongs），从

---

[27] 参见前文第 26 页。

[28] 参见第 42 页的表格，修改了第 40 页的表格。

而将这些理解为一般地从"不法行为"中分离出来的法律事实。相反,返还只不过是由那些被确认为"不法行为"的种法律事实产生的其他可能法律后果。当然的推论就是(正是在这里,语言必须特殊化),"通过牺牲他人而不当得利"必须理解为,只在减损意义上使用"通过牺牲他人";"通过不法行为而不当得利"这一略语则变为"因不法行为而发生的返还",独立法律事实的身份遂烟消云散。"不当得利"则单单意指全称为"通过牺牲他人(=通过减损他人)而不当得利"的法律事实。

用来解决问题的这第二种方法得表解如下: 43

	不法行为	不当得利	其他法律事实
返还	√	√	×
赔偿	√	×	?
惩罚	√	×	?
其他法律后果	√	×	?

这个表格显示返还分裂为二,并正确地肯定,返还由两类事实并只能由两类事实引起,即因不法行为而发生的返还以及因不当得利(通过减损)而发生的返还。返还与更广义的不当得利之间天衣无缝的啮合被放弃了。这个更广义的概念需要一个标签,以便必要时还能想起。由于[广义不当得利]字面上的矛盾含糊/双重意义(ambivalent),那个单词将来起辨识作用。*

区分因不法行为而生的返还以及因不当得利(自此往后都在狭义上使用)而生的返还,这个二分法是对发生返还后果的法律事实的主要分类。这个二分法也正契合奥斯丁对救济权(或第二位权利)与初始权利的区分。[29]因不法行为而产生的返还权利总是救济权或第二位权利。说是救济权,盖此权利的发生就是用来制裁义务违反行为或者给予[受害人]抚慰的;说是第二位权利,盖既有义务被违反,即意味着在救济权利之前有初始权利存在。在表格中,产生于不当得利而非产生于不法行为的返还权利是初始权利,正如产

---

* 译按:"那个单词"(that word)大概指"减损"(subtraction)。

[29] John Austin, *Lectures on Jurisprudence*, 3rd. ed., London, 1869, Lecture XLV, 787 ff. Cf. Photo Production Ltd. v. Securior Transport Ltd. (1980) A. C. 827, 828 ff. per Lord Diplock.

生于契约（相对于违约）的权利是初始权利一样。［初始权利］不像第二位权利那样和其他在先权利存在固定联系。这个初始性质正是初始权利的构成事实与义务违反风马牛不相及的当然之理。

将因不法行为而生的返还从不当得利中剥离出来，如此操作也就消除了存在于不法行为与更大的、矛盾含糊的不当得利概念间的重叠。这种重叠可称作依赖性描述（dependent description），盖在此处涉及的案例中，对一事实的证明对于另一事实的成立不可或缺。是以这里，从第二纵栏清理出去的那些案例，之所以具备通过牺牲原告而不当得利的事实特征，在于这些案例首先构成不法行为。王国政府除非证明雷丁从事了不法行为，否则无从证明雷丁通过牺牲国王而不正当得利。故不当得利只能通过依赖性描述得到证明。

还有一类重叠却是无计可消除，但仅仅发生于未经分析事实的层面（unanalyzed facts）。把整个情节铺陈开来，可能会看到替代性分析，既有构成不当得利的最低限度事实，也有（从另一个角度看）构成侵权行为或者其他不法行为的事实。举个简单例子，你为一船柠檬向我投保，保险金额为 25 000 英镑，嗣后我错误地以为柠檬遗失而向你支付了 25 000 英镑保险金。这是基于错误而成功获得返还并有翔实记载的案例。[30] 就所记载的情形来看，该案中并无不法行为的蛛丝马迹。但现在稍加演绎，假设我之所以陷入错误，是因为你的欺诈性不实陈述，即谎报柠檬遗失。经过这番加工，案情里就既有导致返还的错误，又有欺诈侵权。在这个经过简化的例子中，案情中的不法行为与不当得利两个法律事实别若泾渭。还有些案例，界分不那么清晰，原理则一样。

更为详尽的讨论放在第十章"因不法行为而生的返还"。这种重叠于前面的表格全然无碍，盖此处两个原因事实虽然机缘巧合地相聚于同一案情，在分析上却是彼此有别。每一事实的证明以及用为诉讼理由，都无待于他方。

三、返还与契约

本小节将关注瘦了身的不当得利与契约订立（而非撕毁契约）事实之间的关系。因违反契约而生的返还系因不法行为而生的返还之一部。

---

[30]　Norwich Union Fire Insurance Soc. v. Wm. H. Price Ltd. （1934）A. C. 455.

　　为便宜计，即由此教义学命题开始讨论：除非事出偶然，[31] 否则构成不当得利的事实因素并不包括返还允诺。换种不同表述：无关得利当事人的同意，返还权利总是根据法律规定而产生。在这个方面，返还权利与因侵权行为而生的权利相类，至为显明，后者由法律强加，不会考虑侵权行为人的意愿如何。若构成不当得利的某些特定事实因素表明，受领人希望得到利益并选择接受该利益，则只在此际，不当得利的构成事实方才会虑及受领人的意思或同意。可是这番话亦可适用于盗窃行为。希望得到某物与同意为某物支付价款，可有天壤之别。[32] 故不当得利是对如下法律事实的类属描述，这类事实不论表现得如何异彩纷呈，都不会将返还允诺或者返还合意囊括进来，纵在不当得利概念的那个矛盾含糊版本被摒弃之前，这个判断亦不失为真。这等于是说，不当得利与契约在依赖性描述方面不存在任何重叠问题。

　　可以参照那些最有可能抵触此命题的事实来检验命题［真伪］。假设如下情形，我确实通过牺牲你而得利，但就案情事实看，法律并未赋予你返还请求权。也就是说，根据那个关键词（critical word）目光向下的版本，该得利并非"不当"。再假设你出于法律上的错误向我给付，我承认你对我享有道义请求权并允诺偿还。再强化一下事实，避免碰到对价理论带来的麻烦，假设我系以契据形式允诺。这些事实因素加起来，即足以使我的允诺可强制执行（允诺将通过牺牲你所得之利让与给你）。这里的问题是，这一利益是否因为增加了允诺这个事实因素而变为不当得利，法律强制执行允诺是否就意味着法律在实现返还法律效果。这是对同一问题的两种表述，而回答是否定的，盖我所允诺的内容正好以我受领的数额来度量，这不过是偶然中之最偶然者。为求问心无愧，我或曾任意允诺一幅丹青、一张戏票或一顿晚餐，但这只是良心安宁或道德无咎的价码，确定了我对此得利自愿付出的份量，而不是得利本身的价码。故而，当法律强制执行该允诺时，法律给予回应的事实是该允诺本身，绝不是通过牺牲你而得利，这道理很明白。

　　我对自己是否负有责任颇感怀疑，但还是允诺偿还，以免你将我送上法庭，在这个例子中，允诺与通过牺牲你而得利之间关系的任意性质（arbitrary

---

　　[31]　例如，我受领了一笔错误给付，无论如何，法律会令我将之归还，于是我依照法律的要求如是允诺。

　　[32]　E. g. William Lacey（Hounslow）Ltd. v. Davis［1957］1 W. L. R. 932. 于后文第270页以下讨论。

46 nature）更为彰明较著。若我真是愚顽不化，对是非本身全不上心，那我允诺偿还债务的份量就不过是免遭讼累威胁的价格罢了。这种任意关系如何影响返还定义，便不过如此。而对返还权利的度量，具有决定意义的必然是通过牺牲原告所得之利的数额。若是详考细究就会发现，看起来像是以返还为内容的允诺总是根据不同原则来度量的。是以，产生债务的法律事实并不是通过牺牲受允诺人而不当得利，而仅仅是与通过牺牲受允诺人所得之利偶然相关的允诺。简言之，受允诺人的权利并非法律针对该得利而赋予，而是产生于一个不同事实，即允诺本身。

由以上论证可以看到，依赖描述性质的重叠可能并不存在，但替代分析性质的重叠的确存在。根据案情事实，我可能负有返还责任，同时这里还有契约关系，虽然该契约本身就责任成立来说并不必需，但具有相同内容。你得选择任一种分析作诉讼请求基础。我请求你借给我 10 英镑，而你将支票交付于我，于是我默示地允诺了偿还。这默示允诺当然不是拟制。尽管实际上可能只用了"借入"（borrow）、"借出"（lend）这样的语词，这种默示却深植于交易的性质当中。但贷给款项的事实亦显露出自由接受。[33] 在未经价格磋商而订购货物或劳务的情形，也是如此。我默示地允诺了支付合理价格，但我也自由地接受了所涉利益。某人明知某利益并非赠与并有机会表示拒绝，却选择接受该利益，即为自由接受。就受领利益的价值，自由接受为针对受领人的返还请求权提供了事实根据。换言之，自由接受的利益构成了不当得利属概念下特殊的一种。自由接受通常支持允诺支付的真实推论。过去一般认为，在任何诉讼请求可以得到支持前，必须先推论，但这种观点已被放弃。现在知道，即便契约性推论受到阻碍，诉讼请求仍能得到支持。若推论未受阻碍，很显然，原告得依意愿决定是否如此推论。

像上面提到的交易中一样，当替代性分析在同样的事实因素中同时发现

47 契约与不当得利时，契约债务的内容可能不同于返还性债务。是以必须确立这样一条规则，至少在契约由于履行受挫或者为了应对毁约/拒绝履行而遭提前解除之前，不能使原告依不当得利提起诉讼相较依契约提起诉讼处于更有

---

〔33〕 参见后文边码 265 以下。同理，若我未能偿还，你的支付将完全无对价，于是也存在不同返还请求权基础的选择问题。

利的位置，[34] 否则返还法将给交易带来灭顶之灾。你为我修理窗子，而在达成协议后，发现约定价款低于现行价格水平。若你得于嗣后转而依自由接受主张权利来改善你的地位，那我的交易可就算是折了本儿，而法院也就将规制所有经济交往事务的重活儿一举大包大揽接过来了。

这里就不当得利与契约之间的关系所说所讲，同样适用于不当得利与根据"禁反言/不容否认"[原则] 执行的任何允诺之间的关系。地方性难题（local difficulties）可能会在一段时间内让人看不清楚事实，即契约虽有各样名称，却仍为契约，正如玫瑰 [有各样名称一样]。[35] 就你在特定事情上的期待，我若为之承担起责任，不管我实际上使用何样语词，其效果都是我已允诺为你实现该期待。若是法律认为该允诺具有拘束力并可强制执行，那么不管法律使用何样术语指称该可执行的允诺，根据法理学上的用法而不受地方性 [知识] 的约束，就可以说这里存在一项契约。是以，正如不当得利绝不会由允诺构成（根据吾人的地方性用法，目前称之为契约），那些被称为禁反言的可执行的允诺亦与不当得利全无瓜葛。以契据形式作成的或者有对价支持的允诺，大多数都不具有丝毫返还性内容。我向你允诺，若你亲自在我的土地上建造房屋（我并未要求你那样做），你将获得该地块上的非限嗣继承地产权，这一允诺完全不会牵扯到我通过牺牲你而可能受领的任何利益（不管该利益是基于你对我所为之允诺的信赖或是其他什么方式而取得的）。假设你建造了房屋，我也只是因为地产增值而得利；只在你投入的范围内，才说得上牺牲你。故，如果我被迫给予你非限嗣继承地产权，甚至是终身权益，也只能解释为你预期的实现，而不能解释为返还。一个碰巧在表面看来有着返还内容的不容否认的允诺，*正应该像具有同样内容的契约般以完全一样的方法来分析。就基于允诺而如是产生的权利，返还性内容不过是意外巧合：度量标准完全是两码事。在不容否认的允诺背后，正如在普遍所称的契约背

---

〔34〕　Toussaint v. Martinnant（1787）2 T. R. 100；The Olanda（1917）[1919] 2 K. B. 728；Thomas v. Brown（1876）1 Q. B. D. 714；Re Richmond Gate Property [1965] 1 W. L. R. 335.

〔35〕　Cf. Crabb v. Arun District Council [1976] Ch. 179, and P. S. Atiyah，"When is an Enforceable Agreement Not a Contract?"，(1976) 92 L. Q. R. 174.

＊　译按：允诺的不容否定（promissory estoppel），允诺人相信对方将由于信赖其允诺而作出某项实质性的作为或不作为，所受允诺人确实因此作出某项作为或不作为，且作出的允诺不得否定或取消，以免给对方造成损害。《元照英美法词典》，第1105页。

48　　后一样，有时法律事实确实允许不当得利的替代分析，出于必要而依返还标准来度量。[36]

四、返还与其他杂项事实

　　毋庸赘述，这些事实的一般特征是，产生债务关系不以同意为要件，在此点上与契约有别。但这些事实亦非不法行为或者不当得利。如前面阐明的，当只确定两项有名范畴（契约及不法行为）时，余项事实集合外延甚广。在这个外延甚广的集合里发现了另外一些具有统一性的法律事实，从而形成第三个有名范畴（不当得利）。由这番操作可得出结论，在还剩下的法律事实的孑遗里，应该再不会发现不当得利的例子。

　　若是有谁妄图将所有这些事实一一胪列，那他不是鲁莽灭裂，便是学究天人，好在这全无必要。判定债务、法定收费、例定规费以及各种税，构成了余项事实的大部。这些债务多与返还无相似之处。由于受领利益而负的纳税义务即为一例。如所得税：相关法律事实为得利，发生积极法律效果，即让与一定比例的利益。但为何不是返还/不当得利？

　　答案有二。其一，尽管法律令纳税人负担让与一定利益的义务，但利益并非通过牺牲让与相对方而得到。我的微俸薄薪无论如何都谈不上是通过牺牲（不论何种意义）税务局而取得的。其二，让与的标准并非利益的数额，而仅为其一部。当然，若是税率达到了100%，那也不过是把前面针对碰巧以得利来度量的允诺那套论辩搬过来罢了。所取得者与所让与者在数额上恰好一致，这不过是原则在特定情形下的例外，而原则在逻辑上与这样的度量标准并无关联。适相反对，返还总是要求将得利全盘托出（除非某种抗辩起作用，减轻了责任），而且总是交给得利令之遭受牺牲的那个人。

第二节　财产法中的返还

49　　　　截至目前，我们一直在检视对人的返还权利。对人权的法律与债务关系法同一，盖某人享有对人权，即必定有他人负有债务。你出于过失踩了我的脚，我即享有要求赔偿损害的对人权，而你即为我得对之主张权利的那个主

---

[36]　参见后文边码290—293以下。

体（persona）。从你的角度来看这个法律关系，同样得肯定地说，你对我负有损害赔偿义务。财产法则关乎对物权。举凡所有权、非限嗣继承地产权、终身地产权、抵押权、浮动担保等，*皆为对物权。这里的每种权利都得为其他权利的标的。设我与你订立契约购买你的房屋，我对你享有对人权，该权利的标的即为你应将你的对物权（非限嗣继承地产权为典型）让渡于我。在我拥有所有权的东西中（我可能决定将之转让给你），包括对欠我 20 英镑的债务人所享有的对人权。对物权与对人权之间的对照同样得表述为所有权性质的权利/财产权（proprietary rights/property rights）与针对特定人的权利（personal rights）之间的差别。**但拉丁术语有个好处，英语 personal 易生歧义，即指"属于某人"（of a person），而拉丁语 in personam 意指"针对某人"（against a person）。于此稍耽笔墨，指明所有权性质的权利与针对特定人的权利的区别，于后面的讨论大有裨益。

一、所有权性质的权利与针对特定人的权利

两者的区别在于可否强求（exigibility），无关可转让性（alienability）。对人权可能得转让，而对物权也可能不得转让。依据契约、不法行为、不当得利或者其他法律事实，对人权得针对他人强求。对人权固然可能涉及物（res），但即便物遗失或灭失，亦无碍权利行使。为行使对人权，需要找到的是义务人，而非物。若你负有义务将母牛戴茜给我，或者让我使用你的剧场，那么纵使戴茜不知所踪或者剧场毁于一旦，从我享有的权利（相对于涉及特定原因事实的法律）的性质，绝不可能推论说我的请求将被驳回。毕竟我仍能找到你［债务人］，而且即便我坚持要求得到戴茜或者使用剧场，也不能算是胡搅蛮缠。

与之相较，对物权可否强求取决于所涉之物的存在及其所在。物一旦灭

---

* 译按：终身地产权（life estate），在持有人或相关他人生存期间存在的地产，不具有继承性，他们死后该地产将归剩余地产或回复地产权利人。《元照英美法词典》，第 848 页。浮动担保（floating charge），指在企业现有资产上设定的一种担保，它允许企业继续经营，仍可在正常商业交往过程中交易处分担保资产，除非债权人以某种方式或因发生某种情况而致担保具体化（crystallise）。《元照英美法词典》，第 561 页。

** 译按：所有权权利/专有性权利（proprietary right），指财产所有人基于所有关系而享有的权利。就某一财产标的而针对不特定的一般人享有权利，与仅仅针对特定他人的对人权不同。《元照英美法词典》，第 1108 页。

50　失，对物权亦将无所焉附。我不能吃掉蛋糕还拥有蛋糕，一片接一片，所有权亦步亦趋、随之递减。若你竟不法将我的蛋糕吃掉，我可以说对你享有对人权，你应赔偿那块我曾经所有的蛋糕；但是我可不能用现在时态说，有块蛋糕，我对之拥有所有权。同理，我打算明早烤蛋糕，可眼下我并无所有权，也不能令你取得所有权，当然，我可以给你针对我的对人权，使你在蛋糕烤出来后成为所有权人。也就是说，我可以订立契约，蛋糕出了炉，就将之转让。

　　另外，对物权不会对并未拥有该物的人主张（exact）。除非我能辨识出蛋糕在占有人手中，*否则，我若说"这是我的蛋糕"，那并无意义。这还是因为对物权之为权利，是由物之存在及其所在来界定的。从这里还引伸出对物权的强大效力：对物权得对任何被证明持有该物的人行使（exact）。这并不意味着对物权在物灭失之前永远存在。可以创设一定期间内的对物权。规范目的在于保护受让人的特殊规则也可能将对物权消灭，例如在不知情的情况下公开在市场购买或者基于善意支付了对价而购买。但除了箴言"任何人不得给予其所未有者"的此种例外［善意取得］，对我那块蛋糕的任何占有人，"这块蛋糕是我的"皆为真。

二、非返还性质的对物权

　　要说清楚哪种对物权是返还性权利，并非轻而易举。从反面着手探讨这个问题更为便宜：何种对物权并非返还性权利？本小节的目的不在于为并非返还性权利的对物权开列清单，而旨在揭示某些特征，从而能将某特定权利立即从返还性权利的整体中清除出去。

　　有个很重要的预备问题：必须在权利形成之际来判断其性质。权利一旦形成，其表现方式就可能令人迷留没乱，只觉得其与返还相似。对这种张冠李戴的危险，前文已预为提防。[37]我向你发送货物，却在确认货物时犯下根

51　本错误，从而妨碍了你成为所有权人；[38]或者我于假期外出，竟有人擅自占地（squatter），搬进了我的房子。[39]在这些例子中，我在先的对物权不受影

---

　　* 译按：原文是 in the hands of my addressee，这里的收信人、收件人（addressee）不知是否有误。

　　〔37〕　参见前文边码 15 以下。

　　〔38〕　Cundy v. Lindsay（1878）3 Ap. Cas. 459.

　　〔39〕　我得根据英国最高法院规则（R. S. C. Ord. 113）获得恢复占有的简易判决。Cf. University of Essex v. Djemal［1980］1 W. L. R. 1301.

响。不当得利未能得逞，但阻止者并非返还法，这里起作用的是前文所称"预防"机制。假设，追溯这些对物权至我取得之际，最可能的是向某人支付了货币而得到权利。正是通过这一买一卖，权利才转移到我手里。若是如此，那么权利是依据同意而让与我的。这样的权利绝不会是返还性权利。[40]

这种检验于权利取得之际适用。时刻记着返还的定义，那么问题就是，于权利取得之际判断，新对物权能否看作使 D 将通过牺牲 P 或者通过对 P 为不法行为所得之利让于 P。分解一下，除非符合下列条件，否则 P 的新对物权不会是返还性权利：（a）减少（reduces）了 D 的财产；（b）减少额与 D 受领的某笔利益等值（equivalent）；并且（c）D 系通过牺牲 P 或者通过对 P 为不法行为而得到该利益。

[a] 有些情形，并无某 D 的财产减少。大海里的青花鱼并无定主，我捕得一条，即为我有。我新取得的对物权，与人无损。[b] 还有些情形，某 D 的财产减少，但减少额与 D 受领的任何利益都并不等值。在我生日那天，你赠与我一本书，书遂为我有，我新取得的对物权减少了你的财产；但这个减少无干你受领的任何利益；事实上，你根本未受领利益。与之不同，你以 20 英镑的价格将表出售给我，表成为我的，这增益于我的新对物权减少了你的财产并与你受领 20 英镑相关。但除非巧合，否则此处财产减少与受领的利益仍不等值。这 20 英镑是我同意支付的，可现在归我所有的这块表也许一钱不值，也许价值 500 英镑。[c] 又有时，D 的财产减少正好等于其受领的利益，但并非通过牺牲 P 而受领（P 取得权利）。我发现了一笔贮藏的金币，但宝藏属于国王。国王的权利将我的发现夺走，我之所失正等于我之所得。但不论是在减损意义上，还是在不法意义上，这些珍宝都谈不上通过牺牲国王而取得。

于是就有了这些消极检验标准：（a）D 未有财产减少；（b）D 的财产减少与 D 受领的任何利益都不等值；以及（c）被新权利减少的受领价值并非通过牺牲 P 或通过对 P 为不法行为而得到。

下面以克拉布诉阿伦区议会案验证这些消极检验标准，并就此结束本小节。[41] 阿伦区议会曾向克拉布表示将授予其地役权，允许克拉布通行某条道路。克拉布既得此表示，自然是对拥有这么一条出入通道满怀期待。谁知阿

---

〔40〕　参见前文边码 44—47。

〔41〕　Crabb v. Arun District Council〔1976〕Ch. 179.

伦区议会嗣后拒绝继续让与手续，除非克拉布肯掏 3000 英镑。但上诉法院认为，在衡平法上，根据不容否认的财产权规则，克拉布已经取得地役权。该对物权得看作返还性权利吗？该地役权减少了 D（这里是阿伦区议会）的财产；但该减少财产与阿伦区议会取得的任何利益都不相等，盖阿伦区议会未取得任何利益。既并未取得利益，遂可得出结论说，第三项检验（通过牺牲原告而取得）亦不支持将此视为返还。这是因允诺而生期待的案例，受允诺人产生不利益的信赖，故生衡平法上的效力。这与返还/不当得利全无关系。[42]

三、对物权的分类：基于法律事实

尽管所有权与债为平衡范畴（balanced categories），两者的内部重心却不同。前面看到，普通法世界的法律人已经接受了基于原因事实的债务分类，但还不能说普遍认可了"契约、不法行为、不当得利、其他事实"的序列。但自 19 世纪末叶以来，至少头两个术语已被广泛接受，同时法律人的目光也这样或那样地偏离了那块未曾探索的未知之地（terra incognita）。

相形之下，所有权性质的权利还从未根据法律事实来分类。此中原因复杂。最初的分类是动产与不动产。部分由于学术界的忽视，部分由于纂难的历史，动产一直处于杂乱无绪的状况。不动产主要是从不同类型的对物权角度来分类：非限嗣继承地产权、租赁权、*抵押权、地役权等。只是在这种划分的背后，才谈得上系列原因事实，或者用这个领域里更为熟悉的讲法，系列［对物权］"取得模式"（modes of acquisition）；纵使如此，也不是根据一个能够跟债务分类相颉颃的稳定体系来分门别类的。

结果就是，要想以用来划分对人权的那套原因事实系列来处理对物权，

---

［42］ 参见后文更详尽的讨论，边码 290—293。译按：地役权（easement），为实现自己土地的利益而使用他人土地的权利。需役地与供役地多毗邻，但不以此为限。《元照英美法词典》，第 455 页。衡平法上的不容否认（equitable estoppel），又称因既有行为而不容否认，指行为人由于其言行而自受约束，不得自相矛盾，作相反主张，否则会给他人造成损害，这违反衡平法。《元照英美法词典》，第 482 页。不利益的信赖，致人损害的信赖（detrimental reliance），由于一方当事人对他人的行为或陈述产生信赖，从而导致自己处于不利地位，该种信赖即属不利益的信赖。不利益的信赖得替代合同对价，使单方允诺成为可强制执行的合同。《元照英美法词典》，第 411 页。

* 译按：租赁权（lease），按照普通法，不动产租赁权属动产权益中的准不动产（chattels real）。英国 1925 年《财产法》还将定期租赁定为法律上或普通法上的不动产权，而终身租赁则转成衡平法上的权益。《元照英美法词典》，第 810 页。

从而在本章的两大块［指前面两节］之间保持平衡，绝非等闲易事。哪怕是能对这里的分类工作有所帮助的什么尚未完备或者略具雏形的传统，仍是无从觅处。可这项工作却颇为有用。目的可不是要重构财产法（要是那样做，可就真是有勇无谋之举了），不过是要尽可能清楚地筛选出返还性质的对物权类别。在某个方面，必须调整系列原因事实，以便尽可能形成不管什么样的事实排列。"契约"必须置于"同意"（consent）这一更高的概括层次上；若不这样调整，那么通过契据让与的对物权就只能在"其他法律事实"这第四项范畴中安家落户，*从而毫无必要地分裂了自愿转让的权利这个更大类别。经过这番调整，结果如下表所示：

		同意	不法行为	不当得利	其他法律事实
返还	对物	×	√	√	×
	对人	×	√	√	×
其他法律后果	对物	√	√	×	√
	对人	√	√	×	√

在这个表格中，以粗线方框标示出返还处理的全部对象。主要划分就是用线条分割开两类原因事实，这根植于不当得利那个如今已遭摒弃的矛盾含糊概念。第二次划分以虚线表示，法律事实产生了权利，这里根据权利的不同性质来划分。表格实际上断言，不法行为和不当得利产生了两类返还权利：对物的返还权利（restitutionary rights *in rem*）和对人的返还权利（restitutionary rights *in personam*）。在"同意/返还"以及"其他法律事实/返还"框中，内容依然为空。下面先讨论内容为空的这几类。

同意/返还

这一框里何以没有内容，在涉及因契约而产生的对人权时已加阐明。有时，因同意而让与的权利可能正好符合返还标准，但这种巧合毫无法律意义。这论断当然分毫不差地亦适用于对物权。［例如，］我把我的汽车或者农场给

---

* 译按：不动产权转让、不动产权转让契据（conveyance），指通过书面文件及其他方式，使土地所有权由一人向他人自愿移转，广义上也包括土地的转让、出租、抵押及财产负担。有时，该词指不动产转让契据本身（deed）。《元照英美法词典》，第 319 页。

你，你取得所有权。设我千方百计地想要取除我认为不正当的得利。我自你处受领了该汽车，而当时的情形颇有几分可疑，于是，我通过牺牲你所得之利，你得凭借新的对物权将之拿回。这看上去很像返还，但仔细分析，这返还的表象纯系偶然。这里的标准正好是返还的标准，是我选择这样，而法律在认可你的权利时，是回应我的意思，而非我的得利。同意这个法律事实，不会产生返还性权利。

这意味着明示信托绝不会产生返还性质的受益权。假设我将一定股份转让给你，以我自己为信托受益人。你通过牺牲我所得之利，我得基于衡平法上的受益权将之拿回，只将纯粹的普通法产权留给你。* 返还模式在这里仍旧毫无意义，盖不论收益多寡，本来全归我。衡平法回应的是我的意思，而非受托人的得利。但在"替代性分析"方面，[43] 这里生出重要问题。正如契约得覆于不当得利之上（借贷情形最明白），这里亦得有根据地说，在明示信托的下面也有不当得利分析模式在蹑足潜踪。即便出于某种原因，例如不符合形式要件的要求，明示信托协议被排除，仍无碍信托效力的发生，即为明证。下文论及霍奇森诉马克斯案（以下简称"霍奇森案"）再详为考察。[44]

其他法律事实／返还

这一栏的空空如也，同样得用涉及相应对人权时给出的那些理由来解释。这是分类逻辑的问题。"不当得利／返还"滥觞于在同意及不法行为之外的杂项集合中发现新的有名统一体（nominate unity）的尝试。顺理成章，"其他法律事实"就是最初的孑遗事实（"不当得利／返还"即是从中分离出来）的残片碎瓦了。是以，返还的例子在这一名目之下再也无处可寻。

其他法律事实／其他法律后果

在第四列的下半部分，"其他法律事实"与"其他法律后果"（即非返还性质的后果）汇聚一处，得方便地在这里讨论，何种事实得归于此处。之所以在此稍耽笔墨，是由于有那么一些事实，很容易认为应将之归入"不当得

---

* 译按：受益的权利（beneficial interest），指从合同或财产所有权中产生的利益或好处，不同于从法定所有权或控制中产生的利益。在信托法中，指受益人自己对信托财产本身或其收益所享有的权利，与受托人所拥有的法定所有权相对。《元照英美词典》，第 141 页。法定产权、普通法上的产权（legal title），指根据普通法原则确认的产权，对财产的所有权和占有在表面上是完整、完好无缺的，但对财产并无受益权，而他人对该财产享有衡平法上的权益。《元照英美词典》，第 825 页。

[43] 参见前文边码 46。

[44] Hodgson v. Marks [1971] 1 Ch. 892. 参见后文边码 58 以下。

利/返还”框，但实际上那里并无其一席之地，此处才是栖息的家园。前面考
察对人权时可以看到，几乎没有什么努力去关注非契约与非侵权这两个原因
事实范畴的界分事宜；还可以看到，这种漠然无视的结果就是，“准契约”是 55
否应将一切既非契约亦非侵权的原因事实衽扱囊括，抑或只涵盖其中产生返
还后果的不当得利部分，这种不确定性任由发展，无人理会。是以有必要对
产生非返还后果的这第四类原因事实的独立存在再予确认；在涉及对物权时，
这项工作同样必要。这里的特殊危险是，若是不做这项工作，就会很容易认
为，推定信托（衡平法不考虑所涉当事人的意思而创设一项对物的受益权时，
推定信托成立）全部都属于表格中的某框，特别是“不当得利/返还”框。但
事实上，衡平法上有很多对物权，这些对物权的形成在法律效果上就是创设
了推定信托，都处在框外。

在“其他法律事实/其他法律后果”框内的，既有普通法上对物权的例子，亦有衡平法上对物权的例子。普通法上，如前面的宝藏例子就正好适合这里。国王对珍宝的权利并非经发现者的同意而让与，也不是因发现者的不法行为而产生。此外，前面已经看到，这一权利不能认为是由第三类原因事实产生的，盖探宝者找到珍宝时，国王的权利将之从探宝者手中拿走，这利益原本就不能通过减损国王而取得。是以，国王的权利并非回应通过牺牲原告而不当得利。于是就只剩下第四类。类似早先讨论过的应纳税事实，宝藏发现这个事实是依据法律规定产生法律后果的（这里是产生国王的对物权），非因不法行为或者不当得利。该事实遂属“其他事实”，法律后果为非返还性质。取得时效提供了普通法上的又一个例子。当根据时效制度取得对物权时，原所有权人的财产固然减少，但在该减少与任何通过牺牲新所有权人所取得者之间“并无等值”，盖原所有权人实未从新所有权人处有任何取得。

衡平法上的一些推定信托也属于此框。“同意、不法行为、不当得利、其他法律事实”序列与［1925 年《财产法》］第 53 条关于“明示、默示、归复、推定”的信托分类并不一致，记住这一点很重要。[45]前面已经把明示信

〔45〕 为了明确书面形式要件，1925 年《财产法》（Law of Property Act）第 53 条区分两类信托：一类是明示信托，另一类是第 53 条第 2 款规定的归复信托、默示或推定信托全体。译按：归复信托（resulting trust），指当财产转让的情形表明让与人并没有使受让人从财产中受益的意图时，法律就将其规定为信托，是默示信托。《元照英美法词典》，第 1193 页。归复，指当某物经由部分或无效处分后，将其归还给物主。《元照英美法词典》，第 1193 页。推定信托（constructive trust），指法律根据当

56 托安置在"同意"纵栏，而且指出，明示信托从来都不会是返还性质。除此之外，任何其他三类信托为什么应该与任何其他三项原因事实（不法行为、不当得利及其他法律事实）接壤共边，并没有什么先验理由（priori reason）。这样就能一下子看清楚，推定信托并不在逻辑上与（并只与）"不当得利"一致，也不必然一致。如果普通法上的产权归一人，而衡平法为另一人创设了受益权，相对于诸如土地负担或者留置权这样的担保利益，信托必然产生。倘该信托并非根据信托创立人明示、默示或者普通法推定（presumed）的意思设立，该信托必定是［衡平法］推定信托（constructive）。*

　　这段关于推定信托起源的论述之于不法行为、不当得利及其他事实，自是无偏无倚。推定信托可能存在于三者任一情形；而就其法律后果来讲，受益权是否具有返还性质，可没有只言片语的暗示。将之置于"不法行为/其他法律后果"或者"其他法律事实/其他法律后果"框内同样合适。试举一例，以明其理。

　　设有二人 P 与 D 同居一屋，权利人登记为 D。购房款计 50 000 英镑，其中 P 出资 15 000 英镑。嗣后，当房价涨至 60 000 英镑时，P 又拿出 10 000 英镑将房屋结构改良，此举使房价立即增至 75 000 英镑。基于以上事实，得裁决 P 已经就该房屋取得受益权。倘如此裁决，即生信托。D 为 P 或者依法院确定的份额为 P 及自己以信托形式持有财产。该信托得被推定为归复信托，[46] 也可能是［衡平法］推定信托；（一个完全不同的问题）得为返还性质，亦得为非返还性质。假设，法院在判决 P 取得对物权性质的受益权并量化该权益的时候，（a）并未从其考虑中排除 P 所出资的 10 000 英镑，而且（b）并未试图在 P 的受益权与其出资（该出资牺牲 P 而增益于 D）之间划上等号，而更愿意强调 P 的实质贡献以及 P 与 D 一起表达出来的共同意思这两者的合并

（接上页）事人的某些行为以及衡平原则而推定产生的信托关系，以阻止不法行为人从其不法获得的财产上不当得利，如违反他人意愿或滥用其信任，以实际或推定的欺诈、胁迫或各种违法、不公正、阴谋、隐瞒手段获得在公平和诚信情况下不应该获得并享有的权利。《元照英美法词典》，第 305 页。

　　* 译按：担保利益、担保物权（security interest），指根据担保协议而在特定财产上所获得的权益，以担保债务的履行，如果违约，可出卖设定担保权益的财产，并以出卖所得清偿所担保的债务。《元照英美法词典》，第 1236 页。信托创立人（settlor），将财产转交或转让给他人的人，该他人即为第三人利益的受托人；为信托提供对价的人，即使在形式上可能由他人设立信托亦然。《元照英美法词典》，第 1250 页。

　　〔46〕 关于"归复"（resulting）与"推定"（presumption）的关系，参见后文边码 60 以下。

作用，这些意味着衡平法必须给予 P 三分之一的份额。这里，这条进路的第一方面，在（a）阶段，已足以认定该信托为推定信托，而非归复信托；[47] 而该进路的第二方面，在（b）阶段，防止了该法律关系成为返还关系，盖 P 的三分之一受益权与 D 通过牺牲 P 的任何得利都"并无等值"。要决定这个等值存在还是不存在，无法像算术那般毫厘不爽，盖量化工作总是很困难，通常只能约略近之。只有法院至少相信并断定，原则上依据 D 通过牺牲 P 受领的利益来度量 P 的受益权，才能说等值存在。[48] 这里很清楚，遵循（b）阶段的进路，法院并未适用该原则。是以，法院并不打算赋予其返还法律效果。

这样的信托应置于表中何处？P 就房屋的权利并非返还性质，故只能属于第二横排的对物权部分，即"其他法律后果"。那么又应该放在哪一列呢？显然，该权利非由同意产生，故排除出第一列。第三列在这个横排上也是内容为空，盖"不当得利"并不会产生非返还性质的法律后果。是以，P 的权利就只能放在"不法行为"或者"其他法律事实"之下。这里有意不就案例具体设定以至于足以揭明法院对 P 的权利予以认可的精确理由。可以构想，P 是 D 的不法行为的受害人，非返还性质的法律后果当然有理由受到 P 之出资的影响，但不会完全依出资来度量。这样 P 被放在第二列中。还有更大的可能，P 处于某种特殊类型中，例如"经济上受到压迫的准配偶"（economically oppressed quasi-spouses），公共政策代表这些人要求在法律后果上给予强硬保护。[49] 在这种情形，最适合的标题就是"其他法律事实"；对导致非返还性质对物权法律后果的事实，细节描述将类似于"受抚养的同居者对房屋出资"之类。

这个例子用来说明，根据推定信托而产生的对物权（或者更准确地说，就因为普通法上的产权在他人处而创设推定信托，从而产生对物权），可以是而且原则上是非返还性质的，从而得由不法行为或者第四列的杂项事实产生。

---

　　[47]　盖依归复信托设立的相关法律规则，并不会考虑在取得案涉［信托］财产后的出资（除非，或许出资很规律，表明当事人在财产取得之际即达成协议，当事人应依自始既已确定的份额向共同项目出资，但出资在嗣后履行）。See Cowcher v. Cowcher [1972] 1 W. L. R. 425.

　　[48]　Hussey v. Palmer [1972] 1 W. L. R. 1286. 相关讨论见边码 290 以下［292—293］，如果用以决定"份额"的原则［principle, 当有误，应该是"出资"之类］与被告通过牺牲原告所取得者对等，上诉法院打算给予原告的在该房屋上的份额利益（proportionate interest）得看作返还性质。

　　[49]　Cf. Cooke v. Head [1972] 1 W. L. R. 518.

而且就眼下讨论的特殊问题，重要的是该命题的第二方面：该种权利可为右下角一框内容的例证，即"其他法律事实"与非返还性法律后果汇聚之处形成的那个框。

不当得利/返还

58   这部分的工作是要甄别勘定一些财产权的例子，这些财产权由不当得利产生，故理所当然且明白无误地为返还性质。此前的关注重点一直在非返还性质的权利。最稳妥的办法莫过于以例言之。下文将阐明，在霍奇森案中，[50]何以原告的权利构成本栏的返还性权利；继而，将从对该案例的分析中得出更具一般性的结论。在笔酣墨饱之前，先就下面的问题稍加留意，亦为举手之劳，即在本栏下方，"不当得利"与"其他法律后果"交汇之处，何以空无内容。这正是返还与产生返还后果的法律事实之间天衣无缝的衔接：若说于返还之外不当得利还能产生其他法律后果，在逻辑上乃不可能之事。[51]

在霍奇森案中，原告霍奇森老太太，于世情俗务既不洞明，亦乏经验，被寄宿人埃文思（Evans）玩弄于鼓掌。埃文思将这位可怜老妪的钱财哄到手里，说是得代为经营和投资。这还不算，埃文思又令霍奇森将房屋转让给自己。由寄宿人的所作所为可知，这是他为免霍奇森的侄子将自己扫地出门的策略。至于说将霍奇森在衡平法上的受益权也剥夺掉，那倒不在埃文思的谋划之内，他实未虑及这点。嗣后，埃文思背着霍奇森将房屋出售，买主就是本案的被告马克斯；本案还有个第二被告，即建筑贷款协会，*马克斯向其贷了购房款，就以这房产为抵押。马克斯并未在转让完成时立即坚持名义占有；**这样，甚至在普通法上的产权已经转移到马克斯名下之后，霍奇森和房客还在这房子里住了好几个月，直到这位老妪和马克斯对簿公堂。

问题一，霍奇森是否享有某种权利？问题二，若是，该权利是否仍得对埃文思的买主以及建筑贷款协会主张？问题二的解答依赖于对1925年《土地登记法》第70条第1款 g 项的解释，但无关眼下的讨论。霍奇森虽受挫于昂

---

〔50〕 Hodgson v. Marks ［1971］1 Ch. 892.

〔51〕 参见前文边码17。

* 译按：建筑贷款协会（building society），由协会成员的认捐款形成股本或基金，其成员可以从中以抵押担保的形式获得贷款。《元照英美法词典》，第178页。

** 译按：无（实际）占有（vacant possession），指对土地或建筑物仅有占有之法定权利而不存在任何实际占有。该术语常用于待售建筑物。此外，如果某地块被弃置且未设任何围栏或其他占有标记，那么属于无人实际占有。《元照英美法词典》，第1393页。

戈德-托马斯法官（Ungoed-Thomas, J.），却得到上诉法院支持。但不管初审法院还是上诉审法院，都认为霍奇森就该房产确实享有权利。通过前一次转让，埃文思固然得到了普通法上的产权，但根据整个案情，霍奇森应享有衡平法上的非限嗣继承地产权，这样，埃文思不过变成了老太太的受托人而已。

要得到这个结论，两级法院都得克服一个困难。盖 1925 年《财产法》第 53 条第 1 款 b 项规定，"就任何土地或者地上权益为设立信托的表示，必须以书面形式为证并由得为此表示之人签字，或者以遗嘱为证"。上诉法院通过援引第 53 条第 2 款规避了这一形式要求，该款将"归复、默示或推定信托的设立或运作"排除出适用范围。得上诉法院巴克莱法官（Buckley, L. J.）、凯恩斯法官（Cairns, L. J.）附议，罗素法官（Russell, L. J.）发表意见说："然证据明白显示，当事人无意将该转让当作赠与，且基于整个案情，看不出何以这里不存在让原告享有受益权的归复信托，理所当然，并不受第 53 条第 1 款影响。"[52]

首先，霍奇森享有的衡平法上的非限嗣继承地产权是返还性质的权利，其法律效力为，埃文思应将通过牺牲霍奇森获得的财产增加额分文不剩地交给霍奇森。这样就通过了前面所设的三项检验标准："减少"（reduction）、"等值"（equivalence）、"牺牲"（expense）。[53]其次，只能说该权利要求将得利回转，而不能说该权利预防了得利，盖该权利并不是度尽劫波而仍然得到保全的在先权利，而是在给定案情下，为了应对埃文思受领利益而新创设的权利。要知道，霍奇森早先拥有的可是普通法上的产权，而不是什么衡平法上的权利。[54]最后，不能说该权利是通过同意形成的，在该案中，其合于返还性标准纯系偶然。这当然没错，盖从本案中当事人意思及同意的表示方式来看，只能对之视而不见。在明示信托中，可以说受益权是根据信托创立人希望的意思而形成的；但依第 53 条第 1 款，这里的信托不是明示信托。这同样适用于默示信托下的权利，只要用这个术语所指的是，信托出于创立人未曾明言但得从事实中真正推断出来的意思。但本案并非这种意义上的默示信

第 59 页

---

[52] Hodgson v. Marks [1971] 1 Ch. 892, 933. 译按：1925 年《财产法》第 53 条第 2 款规定，"本条不适用于归复、默示或推定信托的设立或运作（the creation or operation of resulting, implied or constructive trusts）"。

[53] 参见前文边码 51。

[54] 但参见后文边码 70 以下。

托。如果定要坚持反面，那就等于取消第 53 条第 1 款，就好像是宣布，任何依照第 53 条第 1 款本应采取书面形式却以口头形式所为之表示，都得视为第 53 条第 2 款所说的默示表示。若该信托既非明示，亦非默示，即不能说，霍奇森取得的权利是经合意形成，只是偶然，该权利的度量标准与埃文思通过牺牲霍奇森所得之利相等。

60　　明示或默示信托下的权利不会是返还性权利，盖如前所述，[55] 所有类型的返还性权利都是由于法律规定而非根据当事人的同意而设立的，法院将霍奇森享有的受益权定性为返还性质，但到底系基于归复信托抑或［衡平法］推定信托而产生，既未明白晓谕，亦非心照不宣。也就是说，不管是正确地称为归复信托（如上诉法院），还是被叫作［衡平法］推定信托，总归这里就是返还性质的受益权。已经看到，在对"其他法律事实/其他法律后果"的讨论中，［衡平法］推定信托下的权利可能是返还性质，也可能不是。如果霍奇森的受益权是根据［衡平法］推定信托产生，那么该［衡平法］推定信托就正好是返还性质［衡平法］推定信托的合适例证。

　　霍奇森案的信托到底是归复信托还是［衡平法］推定信托，澄清这一疑问将有助于讨论。最好还是看作［衡平法］推定信托；若称归复信托，将有诸多綦巨难题横生于路。由于讨论的下一部分就是针对归复信托，于此处稍作浮光掠影的考察以为铺垫，可谓恰如其分。先就归复信托术语的含义略着笔墨，自然是当急要务。

　　归复信托术语得承载两重含义。其一，该术语指明无关信托如何发生的一个特征：根据信托产生的权益若是回归信托创立人，该信托即为归复［源自拉丁语 *resalire*，意为后跳（jump back）］。不管信托如何设立，是通过明示意思、默示意思、普通法的推定意思（presumed），还是根本不考虑当事人的意思［衡平法的推定（constructive）］，归复都有可能发生。在通过所有这些方式设立的信托中，受益权皆得"后跳"。故术语"归复"在这种广义上横贯了其他分类。得方便地将这种用法称作"典型意义上的归复"（resulting in pattern）。若霍奇森案的信托在发生时是［衡平法］推定信托，那么称之为"典型意义的归复"，仍然为真。其二，该术语指称信托发生的模式，这个用法年深日久，渐至成为"普通法推定"的同义词。说某信托为"发生意义上

---

[55] 参见前文边码 53。

的归复"（resulting in origin），照理讲就是信口开河，盖"后跳"并非与信托设立相关联的事实，而是在其他事实造成的信托之下发生的什么。对这种用法解释如下：根据普通法推定意思产生的信托事实上的确"后跳"；于是习惯成自然，这种因普通法推定意思而形成的信托也就被称为后跳信托（jumping-back trusts），至于日后某天，其他类型的信托也可能要求将受益权回归给信托创立人，自然会生出语词上的混乱，可就无人提神留意加以避免了。那么在今天，归复信托到底指"典型意义上的归复"，还是"发生意义上的归复（=普通法推定）"，可就得小心翼翼了。

　　在狭义用法日益普遍之际，却又有枝节旁生，令局面愈发混沌不堪。普通法的推定出于两组事实：明示信托，却并未给予全部受益权；表见赠与（apparent gifts），或是赠与某种资源以购买案涉标的，或是直接赠与该标的本身。现在流行的见解是，基于第一类事实情况产生的信托（明示信托失败）根本不是因普通法的推定而设立。一般以为，这种假设的推定事实上不可反驳，故而顶好是开诚布公地将之理解为法律规则。[56]"法律自动规定"（automatic）更受欢迎，盖该语词传达的观念是，当明示信托未将全部可受益的利益予以处分时，未处分部分依法律规定而回归，并不考虑信托创立人的意思如何。对这种类型普通法推定信托的再命名，效果应是将此类型从"归复"的狭义用法中驱逐出去，盖"法律自动规定"的说法若正确，这些信托就只是典型意义上的归复；但是这样的编组重整却是姗姗来迟。迟到的结果就是，眼下还不得不尊重"发生意义上的归复"的两个消极面：其一，"归复=普通法推定的"；其二，"归复=在传统上被认为是普通法推定的"。这第二点将那些现在认为是"法律自动规定"的也包括进去，故外延更宽。

　　霍奇森案中的信托属典型意义上的归复。那么在发生意义上是何种信托？前面已排除明示信托及默示信托，这里毫无疑问是"法律自动规定"的归复信托。产生该信托的事实假定了基于信托而向受让人让与，而此等信托的功

---

　　[56]　Re Vandervell's Trusts（No. 2）［1974］Ch. 269, 289 f.，per Megarry J；［1974］Ch. 308（上诉审遭撤销，但理由无关此处讨论）. 但"自动"（automaticness）的观点难以与西苏塞克斯郡警察遗孀基金案（Re West Sussex Constabulary's Widow Fund［1971］Ch. 1）相协调。问题归根结底是，衡平法是否承认抛弃的理论可能性。Cf. A. H. Hudson, "Is divesting abandonment possible at Common Law?", (1984) 100 *L. Q. R.* 110.

能也不过是要解决如下疑问，即如何恰当定位该受益权尚未处分的时间或部分。*在霍奇森案中，问题是埃文思到底是不是受托人。这里存在为霍奇森设立的信托吗？若没有，受益权应交给谁？只有两类范畴留待选择，要么是普通法推定信托，要么是衡平法推定信托。要说是普通法上推定的归复信托，那实在是勉为其难。表面看来（prima facie），案情事实倒的确支持普通法推定。这里存在让与，并无对价。这是前述属下的两种之一，即表见赠与，且并非给予某种资源以使表见受赠人有所取得，而是直接馈赠。但在直接赠与土地的情形，制定法取消了这种普通法推定，或至少使其受到质疑。[57]上诉法院罗素法官谨慎说道，"A 自愿向陌生人 B 转让土地，是否因此产生普通法推定的归复信托，就这个颇具争议的问题，法院并不关心"。[58]这些措辞足以表明，霍奇森案的信托并非基于普通法推定而产生。若要在某种意义上被看作归复，剩下的唯一途径就是"典型意义上的归复"（这当然不足以令其摆脱第 53 条第 1 款），但在发生意义上为［衡平法］推定信托。看起来这是最合理的解释。这里是一个衡平法推定的、返还性质的信托。受益权是由法律设立的，无待对当事人意思的普通法推定，目的在于令埃文思将其通过牺牲霍奇森所得之利返还。

是什么因素使得该得利"不当"，并进而要求返还？在本案中，可识别出两类相互独立的事实，一般会导致返还后果。在让与人这一方面，无效的或者附限制条件的转移意思即为产生返还后果的通常因素；在受让人这一方面，返还因素为自由接受，即明知案涉财产转移并非意在赠与且有机会拒绝而仍然受领。要说明何以霍奇森享有返还性质的权利，这两项因素皆能胜任，不过可能只有前者阐释了何以该权利的效力是对物的（in rem）。原告拥有一处房产，那是原告的；原告绝无意使之成为被告的；于是法律（或者更准确地说，是衡平法）在最完整的意义上将房产交还给她。从事实结构来看，完全就跟错误给付一样。也就是说，这里存在通过牺牲原告而得利的事实，而针对财产减损的同意是有瑕疵的。正如罗素法官所讲，"证据明白显示，当事人无意将该转移当作赠与"。[59]回应此类不当得利的返还法律后果，防止了制定法的形式要

---

* 译按：原文为 the proper location of an undisposed time in or part of the beneficial interest。

[57]　1925 年《财产法》第 60 条第 3 款。

[58]　Hodgson v. Marks［1971］1 Ch. 892, 933.

[59]　Ibid.

求被用为欺诈工具。[60]这就是返还法律规则免受制定法形式要件束缚的首尾之故，不论免除待遇是来自制定法本身的惠助，如 1925 年《财产法》第 53 条第 2 款，还是无待于制定法，如在遗嘱背后设定的秘密信托。[61]

有了对霍奇森案的这番讨论，遂得驾轻就熟地进一步考查两个案例。如 63 果霍奇森案的信托在发生上为衡平法上的推定信托，却为典型意义上的归复并以返还为法律后果，那么对发生意义上的归复能够得出些什么结论呢？除了一点尚费踌躇，显然权利总是返还性质。我给予你股份、货币或者书籍，再或者给你资源，用以购买包括土地在内的任何财产，通常得在普通法上推定归复信托。[62]但如果你已将表见赠与的价值给予我，或者根据你我之间的关系，法律期待我改善你的物质状况，即不会发生普通法上的推定。[63]而且，如果你能够证明我确实无意成立归复信托，则普通法上的推定将被推翻。

在普通法推定未被推翻的情形，根据法律规定而设立的表面信托（*prima facie* trust）将是终局性的，跳回到赠与人处的受益权确实达到了返还后果。称之为返还性质的权利，还要踌躇什么呢？答案在于，或以为，赠与人之所以得到受益权，乃其意思使然。前面已经看到，根据当事人意思产生的权利并不同于根据法律直接规定产生的权利，虽然有时看起来具有返还性质，但绝不能依此定性，盖其返还内容及后果纯属偶然。[64]归复信托下的权利系以当事人意思为基础，像这样的主张当然不能适用于根据法律自动规定而产生的归复信托，盖"法律自动规定"用在这里的根由就在于，即便是截然相反的当事人意思亦不能取而代之。但即便是那些根据普通法推定而产生的权利，最好的说法也是，不可反驳的普通法推定并不表明当事人具有取得受益权的

---

[60] 此处"欺诈"（fraud）系"不当得利"的同义词：在这里，信托制度确保了应予回转的得利确实回转。Cf. Rochefoucauld v. Boustead［1897］1 Ch. 196；Banister v. Banister［1948］2 All E. R. 133. 这个"政策"能够自足地阐释返还，参见第四章。

[61] McCormick v. Grogan（1869）L. R. 4 H. L. 82；Blackwell v. Blackwell［1929］A. C. 318；Ottaway v. Norman［1972］Ch. 698. 译按：秘密信托（secret trust），一种遗嘱信托，指立遗嘱人基于受遗赠人如下明示或默示的允诺而将财产遗赠给后者，即受遗赠人将为了某第三人的利益而保管财产或将财产全部或部分用于某项慈善事业。《元照英美法词典》，第 1234 页。

[62] Re Vinogradoff 1935 W. N. 68；Fowkes v. Pascoe（1875）L. R. 10 Ch. App. 343；Pettitt v. Pettitt［1970］A. C. 777；Gissing v. Gissing［1971］A. C. 886；Cowcher v. Cowcher［1972］1 W. L. R. 425.

[63] Re Roberts［1946］1 Ch. 1；Warren v. Gurney［1944］2 All E. R. 472；Shephard v. Cartwright［1955］A. C. 431；Tinker v. Tinker［1970］P. 136.

[64] 参见前文边码 53。

意思，而只是表明当事人不存在反对意思。[65] 换言之，除非被赋予法定权利的当事人有截然相反的意思，否则当然存在返还法律关系。当事人意思所扮演的消极角色与这些权利的返还定性兼容共存。

在某种意义上，这些普通法推定的归复信托很难严丝合缝地镶嵌入整幅图画。一般的规则是，主张返还的当事人必须就何以会发生返还后果提出理由并证明要件事实。但利用了归复信托普通法推定优势的原告却将举证负担转移给了他方当事人，就仿佛衡平法愤世嫉俗地假定，但凡让与人就其让与未收获任何价值，让与人十有八九是出于错误或其他什么判断瑕疵在那里。但这里的问题涉及的是返还理由，而不是将产生于归复信托的权利描述为返还性质抑或非返还性质。

从截至目前的讨论中可以得到结论，基于普通法推定的归复信托以及法律自动规定的归复信托而产生的权利总是返还性质的权利，而在衡平法推定信托情形就只能逐案认定，盖衡平法的良知可能会受到某种触动，从而为了返还之外的其他可欲目标而设立受益权。我们无庸否认卡多佐法官那段被反复征引的论述，其旨略谓，"［衡平法］推定信托就是衡平法的良知借以表达的公式"。[66] 所有在此应予强调者为，需要矫正的不平之事，又岂止不当得利一类。

但从某方面看，前面的讨论在一定程度上又失之过简。前面精审细察的其实也不过一种情形，即由 P 处转移至 D 处的财产复归于 P。若权益并非向后复归而系向前推进，又当如何？当一个完全的秘密信托生效时，根据遗嘱或者无遗嘱继承法律规则绝对享有权利之人即变为由被继承人秘密地、非正式指定之人的受托人。[67] 若要以明示信托的术语来解说这一结论，至少存在一个困难。盖依据 1837 年《遗嘱法》（Wills Act）第 9 条，意在于死亡时生效的赠与必须以经证明的书面形式作成。但这一秘密信托却得以霍奇森案同样的方式来解释，即信托系依法律规定而设立，这样即得防止制定法的形式要求被用为欺诈工具。你接受了 10 000 英镑的遗产，但你事先就被告

---

[65] Cf. Re Gillingham Bus Disaster Fund [1958] 1 Ch. 300, 310, per Harman, J. Aff'd.（基于其他理由被维持）；[1959] 1 Ch. After Vandervell（No. 2），above n. 56（但该案得归为"法律自动规定"范畴）.

[66] Beatty v. Guggenheim Exploration Co.（1919）225 N. Y. 380, 386（*per* Cardozo）.

[67] 参见前文脚注 61。

知，该遗产实际是为我而留，于是你成了我的受托人。一切事情都与霍奇森案雷同，唯有一点重要区别：我的受益权据以产生的方式等于剥夺了你的得利，而你系直接从立遗嘱人处而非自我处受领该利益。那么，还能说你是通过牺牲我而得利吗？若答案为否定，那就意味着我的受益权并非返还性质。

事实上，即便在"通过牺牲［他人］"的减损意义上，受领的方向也不具有决定意义。换言之，哪怕你是自第三人手中取得，也仍有可能是通过牺牲我而受领。某物将到我手，却被你从中拦截。于我而言，这构成预期或拦截的减损（anticipatory or interceptive subtraction）：若非你介入，本来会落入我手的那部分财产，构成了我的减损额。[68]此类减损的必备要件为，若非你的介入，该财产必然增益于我。只是存在增益的机会或希望并不够。如果只是有机会，那么除非我能证明你违反了对我的竞业禁止义务，否则我不能说你通过牺牲我而得利。但在这种情形，我不能说你通过减损我而得利。只有你的不法行为，即你违反了对我的义务，才能在我与你的获利之间建立联系。

在秘密信托情形，我得很顺利地主张，若非你的介入，我本来必然会得到案涉财产，盖立遗嘱人必定已经表达了发生这样法律效果的不可动摇的意思。现在的难题倒不在于没有表达出这样的意思，而在于根据《遗嘱法》，我的权利不能根据这样的意思表示而设立。但该意思毕竟是事实，依然构成整个案情的一部分，法院得据之认可赋予积极法律后果的必要性，以回转你通过牺牲我所得之利。被看作能创设权利的意思（例如明示信托或契约中的意思）与被看作事实的意思（结合其他事实并根据法律规定而创设权利）之间，存在细微却重要的区别。当秘密信托生效时，当事人意思仅在后一种意义上使用。如此产生的权利并非意思的产物，并确实构成返还性权利。

若以上论述正确，那么必定得出结论，任何明示信托都包含有这样的事实因素，通过替代性分析，得以该事实解说受益人的权利，而不必直接依赖信托创立人那扮演了立即设权角色的意思。此前检视的一些案例，法律的形式要求未被遵循，于是信托创立人的明示意思便不能直接襄助。但正如前面看到的，在返还/不当得利部分的分析颇具生命力。只要对明示意思的信赖未受阻碍，这两种分析模式就必然同时发生。如同契约一般，明示信托自己，

[68]　参见后文边码 133 以下。

仅凭其明示信托的身份，并不能产生返还性质的权利。但正和契约失败的情形一样，当设立信托的意思表示存在瑕疵时，独立自主的不当得利这个替代性分析模式便粉墨登场，而在此前的大部分时光里，不过在幕后无人唤醒。

还有另外一种对物的返还权利，其产生涉及这样的交易，不管在普通法还是衡平法上，都认为该交易授予受领人的权利可撤销（voidable title）。也就是说，财产虽然已经转让，但只要尚未有第三人的权利介入，让与人即得将之收回（recall）。你通过虚假陈述或者不当影响而取得我的汽车，这车眼下是你的，但你手中的该物应再度转移于我。就我来说，我拥有一项对物权，当然，由于诸多原因，还不太容易为之命名并加以分析。可以这样讲，我拥有一项浮动的或者说未具体化的所有权（uncrystallised ownship），只要我及时行使，即可使之落实到物上。但若说我的权利实为"对物的权力"（power *in rem*），该权力用以改变现在为你所有之物的法律地位，可能更为妥当。

这样的分析正好反映了上诉法院在汽车及通用财务有限公司诉考德威尔案中所持的观点。[69] 在该案中，第三人是个恶棍，他通过欺诈性不实陈述取得了被告的汽车，即取得了一项在普通法上可撤销的权利。考德威尔找不到这个恶棍，又无从寻回汽车，遂向警察局及机动车协会通报了自己撤销交易的意思。上诉法院认为，案情足以表明，应将该恶棍的可撤销权利予以撤销并重新赋予考德威尔。法院看来是同意，考德威尔的权利实为权力，问题只在于该权力得以行使的合适方式以及行使期间。

但从原告的立场来看，该案所涉及者不过是可撤销权利，将其径直看作权力的例证，恐怕不尽妥当。盖当该权利依赖于法院的自由裁量时（正如衡平法上总是这样），前述分析也就陷入困境。[70] 理由是，既然若无法院赞成，

---

〔69〕 Car and Universal Finance Co. Ltd. v. Caldwell［1965］1 Q. B. 525. 但威廉姆斯案（Newtons of Wembley Ltd. v. Williams［1965］1 Q. B. 560）允许持有人给予第三人有效产权（good title），削弱了前案判决的实际效果，当然，未影响前案的理论依据。

〔70〕 在非欺诈性不实陈述情形，这种自由裁量权依1967年《虚假陈述法》（Misrepresentation Act）第2条第2款得到强化，甚至即便原告主张交易已被撤销（rescind），也允许法院判给损害赔偿金，以代替合同撤销（rescission）。译按：rescission（撤销、解除），在英美合同法中，该词并不区分撤销与解除，举凡使现有合同终止或消灭者，不论原因为何，均得以该词表述。但在衡平法上，该词意味着使当事人恢复到合同订立之前的状态，故在可能恢复原状的情况下方可为之；在普通法上，其效果仅在于使合同当事人无需承担继续履行合同的义务，故在不能恢复原状的情况下亦可为之。《元照英美法词典》，第1186页。

原告根本无法成功行使该所谓权力，那么也就不能干脆利落、毫无保留地说原告享有这项权力。遂得认为，要么是法院本身享有该权力，此际，原告只能满怀希望或期待法院能为其利益而行使该权力；要么，若真是原告享有该权力，也必须找到一些方法来表明，原告引起的物之地位的任何变化只不过是暂时性的。如果这样讲，原告以受害人身份，比如说无恶意虚假陈述或者不当影响的受害人，享有的是"衡平法上的撤销权"（equity to rescind）或者"单纯的衡平权益"（mere equity），那么前面所说的种种困难就被掩盖了。如果这样讲，这些衡平法权益的确为权力，但其行使受到约束，必须服从法院的自由裁量，就眼下的目的而言，这倒庶几无害。不要被这些分析上的难题绊住。就目前的情形，只要知道，像本案这样的原告在宽泛意义上毫无疑问享有"权利"，该权利毫无疑问是对物的，并与［他人］应将物交回的责任相联系，这就足够了。这些要求将物交回的权利当然是返还权利。

当某人享有"对物的权力"意义上的返还权利（这样就有权利撤销交易并使自己重新得到所有权）时，该权力的行使通常并不能给予他实际的、物质的救济，除非他嗣后做些什么来保卫收回的权利（defend the title），注意到此点非常重要。如果我的汽车现在为你所有，我将所有权收回，汽车不会自动回到我这里。简言之，因我行使撤销权而发生的返还法律效果还仅仅停留在抽象推理的层面，或者可以说，法律是这样看的。法律立场遂得重建，就好像法律对相应法律事实的最初反应完全是消极的，故而我的权利从未与我分离一样。这里，当交易无效而财产权也未转移时，得利被消极地预防（anticipate）：在法律看来，不需要做些什么来防止得利。但物本身在物理意义上当然是脱离了我的占有。在这些情形，不管返还是在抽象推理的意义上发生还是在抽象推理的意义上被预防，原告一般还得求助于关于侵占/无权处分的侵权法以得到实际救济：或者是填补性损害赔偿金，或者是返还性损害赔偿金（restitutionary damages）。[71]

不法行为/返还

不法行为有时的确也会产生对物权。一个著名但废弃不用的例子是由于

---

[71] United Australia Ltd. v. Barclays Bank Ltd.［1941］A. C. 1. 参见后文边码 316。

封臣的罪过而将土地复归的令状。[72]若发现附庸犯有重罪，封建领主得凭借该令状收回附庸的土地。即便在今天，一些刑事犯罪行为也会导致没收，这等于是说，国王因该不法行为的实施而取得对物权。[73]这些对物权虽由不法行为引起，却并非返还权利。在前表中属于纵栏"不法行为"与横栏"其他法律后果"交汇处。[74]不能说违禁品遭罚没的走私犯通过牺牲国王而有所取得。罚没使其财产减少，但在该减少额与任何通过牺牲他人所受领者之间都"并无等值"。

要找出一个不法行为毫不含糊地产生了对物性质返还权利的例子，绝非轻而易举之事。此等权利的法律后果为，不法行为人应将其通过针对原告实施不法行为所得之利让与原告。或以为，就欺诈行为而行使撤销权力（powers to rescind）的情形即为适例。但并非如此，盖被告的收益系通过减损原告而致，而几乎可以肯定，要解释由此产生的返还法律后果，欺诈不法行为（fraud qua wrong）并非必要因素。原告陷入诱发的错误（induced mistake）并出于该错误而向被告非自愿转移财产，从而使得被告通过减损原告而得利，基于以上事实，即足以充分解释撤销权力。[75]即便在不存在欺诈的情形，衡平法亦以同样方式运作。是以，若要说欺诈不法行为（相对于"欺诈之为诱因"，qua mistake-inducement）对撤销权力的形成不可或缺，那么论辩基础并不在于整体的法律，而在于普通法与衡平法的各自独立运作。但只要对返还事由（即产生返还权利的法律事实，不管该权利是普通法上的抑或衡平法上的）的剖析不能超越普通法与衡平法的二元体制，返还法这个主题就总也不会有欣欣向荣的那一天。

---

[72] 为 1870 年《叛国罪及重罪罚没法》(Forfeitures for Treason and Felony Act, 33 and 34 Vict. c. 23) 所废弃。See K. E. Digby, *The History of the Law of Real Property*, 5th ed., Oxford, 1897, 91, 426; S. F. C. Milsom, *History Foundations of the Common Law*, 2nd ed., London, 1981, 109, 406. 译按：土地复归 (escheata) 令状，许可领主于土地保有人死亡而无继承人时取得土地的令状。由于封臣的罪过 (propter delictum tenentis)，旧指因为犯罪而被宣告民事死亡的封臣的土地收归领主。《元照英美法词典》，第 488、1109 页。

[73] 最典型的案例发生在走私犯罪情形，参见 1979 年《海关管理法》(Customs and Excise Management Act) 第 49 条。Cf. Allgemeine Gold- und Silberscheideanstalt v. Customs and Excise Comrs. [1980] Q. B. 390. 另见《淫秽出版物法》(Obscene Publications Act) 第 3 条第 3 款；1968 年《枪械法》(Firearms Act) 第 52 条第 1 款。

[74] 参见前文边码 53。

[75] 参见后文边码 167 以下。

如下案件得为这个方框提供鲜明的例子，在该案中，（a）被告的收益只能解释为通过不法行为所得（从而排除任何非不法行为的分析），并且（b）法律的回应是，明明白白地创设一项发生返还效果的新的对物权。前面提到的雷丁诉总检察长案，[76]为（a）提供了恰当例证，原告与被告收益之间的唯一联系就是被告的不法行为。倘得证明，国王对雷丁军士收取的贿赂取得对物权，那么同时存在要素（b）。但是否存在任何此等对物权，颇可疑虑。同样涉及秘密佣金的利斯特诉斯塔布斯案似乎认为，[77]自第三人处不法获得的收益一般不会成为原告的财产，当然，原告就该利益享有针对被告的对人请求权。

然而，若不法行为人自第三人处所获收益乃是已为原告所有之标的物的成果或产出（product or yield），且被告将该物不法处分，结果将大相径庭。例如，我的汽车在你手里，而你用汽车换得一辆摩托车，在普通法看来，我就该摩托车取得对物权，摩托车是因你的不法处分而增益于你的收益。[78]汽车先在你手里，现在八成到了你的受让人手里，我对汽车的产权仍在，这是消极的、非返还性权利，但就你的交换成果，新产生的权利却不然。该新权利的法律后果毫无疑问是要剥夺你通过不法行为所得之收益。摩托车并非自我处减损；我与摩托车之间的唯一联系就是，你是通过不法处分我的汽车而得到该摩托车的。

衡平法的结果类似。若受信任人盗用/挪用受托付的财产，则受益人对由此得来的成果享有权利。[79]而且现在似乎很清楚的是，纵使原告与盗用财产之人先前并不存在信任关系，衡平法也会在盗用所得成果上创设一项对物权。这样做甚有必要，盖普通法从来就没有发展出精良的技术，以辨识不法交换的成果。于是，就不法交换的成果，原告本应被授予普通法上的对物权，却因为依普通法的检验标准，成果已无从辨识，而只得接受败诉的结果，这是很常见的事情。衡平法挣脱束缚，锐意开拓。是以，若盗用换得的成果在普

69

---

〔76〕　Reading v. A. -G. ［1951］A. C. 507. 参见前文边码 41。

〔77〕　Lister v. Stubbs（1890）45 Ch. D. 1. 参见后文边码 388。

〔78〕　Taylor v. Plumer（1815）3 M. & S. 562. 参见后文边码 359。另见 1968 年《盗窃罪法》（Theft Act）第 28 条第 1 款 b 项。

〔79〕　Re Hallett's Estate（1880）13 Ch. D. 696 and 705, below, p. 369. 译按：misapplication, 挪用、盗用合法占用的资金或财产。《元照英美法词典》，第 918 页。

通法上不可识别，但在衡平法上可识别，原告将被赋予衡平法上的财产权。

盗用/挪用要产生财产权，条件总是一致的：就盗用行为的整个情节或者一系列的盗用行为来看，要么在普通法上，要么在衡平法上，最开始标的物必须属于原告所有，除非可辨识（on the score of identifiability），不得有原告的权利转移给被告的事情发生。若最初原告享有的是衡平法上的权利，在辨识手段最终被否决之前，对盗用换来的成果享有衡平法上的权利。若原告最初享有的是普通法上的权利，只要普通法的辨识手段未被否决，原告将对交换成果享有普通法上的权利；一旦这些辨识手段被否决，原告将享有衡平法上的权利，直到衡平法的辨识手段亦告失败。[80]

盗用行为的受害人，若其财产被出售或交换，即取得一定权利，但就该权利的精确性质，仍然存在极大不确定性。假设某盗贼窃得你的汽车并用以换得一枚钻石，继而以钻石换得一张支票，然后存入其银行账户。既为汽车的所有权人，那么你是否先则就该钻石、继则就该支票享有所有权，然后视该账户中是否还存有其他货币，就窃贼对银行的请求权，看你是享有全部还是部分权利？抑或，除对该汽车还可能拥有所有权外，在你介入并将该交易链条截断之前，其实是一无所得？若是后者，那么你享有的就仍然是对物权力（power *in rem*），只要该交换成果仍可辨识，即得随时行使。这两条分析路径，皆有判例支持。迪普洛克案强烈支持"所有权嬗递"（descent of ownership）进路。[81]但在某些情形下，倘认为原告只是有权力打败就如下资产的权利主张，即那些为被告日复一日地占有从而得被看作代表最初得利的资产，那么该进路会得出尴尬的结论，只好闭门不纳。[82]正如行将看到的，"所有权嬗递"思路带来一个很大的麻烦，可能导致原告财富令人瞠目结舌的几何级数增长。[83]

四、反复发生的困难

前面小节阐明，对物的返还权利既不会基于同意，也不会基于第四类杂项范畴中的事实而产生。就基于不当得利以及不法行为而产生的对物性质的

---

〔80〕　参见后文第十一章。

〔81〕　Re Diplock〔1948〕1 Ch. 465, 531 f, 537.

〔82〕　Re J. Leslie Engineers Co. Ltd.〔1976〕1 W. L. R. 292.

〔83〕　参见后文边码 92。

返还权利，尽力辅以例证。但有两点困难，尚未顾及。

预防与回转（anticipation and reversal）

原则上，对在先权利的消极保存非为返还，积极创设权利以回转得利则是。[84]这些讨论已预为假设，欲辨明何者为何者至为容易；但此假设迥非实情。没有对价而直接转移动产的，普通法推定归复信托产生，可为明证。这被看作产生积极返还法律后果的著例。这里唯一的疑问已经提到，或主张，信托实出于当事人意思而非法律规定。当然，或许也可以这样解释，让与人在归复信托下的权利实为预防的例证，而非对得利的回转。盖得论辩说，在为转移之前，让与人同时享有普通法与衡平法上的权利，普通法上的权利虽转移，衡平法上的权利却仍然保留。同样的道理亦可换种讲法，即宣称，在无偿转移情形，所有权根据普通法确为转移，但根据衡平法则否。不论措辞如何，都认为让与人保留了一项在案涉事实发生前即已享有的权利。而在先前的讨论以之为凭据的相反图景中，让与人取得了一项未曾拥有的权利，这新创设的权利以返还为主旨与效果：在转移之前，其所有权仅系普通法上的权利，而非一身两任；在转移之后，只是衡平法上的权利，是为应对受让人受领而新创设的权利。

第二幅图景中有一个积极的回转，稽之法史，更为真确。在普通法与衡平法衙门各立的分离体制下，就所有权归属（holding of property），衡平法院无由置喙，除非有引发其管辖权的法律事实发生。但即便在此类事实面前，普通法所有权人竟同时享有普通法与衡平法上权利的观念亦当属荒唐无稽。向受托人转移财产，固然产生衡平法上的权利，却谈不上是将让与人此前同时享有的普通法与衡平法权益予以分割。你若说，就眼下讨论的事务，历史不能决定现实，更何况，返还法的界址应划在何处，也绝不能以那些一旦剥离了其历史背景即纯属玄思冥想的断言为基础，这话自然有几分道理。对普通法推定的归复信托或者法律自动规定的归复信托，再或者霍奇森案类型的衡平法推定信托，但凡倾向于以消极模式来分析，便不大可能在实务问题上深入歧途；但也因此，对返还法的内容只好接受狭窄的理解。例如，我将股份给予你而没有任何对价，并根据普通法推定产生了以我为受益人的归复信托，赞同消极分析模式的人会认为，这里所发生的是，我就该股份在普通法

[84] 参见前文边码 15。

72　上的权利已转让，而在衡平法上的权益仍保留。根据前面讲到的规则，为了确定某项对物权是否为返还权利，必须在权利产生之际加以检视，故消极模式应该问问自己，我到底在何时取得该衡平法上的受益权。消极模式的答案将是，和现已丧失的普通法上的权利一起或在该权利后面，我最初购得该股份（不论是从发行公司还是前手持有人处）时，即取得受益权。那么，既然经同意而认可的权利不会是返还权利，消极模式将得到结论，就在当时，我取得非返还性质的对物权，该权利嗣后为我消极保留，不受向你转移财产失败影响。故而，在整个案情中，都无处觅得返还权利的踪影。普通法上的所有权经我而让与你，却消极预防了你通过牺牲我而得利。

　　并无灵丹可疗此疾。对物返还权利的创设，是为了直接回应通过牺牲他人而得利的事实，其效力为将该得利回转给该他人，吾人得在麦克菲尔诉道尔顿案〔85〕立场上实现此概念确定性。但哪些符合、哪些不符合此类案型的资格，就此问题可能永远无法达成一致。而且，此类案件在适用判断标准上的困难也不能通过证明责任来解决。就此问题的解决，"除非证明有，否则视为无"（deemed out till proved in）实在无能为力；只有在双方当事人对立且得给予一方当事人法定/人为优势（artificial advantage）的情形，这一公式才有用武之地。

　　概念与便利（concept and convenience）
　　另外一个困难是要说明，这几页的此类讨论要发挥什么样的作用。当然，在某种意义上，一个给定的对物权是否为返还权利实在无关紧要，盖于原告而言，重要的是该权利得到法院承认，而非评论家如何描述。此外，没有哪个法律主题能够就其应涵盖的惬当内容无休无止地自省，特别是，如果该主题本身的纯粹概念（pure concept）从演化进程看注定会碰上证据不确定性。是故必须在此稍耽笔墨，以明示此项工作将会收获何种成果。其间肯綮之处为，于概念的纯粹性与便利性（purity and convenience）之间求得明智平衡。概念纯粹性的职责在于消除如下智识上的疑虑，即某个法律主题是否有着不受作家意志左右的任何同一性。若是存在这样的检验标准，在理论上，得将之适用于任何对物权以判断其是否为返还权利，那么即能明了，返还法并非漫无目的地只知道从财产法那里东挪西借。在智识上形成牢靠信念，自然大

---

〔85〕　McPhail v. Doulton［1971］A. C. 424.

有裨益，这种裨益不会仅仅因为理论检验标准所应适用的那些问题在特定情形下难以作答而顿失。另外，概念虽确保了法律主题的客观同一性，但也不能指望，就返还法的任何特殊事务，其能一劳永逸地决定何者应该囊括进来或者何者应被摒除出去。便利性必须在某种程度上左右其事。

下面通过两个例子来说明，便利性如何在不牺牲法律主题同一性的同时，稍缓概念的纯粹性。其一，已经明确了归复信托下的权利为返还性质。不过，信托法著作对归复信托既有连篇累牍的讨论，为便宜计，返还法专著即没有必要再详加申叙，只要确实是出于便宜考虑，而不是出于一些隐伏的概念障碍。其二，有些严格来讲并非返还权利的情形亦可能囊括进来。比如鲍麦克斯有限公司诉巴纳特仪器有限公司案，[86] 即在戈夫与琼斯那部大作中觅得一席之地。[87] 在该案中，原告通过非法租购契约将机床让与被告。被告停止付款并已将部分机床售出，剩余的部分也拒绝交还。尽管该租购契约违法，上诉法院仍允许原告就侵占/无权处分获得损害赔偿。很显然，本案并非返还的适例。原告对机床的权利事实上岿然不动，这里防止不当得利的机制实际上是前面说的"预防"，而非"回转"。[88] 原告的权利既然不受影响，其诉讼请求针对的即是财产遭侵占/处分。这是要求填补性损害赔偿的侵权诉讼，以原告在先的故而并非返还性质的对物权为基础。然而，在讨论不法性对返还的影响时，若不考虑鲍麦克斯有限公司诉巴纳特仪器有限公司案类型的诉讼请求，显然至为不便。事实上，返还主题的概念同一性既已建立，即使有此类借入，亦不会受到威胁。

幸运的是，这些反复发生的困难在某种程度上相互抵消。概念的确定性捍卫了法律主题的理论独立性，而便利性控制着那些实际上置于该主题之下阐述的事项，这个事实意味着，在涉及对物权时碰到的那些证据不确定性并非不可容忍。便利性考虑将决定就那些疑难事项实际做些什么。这样即得说，归复信托下的权利之所以被忽略，是因为这些权利没有通过那道借以进入的概念标准门槛；但亦得说，在概念上自应将之延入，但为便宜计，只好闭门不纳了。

---

〔86〕　Bowmakers Ltd. v. Barnet Instruments Ltd. 〔1945〕 K. B. 65.

〔87〕　Goff and Jones, p. 325.

〔88〕　该案认为原告的权利存续，但现在可能有必要认为，该权利必须收回（recalled）：参见后文边码303。

第三节　相关法律门类下的返还

74　　今天好多法律都是在不同门类下学的，但好多门类仍然缺乏具有统一性的概念或法律事实，教育法、劳动法、公司法、航空法、家庭法，指不胜屈。但这些门类亦无可指摘。那些关系你切身利害的生活的各个特别侧面，法律状况如何，这些门类都会告诉你。这些相关门类的天职与美德即在于，将那些通过其他法律分类方式剥离出来的零散碎片爬罗剔抉，归于一处。于是，比如说在劳动法或公司法中，你总是会与契约、侵权、犯罪等法律领域的相关片断偶然相逢。显而易见，相关法律门类与法律后果"返还"或者法律事实"不当得利"的关系也约略相同。也就是说，在为数甚夥的法律门类中，你随处可见返还的踪迹。如果你研究"战争的影响"（The Effects of War），你终会碰到履约受挫之后的返还事宜；而在公司法上，对越权规则的处理也会导致一些返还上的难题，当然，在实务上的重要性已经今不如昔。没有必要再举更多例子。

　　要把握此类关系，并非难事；其实若非因为一件紧要的事实，也用不着对此再多费口舌。返还居无定所、随处可见，是以，若不能对各门类的性质了然于胸，那么返还法的统一性就得划上问号。这种危险当然需要防备，而那些已经甚为熟稔的法律主题，老则老矣，却稳妥得多。也只是在最近，阿蒂亚教授便以此论据来反驳不当得利法的统一性及独立性："不论是在契约法中，还是在侵权法中，也不论是在家庭法中，还是在财产法中，抑或是在公司法中，皆得看到同样的发展趋势。这些五花八门的案例，并没有显示出什么迹象，将要辐凑于一处，形成新的法律门类，或许这正是好事。"[89]就不当得利与其中三个法律门类的关系，前面已经说明；另外两个相关门类，家庭法与公司法，则归入其他系列的法律门类之中。蝙蝠同时身为食虫动物、夜行动物以及哺乳动物，但仍为独立物种。

　　不当得利并无诉求要独立于可以想象到的任何法律门类。不当得利想要的，不过是在包括了同意及不法行为的原因事实序列中谋得一个独立位置。"同意、不法行为、不当得利、其他法律事实"，这四个名目的确构成了在分

---

　　〔89〕　P. S. Atiyah, *The Rise and Fall of Freedom of Contract*, Oxford, 1979, 768.

析上彼此区别同时网罗无遗的事实序列。这不必然是一个法律体系所能追求的最好、最有效率的序列（比如奥斯丁，当然会希望重新编排［这些事实］，以便将第一位与第二位［事实］的区别考虑在内[90]），却毫无疑问是历史给予现代普通法的那个序列。

---

[90]　参见前文第 29 页［脚注 2］。

第三章

法律手段与返还标准

75　　　返还标准（measures of recovery）对原告来说至为重要。他可以得到多少？与之相较，法律手段问题则在法律人的脑海中萦绕。当我说"返还的法律手段"（techniques of restitution）时，意指法律人用来思考以下问题的所有语词工具：从发生的法律事实，直到原告有权得到的救济如何度量？返还金钱之利的诉讼（*quantum meruit*），请求合理服务价款之诉（*quantum valebant*），请求合理货物价款之诉，撤销之诉，报账之诉，追踪法，针对特定人的权利请求，所有权性质的权利请求，不一而足，举不胜举。*在这张清单之上，还得添加下面这些含义模糊的术语，它们并无固定所指，逡巡徘徊于法律事实与法律手段之间：准契约、［衡平法］推定信托以及代位。纵经此增添，这张清单亦得列得更长，看不到歇止之处。对这般过于茂盛的生长，历史责无旁贷；若是细数功过，部分在于普通法的诉讼程式，部分在于衡平法，还有部分要算到分析法学头上。这些用语（除了以上清单所列，还包括判例中使用的），都不曾对种与属之间的区别稍加留意；不管在哪个层次，**也未充分顾及用语重叠交叉的危险。这里的语词工具既夥且繁，但能从中得到些什么，却不甚了了。若你试图从中探寻有关返还标准的学问，你将两手空空、败兴而归。但返还标准是达到更为简洁有序安排的起点。在本章的讨论中，需要将如下原则牢记于心，名称来自 14 世纪的英国哲学家奥卡姆的威廉（William of Occam）。"能以较少致之者，以多为之为徒劳"，或者，"如无必要，勿增

---

　　* 译按：返还金钱之利的诉讼（action for money had and received），基于法律默示规定的返还承诺的返还之诉，限于已结清的债务，指一个人已经接受金钱或其等价物，但根据公平和良知，他不应保有其所得，因其属于他人，在这种情况下由他人提起诉讼。《元照英美法词典》，第 21 页。应得额、合理金额（*quantum meruit*），服务的合理价格，普通法上计算违约赔偿数额的一个标准，在返还不当得利的诉讼中，仍可用作衡平救济的方式。依其所值（*quantum valebant*），货物或原材料的合理价格。依普通法，简约之诉中的法官可判令违约方按货物价值赔偿。本词的使用不如 *quantum meruit* 广泛，但在返还不当得利的诉讼中，仍可用作衡平救济的方式。《元照英美法词典》，第 1129 页。

　　** 译按：指种与属两个层次（species and genus）。

实体"，此即奥卡姆剃刀定律。[1]

依此两分法，不论可以发现多少种概念，在属的层次上，只有两种返还标准：被告受领了些什么，[2]以及被告还剩下些什么。或许还有更好的名称，但"受领价值"与"幸存价值"对吾人的工作来说已足够便利。头一项标准——"受领价值"，更为常用；另一项标准则为例外，本书在临近尾声的地方为之安排了单独一章。在某个方面，短语"还剩下的"以及"幸存价值"让人误解。这些表述暗示了受领价值的减少，但有可能不减反增。物的价值可能上扬，比如上涨行市里的股份；物也可能有所产出，比如母牛下犊。一旦追踪某物至其出产物或替代物，就会遇上更为复杂的情况，"还剩下的"反而超过了"所受领的"。[3]虽说如此，这种增加终非常情；多数情况下，幸存价值还是要少于受领价值。

这两个返还标准的关键区别在于，就受领价值提出诉讼请求的原告对于在受领之后发了什么并无兴趣。被告可能已将得利花掉、遗失、吃掉或者损毁；再或者他将得利用于投资并大获成功，或以其他什么方法使之增值。不管发生了些什么，在原告看来，这些受领之后的故事都无关紧要。但也不是说，以后的情节对依此标准提出的诉讼请求全无任何影响，其中有些有助于找到抗辩。

得以下面的假设例子，来作无可争辩的演示。这里给定的法域允许将慈善捐献用作抗辩：你受领了一笔错误给付，若你已将之捐给慈善机构，在捐献范围内，不必负偿还义务。还是该法域，假设 P 错误地向 D 支付了 1000 英镑，而 D 将其中的 500 英镑捐给了慈善机构。P 就他的 1000 英镑提出请求，D 以嗣后发生的捐献事实为抗辩。

这里 P 的权利请求仍是以受领价值为依据，不过由于 D 可得主张的特定抗辩，该价值已减少。若 D 成功提出慈善捐献抗辩，P 的权利请求将会削减

─────────

〔1〕　Bertrand Russell, *History of Western Philosophy*, 2nd ed., London, 1961, 462–463.

〔2〕　这个标准无疑具有次级形式。正如在赔偿问题上，得根据不同的远因规则决定实际赔偿额，在返还问题上，收益的远因规则以受领价值控制应予返还的额度。故，在那个通用标题之下，实际的返还额度在不同返还原因下会有差异。例如，你使用我的汽车，出租给游客赚取租金，受领价值既得说是使用本身，亦得说是自游客处受领的金额，这是远因规则的选择问题。更多讨论，参见后文边码 351 以下。

〔3〕　E. g., Re Tilley's Will Trusts〔1967〕Ch. 1179.

至 500 英镑。重要的是，这里的削减并非仅仅因为 D 不再持有受领的货币。有可能，D 也不再持有另外 500 英镑，可不管是否持有，仍然必须偿还。P 的权利请求遭削减的缘故在于，他要求收回 D 所受领之全部价值的那个表面上的权利（*prima facie* right）遭遇了特定抗辩，并不只是 D 已将金钱支出，而是 D 将金钱用在了某个特定用途上。这个假设的例子是"境况变更"抗辩的具体表现，目前该抗辩在英国法中尚未拥有确定的地位。这个例子虽为虚构，却非无足轻重，其将如下命题勾勒明白：境况变更抗辩并不能使第一种返还标准下的所有诉讼请求都变成适用第二种返还标准（即被告手头还剩下些什么）。

与之相对，对幸存价值的权利请求则为，原告确认/辨识并要求得到被告手里的得利，该得利代表了最初所受领的价值或为其残余。在前面的假设例子中，当 P 发现其针对受领价值（1000 英镑）的权利请求被慈善捐赠抗辩削减至 500 英镑时，只要该法域的规则允许，即得转而请求返还幸存价值。例如，D 可能以另外的 500 英镑购得一幅水彩画，该画现在价值 750 英镑。P 就该画或其价值提出请求，通过界定其主张的返还标准，P 得说："这正是你就最初通过牺牲我所得之利现在所持有者。"以幸存价值为标准的权利主张要求原告指出被告还剩下些什么。原告不能在途中有利的某处止步。假设 D 确实购买了水彩画而该画确实升值至 750 英镑，但 D 随后将画售出，又以售价购得一部汽车，这部汽车现在只值 200 英镑。这部价值 200 英镑的汽车即是 D 就最初受领的利益所剩下的全部了。除非事出例外，否则对原告来说，唯一理智的权利主张是要求被告返还受领的 1000 英镑，这笔款项被特殊抗辩削减至 500 英镑。

第一节　第一种返还标准下的法律手段

所有权性质的权利（对物权）不在讨论之列。盖对受领价值的权利请求不考虑受领之后发生的事情。所有权性质的权利做不到。所有权性质的权利要实现（exigibility），依赖于在被告手中辨识出物（*res*）。故自性质言，所有权性质的权利与另一种返还标准（幸存价值）联系在一起。但得马上补充一句，这个命题不能倒过来讲，即没有依据讲，对幸存价值的权利请求必定是对物的。

　　这是对特定人的权利（对人权）范畴，依其性质，不考虑（或者更准确地说，有能力不考虑）与其关联的财产命运如何，又身处何处。这正与第一种返还标准完全契合，并不理会受领之后发生的事情。故以受领价值为标准的返还，总以对人权为手段。同样得说以对特定人的权利（personal right，对人权的英语同义词）为手段，或者亦得说以债务为段，对人权与债务相互依赖。行文时，是选择"权利"还是"债务"措辞，根据上下文，不过是个便利和风格的问题，绝不会有任何实质区别。一旦说，以受领价值为标准实现返还，法律手段必定是令［被告］承担债务，那么唯一有（不管多大）意义的分类即为，认为此等债务要么是普通法上的债务，要么是衡平法上的债务，并在内容上得有不同，这取决于被告必须支付的价值是已知且固定的数额，还是有待通过合理评估或者清账/报账（taking of an account）而确定的数额。

　　诉讼程式，或者更准确地说，针对取得和收到的款项、已付款项、合理服务价款以及合理货物价款，在简约之诉（assumpsit）下得主张的各种不同诉因，所使用的那些古旧语言于此处的简洁分类无所增益。为何要掌握这些古旧术语？现在看来只剩下一个原因：没有这些术语，就无法理解那些年深日久的案例。这些案例又如此重要，不能置之不理。但要继续使用这些语言，那就纯属泥古不化了。倘一笔错误给付产生了一宗偿还债务，而"偿还之债"又是每个人都能理解的，那么偏要代之以"返还金钱之利的诉讼"，吾人看不到这有何裨益。有一段日子，可去今不远，那时，只有法制史专家才能对此处所说"诉讼［程式］"一词或者"取得和收到的款项"短语的含义了然于胸。吾等凡夫俗子使用这些表述，不过将之当作古代的繁文缛节，这种状况对其造成的结果，即对吾人所说所指缺乏任何清楚明了的现代分析模式，虽表示歉意，却又任其永久存续。若是吾人竟至于发现自己会说，像这样一笔错误给付的受领人，以［衡平法］推定受领人身份负报账义务，那就更糟糕了。这断然不可。若是吾人竭力要避免如下说法，即他就返还金钱之利的诉讼负有责任，只要简单地说他负有偿还债务即可。但详述这个对比很重要，盖此对比工作包含了就另一套神秘难解的话语来说最为明白可能的教训。在衡平法中，吾人确实仍会说，被告"以推定受托人身份负清账/报账义务"（accountable as constructive trustees）。

　　不必追溯更远，[4]在 16 世纪，普通法上报账诉讼（action of account）主要针对"供我使用之金钱的受领人，即代表我受领金钱之人"。该诉讼的目的并不在于立即支付金钱，而在于通过清账确定应支付的数额。在几番踌躇后，普通法终于接受，倘若你知道你的受领人应向你支付的数额而不必通过清账再为确认，你得径直提出金钱债务之诉（action of debt）。[5]故，若已知道应为支付的数额，供我使用之金钱的受领人的债务即告成立，盖他负有报账义务，事实上不必实际清账。典型且理所当然的情形是，供我使用之金钱的受领人系经我指定从事该项工作之人，就像我的收租人。在指定的情形之外，具体案情也可能使得某人成为供我使用之金钱的受领人。最简单的情形就是，第三人将钱交给他为我收下。虽未经我指定，但他至少知道，他系为我而非为自己受领，供我而非供自己使用。即便这种情形，菲茨赫伯特（Fitzherbert）也认为他并非真正受领人，而是被视为或者被推定的受领人。菲茨赫伯特倒没有使用这些词，只是说，基于这些事实，他虽非你的受领人，但你得将他当作受领人而清算账目。[6]这里的想法是一样的："并非受领人的受领人"是被推定或者被视为的受领人。

　　此后又有两点新发展。其一，在 1602 年斯莱德案之后，[7]所有的［金钱］债务（debt）都被塞进简约之诉，而针对供原告使用之金钱的受领人的债务之诉（debt）当然亦在其列。于是，对那些当然的或者被推定的成为供我使用之金钱的受领人之人，即得提起普通简约之诉（indebitatus assumpsit，即基于负债事实提起的以允诺为基础的诉讼）。这一发展产生了诉因"取得和收到供原告使用的款项"（for money had and received to the plaintiff's use）。[8]其二，使某人成为供原告使用之金钱的推定受领人的那些客观情形急剧增加，

---

　　[4]　See S. F. C. Milsom, *Historical Foundations of the Common Law*, 2 nd. ed., London, 1981, 275-282; A. W. B. Simpson, *A History of the Common Law of Contract*, Oxford, 1975, 177-185.

　　[5]　Core's Case (1537) Dyer, 20.

　　[6]　New Natura Brevium, s. v. "Accompt" (in 7th ed., 1730, p. 266).

　　[7]　Slade's Case (1962) 4 Coke Rep. 91；参见前文边码 35 以下。

　　[8]　就取得和收到的款项主张权利的诉因是一组语词（一个诉状），包含了原告提出的胜诉主张，目的在于随后举出充分事实加以证实。典型形式是这样的（除去冗词赘句）："被告对原告负有100 英镑的合法债务，盖被告取得和收到该笔金钱系供原告之用，且正由于这宗债务的存在，被告嗣后允诺（assumpsit），只要原告提出请求，其即支付该笔金钱，然而该允诺并非出于对债务的尊重，而是意在欺诈原告，被告终未支付，遂使原告遭受损失。"完整版本见 *Stephen on Pleading*, 3rd ed., London, 1827, 312。

结果，只要根据案件事实，法律认为某人应将某笔款项让与，该人即被看作系为原告而受领，而不问其真意如何。这些推定受领人不但非由原告指定，而且对并非为自己而受领这一点，简直是无知无觉。如此宽泛的扩张造成的结果，吾人在摩西诉麦克法兰案（1760 年）的抽象概括中早就见识过了：

> "［返还金钱之利的诉讼］适用于如下情形：［原告］出于错误或者基于无效对价而支付金钱，或者［被告］通过（明示或默示的）强制、勒索、强迫缔结非法契约（oppression）、违反旨在保护特定处境下之当事人的法律而不正当利用原告处境［等途径］取得金钱。一句话，此类诉讼的要义在于，根据案件的具体情况，依自然正义及公平之理（natural justice and equity），被告负有退还金钱的义务。"〔9〕

在这个概括中，古老的报账之诉不仅仅依赖于普通简约之诉，事实上还在普通简约之诉的边界内扩张，关于推定受领人（并非受领人的受领人）的思想则为这种扩张提供了增长点。

在曼斯菲尔德勋爵具自申叙的所有这些情形中，被告都负有支付义务。被告负有支付义务，是由于负有报账义务；被告负有报账义务，是由于被告被推定为供原告使用之金钱的受领人。曼斯菲尔德勋爵的看法是，只有在若干非常特定的情形，才能将某人看作推定受领人，从而［令其］负报账义务，但从列举的那些各不相同的事实情形看，其间的联系不过是，在一个充满危险的高度抽象层次上，依据"自然正义及公平（equity）之理"，〔10〕这些事实都要求被告负支付义务。故而，今天说到某人就其取得和收到的款项负有责任，其中"取得"（had and）应被看作冗词。更为要紧的是通用略语省掉的那几个词——"供原告使用"（to the plaintiff's use）。吾人意为，被告受领金

---

〔9〕　Moses v. MacFarlan（1760）2 Burr. 1005，1012.

〔10〕　这几个语词可溯源于罗马法。罗马法也是直接援引公允与善良（fair and good）来为债务事实提供非契约根据。D. 12.6（De condictione indebiti）66（Papinian）："这个返还诉讼（condictio），系根据公允与善良原则（ex bono et aequo）提起，其作用在于，令当事人将无合理由而自他人处所取得者归还。"Cf. D. 12. 6. 14（Pomponius）. Equity 是拉丁语的 aequitas（衡平、良知），不是衡平法院裁判权（chancery jurisdiction）。译按：aequitas，（罗马法）衡平、良知。罗马法上的衡平没有英格兰法中衡平所取得的确定含义、应用范围及具体内容，只是在处理特定案件时，得援引衡平原则以矫正法律严厉之处。《元照英美法词典》，第 45 页。

钱系供吾人使用（即"代表吾人"，或"为吾人"），其效力则为，令被告负担向吾人支付同样数额金钱的义务，并暗示，之所以认为他并非代表自己而系代表吾人而受领，是由于受领发生于前述那些客观情形，普通法认为在这些情形应发生返还法律后果，就所有这些客观情形所发挥的功效，最终的（ultimate）解释并非合意，而是正义：倘允许此等"供吾人使用之金钱的受领人"保留得利，将生强烈不平之感。

在普通法上，并不会说被告以推定受领人身份负报账义务。吾人固然能够重构那段由该程式化语句（formula *）所浓缩的历史，但吾人以为，一字一句都要对历史至纫公谊，总显得滑稽可笑、笨拙无能，且常会误传误报。可在衡平法上，那种追求简洁朴实语言的自然天性也未能将自己从那古老破旧的语汇中解放出来。其首尾之故，固能理会，尽管其语言依然繁琐难解。可若是要改换掉这些语词，就将自己置于犯错误的可怖风险中；此断不可为，除非你确信能够洞悉这些名下之实（entities beneath the names），而这种确信未免过于鲁莽灭裂。这就是要将推定受领人这篇故事阐述明白的始末根由。这是为了说明，拿"以推定受领人身份的报账责任"替代"支付义务"（obligation to pay），毫无意义。正是从这里，对于衡平法上的相同现象，也可以更有信心地发表同样评论。

在衡平法上，正如在普通法上，"清账/报账"（account）绝不用作"支付"（pay）的同义词。"清账/报账"仅指用来确认应付数额的预备阶段，往往并非必经程序。若不加限制，实体以及随之而生的种种难解之谜总会以级数增长。是以，若某人负有支付义务（不论数额是否必须通过清账而确定），"以推定受领人身份"这几个词并不能增加任何实质性的东西。假设三个案例：第一个，某公司董事使自己身处这样的位置，追求自身利益可能会牺牲公司利益；虽如此，他仍然决定为自己抓住这近在眼前的机会。[11]第二个，某银行受领了信托受托人的资金，随后，明知受托人挪用信托资金，银行还是依受托人指示支付了一笔金钱。[12]第三个，遗嘱执行人对法律认识错误并

＊ 译按：当指 liable to account as constructive receivers。

〔11〕 E. g. Regal（Hastings）Ltd. v. Gulliver［1942］1 All E. R. 378.

〔12〕 E. g. Rowlandson v. National Westminster Bank［1978］1 W. L. R. 798；cf. Selangor United Rubber Estates Ltd. v. Cradock（No. 3）［1968］1 W. L. R. 1555.

向某受遗赠人支付了遗产，后被证明为无效。[13]在这三个案例中，问题在于，董事、银行或者受遗赠人是否负有衡平法上的义务，依照受领价值标准返还，而不考虑是否仍然保有受领价值的任何内容或者能够代表受领价值的任何物。眼下，先不考虑任何其他返还标准。此等义务是否存在？"以推定受领人身份"这几个词，既无助于问题的提出，亦无助于问题的解答。倘你得出结论，说这三个受领人是推定受托人，你当然会认为这些人必须偿还，但你用来支持结论的事实，与那些得使你径直认为被告应负债务的事实完全一样。正如在普通法上，你得从错误给付的事实直接得到返还债务的结论，而不必离题万里地扯到推定受领关系上去，在衡平法上令被告承担返还债务也是一样，没有必要向推定信托关系伸手乞援。在原因事实与返还后果的受领价值标准之间，只有一种法律手段的容身之处：支付义务。报账之诉只是辅助手段。推定信托关系纯属多余。奥卡姆箴言说得好，多余的实体应予剔除。

有时，衡平法在案情事实与有利于返还的结论之间另辟路径。此路径没使用"推定信任关系"（constructive fiduciary relationship）短语，但可能使用。这里发生的事情是，法院没有充分根据/权力（authority）直接基于案情事实判令被告负返还义务，但有权力在违反信任义务的情形认定存在返还义务。法院遂将当事人之间的关系定性为信任关系，不复顾及当事人间的关系跟受托人与受益人之间的法律关系是否真正相似。主要是由于"信任"一词并不常用且具有某种程度上的模糊性，法院遂得很方便地扩张信用关系的适用场合，这比用实际发生的事实来论证新设返还义务的正当性要容易许多。或许，压力之下的法官看不到还有什么更好的办法来避免造成法官造法的印象。倘果真如此，其他法律人日后必须看破这套伪装。在两种返还标准上，都得看到这种改变本性的或者说被推定的信任关系存在。[14]

就受领价值，吾人结论为，只存在一种返还法律手段——支付义务，与之相对的是对人权，即原告应该得到给付的权利。报账之诉为预备程序，旨在确认受领价值。只有当应支付数额存有疑问时，报账之诉才有必要，其典型为一系列交易必须被分割的情形。诉讼程式的语言（取得和收到的款项、

---

〔13〕　E. g. Re Diplock［1948］1 Ch. 465.

〔14〕　Sinclair v. Brougham［1914］A. C. 398. 该案为第二种返还标准的典型，参见后文边码381以下。就第一种返还标准参见 English v. Dedham Vale Properties Ltd.［1978］1 W. L. R. 93.

合理货物价款等）不过是用以正式表达基于此类债务的诉讼请求的一组语词。在衡平法上，当说某人"以推定受托人身份负报账义务"时，倘无清账必要，则仅指其负有支付义务，倘有必要通过清账确定应付数额，则指其负有支付通过清账所确定之数额的义务。

第二节　第二种返还标准下的法律手段

83　　第一个问题：是否还有任何价值幸存？他还有什么东西剩下吗？显然，必须先从事辨识工作，而后才谈得上第二种返还标准的问题。辨识工作并非返还的法律手段，而是必需的预备程序。类似在某些事实情形，清账是第一种返还标准下的辅助程序，辨识是第二种返还标准下的辅助程序。

　　辨识工作并非轻而易举之事，需要做选择。有些法域可能会坚持严格僵硬的辨识标准。你受领了一块蛋糕，吃下一半，另一半换来一包饼干，结论就是你什么都没剩下。严格标准就看你是否还有蛋糕剩下，饼干并不作数。其他法域或会愿意接受纯正替代（clean substitutions）。故得说，你就蛋糕所剩下的是那包饼干，盖你正是拿了那块蛋糕，没有别的什么，仅仅是那块蛋糕才换来那包饼干。"仅仅"（nothing but）一词表征了纯正替代。没有任何其他东西加入交换。假设现在将情节向前推进，这是一包淡饼干，你食品罐里的淡饼干正好快吃完了，于是你打开这包饼干装入罐。当饼干只剩五块时，你拿这五块饼干和一块奶酪换来半打鸡蛋。这里先发生混合，紧跟着发生不纯正替代（impure substitution）。但若说蛋糕的部分价值于那半打鸡蛋中幸存下来，同样并非无稽之谈。

　　从事上述辨识工作，你不能仅凭自然之理，但依直觉或印象。你得制订规则，往往还是高度人为的规则，来对付混合以及不纯正替代。比方说，罐子里最后的五块饼干，到底来自你拿蛋糕换来的那包，还是罐子里原来剩下的（你拿新的饼干补充了），这里并无当然答案。没有办法将这块饼干与那块饼干区别开来，断言先前的饼干定会先被吃掉也无甚道理。但完全可能制订一条规则，依此规则，饼干将被视为依其装入罐中的顺序而被先后吃掉。在
84　这条规则的帮助下，辨识工作遂为可能，盖基于这些事实，最后的五块饼干必定来自新的那包。这般操作的极端人为性质迅速成为一项论据，不要试图拉长所受领之得利的可辨识性。若非相反的巨大压力，没有哪个法律体系会

这样做。金钱很容易失去其自然同一性，故而，若你不打算在金钱混合物中追踪，那么就第二种标准的返还来说，你将两手空空，或者所得甚少。金钱不过是最为普通的例子。是以英国法，尤其衡平法，并未袖手而立、无所事事，而是早将人为规则欣然笑纳。这样，辨识幸存得利并非依据自然之理，而是依据人为规则。

构成辨识机制的这套综合规则，称追踪法。追踪法得告诉吾人，被告手中还有些什么，让其最初所受领之得利的价值仍然幸存。但若以为，追踪法得告诉吾人，就幸存价值被追踪至其上的财产而言，得适用何等返还手段（若有），那么基于原则及判例（authority），这个想法既不方便，也不正确。这可不是轻松得来的命题。在第二种返还标准的专章，将更为充分地讨论此点。[15]

假设通过追踪发现，被告确实持有某些资产，其最初所受领的价值仍幸存于其中。这些资产得为任何类型：金钱，一辆汽车，一栋房屋，一个银行账户（即针对银行的对人权），一笔股份（针对公司的一束对人权，基于特定法律事实，可能转变为针对公司资产的对物权）。至少有一个负资产的例子：受清偿的债务。也就是说，倘你向我支付金钱，我用这笔钱清偿了透支或抵押债务，我的得利就源于我从这些负担中解脱出来。资产得呈现为多种类型，故得在不同范围内代表最初的得利，就看发生了怎样的混合及替代。比如，我受领了 10 000 英镑（还没有带着钞票去银行存款），一半用来买了汽车，一半用来买了股份，这样，汽车与股份全部代表了你支付给我的金钱。再比如，我用你的钞票（比如说 10 000 英镑），加上自己的钱（比如说 20 000 英镑），购买了一处房产，那么房屋这项资产就只有一部分代表了最初得利。

幸存价值一经辨识，接踵而来的第二个问题就是，这里是否有任何返还手段可用。本章关注的并非就基于何等事实可用何等手段这点给出一个说法，只是指出一系列可能性：就幸存价值，原则上有哪些返还手段可用？

一切返还性质的财产权（对物权）都与第二种标准挂钩。这是由一切对物权的性质当然得出的结论：对物权仅能就经过辨识存在于被告手里的东西行使。财产权（对物权）还得稍待片刻，才会讨论。盖老是有人认为，对人权（债务）在这里全无用武之地，这看法有误。对人权可是有着重头戏要演，

85

而判例法也支持旗帜鲜明地主张此点。以下几点特别需要廓清。

一、对人权与第二种返还标准

我付给你 5000 英镑，你将 2000 英镑花在奢侈场合，用剩下的 3000 英镑购置了一辆二手车，现在这车只值 1500 英镑。首先想到的是第一种返还标准下的权利，针对最初受领的 5000 英镑。但先不考虑这一点，有三个问题要讨论：其一，针对汽车价值主张对人权，在理论上是否可能？其二，此等权利有哪些特征？其三，此等权利有何必要？

（一）是否可能？

这里不存在理论障碍。你不能从对人权的一般性质推论说，倘标的［物］减少（abate），权利亦随之减少。但这并不意味着，涉及特定事实的法律不能将某特定的对人权与某特定东西的浮动价值挂钩。比方说，以如下措辞表述的允诺即毫无问题："在你向我主张权利时，不管这些股份的市场价值是多少，我都将据之支付。"根据该允诺产生的对人权，价值取决于这些股份［的市场价］，并将随之消灭。同样，对于非基于允诺的对人权，以特定标的物（这里是汽车）的价值为度量标准，也不存在理论障碍。

（二）其特征为何？

尤需强调的是，汽车仍然是你的；我对汽车并无任何权益，有的只是针对你的［对人］权利请求。可以看到常见的相互关系：我享有对人权，［内容为］你应将汽车价值给我，而你负有正相对应的债务。

（三）有何必要？

原告可能会主张幸存价值而非受领价值，这有诸多不同理由，其中一个是，以受领价值为标准的通常权利请求可能会碰上某些抗辩事由或阻却因素，从而不得主张。但经检视，构成受领价值障碍者却未必适用于幸存价值。故原告可能会欣然接受次优方案，拿回半块面包也好过什么都拿不回。在辛克莱尔诉布鲁厄姆案中，[16]第一种返还标准下的权利请求因越权规则在公司领域的适用而受到阻碍。越权向公司提供贷款之人不能依契约追回贷款，也不能依第一种标准要求返还，盖此举会让贷款人毫发无损，从而使越权规则丧失制度价值。但上议院认为，贷款人得依第二种标准要求返还，盖将被告保

---

[16] Sinclair v. Brougham [1914] A. C. 398，后文边码 396 以下。

留的最初受领［之得利中］仍可辨识的那部分归还给原告，并不公然抵触越权规则。故而，在汽车例中，倘依案情事实，第一种标准下的权利请求遇到了类似障碍，我最好还是赶紧将权利请求由你所受领的 5000 英镑变为你仍然持有的 1500 英镑价值为妙。

在这辆现值 1500 英镑的汽车背后，假设案情为：我付给你的 5000 英镑系贷款，但在缔约时，我忽略了某些制定法的形式要求，导致借贷无效，不论是根据契约还是任何其他替代分析，我对该 5000 英镑的权利请求都被切断。[17]我现在想说的是，虽说无论依据何种理论追回那 5000 英镑都将让制定法［的目的］失去意义，但要是追回你正好还剩下的那 1500 英镑，大概不会得出同样的结论。这是合理的论辩。在最低程度上，也存在如下真正可能，即某个权利请求面临障碍，背后的政策并不当然拘束其他权利请求。再举一例，向未成年人提供贷款绝对无效，但若说在贷款人请求返还时还允许未成年人保留幸存于手中的得利，则实在看不出来这是法律的立场。

然而，请求返还幸存得利只能通过对物权来实现的看法若是正确的，如上论辩思路就总会由于不相干的附带理由而失败。对物权优先于无担保的债权。在汽车例中，我就幸存价值主张权利，理由无关想得到这个优先性。这里并未说你无力偿债。我将请求减至 1500 英镑，仅仅因为我对那 5000 英镑没有权利。要是法院坚信或者假定，只要我就该汽车并未被授予受益权利或者担保权利，我就不能得到那 1500 英镑，法院就会拒绝我的主张，理由是（在这个特定例子里并不相干），如果针对无力偿债者还有某个与我竞争的人，那么我这个在起点无担保的、无效借贷的贷款人，在终点却成为有担保的债权人，较那些权利未受契约无效影响的、无担保的权利请求人，处于更有利的位置。当且仅当我的权利得纯粹对人，并未给予我对汽车本身的权益时，我才能够避开那种危险。如果我的权利是对物的，我定会败诉，以免处在我这个位置上的其他人赢得太多。

简言之，对幸存价值的返还来说，需要对人权，道理在于：倘无对人权，那么依第二种标准获得返还的所有努力，法院都会认为是企图优先于其他债权人受偿，而这个优先性是可疑的。纵使案情事实或者原告动机都不涉及被告无力偿债，亦然。

87

---

〔17〕　Cf. Orakpo v. Manson Investments Ltd. ［1977］1 W. L. R. 855 .

对这三个问题的讨论告一段落，接下来当然就是第四个问题：判例法是否支持这个返还标准下对人权的存在？后面第二种返还标准的专章将论证，判例法确实支持，不过不太牢靠。即便判例法不支持，也有余地提出一个令人赞赏且并非立法上的论证，部分根据在于，若不存在对人权，将出现法律漏洞，部分根据在于，没有直接考虑这个事情是法院的疏忽。若有必要，得暂时求助于词源学家的星号，该符号表示某个必须存在却尚未被发现的种类（form）。*

二、所有权性质的权利与第二种返还标准

前面讨论过何者界定了对物权为返还性质的权利。所有符合资格者都依第二种标准运作。被告要将仍持有的得利交给原告。此处问题为：需要何种词语，才能充分描述对物的返还权利？谨记勿增实体，同样的问题遂得如是表述：如何对此等权利作最低限度或最经济的分类？

此等对物的返还权利得为普通法上的权利，亦得为衡平法上的权利，通常是衡平法上的权利。可能构成普通的受益权，也可能构成担保权益。比如，你用我的出资购置了一栋房屋，在合适案情下，你得为我持有非限嗣继承地产权；[18]再如，我错误地在你的土地上建造房屋，你却作壁上观，衡平法可能为我的支出而授予我该块土地上的留置权/优先权。[19]这些都是典型例子，前者为衡平法上的受益权，后者为衡平法上的担保权益。

倘对物的返还权利为衡平法权利且为受益权，遂得假定（*ex hypothesi*），普通法上的产权归一人 D，衡平法上的权利归另一人 P。也就是说，这里存在信托关系：D 以受托人身份为 P 持有财产。这里"信托"一词别无所指，就是划分普通法权利与衡平法权利。尤其是，并非指任何信托创设人 S 将信任或信赖（trust or confidence）寄托于 D 身上。盖普通法所有权与衡平法所有权

---

　　* 译按："词源学家的星号"（etymologist's asterisk），不知何意。

　　〔18〕　基于归复信托，参见前文边码 60 以下。

　　〔19〕　Unity Joint-Stock Mutual Banking Association v. King（1858）25 Beav. 72；Cf. Dodsworth v. Dodsworth（1973）228 E. G. 1115. 译按：留置权、优先权（lien），债权人在债务人特定财产上设定的担保权益，一般至债务清偿时止，债务人如逾期未清偿，债权人可通过变卖留置物等法定程序优先受偿。普通法上的留置权为占有性留置权，衡平法和制定法上的留置权不限于留置物必须在债权人占有之下。《元照英美法词典》，第 848 页。

的划分若是归因于 S 创设信托的意思表示（不管是明示还是默示），那么衡平法上的受益权即不能被称为返还权利。这个结论来自返还权利不可能由合意产生的命题：就其本身而言（即并不寻求潜伏于同样事实中的替代分析），明示或真正默示的信托并不产生返还性质的权益。故，重新组织［语言］：只要对物的返还权利是衡平法权利及受益权，就必定存在信托关系，而从设立角度分析该信托，不会是明示或默示的［意思表示］。原因事实或为不当得利，或为不法行为。这是由前面的讨论得出的结论。依 1925 年《财产法》第 53 条的信托分类，一定是归复信托或衡平法推定信托。

刚才这个命题不能倒过来说。虽说归复信托下的权益一定是返还权利（此前讨论过，这里有些颇费踌躇之处），衡平法推定信托下的权益却不能这么讲。在许多案例中，衡平法权益系根据法律本身产生（*ipso jure*）（从而形成衡平法推定信托），法律效果却不能认为是令 D（成为受托人）将通过牺牲 P（现在是受益人）或者通过对 P 为不法行为而受领的得利返还。是以，倘若 D 以书面契约形式并基于有效对价将黑亩让与 P，依沃尔什诉朗斯戴尔案的原则，[20] D 根据法律本身而成为 P 的受托人。但在任何意义上，他都未曾从 P 处取得黑亩。而且，如果 D 鼓励 P 在他的土地上建造房屋，而法院嗣后认为 P 由此取得衡平法上的非限嗣继承地产权或终身地产权，该信托在内容上也不是返还权利。[21] 虽说 D 通过牺牲 P 而受领利益，但 P 的权益在量上反映的也不是得利，而是 P 自己的期待。简言之，在设立衡平法权益时，法律并未赋予返还效果，而是令 D 负责实现 P 的希望，或者不使其破灭。

89

可否将"推定信托"术语弃置不用呢？该术语确实不太有用。就法院将要认可的衡平权益（非限嗣继承地产权、终身地产权或特别裁剪的其他什么权益），其量如何，该术语一无所言。除了对明示、默示或者普通法推定的信托设立意思加以否认外，就产生案涉衡平法权益的法律事实，该术语同样三缄其口。不能提供信息增量还且罢了，更有甚者，反而制造混乱。首先，在

〔20〕 Walsh v. Lonsdale（1882）21 Ch. D 9.

〔21〕 Inwards v. Baker［1965］2 O. B. 29；Re Sharpe（a Bankrupt）［1980］1 W. L. R. 219；Pascoe v. Turner［1979］1 W. L. R. 431. 在最后这个案例中，上诉法院似乎区别了推定信托与根据不容否认的财产权利（proprietary estoppel）而产生的权益，但这种区别很困难，盖信托是对普通法权利与衡平权利的划分，其发生的原因事实在于鼓励不利益的信赖（禁反言）；一为法律后果，一为原因事实，除了从感觉角度（perception），无从区分。在该案中，被告被判决让与非限嗣继承地产权。是以，很难说他并未成为原告的受托人。

同样一组事实中，当谈到对物权，而不是对人权或者两种权利皆得主张，该术语并非毫无疑问。其次，如何理解该术语的用法，是用来指称权利（不管什么类型），还是仅指称一组或一项救济，现在已陷入没头没脑、无休无止的有害争论当中。[22]最后，可以看到，在普通法上，当［衡平法］权益根据法律本身而产生时，例如通过逆占有、取得时效、［发现］无主埋藏物*、罚没等，并非说这些都是推定信托。亦即，没感到有必要说明，意思表示是推定信托通常或自然的产生方式。

结论只能是，推定信托一词并未起到积极作用。在返还法中，肯定更为有用的是，直接询问对物的返还权利是否产生于这个或那个不法行为或者不当得利。推定信托术语充其量是越出返还法的范围，对如下情形所做的死气沉沉的描述，即衡平法上的受益权根据法律本身而产生，使得普通法上的权利人被衡平法剥夺了某些或全部受益权。在该描述功能中，倒是有一点为准契约或者推定契约所缺乏的可资赞赏之处。这里至少有一个信托，只不过信托表示是想象的。与之相反，被称为准契约的债务却真是让人看不到契约的影子。故，对准契约术语可真没什么好说的，完全得将之抛诸脑后。这样，在 P 向 D 为错误给付的情形，D 对 P 所负的返还债务（由法律强加而非基于同意），就像不能被称作准财政或准家庭债务，也难称之为准契约债务。但如果结论仍然是，D 就该笔资金享有普通法产权，而在衡平法看来 P 享有受益权，那么在英国法的法言法语里，除了说 D 为 P 持有信托财产，也实在找不到其他词语来描述两者之间的关系了。是以，在普通法权利与衡平法权利根据法律本身被分离的情形，还是得用"推定信托"或其他类似表达来描述。但该用语只是对结论的描述。某法律事实产生了衡平法权利，该权利一旦形

90

---

[22]　R. Pound, "The Progress of the Law, 1918–1919, Equity", (1920) 33 *Harv. L. R.* 420 ff; A. J. Oakley, "Has the Constructive Trust Become a General Equitable Remedy?", (1973) *C. L. P.* 17; D. W. M. Waters, *The Constructive Trust*, London, 1964（文中各处）. 在这场争论当中，最出色的贡献来自古尔丁法官在大通曼哈顿银行案中的判决，他指出，在实质权利与救济之间，并不存在区别。哪里有救济，哪里就有权利（*ubi remedium ibi jus*）. See Chase Manhattan Bank N. A. v. Israel-British（London）Ltd. [1981] Ch. 105.

*　译按：在没有相反法律规定时，无主埋藏物（treasure trove）的发现者享有可对抗该埋藏物所在土地的所有人及其他任何人的权利，但该埋藏物的真正所有人除外。在英国，发现的无主埋藏物应归政府所有，埋藏物的发现者若将之据为己有，则将被处以罚金或拘役。《元照英美法词典》，第 1355 页。

成，信托关系也就存在了。

在思考产生返还法律效果的模式时，更为有用的办法是关注一些权益——这些权益的产生使得信托关系形成，而不是关注信托本身。是由于认可了这样的权益，才产生返还法律效果，而信托关系的形成只是认可该权益的间接后果。是以，在霍奇森案中（最先考虑对物的返还权利时讨论过），[23]是霍奇森在衡平法上的非限嗣继承地产权产生了返还后果；正因为霍奇森被赋予了衡平法上的受益权，才得出有信托关系存在的结论。

将实体保持在最小限度，现在回到前面的论断，对物的返还权利或为普通法上的权利，或为衡平法上的权利，或为受益权，或为通过担保产生的权利。前面的汽车一例简单而形象。你受领了 5000 英镑，零零碎碎花掉 2000英镑，用剩下的钱购置了一辆汽车，现在价值 1500 英镑。在本节标题下，我就该汽车可能取得留置权/优先权或所有权。只要汽车的价值低于你用来购置汽车的（我的）钱款，两类对物权价值就一样。但留置权/优先权的价值绝不会超过你花费的金钱。故，倘该车原来属于某位社会名流，由于这个缘故，价值突然飙升到 6000 英镑，那么对我来说，主张受益权更为有利。[24]

当然也会有这样的情形，留置权/优先权比受益权更为有利。假设你购买汽车时，不光花掉我那 3000 英镑，还自己添上 3000 英镑。这辆车价值更为昂贵。现在的选择有二：一是对追踪至那辆汽车的 3000 英镑的留置权/优先权，二是由那未分割的一半份额构成的受益权。倘汽车升值，高过 6000 英镑价款，那么跟前面那个更简单的例子一样，受益权价值更大。但要是汽车贬值到 6000 英镑以下，留置权/优先权将更吸引人。要是贬值到 1500 英镑，一半份额就只值 750 英镑，留置权/优先权却能让我得到全部 1500 英镑。[25][一方面，]在这两类对物权之间，当事人得自由选择，或难合理解释。另一方面，扩展幸存得利的可辨识性具有不可避免的人为性，这个人为性的其中一点或许就在于诸多评估可能。根据独立无倚的自然之理，不可能指出幸存得利到底是那部汽车本身，还是用来购置汽车的那 3000 英镑；是那个抽象区分（metaphysical difference），指明了到底是受益所有权（汽车本身）还是留置权

---

[23]　参见前文边码 58 以下。

[24]　Re Tilley's Will Trusts［1967］Ch. 1179.

[25]　Cf. Re Oatway［1903］2 Ch. 356.

/优先权（3000 英镑那笔钱）。

有个与奥卡姆剃刀定律正相对立的原则，不过我不知道如何称呼。这个原则是说，正如不能拥有太多的实体，可若是太少，同样寸步难行。前面见过一个例子。如果你坚持认为只有两种债务原因事实，即契约及侵权，那么只能得到体系扭曲、内容贫乏的不当得利法。现在要问的是，将产生第二种标准下返还效果的对物权按照两种分类法加以区分，得到两组实体（普通法权利/衡平法权利；受益权/担保权利），是否应该扩展。在就幸存得利所做的显著工作中，是否遗漏了任何重要区分？

确实有遗漏，但要得到最终答案，还需要极大范围的论辩。当然，无论如何，你不必为之劳神费心，亦得走得很远。由于没有公认的名称，不得不做的进一步的区分无法措手而得。进一步的区分得表述为浮动的权利与具体化的权利（floating and crystallized rights）。

[进一步分类的] 必要性遂生。你自我处受领了 500 英镑，用这笔钱购买了一头母牛。然后，日复一日，你先是用这头母牛换来一头猪，又用猪交换绵羊，绵羊最后换来山羊。这是一清二楚的一系列纯正替代，追踪工作表明，山羊代表了 500 英镑全部。假设案情如下，当我将山羊辨识为幸存得利时，我拥有完整的受益所有权（beneficial ownership）。至于是普通法上的权利，还是衡平法上的权利，并无实质区别。问题是：在前一日，以及更早，在开始追踪之前，我享有何等权利？我是否不自觉地最初对母牛，然后是猪，依此类推，对整个替代链条上的动物依次拥有所有权？或者，在我完成追踪并开始对山羊拥有所有权之前，我对此前的动物都不享有所有权？倘是后者，那么在我享有"追踪权"（right to trace，很不严谨的术语）时，我拥有的到底是什么呢？

在这个纯正替代的链条中到底发生了什么，就上面两个不同观点，后者是正确的，当然，支持两个观点的判例所在皆有，甚至支持前者的声势更为壮大，得将该观点称为"嬗递权利"（descending title）。[26]前面提到过"任何人不得给予其所未有者"的箴言（适用于普通法时，会有一些特定例外，适用于衡平法时，会受到善意购买抗辩的制约），根据该箴言，这番关于嬗递权利的奇谈怪论自然是错误的。我得最终对母牛、猪、绵羊以及山羊享有所有

---

[26] Re Diplock [1948] 1 Ch. 465, 531, 537.

权（要解释何以不能是很困难的）；不是依次，而是同时。当你以母牛交换猪时，母牛的受领者如何能够取得或者给予一个有效所有权（good title）？如果我在取得猪的所有权的同时又不丧失对母牛的所有权，当你取得绵羊时，我又如何会失去对猪的所有权呢？诸如此类。所有权神圣的例外提供不了答案，盖这些例外只是用来缓和某些情形下的荒谬悖理。

另一种观点则能避免以上困难，即在整个替代过程中，你除了"追踪权"，[27]别无所有。根据该观点，纯正替代的链条得无限延伸而不会对第三人造成任何损害，也不会使我的财产以几何级数增长。用来交换猪的，是你自己的母牛，依此类推，直到突然是我的山羊。如果这是正确的，问题依然是，当我享有"追踪权"时，我所有的是什么？恰当的类比是浮动担保，其对公司资产没有任何限制，但给予债权人就潜在资产的担保权利。[28]同样地，我的所有权仍然存在于在替代链条中转移的资产之上（above），并得落实于这些资产，前一日可能固定在绵羊上，今天可能固定在山羊上。故在整个替代过程中，我所有的是一个浮动的或者未具体化的所有权。若说我拥有的是一项权力，八成也不错，当然，这个讲法也会引出进一步的问题，即严格而论，该项权力到底是给我的还是给法院的。不管怎么说，在替代过程中，我享有的是一项未具体化的所有权，一套得就具体化的准确源头及性质开放讨论的程式化语句，这么讲总归是不错的。

还有两个难题应予详考细究。其一，浮动权利的性质及额度在具体化之前可能一直无法确定。在动物一例中，为简化起见，案情以对山羊的受益所有权而告结束。但即便不修改对替代过程中所发生事情的说明，不同的案情事实，或者法官自由裁量权或当事人选择权的行使，都得将一项留置权/优先权具体化。其二，虽说眼下是在"对物权与第二种返还标准"的主题下讨论问题，但也有必要暂时回到早先的那个断言，即追踪亦可能止于认可一项对人权，以经过辨识的幸存价值为标准。或认为，有必要将对人权也看作有一个尚未具体化的阶段；但实情迥异。盖针对特定人的权利请求总是以幸存得利［不断变动］的随时价值为标准，允许资产的自由处分。这是由对人权的性质决定的，故并无压力将之看作浮动权利。同样的法律事实，就对物权来

93

---

[27]　Re J. Leslie Engineers Co. Ltd. ［1976］1 W. L. R. 292, per Olive, J.

[28]　Cf. Re Bond Worth［1980］Ch. 228. 译按：浮动担保，参见前文边码49。

说是具体化，而就对人权来说，不过是确定其变动不居的内容。

有时候在契约撤销情形，哪怕尚未发生一系列的替代，对物的返还权利看起来也有一个浮动阶段。你以欺诈手段诱使我让与汽车，我能重新取得对汽车的权利。在此之前，所有权是潜在的。我现在享有的是对物权力（power in rem）；我得通过行使对物权力而落实于汽车上的所有权，仍未被具体化。[29]

前文已阐明，就只适用第二种返还标准的财产性法律手段而言，推定信托这套语词并没有什么积极作用；而唯一重要的区分，是普通法上的对物权与衡平法上的对物权，受益权利与担保权利，在具体化之前浮动的权利与自始具体化的权利。

三、通过代位返还

是否应给予代位独立的标题，我颇感踌躇。吾以为，在返还法范围内，就已经辨识出来的那些法律手段，代位诚然无所增益。代位只是个隐喻，可有可无。"代位"一词主要适用场合为，被告的得利是消极的，即表现为卸下负担：针对被告的权利请求已被清偿。该权利请求通常（但不必定）已正式消灭。

在某些情形，被告最初自原告处受领了金钱或其他价值，然后，可能有过中间交易（例如买进又卖出股票），最终用受领的部分或全部［金钱或其他价值］清偿了针对自己的权利请求。[30]在其他一些情形，原告自己向被告的债权人清偿，[31]或者通过第三人［向被告的债权人］清偿。[32]在第二类及第三类案情下，得利具有受领价值与幸存价值双重含义，当然得于前一标题下讨论。但只要对抗的权利请求仍得主张，*债务消灭这种类型的得利就持续存

---

〔29〕 参见前文边码 66。

〔30〕 E. g. Jenner v. Morris（1861）3 De G. F. & J. 45；Lewis v. Alleyne（1888）4 T. L. R. 560；Baroness Wenlock v. River Dee Company（1887）19 Q. B. D. 155.

〔31〕 E. G. Ghana Commercial Bank v. Chandiram［1960］A. C. 74；Nottingham Permanent Benefit Building Society v. Thurstan［1903］A. C. 6.

〔32〕 E. g. Bannatyne v. D & C MacIver［1906］1 K. B. 103；Re Byfield［1982］1 All E. R. 249（代位被拒绝）.

* 译按：对抗的权利要求、对抗的请求（adverse claim），指一个人提出或宣称拥有的一项与他人的权益相对抗的权利，例如对他人的土地主张所有权或占有权。《元照英美法词典》，第 42 页。

在，故将这些类型的案件置于"幸存价值"标题下更为妥当。

出了法律领域，除以"替代者"（surrogate）这个相关名词形式出现外，几乎不会用到"代位"（to subrogate）这个动词。"代位"意指"替代"（to substitute），当说 P 代位 X 时，意思是 P 替代了 X。英语中对此有个形象表述：P 着 X 靴（P stands in X's Shoes）。在想象中，替代总是用于有限目的：P 着 X 靴以便接管先前 X 得主张的权利请求。这一目的很容易让人拿转让来类比。[33] P 着 X 靴，是为了在 X 的位置上行使 X 的权利，得被理解为根据法律本身的规定而转让 X 的权利，转让依据是法律规定，而非当事人的意思或行为。同样的法律关系，还有另外一种表达方式。得称 X 为 P 的权利受托人；该信托系根据法律本身而设立，故为推定信托。

如果我付给你 5000 英镑，你用其中的 2000 英镑清偿了透支，那么以代位的形式或语言来讲，就是我代位取得了银行对你的权利请求。我处于银行的位置上；你获得了 2000 英镑的幸存得利（体现为卸下负担，要不然，你还背负着对银行的债务呢），故你有义务将该得利让与给我。这般描述的隐喻性质表现于如下事实，即纵不提及替代，亦可表达出一般无二的结论。完全可以简单地说，我取得了一项与银行先前享有的权利在特征与内容上别无二致的权利。区别在于替代的语言与比较的语言："银行的权利"（the bank's right）与"类似银行权利的权利"（a right like the bank's）。替代概念固然鲜活生动，但严格而言，并无必要。

这个隐喻有时笨拙难用。假设在这个例子中，为了担保透支得到清偿，银行在你的房屋之上设定了抵押权，结果，你向银行支付的这 2000 英镑一举卸下两项负担，即针对你的对人权请求以及设定在房屋上的担保权利。替代的语言及意象立即意味着，我必须处在银行的位置上，以便同时接管对物权与对人权。比较的语言虽欠形象生动，却正确地将如下问题更为开诚布公地摆出来，即我的法律地位到底是有选择地还是精确地"类似银行"（selectively or exactly "like the bank's"）。[34]

---

〔33〕 "法院对案件事实真相闭目不见，即，准贷款人向公司提供的资金是用作贷款，而公司向其债权人所为的给付是出自己的腰包；法院做了相反的假设，准贷款人与公司债权人聚于一处，前者向后者提供资金，数额即为后者对公司的权利请求，并将该权利请求转让（assignment）。"Baroness Wenlock v. River Dee Company（1897）19 Q. B. D. 155, 165, per Fry, L. J.

〔34〕 Re Wrexham, Mold and Connah's Quay Railway ［1899］1 Ch. 440.

隐喻的笨拙难用还有相似的一处。倘若银行的权利不仅仅实际上得到满足，且从法律手段上讲，也已经受清偿并归于消灭，那么在这种情形，替代就意味着如下困难：若我处在银行的位置上，还有什么权利可以供我接管吗？这不过是东扯西拉、混淆视听（red herring）罢了。*该困难只不过是代位意象的一个作用（function）。[35]真正的问题在于你的幸存得利，而且如果银行不仅仅是心满意足从而息争止讼，事实上其权利既已得到清偿，诉讼的大门已对其关闭，你更是稳稳地获得了这项利益。转让类比以及信托概念也会引起同样的踌躇不决。倘若银行仍对你享有权利，该权利在法律技术上并未消灭，那么说银行必须将权利转让给我或者银行基于推定信托为我持有那些权利，多少有些意义。但倘若银行的权利已归于消灭，则没有什么可供转让或基于信托而持有，而且为了让我接管而将这些权利起死复生，在概念上也不可能。非隐喻的思路则不会受到已消灭的权利能否复活问题的困扰，盖不会考虑任何权利需要被接管或者基于信托而被持有。该思路考察银行法律地位，只是为了度量你通过牺牲我所得之利还幸存多少。

不论是否使用替代［代位］意象，头一个问题总是，受领的得利是否确实被认为幸存于被告负担的卸下。换言之，由于总是牵扯到第二种返还标准，依据追踪规则的辨识工作必然是头等大事。[36]在替代链条末端所能发现的得利，得为任何形式的资产，甚至是消极资产。追踪可能止于一部汽车、一张股票，或者一笔清偿了的债务。正是在追踪止于受清偿的债务情形，使用的话语从留置权/优先权以及受益所有权变为代位。也就是说，倘考察的是一辆汽车，问题即为原告是否享有受益权或留置权/优先权；倘考察的是一笔受清偿的债务，问题则为原告是否代位取得受清偿债权人的地位。[37]

一旦原告的金钱被追踪至这种消极类型的幸存得利，"代位"是否实际上意味着对任何此前未曾提及的返还手段的认可？那些坚持替代语言的人会说

---

* 译按：red herring，与本题不相干的法律问题或事实问题，如法律学生应避免讨论在考试中教授提出的与本题不相干的法律问题或事实问题。《元照英美法词典》，第1162页。

〔35〕在拜菲尔德案中（Re Byfield [1982] 1 All E. R. 249），古尔丁法官说，为避免这种困难，倘有必要，他本愿意放弃"代位"概念而代之以一项用来挫败特定类型不当得利的未加分类的权利（p. 253）。

〔36〕Baroness Wenlock v. River Dee Company (1887) 19 Q. B. D. 155. Cf. Re Cork and Youghal Railway (1869) L. R. 4 Ch. Ap. 748；Re Johnson (1880) 14 Ch. D. 548.

〔37〕关于迪普洛克案（Re Diplock）在这点上的难题，参见后文边码372。

（小心翼翼地避免全有或全无的进路），原告得接管先前债权人的一项或更多权利请求，不论是对人权还是抵押权，抑或两者同时。使用"接管"（take over）一词是为了避免把权利说成是原告的或者原告"拥有"（owns）原先债权人的权利。这么小心回避的道理在于，习惯上不讲就对人权享有所有权。若是克服传统的不情愿态度，哪怕不取消替代隐喻，也会看到，在汽车例和已清偿的债务例中发生的法律关系将泯然无间。原告对汽车是否有所有权或者其他权益的问题，也就变成对原先债权人的权利请求是否有所有权或其他权益的问题。故，即便使用替代术语或者某人处于他人位置这种分析模式来看待一切法律关系，"代位"一词也绝不意味着在先前的讨论之外还存在其他返还法律手段。这里涉及的只是不同类型的资产，而不是不同的实现返还的模式。

将替代意象拒之门外，结论不会改变，只会更为简洁明了。若是如此，就用不着再坚持，对待消极资产（例如受清偿的债务及抵押权），能够使用跟对待积极资产（例如汽车及股票）完全一样的方式。盖依该观点，追踪幸存得利至消极资产的原告，不过是取得一项依原先债权人的权利请求来确定额度的返还权利。是以，假如你自我处受领 5000 英镑并用其中的 2000 英镑清偿了一笔附有抵押担保的透支，我取得了针对你的 2000 英镑对人权，由于你对银行的负担被卸下，这 2000 英镑便构成幸存价值。但这是我的请求权，并非银行的请求权由我接管。于是这里又产生了一个独立问题：正如银行以抵押来担保其权利，我是否以同样的方式取得一项担保权利，以担保我的请求权？这个问题将在后面讨论。[38] 不管我是否享有担保权利，这里都没有任何暗示说，不同于前面的描述（我取得一项对人权，也可能取得一项对物权），还存在其他返还法律手段。

为清晰起见，还得强调最后一点。"转让"（assignment）性质上为法律事实，是原因事实家族的一员，如同契约及不动产权转让（conveyance），系以同意为基础。正如不动产权转让这个法律事实使我成为你的土地的"所有人"（owner），转让这个法律事实使我成为你针对债务人的权利请求的"所有人"。倘若将代位看作"准转让"（quasi-assignment）或者"法律规定的转让"（assignment by operation of law），就很容易将之理解为法律事实，这可很危险，

---

［38］　参见后文边码 389 以下。

肯定是错误的。即便根据替代隐喻，P 代位 X 这一提法也不过是说，P 取得先前为 X 所持有的权利，可丝毫未言及产生该效果的法律事实。上诉法院还真是提到过，基于何等事实得发生代位效果并不清楚。"只有当法院确信理性以及正义有此要求时，方得适用代位规则，再想形成更为狭窄的原则，并不可能。"[39] 由此可知，代位是需要牢记于心的可能，该可能基于所有要求发生返还效果的事实；不过，倘这些讨论路线都是对的，也不过意味着，基于所有这些事实，仍为被告所持有的得利是否并不包括原告或者原告的金钱将被告从中解脱出来的权利请求，还是一个问题。关于第二种返还标准下的一切权利请求，有两个问题原告不得不问：第一，被告是否还剩下些什么代表其最初所受领者的任何东西？［第二，］倘答案为肯定，我能否就该幸存得利的价值主张对人权，或者就得利幸存于其上的物主张对物权？倘第一项调查工作表明，被告的幸存得利全部或部分存在于消极资产上（被告卸下责任负担），第二个问题也不会发生什么实质改变。仍适用同样的返还手段。但是，当幸存得利表现为消极形式时，长期的习惯做法支持向不同的理论话语伸手乞援。此时所发生的，仍然是以对人权或者对物权为手段的第二种标准下的返还，换作"代位"话语，亦不能掩盖。

可以看到，许多不同的原因事实都能产生返还法律效果。本章利用奥卡姆剃刀定律试图表明，在一大堆通常都是陈腔滥调的冗词赘句背后，真正得用来实现返还的法律手段其实少之又少。依第一种标准主张权利的原告毫无例外地只能以对人权为手段来获得返还，而依第二种标准主张权利的原告既得以对人权，亦得以对物权为法律手段。得通过进一步细分，精雕细琢这个简单分类，但务必提神留意，不要增加一些粗制滥造或含糊不清的额外范畴。

---

[39] Orakpo v. Manson Investments Ltd. [1978] A.C. 95, 110, per Lord Salmon.

第四章

返还法的内部体系

现在，终于该进入平静的水域。此前三章皆为预备，关注的是一些不易彼此拆分开来的大问题。何为返还？与其他法律领域的关系如何？实现返还的法律手段又有哪些？这些讨论向来举步维艰，如果终归还能自圆其说，那也是因为当吾人着手考虑返还事由时，这些预备内容没有东扯西拉、重起炉灶。而眼下这简短的一章目的即在于解说据以处理那些返还事由的体系。

这个体系的关键是，在返还原因这个具有双重含义的或者说超级属概念（super-generic conception）内部进一步划分。于是得到两个主要类型：因不当得利而产生的返还（通过减损）以及因不法行为而产生的返还。就这两个类型而言，前者内容更为丰富，又分为两个不等的部分。本章会详细解说"不当"以及"通过减损而得利"，但在处理顺序上，要将两者颠倒。不论是分析个别问题，还是一般考虑，将何者构成通过牺牲原告而得利这个问题首先提出来，总要方便得多。

"不当"一词将这个法律主题中全部最为棘手的问题捆扎于一处，单纯从数量上讲，也构成份量最大的一部分。如何细分？须当记起，"不当"，不能目光向上汲取于有关正义的抽象观念，而应当目光向下专注于具体案例及制定法。"不当"只是用来描述一些事实因素所具有的共同性质的总义词（general word），当这些事实因素与"得利"携手，即可要求发生返还法律效果。故而，得开列一张此类事实因素的清单，这张清单还得编排得尽可能合理有序，绝不能率尔从事。过去的法律工作者只是一味依字母顺序胪列，诚可谓不厌其烦，吾人却不能如此不动脑筋。再分类的工作虽然事关肯綮，却也同样难于措手，当然还得为日后的改进留下余地。我将之分为三类，可不要为这表面上的整饬严谨所迷惑，盖第三类又是一个杂项集合：其他。看起来，要将这个领域的大部勾勒清楚，前两类足能胜任愉快，但还得有第三类来分其压力。使一笔得利构成"不当"的三类事实因素为：[财产]非自愿转移（nonvoluntary transfer)、自由接受（free acceptance）、其他。这三个题目需要在这里简单介绍。

一、非自愿转移

这个短语并不让人感到惬意，但又难以遽为改进。短语背后的观念当然足够简单。只要存在非自愿转移，那么要求发生返还法律效果的案情即为"否定自愿性的事实因素"（a factor negativing voluntariness）；对该效果的解释总是得用最为浅显明白的话简陈如下，即原告并不打算令被告取得案涉金钱或者其他利益。非自愿转移是"不希望发生的转移"（not-wanted transfer）。原告可能根本就不想转移［案涉财产］，也可能原告希望在某些情形下转移，而非在实际发生的情形下转移。

必须立即提醒，这里的结构类似于对"不当"一词用法的常规说教。在出让财产时是自愿还是非自愿，概念是由判例法控制的。你不能仅根据 P 向 D 转移财产的具体情节，认为 P 并无意使 D 取得案涉特定财产（仿佛这只是个事实问题），就得出支持返还的结论。这个议题太过棘手，太过形而上学，而且总有一些复杂的分支议题。故，虽说从印象看，案涉财产转移似乎并非自愿，你也得披览判例法以审决是否为法律认为应产生返还后果的非自愿转移。法律门外汉只看到非自愿［转移］的自然属性（natural non-voluntariness），这个常识性看法只是考虑问题的起点。得以法律错误为例说明。依自然之理，法律错误和事实错误在否定给付的自愿特征这一点上效力相同。以缴税为例，我之所以缴纳税款，是因为我认为发生了应纳税事实，或者我认为所发生的事实是应该纳税的。不管怎样，倘我认识有误，在财产转移非为自愿这一点上含义是相同的：我并未意在让这种错误给付发生。但法律错误是否能够发生返还法律效果，判例法的态度异常谨慎。这种谨慎是出于如下担忧，即法律错误过于普遍，也很容易在事后虚构，若是不区分法律错误与事实错误，就会发生太多的返还，带来极大不安定。对法律错误的适用加以束缚，让人看到在形成得到判例法实际承认的返还事由时，法律政策的次要问题与非自愿性这个核心问题是怎样相互作用的。这是个显而易见的例子，但此类事情无时不有，且往往隐而未宣。基于给定事实，要判断某人是否有意转移财产，总是件很困难的事，除了当事人一致同意的核心案例，即便是通情达理的人也会各执一词、莫衷一是。错误要严重到何等程度，或者强迫要蛮横到何等地步，才能认为当事人形成给付决定时的判断受破坏？受强迫的同意（*coactus volui*）是让人大伤脑筋的古老难题。当哲学家开始各执己见时，法律却必须努力解决不确定性的问题，同时还得拿一只眼睛瞄着那些次要问题。但这绝不意味着"非自愿"是个全无生气、一无是处的概念。正相反，"非自愿"是多数返还的基础。只是说，这个概念总是受到判例法控制，而判例往往得在相互冲突的看法之间求得平衡。

　　非自愿转移范畴本身仍要细分。根据认为原告无意转移财产的原因的性质，非自愿转移得分为两个子类。在子类一中，原告于形成转移意思时的判断受破坏/无效；在最宽泛的意义上使用"受破坏/无效"（vitiated）一词，以便包括"［使］无效"（nullified）甚至"未运用判断力"（not exercised）。在子类二中，并不存在无效因素：原告在转移或允许转移财产时，自由运用了判断力，但其意思附有限制，指明了在何等情形下或基于何等法律事实，希望被告取得案涉利益。此际，说转移非为自愿，缘故在于指定的情形或者基础未能实现：在实际发生的事实情形，原告并不希望被告得到该笔利益。比如，原告拿出 1000 英镑，指明为结婚礼物，而最终婚姻并未缔结；或者是为了得到受让人的对待履行，而受让人终未履行。在这些情形，非自愿并非从让与意思无效/受破坏的角度解释，而是着眼于为让与意思故意设定的限制。这样就能很方便地拿这两个概念来比较。于是，非自愿转移的两个子类即为"［转移意思］无效"（vitiation）与"［转移意思］附限制条件"（qualification）。转移意思无效的典型为错误、强迫及不平等；就这个层次上更为细致的分类组织，这里不再深究。

　　将非自愿转移掉转方向，大概了解何为"自愿"以及谁为"自愿行为人"（volunteer），［对理解非自愿］有时颇有裨益。自愿转移意指在这个范畴之下不存在返还法律效果的转移，自愿行为人即指为自愿转移或者允许为自愿转移之人。自愿行为人获得返还的希望小之又小，只存在于"自愿接受"以及"其他"这些较小的范畴下，要么就是在"不法行为"下。但能否以更为肯定的方式来［正面］表述？

　　不论是在可能发生的一切情形下，还是至少在实际发生的情形下，倘原告对被告取得案涉利益感到满意，转移即是自愿的。但这个表述过于正式和抽象，重要的是拆解析分，好从日常生活中揭明某些特征。有的当事人指明

101

102

了希望得到特定报偿（return），并且确实得到：买受人为一周的日用杂货支付了 50 英镑。有的当事人自由地形成不需要任何报偿的意思，比如在你生日那天赠与礼物之人。还有的当事人，以嗣后发生某件事实为赠与条件，比如这 1000 英镑是赠与你和 X 的结婚礼物，现在你和 X 确实结婚了。这三个人都得到了想要的：日用杂货、不求报偿、婚姻成就。我们得说，这三个人都遂心如愿。

　　在"对被告取得案涉利益感到满意"这个大的范畴之下，还有另外一类更为有趣的自愿行为人。说有趣，原因在于这类人并未遂心如愿。他说并未得到他想要的。*他感到心意未遂，而我们还不得不乖违其意，偏偏得出结论说，他对被告将要得利感到满意。一方面将其描述为心意未遂，另一方面又断言其属于"对被告取得案涉利益感到满意"的自愿行为人，两者间存在明显的紧张关系。缘故在于，在转移时，原告对被告不论在何种情形下都能取得案涉利益感到满意，但现在又感到心意未遂。这可能发生在两种情形：其一，当事人单纯改变想法。开始确实愿意赠与，后来又希望并未赠与，或者开始确实愿意购买那个新东西，后来又懊悔虚掷金钱。其二，相较前一类心意未遂的自愿行为人，也就是改变主意的人（mind-changer），第二类，也就是承担风险的人（risk-taker）更为重要，盖此际要说不符合返还条件，并不那么显而易见。他既未设定任何条件，也未约定任何报偿，但他确实是希望如此；他承担了风险。你将汽车泊于停车场，然后去购物，某人为你清洗了汽车，毫无疑问，他希望从你这里得到些什么。那么他就承担了风险：你可能铁石心肠，分文不给，或者他已经等到不耐烦，却还看不见你返回的身影。如果你处在贷出金钱的位置，那么在圣诞节表达的好意、一箱葡萄酒或者餐厅里的一顿晚宴，都可能怀有明显意图，你可能会让这些期待落空。家底殷实的父母原本指望慷慨的财产授予（settlement）能使顽劣不羁的孩子宜其家室、负起责任，**但眼看着财产被肆意挥霍，方才失悔未就财产的授予设定约束条件。无偿意思（gratuitous intent）标志着不折不扣的赠与人，而前面这些人在不同程度上缺乏无偿意思，同时又没做到为给予意思明确设定限制，将

---

　　* 译按：原文误作"我们想要的"。

　　** 译按：settlement，授予、转让、设定、财产授予契据，通常指财产所有人以遗嘱等方式对其家庭成员设定遗产的分配，包括委托受托人代为管理和执行遗产，以及夫妻婚前财产设定等，其结果可不同于受益人作为继承人依法所能取得的。《元照英美法词典》，第 1250 页。

失望风险堵死。虽然或多或少地有些不情愿，但这些人将会接受被归类为礼物赠与人。这些人属独立的次要范畴，即承担风险的人。

承担风险的自愿行为人为奥卡姆剃刀定律又提供了一个适用机会。倘原告向被告提供了劳务，要求返还体现在劳务中的得利，为了论证何以原告的主张不能成立，往往得援引"多管闲事"概念。那个在你购物时为你清洗汽车的人即不幸身处"多管闲事的干涉者"（officious intermeddlers）之列。[1]不确切地讲，"多管闲事"不过是无谓地强调"干涉者"（intermeddler）概念中固有的思想，即人应该操心留意自己的事情。不过"多管闲事"概念有针对性地打击了如下看法，即认为介入他人事务或有其必要性，这里暗示说，在某种客观情形下，可能要求有人介入，当事人不过是抓住了这个机会。"多管闲事"指的是大包大揽、殷勤过甚这种品质。汽车挡风玻璃脏了，固然很危险，但要是你的汽车挡风玻璃脏了，其他人还是照看好自己的事情为妙。有人认为自己意识到了清洗义务，那不过是多管闲事。当用到"多管闲事"这个词时，要么意指，根本没有要求他插手介入，要么意指，至少介入的要求没有强烈到那种程度，得允许他主张，他并不情愿承担失去劳务价值的风险。

虽然"多管闲事"术语在这个特定场合很常用，但就"自愿"或者"自愿行为人"术语不能完成的工作，"多管闲事"同样无能为力。如果介入人承担了得不到报偿而失去劳务的风险，那么他就是自愿行为人，价值转移即为自愿。说某人"多管闲事"，不过是对其承担了失望风险的再度确认。介入人可能试图援引的任何义务因素都不足以认定，他在决定接受该风险时的判断受破坏，也没有必要再引入一个独立术语来传达这一思想。除非案情事实表明存在迫使他介入的紧急情况，否则这一思想是不言而喻的。当存在这种紧急情况时，介入人即得以道德强制为由请求返还。道德强制得构成返还事由，就在于这是否定自愿性的因素。[2]若是说道德强制也否定了"多管闲事"，如此提法并无增益。是以，全部的分析工作皆得顺利开展，无需假借多管闲事那套语言。实在不必以不同场景下的不同术语来求得同样的思想。

---

〔1〕《返还法重述》第 2 段，"多管闲事地授予他人利益者，不得要求返还"。相应的评注如是阐释"多管闲事"："多管闲事意指对他人事务的介入，而根据介入发生时的客观情形，不能证明介入具有正当性。"这一解说将该词的全部意义斫削干净，使其不过沦为返还被排除的一切情形的一般标签。Cf. Goff and Jones, p. 35.

〔2〕参见后文边码 193 以下。

二、自由接受

104 这是"不当"三种主要类型中的第二类。很多案情得做替代分析，既得看作非自愿转移，亦得看作自由接受。但这两种类型迥乎不同，通常而言，当事人只会主张其一。

  自由接受，跟衡平法上"默认"（acquiescence）概念传达的思想一样，[*]发生情形为，被告受领了一笔利益，而根据具体情形，知道该利益并非无偿提供，且有机会拒绝却仍然选择了接受。将自由接受与非自愿转移区别开来的关键之点在于，返还原因现在发生于被告一边。构成非自愿转移的那些事实，得告诉你原告的所思所想；自由接受则为被告在特定心理状态下的所作所为。

  非自愿转移与自由接受定向正好相反，这一点对承担风险的自愿行为人特别重要，也特别清楚。据假设（*ex hypothesi*），他不得行使第一类请求权，但有希望主张自由接受。如果回到擦洗汽车那个例子，即可知何以如此。当你购完物回来，发现车被擦洗，对任何自由接受来说都太迟。你没有拒绝的机会。但假设你在前往商店途中，发现将提包遗忘在车上，于是立即折返，正好看到擦洗工作开始。你得马上走过去抗议。要是你踌躇不前，直到擦洗工作完成才冲上去抱怨，这就太迟了，你必须为该劳务付款。你已经自由地接受了该利益，但该行为的介入性质自始至终未曾更易。也就是说，他一直都是承担风险的自愿行为人。他以为你在购物，未注意你已返回，这些对他的心理状态都没有影响。

  这个例子用来说明，自由接受何以构成返还事由。一旦被告没有抓住机会拒绝案涉利益，被告的地位可就岌岌可危了，哪怕相较承担风险的自愿行为人，也是如此。只要被告提出是原告自冒失望风险，就会遭到反戈一击，即被告要是早点讲出来，原告也就无险可冒了。并非所有援引自由接受的原告都是自愿行为人。对那些并非自愿行为人的原告，就没有必要讲什么冒险之类的话。只要说自由接受的被告自己要对发生的事情负责，即已足够。本来举手之劳，即可阻止这一切，或者至少讲出来，就不必承担责任。

---

  [*] 译按：acquiescence，默认、默许、消极承诺。《元照英美法词典》，第17页。

三、其他

属于这个杂项集合里的案例数量并不确定，但不会很多。这个范畴的假定情形为，原告为自愿行为人，对并未自由接受的被告主张权利。从道理上讲，在这样的当事人之间，很难发现返还事由。不过，有时社会政策会置身于以自愿转移及自由接受概念表达的当事人行为之外，要求将一笔得利回转。例如，假设政府机构基于善意向跨国公司征税，政府机构认为这笔税款依法应予缴纳；公司虽然看法相左，仍如数缴纳。最后表明公司的看法正确。哪怕公司经过了充分咨询，既未犯认识错误，也未受压力影响，故可以说是自愿给付，哪怕政府机构的认识错误妨碍了自由接受成立，仍有论据支持发生返还法律效果。回转得利的根据即为《权利法案》表达的社会政策：无议会则不纳税。

前文对返还法体系的描述，就是考量那些将通过减损原告所得之利变为"不当"得利的事实因素。这个体系表现为非自愿转移、自由接受以及其他，而非自愿转移又可再分为转移意思无效与转移意思附限制条件两类。这里不再描述更低层次〔的不当因素〕。

此时此刻，有必要再回到不当得利与因不法行为产生的返还这个主要划分。就这对分类中第二项的内部组织，还必须简单讲几句。此前已特意说明，不法行为本身并不构成返还的充分事由，否则，只要不法行为给不法行为人带来收益，受害人即享有返还权利。紧跟着的结论是，即便在这个类型下，还得区分"通过不法行为而得利"的事实与额外添加的"返还事由"。应该还记得，术语"因不法行为而发生的返还"正是用来置换"通过不法行为而不当得利"的，盖"不当"一词与"通过不法行为"发生不幸的共振，从而误导性地暗示所有不法得利都要求返还。在这个范畴中的"返还事由"与另一个范畴中聚于"不当"下的三类事实因素之间存在精确平衡，而被置换的术语不该将这种平衡掩盖。换言之，若非有必要制止刚才提到的那种危险援引，"不当"一词就会再次成为这个范畴里的挂钩，往上悬挂要求返还的事实因素。在目前阶段，这个体系不打算进一步划分这些返还事由，盖稳定分类十分可疑。

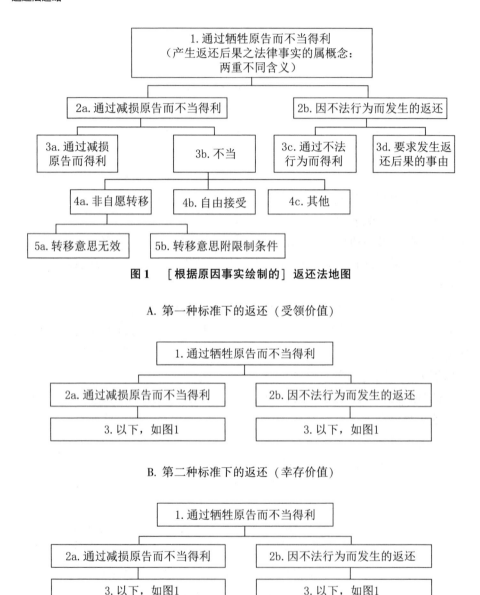

图 1　[根据原因事实绘制的] 返还法地图

A. 第一种标准下的返还 （受领价值）

B. 第二种标准下的返还 （幸存价值）

图 2　重复地图以考虑到两种返还标准

前面以文字所为之描述得以图 1 概括。如此呈现出来的体系最接近我就返还法主题鸟瞰所得之全貌。即便如此，在两个重要方面，本书剩余部分的组织偏离了体系。其一，我发现不可能将对两种返还标准（受领价值与幸存价值）的讨论整合到对返还原因的处理中。于是，在"返还的第二项标准"这一章之前，有个假设贯穿全书，即只涉及常用或普通的返还标准，也就是受领价值。这个程序模式产生的形式效果就是体系重复。就好像将这张表格印制两次，一个标准一份。而且有必要提及，由于图 1 试图根据原因事实划分这个主题，依返还标准所作的划分应该是平行的，而非垂直的（图 2）。不过，图 2 呈现出来的重复不过是为了弄清楚事情如何相互关联的形式手续。在实务中，自然不存在纵贯整个体系两遍的问题。其二，另一个偏离是最后一章对阻却事由及抗辩事由的讨论。一般而言，将此类事项推后并不会给俯瞰全局造成浮云遮望眼的影响。但在实务上，要在构成性事实（constitutive fact）与抗辩之间划出楚河汉界，可是难上加难。假设如下情况：要求返还的原告必须让与自被告处所受领的一切。该逆返还得被视为原告返还权利的前提条件，从而成为原告诉因的构成要素；或者，原告无能力或不愿意返还，遂得将无法逆返还理解为抗辩。本书采纳后一思路。还有一些难以处理的案例。若说最后一章有些什么难题，即为此也。

第五章

通过牺牲原告而得利

109 　　本章关注两个不同议题（争点）：被告是否得利？若是，是否系通过牺牲原告而得利？就这两个初步议题，若不能得到有利于原告的答案，也就没必要再去讨论"不当"下面聚集的那些棘手难题了。这两个议题算不得多艰难，倘若确实带来麻烦，那也是因为面对返还权利请求，法院的进路尚未给予这些问题单独、明确的考虑。简言之，这只是判例的事情，而非事出必然。

第一节　得利

一、主观贬值

　　此处锁钥乃是区分金钱利益与实物利益。[1]倘被告受领了金钱，还强辩说自己并未得利，那么依一切正常事实因素，这都断无可能，盖金钱正是得利度量标准。但就实物利益来说，就没有那么确凿无疑，盖此等利益很容易受到某个论辩制约，为便宜计，称之为"主观贬值"（subjective devaluation）。该论辩的理论基础是，就特定个体来说，只有当他愿意赋予实物利益以价值时，该实物利益方才对其具有价值。这里重要的是他的意愿。案涉财货有其市场，或者换句话说，其他人一般而言愿意拥有案涉财货，从而产生对该财110 货的需求，这些事实对于任何特定个体，全不相干。就此市场需求，个体有

---

　　[1]　Cf. B. P. Exploration Co.（Libya）Ltd. v. Hunt（No. 2）［1979］1 W. L. R. 783, 799, per Robert Goff, J. ［"金钱之特质为一般交易媒介。一旦受领金钱，受领人毫无疑问有所得利；……而且原告遭受的损失通常与被告的收益相等，故就应予偿还的数额不会产生争议。但就其他利益，例如货物或服务，就不能这么说。就其性质而言，服务无从恢复；在很多情形下，货物亦无从恢复，例如已被消费或转移给第三人。此外，就受领人最终得利（resulting benefit）的辨识及其价值，也会发生争议。故依事物之理，此类利益的返还问题，相较那些以货币支付为利益形式的案件，更为复杂；……"］Cf. Goff and Jones, p. 15 f. 译按：in kind，以实物，即以货物或劳务，而不以货币；以同类方式，以相同方法。《元照英美法词典》，第 697 页。

权利独持己见、与众不同。市场价值并非个体的价值。假设在他不知情的情况下，有人为其保养汽车或将其屋顶修葺。汽车保养或屋顶修葺工作自然有其市场，很容易确认该类劳务的市场价值，也就是理性人中间的当下价格。但被告得声称，早已决定自力更生，或者宁愿无所事事，任凭财产遭受风吹雨打。实在讲，被告表达自己的观点，完全不必提及自己事实上已决定这些特殊需求不是自己想要的，证明就更不必要了。他只消说，对自己的那些价值储存手段，有决定如何使用的持续自由，而就案涉的汽车保养或者屋顶修葺，他并未决定，对其立场即已足够。

原告的介入行为可能会给被告留下一些正好行情紧俏的余产，但仅凭此点，并不能够挫败主观贬值主张，注意到此节，非常重要。许多具有客观价值的服务并未留下此类余产，例如废品处理或者公路货运。有些会带来逝者如斯的增值，例如擦洗或保养汽车，可能会在短时间里使汽车价值有纤芥之增。还有些增值则持续耐久，例如修理经过碰撞的汽车，或者为房屋新添庖厨。但即便这最后几种情形，也不能排除主观贬值。假设我出门在外，回来发现房屋竟被扩建。我可从未如此要求。基于个人理由，我希望这房子风貌如昔。当我所受领者并非我打算笑纳者时，你便不能说我有得利。你回应说这房子现在得以 5000 英镑售出，过去可值不了这个价。但我何尝有意出脱。或许，我的祖辈已在此繁衍生息了数百年，当然，我没必要非举出这样的理由不可。主观贬值论辩维护固执己见的权利。事不干你，就该高高挂起，硬要替我抉择，那就是越俎代庖。

在最后一例中，你擅自添加厨房时，我出门在外，我并未做决定。有时，即便认为我已做决定，也仍有主观贬值适用的余地。假设你为我购买了一顿膳食，或为我送来一瓶酒，从头到尾，我都错误地以为这是馈赠的礼物。我固然愿意享用这美酒佳肴，但我并不愿意以选定的价格接受这馔饮。现在我固执己见地说，美酒佳肴固然为我所好，但要自掏腰包，非我做派；除非别人肯支付账单，否则我宁愿去找其他乐子。

对基于主观贬值的论辩，法律如何回应？各种法律效果皆有可能。其一，[在一个极端，] 得直接求助于市场及理性人标准，彻底推翻该论辩。若你为我焚烧垃圾或者清理窗子，那么问题即为，理性人通常是否会为此类服务付款，若是，价格几何。这样的调查会就我的得利给出客观标准，接着即得继续处理关乎返还的所有其他问题了。其二，在另一个极端，该论辩可能会得

111

到绝对尊重，对被告的选择自由致以纤尘不染的敬意。法律效果为，除非被告决定受领案涉利益，否则除受领金钱的情形外，对其他利益的返还请求都不会得到支持。于是，得针对实物利益主张的返还权利请求数量将会急剧减少，尤其因为，在利益是被选中的大多数案件中（虽非全部），针对该利益的权利请求可以得到契约法支持。看起来，英国法间或倾向于采纳第二种极端立场，但若详考细究当会发现，英国法在不自觉中走上了折中路线。英国法诚然接受基于主观贬值的论辩，却注意其适用边界，以防极端。当然，由于是不自觉的，这个路线的贯彻并不总是那么持之以恒。不过，相较受领金钱的情形，涉及其他利益形式的不当得利法尚未得到充分发展，这是实情，而根本原因即在于，从一开始，英国法院就总是愿意将主观贬值看作合法论辩。

这一根本导向表现在古老诉讼程式的措辞中。针对所受领金钱的返还请求与涉及其他利益形式的返还请求，两者存在显著区别。［其一，］返还金钱之利的诉讼，该诉因的主体部分［也就是叙述负债事实（indebtedness）的部分，相对于显然不起作用的部分，叙述支付允诺（assumpsit to pay）］，就被告希望或者选择持有金钱这一点，只字未提。诉状陈述只需要说明，被告受领了指定供原告使用的款项。[2]结果就是，在各个方面都不依赖于被告意愿的返还请求在发展中没有任何障碍。［其二，］相反，倘被告受领的是实物利益，就没有这么一套不讲被告曾经要求原告为一定行为的文字格式供原告使用。不管原告是直接授予被告非金钱利益（此际，原告的返还请求是主张合理服务价款或合理货物价款），还是通过向第三方支付的方式授予利益（此际，要求偿还的权利请求应采用已付款项诉因），*都是如此。

112　　在金钱利益与非金钱利益的划分中，"已付款项"属于后一范畴，注意此点，尤关紧要。这一短语是"为被告利益向第三人支付款项"的略语，指的

---

〔2〕　参见前文边码 79。译按：返还金钱之利的诉讼（action for money had and received），参见边码 75 译按。产生法律效果部分、主体部分（operative part），指在关于财产转让、租借、抵押或其他正式法律文书中，使该文书的主要目标得以实现的部分；区别于导言、引述或形式结语等部分；有时指在引言之后的各部分。《元照英美法词典》，第 1006 页。

＊　译按：已付款项（money paid），普通法上简约之诉中原告起诉的专业用语，指原告要求被告偿付其为被告之受益（for the use of the defendant）而付出的款项。在某人为他人利益并经该他人同意或者应他人明示请求而支付一定金钱后，债权人得通过简约之诉收回此款。但若某人自愿为他人偿债，则不能成为此类债权人。此种诉因一般表述为"原告为了被告之受益并应其请求而已付出的款项"。《元照英美法词典》，第 927 页。

是如下情形，即通过向第三人付款，付款人设法确保被告得到某种利益，但该利益并非被告受领金钱。例如，我向某人付款，为你修葺屋顶，你所受领的利益形式即为屋顶得到修葺。但依古老诉讼程式，我的权利请求是针对"已付款项"的。即便是在我向你的债权人付款以清偿你的债务的情形，你所受领的也并非金钱，而是债务受清偿。根据古老诉状中使用的语言，在略语"受领的金钱"（money received，或者更通常的说法，"取得和收到的款项"）和"已付款项"之间，便有了最强烈的对比。前者表明被告受领了一笔金钱，故毫无疑问有所得利。后者表明被告自第三人处受领了非金钱利益，这是由于原告为了使被告得到该利益而向第三人支付了金钱。

当权利请求是针对已受领的非金钱利益时，已付款项诉因的措辞就表明了重点是如何转到被告的选择自由上来的。以稍微简化的形式，该诉因得如是表述："鉴于被告对原告负有若干英镑债务，这笔金钱系原告应被告的特殊要求（at the defendant's special instance and request）供被告及为被告之用而支付、支出及花费的，故被告嗣后允诺付款，以之为回报（consideration）。"〔3〕

这里的关键词为"应被告的特殊要求"。如果并非通过向第三人付款的方式授予你利益，而是我直接将利益授予你，例如向你提供劳务或者发送货物，同样的陈述还会出现。我必须说明，是你要求了该非金钱利益。于是，不依赖被告意愿的权利请求，发展受到阻碍。要再往前行，只有一条路径，即基于不同类型的事实，法院认为有足够必要为原告提供某些救济，从而愿意"推知"（imply）被告的特殊要求。在一定限度内，法院总是愿意这样做。这样的处理方法为如下路径提供了明显例证，即虽说被称作诉讼程式的原告诉讼主张的清单仍支配着普通法，可普通法依旧得通过司法途径而获得发展：原告在诉讼主张中叙述了特定事实 A、B、C，原告得通过证明其他事实如 A、B、D，来证实前者。得认为 C 是从 D 推知的，这种文字格式掩盖了拟制的发生，除非推论碰巧是真实的。

眼下，先不考虑这种潜滋暗长，这里关注的是，最初对诉讼程式严遵谨守、详细叙述被告的"特殊要求"，其意义何在。如果你自我处受领了金钱，而根据案情事实，我认为应能请求返还，则有这样的文字格式，即返还金钱

113

---

〔3〕《斯蒂芬论诉状》给出了成熟发展的格式（Stephen on Pleading, 2nd ed., London, 1827, 212）。就合理服务价款与合理货物价款诉讼程式，参见后文边码 269。

之利的诉因，据此，我在主张权利时丝毫不必提及你曾要求过这笔金钱（不管是伪称还是相反）。保持案情事实不变，只将受领利益的性质更换，假设你所受领的不是金钱利益，而是实物利益。仅仅这一点变动，我现在就必须说，我是应你的特殊要求而行为。这并不只是偶然。这代表了对主观贬值论辩的本能尊重。就实物利益而言，被告必须已选择受领。何以如此？不同于金钱的普遍价值标准属性，实物利益对任何特定个体的价值完全取决于该个体得到这些价值的愿望有多强烈。这并非唯一可能的看法；若是对非金钱利益，只有被告曾提出过要求才允许原告请求返还，则某个法律体系肯定会采纳这个看法。

同样的严遵谨守还体现在某个规避策略的无功而返上。假设，未经你的特殊要求，我将某些非金钱利益授予你。我可能试着对你提起返还金钱之利的诉讼，在陈述了你为供我之用而取得或收到案涉款项（比如 20 英镑）之后，我试图诱使法院允许我通过证明受领实物利益（佳肴、美酒、劳务，视情形而定）来证实前述主张。但这个想法似乎从未付诸实施，缘故在于，曼斯菲尔德勋爵在南丁格尔诉戴维斯莫案中讲得很清楚，[4] "受领的金钱"，顾其名而知其义，该语词不得被扩展于其他东西之上。结果就是，返还金钱之利诉因是那么风雨不动、牢不可破，限制主观贬值适用范围的愿望就只能置于其他诉因下，改变"被告曾提出过要求"这个主张的性质 *。

就得利议题（争点），英国法院对主观进路可谓严遵谨守，下面这段闻名遐迩、被广泛引用的判决附带意见充分表达了这个态度。"假设我在你不知情的情况下为你清扫财产，我是否得据此请求你付款？你能怎么办？我擦洗了你的鞋，你除了将鞋套上脚去，还能做什么呢？这是否算证据，证明为擦洗劳务支付报酬的契约？除非连自己的财产也不要了，否则这种劳务利益可真是没法拒绝。"这是波洛克法官（Pollock, C. B.）在泰勒诉莱尔德案中发表的意见。[5] 该意见的前提是，选择乃为必要，而紧跟着的要点就是肯定，选择必须自由且真实：不能单单从稍后将鞋套上脚去，就推断你决定接受该擦洗劳务。偏要得出其他结论，那可就是逼着财产所有人将财产束之高阁、藏之

---

[4] Nightingall v. Devisme (1770) 5 Buur. 2589；2 Wm. Bl. 684.

* 译按：原文为 by denaturing the allegations of request。

[5] Taylor v. Laird [1856] 25 L. J. Ex. 329, 332, per Pollock, C. B.

簋底了。接着，在法尔考诉苏格兰皇家保险公司案中，上诉法院鲍恩法官（Bowen，L. J.）说道："若是不能违背他人意愿而给予利益，那么同样不能在他人背后［指不知情］强加责任。"〔6〕虽说表述更为笨拙，其意则一，即申明个体的自由选择权利。不过，即便这些附带意见合乎英国法的基本导向，也不应将之奉若神明。这些意见出自先例，而在这些先例中，就非契约权利请求稳定分析模式的研究工作，刚刚起步登程；本该单独考察的争点，现在看不清楚，而全部可能性有多大，尚未检视。对自由选择必要性的假定，也就是这些附带意见的理论前提，事实上早在19世纪中叶以前即开始受到束缚。〔7〕

二、得利的三项判断标准

既然主观贬值论辩的适用不受向理性人标准乞援的影响，那么到底何等情形下，英国法会认可实物利益构成［返还法中的］得利？看来有三种情形：自由接受；无可辩驳的利益，也就是"没有理性人"（no reasonable man）标准；其他情形。

（一）自由接受

自由接受，此前已略述其梗概，此后还有专章探讨。〔8〕前面已看到，自由接受构成返还事由，属"不当"范畴。盖被告明知某项利益并非无偿提供却将拒绝的机会放弃，对由此而生的结果，也只能算是咎由自取。但自由接受亦属于得利议题，盖自由接受排除了主观贬值论辩适用的可能。假设你在为我擦洗汽车，我明知你无意赠与，却仍作壁上观，再想求助于自由选择权利，可就不那么容易了。当我有机会拒绝时，我选择了无动于衷。如果我不愿意［你为我］擦洗汽车，就该如实以告。是以，自由接受阻止了向基于主观贬值的论辩乞援。

故自由接受应自两面来看，即"不当"的一面与"得利"的一面。在全部返还事由中，只有自由接受扮演了这双重角色。这也解释了何以在涉及实物利益的返还权利请求中，其仍占据优势地位。在此情形［非实物利益］，倘

〔6〕 Falcke v. Scottish Imperial Co. (1886) 34 Ch. D. 234, 248, per Bowen, L. J.
〔7〕 特别参见对伊格热昂诉帕特里奇案的讨论（Exall v. Partridge），参见后文边码117以下。
〔8〕 参见后文边码266以下。

原告以否定自愿性的因素为返还事由的基础（典型为错误及受强迫），原告可能发现，为证明被告有所得利，还是要证明自由接受；而一旦为了该目的，必须依自由接受主张权利，也就完全没必要再讨论否定自愿性的因素了，盖自由接受一身两任，一次完成了两项工作。

由此似乎可得出结论，即在实务中无甚必要考虑"混合"（mixed）权利请求：该权利请求以否定自愿性的因素为返还事由，也就是"不当"要件，而以自由接受来证明"得利"要件。当然，随着案件倍增，渐趋形成以下分类，也并非不可能：一类是对构成返还事由来说必要的自由接受，一类是足以否决主观贬值论辩的接受。倘完成否决功能的接受在构成要件上不像前者那样严格，则混合权利请求将成为现实。[9]这种分化并非天方夜谭：被告是否只能咎由自取的问题，相较被告是否有充分的选择空间从而足以否决其主张受领的利益无价值的企图，大概需要更为充分的知情，也就是更为自由的接受。博尔顿诉琼斯案的案情为这个仍属推测的可能提供了例证。[10]

在该案中，琼斯订购了软管，收到货物并使用，却东搪西塞地不付款。供货人博尔顿依契约主张权利却败走公堂，盖琼斯的订购单并非发给博尔顿，而是发给商店的前一所有人布罗克赫斯特。博尔顿看来想当然地认为订单是向商店发出，而非向布罗克赫斯特个人发出，遂照单发货，法院显然认为，不论是博尔顿对并非向自己发出的要约表示承诺，还是琼斯对以为是来自布罗克赫斯特的货物表示接受，都不足以在两人间成立契约。还有个重要的事实因素：琼斯对布罗克赫斯特享有债权，只需要将货物价款与布罗克赫斯特所负债务抵销，即可履行付款义务。就博尔顿提供的货物，琼斯就得自掏腰包了。

基于以上事实来考察是否存在不当得利权利请求，首先想到的就是琼斯自由接受了案涉货物。琼斯接受货物时，明知这并非无偿提供且有机会表示拒绝。但据案情，琼斯在接受货物时认识错误，即认为得以这些货物抵销对布罗克赫斯特的债权。琼斯的接受还不足够自由，还不足以认为琼斯未阻止得利发生纯系咎由自取。这个反驳合情合理。换言之，依琼斯接受货物时的意志自由程度还不足以认定该得利"不当"。不过，亦得同样认为，琼斯接受

---

[9]　参见后文边码 267 以下。

[10]　Boulton v. Jones（1857）2 H. & N. 564；27 L. J. Ex. 117.

货物时意志足够自由，完全得阻止其乞援于主观贬值论辩。基于案情事实，琼斯若说这些货物对自己没有价值，盖货物并非自己选定，那就是信口开河了。故得说，琼斯接受货物证明了"得利"，但未证明"不当得利"。若如此，博尔顿要想获得返还，就得找到其他不当因素，从案情看，多半得以错误为依据。这就是混合权利请求，"不当"在于非自愿，不完全的自由接受只用于证明"得利"要件。

（二）无可辩驳的利益："没有理性人"标准

在这个范畴中，并不打算说被告在某种意义上确实做了选择。事实上被告并未选择。这里要说的情形是，基于案情事实，对主观贬值论辩的任何援引都显得如此荒谬绝伦，没有理性人会尝试。或者更简单地说，没有哪个理性人会认为被告未曾得利。这个"没有理性人"标准与直截了当采纳客观标准有重大区别。"没有理性人"标准不过用来缓和主观进路更大的荒谬。还是举前面那个所有人不在场时擦洗汽车的例子。客观标准或会提出［返还］5英镑的价值，盖理性人惯常会付 5 英镑清洗汽车，但"没有理性人"标准则会得出相反结论。有些理性人不会自讨麻烦地招致这笔开销，有些人会说，汽车清洗对自己而言纯粹是毫无价值的服务。

目力所及，未见哪个案例明确以"没有理性人"标准处理得利争点。这一短语是固定表达，意在表示已做之事的基础，这样在特定案例群中就不必多做解释。这类案例，目前能够确定两组，但重要的是，不要想当然地认为这两组案例必然穷尽看起来得以该短语指称的标准。无疑，在许多各不相同的案情下，［却有一点相同］，没有哪个理性人会否认被告因案涉非金钱利益而得利。这两组目前得辨识的案例群，姑且称之为"垫付必要费用"（antici-pation of necessary expenditure）与"变现为金钱"（realization in money）。要说依据"没有理性人"标准得被证明为得利的利益，最普通的例子即为受领金钱本身，此点不待烦言。这里仅关注非金钱利益。问题是，哪些非金钱利益得被看作毫不含糊地增益于人，从而跟受领金钱在法律效果上一样对待。

1. 垫付必要费用

倘原告授予被告一笔利益，这笔利益是被告本来不得不自己去寻求或者若未被剥夺这样的机会（比如不在场或者无能力）本来已寻求的，在此意义上对被告来讲是必要利益，没有哪个理性人会否认被告有所得利，额度则为被告本来一定会支出的费用。被告必须支出这笔费用，其必要性或为法律上的（依法律负有义务），或为事实上的（客观情势要求支出）。被告就别无选择［必须接受］的利益，不得援引主观贬值论辩。

在伊格热昂诉帕特里奇案中，[11]原告要求被告返还为供被告使用而支付的款项。原告在诉状中称，应被告要求，原告代表被告向第三人支付了款项。但原告援引的真实情况并非如此。原告的确支付了被告的租金，但并非被告要求这样做。该租金系属到期未付之款。房东采取了扣押措施，占有了被告场所的一辆四轮马车，而该马车属于原告所有。为了解脱对马车的扣押，原告付清了租金。原告的返还请求得到法院支持。或主张，被告得到的利益本身即足以支持必要的"默示/推断"（implication），认定［被告提出过］特殊要求。凯尼恩勋爵（Lord Kenyon, C. J.）拒绝了这个思路。这里仍然必须有要求发生返还后果的因素（用现代术语讲）；通过合法扣押马车向被告施加的强迫，即构成这样的因素。但在这里，关注的并非该因素。这里关注的是，被告受领的并非金钱，而系实物利益，即债务清偿，何以还能如此轻易地认定有所得利？该特定非金钱得利有何特殊之处？答案是，为他人清偿债务之人为债务人垫付了在法律上有义务支出的费用。这是"垫付必要费用"类型下最简单明了的案型。是以，被告得利争点并无疑问。

类似伊格热昂案的案例还有很多。[12]非常接近但并不完全相同的是古老的丧葬案件类型：原告埋葬了（或者付款使他人埋葬）应由被告在法律上负责的遗体，既得就劳务要求被告支付合理服务价款（quantum meruit），亦得就支出的费用通过已付款项诉因（money paid）要求得到补偿。[13]就这里关注的得利争点，丧葬案件与其他案件的相似之处在于，被告被认为负有埋葬遗体的法律义务，而原告履行了该义务。是以，丧葬案件亦为垫付法律上必要费用的适例。不过，丧葬案件亦得被看作身处法律紧急情况与事实紧急情况之间的位置。*盖被告，也就是死者的父亲或者丈夫，在法律上负有义务，该义务不多不少地得被看作，为如何处理遗体埋葬这个事实紧急情况/必要性提供了基础。在这个阶段提及"紧急情况/必要性"，并不涉及原告何以有权要求返还（"不当"因素），强调此点很重要；眼下的问题只是，被告未曾提

---

〔11〕 Exall v. Partridge (1799) 8 T. R. 308.

〔12〕 参见后文边码 187 以下。

〔13〕 参见后文边码 197 以下。

* 译按：紧急情况/必要性（necessity），参见后文边码 189 以下。

出过特殊要求，亦未曾自由接受，何以仍能认为被告有所得利。答案在于，被告节省了一笔责无旁贷本应承担的费用。

对原告垫付的必要费用，被告也可能在法律上并不负有支付义务。但有判例认为，仅仅是事实紧急情况/必要性即已足够。在克雷文-艾利斯诉佳能公司案（以下简称"克雷文-艾利斯案"）中，[14]上诉法院认为，总经理的工作对于商业公司来说是必要的。原告以总经理身份为被告公司工作，错误地以为自己与被告公司之间存在有偿的有效契约。原告要求获得合理服务价款的请求得到法院支持。被告公司不得主观贬低受领的价值，盖若无原告从事该项工作，公司也得找别人来干。[15]

克雷文-艾利斯案就此项判断标准提出至关重要的两点。其一，［法院］依据此类事实紧急情况/必要性否决被告对主观贬值论辩的援引，并不需要就原告授予该利益的原因发表任何评论意见。必须自始至终强调此点，盖很容易陷入如下错误认识，即想当然地认为，在这个特殊得利判断标准与原告介入的特定原因（也就是因紧急情况而产生的道德强迫）之间，存在排他性联系。若是能够正心诚意地区分开得利与不当得利（即要求发生返还后果的事由）争点，即得避免这种不正确的联系。诚然如此，在返还事由为该类型道德强迫的案件中，最为方便的得利判断标准一般即为具体表现为克雷文-艾利斯案形式的"没有理性人"标准，即案涉费用于被告而言事实上必要。例如，你身陷困境，我为你的身体提供医疗服务，为你的马匹提供棚厩，替你保管货物，那么，针对你的主观贬值论辩，我反击的武器应该是，这些利益于你而言实为迫切需要：若非神志不清、大发昏章/迷失方向或者分身乏术让你无能为力，你一定会亲自追求这些利益；没错，你早就意坚志决，必欲取之而后快。故，紧急情况/必要性为这个得利判断标准提供了生动例证，结果是，基于道德强迫（"不当"）的返还请求通常会由此路径解决得利争点。但这个命题倒过来说即为伪。也就是说，这个得利判断标准并未被绑缚于"不当"的道德强迫标准。在克雷文-艾利斯案中，原告并未以为公司身处险境，如无人掌舵的浪里之舟。原告只是错误地以为自己手握一份有效契约。故，原告对事实必要性的信赖仅指向得利争点，返还事由则为错误。

---

[14]　Craven-Ellis v. Canons Ltd. ［1936］2 K. B. 403.

[15]　Ibid. , 412.

在原告向精神状态有问题从而被剥夺缔约能力之人提供膳宿的案件中，例如罗兹案，[16]亦可观察到同样现象。假设案涉供给属生活必需品范畴，*供给人垫付了受领人无论如何都要承担的费用。但这丝毫未言及供给人为何要介入；只解决得利争点，无关其他。至于介入原因，可能是出于道德强迫，也可能不是，例如，也可能是商人在通常业务活动中的供给。就罗兹案本身，这些不同问题纠结在一起。在讨论"不当"要件时，还会重新回到该案。

厄普顿乡村区议会诉鲍威尔案得提供又一个例证，[17]不过在该案中，原告的权利请求令人诧异地在契约法上得到支持。被告的房屋走火，厄普顿消防队错误地认为火场在自己辖区，遂前往灭火。就辖区内火情，消防服务是无偿的。被告也未想到过要付款，不过是电告警局，要求消防队来，并未寻求辖区之外的帮助。双方当事人的真实意图使得很难在案情中发现任何契约。但得认为，消防队提供的是必要服务，没有哪个理性人会断然拒绝。基于该得利判断标准，消防队多半仍不能以道德强迫为返还事由，盖消防队自己承认，之所以前往被告房屋灭火，是错误地认为那里是自己的辖区。不过，虽说道德强迫被排除，但消防队得像克雷文-艾利斯案那样以错误为依据。故，得基于"没有理性人"标准为这个疑难案例提供非契约解释，并以错误为返还事由。

其二，从克雷文-艾利斯案得观察到的另外一项要点为，事实必要性并不必定是绝对的。也就是说，哪怕原告不能百分之百地确信，被告不论怎样都会承担该笔费用，或者被告要是能够注意到这件事，肯定会承担该费用，原告仍得主张垫付了不可避免的费用。不论依法律还是依事理，公司都没有维系自身存在的责任或义务，至于积极管理公司事务［的义务］，就更不必说了。故，当说到案涉费用对被告来说在事实上必要或不可避免时，已经排除了被告无为而治的那种不切实际或向壁虚造的可能。

这里为将来埋下伏笔。费用的必要性不必定绝对，这就为该得利标准的解释留下空间：严格解释还是从宽解释。严格解释坚持很高程度的不可避免性，就许多相反的可能，并不情愿认定为纯粹向壁虚造。过于严格的解释不

---

[16] Re Rhodes (1890) 44 Ch. D. 94.

* 译按：necessary，必需的，必要的；常用复数，指生活必需品、基本生活必需。《元照英美法词典》，第 952 页。

[17] Upton R. D. C. v. Powell [1942] 1 All E. R. 220.

足为训，其间自有道理。一方面，根据现代生活的普通经验，大多费用都不是真正自由选择，纯粹自由仅存在于极狭窄范围内；或者换个角度看，我们挑三拣四、持币观望并载之以归的都是相差无几的服务或商品。另一方面，虽说前一理由颇具份量，但也不能否认，主观贬值论辩仍然构成某重要自由［价值］的外围工事，绝不能麻木无情地将之弃置不御。但若说到像 19 世纪那般以顶礼膜拜的态度来誓死捍卫，此等荣耀已不可再得。普通法治下的人民已放弃个人主义的粗糙边缘。

有些法律会写明，对未成年人或者其他无能力人而言，何者构成"生活必需"，前面提到的宽松解释思路得于这些法律中寻找指引。这些法律的语言风格陈旧，难免使人想起等级体系，还是忘掉为好。剥除掉这些流风遗俗，将会看到，对未成年人来说，某种货物或服务，不仅在用来维持生计的情形，而且在用来维系未成年人碰巧身处之生活环境的场合，皆构成生活必需。[18]不可避免的费用标准（inevitable expenditure）亦应依同样路线发展。

2. 变现为金钱

倘受领的利益得变现为金钱而受领人确实将之变现，受领人不复得乞援于主观贬值论辩。没有哪个理性人会就此独持异议。盖受领的利益虽未必为受领人所需要，但受领人［通过变现］使自己身处的位置，与受领了金钱的人别无二致。回到那个你为我添造厨房的例子。我拒绝付款，盖这项工作并非由我选择。你说你投入的 3000 英镑让房屋增值 5000 英镑；我回应说，我根本没有将房屋出脱的意图。可我还是将房屋脱手，得到了货币形式的增值，3000 英镑系通过牺牲你而得。在我将房屋出脱以前，若得利争点构成你返还请求的唯一障碍，那么现在你可以得到法院支持了。倘若被告迟迟不将利益变现，这显而易见的实际困难并非不可克服。

英国法院可曾采纳此项标准？支持肯定回答的证据主要来自一个特殊场景。假设我开采了你的煤炭并出售，或者我将你的汽车车体修理一番，然后将改良价值变现。现在你对我提起侵权诉讼。根据法律，你只能要回改良前的价值，除非我明知并无权利处分案涉标的物（res），从而不单纯是技术意义上的不法行为人（technical wrongdoer）。你讨回改良前价值时，我则获得我自

122

---

〔18〕　1979 年《动产买卖法》第 3 条第 2 款；Peters v. Fleming（1840）6 M. & W. 42；Chapple v. Cooper（1844）13 M. & W. 252；Ryder v. Wombwell（1868）L. R. 4 Exch. 32.

己的投入产生的利益。这个结论很牢靠。最初是有过一些踌躇，可是在 1887 年秘鲁葛瓦诺公司诉德雷弗斯兄弟公司案中，[19]麦克诺滕勋爵（Lord Macnaghten）一段雄辩有力的论述将普通法引上这条明智之路。就动产而言，被告就改良部分得到补偿（allowance），已写入制定法。1977 年《侵权法（妨害动产）》[Torts（Interference with Goods）Acts]第 6 条第 1 款规定，改良人因妨害他人动产在侵权法上被诉的，"为评定损害赔偿金而评估案涉动产价值时，应考虑案涉动产的价值在多大范围内得归因于改良行为"。[20]

以上内容与"变现的得利"（realized enrichment）标准的关联在哪里？[关联]在于解释了如下差异：被告可主张这种补偿（消极主张，passive claim），原告试图得到同样补偿部分（积极主张，active claim）就会遇到困难。试举一例，你外出度假，我为你的汽车提供了修理与保养服务，我无意将汽车出售，只是想为你分忧解愁（但不是为你节省费用），使你不必躬亲其事。待你回来，你对该经过改良的汽车，得无可争议地占有。你不必为此起诉。即便假设，我得找出一项要求返还的因素，比如我错误地认为你曾要求我经办此事，要成立积极主张也很困难。[21]盖你将就得利争点提出异议：此项工作非你所期待。我唯一的指望即为最宽松地适用不可避免的费用标准，当然这指望十有八九会落空。

一种情形是你在侵权法上起诉我，一种情形是上面的例子，你仍然保留对改良物的占有。区别到底何在？答案一定是，若你起诉是为获得损害赔偿金，你的权利请求本身即为一种金钱变现形式。也就是说，你将得到金钱，若是你得到全部改良价值，你所处的位置即与选择出售占有的改良物之人一般无二。损害赔偿诉讼以金钱衡量一切，并消灭了主观贬值论辩适用的可能。

倘原告寻求的并非损害赔偿，而是原样归还改良物（return *in specie*），法

---

〔19〕 Peruvian Guano Co. v. Dreyfus Brothers & Co. ［1892］A. C. 166, 170n. Cf. Munro v. Willmott ［1949］1 K. B. 295.

〔20〕 依第 6 条第 1 款，这种补偿仅给那些"错误但诚实地相信"（mistaken but honest belief）自己享有权利的改良人。第 6 条第 2 款适用情形是，诉讼系针对自改良人处购买的人提起，在购买人为善意的情形，亦给予同样补偿。

〔21〕 But see Greenwood v. Bennett ［1973］1 Q. B. 195, 202, per Lord Denning M. R.；contra, Cairns, L. J., at p. 203. 以下简称"格林伍德案"。

律的处理更为优柔寡断，这也支持了上段解释。[22]很容易形成如下看法，即
如果改良人面对损害赔偿请求可以得到自己［改良］投入的相应价值，那么
面对归还原物的法官命令，一定可以得到同样的补偿。这或是目前的法律立
场，[23]但肯定不能自动得到这个结论。诚然，要是在所有情形都承认这种消
极主张，法院就得采纳全新的得利进路。[24]盖并没有什么显而易见的一般原
理，何以要将所有（all）被告身份的改良人都置于更为有利的位置上。正相
反，但凡可能，此类优待都应该避免，盖此举只会纵容怙恩恃宠的不法侵占。
但面对损害赔偿请求的被告，与所有其他改良人所处位置之间有一个合理界
限，至于是占有（消极主张）还是未占有（积极主张），则无关紧要。只有
损害赔偿请求才将改良变现为金钱。其他情形，不论积极还是消极，改良物
的所有权人都避开了援引主观贬值论辩的障碍。根据截至目前的论述，改良
人必须注意，能否证明所有权人自由地接受了他［改良人］的工作，或者
（不大可能的情况），该工作是否垫付了所有权人方面的必要费用。换言之，
就得利争点，依"变现的得利"标准，针对损害赔偿请求的消极主张可解释；
而针对占有改良物的所有权人为积极主张，甚至是针对归还原物请求为消极
主张，都需要根据某些其他标准来解决得利争点。这一点不可轻易忽视。

　　在被告面对损害赔偿请求为消极主张这种具体情形之外，在其他地方亦
可看到同样思想的迹象，不过从未得到阐释。在斯托克斯诉威尔逊案中，[25]
未成年人将受领的家具变现为金钱，勒什法官（Lush，J.）抓住变现这点不
放，认为未成年人负有偿还因之受领的金钱的义务。勒什法官错了，盖即便
未成年人最初受领的即为金钱，也不负偿还义务。勒什法官从未考察过第二
种返还标准。也就是说，为辨识未成年人手头还剩下些什么，应该探询变现
之后发生的事情，但勒什法官没有这样做。勒什法官只是自问能否认为该未
成年人已经得利，并未继续追问是否还有部分得利幸存于该未成年人手中。
尽管这样会过于猛烈地冲击未成年人抗辩，该案仍为依变现标准认定得利的

---

　　[22]　参见麦克诺滕勋爵在秘鲁葛瓦诺公司诉德雷弗斯兄弟公司案中就此点所做讨论（Peruvian
Guano v. Dreyfus Brothers & Co. [1892] A. C. 166，176）。

　　[23]　在格林伍德案之后，参见前注21。

　　[24]　参见后文边码124以下。

　　[25]　Stocks v. Wilson [1913] 2 K. B. 235.

124 有效例证。后面的章节会更深入地讨论该案。[26]

在格林伍德案中，[27]窃贼将贝内特的捷豹汽车盗走，在遭遇了一场车祸后，窃贼将汽车当半废品出售给哈珀。哈珀将汽车大修，认为该汽车就是自己的了。待汽车性能恢复良好，哈珀又将之售出。警方收缴了汽车并对窃贼提起公诉。对汽车主张权利者甚众，这些人请求县法院明其所属。法院裁决该汽车应归贝内特。哈珀的主张既未得到支持，遂提起上诉，主要诉讼请求为，就自己为修理汽车所付出的劳务及材料，贝内特应支付大约226英镑。本案即为面对归还原物请求，改良人消极主张补偿的案件。哈珀的主张得到法院支持，但法院如何解决本案中的"得利"争点，仍是难解之谜。有个可能的办法，将在下节讨论。这里只需要关注一点：在上诉法院听审时，贝内特将该汽车售出，以金钱形式得到全部改良价值，当然包括哈珀投入的价值。[28]我们无从知晓，该事实在何种程度上影响了法院对得利争点的立场。然而，变现为金钱的事实能够解释，何以得利争点似乎不必重视。另外的可能解释路径是，贝内特是个汽车经销商，为营利性转售目的而修理汽车，[修理费]得被认为是商业上的必要费用，属"没有理性人"标准的另一分支。

（三）其他情形

前面两个标题的共同特征是，涉及的得利标准基本上接受主观贬值论辩，能与之相容。但在有些案件中，不管在直观上还是其他［角度］，完全看不到这种相容。当然，或许得在前面的模式里为这些案件安排某个局促的角落，但更为稳妥、诚实的态度还是坦白承认，这些案件不能得其所哉：在这些情形，法院仅仅认为，受领的利益"显而易见"。这种情形一旦发生，当使人万分惊诧。如果法院频繁运用这一思路，那么法律对待实物利益的整体立场就将改弦易辙。倘若单凭印象来判断是否得利，而不借助分析，那就是对理性的敷衍。换言之，这种客观进路正与那些伴随普通法生长的法律技术针锋

125 相对。

格林伍德案即是如此。前面刚刚看到，如何得将该案安排进以"没有理性人"标准为基础的分析模式里。但事实是，法院并未就得利争点稍加探询。

---

［26］ 参见后文边码399以下。

［27］ Greenwood v. Bennett [1973] 1 Q. B. 195.

［28］ 此点见于哈珀的出庭律师在法庭论辩中的陈述（at p. 198）。

倘该车的改良价值并未变现而哈珀对汽车的改造工作又多少有些古怪，比如出于让汽车重新上路的特殊目的而将引擎与悬挂换位，也就无从知晓法院将如何解决得利争点。像此类明显会引起争议的改良活动提醒法院，必须在主观评估与客观评估之间做个决断。事实上，本案似乎即为例外适用客观标准的例子。由于其间的难题未经分析，该判例还不够权威。

在格林伍德案中，还曾不那么上心地提及"衡平原则"（equitable principles）。[29]虽未详细说明，法官的想法似乎是，既然判令将车交贝内特占有，则得认为贝内特需要衡平法上的归还原物救济；在该案中，一切衡平救济措施中固有的自由裁量权为法官提供了一个挂钩，这回挂上的是法官命令，令支付哈珀投入的价值。库珀诉菲布斯案，[30]这件古老案例有着惊人的相似结构。叔父投入劳务，改良了案涉鲑鱼渔场，侄子稍后租得该渔场。后来真相大白，该渔场自始至终归侄子所有。侄子诉请撤销时，叔父的受托人请求偿付改良费用，该主张得到法院支持，并以留置权/优先权为担保。侄子就土地上的改良活动显然谈不上自由接受。同样地，法院并未分析得利争点。

在博德曼诉菲普斯案中，[31]同样的案情再度发生。博德曼系某笔信托财产的事务律师，该信托财产在某公司拥有小额股份，博德曼则买下该公司大部分股份，不论对其本人还是对信托财产，该笔投资都可谓大获成功，收益颇丰。但身为受托人，不得使自己身处如下境况，即自身利益与那些信赖自己之人的利益相冲突，而博德曼此举显然违背该义务。诉讼系由信托财产的某受益人提起，要求博德曼归还利润。虽认定博德曼负有返还义务，上议院又认为，就博德曼付出的辛勤与智慧，应予慷慨补偿（liberal allowance）。同样，是否有必要以自由接受或者其他答案来回应主观贬值，也没有任何讨论。 126

在这个问题上，就库珀诉菲布斯案与博德曼诉菲普斯案（而非格林伍德案），或得给予同样解释。原告寻求返还救济的，必须逆返还。倘原告坚持认为自己受领的利益并无价值，或者并非其所需要，故不能做不利于自己的价值评估，那么正是由于原告使得逆返还不可能，原告自己的返还请求可能得不到法院支持。在此情形，与其说是法律置原告的主观贬值论辩于不顾，莫

---

〔29〕 Greenwood v. Bennett〔1973〕1 Q. B. 195, 198（arg.）, 201, per Lord Denning, M. R.；per Phillimore, L. J.

〔30〕 Cooper v. Phibbs（1867）L. R. 2 H. L. 149.

〔31〕 Boardman v. Phipps〔1967〕2 A. C. 46.

如说是原告自己无意向该论辩乞援。是以，在逆返还情形，法院或得主张客观价值评估而不遭反对。[32]

1943 年的《法律改革法（履约受挫）》对传统进路大举进犯。后面会看到，[33]这部制定法要求法院评估并非自由接受的非金钱利益的价值，并不考虑该利益对受领人来说是否为生活必需。这部法律运转的一件重要案例，*让人看到这番操作伴随多么大的困难。这么做，展现出尊重主观价值论这个传统立场背后的基本原理的一面。但毋庸置疑，这一领域的法律也让人看到，客观价值评估虽说艰难，但并非不可能，只要小心行事，也不会严重侵犯个体选择自由，从而在一定程度上打破了坚冰。

在一个相关法律领域，普通法取得了类似结果。一方当事人接受他方当事人的毁约/拒绝履行，并基于该理由解除契约的，有权利得到自己履行的任何部分的合理价值。这就是普兰谢诉科尔伯恩案的权利请求[34]——损害赔偿请求的替代路径。假设我为你建造房屋，契约终止时，房屋盖了一半，就已经完成的工作，我得要求合理服务价款。这不能以自由接受来解释，盖你并无机会对半间房表示接受或拒绝；你以为将得到整栋建筑并愿意让我在这个基础上干下去。除非在某些不同寻常的案情下，否则也不能说这一半履行满足了"没有理性人"标准。但该权利请求得到法院支持。法院是怎么解决得利争点的？答案或许在于，针对违约方，得允许客观价值评估，或者，针对任何不法行为人，皆得允许客观价值评估。更为谨慎一点，或得认为，违约方不得将主观贬值论辩推至极端。基于案情事实，在你所受领的正是你所希望的全部计划中的一部分这个意义上，这里至少存在"有限接受"（limited acceptance）。故，大概得认为，至少针对违约方，"有限接受"足以避开任何援引主观贬值论辩的企图。

所有这些例子的共同特点为，法院并未明确指出是以被告的自由接受或者"没有理性人"标准阻却主观贬值论辩的适用，遂径自评估实物利益的价值。还有一种情形，受领价值明显是根据客观标准评定的。这里涉及的是同居伙伴（至于是否正式缔结婚姻关系，在所不问），一方以非货币形式为取得

---

[32] 参见后文边码 419 以下。

[33] 参见后文边码 249 以下。

* 译按：大概是指边码 249 的案件。

[34] Planché v. Colburn（1831）8 Bing. 14. 参见后文边码 232。

或者改良案涉房屋出资，但房屋的普通法产权归另一方。对这种情形，须格外小心，盖法院的回应是否仅仅基于不当得利，并不明了。这里有旁生歧出的两点：其一，法院回应的内容，并不仅仅是提供返还性救济；其二，法院是否回应，并非排他地根据一方授予另一方的利益大小（相对于取得或者改良房屋时，同居人的意思起到的作用）。但这组案例让人看到，若主观得利概念妨碍了坚实的公共政策，即保护经济上的弱势群体（这里是不享有普通法产权的同居人，多为女性），法院得毫不犹豫地改弦更张，客观评估诸如实物出资以及房屋改良的价值。

这里有三种情形：其一，不享有普通法产权的同居人为取得房屋而出资；其二，该同居人系在取得房屋之后，出资清偿抵押债务；其三，主张权利的该同居人系在取得房屋之后，改良了房屋。曾经有一段时间，即在那些战后社会变迁发生以前，或者说在丹宁勋爵执掌上诉法院之前，主张权利的同居人在这些情形胜诉的希望甚为渺茫，而且几乎没有哪种情形可以说是为正式或非正式婚姻所特有的。归复信托看起来是解决难题最有希望的法律手段。不过，归复信托的效力只是在房屋取得之际初始分配衡平法上的权利，对于购买房屋之后的嗣后再分配却是无能为力，故对于后面两种情形，都无法妥当解决。[35]即便是第一种情形，实务中考虑的也总是金钱出资，而非实物出资。 128

世事更易，如今情况已变。归复信托（严格来说）仍然只能适用于第一种情形；但购买之后的改良，以及以清偿抵押债务的形式出资，则受其他法律规则规制（并经制定法强化立场[36]）。此外，出资不必限于金钱形式，在改良情形，此点不言自明，在其他情形，亦愈见明晰。为使同居伙伴免除后顾之忧好在外大施拳脚而主持中馈的同居人，被视为提供了有价值的出资，而诸如建造及装修之类的工作，得于出资或改良的名目下评估价值。[37]

---

[35] 遵循吉辛案（Gissing v. Gissing ［1971］ A. C. 886）与佩蒂特案（Pettitt v. Pettitt ［1970］ A. C. 777）思路，在考彻案中（Cowcher v. Cowcher ［1972］ 1 W. L. R. 425），巴格那法官（Bagnall, J.）精彩论述了对典型归复信托法律规则的恰当限制。在"金钱合意"（money consensus）基础上系统发展这些法律规则的建议尚未被采纳。

[36] 1970 年《婚姻诉讼程序及财产法》（Matrimonial Proceedings and Property Act）第 37 条赋予法院自由裁量权，配偶实质改良房屋的，法院得确认其享有［不动产］权益或强化的权益（enhanced interest）。

[37] Davis v. Vale ［1971］ 1 W. L. R. 1022；Cooke v. Head ［1972］ 1 W. L. R. 518；Hall v. Hall (1982) 2 F. L. R. 379；Bernard v. Josephs ［1982］ Ch. 391.

有些例子或能于自由接受概念处得其所哉，有些（特别是家务劳动）则得置于垫付的必要费用之下。但明摆着的事实是，此类精致解释并未抓住法院所作所为的特征。法院并非摸索着绕过主观贬值论辩的障碍。那不符合基本社会政策，即改善主张权利的同居人的状况，至于同居伙伴中的另一方（多在经济上占支配地位），其愿望与选择如何，则在所不问。基于这一精神，法院显然很愿意考虑同居人投入的劳务及材料，参考市场或者理性人标准，客观评定价值大小。前面讨论过一个例子，即你在我外出时为我的房屋添造厨房，当时假定你是纯粹的陌生人。倘若你是我的准配偶（ *vel quasi* ），那我可就再没机会对自己的度支自由（如何花自己的钱）怨东怨西了。

三、另外四点

前面一直在探讨得利的判断标准，要么合乎拥护主观价值论的基本导向，要么转向客观进路，即考察就案涉货物或服务，理性人在市场上将会出价几何。下面以内容各异的四点结束本节，这四点皆关乎得利争点，但本身又并非得利标准。

（一）积极得利与消极得利

有时会区分财产增加与费用节省。财产增加（积极得利）的典型为受领金钱或货物。费用节省（消极得利）的例证则为，在一段时间里对他人财产为使用收益，例如驾驶他人汽车或者占有他人土地而未支付报酬。在菲利普斯诉霍姆夫里案中，[38]上诉法院似乎认为，返还权利请求只涉及被告财产积极增加的情形。有争议的特殊问题是，对非法侵入原告土地的使用收益，得否提起返还诉讼。认为诉讼不成立的一个理由是，此等使用收益充其量构成消极得利。

菲利普斯诉霍姆夫里案是疑难案例。不管正确解释是什么，对积极得利与消极得利的区分都难谓好的区分。法院似乎衷心服膺如下命题，即一切返还权利请求都关系到取得和收到款项。倘该命题为真，那么得利必定是积极的，盖受领金钱总是如此。但该命题并不正确：倘就消极得利不能要求返还，那么在清偿他人债务或从事工作的情形，即无从成立返还诉讼。在这两种情

---

[38] Phillips v. Homfray (1883) 24, Ch. D. 439. 稍后讨论，参见边码 321 以下。

形，受领人都节省了支出：债务人本来要向债权人清偿，[39]或者这工作原本就是一定要做的。[40]倘案涉工作留下了具有市场价值的余产（生产、建造或改良的东西），得认为案涉工作构成积极得利；倘该工作自性质言只是纯粹劳务（专家建议、医疗诊断、清理办公室），毫无疑问是消极得利。此际，极为类似在一定时间内对他人动产或土地占有使用收益。倘案涉工作是挽回人的尊严，那么该工作即为在一定时间内从他那里可得到的使用收益。得称该工作为他的时间，他将时间（自己身上的时间，time in himself）标价出售，正如将有体财产上的时间出租（hire out time in his corporeal property）。

这一部分的目的在于确认，费用的节省，尤其是通过一定时间内（他人或物上的时间）对使用收益的受领［而节省］，亦得算作得利，正如其他非金钱利益得被视为得利一样。也就是说，基于案情事实，只要符合前面讲过的某个得利标准（不管是自由受领还是其他什么），即得算作得利。消极得利自始（in limine）未被排除在外。

（二）原物返还

在有些情形，原告要求被告让与的，正是被告所受领的，而在有些情形，原告只要求被告偿还价值，持有该价值的形式则不同于实际所受领者。两种情形应予区分。大多数案例属于后一情形，正是在这里，才可以找到主观贬值论辩背后真正的引擎。试举一例，有人为我的土地提供改良劳务（从理性人的客观视角看），改良人或要求我以金钱形式返还，或要求我让与在土地上的［权利］份额或者暂时权益（temporary interest）。不管何种形式，我都被期待让与毫无疑问我认为具有价值的东西，金钱或者我的土地，由我选择。故我得合理主张："如果你基于这些事实让我返还，那就是为了一些对我没有价值的东西而从我这里拿走财产，因为这些东西不是我选择的。"我的论点的力量在于如下事实，即我被要求为了一些我认为无价值的东西而让与价值。你希望我返还，让与无可争议地对我具有价值的东西（因为是我选择的），代替的东西，虽说你认为有价值，可按我的主观看法，却并无价值。

倘原告要求我让与的，正是我所受领的，情形即完全不同。返还原物的权利请求永远不会受到主观贬值论辩的影响。倘实现返还并不需要真正交付，

130

---

[39]　Cf. Exall v. Partridge. 参见前文的讨论，边码 117。
[40]　Cf. Craven-Ellis v. Canons Ltd. 参见前文的讨论，边码 118 以下。

只是在那个被告通过牺牲原告而受领的物上为原告设定一个对物权，同样如此。例如，在霍奇森诉马克斯案中，[41]霍奇森夫人得到衡平法上的权利，从法律角度来看，这一事实本身即实现了返还，不必等待法院发布或执行让与不动产的命令。类似地，倘我行使撤销权力（power to rescind），从法律角度看，我将权利收回这个事实本身即实现了返还，结果就是，返还既实现，很实际的下一步可能是，采取一些法律手段来保护我重新取得的权利，这些法律手段在技术意义上无关返还，例如，为了获得［填补性］损害赔偿金而就你的侵占/处分行为提起侵权诉讼。返还性质的权利再转移，不论是否伴有占有再转移，绝对不会受到主观贬值论辩的抵制。道理在于，被告失去的只是所受领的，倘被告认为标的物并无价值，就没有什么理由好抱怨。

131　　（三）受领的金钱，事后贬值（devaluation *ex post facto*）

前已述及，金钱是价值的真正衡量物，故受领金钱对于得利的认定来说不容辩驳。倘有必要，该结论得被称作"没有理性人"标准。不过，这里有个重要限制条件。假设我受领了 5000 英镑，我为这不期而至、从天而降的物质自由而欢欣鼓舞。我拿出部分钱做了些原本肯定不会做的事：我置了套新装，又在萨尔茨堡艺术节潇洒了一周，对自己大肆犒赏。这样，我花去 1500 英镑。为了不受负罪感困扰，我又拿 500 英镑捐给慈善机构。现在我总共花掉 2000 英镑。谁知喜心翻倒极，有人诉请返还这全部 5000 英镑。比如说，这笔钱是错误给付，但当我拿着这笔钱大手大脚的时候，可没有什么理由怀疑到这一点。

基于以上事实，我得合理反驳说，若非那笔意外之喜，我本来怎么也不会如此浪掷私帑，故就那 2000 英镑的返还请求，实际上是要我偿还实物利益，而非金钱。原告的［错误］给付导致我做出挥霍的选择。倘原告得到返还，就等于强迫我为自己并不需要的东西埋单。这正好颠倒了被称为"变现为金钱"的得利标准，在该情形，我是将非金钱利益变成现金，从而无可争辩地表明了得利事实；而在此处所讨论情形，我是将现金变成实物，于是产生了是否不必取除得利的问题。这点十分重要，涉及境况变更抗辩。[42]

（四）得利，并非难点

本章开始即称，得利争点在本质上很容易处理。现在务必重回此点，以

---

［41］　参见前文边码 58 以下。

［42］　参见后文边码 413。

结束本节。倘得利问题看起来并非那么易如拾芥，那也是向来不受重视的缘故，并非在智识上多么复杂。倘受领的是金钱，除了刚才提到的境况变更，得利问题无需再讨论（cadit quaestio）。倘受领的是实物利益，事情就没有那么一目了然。但不要忘记问题的基本结构即可。俗语说，"一人之肉，他人之毒"。在涉及基于该思想的论辩时，立场如何，法律自当心中有数。我称该论辩为主观贬值。英国法全然拒绝该论辩？看起来（semble）并非如此。倘该立场正确，那么涉及非金钱利益的难题即得分解为以下两个独立问题。第一，主观贬值的自然界限在哪里？答案是，倘被告自由接受了案涉利益，或者没有哪个理性人会认为被告未得利，从而得无可辩驳地认为得利，即不得主张主观贬值。一旦排除主观贬值论辩，就案涉利益得为司法评估。第二，倘原则上得援引该论辩，那么基于何等事实（若有），法院得无视之？正是在这里，不确定性蹑足潜踪、悄然而入。目前，得为客观评估的情形看起来仍是杂乱无序，甚至常出偶然。对这一更为孔武有力的路径，得找到两类显而易见的解释：一是制定法规定，一是清楚的保护性政策。在逆返还情形，主观贬值并不符合当事人利益，这回是原告可能会援引该论辩。至于剩下的情形，为客观评估提供其他正当理由的道路仍然是敞开的。就将来而言，最重要的经验即为，必须始终给予得利争点独立关注。

132

第二节 通过牺牲原告

原告务必使自己处于（"通过牺牲原告"）这一短语描述的事实构成中，倘做不到，甚至没有表面上成立的权利得提起诉讼。被告或许确实得利，且系不当，但除非是通过牺牲原告所得，否则便与原告全无瓜葛。古尔丁法官（Goulding, J.）说，"不当得利"这一词组单凭己力并不能确认任何原告，其意在此。[43]前面已指出，在返还原因事实这个含义模糊的超级属概念中，不当得利短语具有两个可能的意义，并将"不法行为"意义清理出门。[44]故，这里只需要考虑不当得利的"减损"意义，据此，原告提起诉讼的表面权利

----

[43] "不当得利本身并不构成充分诉因，盖若无法律给一般起诉人（common informer）提供诉因，[不当得利]无法确认原告。"Chase Manhattan N. A. v. Israel-British Band（London）Ltd.［1980］2 W. L. R. 202, per Goulding, J.

[44] 参见前文边码22—27，边码40—44。

不过是，被告的收益让原告遭受损失。"减损"一词不过用来表达这个意思，别无他指。特别是，并无被告以瞒天过海或其他什么手段从原告处取得案涉财产的暗示，而仅仅意味着，被告财产的增加正为原告财产的减少。

133　　你领取薪俸或者接受馈赠，像我这样的陌生人未加首肯，这又有何干系。但你若系通过减损而自我处受领某物，则情形丕变。若我未曾同意，负担即移动至你处，要说明我何以不能将之要回。这就是"通过牺牲"减损含义的重要之处。原告基于否定自愿性的因素以及自由接受请求返还，道路遂敞开。这里的机制是，请求返还的表面权利一开始就要受到维护受领安全的社会利益制约，以保持平衡。这意味着，将要成为原告的人，如果仅仅是嗣后改变想法，那么虽因被告的收益而受有损失，仍将一无所得。倘原告能够证明，自己从来无意转移财产，或者至少不是在实际发生的情况下转移财产，原有的平衡关系将立即倾斜。如果真是那样，原告并没有改变想法，但他仍可能承担了失望风险。即便如此，虽是承担了风险的自愿行为人，原告仍可能证明（通过指出自由接受），被告并未选择阻止风险发生。

　　不同于"得利"及"不当"争点，对"通过牺牲原告"短语涵盖的问题，几乎总是无所争执。[一般来讲，]原告曾经占有案涉财产，继而财产从原告处转移至被告处：要么是原告自己移转（例如原告向被告支付金钱），要么是被告移转（例如潜入原告房间拿走财产）。不过，仍有一块重要的疑难领域。

通过拦截而减损（*interceptive subtraction*）

　　倘被告并非自原告处而系自第三人处受领得利，原告还能合乎"通过牺牲"减损意义上的事实构成吗？倘能，那么在何等情况下，原告得如此主张？这些问题很重要，不仅左右着原告是否有提起诉讼的表面权利，还决定着原告的表面权利是否依赖于对不法行为的证明。假设你以 3000 英镑将我的汽车售与 X，未经我同意，我也不知情。你自 X 处（而非自我处）受领了 3000 英镑。倘合乎"通过牺牲"减损意义上的事实构成，那么无需证明你的不法行为，表面上的权利即成立，我得提起返还诉讼。否则，要在我与那 3000 英镑之间建立联系，唯一的办法就是证明你的侵占/处分，只有通过不法行为门槛，我的返还权利请求才能成立。

　　答案是，被告自第三人处受领利益完全可能合乎"不当得利"减损意义上的事实构成，而且原则上很容易指出，在何种情况下得如此认定。若非被

告在途中（*en route*）从第三人处拦截下案涉财产，案涉财产本该已抵达原告
处，此际即得肯定地说，被告的收益让原告遭受损失。这类减损必须与通常
的"拦截"或"垫付"案例区分开。但该结论并非人为/拟制。原告本可得
到案涉财产，正是这个确定性意味着，原告变穷了［本该得到一笔钱］，而被
告从这笔钱中得利。

　　不过，到底在哪些情形下得认为，若非被告拦截，原告肯定会受领案涉
金钱，在认定上还有一些困难。一般来说，这并非容易查明的事实。在某些
情形下，原告就案涉利益对第三人享有请求权，据此得认定拦截，关于职位
利益（profits of an office）的古老案件即为适例。[45]你僭取了我的职位并收取
了本应付给我的金钱，你必须向我返还；很显然，虽说我在事实上从未受领
那笔钱，可这确实是"我的"利益，我得主张满足"通过牺牲"减损意义上
的事实构成，不必以你的不法僭取为诉讼理由。你若是拦截了我的承租人应
向我支付的租金，亦然。[46]你自承租人处受领了金钱，你这么做，使我变穷。
这结论来得水到渠成，盖就该笔租金，我对第三人享有合法请求权。

　　假设我并不享有请求权。X 只是想给我一些钱，他托你转交是图方便。
他告诉你钱是给我的，你却挪为己用。关键问题是，X 是否表达了某个终局
性的意思，是否意在放弃取消指示的权利。现代普通法似乎已有定见，即若
非借助人为标准（artificial test），该问题无法回答。故得认为，除非你已向我
承认（attorn），即你告诉我你系为我而持有该笔金钱，否则我对你没有请求
权。[47]在该承认之前，我没有任何权利，那纯粹是你和 X 之间的事情；而在
承认之后，我就有权诉诸公堂了。但该承认本身不过是人为时间标记（除此
之外，别无其他），从该时间起即得确定，X 不得再将该笔金钱收回，必须经
你交给我，除非你携款而逃。这一法律关系不得被视为契约，盖我并未支付
任何对价；也不得被视为财产转让，盖就未特定化的金钱来说，无从为财产
转让。看来，我的诉因就是立足于你通过牺牲我而得利：所谓牺牲我，是在

---

　　[45]　Arris v. Stukely（1677）2 Mod. 260；Howard v. Wood（1679）2 Show. K. B. 21；Boswell
v. Milbank（1772）1 T. R. 399. 戈夫与琼斯认为，此类案例在今天得被归入"侵权之诉的放弃"（Goff
and Jones, p. 446），但该短语的含义颇让人生疑（参见后文边码 318）。得肯定的是，此类原告得据不
当得利提出诉讼请求，不必依据被告的不法行为。

　　[46]　Asher v. Wallis（1707）11 Mod. 146；Lyell v. Kennedy（1889）14 App. Cas. 437.

　　[47]　Liversidge v. Broadbent（1859）4 H. &N. 603；Griffin v. Weatherby（1868）L. R. 2 Q. B. 753；
Shamia v. Joory［1958］1 Q. B. 448.

你将一笔本来肯定会归我的财产拦截从而减损我的财产这个意义上讲的。正如拦截职位利益或者租金的案例，当我能证明你是在我不知情的情况下（即前章讲过的非自愿）而得利时，表面起诉权即告功成圆满。

就同样案情，衡平法的思路完全不同。衡平法不会去寻找你对我的承认，而会问，X 将金钱转移给你是否系基于信托关系。倘 X 明确说这是信托，那么 X 就是表达了终局性的负担义务的意思，内容是金钱应归我；倘 X 以不同措辞表达了同样的终局性意思（不过很难查明），则仍然创设了信托，当然，是以乔丹恩先生的方式。[48]一旦信托关系成立，不管明示还是默示，我的返还请求即不必再解释为，不依赖于当事人意思，立足于通过减损的非自愿得利，由不当得利而产生。在多数情况下，该替代解释都黯然失色，另一解释路径更为简洁明了。但如前所见，在某种情况下，该替代解释会出面，不过对之尚不熟稔，故难命名。

倘 X 依照制定法本应正式宣告信托设立意思，却未照章办理，那么我在针对你的诉讼中，即不得直接依据该信托寻找理由。故假设，X 以遗嘱形式将金钱交付于你，在过世之前，特意告诉你这笔金钱系为我而留。但要使这笔对我的馈赠在 X 过世时生效，必须经过连署证明（attest）。[49]是以，我不能依赖该信托设立声明，好像声明本身能创设权利，哪怕（若非制定法的规定）信托将通过你获得普通法产权而最终设立，也没法依赖。不过，虽说不能立即产生设权效果，立遗嘱人的最终意思却诚为事实，而依该意思，案涉金钱是要给我的。你拦截了这笔钱，是以，你通过牺牲我而得利且未经我同意，故必须支持我的返还权利。[50]倘该结论严重威胁《遗嘱法》的立法目的，当然必须禁止；但并非如此。完全秘密信托风险太大，并不会引来蜂拥仿

136

---

[48] "诚然，当事人得设立信托（就像乔丹恩先生那样以吟咏散文的方式）而不自知，但是，除非根据当事人的遣词造句以及案件的客观情况得查知这样的设立意思，否则我想法院还是不要过于敏感，硬要去发现此等意思的蛛丝马迹。"Re Schebsman［1944］1 Ch. 83, 104, per Du Parcq L. J. 译按：乔丹恩（Monsieur Jourdain），莫里哀喜剧《贵族迷》（Le Bourgeois Gentilhomme）的主人公，是个附庸风雅、庸俗势利、一心想爬入上流社会的商人。乔丹恩将金币厚礼委诸密友，指望其能帮助自己追求意中人，谁知其友越俎代庖、捷足先登了，可怜乔丹恩先生上当受骗仍不自知。

[49] 1837 年《遗嘱法》第 9 条。

[50] McCormick v. Grogan (1869) L. R. 4 H. L. 82；Blackwell v. Blackwell［1829］A. C. 318；Ottaway v. Norman［1927］1 Ch. 698。这个标准假定对完全秘密信托的不当得利解释与案例法中的"受遗赠人欺诈"（legatee's fraud）解释具有同一性。

效，从而背离正式设立遗嘱的明智习惯。[51]

前段讨论的情形为，第三人 X 将特定财产转移给你，而你应该将之转交给我，这里的问题是，若你仍持有该财产，能否认为你是通过拦截减损我而得利。如果 X 表达了将特定财产给我而增益于我的意思，但既未直接将财产转移给我，也未通过转交指示将财产转移给你，则属于前述情形一个不太典型的情况。假设案涉财产正好在你手里，能否仅仅基于 X 增益于我的意思而认为，你通过拦截减损我而得利？一般而言，答案是否定的。这答案概括在"衡平法不会让有瑕疵的赠与生效"（equity will not perfect an imperfect gift）的格言中，其背后的常识为，很难说 X 增益于我的意思不会改变。倘 X 还活着，X 是否打算并有足够理由从你那里收回财产，以便践行那个我声称 X 旨在增益于我的意思表示，那是 X 与你之间的事情。倘 X 去世，那么 X 增益于我的意思在去世之前是否一直未变，也是不能肯定的。在某些例外情形，可得出相反结论，法院得认为你持有的财产无疑正在通往我的途中［而被你拦截］。其一，X 可能已经与你订立盖印契约，*为了我而将财产交给你。在此情形，哪怕 X 本人亦未践履允诺，可财产若经其他途径而到达你处，我亦得向你主张权利。[52]契约虽非与我订立，但表明该财产最终应归属于我。其二，虽说 X 并未完成财产转移，但 X 该做的都做了，转移未完成的唯一原因在于，应由第三人采取的步骤尚未做，例如，X 已完成并公布股份转移的文件，但公司尚未完成所有权变更登记。[53]这里，X 该做的已完成，足以表明增益于我的意思是终局性的。其三，或得证明，X 的意思是增益于我，但出于错误而将案涉财产转移给了你，X 既去世，不能亲自矫正。这里，对财产转移中错误的证明即表明案涉财产最终是要给我的。[54]

137

---

〔51〕 就不完全秘密信托（half-secret trusts），此点即不那么清楚，该事实得解释，布莱克韦尔案（Blackwell v. Blackwell）何以似乎确立了禁止对不完全秘密信托与完全秘密信托作对称处理的限制性规定。See Re Keen［1937］Ch. 236；Re Bateman［1970］1 W. L. RL. 1463.

* 译按：盖印合同、盖印契约（covenant），由两方以上当事人达成的协议或允诺，其中一方当事人向他方当事人承诺是否为或不为一定行为，或者保证某些事实的真实性。在普通法中，上述协议或允诺以书面契据形式作成，由当事人签名、盖章后交付，并因其需盖章而得名。该词在现代主要指与不动产有关的产权转让证书或其他法律文书中的约定。《元照英美法词典》，第 347 页。

〔52〕 Re Ralli's Will Trusts［1964］Ch. 288.

〔53〕 Re Rose［1952］Ch. 499.

〔54〕 Lister v. Hodgson（1867）L. R. 4 Eq. 30，34，per Lord Romilly, M. R.

如果受信任人违反了避免利益冲突的义务并因违反该义务而为自己谋取了收益，显而易见，委托人往往很难有机会（或者说几乎没有机会）取得该受信任人实际取得的利益。是以，一般而言，为获得受信任人自第三人处受领的利益，委托人就只能依据"通过牺牲"的不法行为而主张权利：案涉利益系通过违反义务而取得的。然而，法院有时会倾向于确认或推定，委托人已经理所当然地获得了受信任人受领的利益。例如，受雇出售土地的代理人自购买人处收取秘密佣金的情形即是如此。[55] 在认定此类事实的情形，原告的权利请求即不必援引义务违反，得径立足于预期减损（anticipatory subtraction）。另外一个例子是库克诉迪克斯案。[56] 几位董事以公司名义从事铁路契约的磋商，在最后关头，决定撇开公司，自己订立这个契约。这几位董事试图利用投票权力洗清自己的行为。枢密院认为不能这样做。被告不仅仅是试图就义务违反行为得到宽恕，实际上是在奉送公司资产；盖当被告订立契约时，依据衡平法，公司已对契约取得权利。这一理由并未得到清楚细致的阐述。显而易见的是，被告对义务违反有过失；不那么显而易见的是，何以认为公司就该实际上并非其订立的契约得主张权利。若通盘考察案情，似乎得如是理解该案：若非几位董事从中拦截，公司将肯定得到该契约。如同前面讨论过的明示信托情形，本案中的关键事实，也就是案涉利益肯定正通向原告，为原告已对契约享有权利这个结论所掩盖。

那个你以 3000 英镑将我的汽车出售的案件提供了一个反例。在该案中，除非基于你的不法行为，否则我事实上无法在自己与你自购买人处受领的 3000 英镑之间建立联系。"通过牺牲我"是在你通过非法转让我的汽车而得利这个意义上讲的，而不是在减损意义上讲的。倘你未转让我的汽车，我也未必能得到这 3000 英镑，我可能根本不会出售汽车，也可能会以另外一个价格出售。这一不确定性本身即具有决定意义。但还有其他考虑，也支持这个方向。其一，尽管你通过非法转让我的汽车受领了 3000 英镑，但若暂不考虑该不法行为，看起来你也可能并未得利：你自己为该车花了 4000 英镑，这样你的财产反而减少了 1000 英镑。其二，我对汽车的所有权很大可能仍保留着（汽车在你的购买人手中），盖"任何人不得给予其所未有者"。这样，尽管

---

〔55〕 As in Mahesan v. Malaysian Government Housing Society〔1978〕2 W. L. R. 444.

〔56〕 Cook v. Deeks〔1916〕A. C. 554.

你通过不法行为而得利这一点仍不成问题，但若将不法行为搁置一边，单纯着眼于财产运动（这正是"减损"关注的）来考察整个案情，结果就是，从法律视角看，我的损失不过是在丧失占有期间无从使用该汽车。汽车过去是我的，现在还是。前面说过，在先权利的保留防止了不当得利的发生，但机制是预防，而非回转。

结论

　　正如得利事宜得分两种情形———简（金钱）一繁（实物利益），减损意义上的"通过牺牲原告"亦然：其简为双方当事人情形，案涉价值自原告处流向被告处；其繁则为被告自第三人处受领利益的情形。在后者，法院必须有可能认为案涉财产将肯定增益原告，若然，得认为被告造成预期减损或拦截减损。*

　　在组织返还法的内部体系时，一个主要困难即在于，认识到有必要将双方当事人与三方当事人这两种情形区分开来。[57]拦截减损概念事实上使得该区分不再必要。有一类三方当事人情形已独立出去，即因不法行为而产生的返还。原告声称被告违反了对自己的义务（例如不法出售自己的财产），从而自第三人处受领了利益，此类案例全部归入该主题下。其他三方当事人权利请求，全部涉及拦截减损。这类案件在事实构成上不同于双方当事人案件的地方在于减损，但就返还事由而言，这类案件一旦得到认可，即［与双方当事人案件］适用同样的法律。换言之，所有返还难题都涉及考察"得利"、"通过牺牲原告"和"不当"，故只在"通过牺牲原告"这个分析阶段，才需要特别关注这些三方当事人案件。倘考察表明，被告并非通过拦截减损，而是通过不法行为自第三人处得利，那么剩下的全部问题都放在"因不法行为发生的返还"标题下。倘考察表明，被告是通过对原告的拦截减损而受领利益，那么接下来的分析步骤便与通常双方当事人情形的减损别无二致。当然，有些案例让原告得选择不同分析路径，即考察表明，被告既是通过对原告为

139

---

　　* 译按：预期减损（anticipatory subtraction）与拦截减损当为同义词。

　　[57]　参见戈夫与琼斯专著的第二编"返还权利"（Right to Restitution），该编分为三章：第一章，被告自原告处或通过原告的行为取得利益；第二章，被告自第三人处取得利益，应向原告报账；第三章，被告通过自己的不法行为取得利益。

不法行为，亦是通过对原告的拦截减损而受领利益。[58]

　　一旦明确被告通过减损原告而得利，即可接着考察主要问题，即案情事实是否揭明了一个将案涉得利定性为"不当"从而得予回转的事由。第六章至第九章将研讨这个问题。何等客观情况得要求返还通过减损所得之利？因不法行为而发生的返还放在第十章单独考察。

---

[58] 参见后文边码 321 以下。

第六章

非自愿转移 I：意思无效

就返还法专著来讲，若是不那么关注整体结构，而更执着于构成整体的
分子，那么像这本来已经冗长不堪的一章只会有增无减。诚然，［篇幅长不
怕，］得予切分，以节为章，甚至以次节为章。真正的危险在于，本章讨论的
这一组产生返还后果的法律事实，本来内在立场统一且连贯，这个特性［在
过于琐碎的体系下］将变得晦暗不明。内在的统一系于何处？贯穿本章都得
看到，原告证明被告通过减损原告而得利，在对案涉得利主张权利时会说，
"我并无意使你得到该利益"。但这还不够精确，盖下一章的原告亦得如是陈述。
经详考细究，当会发现，是受破坏的判断（vitiated judgement）将本章与下一章
区分开来。当原告说"我并无意使你得到该利益"，其意为，"在使你得到该利
益这件事上，我未恰当运用判断力（或者，我根本没有运用判断力）"。[1]

在这个概括层次的下一级，就同样的返还要求，得发现四个不同版本：
第一，"我不知道"；第二，"我犯了错误"；第三，"我被强迫"；第四，"我
［和被告］不平等"。其中最不惬意的就是第四种。再一次，分类务尽（safety
in classification）的一般原则表明，至少得承认大概还需要第五类，也就是杂
项类型。如此析分，遂形成本章结构。"我犯了错误"与"我被强迫"很好
理解，其他两类亦将先后解释。

第一节　不知

不知（ignorance），非干目不识丁，不是胸无多墨，用在这里，指称一要

---

[1] 上诉法院戈夫法官曾在判决中附带提及，陷入错误的当事人之所以得请求返还，理由并不
在于同意表示无效。看起来，戈夫法官的观点是，不同于意思无效，产生返还效果的原因是，导致错
误的具体案情（在该案中为欺诈）构成"不当得利"。带着敬意，这里郑重其事地回答，这并无区别，
盖案涉得利之所以不当（即要求发生返还后果），缘故即在于让与人在形成转移判断时意思无效。See
Whittaker v. Campbell [1983] 3 All E. R. 582, 584.

求返还的事实因素，即案涉财产在原告全不知情的情况下转移给了被告，原告并未意识到转移的发生；原告并未发觉。不知，位于无效意思这一光谱的顶端，或者更准确地说，位于这一光谱之前。在错误及受强迫情形，原告几无例外地会指出某个因素，在原告形成案涉财产应该转移的意思时，该因素干扰了原告的思维过程或者让原告陷入混乱。当然，有个强迫的例子并非如此。假设我夺取你的钱包，你虽试图抗拒，却被我以强力制服。这里，你绝无将钱包给我的意思，但至少你确实知道我夺走了钱包。而在"不知"情形，原告甚至对被告有所受领的事实都是无识无觉。

要说我经常在你不知情的情况下染指你的财产，那不太可能，要说我不用实施不法行为即得经常染指你的财产，那更不太可能。通常说来，这都得靠盗窃或者盗窃的某个专门旁支。假设我是你的雇员，把手伸进你的钱柜，[1a]或者我伪造了一张支票，想把你的钱弄进我的银行账户里去。[2]在这些情形，不必将我的行为定性为犯罪或者民事不法，你即得成功主张返还权利。我通过减损你的财产而得利，揆情度理，你都无意使我如此。你不知道我在拿你的钱。以错误为由请求返还并不牵扯到对任何不法行为的证明；完全不知来自最为根本的错误，故更是如此（ *a fortiori* ）。是以，某法律体系，只要承认因错误而发生返还，即不得不承认因不知而发生的返还，且完全独立于任何偶然实施的不法行为。在尼特诉哈丁案中，[3]被告未经合法授权闯入原告母亲的宅子，拿走了属于原告的金钱；返还金钱之利的诉讼可以成立。在莫法特诉卡赞那案中，[4]原告出售房产时将一笔钱忘在阁楼，被告发现并花光了这笔钱；原告要回了这笔钱。没必要将此类案件强行推入"因不法行为发生的返还"范畴，非自愿转移足以解释。这类案件与所谓"侵权之诉的放弃"法律现象的关系，将在不法行为章研讨。[5]不论该术语的精确含义如何，这些原告都不必援引不法行为。既非依据，亦非放弃，只是压根儿不知道。

〔1a〕 Bristow v. Eastman (1794) 1 Peake 291.

〔2〕 Banque Belge pour L'Etranger v. Hambrouck [1921] 1 K. B. 321；United Australia Ltd. v. Barclays Bank Ltd. [1941] A. C. 1.

〔3〕 Neate v. Harding (1851) 6 Exch. 349.

〔4〕 Moffat v. Kazana [1968] 3 All E. R. 271.

〔5〕 参见后文边码 315 以下。

有时，很难区分不知与错误。抄写错误，或者在今天更可能发生的电脑故障，都可能产生一笔无意的信贷，例如在支付薪水或者退休金的场合。虽说此类案件有些得简化为对事实的错误认知或者对法律的错误看法，但要把此类案件全部塞入错误范畴，不会带来收获。倘若如是理解非自愿转移的光谱，即光谱并不始于错误，而是在错误之前，始于不知，就没有必要那么蛮干了。[6]

一、不知与拦截减损

此前的讨论都以简单的双方当事人情形为假定类型，即案涉财产从原告手中溜走，落入被告手中。那么在被告自第三人处受领利益的三方情形下，是否仍得以不知为返还事由？这取决于原告能否证明"通过牺牲"减损意义下的事实构成。[7]

假设你自 X 处取得了 100 英镑，表面上看来与我无关，而且确认我对此并不知情（虽说属实），对我也并无好处。要在我与那 100 英镑之间建立联系，我通常必须证明，你是通过对我实施不法行为才从 X 那里得到这笔钱，例如违反了对我的信任义务而攫取了某个获利机会，或者收取了佣金对我的房屋纵火或对我拳脚相加，如此等等。简言之，我必须以"通过牺牲"的不法行为意义为依据。至于我是知情还是不知，唯一可能起到的作用即为确定，你是否在事实上实施了我声称的不法行为。我若是知道或者表示了同意，可能你就并未实施我试图证明的不法行为。但这种情形显然属于不法行为一章的内容。

但在某些三方情形下，虽说被告系自第三人处受领利益，原告仍能证明"通过牺牲"减损意义下的事实构成。倘若在法律上或者事实上得肯定，若非被告取得案涉财产，该财产本来会到达原告处，即得认为这里存在拦截减损。例如，如果你从我的承租人那里收取租金或者僭取了我的职位收益，我得要求你返还。[8]案涉金钱本来是局外人应支付给我的，却被你从中拦截，这与你从我的钱包或者钱柜里偷偷拿走金钱并无两样，除非案涉财产永远不可能

---

〔6〕　在此情形，是否应该允许主张如下抗辩，即不存在错误或者案涉错误是不起作用的类型（例如法律错误），是个难题。Cf. Avon C. C. v. Howlett［1983］1 W. L. R. 605, 613 ff. 但"不知"不在抑制因法律错误而发生返还的机制（mischief）之列，就此，参见后文边码 164 以下。

〔7〕　参见前文边码 133 以下。

〔8〕　Asher v. Wallis (1707) 11 Mod. 146；Lyell v. Kennedy（1889）14 App. Cas. 437（受领租金）；Arrs v. Stukely (1677) 2 Mod. 260；Howard v. Wood (1679) 2 Show. K. B. 21（职位收益）.

143　由我占有。

迪普洛克案中那些亲戚的权利请求亦符合同样的分析模式。[9]在该案中，遗嘱执行人对法律理解错误，向并无权利受领的慈善机构给付。死者亲属对受领人提起诉讼，以最初受领的价值为标准，得到全部返还。在遗嘱执行人与受领人之间存在错误，但死者亲属并无错误。是以更准确的说法是，对案涉金钱，死者亲属本来得对遗嘱执行人主张权利，结果这笔钱却在亲属不知情的情况下被转移走了。

依对迪普洛克案的上述分析，这里存在三方关系，遗嘱执行人即为第三人。但如果说死者亲属在该笔资金被转移给慈善机构之前，对之享有对物权，亦得将本案看作简单的双方当事人间的减损，就好比慈善机构动了死者亲属的钱柜。但不论依哪种分析模式，使案涉得利不当的事实因素皆为亲属不知：完全不知道被告拦截了那笔本来应该归自己（或已经归自己）的案涉财产。

将迪普洛克案理解为三方关系，严格而言并不正确，盖得如是反对：原告所要回的钱系慈善机构自遗嘱执行人那里受领的，而遗嘱执行人又是从死者那里取得的，故这里涉及四方而非三方当事人。更为简单的情形是，信托受托人或者其他受信任人自第三人也就是信托创立人处受领财产，为原告而持有，结果携款而逃。在此情形，的确只有三方当事人。不管从拦截减损角度看，还是从普通减损角度看（原告在衡平法上系案涉资金所有权人，案涉财产已授予原告），受益人，也就是原告，皆得被视为受害人。不论哪个角度，受托人都与偷窃的雇员处于相同法律地位。他［受托人］实施了不法行为；但由于他［受害人］享有法定权利（entitlement），受害人对得利的不知即足以解释其何以享有返还权利，而不必将案情事实界定为义务违反。

144　在普通法上，若是第三人将一笔资金托你转交给我，甚至根据沙米亚诉朱瑞案的立场，[10]若是该第三人让你为我持有你欠他的（一笔债务，而非为此目的转移的一笔资金），只要你承认（attorned）我的法律地位＊（也就是

---

　　〔9〕　Re Diplock〔1948〕Ch. 465. 在同样的事实基础上，衡平法有时会赋予赠与人意在给予原告的赠与以效力：Re Ralli's Will Trusts〔1964〕1 Ch. 288；cf. Thompson v. Witmore（1860）1 J. &H. 268, 273. 译按：参见前文边码第 33 页。

　　〔10〕　Shamia v. Joory〔1958〕1 Q. B. 448.

　　＊　译按：attorn，同意承认新领主，同意效忠新领主，同意接受新的物产或地产所有人并承诺向其支付租金。《元照英美法词典》，第 116 页。

说，你告诉我，你是为我而持有），我即得对你主张该笔金钱。[11]你对我的承认不得被解释为契约或者依禁反言原则具有拘束力的允诺，盖在我这边，不需要［支付］对价，不需要产生不利益的信赖。不应该理解为允诺，而应该理解为案涉财产正在通向我的途中这幅事实图景的一部分。亦即，在你承认我的法律地位之后，法院得认定如下事实：若非被你扣留，案涉财产已让我的财产增加。你打破了我与该局外人之间有疑问的平衡。**

是以，对上面的返还图景应解释为，被告对原告法律地位的承认足以明确如下事实：被告若不中饱私囊，案涉金钱将增加原告的财产；倘被告确实中饱私囊，被告即通过减损原告而得利；原告对减损的发生并不知情，该事实足以说明何以被告保留得利乃为不当。

最后的例子来自公司法。董事与公司间有信任关系，故有义务避免利益冲突。董事违反该义务而取得的利益必须交给公司。但看起来，只要董事充分披露交易信息，股东大会即得豁免其责任。皇家（黑斯廷斯）有限公司诉格列佛案即为这种情况，[12]该案结论似乎还认为，即便［被告］董事的投票数控制了股东大会，亦不影响前述结论。但有种情形，股东大会不得批准该秘密收益。***在库克诉迪克斯案中，[13]几位董事自始至终以公司名义为一份铁路契约而磋商，在最后时刻，却将契约转让给了第二家公司，而该公司的设立目的即在于方便这些董事拦截案涉利益。这几位董事利用投票权力批准了契约转让。枢密院认定不能转让，盖在衡平法上，该契约已属于第一家公司，而控制股东不得通过剥夺公司财产诈取少数股东利益。****本案中的关键问题为：为何一份尚待签署的契约得被认为在衡平法上已经属于公司？事实上，他方当事人本得撤回契约（withdraw）。是以，在这个意义上，并不存在得属于公司的契约。

145

---

〔11〕　Israel v. Douglas（1789）1 H. Bl. 239；Liversidge v. Broadbent（1859）4 H. &N. 603；Griffin v. Weatherby（1868）L. R. 3 Q. B. 753.

**　译按：原文为 balance of doubt，有些费解。

〔12〕　Regal（Hastings）Ltd. v. Gulliver［1942］1 All E. R. 378.

***　译按：秘密收益、暗利（secret profit），指公司发起人、董事长或高级职员利用自己的工作职位，瞒着股东进行交易所取得的利益或好处。《元照英美法词典》，第1234页。

〔13〕　Cook v. Deeks［1916］A. C. 554.

****　译按：骗取、诈取（defraud），指以诈欺（deceit）方式使他人受到伤害或损害，借此取得不正当的或不合理的利益。《元照英美法词典》，第389页。

唯一令人满意的解释在于，在该案中法院所要处理的资产事实上行将增益原告的财产，方式正与那些已经增益原告的资产相同。攫取了可能会（也可能不会）增益公司财产的机会（得由公司豁免的义务违反行为）是一回事，剥夺公司财产（expropriate）则是完全不同的另一回事。就剥夺概念来讲，不仅包括转让已经属于公司的资产，还包括拦截那些尚不属于公司却无疑正通向公司的资产。

从这个角度看，库克诉迪克斯案为下面两个命题提供了重要佐证，虽说不那么干脆利落：其一，［在三方情形，］拦截减损得以通常的双方当事人情形下同样的方式处理。[14]其二，得直接评估案情事实，以认定案涉财产是否将确定无疑地自第三人处转移到原告处。也就是说，这种认定并不取决于第三人对原告负有转移财产的义务（如迪普洛克案），也不取决于被告对原告法律地位的承认（如沙米亚诉朱瑞案）。契约磋商的过程即足以证明，案涉契约本该归第一家公司。一旦如此认定事实，享有权利的当事人对该财产转移并不知情故并未表示同意即构成返还事由。

二、不知与实物利益

假设你受领的是某种实物利益。在我不知情的情况下，你使用了我的脚踏车或者享用了我的蛋糕。这里的基本原则是，除非案情事实的改变得为不同结论提供解释，否则仍适用同样的法律。这里发生改变的唯一事实因素即为受领利益的性质。这个改变造成的区别，大家都知道。当受领的利益并非金钱时，要证明得利争点，更为困难。[15]

［就实物利益，］处理得利争点，有各种不同方法。前面区分了两种情况：一是证明被告自由接受；二是证明被告在客观上无可辩驳地得利，如同受领金钱，此际不必考虑其是否自由选择。不管在哪条路径下，原告皆得选择继续立足于同样的返还事由，即不知。但在实务中，倘原告依自由接受证明得利，多半会放弃以不知为返还事由，盖自由接受一身二任（bi-valent）。[16]自由接受通过挫败主观贬值策略而证明得利，本身亦为返还事由。是以，当原

---

〔14〕 参见对"通过牺牲［原告］"的讨论，前文边码 138 以下。
〔15〕 参见前文边码 109。
〔16〕 参见前文边码 114。

告为一个目的而转向自由接受时，几乎总是怀着另一个目的。

在这个题目下，最明显的例子是，我明知未经你的允许，[17]而使用或者消费你的财产。再一次，得无视不法行为，盖得成功主张自由接受而不必提及不法行为。在汉布利诉特罗特案中，[18]曼斯菲尔德勋爵考虑判给合理价格（*quantum valebat*），非为借用马匹的使用收益，而是为我驾马远行的使用收益。基于前述理由，该案的权利请求既得理解为全部基于自由接受，亦得理解为"混合的"，即以"不知"为"不当"因素，而以"接受"为"得利"依据。混合分析模式最明显的功用即在于，考虑到有些案件不存在自由接受，故必须保留通过证明其他事实来满足这些法律要件的可能。

第二节　错误

原告的错误有时由被告的不实陈述引起。其他情形下的错误，来历各不相同、五花八门，若称之为自发的，虽不甚精确，亦可谓妥当。通常确实是由某种外部原因引起，但这些源头在法律上并无意义，故也只能被看作仿佛真是自发产生的一样。倘原告声称自己［意思表示］错误，并未同时试图弄清楚错误如何发生，此际得依赖的返还事由，得以短语"自发的错误"（spontaneous mistake）称之。假设我读到一份虚假报告，称你正为这个或那个慈善机构募集资金，于是我慷慨解囊，但随后真相大白，报告所言非实。那份虚假报告导致了我的错误，但就我针对你的权利请求来说，在法律上并不相干。 147

一、自发的错误

（一）［认识］错误与错误预测（mispredictions）

首先要做的，就是区分［认识］错误与错误预测。假设我将你殷勤照料，满心期望你会在弃世而去之际遗我以财产；[19]或者，我辛苦数月为你规划建

---

〔17〕　倘我没有意识到真实的事实，则不存在自由接受。Cf. Boulton v. Jones（1857）2 H. &N. 564；contrast Lightly v. Clouston（1808）1 Taunt. 112.

〔18〕　Hambly v. Trott（1776）1 Cowp. 371, 375："故，倘某人自他人处取走一匹马，后将马匹交还；尽管有对该人提起侵害之诉（action of trespass），但对其遗嘱执行人则不可；就马匹的使用收益或者租金，则得对遗嘱执行人提起诉讼。"

〔19〕　Deglman v. Guaranty Trust Co. of Canada［1954］3 D. L. R. 785.

房大计，自信满满以为能够得到那一纸契约，从定桩丈址直到平地而起。[20]
这些都是预测，而当希望化作失望之时，也就变成错误预测。或许我得称之
为［认识］错误，但也只是作不得数的错误。倘你冷眼旁观，未为提醒，说
我的希望不过为虚妄，则我得基于自由接受主张权利，而非［认识］错误。
这与前例中所受领者为非金钱利益的事实亦扯不上任何干系。再假设，我向
你支付金钱，以为你能在我年迈体衰之际照料我，或者相信你会在即将到来
的辩论中声援我。这跟前例完全一样。返还权利请求不能以错误预测为依
据。[21]即便事后受领人允诺支付，倘无契据或者某些新的对价，该允诺亦不
可诉。错误预测人仍不得不自担风险。[22]

　　道理在于，因［认识］错误发生的返还立足于如下事实：就案涉财产转
移给被告，原告的判断受破坏。*关于将来的错误，也就是错误预测，并不表
明原告的判断受破坏，只表明从后来的事实看，原告未正确运用判断力。预
测是判断力的运用。基于预测而行为意味着接受失望风险。你要是抱怨自己
有［意思表示］错误，那也只是希冀免除自己明知故犯的风险。基于自由接
受的权利请求之所以仍能得到支持，在于自由接受的被告无法将原告发还原
处去承担那个他自己招来的风险。被告一旦自由接受，根据假定（*ex hypothe-
si*），被告只能怪自己未拒绝案涉利益。

　　倘不想承担预测固有的失望风险，那么稳妥办法是，就利益的最终交付
一事与利益受领人预为商量。亦得通过设定条件、订立契约或者创设信托等
方式，为转移财产的意思添加限制条件。经过这番预备工作，返还事由的基
础即非［认识］错误，而是对价无效，不过这是下一章的内容了。

　　（二）担忧：抑制因［认识］错误而发生的返还权利

　　倘原告或是就现在或是就过去确实存在［认识］错误，则得正确声称，
在决定向被告转移财产时，判断受破坏；其系基于错误资讯而决策；从表面上
看，他得要求返还。盖依［认识］错误而给予者应予归还，以这个命题为出发

148

---

　　[20]　William Lacey (Hounslow) Ltd. v. Davis [1957] 1 W. L. R. 932.

　　[21]　Re Cleadon Trust Ltd. [1939] Ch. 286. Kerrison v. Glynn, Mills, Currie & Co. (1912) 81
L. J. K. B. 465. 不能被解释为［认识］错误的例子，盖任何错误都是关于将来的。译按：此注恐怕有
误，"错误"当为"错误预测"。

　　[22]　Re McArdle [1951] 1 Ch. 669.

　　*　译按：原文为 judgement was vitiated。

点相当合理可行，哪怕看起来太过简单。但每个人知道，因［认识］错误发生的返还并不是那么直截了当。起点如此简单明了，又是何者让这里困难丛生？

答案在于，支持［意思表示］有错误的原告这个朴素倾向，遭到不只一点强有力的反驳，这些反驳表达了如下担忧：倘因错误而发生的返还如此唾手可得，将会带来怎样的后果？这些反驳的作用是，对基于"错误应予取除"命题而产生的表面上成立的诉因，应加抑制。这就是学理上紧张关系的根源所在，而最佳应对之道则为，将那些抑制以自发错误为返还事由的压力找出来。若说这些压力有些什么共同关注，那就是受领人对受领利益的安全利益。［意思表示］有错误的当事人希望将自己从错误的后果中解脱出来，这要求固然合情合理；但对受领人来说，他需要交易稳定，不能时刻准备着将似乎已通过公平交易而最终取得者再交还出去，同样难谓乖情悖理。

担忧之一：这会造成蜂拥而至的返还。人总是会犯这类或那类错误，倘就每个错误皆得要求返还，就没有谁能够在返还请求面前全身而退了。这里要添加一条笺注或详释：错误得于事后轻易捏造，以隐蔽单纯的想法改变。故，错误不仅很普遍，亦可人为轻易制造。还有，在今天，没有谁对法律到底规定了些什么能够如数家珍，即便是那些出入公堂的律师亦不例外，在这个领域，返还诉讼的泛滥以及时或发生的谎言连篇更让人担忧，局面遂雪上加霜。是以，倘返还得因法律错误而唾手可得，没有人会知道如何安稳地花出一笔钱，法院亦将被纷至沓来的返还诉讼壅塞住户牖。

担忧之二：有些案件涉及交易因素，而交易的前提恰恰以当事人避免错误的能力为特质。故，倘得基于错误轻易得到返还，那么，讨价还价游戏所与生俱来的对利润的殷殷热望、对损失的深深忧虑都将被拨弄得无所适从，而游戏赢家的正当报偿亦将被劫掠而去。这个论辩部分是为了维护交易人／出让人的交易安全利益，但亦可经过发展，用来论证社会对"有效率"市场的需要，以促进社会财富最大化。这里，"有效率"这个时髦语词系用来描述这样的市场，在那里，经济力量不受与利润最大化相冲突的公平观念的束缚而得自由驰骋。

担忧之三：这个担忧更多是技术性的且内在于法律体系。倘双方当事人皆已履行，不仅错误方当事人已履行，对方亦向错误方履行，要想撤销交易，总会遇到很多麻烦。这里的难题即为逆返还：［意思表示］有错误的原告要想得到完全救济，必须让与自己受领的一切或者支付其价值。能否这样做？难

149

道真有可能将已陷入复杂交易的当事人之间的关系恢复平衡吗?

对这些担忧,不同的人自然会有不同的评价,但这些担忧绝非胡思臆想。这些担忧与支持返还的常识立场发生猛烈碰撞,结果就是,真正得据之请求返还的错误,数量与类型都急剧减少。倘原告所依据的错误并非事实错误,且使原告产生自己在法律上负有义务将案涉利益授予被告的印象,那么在此范围内,原告的主张不能说完全坚固牢靠。在艾肯诉肖特案中,[23]布拉姆韦尔法官(Bramwell, B.)发表了著名的判决附带意见:"要赋予某人权利,使其得要回基于事实错误所给付的金钱,则案涉错误所牵扯的必须是这样的事实,即倘该事实为真,给付人便负有给付金钱的义务。"但若说法律就止步于此,那就不对了。这些责任[认识]错误同样构成了继续向前摸索的基础,走向更加变动不居的返还事由(more shifting ground)。

(三)责任错误

责任[认识]错误既得为事实错误,亦得为法律错误;就否定了交易的自愿特征这一点而言,两者具有同样的效果。但法律错误加剧了对返还诉讼泛滥的担忧,后文专门安排了地方来讨论此点。这里留下两个问题:(事实)责任错误到底指什么?就此类错误,为何相对更容易给予返还救济?

1. 何为责任错误?

最好的办法是从实例开始。[例1]假设我[保险人]依照保险契约,负有在特定事实发生时向你赔付船载柠檬价值的义务。若柠檬在海难中毁损,则我必须赔付。[24]倘我错误地认为保险事故已发生,我即陷入责任错误。基于我认为的事实,我负有赔付义务。不仅如此,即便在我陷入错误之前,倘特定事实发生或者特定事态形成,我都当然负有赔付义务。故可得出结论,若我认为特定事实已发生,我即自动地认定自己负有责任。[例2]我很清楚,要是挣到收入,必须缴纳所得税。故,倘我以为自己挣了一笔钱,我就自动地认定自己负有纳税义务。[例3]抵押权人知道,倘将抵押财产出售,而出售所得多过债务数额,那么视案情而定,必须将余额或是交给抵押人,或是交给次顺位抵押权人。[25]一旦抵押权人认为自己受领了一笔债务余额,

150

---

〔23〕 Aiken v. Short(1856)1 H. &N. 210, 215.

〔24〕 Norwich Union Fire Insurance Society v. William H. Price Ltd. 〔1934〕A. C. 455.

〔25〕 Weld-Blundell v. Synott〔1940〕2 K. B. 107.

即当然认定自己在法律上负有支付义务。[例4]银行知道，只要客户账户里还有存款，就必须遵从客户指示。当银行认定收到了客户向这个或那个人付款的真实指示，即当然地认为自己有义务依照客户指示向第三人付款。[26][通过这些例子可知，]责任错误的特征在于，让陷入错误的当事人产生这样的印象：在当前事态下，其负有法律上的义务而全无自由选择余地。在所见的这幅虚假图景中，这类错误表现为责任构成要件得到满足。

在刚才所列的清单之上，最后一个例子与其他例子有个重要不同，即想象的责任并非对收款人负的，而是对第三人负的。这类案件该如何处理，法院颇有些踌躇不定。恰在最近，在巴克利银行诉西姆斯有限公司案中，[27]戈夫法官（Robert Goff, J.）细致考察了这个问题。在该案中，巴克利银行的一位顾客欠了被告建筑商一笔钱；该顾客就这笔欠款向被告发出支票，但旋即发现被告已被破产接管，遂电告巴克利银行止付并在嗣后书面确认了该指示。巴克利银行将止付通知输入电脑程序，但银行雇员在见票时未留意电脑发出的指示。由于误信顾客的有效指令，巴克利银行向西姆斯有限公司支付了票面款项，现已成功获得返还。这样的错误得产生返还效果，此点已不再存疑。但有两个可能的分析模式，既得被看作责任错误类型，亦得被当作该类型之外的错误亦得导致返还的证据。戈夫法官采取的是第二种分析模式。

可以肯定，在边界的另一端，有两类案件，一类显然不同于责任错误，另一类看起来颇有些类似责任错误。第一类案件，错误方当事人从未怀有其负有责任的念头。我欲报你以琼瑶，盖我误以为在我失足落海之际，是你搭救我于一线之间。或者，举个不要离商业事务太远的例子，我是第二顺位抵押权人，为巩固我的担保利益，我以为最好的办法莫过于清偿第一顺位抵押权人的债权，[28]但真实情况是，自始至终，这笔抵押财产都不曾存在，或者已毁损，再或者属于抵押人之外的其他人。我的办法或许算得上良谋，但实际上并无需要保护的担保权利。这里，不管是以为你于我有搭救之恩，还是

151

---

[26] Colonial Bank v. Exchange Bank of Yarmouth, Nova Scotia (1885) 11 App. Cas. 84.

[27] Barclays Bank Ltd. v. W. J. Simms Ltd, B. [1980] 1 Q. B. 677.

[28] Aiken v. Short (1856) 1 H. & N. 210, p. 215, per Bramwell："这里，倘情况属实，则银行得支付，亦得不支付，完全凭其所好。但由于以为被告享有一个有效的担保权利，银行身为次顺位抵押权人，选择清偿被告的担保权利。不能说这种情形应受［事实错误］法律规则调整。事实错误是这样的情形，［比如说，］银行以为能以更高的价格售出地产［抵押财产］。"

以为我就特定财产享有次顺位抵押权，都产生了我负有法律义务的图景。即便在我错误理解的图景里，选择权仍然在我，但我错误地认为我有充足理由选择支付。可以区分两种情形：其一，确实存在一些事实因素，让我在道德上受到拘束；[29]其二，不存在这样的事实因素。

更微妙的情形是，我犯了错误，导致我去承担（incur）责任。也就是说，当错误发生时，这幅错误图景本身并不必然意味着法律责任，而仅仅是引导我去订立契约。假设你的马在深夜里遭闪电击伤，后来马死亡。我以为马仍健在并付给你 1000 英镑买马，你收下这笔钱。这里不存在责任错误。在我的想象中，马依然生龙活虎，但我只是想买，并非有义务付款（除非我做了更多）。我们订立了契约，但由于标的物先已灭失，契约无效，[30]当然，我对此一无所知。现在我将钱款交给你，我确实认为自己负有法律上的义务这样做。这时就出现了责任错误，但该错误并不存在于对马仍然健在的误信中，盖由于第一个错误，发生了第二个错误。第一次，我误以为马健在，故决定与你签订协议。第二次，我错误地以为该协议为有效契约，此为责任错误。

千万不要忽略这两个不同的错误。虽说误以为存在有效契约构成责任错误，并导致返还效果发生，但相信存在［有效］契约是否真是误信，这个问题则取决于前一个错误的性质及效力。除非先明确，这前一个错误本身并非责任错误，而且不能利用责任错误可能具有的任何能力，否则对该错误性质与效力的关键考察就只会被弄得混淆难辨。我就马健在的误信并不构成责任错误，但该错误使得契约无效（avoid），这个事实不但无从以责任错误的功能来解释，更显示出责任错误并非无所不能。

2. 何以责任错误更易导致返还效果发生？

下面将会看到，毫无疑问，责任错误仅为产生返还效果的法律事实属下一种。同时毋庸置疑的是，责任错误也是最不会让法院焦头烂额的事实。通过考察何以如此，可以看到还有哪些其他事实亦得产生同样的法律效果。

其一，就责任错误范畴来说，允许发生返还效果不会存在干预交易的危险，盖导致契约设立的错误必须被排除出去，这一点刚刚讨论过。其二，在责任错误场合，碰上逆返还难题的机会极少，盖一般而言，这个场合的财产

---

[29]　Cf. Larner v. London County Council［1949］1 K. B. 683. 参见后文边码 154。
[30]　1979 年《动产买卖法》第 6 条。

转移仅仅是［原告］为了履行假定的义务/责任，故据假设，让与人/原告无所受领。其三，返还权利必定会与受领人的交易安全利益冲突，但返还诉讼泛滥的危险却已受到控制，盖返还权利被限制于单一范畴的案件，而更重要的可能还在于，这里不存在原告随便举出一些可能重要也可能不重要的轻微过错或次要过错的问题。盖就支付金钱或其他财产转移来说，义务/责任假定必然总是根本或压倒的原因。简言之，因责任错误发生的返还不会带来太大威胁，盖被严格限制于非常严重的错误（very serious mistake）这种特定情形。

153

在这些原因背后，还有另一类型的因素也有助于打消对诉讼洪水的担忧：这一范畴行之久远，在罗马法上已经存在。当罗马法依照负债原因区分并解释返还之诉时，"未欠的金钱或其他履行"（money and other performances not owed）即成为显著类型。[31] 事实上，"debt for liability mistakes（因责任错误所负之债）"即为拉丁语词 *condictio indebiti*（"要求返还错误给付而在事实上或法律上本无义务给付的诉讼"）的英文迻译。*

（四）非责任错误（non-liability mistakes）

布拉姆韦尔法官在艾肯诉肖特案中曾谈及，法律会限制产生返还效果的错误类型。布拉姆韦尔说，倘在错误的影响下支付了一笔金钱，而该错误（若是真的）"仅仅是使得原告应该支付值得称许"，则不得要求收回金钱。[32] 但［怎么才算值得称许，］界限并不那么泾渭分明。虽说出了责任错误领域就得小心翼翼，但在某些此类案件中，法律还是认可了返还救济。

哪些类型的金钱支付或其他财产转移需要在这里讨论？是这样的非债务给付（non-obligatory payments）：虽非法律上的义务，但从给付人对事实的理解来看，给付值得称许。这又包括三种类型，皆属于宽泛意义上的"赠与"（gifts）。其一，有些给付的目的是，希望将来从受领人那里得到涌泉之报。在此情形，给付人在嗣后所声称的任何错误，十有八九会被证明为对受领人反应的错误预测，除非失望的给付人早已使受领人受到如何反应的束缚，否则不得要求返还。[33] 其二，有些给付纯粹是出于慷慨大方，例如，向慈善机

---

〔31〕 Justinian, Institutes, 3.27.6; Digest, 12.6. 译按：返还之诉（*condictio*），罗马法上，具有要求返还性质的对人诉讼的通称，常基于被告有给付或作为的义务。《元照英美法词典》，第278页。

* 译按：该中译参见《元照英美法词典》，第278页。

〔32〕 Aiken v. Short (1856) 1 H. &N. 210, 215.

〔33〕 倘原告能证明存在自由接受亦可，参见后文边码277以下。

构捐款，或者为了与亲朋至友分享自己的亨通财运而施金散银。其三，还有些给付是出于责任感或者道德义务，例如，出于投桃报李的感恩之情、血浓于水的家庭情感或者对宗教律令的敬畏之心。在出于慷慨大方所为的赠与以及在责任感驱使下所为的赠与之间，并没有清晰界限，通常属于赠与人的个人感知。除了这三种类型，还有一些情形，亦此亦彼、模棱两可，从而留下讨论空间：P向 D 给付，盖 P 以为自己负有对 X 的责任这样做，虽说 P 并不认为自己对 D 负有责任。P 向 D 给付，知道自己对 D 并不负有责任，但认为自己和 D 之间存在这样的法律关系，如果自己给付了，将会满足 D 向自己给付的条件，从而使 D对自己负有给付义务。在这些情形，布拉姆韦尔法官的规则将会排除一切返还可能，除非在疑难案件中，案情事实得被归入责任错误范畴。是以这里的关键问题为，倘案涉错误未能被定性为责任错误，是否仍得要求返还。

在拉纳诉伦敦市议会案中，[34]伦敦市议会采纳了一项计划，扶助那些 [在二战中] 参军入伍的雇员。离职费比较低，但伦敦市议会将补足差额。拉纳没有报告离职费水平的变化，结果伦敦市议会多付了一些。假设该计划对伦敦市议会并无法律上的拘束力，那么这里的问题就是，伦敦市议会得否收回多付的款项。上诉法院认为可以。只要伦敦市议会认为负有道义上的责任维持这项计划，就足够了。从该案的结果看，就仿佛法院认为的，责任错误范畴不但包括对法律义务的认识错误，亦包括对道德义务的认识错误。这事实上是关键的一步。

倘财产转移并不伴随有任何意义上甚至道德上的义务，返还就不能被彻底排除。在奥格尔维案中，[35]上诉法院强调，想法的改变不构成要求收回礼物的事由，但法院也承认当错误非常严重时，法院有介入可能。在阿瓦隆胡德夫人诉麦金农案中，[36]一位母亲证明，自己执行财产分配契据（deed of appointment），本意是给两个女儿平等地位，却忘了六年前已为长女做好安排，伊夫法官（Eve, J.）遂将该契据撤销。在巴克利银行诉西姆斯有限公司案中，戈夫法官举了四个不同的两次给付的例子，第二次给付时忘记了第一次给付。[37]顺便一提，在此情形，戈夫法官很显然是会判给返还的。在摩根诉

〔34〕　Larner v. London County Council〔1949〕1 K. B. 683.

〔35〕　Ogilvie v. Littleboy (1899) 15 T. L. R. 294.

〔36〕　Lady Hood of Avalon v. Mackinnon〔1909〕1 Ch. 476.

〔37〕　Barclays Bank Ltd. v. W. J. Simms Ltd.〔1980〕1 Q. B. 677, 680.

阿什克罗夫特案中，判决附带意见提到，倘出于错误而将礼物给错了人，得予返还。[38]在该案中，赌彩经纪人要求顾客返还多付的款项，说是在为顾客记账时犯了错误。顾客成功援引不法性抗辩事由：法院不得使自己卷入为《博彩法》所禁止的赌博交易关系中。但该案判决附带意见强烈反对如下观点，即在非债务给付情形，并非有意的第二次转移得予返还。掌卷法官格林勋爵（Lord Greene, M. R.）尤其支持严格适用布拉姆韦尔法官的附带意见。[39]不过，格林勋爵的理论前提是，凡非迫于法律责任所为的给付，板上钉钉，必为"自愿"；既在这个意义上使用"自愿"，格林勋爵也就排除了询问如下问题的可能，即在非债务给付场合，给付是否仍有可能"非自愿"。这里"非自愿"意指，给付时，错误破坏了给付人对判断力的运用。

非责任错误有个类型，涉及对利益受领人身份的［认识］错误，格林伍德案即为适例：[40]改良人以为是在自己的不动产上工作，意图增益己身，倘案涉财产事实上属于他人，则案涉利益事实上亦将归于该他人。在该案中，上诉法院照准了返还请求。倘赠与条款使用的语词被误解，导致赠与条款的目的未能实现，巴特林案表明法院可能给予改正救济。[41]在该案中，信托设立人认为已经授权受托人依多数意见行事，但相关条款远未达到这一要求。尽管案涉财产授予契据是赠与并且受托人这边并不存在错误，*布赖特曼法官（Brightman, J.）仍予改正。

这些案例表明，非债务转移并未被免除因错误发生的返还［义务］。但就［返还］需要的错误类型，这些案例惜墨如金。这里得区分三条路径。

第一，不过就是扩张责任错误范畴，把得被定性为根本性错误或压倒性

---

[38] Morgan v. Ashcroft［1938］1 K. B. 49, 66 per Sir Wilfrid Greene, M. R. , 74 per Scott, L. J. ; and cf. at p. 73："在上述所有案例中，甚至在艾肯诉肖特案中，法院都从未认为，原告之所以败诉，仅仅是因为案涉错误未能引起对责任的误信。"

[39] Morgan v. Ashcroft［1938］1 K. B. 49, 66 f. 在巴克利银行诉西姆斯有限公司案中，戈夫法官认为，这段文字与上诉法院对拉纳诉伦敦市议会案的判决不一致。See Barclays Bank Ltd. v. W. J. Simms Ltd.［1980］1 Q. B. 677, 698 f.

[40] Greenwood v. Bennett［1973］1 Q. B. 195. 译按：边码124以下。

[41] Butlin v. Butlin［1976］Ch. 251. 译按：改正、修正（rectification），指法庭更正表述错误的合同条款的衡平法上的权力。如果书面合同的最初表述不能反映当事人的真实意图，法庭可予修正，以使之符合。英国法院依制定法的规定，还有权根据当事人的申请，修正各种登记簿中有错误的记录。《元照英美法词典》，第1160页。

* 译按：授予、转让、设定、财产授予契据（settlement），参见前文边码102。

错误的其他一些错误包括进来。这个办法不精确，盖只有法官才能最后决定何者才算足够严重。如此限制的内在压力在于对返还诉讼泛滥的担忧。对付这种危险的武器则为，坚持只有非常严重的错误方予返还救济，同时由于根本性概念中固有的不确定性而赋予法官裁量权。

第二，戈夫法官在巴克利银行诉西姆斯有限公司案中提出的路径。戈夫法官很小心地避免使用"根本性"术语。他要问的是，错误是否导致了给付。这条路径意在扩张"起作用的错误"（operative mistake）范畴。那么受领人的交易安全利益又该如何维护？对交易不稳定的担忧，得通过扩大境况变更抗辩的适用范围来解决。这背后的理论是，只要受领人在基于对受领的信赖而改变境况后并不会被搅扰，即得承认更多返还。死抱住根本性概念不放，对于安全利益的保护来说可谓麻木迟钝：除了稀见罕闻的灾难性案件，对返还请求拒不认可，这样才算承认你保持生活平静的利益。在同一份判决的另一侧面，戈夫法官的策略引人注目。戈夫法官附带提及，产生返还后果的错误不必严重到足以防止财产权转移的程度。[42]这个主张对另一事宜产生了间接影响，即利用"合理货物价格"（*quantum valebat*）为返还工具。

第三，有些法律关系容易让法官［相反地］推定给付为预付（advancement），在这些法律关系之外，在乍看起来构成赠与的场合，推定法律关系为归复信托，就不必再考察任何已发生错误的类型或其份量。这条路径少见提及，实际上非常刻薄地暗示，无偿赠与人的决定一定有错误，除非受赠人确凿无疑地证明赠与意思。从逻辑上讲，只要赠与人事实上确实陷入错误，那么这些推定就得予推翻。在此情形，［意思表示］错误的赠与人会发现，径直基于归复信托主张权利要比基于错误容易得多。

就这三条路径（根本性错误、原因性错误以及被推定的错误），判例法的态度还不太明确或坚决，要旗帜鲜明地选定立场，有两点应予考虑。其一，对交易不安全的担忧到底应该得到多少关注，又有哪些法律手段可用来打消担忧：倘受领人就其所受领者的交易安全利益值得保护，那么如何保护？是缩窄"起作用的错误"类型，使其仅及于那些确实非常严重的错误？还是扩大该类型的范围，从而把那些不太严重的错误也包括进来，与此同时将境况变更发展为反应更为灵敏的抗辩？这是学理及判例必须考虑的问题。

---

［42］ Barclays Bank Ltd. v. W. J. Simms Ltd. ［1980］1 Q. B. 677, 689.

其二，这里关系到一个形而上学难题的性质，这个问题至关重要，原因在于一切得归结为"我并无意让他得到案涉利益"的诉因皆面临此点。这个问题之所以产生，是由于心理过程无从评估和度量。意志力不像电压那样可观测。故，就那个最终决定转移财产的心理过程，倘要问，到底多大程度上的干扰得被看作起作用的、产生返还后果的意思无效（或者更具体地说，多大的压力或者多么严重的错误），千真万确，并没有精确的答案。并没有什么精致入微的检测标准可供选择。倘根据案情事实，有可能认为原告无论如何都会转移案涉财产，这个难题就更加棘手了。

在判例法中，得看到处理这个难题的两个不同思路。第一个思路认为，既然无法精确评估与权衡，那就不必徒劳费力。据此思路，倘破坏判断的因素/得使意思无效的因素（vitiating factor）在某种程度上影响了原告的心理状态（虽说可能伴有其他的并不必然更为强有力的因素），那么即得认为原告的判断受破坏，且破坏的方式使得原告有权利请求返还。[43]也就是说，不必评估，只需要问，得使意思无效的因素是否确实对心理过程产生了某些（*some*）影响，不管多么微不足道。倘选择这个思路，那就意味着，在某些得予返还的情形下，得颇为合理地主张，原告本来无论如何都会转移案涉财产。第二个思路认为，虽说精确评估各不同因素并不可能，但会努力一试：交易安全更为重要，故应认为，意思无效必须影响深远（根本性的，压倒性的），以致没有哪个理性人会认为原告本来是会转移案涉财产的，这才是唯一起作用的意思无效。第二个思路在适用上更难把握，理由是，依该思路，只有在意思无效/判断受破坏确实非常严重的情形才给予返还救济，通过这个办法试图避免评估无法评估者这个最大难题，可事实上，却没有得以理性把握的法律手段来处理如下局面，即非常严重的错误（或其他意思无效情形）与其他完全合理的财产转移动机混杂在一处。[44]

不管哪个在理论上看起来或许更好，从可观察到的历史来看，就涉及自发错误的这两个立场来说，法院本能地倾向于采纳第二个。既然坚持错误必须是"根本性的"，那么不论是实务上对于返还诉讼泛滥的担忧，还是如何权

158

---

〔43〕 Edgington v. Fitzmaurice（1885）29 Ch. D. 459, esp. 483.

〔44〕 就好像我向某学校捐款，盖我愿意资助教育事业，而且认为这完全是慈善性质的，但事实上，该校是营利性公司。比较巴顿案（Barton v. Armstrong〔1976〕A. C. 104）：该案争点是，金钱给付到底是出于对威胁的恐惧，还是为了商业利益。

衡错误与其他因素的关系这个理论难题，自然都已遇上。[45]这表现在两方面：一方面，［既然］排除了以境况变更为抗辩事由（该抗辩反映受领人的交易安全利益，若有），遂缩窄"起作用的错误"类型；另一方面，努力将根本性责任错误典型化，从而寻得庇护。并非偶然，关于得要求返还的错误赠与，通常举的例子即为两次给付，忘记了第一次给付，遂为第二次给付。这个例子涉及某极端情形，即所有人都同意，案涉错误具有决定意义地破坏了当事人的赠与意思。戈夫法官把这种情形与电脑案混在一起讨论：电脑"发起疯来，将同一笔赠与财产向某受益人连续给付了一百遍"。[46]甚至得认为电脑案属于"不知"类型，盖赠与人对案涉财产转移完全谈不上有意，实在是懵然无知。最后，涉及成立契约中的错误时，［在判例中］很容易找到关于恪守根本性标准的更多证据，当然，或认为这些并不相干（因为交易事宜[47]）。

在另一边，亦得认为，过去法院对于根本性标准的恪守不过是基于直觉，总是得敞开来接受理性的重新检视，且正如巴克利银行诉西姆斯有限公司案所示，该标准绝非完美无瑕、百密无疏。这件返还法上的重要案例支持理论重心从根本性错误转向原因性错误。不过，提出这个问题时（是案涉错误导致了财产转移吗？），是否有意附加一条笺注，即案涉错误必须构成主要的或占主导地位的原因，这一点尚不清楚明朗。故，还不能说该案毫不含糊地支持如下进路，即拒绝权衡不同原因的效力。

对归复信托的推定，代表了对如下问题的极端不可知论立场，即是否可能估量赠与中错误的影响，但人们只会喋喋不休地重复说，从未评估过［错误］对该争点的影响。归复信托推定代表了一种完全不同的路径。正是这个主题杂乱无章的状态留下了空间，让人在不自觉中以各种不同方式来处理难题。倘将目光从"推定的意思无效"（presumed vitiation）路径移开，那么得将现行法立场归纳为下面几个命题：其一，由于（事实）责任错误，被告通过牺牲原告而得利，原告得要求被告返还；其二，责任错误［种概念］既是原因性错误，亦是（虽说不精确）根本性错误；其三，原告的错误虽非责任

159

---

[45] "但最重要的是，［原告］所依赖的错误应该具有如下性质，即得被恰当地描述为关于契约或交易之基本假设的错误，或者根本性的或基础性的错误。" Norwich Union Fire Insurance Society v. Price [1934] A. C. 455, 463, per Lord Wright.

[46] Barclays Bank Ltd. v. W. J. Simms Ltd. [1980] 1 Q. B. 677, 680.

[47] 参见后文边码 159 以下。

错误，但若被定性为既是原因性错误亦是根本性错误，仍得要求返还；其四，在原因性之外，坚持添加根本性标准，是为了防止"诉讼洪闸"大开以及随之而来的交易安全受威胁；其五，有迹象表明，现在法院开始倾向于以一种不同手段来防范交易安全受到的威胁，即境况变更抗辩；其六，一旦乞援于境况变更抗辩这种不同手段，就不必再紧抱根本性这个额外要件不放。

（五）误以为负有契约责任

这是责任错误的特殊类型，也是常见的类型。在这里稍加讨论，是因为有必要区分以下两者：一是错误在契约成立中起到的作用，二是依赖错误为返还事由。在契约成立上的错误当然是契约法著作的主题，这里只是稍微提及。

倘契约无效，但当事人以为有效，就基于假想契约转移的财产，返还事由即为责任错误，即对存在契约的错误信念。这一点前面解释过；当观察到契约无效本身又得以错误之外的其他理由解释时，这一点更被强化。在克雷文–艾利斯案中，[48]原告错误地认为是以有效契约为依据，以总经理身份为公司服务。就原告提供的劳务，该错误构成据以请求返还的理由。但契约本身无效的理由在于，这几位声称系为公司订立契约的经理，由于并未取得资格股份，实际上是在冒名顶替。另外，克雷文–艾利斯自己也不符合公司章程条款设定的经理任命条件。故，并不存在与公司订立的契约，盖交易是由未获授权的代理人所为且交易本身亦未获授权。类似地，在古老的乌姆诉布鲁斯案中，[49]原告为一艘从圣彼得堡驶往伦敦的船舶投保；但保险契约无效，盖当时俄国已对英国采取敌视态度并扣押了该船舶。原告对战争爆发以及随之而来的［与敌国交易的］不法性懵然无知，遂支付了保险费用。原告固得以错误为返还事由，但契约无效事由是不法性。

在契约无效事由就是错误的情形，显而易见的基本命题是，契约成立上的错误并不构成返还事由，除非该错误确实摧毁（destroy）了契约。[50]盖得肯定，即便责任错误不再穷尽导致返还发生的事由，倘原告声称的错误事实上并未对其给付义务构成影响，也不能要求返还该给付。

---

〔48〕 Craven-Ellis v. Cannons Ltd. ［1936］1 K. B. 403.

〔49〕 Oom v. Bruce（1810）12 East 225.

〔50〕 "当然，倘根据付款人与收款人之间的契约，这笔钱是该付的，则不能以之为返还事由，除非契约本身由于错误而无效……或者被原告撤销。" Barclays Bank Ltd. v. W. J. Simms Ltd. ［1980］1 Q. B. 677, 695, per Goff, J.

160

即便在西布朗公司诉罗奇姆公司案之后，[50a]最好的例证仍是贝尔诉利弗兄弟公司案。[51]利弗兄弟公司任命贝尔与斯内林为子公司奈杰公司（Niger）的董事长与副董事长，奈杰公司获得了巨大发展。利弗兄弟公司决定同意兼并条款，由其主要竞争对手兼并奈杰公司。利弗兄弟公司现在需要将贝尔与斯内林解职，遂开价 5 万英镑，让他俩抬脚走人。此后兼并开始。利弗兄弟公司发现贝尔与斯内林私下作了几笔投机交易，无异于毁约（repudiatory breach）。简言之，利弗兄弟公司本来可以分文不给，将两人扫地出门。利弗兄弟公司要求返还那 5 万英镑遣散费。虽说赖特法官（Wright, J.）及上诉法院都支持原告，上议院却拒绝了原告的返还请求。

在该案中，原告存在严重错误。该错误本身并不构成责任错误，盖该错误只是使利弗兄弟公司认为承担［支付遣散费的］契约债务值得称许；该债务不受错误影响。故，利弗兄弟公司之所以给付，是认为自己负有义务，该义务是真实的，并非错误。这足以解释本案的判决结果。但还有两点因素需要格外提及，这两点因素解释了何以（无关契约品质）返还请求应予拒绝。想当然地认为这些考虑不会反过来影响对契约是否无效问题的处理，未免不切实际。第一，返还救济将毁灭交易。贝尔与斯内林放弃了董事职位，得到 5 万英镑补偿，这里不存在欺诈。利弗兄弟公司先是千方百计要将两人打发走，要是允许事后把钱要回来，那就是在艰苦谈判伴随的压力、希望与忧虑都已变化之后，重新考虑整个事情，就好比一个在拍卖场上头脑滚烫的投标人，冷静反思了自己在那令人摇头叹息的购买举动中表现出来的颠顶昏聩，便可得到帮助一样。第二，利弗兄弟公司不会让贝尔与斯内林"官复原职"，两人已得到的也不能归还。逆返还总是构成返还的条件，除非被告没有权利将案涉利益当作交换价值来利用。[52]故可得出结论，贝尔与斯内林皆基于善意行事，确实享有得合法处分的利益。

很重要的一点是，在贝尔诉利弗兄弟公司案中，上议院多数意见认为，这两位雇员并无义务回忆并揭露自己的不端行为。雇佣契约并不要求在这方面尽到最大诚信义务（uberrimae fidei）。在西布朗公司诉罗奇姆公司案中，[52a]上诉

[50a] Sybron Corporation v. Rochem Ltd. ［1983］2 All E. R. 707（C. A.）.

[51] Bell v. Lever Bros. ［1932］A. C. 161.

[52] 参见后文边码 415 以下，尤其是边码 423 以下。

[52a] 前引注 50a。cf. Swain v. West（Butchers）Ltd.［1936］3 All E. R. 261.

法院识别了指导性判例并认为，*处于某些位置或者某些契约下的雇员（尤其是处于高级管理位置的雇员），确实负有揭露所发现的违法行为的义务，哪怕并非自己而系同事所为。在该案中，某高级经理人参与阴谋，将所供职公司的业务转给了其他公司。该经理人按照供职公司的退休金计划申请提前退休，达成了协议，公司一次性支付了退休金，而且公司基于信托为该经理人及其妻子持有保险单，两人据之享有年金利益。上诉法院维持了沃尔顿法官（Walton, J.）的判决，照准了公司返还该笔一次性退休金的请求，并宣布年金信托无效。该经理人知道同事的欺诈行为而未揭露，倘揭露，公司当会发现该经理人亦参与其中，自然会将其解雇而不必支付任何离职补偿。

揭露义务以及提醒对方注意错误［的义务］遂产生决定影响。何以如此？该义务有三重后果：其一，该义务意味着法院并未干扰伴随交易而生的正当希望与忧虑，盖违反义务并不是获得利益的正当工具；其二，该义务取消了逆返还带来的麻烦，盖你不能要回本来就不该保留的利益；其三，义务违反人失去了法律对其交易安全利益的保护。被告违反义务时，那些妨碍返还的困难也就销声匿迹了。

就得请求返还的错误类型来说，贝尔诉利弗兄弟公司案还有一点具有普遍重要性。"若非"（but for）错误，利弗兄弟公司本来不会缔结那份遣散契约，但这还不足以摧毁契约。再如，某人花钱买了幅康斯特布尔的画，后来发现不过是件赝品，在这种情形，结论也是一样。[53] 故，在成立契约过程中，判断是否构成"起作用的错误"，标准并非"若非"："原因性错误"是不够的。错误必须是"根本性的"。虽说这个词不太精确，但相对于单纯原因性，该词指称非常严重的程度，且正是通过对这两个词的对照，得清楚理解其含义：根本性错误，不论是别的什么，都不会只是原因性错误。某人错误地认为他购买的马匹仍健在，既是原因性错误，也是根本性错误：契约无效。[54]

162

---

* 译按：识别（distinguish），指出被认定作为判例的案件与正在审理的案件之间存在事实上、程序上及法律上的不同，其意图一般在于显示该判例不应予以适用或者使该案件的判例价值达到最低限度。《元照英美法词典》，第 424 页。

[53] Leaf v. International Galleries [1950] 2 K. B. 86, Cf. Peco Arts Inc. v. Hazlitt Gallery Ltd. [1983] 3 All E. R. 193（安格尔的作品）. 这两件案例都未暗示，这种类型的自发错误的失望得使失望一方当事人有权请求返还。译按：安格尔（Ingres, 1780—1867 年），法国古典主义画派的最后代表，代表作品有《泉》《大宫女》等。康斯特布尔（Constable, 1776—1837），英国风景画家。

[54] 1979 年《动产买卖法》第 6 条。

契约成立中的错误与导致非债务给付的错误类似，订立契约即为非债务行为（non-obligatory act）。故可得出结论，就产生返还后果的错误来说，在"根本性"标准与"原因性"标准之间存在张力，来自契约订立的证据支持前者。但在逻辑上，两个标准不应同一，盖只有在契约的成立上（即决定某个错误是否使得契约无效），法院才会考虑到对返还泛滥的担忧，尤其是对毁灭交易的担忧，而仔细掂量支持救济的本能倾向。

法律确实认定契约无效，只是关于契约本身的否定、消极法律后果，并非返还后果。同样，倘标的物依据无效契约而在物理上发生位移，从一人处转至另一人处，但标的物上的在先对物权得到保留，则得被看作预防法律不赞成的得利危险，但不是返还。[55] 相对地，就受领的利益产生的新权利，例如[请求] 偿还金钱或者货物或劳务的价值，即为返还。不过，就衡平法上的一组案例来说，这些论断应予调整。据说，自发的错误还不够根本，不足以让契约在普通法上无效的，衡平法得在一定条件下撤销契约（rescind on terms）。

163

在这些案例中，救济方法并不必然系于返还，盖强加条件这个办法得在当事人之间建立起一种法律关系，这个办法除了未命名的（innominate）合理性，*不代表任何特殊救济措施。例如索利诉布彻案，[56] 原告要求返还多交的租金，盖双方达成合意的租金超出了《租金法》规定的水平。双方当事人都错误认为，在经过改良与重建之后，该房屋已成为新住宅，故而不受改良前租金水平约束。被告的观点是，倘租金得要回，将等于撤销租赁契约。上诉法院同意该观点，但法庭命令超出了返还与逆返还的范围。只有被告承诺，允许原告（倘愿意）以被许可人身份继续住在这里，直到依《租金法》的要求采取一切适当步骤、得依最初意向中的租金水平签订新租约，原租约方被撤销。

不仅仅是救济方法不同。基于衡平法上的错误令契约可撤销而非无效的假定，将判断受破坏的契约所承认的权利撤销，该撤销权力（power to revoke）本身即为返还权利。即便未依可撤销契约转移过标的物，就契约权利本身来说，该撤销权力也是返还权利，当然，只能依据第二种返还标准。在

---

〔55〕 E. g. Cundy v. Lindsay（1878）2 App. Cas. 459. 参见前文边码 15、25。

* 译按：innominate，在罗马法上，指未归类的、未命名的、不属于任何特别种类的、列于总目下的。《元照英美法词典》，第 699 页。

〔56〕 Solle v. Butcher ［1950］1 K. B. 671, Magee v. Pennine Insurance Co. Ltd. ［1962］2 Q. B. 507, Grist v. Bailey ［1967］Ch. 532. Cf. Taylor v. Johnson（1983）45 A. L. R. 365.

普通法上，倘我错误地向你允诺［支付］20 英镑，契约无效即意味着你未取得任何权利。返还问题只针对（*vis-à-vis*）基于契约支付的 20 英镑产生［，未支付则不涉及返还］。而在衡平法上，倘契约可撤销，哪怕我并未给付，将你针对我的请求权撤销的权利本身即为返还性质的权利。

　　除了在救济方法与分析模式上的这些不同，衡平法判例为不那么根本的错误提供救济，当然（如同在其他方面），这些判例的家系都颇为可疑。这些案例有个不能算小的弱点，即似乎假定贝尔诉利弗兄弟公司案只考虑了普通法立场，故为衡平法基于相似事实得出不同结论提供了空间，但这迥非实情。此外，由于普通法看起来已囊括了一切得与尊重自由交易共存的［返还］事由，这些［衡平法］案例便只好在［认识］错误的旗号下，不动声色地引入某种裁判权，以调整那些令人失望的交易。在格里斯特诉贝利案中，[57]房屋出卖人误以为自己只能依照受保护租赁的有关规定出售，*故将房价定在较低水平。戈夫法官撤销契约，具体条件是（on terms），购买人得以合理价格购买房屋，不受租赁影响。这和下面的情形很难区分开：某人将一幅画以 100 英镑出脱，后来发现该画价值 10 万英镑，这属于那种无法挽回的坏运气的例子。在格里斯特诉贝利案中，购买人犯了与出卖人同样的错误。倘该事实具有决定性，那么因错误而坐收渔利的当事人就会从单方错误中得到好处。**相反地，根据普通法的安排，倘当事人意图回溯地将双方错误转变为单方错误，就会才出煎锅，又入史密斯诉休斯案的炉火。[58]

（六）法律错误

　　法律错误如同事实错误，得对意识产生影响。以纳税为例，假设你多缴了税款。一种情形是，你误以为出售了应纳税财产；财产实际是赠送的，这是事实错误。另一种情形是，你误以为案涉赠与类型应由赠与人缴纳税款；事实上应由受赠人缴税，这是法律错误。在这两种情形，你都是基于错误资讯形成判断。不论麻烦事的法律效果如何，没有人会说，某种情形［的法律

164

---

〔57〕 Grist v. Bailey〔1967〕Ch. 532.

* 译按：受保护租赁（protected tenancy），承租人享受支付公平租金和绝对租用期的住房租赁。承租人的权利在合同之外受到法律特殊保护。出租人要终止该租赁，必须先以通常方式终止租赁合同。尔后即产生法定租赁，出租人只有基于法定理由在取得法院命令后才能占有出租的房屋。《元照英美法词典》，第 1110 页。

** 译按：原文为 take advantage from portraying himself in a sharper light.

〔58〕 Smith v. Hughes（1871）L. R. 6 Q. B. 597.

后果] 理所当然较他种情形更严重。

然而，有一种倾向认为，基于法律错误而为的给付系属"自愿"。如此使用"自愿"这个难解词语，实在很危险。在某些情形，"自愿"确实为否决返还请求提供了充分理由，但不能一般化地得出结论说，在自愿情形，返还请求无论如何都得不到支持。诚然，法律错误一般而言并不能产生返还效果，但道理在于对返还诉讼泛滥的担忧。在实务中，法院往往不赞成将案涉错误界定为法律错误，以此缓和法律错误一概得不到返还救济的绝对立场。如此操作来得很容易，这也表明返还诉因正是通过错误初步得到证明的，而不论是何种类型的错误；不必再去寻找其他什么事由。错误的这个特性只在一个政策推动的例外上引起争议。

165　　吉布斯法官（Gibbs, J.）在 1810 年就清晰表达了此点，当然，他本人确实将"自愿性"引入了结论。这里说的是布里斯班诉戴克斯案。[59] 依照一条已遭废弃的古老海事惯例，海军将军戴克斯有权要求布里斯班船长给付金锭运费。布里斯班依此给付，嗣后发现该条惯例早已时过境迁。布里斯班试图从戴克斯的遗孀那里要回运费，但返还请求未获支持。吉布斯法官说道：

"若我等别持异见，余以为会生出诸多不便；法律上之疑难问题可谓不胜枚举：当其产生之际，被告或得选择就此问题对簿公堂，或得选择履行请求、给付货币。余以为，正是通过履行请求，给付货币一方将货币交给了受领给付一方并使货币成为后者的财产，从而完成两人间的交易。受领给付一方完全有权利相信货币无可争议地归自己所有……若通过自愿给付而默认了此项权利之人在时效法（Statute of Limitation）的期间内竟得随时不受拘束地毁弃交易并要回给付的金钱，则将为害甚剧、有失公正。受领给付一方的状况亦非永恒静止：既认为金钱为自己所有，受领一方可能基于信赖而花销一空，纵想偿还，亦无能力。"[60]

只有一个办法得防止将此段论述同样适用于事实错误情形："法律上之疑难问题"越普遍，交易安全利益受到的威胁就越大。在这里抑制了返还后果发生的，是交易安全受到的威胁较大，而非心理判断过程受到的破坏较轻。

---

[59]　Brisbane v. Dacres (1813) 5 Taunt. 143.

[60]　Ibid., 152 f.

埃伦伯勒勋爵（Lord Ellenborough, C. J.）在比尔别诉拉姆利案中表达了同样的观点，[61]稍后，凯利诉索拉里案肯定了该案立场，[62]而凯利诉索拉里案是19世纪在事实错误情形请求返还的指导判例。

在1943年的索耶及文森特案中，[63]克鲁姆·约翰逊法官（Croom Johnson, J.）认为，"无可争辩"，除了例外情况，基于法律错误所为的给付不得要求返还。在该案中，被告承租人要求扣减租金并威胁起诉，被告认为，这是其根据1941年《土地出租人与承租人法（战争损害）（修正）》[Landlord and Tenant（War Damage）（Amendment）Act]第13条应得的。土地出租人允如所请；稍后的案例表明，完全不必支付，出租人遂试图要回付款，但未获法院支持。任何其他判决都会造成社会不便，此点彰彰明其。

但很多人认为这个规则太过鲁莽灭裂。正心诚意的解决方案才是严肃的，*从而需要保护。对返还请求的抑制应该更为灵敏一些，并非在所有法律错误情形，而只在受领人诚实请求的情形，方才拒绝。戈夫与琼斯说："吾人以为，比尔别诉拉姆利案的原则只应禁止如下情形的返还请求，即为了履行［被告的］诚实请求而给付金钱。"[64]在该观点影响下，判例法已在无声无息之中就原有立场添加了一条更为谨慎的笺注。[65]

要说这种缩窄的障碍足以澄清含糊之处，**这一点并不明确。不仅法律上之疑难问题所在多有，还有很多行为得体的自然人或者机构，习惯主动履行义务而不会等着债权人追上门来，而且当然地，他们认为自己负有责任，就会主动履行。错误只在嗣后方才显现。由于法律被误解的事情常常发生，甚至还会改变，受领人的交易安全利益格外需要保护，不管受领人是积极地请求（这属于缩窄的障碍情形），还是消极地受领（不属于缩窄的障碍情形）。

166

---

〔61〕 Bilbie v. Lumley（1802）2 East 469.

〔62〕 Kelly v. Solari（1841）9 M. & W. 54.

〔63〕 Sawyer and Vincent v. Window Brace Ltd.［1943］1 K. B. 32.

* 译按：原文为 the sanctity of settlements and compromises，似不能译为和解协议。

〔64〕 Goff and Jones, p. 91.

〔65〕 See, e, g. Avon C. C. v. Howlett［1983］1 W. L. R. 605, 620, per Slade, L. J.（注意到戈夫与琼斯的立场），and cf. Rogers v. Louth County Council［1981］1 R 265（爱尔兰最高法院）.

** 译按："缩窄的障碍"（narrower bar），指并非一切法律错误皆得阻却返还。"澄清含糊之处"（meet the mischief），不知译得对否；mischief 有"制定法中的不明确，含糊不清"意项，参见《元照英美法词典》，第919页。

倘若基于这些理由，［认为］目前的规则看起来更为可取，针对［目前规则］不够灵敏/僵硬，还是有余地提出一条不同策略。担忧在于，法律不确定［这个弱点］被普遍利用。只要将［在法律错误情形仍得要求返还的全部］例外情形的原因及范围界定清楚，就完全有可能做到，在特定情形下允许返还的同时不会造成含糊不清。这些例外情形，可能还有一些其他事项，都需要发展。其中有三点格外需要发展，并且需要更为清楚易懂。

其一，在有些情形，某人管理着他人财产或者为他人利益而管理财产，其典型为信托受托人或者遗产代理人。这类管理人的工作必须让人信赖。当信托受托人基于法律错误而给付时，第三人的交易安全利益便与信托受益人的资金安全利益发生冲突。一种可能是使信托受托人成为受益人权益的唯一保险人。这种利益冲突已经通过不同途径解决了。看起来，受益人的利益以及管理人的工作应受信赖的社会利益压倒了身为局外人的受领人的利益：受益人得指望受托人，若不行，则得起诉受领人。[66] 在这个权利请求中，给付是基于法律错误而非事实错误到达受领人处，这一点无关紧要。[66a]

其二，在有些情形，公共机构对其依法律并不享有权利的财产主张权利，或者未经授权而将财产赠送他人。公共机构是不同类型的管理人，系为全体市民而管理；同样，这里存在管理人工作应受信赖的社会利益。后文将深入讨论。[67]

其三，在有些情形，法律错误系在不平等背景下发生，此际，法律强加给受领人遵守法律规则的责任，意图在于保护原告免受剥削，或者肯定可以得到该意图的支持。当存在这种可辨识的额外因素，或者被告有欺诈行为时，对这种特殊因素的确认构成一道障碍：因法律错误而生的返还倘不受限制，可能造成普遍交易不安全，遂受到制约。不过在此类情形，几乎总是得认为，返还事由并非错误，而是该特殊因素本身。[68]

（七）得利

在这一小节的最后，应当记起，得利争点必须独立讨论。案涉错误倘为起到作用的类型，即足以表明得利（若有）应予回转。这属于"不当"事

---

［66］ Re Diplock［1948］Ch. D. 465.

［66a］ 或许这个返还事由应被归入"不知"，而非"法律错误"：参见前文边码143。

［67］ 参见后文边码294—299。

［68］ Kiriri Cotton Co. v. Dewani［1960］A. C. 192. 下将讨论，边码209。

宜。得利争点同样必须解决，不在"不当"事宜之前，即在"不当"事宜之后。若受领的是金钱，那就到此为止。若受领的是实物利益，要是权利仍存续（我的脚踏车落入你手的例子），则得利被防止，故未发生；在其他情形（时间或劳务的用益），障碍则为主观贬值。要克服该障碍，得证明自由接受（此际，整个权利请求都将在自由接受标题下讨论，盖自由接受一身两任），亦得证明无可辩驳的利益（基于无关受领人自由选择的事实）。这也是最罕见的途径。克雷文-艾利斯案即为一例：[69]基于错误而提供的劳务构成无可辩驳的利益，盖公司绝不能缺了管理。厄普顿乡村区议会诉鲍威尔案或许也可算作一例：[70]消防队接到辖区外的火警电话，非基于道德强迫而是出于错误，在要命的紧急情况下提供了消防服务。

二、诱发的错误

原告不能以自发错误为由获得返还的，倘能证明自己的错误系由被告的不实陈述诱发，仍能得到救济。[70a]该不实陈述可能出于欺诈、过失或者并无 168 恶意/无辜（innocent），但这些道德品质上的差异充其量在如下场合发挥一些作用，即在原告有权利获得某种类型的救济已得到证明的前提下，确定原告能得到的救济的性质与程度。自发的错误与诱发的错误在两个主要领域存在不同，其一涉及可寻求救济的错误的类型，其二涉及救济的类型。

（一）错误的类型

当错误系被诱发［而法律给予救济］，"起作用的错误"范畴遂得扩张。简单讲，更多的错误以及更多微不足道的错误，可以得到救济。何以如此？贯穿自愿转移财产的意思无效整个主题，该问题都具有普遍重要性。前面已经看到，在涉及自发错误的情形，在传统上法律如何解决如下难题：量化错误的法律效果，以及权衡错误与其他财产转移原因相互冲突的法律效果，并在这里坚持错误必须非常严重从而构成根本性错误［这个标准］。该难题解决方案［指根本性］合乎社会需求，即这个法律世界同样看重交易安全，故不

---

[69]　Craven-Ellis v. Cannons Ltd. ［1936］2 K. B. 403. 参见前文边码 118 以下。

[70]　Upton R. D. C. v. Powell ［1949］1 All E. R. 220. 参见前文边码 120。

[70a] 就该救济的性质，戈夫法官在前注 1 所引惠特克案判决附带意见中检视过：Whittaker v. Campbell ［1983］3 All E. R. 582.

容许太多返还。此外，由于自发错误发生在内心世界，将返还救济限制在非常严重的错误情形，也就将事后虚构的风险减至最小。但就诱发的错误，法律的应对却截然不同。[法院] 从未试图将返还救济限制于压倒性或者根本性错误情形，也不认为有必要说，原告"若非"案涉错误即不会为特定行为。只要在原告的决策过程中，对事实的错误看法起到了几分作用，即已足够。

在埃金顿诉菲茨莫里斯案中，[71]公司董事邀请原告认购公司债券，宣称募集的资金将用于指定用途，但所言非实。可原告主张，在提供资金时，受到自己的错误想法很大影响，即公司将以公司财产为债券提供担保。鲍恩法官说道：

169　　"这一错误声明是否有助于诱使原告提供其资金呢？戴维先生认为没有，但其论证难以使我信服。戴维争辩说，原告已承认，除非认为公司将以公司财产提供担保，否则他不会购买这批公司债券，故他是在自己错误的诱使下购买了债券，公司宣传品中的错误声明不具有实质性。但是，倘在原告决定提供资金时，公司言之凿凿的声明浮现于其脑海之中，那就具有实质性。真正的问题在于原告的心理状态如何，倘原告的想法受到了被告错误声明的干扰，而该干扰构成了原告所作所为的部分原因，那么原告自己也犯了错误的单纯事实就无关紧要。"[72]

同样，在史密斯诉查德威克案中，上诉法院必须斟酌如下问题：招股说明书煞有介事地声称某位有名有姓的下院议员系该公司董事，得否以此为据成立欺诈诉讼（action of deceit）。掌卷法官杰塞尔（Jessel, M. R.）道：[73]

"又，就声明的实质性这个问题，倘从外表判断，法院得认为案涉声明在性质上会诱使人缔结契约，或者容易诱使人缔结契约，或者构成缔结契约的部分诱因，而当事人的确缔结了契约，那么得推论，他系基于所主张的诱因

---

〔71〕　Edgington v. Fitzmaurice（1885）29 Ch. D. 459.

〔72〕　Ibid. , 483. cf. Amalgamated Investment v. Texas Commerce [1981] 1 All E. R. 923, 936, per Robert Goff, J.

〔73〕　Smith v. Chadwick（1882）20 Ch. D. 27, 44. 上诉法院判决得到维持：Smith v. Chadwick（1884）9 App. Cas. 187.

而行为，不再需要他确实如此的证据。"

简言之，原告必须证明不实陈述影响了自己订立契约或者转移财产的想法。倘不实陈述从未在原告的思维中留下印记，或者原告在独立调查中并未虑及此点，抑或在最终行动前发现了真相，则不存在这种影响。[74]倘并无恶意的不实陈述在任何理性人都不会受影响这个意义上并不具有实质性，则同样不存在这种影响。[75]不过，一旦证明不实陈述的事态是影响原告判断的一个因素（a factor），即不必再考察该不实陈述是否满足前述要件（the factor）。

如何解释这么宽松的进路？看起来主要有以下几点：第一，诱发的错误包含了一部分外在于错误方当事人的事实，故不存在事后虚构的危险；第二，陈述人自己诱发了［原告的］错误，故哪怕无恶意（innocent），受领安全利益亦不太能得到法律承认；第三，这里的救济以财产转移可撤销而非无效为基础，故几乎不用担心无辜第三人会受到干扰；第四，正如同不实陈述人丧失了法律对其安全利益的尊重，是不实陈述人自己干扰了内在于交易中的风险，故再想求助于自由交易神圣原则，也绝非易事。

［要求发生返还后果的］错误不仅包括自发的错误，亦包括诱发的错误，"起作用的错误"范畴遂得扩张，但并未触动如下限制性规则，即对将来的错误预测以及法律错误，不生返还后果。但有两点束缚：第一，法院在抽象层面尊重限制立场，保护了这些限制性规则背后的政策，但在具体案例中，则表现出了强烈倾向，不愿将错误认定为对将来的错误，[76]或者对法律（而非事实）的错误。[77]那些限制性政策蕴含着真知灼见，可法院的操作却将好多

170

---

[74]　Attwood v. Small（1838）6 Cl. & F. 232；Jennings v. Broughton（1854）5 D. M. & G. 126；Ex p. Biggs（1859）28 L. J. Ch. 50；Horsfall v. Thomas（1862）1 H. & C. 90；Redgrave v. Hurd（1881）20 Ch. D. 1.

[75]　Smith v. Chadwick（1882）20 Ch. D. 27, 45 f., per Jessel, M. R.；Industrial Properties（Barton Hill）Ltd. v. Associated Electrical Industries Ltd.［1977］2 E. L. R. 726.

[76]　Edgington v. Fitzmaurice（1885）29 Ch. D. 459（对金钱将来用途的陈述包括对现在意图将来如何使用的陈述）；Esso Petroleum v. Mardon［1976］Q. B. 801（对车库将来"容量"的陈述包括对现在容量的陈述）.

[77]　Cooper v. Phibbs（1887）L. R. 2 H. L. 149；Hirschfeld v. London, Brighton & South Coast Railway（1876）2 Q. B. D. 1（对"私人权利"的［认识］错误得被视为事实错误）；Cherry v. Colonial Bank of Australasia（1869）L. R. 3 P. C. 24（对公司权力的不实陈述包括对这些权力的事实基础的不实陈述）；Wanton v. Coppard［1889］1 Ch. 92（对法律文件效力的不实陈述被解释为对文件事实内容的不实陈述）.

原告从中拯救出来，*体现在这操作中的虚假形而上学，[78]让那真知灼见晦暗不明。第二，倘法律错误系受欺诈行为诱发，比如人寿保险公司的代理人明知某特定类型保险单非法，却故意告知顾客是合法的，这种欺诈性诱因使得案件不再受前述限制性规则约束，故受陈述人［原告］有权要求返还。[79]这里的思路是，不诚实并非俯拾皆是，而就法律错误不予返还救济的理由也仅仅在于对普遍交易不安全的担忧。

（二）救济的类型

这里关注的并非在普通法上就欺诈性不实陈述，[80]以及就过失的不实陈述，[81]而得要求的填补性损害赔偿金；也并非制定法上就并未证实有合理依据的不实陈述而得要求赔偿的权利，或者就完全无恶意的不实陈述，依法院的自由裁量，替代撤销的赔偿权利。[82]这些并非返还性权利请求。

对诱发的错误，返还性救济通常为撤销。在被撤销之前，案涉交易有效，转移的亦为有效产权。普通法承认，在欺诈情形得撤销交易。在其他情形，撤销权以衡平法为渊源。倘受陈述人［原告］行使撤销权，交易自始（ab initio）被切除［无效］，原告得收回给付的货币或者其他财产。这里有个前提条件：原告必须能逆返还，[83]而且一旦有第三人权利介入，即不得撤销。[84]

不限于这种情形，只要以撤销为救济形式，就会产生区分两个返还标准（受领价值与幸存价值）的分类难题。该分类通常并不是纯粹学术游戏，盖其关注的是非常实际的问题，即享有撤销权的原告事实上有权得到些什么。同时必须承认，当撤销权与填补性损害赔偿请求一起主张时，这些问题一般不会浮出表面。

倘被告受领的是货币，得肯定的是，原告得依"受领价值"标准请求返

---

* 译按：拯救（save from），似有批评、讽刺之意。

[78] Cf. Holt v. Markham［1923］1 K. B. 504；Solle v. Butcher［1950］1 K. B. 671. 译按：句中的"虚假形而上学"（false metaphysics），似为阳奉阴违之意。

[79] West London Commercial Bank Ltd. v. Kitson（1884）13 Q. B. D. 360, 363, per Bowen, L. J.；Hughes v. Liverpool Victoria Legal Friendly Society［1916］2 K. B. 482.

[80] Doyle v. Olby（Ironmongers）Ltd.［1969］2 Q. B. 158.

[81] Under Hedley Byrne & Col. Ltd. v. Partners Ltd.［1964］A. C. 465.

[82] 1967 年《不实陈述法》（Misrepresentation Act）第 2 条第 1 款及第 2 款。

[83] 参见后文边码 421 以下。

[84] 但不适用于并非有偿善意购买人的第三人：Clough v. London & North Western Railway（1871）L. R. 7 Ex. 26；cf. Goff and Jones, p. 134 f.

还，即返还权利并不以原告必须辨识出给付的货币仍为被告所持有为条件。[85] 任何其他结论都将使原告的权利化为泡影。故，即便被告已将［受领的］金钱花光，仍必须偿还。顺理成章，倘案涉标的物为金钱，撤销权的阻却事由不得适用（通常发生的情形是，陈述人即被告获得的标的物又为第三人取得）。这是明智立场，盖在此际，将原被告之间的契约撤销，不会对那些为受领案涉货币支付了对价的第三人造成损害。理由在于，货币进入流通后，即便仍可辨识，受领人对该笔金钱的权利也并不取决于那个给予其货币之人的权利状况，而取决自己善意支付了对价的事实。故，即便你获得了我的金钱，同时并无任何权利转移（交易无效，而非单纯可撤销），倘若你将该笔钱（未混合）转给餐厅换来一顿膳食，我若是说餐厅基于善意如是受领的那笔钱仍然是我的，在法律上并没有问题。至于你在某笔交易下受领了我的金钱，该交易可撤销而非无效，那就更不必说了。故而，将交易撤销（使最初可撤销的交易无效），不会损害餐厅所有权人的利益。但基于这些事实，同样得认为，并无真正必要将原告的权利看作以"撤销"为基础。当原告准备并且愿意通过逆返还方式将其自陈述人处受领的任何利益归还后者时，原告只是在行使对人权，要求对方偿还自己出让的金钱。返还与逆返还的法律效果即为彻底回转交易，但没有必要称之为"撤销"。倘若原告在辨识出案涉金钱仍在被告手中之后，（不需要被告做任何事情）即主张自己重新取得案涉金钱，那就不同了。盖要达到这个法律效果，原告必须切除（撤销）被告权利所依据的原因（可撤销的交易）。

　　倘案涉标的并非金钱，撤销将改变被告持有之物（res）的法律地位（legal condition），从而发生返还效果。在不实陈述诱发下订立的契约倘若尚未履行（executory），被告手中持有之物，即可对原告主张对人权。*将契约撤销，即消灭了该权利。若是契约履行完毕，例如汽车或者房屋已转移给被告（可撤销），撤销将切除契约（无效），将原告对汽车或房屋的权利归还给他。这样，撤销产生了对物的返还权利，当然依第二种标准返还：对仍在被告手中的物，原告重新取得物上权利。

　　不过，倘有第三人善意有偿取得该物，撤销权即消灭。由此可知，就涉

---

　　[85]　Kettlewell v. Refuge Assurance Co. Ltd. ［1908］1 K. B. 545, affd. ［1909］A. C. 243.

　　*　译按：原文为 the *res* in the defendant's hands is a right *in personam* exigible against the plaintiff。

及物的买卖或互易契约来说，对可辨识的交换产物（exchange-product），不成立返还性质的对物权。这与前面讨论过的餐厅所有人的例子正相反。这里，倘不实陈述人用物换得 100 英镑，欲就该 100 英镑主张对物权，就必须撤销陈述人与受陈述人之间的原始契约，盖在撤销前，不实陈述人的对物权都是有效的。但是，由于第三人的对物权利依赖于不实陈述人的对物权，不可能在不妨碍第三人的情况下针对那 100 英镑成立对物权。故，虽说撤销产生了对物的返还权利并以"幸存价值"为标准，该返还权利却被限于最初受领之物，并不及于替代物。

这个结论不影响对人权利请求。即便在撤销权丧失之后（比如，由于第三人权利的介入或者物被消费掉），原则上也没有理由说，原告为何不能就所受领利益的价值享有对人权。这样的权利正相当于刚刚讲过的对金钱的权利。唯一的区别是实务上的，大家对此已相当熟稔，即在受领的利益为实物利益而非金钱利益场合，要证明得利会更为困难。除了证明上的困难，对基于可撤销交易受领的价值，对人权利请求应得到支持，不必考虑受领价值的形式（不论是金钱形式还是增益非金钱利益），也不必撤销案涉可撤销交易。

第三节　强迫

一切错误都该得到救济，这个本来简单不过的立场，先是遇上一些反对意见，在对付这些反对意见的过程中，又遭遇如何权衡不同人类行为原因的哲学难题，终于把为错误提供救济的返还法弄得繁复缭绕。错误如此，强迫（compulsion）亦然。*"我受到强迫"与"我［认识］错误"一样，都是讨论的起点。［意思表示］错误的当事人会说，我的大脑完全是基于错误资讯而工作；受到强迫的当事人也会说，出于对某些不幸后果的恐惧，我的大脑根本不能自由工作。正是为此，两者同属自愿转移财产的意思无效范畴。但受强迫而为一定行为的原告再次遇到了相反的实际问题。

人是社会动物，知道有系统地利用压力（pressure）。在最坏的情况下，人会动用枪炮与子弹。待枪炮尽其本分，即得期待随后订立的条约能够得到

---

* 译按：compulsion：（1）强迫（行为），受强制（状态）；（2）无法抗拒从事某一行为的倾向；（3）客观需要，胁迫。《元照英美词典》，第 272 页。

尊重：协议必须遵守（*pacta sunt servanda*）。而在共同体内部，对压力的利用同样无时稍辍，只不过司空见惯以至于浑然不觉。市场即是如此运行。所求愈巨，所费愈多。当发生电力事故时，储藏了大量蜡烛的人便会利用市场对光的需求。你不肯出十倍于平常的价格，我就奇货可居、待币而沽。这类事情在政治事务中也一样。一物对一物（*quid pro quo*），你不肯付，我不会给。所谓情色性也，男女之事，岂有二致哉。世事如此，何需报愧，这不正是生活的一部分吗？故而，返还法万万不可草率行事，在锄强扶弱的本能支配下，一当强迫发生，动辄广施援手。哪些压力是社会生活中通常的、可接受的偶然事件，哪些不是，有必要在两者间划出界限，正是这个工作，让返还法如何恰当应对压力复杂起来。在被告将压力用作得利手段的情形，这个判断格外真实，盖在此际，一定程度上，划界工作遂取决于社会对自身的道德评价。这个评价在两者间波动：是将社会看作竞争的、利己的个体主义者的社会，还是集体主义的、行为受约束的社会。

174

强迫这个话题，在以下五个题目下讨论：胁迫、真实不当影响、法律强迫、道德强迫、情势强迫。这五个题目，头两个理所当然紧密相关。不同于其他三个题目，头两个题目关注的都是被告施加于原告的压力，不过是普通法和衡平法的不同术语将两者区分开来。

一、胁迫

被告施加压力，迫使原告为特定行为，普通法上的术语为胁迫。*前面看到过一种情形，[86]该情形与胁迫的关系，几乎如同不知与错误的关系。设你将我捆绑，当着我的面，拿走我的钱。这并非不知，我知道你在做什么。你也并未强制我做什么，我无能为力，什么也做不了。设我并未遭捆绑，但全身瘫痪，在这个假设情境下，你拿走我的钱，这跟胁迫的关系，相较不知与

---

　　* 译按：强迫、胁迫（duress），指以身体伤害、打击或非法拘禁方式迫使他人为某一行为，此为严格意义上的胁迫；或以杀害、遭受身体伤害或非法拘禁相威胁而迫使他人为某一行为，此为威胁（menace），或恫吓胁迫（duress per minas）。胁迫还包括针对其配偶、父母或子女的威胁、打击或拘禁。因此，胁迫可归结为某人用以迫使他人违背其自由意志从而为或不为某行为的任何非法威胁或强制。严格言之，并不存在针对物品或财产的胁迫。但是，若某人对其被他人违法扣押之财产，须付款以获取财产占有权，或其须对合同义务履行支付超额代价的，得请求返还。《元照英美法词典》，第451页。

　　[86] 参见前文边码141。

错误的关系，不能说差别更小。诸如"无能为力"（powerlessness）这样的语词，在这里很必要。不要忽略这些极端例子。

就胁迫情形的返还，有两个原则问题。第一，如何区分两种压力：一是得初步认为产生返还法律后果的压力，二是不会发生返还后果的压力。第二，压力是否必须非常严重，达到"压倒性"或者"根本性"的程度？抑或只要证明，原告决定将财产转移给被告，案涉压力是决定的原因即足够（哪怕不是唯一原因或主导原因）？显然，只有证明就类型看，得初步认为案涉压力会产生返还法律后果，第二个问题才会产生。

（一）什么样的压力，得初步认为会产生返还法律后果？

压力得如是界分，即不问返还争点，只考虑压力是合法压力还是不法压力。是以，我向你施压，威胁你向我支付 1000 英镑，否则我就不履行你我之间的契约，这是施加不法压力，盖依契约法，不履行契约乃为不法。相反，设你要买我的房子，你查勘了房子，正办理抵押［贷款］，我却不顾最初报价，要求你支付更高价额，并以退出交易相威胁。只要你我之间的交易仍"有待签约"（subject to contract），*我向你施加的压力即为合法。依契约法，当事人得有意使用"有待签约"表述，中止契约关系［形成进程］，从而退出交易。除非自始（ab initio）出于欺诈意图，否则没人会认为退出交易的行为在侵权法上构成不法。"食言加价"（gazumping）很常见，根源就在于退出交易是合法的，尤其是，哪怕买受人已经牢牢拴在这笔交易里很长时间，［出卖人］退出交易仍是合法的。

能否初步认为，不法压力［下给予财产］总是产生返还法律后果，而合法压力必定反之？借由如此细分询问，得更深入地探讨返还法中的压力范畴。直到不久前，看起来情况还是，倘无重大限定（heavy qualification），哪怕第一个子问题也没法回答。

在普通法传统中，胁迫概念被框束于两大类：第一类是施于人的胁迫，即加害或扣留原告本人或其家属，或威胁这么做；[87] 第二类是施于物的胁迫，

---

* 译按：subject to contract，以合同为准、以合同为条件，公式化表述，其效力在于使先前关于房地产销售的初步协议没有约束力，直至将协议记录在正式或最终的合同中为止。倘当事人的承诺"以合同为准"或是有其他类似限制，则该承诺为附条件承诺，构成反要约，最初的要约人可凭自己意愿决定接受或拒绝。《元照英美法词典》，第 1300 页。

[87] See Goff and Jones, p. 163 f.（援引了先前判例）。

即扣留或威胁扣留属于原告的物，而在具体案情下，此等扣留本为不法。[88]
在这两类之外，还有一类，通常不会称之为"胁迫"，但并无实质不同。这一
类可称为"拒绝履行义务"（refusal to perform a duty）。这个类型下的案件通
常涉及公职人员承担的义务。[89]在大西部铁路公司诉萨顿案中，[90]威尔斯法
官（Willes，J.）撮述第三类型的基本原理如下：

> "原告给付超出了法律认为其应给付的数额，只为得到［被告的］义务履
> 行，而法律认为该义务应向原告履行，且原告不必给付或者不必给付那么多，　176
> 即［可认定］强迫或暴力威胁（concussion），原告就此得依错误给付返还之
> 诉（condictio indebiti）或者返还金钱之利的诉讼，请求返还超出的部分。"

　　若从字面意思来理解威尔斯法官的这段附带意见，那么一切不法压力都
会被看作产生返还法律效果。道理在于，若某人向他人施加不法压力，以推
动实现某笔付款要求，他必定是要求对方履行某笔无对价的义务，盖依法律，
理当停止不法威胁，不应为停止威胁而得到报答。但在两个方面，这段附带
意见的一般性质似乎遭到批驳。第一，即便不法对物施加胁迫，也不足以令
契约可撤销，法律效果为，虽说直接回应此等压力的给付得予救济，可在同
样压力下获得的给付允诺却具有执行力。这是登曼勋爵（Lord Denman，C. J.）
在斯基特诉比尔案中落实的规则。[91]登曼勋爵相信，为了维护允诺的严肃性，
这样的立场是必要的。第二，还不清楚，威胁不履行契约义务［是否］足以
令当事人返还如此强取豪夺的给付。这里的画面，与斯基特诉比尔案确立的
局面正相反。毫无疑问，为了让对方履行契约义务而允诺支付额外费用，该
允诺无执行力，盖缺乏充分对价。[92]但为了证明给付得予返还，有必要援引
澳大利亚强有力的判例法，[93]当然，这只有说服意义。

---

　　[88]　Astley v. Reynolds（1731）2 Str. 915；Somes v. British Empire Shipping Co.（1860）8 H. L. C. 338.

　　[89]　Dew. v. Parsons（1819）2 B. & Ald. 562；Morgan v. Palmer（1824）2 B. & C. 729；Steele
v. Williams（1853）8 Exch. 625. 这些判例是否为现代公法中的某条规则提供了基石，就此问题，参见后
文边码297以下。

　　[90]　Great Western Railway v. Sutton（1869）L. R. 4 H. L. 226，249.

　　[91]　Skeate v. Beale（1841）11 A. & E. 983.

　　[92]　Harris v. Watson（1791）Peake 102；Stilk v. Myrick（1809）6 Esp. 129，2 Camp. 317.

　　[93]　Esp. Nixon v. Furphy（1925）25 S. R.（N. S. W.）151；Sundell v. Yannoulatos（Overseas）Ltd.
（1956）56 S. R.（N. S. W.）323；Intercontinental Packers Pty. Ltd. v. Harvey［1969］Qd. 159.

不过，对总是得初步认为不法压力会产生返还法律效果这个一般立场，这些束缚现在都取消了。[94]斯基特诉比尔案的立场总是可疑的。在每个案件中，给付是否紧跟着对物的胁迫，抑或是否先有允诺而后方为给付，一定是偶然的。法律从未走到如下地步，即有意识地认为如此得到的允诺有执行力，却允许返还依此等允诺所为之给付；[法律] 意图无疑是，一旦先为允诺，即不应再生返还问题。不过，[受胁迫而] 直接给付与依允诺而给付之间的界限太过模糊，至少有一件判例，法院照准了返还请求，却并未采纳这样的观点，即应该先允诺，然后依允诺而给付。[95]就另一个缺口 (gap)，* 很可能不过是缺乏判例，而不是原则事宜，澳大利亚判例法可证实此点。不过必须承认，拒绝履行契约债务确实产生若干特殊难题，稍后会讨论。[96]

177

这两个缺口既经修复，看起来，只要通过就后面第二个问题设置的不管什么标准，**任何独立的不法压力都得构成产生返还后果的胁迫。但要记得，该命题并不必然为真，也不在逻辑上为真。比方说，判例法向来的立场可能是，威胁毁约并不应产生返还法律效果。确实有些论据倾向于这个立场，但事实上从未取得优势。正如该种不法压力得一直被排除在返还法之外，理论上也可以找到排除其他 [压力] 的充分理由。

合法压力是否也 [对返还] 有意义？这是很难回答的问题。道理在于，倘答案是可以 [构成返还事由]，那么要区分可接受的压力与不可接受的压力，唯一切实可行的基础就不是实证法，而是社会道德。换言之，法官必须认定何等压力违背主流 [道德] 标准，故而不恰当（哪怕这些压力在返还法领域之外是合法的）。这让法官，而非法律或立法机关，成为社会评价的裁断人。反之，倘答案是合法压力永远排除在返还法之外，那么有些人设计出蛮横无礼却在技术上合法的强迫手段，必能总是不受返还法规制，[令人难以接受，]除非立法机关宣布这种过分的行为不法。还算清楚的是，法院更愿意适用不恰当标准 (impropriety)，而非技术上的不法性标准，至少在法院能确信

---

[94] The Soboen and the Sibotre [1976] 1 Lloyds Rep. 293; North Ocean Shipping Co. Ltd. v. Hyundai Construction Ltd. [1979] Q. B. 705; Pao On v. Lau Yiu [1980] A. C. 614.

[95] Tamvaco v. Simpson (1866) L. R. 1 C. P. 363.

* 译按：上一段的 "第二"。

[96] 参见后文边码 182—183。

** 译按：指边码 174 两个原则问题的第二个。

一般社会共识会支持法院评价的情形是这样。

这里的证据部分来自关于真实不当影响的衡平法案例。这是稍后的内容。[97]"不当"语词看起来非指"不法"（unlawful），而是在更为一般的意义上指称"不赞成"或者"不可接受"。除了这个衡平法上的证据，相当于敲诈勒索犯罪的那些事实也支持这个立场。或反对说，这些证据的效果正好相反；但并非如此，盖对犯罪的惩罚表明，有些威胁本身完全合法，但若用于强索给付，即成为无礼冒犯（offensive），法院会把这些威胁判定为不可接受。设你对我讲，你打算告知本地报纸，说我受贿或者说我是同性恋。倘这些事情属实，你披露这些事情即为合法。但你自己并无利益应受保护，[98]你拿这些合法行为来要挟我，索取金钱，即不恰当；这些威胁若是成功，会产生返还法律后果。[99]若刑法打算改变立场——当然实际上不可能（per impossibile），不再惩罚敲诈勒索行为，返还权利仍会继续成立。以社会的强大共识为后盾，不予刑事制裁并不影响［适才的］结论，即此类威胁不恰当，至少在不得将这类行为用作得利手段这个意义上。

在道德标准有争议的情形，困难就更大了。还举前面的例子，在电力供应中断的场合，某人发现自己暂时垄断了本地的蜡烛供应。该人利用大家对光照的需求，每支蜡烛要价 10 英镑。法院很难将该行为界定为不恰当的胁迫，盖这里涉及对自由市场力量的评价，争议很大。是以，在此类案件中，法院愿意寻找独立的不法性标准，当作返还的唯一基础。立法对市场支配地位的控制，[100]将为此类案件中的不法性判断提供标准。倘若垄断地位系由公共机构控制，有可能找到一些隐含的限制措施，不让公共机构利用权力剥削普通市场力量。[101]但不管哪条路径，都要找到若干迹象，表明案涉压力受到

178

---

〔97〕 参见后文边码 184—185。

〔98〕 Thorne v. Moror Trade Association［1937］A. C. 797.

〔99〕 United Australia Ltd. v. Barclays Bank Ltd.［1941］A. C. 1, 27 F., per Lod Atkin.

〔100〕 这套机制的主要部分是《罗马条约》（Treaty of Rome）第 85 条、第 86 条，1976 年《限制商业行为法》（Restrictive Trade Practices Act）以及 1980 年《竞争法》（Competition Act）；Belgische Radio en Televisie and Société Belge des auteurs v. S. V. S. A. B. A. M. and N. V. Fonior, Case 127/73［1974］E. C. R. 51；Valor International Ltd. v. Application de Gaz［1978］3 C. M. L. R. 87；Garden Cottage Foods Ltd. v. Milk Marketing Board［1983］2 All E. R. 770, esp. 777（per Lord Diplock）and 782（per Lord Wilberforce）. 译按：英文版在脚注 99 之后重新从 1 开始编号，中译本脚注连续编号。

〔101〕 Smith v. Charlick（1924）34 C. L. R. 38（垄断机构小麦管理局收取了额外费用，若是放在今天，判决或得以此理由支持原告）.

法律的谴责，若是哪位法官敢宣称，案涉行为就因为代表了资本主义不可接受的侧面而将产生返还法律效果，那断然躲不开批评。若可回避，法官不会卷入此等有争议的价值判断。

有些时候回避不了。在蒙罗维亚世界油船公司诉国际运输工人联盟案中，[102]国际运输工人联盟要求油船公司支付一笔费用，这是不再将原告/上诉人的油船"圈黑"的条件。*上议院要决定，是否得以胁迫为由，令国际运输工人联盟返还这笔费用。国际运输工人联盟不提供任何港口服务，包括将油船拖出港口的服务，使得星系哨兵号油船（*Universe Sentinel*）困在米尔福德港。这次劳工行为涉及诱使［工人］毁约，迫使上诉人同意改善全体船员的工作条件，并向国际运输工人联盟的福利基金支付一大笔钱，故得初步认为构成侵权。上议院要考虑的问题是，该笔费用是否应返还。上议院以三比二多数决定，应予返还。多数意见认为，就劳资纠纷中发生的侵权行为，工会固获得责任豁免待遇，但胁迫不在该豁免范围里，故胁迫乃为独立不法行为。是以，依侵权法，抵制行为不法（unlawful）。不过这个场景下的重要之处在于，上议院多数意见并未将独立不法性争点理解为，就返还法而言，得自动决定压力的性质。一般说法是，为了产生返还法律效果，案涉压力必须"不合法"（illegitimate），不得"合法"（legitimate）。国际运输工人联盟所采取之劳工行为合法与否（lawfulness or otherwise），对于案涉压力的合法性（legitimacy）认定，是有强大说服力的指引，[103]但不具有决定意义。换言之，选用"合法"（legitimate）这个词，是因为该词能援引社会道德，而不仅仅依赖法律。**这完全合乎前面讲过的：本身在技术上合法的压力（technically law-

---

〔102〕 Universe Tankships Inc. of Monrovia v. International Transport Workers' Federation ［1982］2 W. L. R. 803.

* 译按：圈黑（blacking），指劳资纠纷时，工会方面对工厂的抵制行为。为改善水手的工作条件，增加薪水，被告发起抵制方便旗的运动。被圈黑的船只，不许进港、不许出港。

〔103〕 Universe Tankships Inc. of Monrovia v. International Transport Workers' Federation ［1982］2 W. L. R. 803，814 per Lord Diplock.

** 译按：本段中 lawful 的用法，跟《元照英美法词典》的解释不同。依该词典，lawful 与 legal 的主要区别在于：（1）前者侧重于法律的实质，后者侧重于法律的形式。说某行为是 lawful，意指法律授权或批准该行为，至少不禁止；说某行为是 legal，意味着该行为根据法律的形式和习惯，或者以技术性的方式作为。在此意义上，illegal 接近于 invalid 的含义。（2）前者较后者来说，更清楚地暗含道德伦理上的内容，即伦理上的容许性，后者仅指与技术性的或正式的规则相一致。《元照英美法词典》，第789页。

ful)，若被定性为社会层面不可接受或者"不合法"（illegitimate），得产生返还法律后果。

（二）案涉压力是否必须是原告转移财产的主因？

毫无疑问，向原告施加的压力至少必须是原告行动的原因之一。*但这是否足够，并不清楚。或许，压力必须是压倒性的或者居主导地位的原因。

前面看到，错误陈述可能并未让原告记在心里，或者虽记在心里，却未受重视，原告并未据之行事。[104]此际，不得以诱发的错误为由请求返还。类似地，案情事实可能是，原告并未感受到案涉压力，或者没有当回事。在斯拉特诉伯恩利市政法人案中，[105]由于接受了错误估算，原告多付了自来水费，但不能基于胁迫提起任何诉讼，盖公司从未威胁说，倘若不支付，会切断自来水供应。在特怀福德诉曼彻斯特公司案中，[106]原告是个石匠，每次进入被告公司经营的墓园为墓穴做工，被告都要收取费用，原告为此多次抗议。后来证实，被告收取这些费用并无法律依据。原告的返还请求未获法院支持，盖罗默法官（Romer, J.）认为，并无证据显示原告感受到了任何威胁——若不支付费用，就会被赶出墓园，或者发生任何其他令人不愉快的结果。如此认定事实显得很苛刻；可一旦如此认定，特怀福德遭受任何强迫的问题即不复存在。在巴顿诉阿姆斯特朗案中，[107]上诉人遭受生命威胁，目的是让其签署某契据（deed），后上诉人签署契据。上诉人还相信，在契据中所为之允诺对于自己公司的生存至关重要。在枢密院，对事实争点持有异议的威尔伯福斯勋爵（Lord Wilberforce）和西蒙勋爵（Lord Simon of Glaisdale）称，倘若证实（如认定的），上诉人虽感到害怕，但签署契据乃是出于其他原因，且完全是出于其他原因，即不能得出上诉人系受胁迫而行为的结论。两位法官承认，如此认定事实，即"陷入恐惧的当事人仍可能系自愿行事，也就是说，完全出于其他原因而行事"，乃是例外。[108]

巴顿诉阿姆斯特朗案［判决］明确表态，只要案涉胁迫构成原告行为的

*　译按：句中第一处"原告"，原文误为"被告"。

[104]　参见前文边码 169 脚注 74。

[105]　Slater v. Burnley Corporation（1888）59 L. T. 636.

[106]　Twyford v. Manchester Corporation［1946］Ch. 236.

[107]　Barton v. Armstrong［1976］A. C. 104.

[108]　Ibid., 123.

一个原因（a reason）即可，不必非得是行为之原因（the reason）。多数意见与少数意见唯一不同的地方在于多数意见认为，虽说巴顿相信签署案涉契据合乎自己公司的利益，故［纵未受胁迫］也会签署契据，但恐惧确实构成了部分动因。多数意见明确拿错误陈述来类比，表明意思无效因素不必是行为的主导原因或压倒性的原因。[109]虽说枢密院司法委员会的判例只具有说服力量，*但有三点考虑支持这条进路。第一，在错误陈述场合支持类似进路的一切理由皆得适用于胁迫，胁迫也是外部因素，并让被告在持有受领价值上的安全利益失去法律尊重。[110]第二，在司法实务中，事实上不可能认定，在强制当事人意志到了别无其他行为可能的程度这个意义上，案涉压力是否构成行为之原因（the reason）。第三，早在开创性判例阿斯特利诉雷诺兹案中，[111]就已经认为，没有必要衡量案涉压力的大小。

在阿斯特利诉雷诺兹案中，原告为了从被告手里拿回典当的银盘子，不得不在法定利息之上支付了一笔钱。反对理由中尤为重要者为，原告本得寻求其他救济，即动产侵占之诉。**利用该救济手段，原告本不必支付那笔钱，故原告系自愿给付。王座法庭就此回应道：

> "吾人还以为，这是受强迫而给付。原告或许（might）极为迫切地要拿回自己的东西，而动产侵占之诉不太管用。经同意者非为不法（volenti non fit ininria）规则适用的场合，也一定是当事人得自由运用其意志的场合，而本案原告不能运用自由意志。吾人以为，原告支付这笔钱，是相信有重新拿回来的救济手段。"[112]

---

[109] Barton v. Armstrong [1976] A. C. 104, 119.

* 译按：枢密院司法委员会（Judicial Committee），是根据 1833 年《司法委员会法》成立的司法裁判机构，主要受理来自英国各自治领地或附属领地的任何上诉案件，包括刑事的和民事的，有些案件的上诉需要取得枢密院的特别许可。司法委员会不正式发布判决，但其对案件的裁决结果会在公开法庭上宣读，并告知女王。为使该裁决结果生效，尚需签发枢密院令。以前，与裁决结果不同的反对意见不公布，现在这一做法已有改变。《元照英美法词典》，第 748—749 页。

[110] 参见前文边码 169—170。

[111] Astley v. Reynolds (1731) 2 Str. 915.

** 译按：动产侵占之诉（trover），普通法上的一种诉讼，最初指对发现他人动产并非法使用的人提起的要求给予损害赔偿的诉讼。后来，原告丢失其动产及被告捡到该动产的主张成为一种拟制，该诉讼实质上成为对任何非法占有或使用他人动产行为的救济方式。请求损害赔偿的数额通常根据该动产的价值来确定。《元照英美法词典》，第 1360 页。

[112] Ibid. , 916（本书将 might 设为斜体）.

这里并未考察特定原告拿回自己东西的需求有多么强烈。原告或许（might）极为迫切地需要这些东西，即已足够。处在这个位置的原告，或者支付并诉请返还，或者拒绝支付并提起侵占诉讼，这样的选择可能不影响前述立场。

在马斯克尔诉霍纳案中，[113]原告是位商人，在斯皮塔佛德集市外营业，12年间，一直向集市所有权人缴纳使用费。原告不断抗议，被告即以扣押货物相威胁，原告只好照付。待到真相大白，被告无权收费，原告遂诉请返还支付的费用中尚未罹于诉讼时效的部分。上诉法院撤销罗拉特法官（Rowlatt, J.）的判决，照准了原告的请求。法院关注的焦点在于，原告支付是为了解决纠纷或为了防止物的胁迫。但经详考细究，看起来罗拉特法官和上诉法院的分歧不过在于，罗拉特法官认为马斯克尔支付费用的唯一（sole）理由是，马斯克尔还是认可了市场方面的支付请求有效，虽说是"牢骚满腹的默认"（grumbling acquiescence），而上诉法院认为，案涉压力仍是［原告缴纳的］一个（a）因素。换言之，不用量化压力，认定压力大到取代所有其他考虑，不给当事人留下任何选择余地。对罗拉特法官来说，就如同巴顿诉阿姆斯特朗案少数意见眼中巴顿所占据的位置，马斯克尔也处在同样的罕见位置上：就原告而言，案涉压力甚至连支付的一个（a）原因都算不上。

近来很多案例都提到，必须有"对意志的强制"（coercion of the will）。[114]此等表述本身并非让法律从事量化强制这项不可能的工作，盖得认为，此等表述仍向如下主张打开通道：倘案涉压力是原告行为的一个原因（but one reason），意志即受到充分强制。但这条逃避通道在如下情形被封闭：在事实层面，案涉压力是被告在心里做决定的一个原因（a reason），*［法院却］基于该事实用该表述［"对意志的强制"］来否认存在胁迫。比方说，在包诉刘案中，[115]刘是某公司的控股股东，包以不履行与该公司订立的契约相威胁，刘遂提供担保。是否得以受胁迫为由撤销该担保？司法委员会认为，基于认

182

---

〔113〕 Maskell v. Horner［1915］3 K. B. 106.

〔114〕 The Siboen and The Sibotre［1976］1 Lloyd's Rep. , 293, 336, per Kerr, J. ; North Ocean Shipping Co. Ltd. v. Hyundai Construction Co. Ltd.［1979］Q. B. 705, 721.

* 译按：句中的"被告"应为"原告"。

〔115〕 Pao On v. Lau Yiu［1980］A. C. 614. 译按：应为 Lau Yiu Long。

定的事实，有"商业压力而无强制"，[116] 即足以认为，在技术上没有必要更深入探讨该问题。但几位法官还是进一步指出：

> "认可经济胁迫（economic duress）为得使契约可撤销的因素，这并不违背原则，前提是经济胁迫必须构成对意志的强制，使得同意［表示］无效。必须证明［原告的］给付或者订立契约并非自愿行为。"[117]

基于案情事实可知，毋庸置疑，这段话意指，原告必须被案涉压力控制，无法抵抗。

这里有个问题，倘被告施加的压力是拒绝履行或完成契约，是否需要某个特殊标准。盖并不偶然，在此场合，要求案涉压力并非原告转移财产的一个原因（a cause），而是原告转移财产之原因（the cause）的标准，再次彰显自己的存在。

设建筑商告知客户/委托人，除非额外支付 1 万英镑费用，否则就会停工并破产。客户遂支付额外费用。基于这些事实，依巴顿诉阿姆斯特朗案的进路，额外费用一定能要回来。盖在此类案件中，案涉压力必定是支付的一个原因（a reason）。倘若额外费用一定能要回来，真正遇到［经营或财政］困难的建筑商就别指望着商定一笔额外费用来挽救自己，除非困难足够小，得通过借款性质的给付来解决。这个结果起到的作用是构成严厉规则，防范［施加压力一方］将应该履行的义务削减到最低水平，但或许并非最明智的办法。没有回答的问题是，商定支付额外费用能否看作合理交易，得到支持。若是，即有两条路径，商定额外费用得与巴顿诉阿姆斯特朗案进路相容。

得主张（不同于胁迫的一般法），被告必须出于恶意，意在利用原告的弱点而非解决被告的经济困难或其他难题，仅在此际，此等压力得生返还法律效果。[118] 问题遂为，案涉威胁是否为给付的一个原因（a reason）；但还有个进一步的问题，若是，当事人［被告］拒绝履行契约，是否为本着善意，试图解决自己碰到的困难。倘非如此，即生返还法律后果。或会认为，这就简

---

[116] Pao On v. Lau Yiu [1980] A. C. 614, 635. 格外引人注目的是，据称这"合乎"巴顿诉阿姆斯特朗案立场（Barton v. Armstorng）。

[117] Ibid. , 636.

[118] As in D. & C. Builders v. Rees [1966] 2 Q. B. 617.

化成了对［受］欺诈的救济，而不是对［受］胁迫的救济。解决问题的另一条路径是，区分威胁和警告（warning）。这里的基本问题跟前面一样，但措辞不同：害怕对方不履行，是否为支付额外费用的一个原因（a reason）？但如果被告只是拿环境施加给自己的压力与原告沟通，而不是拿自己制造的压力来威胁原告，即不生返还法律后果。

不管哪条路径都留下余地，得与原告磋商，以克服真正的困难。目前，判例法遵循的是第三条路径，相较巴顿诉阿姆斯特朗案，在这个领域里坚持更为严格的强迫程度标准。这条路径的效果是，法院不得不投身于不可能的、无法把握的工作，即考察当事人形而上学的意志（metaphysics of the will），从而不得不从事隐蔽的自由裁量，以区分施加该种独立不法压力是合理的还是不合理的，是合法的还是不合法的。最为简单也最为开放的路径应该是，将返还权利框束于被告基于恶意（mala fide），试图利用原告弱点的案件类型。这些难题或多或少解释了，被告以不履行契约义务来施加压力，英国法在认可基于此类压力事由的返还可能性上，何以动作缓慢。

184

二、真实不当影响

不当影响或为真实的（actual），或为基于特定关系的（relational）。*在基于特定关系的情形，不当影响不属于强迫范畴。一般说法是，得由信赖关系推定不当影响，但恰当的事实推断（在推定不可反驳的情形），并非被告施加了压力，而是被告未能确保将原告从对被告的依赖或过度依靠中解放出来。换言之，在此类案件中，让原告意思无效的（disable），是原告放弃了自己的判断力，将判断力让给被告，也就是两人关系中地位较高者。基于关系的不当影响将在［第四节］不平等标题下讨论。

在普通法上的胁迫被认为仅局限于两三种狭窄类型的时代，将衡平法

---

　　* 译按：不当影响（undue influence），在英国法中，指某种影响、压力或控制力，使得当事人不能自由、独立地选择自己的行为。这是衡平法原则，是推定欺诈原则的组成部分。一方当事人从合同中获利或接受另一方当事人的赠与，倘对方当事人在交易中因受该方当事人的影响而无从自由、独立判断，则该交易可撤销。一般当双方当事人之间具有信任关系时，可推定存在不正当影响，但得被推翻。在其他情况下得由主张者提供证据来证明，而认定存在不正当影响。在遗嘱与遗产继承中，指破坏立遗嘱人自由意志的胁迫。倘由遗嘱受益人实际上执行遗嘱，得基于立遗嘱人与影响人之间的信任关系而推定不当影响存在。《元照英美法词典》，第1372页。

上的不当影响当作补充，还是有道理的。但在今天，真实不当影响与胁迫看起来实为同一现象，即不恰当的或不可接受的压力。更为清楚的是，衡平法关注的是道德标准。未有人主张，压力必须在技术上不法。在布罗克赫斯特案中，[119] 布里奇法官（Bridge, L. J.）以赞成的态度说，外行"得假定，不当影响这个法律概念，通过法律为其贴上的这个标签，必定意味着不恰当或者过错这些耻辱的印记"。[120] 稍后，在概括有利于被告的结论时，布里奇法官说，并没有什么事情得让被告为之受到"公正批评"。[121] 在该案中，原告试图证明基于关系的不当影响，但法官的这段话也适用于真实不当影响。

在克雷格案中，[122] 软弱且没有独立生活能力的老人，在生命的最后 5 年，让强悍的女管家兼看护妇拿到差不多 3 万英镑馈赠。从 1959 年开始为老人服务，到 1964 年老人离世，这位管家拿到的钱，大概相当于老人全部遗产的 75%。昂戈德-托马斯法官将赠与撤销。如此判决，主要以源于关系的推定为基础。但法官也说了，赠与的价值［过大］，且证据表明老人性格软弱，而管家惯于恃强凌弱，这使得法官不必借助任何推定，即得推断管家系利用真实压力得到馈赠。没有必要确认，这位女管家施加了独立不法的压力，以此为手段［得到馈赠］。

类似地，告知为人父者，其子将因不诚实的违法犯罪行为受到追诉，并非不法。但你若是使用某种表述，让那位父亲来弥补你的损失，就是施加不当影响。在威廉姆斯诉贝利案中，[123] 一位父亲在此类情形下提供了担保，上议院将担保撤销。在互助金融公司诉韦顿父子公司案中，[124] 消费者未履行租购契约中的分期付款义务，金融公司要求执行为该消费者所提供之担保的请求未获法院支持。消费者此前在［韦顿］家族公司工作，后被开除，伪造了［家族公司出具的］担保文书。金融公司隐晦威胁（veiled threat），若是无人愿意帮助，将以伪造文书罪起诉害群之马，目的是得到真正担保。这位消费

［119］ Re Brocklehurst［1978］1 Ch. 14.

［120］ Ibid. , 39.

［121］ Ibid. , 48.

［122］ Re Craig［1971］Ch. 95.

［123］ Williams v. Barley（1866）L. R. 1 H. L. 200.

［124］ Mutual Finance Co. Ltd. v. Wetton & Sons Ltd. ［1937］2 K. B. 389.

者的兄长不情愿地表示同意［担保］，盖金融公司知道，兄弟俩的父亲病重，挺不过儿子又曝出丑事的打击。波特法官（Porter, J.）将担保撤销，明确指出，虽不能证明金融公司实施了普通法上"不法强力"（unlawful force）意义上的胁迫行为，但并无疑问，隐晦威胁构成衡平法上的不当影响。今天很难再做这个区分。

三、法律强迫

（一）法律强迫

法律强迫指一人对另一人适法施加压力，以之为手段，落实自己的权利。*所有法律体制都有职责确保可以利用这样的压力并有效，故一般规则是，由此受领的任何东西都不必返还。理由并非在于，那依法院命令而为财产转移，或者为应对诉讼威胁或者在执行法院判决过程中转移，事实上是自愿给付的。这些场合的财产转移，如同在物的胁迫下转移财产，都并非自主选择。恰当解释是，虽非自愿，这些财产转移系应对某种压力，该种压力是社会生活中通常且必要的事件，故免于发生返还法律效果。

但有些特定案件类型，要从这个豁免待遇中清除出去。为了更好地保护某些位置［的当事人］，法律时或认可原告针对多个当事人，或者取得，或者自己安排多条救济路径。吾人最为熟悉的例子就是债权人坚持要求债务人找个保证人，债权人遂对债务人及保证人皆享有债权。在此等情形，或会产生基于法律强迫的返还权利，但不是针对施加压力的债权人，而是发生在受该压力影响的当事人之间。这些何以发生，得大致解说如下，即法律在给予债权人两个权利请求的时候，可能会允许债权人抓住那个本质上算是错误的人（wrong man）。在主债务人与其保证人之间，债务人是负主要（初始）责任的人，保证人的责任是附属的或第二顺位的。债权人得对任何一人主张权利。若是保证人被迫清偿，事情的实质就是，保证人消灭了债务人的责任而非自己的责任。法律遂给予保证人针对主债务人的返还权利，债务人对此不能反驳说，施加于保证人的压力是适法的，故必定免于发生返还法律效果。道理

186

---

* 译按：法律上的强迫（legal compulsion），指法律上的推定的强迫，区别于实际的或事实上的强迫，如法律规定，妻子当着丈夫的面犯罪，则推定丈夫有强迫行为。《元照英美法词典》，第814页。不同于本文的用法。

在于，保证人［针对主债务人］的权利并非想要回转法律体制赞成施加的救济强制效力（如针对债权人的权利 *），而只是确保这个法律效力传递给正确的人（right person）。

对这个类型返还权利的恰当分析是：第一，被告（负主要债务之人）由于受领非金钱利益（责任消灭）而得利，依"没有理性人"标准，这无可辩驳地有益于被告。也就是说，被告有义务清偿自己的债务，论确凿不疑的程度，不亚于克雷文-艾利斯案中被告公司有义务（事实上而非法律上）为原告对公司事务的管理支付费用，故而，［他人的清偿行为使］被告节省了必要支出。[125]第二，原告向债权人支付款项，清偿了［债务人的］债务，在此范围内，被告通过减损原告而得利。第三，原告系受法律强迫而给付，故非为自愿，这是"不当"因素。第四，通常会阻挡基于法律强迫事由主张之返还权利的政策障碍，如适才解释过的，并不适用于此类情形下的返还权利。

原告的第二位责任，可能是对人性质的，也可能是财产/对物性质的。在伊格热昂诉帕特里奇案中，[126]原告并不承担任何对人性质的责任。**原告的马车停在被告的工作场所等待修理，被告拖欠租金，土地所有权人行使扣押权时将原告的马车拿获。原告为取回被土地所有权人占有的马车，不得不支付了租金。凯尼恩勋爵（Lord Kenyon, C. J.）认为，原告给予毫不含糊的利益这个事实本身还不足以令被告承担返还债务，但添加上强迫因素，就决定了原告会得到法院支持。法院是在已付款项诉因框架下得到这个结果的。*于是，结论就表述为，"推断"（implying）被告请求原告为自己支付租金。当然，并无此等请求。该案表明，在返还权利显然成立却未经分

---

* 译按：并非要"回转"，不是"针对债权人的权利"。

〔125〕 参见前文边码119。译按：Craven Ellis v. Canons Ltd［1936］2 All ER 1066（原告以为自己被任命为被告公司的总经理，遂代表公司从事了大量工作，后发现契约无效，法院判令被告就原告提供的劳务按合理服务价格支付报酬）。

〔126〕 Exall v. Partridge（1799）8 T. R. 308.

** 译按：个人责任（personal liability），责任人以其个人财产承担的责任，如保证人的保证责任，又如依制定法的规定，股东对投资不足的公司的债务应承担个人责任。《元照英美法词典》，第1050页。

* 译按：已付款项（money paid），参见边码111译按。

析的情况下，在契约构造内，法院会走得有多远。[127]

同样是第二顺位的责任和财产性质的责任，另一件典型案例是约翰逊诉皇家邮政包裹公司案。[128]原告系船舶抵押权人，被告将船舶交付于原告。待原告取得对船舶的占有，方才知晓全体船员的报酬尚未支付。由于未拿到报酬的船员有船舶优先权，为了给自己的抵押权扫清障碍，原告支付了船员工资。船员工资本应该依照船员与被告之间的雇佣契约来支付。在本件诉讼中，原告代替被告支付了 5000 英镑工资，返还请求得到法院支持。

第二顺位的责任更为常见的是对人性质的责任，保证人的责任即为适例。莫尔诉加勒特案提供了另外的例子，[129]涉及租赁契约的让与。租赁契约的让与人虽不再占有土地，但仍要依契约条款负责任。倘出租人起诉让与人而非受让人，受让人［对租赁物的］实际使用收益是［原告主张］权利所系，对比受让人的责任，让与人的责任看起来是第二顺位的，是技术性的。故，让与人对受让人有请求返还的权利。或会认为，权利依据在于契约，在让与人和直接受让人之间也确实得如此处理。但在支付了款项的原告与占有标的物的被告之间，若是有中间让与，返还权利的非契约性质就会表现出来。在莫尔诉加勒特案中，原告［最初的承租人］必须［向出租人］赔偿违反房屋修理条款造成的损害。被告并非直接受让人，而是后继的受让人，违约行为发生在被告占有标的物期间。原告的返还权利请求得到法院支持。

同样案型下更为特殊的案例是布鲁克码头公司诉古德曼兄弟公司案。[130]原告是保税仓库经营人，被告是毛皮进口商，存放在原告仓库的毛皮失窃。依进口税相关立法的规定，在此情形，进口商和仓库经营人都负有支付［税款的］义务。原告支付［了税款］。掌卷法官赖特勋爵将原告的义务描述为"附属于应向海关缴纳的款项，并采取担保方式"。[131]主债务由进口商承担。上诉法院支持原告的返还请求。

向来的问题是，原告在法律强迫下履行了［被告的］义务，这个事实本身是否足以有效否定原告介入行为的自愿性质，而完全不必考察原告是经由

188

---

[127]　参见前文边码 117 及后文边码 269。

[128]　Johnson v. Royal Mail Steam Packet Co. (1867) L. R. 3 C. P. 38.

[129]　Moule v. Garrett (1872) L. R. 7 Ex. 101.

[130]　Brook's Wharf and Bull Wharf Ltd. v. Goodman Brothers [1937] 1 K. B. 534.

[131]　Ibid. , 543.

何途径去承担第二顺位责任的。有这样的主张，倘若原告是在追求自身利益或者便利的过程中遭遇责任，即不能说原告是受强迫而给付。

该立场见于英格兰诉马斯腾案。[132] 原告依卖契占有了货物，*尚未转移位置，被告的房东［土地出租人］将货物扣押，原告为此支付了被告［拖欠］的租金。但原告请求返还所支付之租金的主张未得到法院支持，理由是，原告本得移走货物，但为了自己的便利，仍选择将货物留在被告场所。但在埃德蒙兹诉沃林福德案中，[133] 上诉法院称英格兰诉马斯腾案判决"非常可疑"。

在埃德蒙兹诉沃林福德案中，［案涉］货物在执行法院判决过程中被扣押并出售，以清偿沃林福德的债务。货物属于埃德蒙兹的儿子，并从儿子以埃德蒙兹名义经营的商店中取走。待到儿子破产，破产管理人提起本件返还诉讼，理由是，儿子清偿了原本是由父亲负担的债务。虽说案涉货物是为了儿子的经营利益，才一直存放于案涉经营场所，返还请求还是得到上诉法院支持。上诉法院似乎将英格兰诉马斯腾案［立场］框束于如下案件，即原告遭遇责任是由于原告违背了被告意志，正如该案中，原告未经被告同意，将案涉货物置于被告场地。仅在此种情形，责任固有的强迫［性质］才能被责任发生于其间的具体案情抵消（cancelled out）。

更近些时候，上诉法院在欧文诉泰特案中考虑了这个问题。[134] 原告清偿了被告对银行的债务。原告是以被告的保证人身份被迫清偿的，但返还请求被驳回。原告是在被告不知情的情况下介入的，即虽是被迫清偿，可原告是自愿找到（sought out）自己的责任，故应被看作自愿行为人。**若是具体案情使得原告有必要介入，［法律后果］即有不同，[135] 但事实上，原告不过是与

---

　　[132]　England v. Marsden (1866) L. R. 1 C. P. 429.

　　*　译按：卖据、卖契（bill of sale），将财产所有权或动产绝对地或通过担保方式转让给他人的契据。在实践中最常用的是指，将动产如设备、马匹、商品存货等的卖据拿来抵押以担保债的履行，当债务清偿时，受让人依约定将卖据返还让与人。不同于质押或典当的是，动产占有并不转移到让与人手中。《元照英美法词典》，第 152 页。

　　[133]　Edmunds v. Wallingford (1885) 14 Q. B. D. 811.

　　[134]　Owen v. Tate [1976] Q. B. 402.

　　**　译按：自愿行为人（volunteer），指非为自身利益，亦无法律或道德义务而自愿提供劳务或支付金钱、财物的人。尤指未经某雇主同意而帮助其雇员实施该雇主之业务者。自愿行为人无权就自己提供的劳务而主张回报，亦不得因其在实施自愿行为时所遭受的损失请求赔偿。《元照英美法词典》，第 1408 页。

　　[135]　Ibid., 409 and 412, per Scarman, L. J.

债务人的银行达成协议，目的是将那位拿自己的财产为主债务设定了抵押的女士解脱出来。协议的性质是要帮助最初的抵押人，让其摆脱焦虑。该案的审判结果向来受到批评，后文还会稍加探讨。[136]

（二）因清偿［他人］债务而生之返还的其他路径

不应让这个特殊类型的压力（法律强迫）和此种非金钱利益（责任消灭）之间的勾连太过紧密，以免"强迫清偿"（compulsory discharge）脱离返还法的其他部分而成为孤立主题。[137]本章结构立足于一系列"意思无效因素"——错误、强迫，诸如此类；亦得基于受领利益的类型来编排结构，如受领的金钱、受领的货物、服务、责任（债务）消灭，诸如此类，不过这个结构效能较低。"强迫清偿"在两个结构里皆难安身，系由两者混合造成。不过确实有些有力主张，试图拆分出这个主题。为了抵制这些力量，有必要指出两点，严格说来，这两点偏离了强迫这个题目。

第一，某人清偿了他人债务，要想请求返还，法律强迫不是唯一事由。第二，可利用哪些事由，在相当大程度上依赖于如下问题，即责任［债务］在技术上是否已消灭［清偿］。倘若英国法向来采纳如下规则，即给付（哪怕由陌生人给付）一定能清偿并消灭责任，那么对返还的考察会容易很多。清偿一定能解决"通过牺牲给付人而得利"（enrichment at the expense of the payor）中固有的争点。是以唯一的问题是，给付人是否能指出要求发生返还后果的因素。实际上，一般规则的效果正相反：若无强迫，给付并不会发生清偿债务或消灭其他责任的法律效果，除非债务人接受该清偿行为。[138]

这对得利争点以及基于自由接受的权利主张是否成立有深刻影响。显然，倘若被告的债务并未清偿，即不能说被告无可辩驳地得利；倘若清偿［效果是否发生］取决于被告的接受，那么自由接受仍为可能的时间，就不局限于给付行为本身［实施的那个时刻］。你看见我向你的债主给付，知道我在做什么，你自由接受了你的债务得到清偿这个后果。即便你后来才知道我的给付

190

---

[136]　参见后文边码311。

[137]　戈夫与琼斯的著作设"清偿"（discharge）专章（第14章），以此暗示，法律强迫理所当然是唯一可能的返还事由。

[138]　Belshaw v. Buxh（1851）11 C. 13. 191；Walter v. James（1871）L. R. 6Ex. 124；City Bank of Sydney v. McLanghlim（1909）9 C. L. R. 615, 633, per Issacs, J.

行为，债务是否清偿取决于你是否接受的这条规则，延长了你选择拒绝的时间。[139]此外，若你确实拒绝，清偿效果遂夭折，我大概得要求债主返还，理由并非法律强迫，而是对价完全无效。[140]

是以完整画面是这样的（但尚未在今天的判例法中得到充分验证）：若是给付事实本身并不会自动消灭债务，那么给付人要么基于自由接受对债务人主张权利，要么基于对价完全无效对债权人主张权利，取决于［债务人］接受还是拒绝清偿效果。相反，倘若给付事实立即发生债务清偿的法律效果，一般而言，介入的给付人必须寻找某些要求得利债务人返还的"不当"因素。适用并满足"没有理性人"得利标准，债务人所处位置完全如同直接受领金钱之人。但在实务中，原告选择"不当"因素的余地被下面这条规则缩窄了，即只有（或近乎只有）在原告自己负有义务的情形，似乎才有清偿债务的权力（power）。这就解释了，就受领的此种利益，要找到要求发生返还后果的［不当］因素，为何关注重点似乎全在法律强迫这里。但现在看起来，原告亦得依据生于紧急情况（necessity）的道德强迫。[141]若是如此，就不得不循环推论，在紧急情况下所为之给付确实发生清偿效力。这个论辩的奇怪形式倾向于证明，另外的基本规则（即不管返还的理由何在，债务都得受清偿）为考察的起点提供了更为稳固的基础。

倘若案涉债务并非给付金钱，而是为一定行为，比如修复桥梁，[142]第三人介入实施该行为，不论一般规则如何，都必定不可改变地发生债务清偿后果。这意味着，在此情形，得援引法律强迫之外的［不当］因素。格布哈特诉桑德斯案的判决以法律强迫为基础，[143]但该案又例示了如下情形，即返还权利得同样基于错误而主张。地方政府依 1891 年《公共卫生法（伦敦）》［Public Health（London）Act］发出通知，勒令案涉房屋"所有权人或占有人"排除堵塞的排水沟造成的妨害，违者处以罚款。承租人遂为清理工作，但在工作过程中发现，妨害产生于"结构性"原因，故并非自己的责任，而是所有权人的责任。承租人要求被告所有权人返还支出的主张得到法院支持，

[139]　参见后文边码 288。

[140]　Walter v. James (1871) L. R. 6 Ex. 124；Simpson v. Eggington (1855) 10 Exch. 845 (*arguendo*)。

[141]　参见前注 135［原文为前注 36］。

[142]　Macclesfield Corporation v. Great Central Railway［1911］2 K. B. 528.

[143]　Gebhardt v. Saunders［1892］2 Q. B. 452.

但判决理由是，政府通知中包含了违者罚款的规定。如此认定第二顺位责任的方式，太过勉强，并不牢靠。更好的判决基础应该是错误。[144]但必须指出，在此类案件中，原告要以强迫以外的［不当］因素为返还依据，面临艰难的斗争。

很吸引人的想法是，在［金钱］债务（debts）及其他责任受清偿的情形，代位也是得考虑的另一条返还路径。这里说另一条路径，当然不是在错误不同于法律强迫的意义上讲的。也就是说，并非发生返还的另外的事实基础。若［代位］是某种意义上的另一条路径，那就是到达同一主债务人的替代路径——并非直接而是经由前债权人的位置。但这个主张很危险，往最好里说也颇为可疑，盖细致缜密的分析十有八九会揭露出来，返还代位跟本小节讨论过的令当事人承担直接返还债务，[145]只有语义学上的区别。比如，说欧文诉泰特案本来得让自愿行为人/保证人代位取得银行对被告的权利请求，从而得到不同结论，可能也不过意指，没有为保证人直接提供针对被告的返还权利是错误的。[146]

（三）同等地位的责任

在截至目前讨论的例子中，原被告之间存在法律关系，［依该法律关系］原告受到的强迫源自相对于被告的责任来讲［原告负担的确定处于］第二顺位的责任。对这两个责任［的顺位］如此评估，通常源于如下事实，伴随这些责任的任何利益一直都是由被告享有的：使用所借得之款项的是借款人，而非保证人。一旦如此看待这两个责任，那么法律效果是，原告的给付在实质上完全由被告账目决定。原告清偿的债务，除［自己的］附属责任外，完全是他［被告］的债务。故他［被告］必须恢复原状。但也可能发生如下事情，即给付人与另一人在同等地位上负责任，皆为第一顺位责任或皆为第二顺位责任。一人给付，另一人的责任亦消灭。但请求返还全部给付并非正确答案，盖另一人的给付同样会让前一人的责任消灭。基于这些事实，明智办法是让在同等顺位上负责任的人分担责任。是以，一人给付，其他每个人的责任份额亦应看作消灭。除了不可避免的支出，每个人都要返还自己的得利。

192

---

[144]　Similarly in Andere v. St. Olave's Board of Woks［1898］1 Q. B. 775.

[145]　参见前文边码93以下。

[146]　Contra, Goff and Jones, 412 f.

是以，此处返还表现为分担，而非追偿。*

理解普通法上这套规则的关键在于（不同场景肯定会有细节差异），普通法向来承认得针对复数当事人主张的共同需求概念（common demand）。[147] 对于这样的共同需求在同等顺位上负责任的当事人，得彼此（inter se）主张分担，而且一般来讲，是以平等分担责任来确定分担额。常见案例是复数保证人、承包人、受托人、遗嘱执行人。但在梅里韦瑟公司诉尼克森案中，[148] 普通法坚决反对共同侵权人之间的责任分担。1935 年《法律改革法（已婚女性和侵权人）》［Law Reform（Married Women and Tortfeasors）Act］终于纠正了该规则。遵循法律委员会的报告，[149] 1978 年《民事责任法（分担）》［Civil Liability（Contribution）Act］引入重大改革。制定法上的侵权行为人规则与非法定规则之间存在冲突和漏洞，弥合冲突、填补漏洞的需求是这次改革的主要推动力。

新法只处理损害赔偿责任的分担事宜，并未触及追偿债务规则（rules for debts）。该法第 1 条第 1 款称，就他人遭受之任何损害负有赔偿责任之人，针对就同一损害负有责任的任何他人（不论彼此间是否为连带责任），得请求获得分担额；第 6 条第 1 款道，倘若受害人（或者代表其遗产或遗属之人）就所受损害有权自某人处获得赔偿（不论责任的法律基础何在，不论是侵权、违反契约或信托义务，还是其他），该人就该损害即负有责任。是以，这里的分担额涉及的是赔偿损害责任，至于责任所由生之事件或行为的性质，在所不问。在这套规则下，通过分担得到的数额并不必然是均等份额，完全可能要求全部补偿。该法第 2 条第 1 款赋予法官自由裁量权，考虑当事人对案涉损害所负责任的大小，判给正当和公平的数额。**是以，原告向受害人支付了损害赔偿金的，被告通过牺牲原告所得之利如何计算，并不是着眼于数学份额，而是考虑对他方当事人［原告］已赔付的损害，被告（contributor）自己要负多大责任。

---

* 译按：分摊（额）、分担（额）（contribution），指负有责任的几人中任一人应当承担的份额。《元照英美法词典》，第 316 页。补偿、偿还、追偿（reimbursement），指保证人有权向主债务人追偿其代为履行的债务，也指信用证的开证人在付款后有权从其客户处扣款。《元照英美法词典》，第 1172 页。

[147]　Whitham v. Bullock［1939］2 K. B. 81.

[148]　Merryweather v. Nixan（1799）8 T. R. 186.

[149]　Law of Contract, Report on Contribution, Law Com. 79（1977）.

** 译按：正当和公平的（just and equitable），一些制定法中的用语，用以表明法院在行使特定权力时应确保正当和公正的标准。《元照英美法词典》，第 763 页。

四、道德强迫

好管闲事的人动辄发现介入他人事务的义务。[150]但在有些情形，介入义务真实存在，且在介入人看来，这是作用于自己良知的强迫种类。某人看到有危险威及他人［人身］或财产，感到应该挺身而出，尽己所能，消灾弭祸。[151]设在冬天，你的领居外出，邻居屋内的水管爆裂，可能酿成水灾。你感到应该找个水暖工来修理水管，至少把水关掉。［怎么做］主要取决于危险与应采取之措施间的比例关系。给你带来的困难越小，施以援手的压力越大；若以举手之劳即得消弭巨大危险，那么将感受到泰山压顶般的道德强迫。

在此类情形，得利争点很大可能基于"没有理性人"标准解决。倘若灾难的威胁大到呼唤介入的程度，［由于原告介入，］被告通常会节省一笔费用，也就是没有任何理性人会拒绝拿出的这笔钱。而且没有疑问，被告系"通过牺牲原告"而得利。[152]是以问题为，道德强迫是否构成要求发生返还法律后果的因素。

很难给出斩钉截铁的回答。首尾之故在于，福尔克诉苏格兰帝国保险公司案（以下简称"福尔克案"）为这个领域投下了麻烦的阴影。[153]该案判决的附带意见强烈反对返还；但案情事实并未提出返还问题，而判决也未能区分下面两者，一个是妨碍一切涉及非金钱利益的返还权利请求的一般难题（得利，主观贬值），一个是具体工作，即在任何个案中辨识出要求发生返还后果的起作用的因素（使得利"不当"）。最近，在中国太平洋公司诉印度食品公司案中，[154]迪普洛克勋爵说，"诚然如此，在英国法上，纯粹的陌生人不能违背货物所有权人的意思将利益强加于其身，强迫所有权人偿付该利益"。[155]这段话回应了鲍恩法官在福尔克案中著名的附带意见：[156]

---

〔150〕　参见前文边码 103。

〔151〕　Scaramanga v. Stamp（1880）5 C. P. D. 295, 304, per Cockburn, C. J.（"在冲动驱使下拯溺扶危的欲望，是最为有益的人类本能之一"）.

〔152〕　倘若原告未雇请专家，而是亲自动手，这个场合可能生出疑问。原告不是水暖工，若做了这些工作，或会认为并没有价值从原告那里转移出来。

〔153〕　Falcke v. Scottish Imperial Insurance Co.（1886）34 Ch. D. 234.

〔154〕　China Pacific S. A. v. Food Corporation of India, The Winson［1981］2 All E. R. 688.

〔155〕　Ibid. , 688, 695.

〔156〕　Falcke v. Scottish Imperial Insurance Co.（1886）34 Ch. D. 234, 248.

　　"毫无疑问，一般原则是，某人从事一定工作或劳动，或支出一笔金钱，以维护或增益他人财产，依英国法，并不会在得到维护或受益的财产上创设任何优先权（lien），仅凭这个事实，甚至也不会产生任何偿还费用的债务。不能背着他人将责任强加于其身，正如不能违背他人意志将利益强施于其身。"

　　福尔克案的事实无关道德强迫。戈夫与琼斯还指出，该案涉及对优先权的主张，并无对人权事宜需要裁判。[157]［在该案中，］一张人寿保险单经过多次抵押。最终的衡平法上的回赎权人支付了保险费，*以免保险单失效，并主张优先权，使其得赶在抵押权人拿到金钱之前，得到保险费的偿付。原告支付保险费，看起来并非出于道德强迫，而是想要维护自己权益的价值。在下级法院，原告说自己还陷入错误，是第三人欺诈造成：原告以为已花钱取得某位抵押权人的地位，从而取得了比最终的衡平法上的回赎权更具实质性的保险单权益。上诉法院认为错误并未得到证明，并据此裁判。

　　是以得看到，福尔克案最多不过是如下立场的先例，即介入人为自己利益而介入，在具体案情下介入的利益必然由他人分享的，并不产生返还［权利］。[158]介入人自己主要依据的［不当］因素是关于自身利益的［认识］错误，类似于格林伍德案中汽车改良者的错误。[159]

　　适才说到不能背着他人或违背他人意志而强加责任/债务，这个说法无甚助益。这个说法的主要麻烦是含糊不清，不能清晰区分"未经同意"与"违背意志"的更强意义，即"不顾被告禁止"（in the teeth of the defendant's prohibition）。[160]同样不太清楚的是，诸如"一般原则是……"或者"纯粹陌生人不能……"这样的语句，意图是否在于留出空间，对那些初读起来斩钉截铁的强硬断言，添加宽泛的限定。不过可以肯定，倘照字面意思理解，这些表述就是错误的。

---

　　[157]　Goff and Jones, p. 269.

　　*　译按：衡平法上的回赎权、赎回抵押物的权利（equity of redemption），不管当事人约定的回赎期限是否已过，抵押人皆得随时行使衡平法上的回赎权，只要抵押人未表示取消回赎权，即得在抵押权人出卖抵押物之前支付债务的本金、利息和有关费用，赎回抵押物。《元照英美法词典》，第485页。

　　[158]　See however, China Pacific S. A. v. Food Corporation of India, The Winson［1981］All E. R. 688, 696, 698.

　　[159]　Greenwood v. Bennett［1973］1 Q. B. 195. 参见前文边码124、155。

　　[160]　即便此点也不必在每个案件中都是结论性的，参见后文脚注182［原文为脚注83］。

从技术上讲，一切返还责任都是未经被告同意而强加的。只有返还的默示契约理论可以隐藏该分析事实。哪怕是退还错误给付的债务，在这个意义上也是未经同意（in invito）而强加的。此外，有些返还债务哪怕在更为实质的意义上，显然也是未经被告同意而强加的，即在具体案情下，被告不仅未同意债务，而且不知道让自己得利的事实。即便导致"不当"的因素并非迫在眉睫的灾难产生的道德强迫，在此情形，这个说法亦得为真。比方说，倘若我受到法律强迫，清偿原本由你承担的责任，即如我不得不向你的船员支付［工资］，将我对船舶的权益从船员优先权那里解放出来，[161] 则完全不需要你知道你的债务正受清偿。诚然，从技术上讲，在你不在场的情况下，我和你的债权人把事情解决了。再如，我错误将你的财产当成我的而修缮之，只要该改良达到自由接受（这确实需要你知情）之外的其他什么得利标准，我就享有返还权利，你一无所知亦无妨，如格林伍德案，* 也如依据 1977 年《侵权法（妨害动产）》，现在允许改良人主张消极权利请求（passive claim）。[162] 在克雷文–艾利斯案中，原告错误地向被告公司直接提供了劳务，这位据称的董事并不具备资格，故公司无从知晓原告给予公司利益。[163] 在受领人心智不健全的情形，也一定是如此。[164]

福尔克案的混沌之处意味着，道德强迫是否得与法律强迫或胁迫发生同样的返还法律效果，这个问题尚未得到直接的、立场清晰的考虑。在麦克斯菲尔德市政法人诉大中部铁路公司案中，[165] 案情事实的构造非常接近在法律强迫场合碰到的事实，唯一的区别是，原告不负有法律责任，只能主张是避免危险的需要，强迫自己为案涉行为。被告大中部铁路公司依制定法负有法律义务，确保桥梁处于得到适当维护的状态。原告判断桥梁需要修理，向被告发出通知，让被告施工，但被告并未行动。原告遂自己修缮了桥梁，并请求被告返还修理支出。上诉法院驳回了原告的请求。肯尼迪法官（Kennedy，

196

---

[161]　E. g. Johnson v. Royal Mail Steam Packet Co.［1867］L. R. 3 C. P. 38.

＊　译按：参见前文边码 124、155。

[162]　参见该法第 6 条第 1 款。译按："在针对改良了动产之人（改良人）提起的不法妨害诉讼中，倘证明改良人错误却诚实地相信自己对案涉动产的有效产权，为评定损害赔偿金而评估案涉动产价值时，应考虑案涉动产的价值在多大范围内得归因于改良行为。"

[163]　Craven-Ellis v. Canons Ltd.［1963］2 K. B. 403.

[164]　E. g. Re Rhodes（1890）44 Ch. D. 94.

[165]　Macclesfield Corporation v. Great Central Railway［1911］2 K. B. 528.

L. J.）写道：

　　"地方当局［原告］并没有制定法上的义务从事这项工作或为这项工作支付费用，却仍然从事了该工作……我不知道有这样的法律原则，在本案的案情下，原告得据之让本来应该率先从事案涉工作之人承担义务，故，本来应该从事该工作之人遂得主张，'想要向我请求返还工作费用之人，实为自愿行为人'。"[166]

　　原告败诉，盖不论所受强迫的性质及程度如何，没有法律规则能帮助原告。是以，法院没有办法找到任何设计好的问题，以检测道德强迫领域这个特殊例子的效果。倘若法院能够到达那个考察阶段，基于案情事实，法官本来会理所当然得到结论：原告之所以介入，并非出于担心危险，而是考虑到跟难缠的铁路公司打交道，怎么对自己最方便。倘若案情事实足够强有力，毫不含糊地表现为对急迫危险的反应，那么是否能说服法院发现，或者更准确地讲，重新发现原告得据以主张权利的法律原则，吾人不敢断言。

　　有两组案件，指向存在这样的法律原则。这两组案件都表明，法院给了道德强迫和法律强迫同样的法律效果，认可道德强迫为要求产生返还法律后果的因素，但这两组案件又有不同，取决于原告的权利主张是否被理解为当事人之间在先契约关系的扩展。

　　（一）不依赖于在先法律关系的案件

　　还记得，在伊格热昂诉帕特里奇案中，原告诉状中所述"被告的特殊要求"（special instance and request）是由如下事实"推断/默示"得来，即原告受到法律强迫而将利益给予被告。*也是那段时间，在很多案例中，某人的死亡生出道德强迫，由此得到同样结论。加罗男爵（Garrow, B.）所谓"体面和人道的共通原则，人性共通的驱动力量"，[167]显然要求安葬死者不应拖延。某人回应了这个要求［安葬了死者］，即得请求原本对死者负有责任之人或者死者的遗产代理人偿还。[168]主张此类权利时，倘原告是安排了葬礼之人，那

　　197

----

〔166〕 Macclesfield Corporation v. Great Central Railway［1911］2 K. B.，541.

　　＊ 译按：参见边码117，第五章脚注11。

〔167〕 Rogers v. Price（1829）3 Y. & J. 28, 34；cf. ibid, 36, per Hullock, B.

〔168〕 Jenkins v. Tucker（1788）1 H. Bl. 90；Tugwell v. Heyman（1812）3 Camp. 298；Rogers v. Price（1829）3 Y. & J. 28；Green v. Salmon（1838）8 A. & E. 348；Ambrose v. Kerrison（1851）10 C. B. 776；Bradshaw v. Beard（1862）12 C. B.（N. S.）344.

么诉因是针对已付款项的简约之诉；*倘原告是应前者之请提供丧葬服务的殡仪人员，尚未得到报酬，那么诉因是请求支付合理服务价款（*quantum meruit*）。为防有人攫取这个履行丧葬义务的机会，妨碍死者家属安排丧葬事务，对那些不太恰当从事此项事务之人或者被证明是出风头的人，得排除其返还权利，从而消弭对有人会多管闲事的担忧。[169]

这些案例出于一块特殊领域，但反映了稳定连贯的默示请求路径（implication of request）。凯尼恩勋爵在伊格热昂诉帕特里奇案中采纳的路径是，用现代语言，确认得利，继而寻找要求发生返还法律后果的因素。丧葬案件亦是如此，原本应负责任之人节省了必要费用，要求发生返还后果的因素是道德强迫。对福尔克案的通常理解有个明显的难解之处。比方说，在詹金斯诉塔克案中，[170]被告的太太在英格兰死亡并埋葬，在这期间，被告身处牙买加。被告对整件事情的发生完全不知情，在这个意义上，被告的返还义务是［法律］"背着被告"强加的。

为了应对某种需要，比如被告的营业面临遭受损害的危险，陌生人介入并清偿了债务，依今天的法律，大概也会发生返还法律后果。欧文诉泰特案判决的附带意见表达了这个意思，倘能明确在这种情形下债务消灭，判决的力量还会更大。[171]在其他方面，这些附带意见完全吻合丧葬案件和强迫清偿（compulsory discharge）案件结合在一起的法律后果。长久以来同样得到公认的是，倘汇票碰上拒绝承兑，得不到付款，某人出面保全了出票人的信用，得请求偿付。在哈泰恩诉伯恩案中，[172]帕克男爵（Parke, B.）说，这个权利不能一般化，这是商人法的特质。但帕克男爵坚决反对的这个诉讼并非直接请求返还。被告面临迫在眉睫的财务困难，介入人贷得一笔款项［解了被告燃眉之急］。诉讼系由出借人［而非介入人］提起。争点在于，当时的案情是否给了介入人代理权限，为被告订立贷款契约。换言之，介入人是否为狭义

198

---

*　译按：就已付款项诉因，参见边码111以下。

〔169〕　Jenkins v. Tucker（1788）1 H. Bl. 90（该案的重要情节是，原告是死者之父，并非多管闲事的纯粹陌生人）；cf. Bradshaw v. Beard（1862）12 C. B.（N. S.）344, 349, per Wilees, J.

〔170〕　Ibid.

〔171〕　参见前文边码189。

〔172〕　Hawtayne v. Bourne（1841）7 M. & W. 595.

上的紧急事务代理人？[173]仅仅因为参加承兑人的权利请求源于商人法，就拿出来单独处理，*在今天会很困难。

199　　这个案例群的第三类事实情形是，向由于疾病或受伤而欠缺心智能力之人提供生活必需品。受害人在事故中遭受脑部损害，为之提供必要服务之人，得在针对过失造成事故之人的损害赔偿诉讼中寻求救济。[174]但就提供劳务之人与欠缺能力之人间的法律关系来讲，不区分精神疾病与精神损伤。**罗兹案表明，[175]此类权利请求会得到支持。但在该案中，原告因为某个需要谨慎对待的理由而败诉。

　　提起诉讼的是外甥/侄子。原告为生活在救济院中的姨母/姑母支付了部分扶养费用。原告并未于姨母/姑母在世时提起诉讼，而是在后者去世后，在遗产分配给死者近亲属前，希望从遗产中得到补偿。上诉法院驳回诉讼的理由是，原告没有表现出得到补偿的意思，故其给付应看作无偿给予。

　　应区分两类权利请求。一类是零售商人的权利请求：商人向精神病人提供了商品，若非对方欠缺行为能力，本来应是契约关系，此类原告不负任何意义上的道德义务。就此类请求，显然得类比如下情形，即向未成年人提供必需品，不必证明任何道德强迫（比方说，由该未成年人挨饿受冻而生道德强迫），权利即得成立。未成年人走进商店，要求购买货物，即已足够。对未成年人的权利请求要想得到支持，必须有收费意思。相反，在另一类案件中，原告感受到压力，从而介入帮助欠缺能力之人。看起来，罗兹案即属此类。在丧葬案件中已碰到的"体面和人道"，可能让外甥/侄子感受到强大力量，从而为姨母/姑母支出了金钱。但在丧葬案件中，并没有说原告在回应道德压力的时候必须表达出收费意思，而且一般来讲，破坏自愿性质的那些因素，

---

　　[173]　参见后文边码201。译按：紧急事务代理人、无因管理人（agent of necessity），指在紧急情况下，有权代理他人处理事务的人。例如航程中发生紧急情况的船长，运送鲜活物品而发生紧急情况的陆上承运人等。《元照英美法词典》，第51页。

　　* 译按：参加承兑（acceptance for honour），指受票人以外的人自愿地、无需对价地承兑票据。为商业便利，在票据被提示、拒付，作成拒绝证书以后，允许受票人以外的人为出票人、背书人或所有有关当事人的利益而承兑票据，但这种承兑应在作成拒绝证书以后，并按固定形式作出。《元照英美法词典》，第10页。

　　[174]　E. g. Mehmet v. Perry［1977］2 All E. R. 529.

　　** 译按："精神疾病（mental illness）与精神损伤（mental injury）"，对应第一句的"疾病或受伤"。前者是基因或者脑部化学问题，后者由某些创伤事件引起（traumatic event）。

　　[175]　Re Rhodes（1890）44 Ch. D. 94.

法律效果就是返还，别无其他。也就是，并无另外的证据来证明并非无偿的意思。如果必须证明有得到偿付的意思，错误给付人就永远得不到返还。

（二）扩展契约关系的案件

在海上航行中，船长可能遭遇险境，该如何处理，事先并未得到指示，事发时也无法寻求指示。普通法向来承认，在此种情形，急迫的情势本身让船长取得代理权限，得采取合理必要措施，以避免危险或将危险减轻到最小。同样的法律规则已延伸到陆上运输关系，还有寄托性质的其他法律关系，比如保管契约。在普拉格诉布拉特斯皮尔公司案中，[176]原告是为罗马尼亚王室供货的皮货商，从英格兰订购了毛皮并支付了货款，毛皮在英格兰加工。提交订单时，第一次世界大战已经爆发。在货物发送前，德国占领了罗马尼亚，被告遂将这批毛皮出售。战后，原告提起侵占诉讼，被告主张自己是紧急事务代理人。麦卡迪法官（McCardie J.）指出，该原则得适用于此类情形，比方说，得使被告有权请求补偿储存费用以及为保护毛皮所采取之其他措施[的费用]。但从案情事实看，并没有压力迫使被告出售，也就是说，并没有诸如变质之类的危险，使得在商业上有出售必要；此外（这是独立的考虑），被告的行为并非基于对货物所有权人最佳利益的诚实判断，而是出于对自己方便和有利的考虑。[177]

该案不仅表明该原则延伸及于陆上寄托案件，还表明该原则作用于返还之外的其他目的。尤其是，倘被告系被迫出售货物，紧急事务代理人在侵权诉讼中得主张抗辩；倘被告不得不订立契约（比如修理、仓储，甚至借贷金钱），该契约相对方与被告代理的本人有直接契约关系；倘被告为保护货物安全而支出了金钱，得请求本人补偿（reimbursement）。

这里关注的是第三个法律后果，即紧急事务代理人就其支出的补偿请求权。前面看到，在普拉格诉布拉特斯皮尔公司案中，麦卡迪法官当会照准补偿仓储费用的请求。麦卡迪法官依据的是大北部铁路公司诉斯沃菲尔德案。[178]在该案中，大北部铁路公司将案涉马匹运送至沙地车站交付给被告。火车到站时，无人受领马匹。大北部铁路公司将马匹托付于附近马厩，支付了 1 先令 6 便

200

---

[176]　Prager v. Blatspiel, Stamp and Heacock Ltd. ［1924］1 K. B. 566.

[177]　Cf. Sachs v. Miklos ［1948］2 K. B. 23；Munro v. Willmott ［1959］1 K. B. 295.

[178]　Great Northern Railway v. Swaffield（1874）L. R. 9 Ex. 132.

士，而后被告雇员出现。这位雇员拒绝偿付这笔费用，遂空手离开。接下来几天，被告的立场愈发顽固。马厩费用已累积至 17 英镑。大北部铁路公司终于决定结清账单，将马匹交付于被告。大北部铁路公司继而诉请被告偿还该笔费用，得到法院支持。法院将本案与海事案件类比，尤其是高德特诉布朗案。[179] 大北部铁路公司必须采取合理措施，确保被告的马匹得到妥善保管。

在中国太平洋公司诉印度食品公司案中，[180] 原告是专业救助人，从搁浅的船舶中抢救出被告的小麦，请求被告偿还原告支付的仓储费用，上议院适用了前段的那些先例，照准了原告的偿还请求。但在该案中，上议院诸位法官抓住机会，修正了术语。上议院认为，"紧急事务代理"（agency of necessity）术语不应再使用，除非指称如下情形，即案情事实允许在被代理的本人与相对方之间成立契约关系。倘若唯一争点是请求返还为保护所有权人的货物所采取之合理必要措施的费用，即不得使用该术语。[181]

这番术语修正工作的主要意图是，说明这里的补偿请求权并非［生于］代理事实，该权利和［寄托的］受托人采取合理措施保护货物的义务紧密相关。看起来，返还权利请求要得到法院支持，必须满足的构成要件也会随着术语修正而发生变化，尤其涉及联络所有权人这个争点。依早先看法，若非无法联络上所有权人，即不存在紧急情况（compelling emergency）。[182] 但依中国太平洋公司诉印度食品公司案的分析路径，唯一的问题是，在具体案情下，保全货物的措施是否合理，在这个考察工作中，联络是否可能只是一个要素而已。虽经这番变化，将受托人的权利理解为立足于由预期的危险产生的道德强迫，看起来是对的。目标仍是保全货物，而采取合理措施的义务，其效力及内容来自若不采取措施，货物将面临的危险。

（三）整合两类案件

这两个案例群（一类发生在陌生人间，一类是扩展在先的契约关系），得理解为一个单一原则的不同适用。也就是说，在先法律关系看起来也不过就

---

〔179〕 Gaudet v. Brown, Cargo ex Argos（1873）L. R. 5 P. C. 134.

〔180〕 Chian Pacific S. A. v. Food Corporation of India, The Winson［1981］3 All E. R. 688.

〔181〕 Ibid. , 693, 698.

〔182〕 Sims v. Midland Railway［1913］1 K. B. 103, 107; Springer v. Great Western Railway［1921］1 K. B. 257. 但要指出，碰上不理性的或者不予回应的本人，得认为属于无法联络的情况：Great Northern Railway v. Swaffield, above, Gokal v. Nand Ram［1939］A. C. 106; cf. Matheson v. Smiley［1932］D. L. R. 787.

是满足返还权利构成要件的某种方式（虽说是最为常用的方式），而这些构成 202
要件，亦得以此类法律关系之外的其他事实来满足（当然更为罕见）。目前，
很难设想两者的融合，就此而言，同一原则下的统一性（unity）还有些模糊。
在杰巴拉诉奥特曼银行案中，[183]斯克鲁顿法官（Scrutton，L. J.）采取措施，
限制麦卡迪法官对普拉格诉布拉特斯皮尔公司案判决的影响及潜在力量。斯
克鲁顿法官格外清晰地阐明法律立场，除非有在先法律关系为基础，否则紧
急事务代理概念不予适用。如果"紧急事务代理"术语被新的分析路径取代，
而依新路径，补偿请求权被理解为与保全货物的义务紧密关联，那么就有在
先关系的案件来说，由此而生的隔离状况不会真正减少。盖当事人之间若无
在先法律关系，很难轻易找到义务要素。若有陌生人介入，那么义务是道德
义务，而非法律义务。

　　但这两类案件应该，事实上也放在一起阐述其道理。在先法律关系的功
能是什么？可以确信，没有在先法律关系，有些争点更难证明。第一，倘若
被告将案涉标的物置于涉及保管的法律关系当中，被告就不能说宁愿标的物
损毁，在先法律关系也就消灭了主观贬值角度的论辩。第二，倘若原告负有
保管的法律义务，就不能说原告不该回应该义务。是以在先法律关系得消除
对多管闲事的疑虑。若是局外人介入，挽救生命或财产，或为避免某些其他
灾难，这些争点应更仔细地考察。但第一类案件表明，虽有福尔克案投下阴
影，但不同于扩展当事人之间已存在的契约关系，成功的返还权利请求的所
有构成要件都能得到满足。在此类法律关系之外，关于法律强迫的案件提供
了指引或样板，去考虑道德强迫的效果。这个可靠的类比，让此类权利请求
在返还法中找到合适的位置，否则就可能像斯克鲁顿法官的看法那样，[184]被
理解为不过是对代理或寄托坚实法律原则的背离，处于危险的不确定状态。

五、情势强迫

　　倘若案情事实令原告对自己或家人的福祉或者财产感到极为担心，而被 203
告对于原告心中的担心无论如何不负有责任，案情事实是否可能让被告返还，
法律立场并不清楚。有件美国判例认为，在罕见案情下，答案必为肯定。这

---

〔183〕　Jebara v. Ottoman Bank〔1927〕2 K. B. 254.

〔184〕　Ibid.，270-272.

里说的是利布曼诉罗森塔尔案。[185] 1941 年，为摆脱纳粹对犹太人的迫害，原告及家人拼命逃离法国。被告允诺从葡萄牙驻巴约讷领事那里弄到伪造文件，原告遂向被告给付了钻石。被告拿到钻石，旋无影踪。战后，两人在纽约相遇，原告起诉要求偿还钻石价值。被告动请法院驳回诉讼，纽约法院不许。当可想见，倘若案件交付审判，原告应会胜诉。有理由认为，即便被告为原告弄到伪造文件，法律也会允诺原告从被告的利润中拿回至少一部分。[186] 约定事项虽不法，但不能用为抗辩，盖依本案事实，原告面临如此异常的压力，不能认为具有同等过失。[187]

英国法中得拿来类比的，最为接近的是英国法院在如下案件中的思路，即处在危险状态的船舶，向可能的救助人允诺支付高昂的救助费用。基于此类事实，英国法官毫不犹豫地将约定数额扔到一边，并由法院裁定金额取代之。[188] 诸如此类的案件，还有比戈斯诉鲍斯泰德案（女儿患病，父亲被迫参与非法交易），[189] 在衡平法的管辖权范围内，应被认为系利用他人弱点，开启显失公平的交易。最多是不能确定，为了挽救自己的财产而不是自己的人身或家人，受此驱动而介入且介入行为让他人得到利益，是否得产生返还法律后果。[190]

第四节　不平等

204　　"不平等"术语得于宽泛意义上使用，涵盖一切强迫案件。盖说到双方当事人间的不平等，莫过于强迫，尤其是一方当事人向另一方当事人施加压力的案件。[191] 但在这里，该术语仅用来指称在并无压力的情况下产生的不平等（inequality）。虽经如此削减，该术语还是太过不精确，难以在法律论辩中发挥作用，除非起协调作用（coordinating role）。这个术语有失精确，缘故倒是

---

[185]　Liebman v. Rosenthal（1945）26 App. Div. 1062, 59 N. Y. S. 2d. 148.

[186]　在有所受领之前，得主张对价无效/无对价，不必非依赖情势压迫不可。

[187]　参见后文边码 424 以下。译按：具有同等过失、犯同等罪行（in pari delicto），指双方当事人在非法的协议或交易中具有同等过失。《元照英美法词典》，第 701 页。

[188]　The Medina（1876）1 P. D. 272；2 P. D. 5；The Port Caledonia and The Anna [1903] P. 184.

[189]　Bigos v. Bousted [1951] 1 All E. R. 92.

[190]　参见前文脚注 158 [原文为脚注 59]。

[191]　是以，在后面的劳埃德银行诉邦迪案中，丹宁勋爵将胁迫（duress）纳入不平等名目下。

彰明较著：盖在脑力、知识、幸福、财富以及权力方面，人类永远都不平等，这个术语无法找到通常范围。说到由不平等而生的返还，必是对完全不同事情的速记（shorthand）。意思是，在例外或异常的不平等案件中，会产生返还事宜；此际，对双方当事人之间差别的描述，不会触动如下命题，即对于普通的、司空见惯的不平等，不会产生返还问题。这就假定了有必要从异常不平等的类型化角度来思考。在劳埃德银行诉邦迪案中（该案最终是以不当影响为裁判理由），掌卷法官丹宁勋爵最早尝试由分立的各类型中提炼出一般规则，[192]但要在诸分立名目的松散联盟之上更有所得，显然为时尚早。

除对付〔术语含义〕不确定的需要外，在讨论开始还要提及另外两个难题。第一，并不能说法院应对不平等的办法就必定是返还，而不是对看到的不公平采取具体解决办法。第二，或得主张，这里要举的例子，有些或全部不应置于"受破坏的/无效的自愿意思"题目下考虑，而是属于稍后要讲的"政策推动的返还"。放在这里讨论的理由是：受到不平等对待的当事人之所以得请求返还，诸多理由中的一个是，该当事人格外地没有能力权衡其所为之财产转移的利弊。当事人易受伤害，盖普通法上可靠的主体都想要避开的因素，妨碍、破坏了当事人的判断能力。相反的看法是，这些案件中当事人的判断能力都是出于自由意志，并未受妨碍，但法律基于某些社会政策考虑，仍给予救济。

这里看起来有三个主要类型。这三个类型的区分标准在于，原告易受伤害的性质是如何发生的，是源于原被告之间的关系，源于所参与之交易的性质，还是出于个人不利处境。不过，正如戈夫与琼斯正确警示的，这些类型间的界限并不清晰。[193]正是这个事实，使得利用不平等这个开放思路来协调这些类型，不但吸引人，还很有必要。

一、易受伤害的关系

前文切割了不当影响主题，从而得在压力话题背景下讨论真实影响的案件。倘从当事人之间的关系得推定不当影响，这类案件不能解释为压力的例子。倘推定未被推翻，恰当的事实推断并非被告欺凌或者支配原告，而是原告虽然成年且可完全控制自己能力，但面对（vis-à-vis）这个被告，不能保持

---

〔192〕　Lloyds Bank v. Bundy［1975］1 Q. B. 326, 336 f.

〔193〕　Goff and Jones, p. 199, n. 4.

抵御姿态，不能清楚判断。为了反驳推定，受让人必须证明，转让人能够"运用独立意志"（exercise an independent will）。[194] 倘受让人不能证明，遂遽尔认为该人一定施加了压力，逻辑上也站不住脚。即便如下说法是正确的，即没有反驳推定的受让人必定有过某些不得体或者害人的做法（impropriety or victimisation），从而未能确使转让人摆脱当事人间关系的影响，前句判断仍为真。[195]

得推定［不当影响］的，是原告对相对方抱有信任及信赖的关系。但这些语词仅能勾勒大概轮廓。这些语词并不足以区分此类关系与那些好友或商人彼此信任的关系。后一类关系并不会生此推定。在劳埃德银行诉邦迪案中，埃里克·萨克斯爵士（Sir Eric Sachs）如是描述确实推定不当影响的案件：[196]

> "此类案件往往生于如下情形，即某人依赖他人的指引或建议，该他人意识到这种依赖，该受依赖之人从［案涉］交易中得到利益，或者很可能得到利益，或者从交易缔结中得到某些其他利益。此外，当然还必须证明存在某个不可或缺的要素，本件判决为方便起见，称之为信从（confidentiality）。"

信从这个额外因素，作用是区分此类关系与那些朋友或同事关系。这个词暗含依靠要素（element of dependence），只听取所信赖之人的意见而对其他意见闭目塞听的倾向，以及［受］支配的潜在可能（potential for domination）。[197] 正是这样的排斥性，将"信任及信赖"（trust and confidence）转变为"信从"。

在劳埃德银行诉邦迪案中，被告为担保儿子的透支债务，抵押了房屋，原告银行打算占有案涉房屋。尽管今天有些案件走得更远，[198] 但在当时看来属于边缘案例。银行和顾客之间的不平等通常并不会形成易受伤害的关系。但在该案中，地方分行和邦迪先生在多年间已建立人际关系，知道正处理的事务对于邦迪先生至关重要，盖该房产是邦迪先生最后的资产，而邦迪儿子的财务前景危如累卵；银行还知道，邦迪先生依赖银行指路。这些案情事实

---

[194] Allcard v. Skinner（1887）36 Ch. D. 145, 171, per Cotton, L. J.；cf. Inche Noriab v. Shaik Allie Bin Omar［1929］A. C. 127, 135, PER Lord Hailsham.

[195] Re Brocklehurst［1978］1 Ch. 14, 184；在上注奥卡德案中（Allcard v. Skinner），判决是否意在就精神科顾问医生的行为做任何不体面推断（disgraceful inference），颇有疑问。

[196] Lloyds Bank Ltd. v. Bundy［1975］1 Q. B. 326, 341.

[197] Cf. Re Craig［1971］Ch. 95, 104, per Ungoed Thomas, J.

[198] National Westminster Bank p. l. c. v. Morgan［1983］3 All E. R. 85. 译按：原注编号为98a。

足以推定不当影响，而且银行无法反驳该推定，盖银行并未确保邦迪先生得到独立意见。尤其是，银行明知原告身份，却未让原告的律师参与。结果，被告得以避免银行［行使］抵押权，保留了房产。

克雷格案更为浅显易懂。[199] 某妇人以管家兼看护人身份进入某位老人的家。该妇人管理老人的一切事务，将老人牢牢控制在手里。昂戈德－托马斯法官打算找出真实不当影响，但主要还是基于不可反驳的推定裁判。在霍奇森诉马克斯案中，[200] 寄宿人埃文斯掌管了霍奇森老太太的一切事务，不许任何人插手，昂戈德－托马斯法官做了同样裁决。

布罗克赫斯特案落在界限另一边。[201] 一位拥有大片地产而性格古怪的老人，在晚年跟一位小车库业主建立起友谊。虽说两人在财富和背景上差异巨大，友谊却茁壮生长。车库业主得到好多金钱馈赠，最后得到了在案涉地产上 99 年的狩猎权租契（lease of shooting rights）。租契会极大降低地产的价值，故在老人去世后，遗产代理人试图撤销该契约，但败诉。上诉法院认为两人间的关系并不支持推定［不当影响］，丹宁勋爵持异议。不管这位车库业主做了什么，都发生在朋友［当指死者］的办公室，而死者对这位业主的依靠，不过是朋友间的依靠。死者生前并未放弃对自己事务的管理，也并未切断与其他顾问的联系。赠与的动议一直都是死者提出来的，他在生命走向尽头前，事实上将大笔金钱给了好多人。

上面这些人际关系以依靠和排他性依赖为特征，使得依赖一方当事人处于易受伤害的位置，除非能够寻求全面充分的建议或者以某些其他方式摆脱对方的影响；这样的画面［人际关系］有时需要通过证据来搭建。但有些亲密关系，不待其他事实，得直接推定［不当影响］。医生与患者、[202] 律师与顾客、[203] 父母与子女、[204] 监护人与受监护人、[205] 受托人与受益人、[206] 精神事务顾问与寻

207

---

〔199〕 Re Craig［1971］Ch. 95, 99. 另见前文边码 184。

〔200〕 Hodgson v. Marks［1971］Ch. 892，参见前文边码 58 以下。译按：原文脚注重新编号，这是脚注 1，中译本连续编号。

〔201〕 Re Brocklehurst［1978］1 Ch. 14.

〔202〕 Dent v. Bennett（1838）4 My. & Cr. 269.

〔203〕 Wright v. Carter［1903］1 Ch. 27.

〔204〕 Lahchshire Loans Ltd. v. Black［1934］1 K. B. 380.

〔205〕 Hatch v. Hatch（1804）9 Ves. 292.

〔206〕 Plowright v. Lambert（1884）52 L. T. 646.

求建议的人，[207]在这些情形，除了此类关系的一般性质，不需要更多证据。其他情形得描述为中间性质，需要证据来考察当事人之间打交道的具体形态（fabric）。订婚男女之间的关系，或得归入此类。[208]在这张清单上，易受伤害阴影区的精确边界大概要逐案而定。有些关系，只是［以哄骗］减弱依靠方当事人的判断力，还有些关系，包含支配的危险，这并无区别。不论哪种情况，当事人评估其财产转移行为是否明智以及风险大小的自由，在品质上不同于甚至朋友之间彼此独立打交道时要有的自由。

在"易受伤害的关系"（vunlerable relationships）和"易受剥削的交易"（easily exploited transactions）之间，有个过渡地带。两者间并无清晰界限。比如国民威斯敏斯特银行诉摩根案（案情事实类似前面讨论过的劳埃德银行诉邦迪案，但情节稍弱），[209]一对夫妇对某建筑贷款协会负有债务，向原告银行贷款以更新该笔债务，这对处于高度焦虑状态的夫妇以婚姻居所为抵押，担保对银行的贷款债务。［详细案情是，］丈夫长期财务困难，建筑贷款协会启动了占有程序，这对夫妇有丧失房屋的危险。丈夫遂安排如下，为银行设定抵押：丈夫与银行经理商定，邀请经理晚上来家里拜访，向太太解说相关事宜并取得太太签名。经理遂至，拜访只持续了20分钟，只有5分钟是银行经理跟太太商讨相关事宜。丈夫始终在场，只是在刚才提到的那5分钟谈话期间，退到房屋他处。基于这些事实，上诉法院认为，妻子有权撤销在其财产权益上设立的抵押。上诉法院的看法是，短暂面谈这一点是典型特征，足以形成信从关系，得据之推定不当影响。没有证据表明，这位太太的想法摆脱了不当影响，比如听取了独立意见。形式上，判决的基础跟劳埃德银行诉邦迪案一样。显著不同在于，虽说这位太太跟银行此前有过数次交易，却并没有［形成］稳定或持续的信从关系，［从而］将之与任何顾客与银行之间的关系区别开来。是以，将本案理解为由特定交易产生之不平等的典型案例更为方便，而不是理解为由当事人间的一般关系生出的不平等。

二、易受剥削的交易

即便是通常的、独立自主的主体，在追求特定标的物时，由于市场机制

---

[207] Huguenin v. Basely（1807）14 Ves. 273；Allcard v. Skinner（1887）36 Ch. D. 145.

[208] Zamet v. Hyman［1961］3 All E. R. 933.

[209] National Westminster Bank p. l. c. v. Morgan［1983］3 All E. R. 85. 译按：原注编号为9a。

的作用，也可能参与易受伤害的交易。不同变量可能让特定交易变得敏感脆弱。最简单的〔变量〕组合，就是某种有普遍需求的商品供应短缺，如住房。在供应不足时，有住房需求的人很容易受到剥削。但还有些其他情形。有些时候，个人幸福太过彩云易散，依普通人的智慧不会去施加任何束缚。很难构造一般规则，但得认为，保护"消费者"不受剥削已经获得法律原则的地位。大体而言，法律向来乐于认可若干特殊类型的交易，在这些交易中，当事人很容易受到剥削，有些有制定法的帮助，有些没有制定法的帮助。

（一）典型案例

在基里里棉花公司诉德瓦尼案中，[210] 被上诉人（即原告德瓦尼）租住上诉人公司位于坎帕拉的一套公寓，向上诉人（即被告基里里棉花公司）支付了 1 万先令"额外小费"（key money）。依《乌干达房租限制法令》第 3 条第 2 款，房东索取或受领此类费用构成违法犯罪。双方当事人都不知道这是违法的，也没有证据显示（抛开制定法不谈），收取的小费数额看起来构成敲诈。搬进房子后，德瓦尼想拿回这笔钱。被告抗辩说，就法律错误不予返还救济，且案涉交易无论如何都是不法的，而从案情看，双方要负同等责任，由此可知，被告得保有该笔金钱，盖双方过失相等时，被告地位更强（*in pari delicto potior est conditio defendentis*）。[211]

枢密院照准了返还权利请求。丹宁勋爵发表意见如下：

> "将这些法律原则适用于本案，要注意的最为重要的事情是，《乌干达房租限制法令》的意图在于，在住房短缺的年月，保护承租人免受房东剥削。房东要利用住房短缺的情势，一个显而易见的手段就是向承租人索取'额外小费'。该法令第 3 条第 2 款的目的是保护承租人不受该种剥削。只有房东或其代理人会受到处罚，承租人不会，由这个事实，前述立法目的可谓彰彰明甚……为了保护承租人，该法令将遵守法律的义务牢牢加在房东头上；倘若法律遭违反，房东必须承担主要责任。承租人或许囊橐充盈，支付该笔费用是为了贿赂房东，好'加塞'，也或许穷困潦倒，走投无路，膳宿无着，无论如何，都不会像房东那样受到谴责。正是房东，在利用自己的财产权剥削那

---

[210]　Kiriri Cotton Co. Ltd v. Dewani〔1960〕A. C. 192.

[211]　参见后文边码 424 以下。

些寻求头顶片瓦之人。"[212]

不能推论说，凡禁止的费用皆可拿回。就在基里里棉花公司诉德瓦尼案之前不久，在格林诉朴茨茅斯体育场有限公司案中，[213] 被告违法向进入赛马场的赌彩经纪人收取入场费，涉及 1934 年《赌彩法》（Betting and Lotteries Act）中非常类似的表述，* 上诉法院认为，不得将这些规定理解为给了赌彩经纪人请求返还入场费的权利。该法的立法目的在于规制赛马场的运营，并非保护赌彩经纪人不受剥削。[214] 问题永远都是，立法目的是否在于保护处在原告位置之人。在米斯特里·阿默·辛格诉卡卢比亚案中，[215] 枢密院认为，虽说制定法不仅让被告受惩罚，也惩罚了原告，但通过解释工作，可得出有利于原告的结论。

（二）不涉及制定法的例子

收钱搓合婚姻的人剥削女性的，衡平法会介入，防止这种事情。最初是在个别过分案件中给予救济，后来形成定例，肯定可以得到返还救济。在赫尔曼诉查尔斯沃思案中，[216] 原告向被告婚姻掮客支付了费用。虽说被告为原告牵过几次线，法院还是允许原告拿回支付的全部费用。返还依据并非对价无效或者悔改，[217] 而是在利用他人对幸福的渴望而剥削他人的场合，法律有必要施以援手。

倘若债务人财务困难，需要跟众多债权人达成和解协议（arrangement），** 则不得强迫个别债权人加入和解安排（composition）。*** 为拿到更好的清偿待遇或者根本要阻止任何和解协议达成而置身事外的债权人，不能为使其回来

---

[212] Kiriri Cotton Co. Ltd v. Dewani [1960] A. C. 192, 205.

[213] Green v. Portsmouth Stadium Ltd. [1953] 2 Q. B. 190.

* 译按：指不得收取额外费用的规定。

[214] Ibid. , 196.

[215] Mistry Armar Singh v. Kalubya [1964] A. C. 142.

[216] Hermann v. Charlesworth [1905] 2 K. B. 123.

[217] 参见后文边码 301 以下。

** 译按：和解、和解协议（arrangement），曾经被称为 composition。失去支付能力但仍有重振希望的债务人在破产法院调整财务以待复兴的程序，称和解程序；在该程序中为可能实现债务人复兴而制定的计划，称和解协议。《元照英美法词典》，第 94 页。

*** 译按：和解协议（composition），在债务人不能足额偿还债务时，债务人同两个或两个以上债权人就只偿还部分债务，而免除全部债务责任所达成的协议。《元照英美法词典》，第 271 页。

加入和解安排而诱以秘密给付。盖对该债权人为额外给付，即是对其他债权人的欺诈（fraud）。倘若债务人（或者为债务人利益的其他人）支付了这样的引诱款项，得请求返还。倘若债权人主动以退出［和解安排］来施加压力，那么返还权利请求得解释为基于胁迫而发生，但返还权利请求并不局限于该案型。看起来，承认这里的返还权利，还是要保护支付人，不让其因交易中的困境而绝望并扰乱判断力。[218]

这些例子里的第三个，涉及的是与继承人或其他期待得到财产之人显失公平的交易。有希望得到财产的人，比如通过继承或者将得到归复权益，**很容易屈服于诱惑，为了在短期内得到金钱，以低价出售自己的希望。在这个例子里，可以认为，期待得到财产的继承人被自己急迫的需求和欲望牢牢抓住了。这个欲望本身固为不利条件（disability），但一切消费者都会受到重大欲望的影响，两者相较，也不过是程度不同而已。但在这里，有着遭受剥削的特别危险。衡平法遂介入，取除"圈套协议"，在该交易中，得证明继承人受领的对价不相当。[219]这是很早就发生的对自由交易原则的背离，而且确实是对所立足之法律规则不容易预见的操作。这番操作在保护易受伤害的继承人的同时，也保全了家庭财富不被挥霍浪费，正是这个事实，无疑让这个工作容易许多。

（三）寻求信贷

最后一个例子是普遍［人性］弱点在某个专门领域格外丰富的表现。凡是寻求信贷之人，不管是借入金钱还是获得实物利益，允诺将来偿还，都很容易受到债权人的剥削。倘该人系在绝望之中被迫借贷，此点格外为真；在

---

[218]　Smith v. Bromley（1760）2 Dougl K. B. 696；Smith v. Cuff（1817）6 M. & S. 160.

**　译按：归复权益、将来权益、归复财产（reversionary interest），指某人因土地或其他财产的归复而享有的权益，亦指对于目前尚被他人占有的财产所享有的将来用益的权利，有时也用以指已授予的财产在收益权期满后收归授予人所有。《元照英美法词典》，第1197页。

[219]　Earl of Chesterfield v. Janssen（1751）2 Ves. Sen. 125；O'Rorke v. Bolingbroke（1877）2 App. Cas. 814. 译按：圈套协议（catching bargains），协议的双方当事人，一方拥有金钱，另一方现在没有或少有财产但享有财产归复权或期待权；协议的内容是由后者借用前者的金钱，或是由前者向后者支付现金，并由后者将自己要有的财产权利出售给对方或作其他处分；协议的条件则是敲诈性、不合理而显失公平的，即支付现金一方所提供的现金大大低于对方财产权的价值等。法院通常针对协议中的不合理部分为借款人提供救济。早期规则是，只要现金价格低于财产价值，即为撤销财产权处分的充足理由。1925年《财产法》颁行后，摒弃该规则，要考察是否存在欺诈或不正当交易因素。《元照英美法词典》，第201—202页。对价不相当（inadequate consideration），指相比于对方让与物品的价值，所付代价不等值或不充分。《元照英美法词典》，第672页。

依靠刺激消费者欲望而促进繁荣的社会里，若是当事人寻求信贷并非出于避免灾祸的急迫需求，只是出于物质改善的欲望，得认为上句亦为真。不管哪种情况，债权人所处的位置都方便其得利，盖为得到信贷，债务人很可能会同意非常苛刻的条款。

在此类交易中控制债权人的权力，是法律的主要关切，这个关切有着漫长而持续的历史。以法律禁止高利贷并控制利率，这是历史的一部分。在这个场景下更为重要的发展，是衡平法上的回赎权（redemption），这是现代抵押法的基础。在以财产所有权民主而自矜的社会中，从社会的立场看，大概可以说，衡平法上的回赎权是法律在返还领域最为重要操作的产物。这个故事已是众所周知。[220] 借款人将土地转让给出借人，出借人允诺，倘在确定日期归还贷款，即将土地回复转让。*倘在确定日期不能归还借款，出借人即不再负有回复转让的义务，得保有土地。在通常情形，土地价值远愈贷与的金钱数额。衡平法最初是在涉及穷困和行为过分的个案中介入：在由于意外或疾病，或出于其他正当理由而迟延还款的情形，允许借款人回赎，并令债权人回复转让。由这些个案中的介入，逐渐形成一般救济规则，而救济基础转向如下原则，贷出款项的抵押权人就通过担保得到的权益，不能为获利而据有，从而让自己得利：既为担保，永为担保。抵押人的回赎权是返还性质的权利，构成永远的保护，防范下面这种易受伤害的类型，即为了得到贷款，借款人有失去土地的危险，而土地价值远愈借款数额。

更近些时候，在通过租购寻求信贷的情形，为免当事人遭受剥夺，**本着完全相同的精神，法院尝试引入衡平法救济。这里问题的性质，丹宁法官在

---

〔220〕　Cheshire & Burn, *The Modern Law of Real Property*, 13th ed. , London, 1982, 617 ff.

* 译按：回复转让（reconveyance），指前一转让合同中的受让人将地产的财产所有权再转让给原来的所有人或持有人。亦指抵押之债受到清偿之后，抵押物仍旧让与抵押人，而抵押人无需再承担抵押债务。《元照英美法词典》，第 1158 页。

** 译按：租购、分期付款购买（hire purchase），指货物所有人与租借人之间达成协议，由所有人将货物有偿出租租借人，在租借人付清预定款额后，货物所有权转让给租借人，在条件完成之前，所有权仍归属所有人。租借人可随时将货物归还所有人，而没有义务支付归还后的租金差额。《元照英美法词典》，第 640 页。剥夺、没收、充公、丧失（forfeiture），含义较广，可泛指不受补偿地丧失某项权利、财产、特权或利益，包括由于不履行义务或条件而被剥夺某项权利，或作为对某些违法行为的处罚而罚没其某项权利或财产，或由于违反法定义务（例如不付款）而丧失财物或金钱。《元照英美法词典》，第 569 页。

斯托克洛瑟诉约翰逊案中借着假设案例表述如下：[221]

"假设买受人同意以分期付款方式购买案涉项链，依契约规定，任何一笔款项未支付的，出卖人有权撤销契约（rescind），并得剥夺买受人已经支付的款项。买受人支付了90%的价款，未支付最后一笔。买受人已是囊囊萧然，实在没有钱履行契约[支付最后一笔]。出卖人遂撤销契约，取回项链，并以更高的价额出售给他人。衡平法当然要救济买受人，不让[出卖人]依据或许公正的条款剥夺已支付的金钱。"

该案并未适用该建议，该建议也未得到一致赞成。萨默维尔法官（Somervell, L. J.）认为，倘若在一切情形下剥夺行为都显失公平，法院即应予救济。但罗默法官认为，不要轻易干扰交易，只要没有欺诈、不当影响或者其他类似因素，法院能做的最多就是，给当事人更多给付时间，以赎回被剥夺的财产。[222] 后来的判例对该案仍持怀疑态度，[223] 但主动权已转到立法机关手里。盖依1974年《消费者信贷法》（Consumer Credit Act），就"个人"租购者订立的租购契约，在5000英镑的最大信贷额度之下，法院有自由裁量权，得于契约终止时命令偿还已支付的金额，并得限制依契约规定在解除时应予支付的金额。[224]

1974年《消费者信贷法》还赋予法院新的、全面的自由裁量权，倘发现信贷协议背后的信贷交易要价太高（extortionate），法院得[要求]开始或重新订立信贷协议。要价太高的信贷交易意指，债务人或其亲属必须支付的金额"[高到]非常过分"（grossly exorbitant）或者"违反公平交易的一般原则"。[225] 法院必须从事广泛调查，但（尤其）必须考虑当事人之间的关系、

213

―――――――

[221] Stockloser v. Johnson [1954] 1 Q. B. 476, 491.

[222] Ibid. , 495 ff.

[223] Campbell Discount Co. Ltd. v. Bridge [1961] 1 Q. B. 445（基于其他理由撤销原判 [1962] A. C. 600）; Galbraith v. Mitchenall Estates Ltd. [1965] 2 Q. B. 473.

[224] 1974年《消费者信贷法》第132条、第100条。

[225] 1974年《消费者信贷法》第138条第1款。译按：依该法第137条第2款，信贷协议（credit agreement）意指债务人与债权人之间的任何协议，依该协议，债权人向债务人提供一定额度的信用。信贷交易（credit bargain），在计算信贷总费用时，只需要考虑信贷协议的，即指信贷协议；还需要考虑其他交易的，即指信贷协议及其他交易的集合。

借款人的特征（如年纪、经历、健康状况等），以及是否有经济压力。[226]证明责任在债权人，要证明其交易不存在要价太高的特征。[227]法院的补救权力当然并不限于实现返还。依法院的自由裁量权，得要求重新订立契约，以契合法院对个案正义的看法。[228]

（四）金钱处罚及剥夺

预期得到遗产的继承人在圈套交易中很容易受到剥削。预期得到遗产的继承人跟一切寻求信贷之人，暴露在同样的易受伤害状态下，但面临的风险大到极点。也就是，这些继承人非常迫切地想要牺牲长期远景，换取短期好处。这是两个程度的特殊或异常诱惑，干扰［当事人的］判断并要求得到法律保护。第二种情况的"异常性质"（abnormality）要小一些，但法律救济的不确定性被框束在一个可辨识的剥削交易类型范围内，即寻求信贷。我们可以更进一步。同样的让人动摇的诱惑，更为一般的表现是，宁愿忍受将来可怕的后果（一磅肉或永恒的惩罚），也要换取某些眼前利益。假设对方当事人要求设金钱处罚（penalty），*或者宣布剥夺已在对方当事人手中的金钱。法律是否提供任何救济？前面看到，在贷与金钱的情形，有一套很复杂的救济体制。现在的问题发生于该领域外。是否有一般裁判规则救济此等诱惑的后果？

有一点要预备说明。倘有此类一般裁判规则，也不会适于放在"不平等"标题下。道理在于，这个冲动的人性弱点太过普遍，不能轻易称为异常或罕见。前面讲过，必须坚持额外的加重特征，使得产生救济的客观情势得被称为并被认定为罕见的，以此来束缚不平等概念内在的不确定性。是以有可能，倘有此类救济，应该讲的也并不是"不平等"，而是"杂项政策目标"［参见第九章］。是以，或许有很好理解的政策，将一切金钱处罚从契约法中，更为一般地讲，从整个私法中清除出去，而给予的救济要贴合该目标。不过，这个低位阶的政策目标，需要自身更高层次的正当理由。这可能又将论辩带回

214

---

［226］ 1974 年《消费者信贷法》第 138 条第 3 款。

［227］ 1974 年《消费者信贷法》第 171 条第 7 款。

［228］ 1974 年《消费者信贷法》第 139 条。

* 译按：处罚、惩罚（penalty），广义指人身的或金钱的、民事的或刑事的各种形式和性质的处罚，狭义指金钱的处罚，即因未实施应实施的行为或作出禁止的行为而强令其支付一定数额的金钱作为惩罚。《元照英美法词典》，第 1040 页。

到不平等话题，在一方得提供好处而他方愿允诺付出任何东西的情形，得利用不平等［来分析］。

金钱处罚允诺和剥夺有别。自17世纪以来即确立的立场是，允诺支付一笔金钱，倘该金钱是对违约可能造成之损害的真正预估，［受法律肯定;］相反，允诺在违约时受金钱处罚，该允诺在法律上不得强制执行。[229]法院会让原告提起损害赔偿诉讼。倘若金钱或其他财产已支付给对方或者已在对方控制之下，而唯一的问题即为是否已不可挽回地遭剥夺（irrevocably forfeit），此际的法律立场并不那么清晰。这类给付落入两个主要范畴中的一个，要么是纯粹的预先给付，要么是惩罚性给付，比如一笔定金，迫使缴纳定金的当事人履行契约，或者一笔预先给付，约定违约时将剥夺该笔钱。在所有这些情形，在给付人违约时倘不予返还救济，就意味着受领给付之人持有的金钱超出了遭受的损失，尤其是超出了通过违约诉讼本可得到的赔偿。但并不能得出结论，应该发生返还法律后果。

纯粹的预先给付应予返还，哪怕给付人违约。这一点稍后讨论。[230]这里的返还权利得解释为以对价无效为基础，正如同在他方当事人违约或者履约受挫的情形得如是解释。支持或反对的论辩都有，这里不再讨论。在预先给付解释为惩罚性给付的情形，依照通常用来区分金钱处罚与合理预估之损害赔偿金的标准，若是金额够不上金钱处罚，即不生返还问题。是以问题就是，是否得返还遭剥夺的金钱处罚（penal forfeiture）。这里的事由不会是对价无效，盖据假设（ex hypothesi），对价（约束给付人或者惩罚违约行为）并未无效。依传统的公认答案，这里不生返还事宜。

这里的问题将讨论带回到斯托克洛瑟诉约翰逊案。[231]该案假定，下面两种情况不应分开考虑：一个是寻求信贷的场合，特殊的易受伤害性质（special vulnerability），一个是通过允诺可怕后果来确保利益的场合，更为一般的易受伤害性质（general vulnerability）。这个未经充分检讨的假定，削弱了该案对专门涉及租购场合寻求信贷交易的法律的影响。结果是，不论得认为

---

〔229〕 就历史，参见A. W. B. Simpson, "The Penal Bond with Conditional Defeasance", （1966）82 L. Q. R. 392；就金钱处罚（penalty）的定义，参见Dunlop Pneumatic Tyre Co. Ltd. v. New Garage & Motor Co. Ltd. 〔1951〕A. C. 79.

〔230〕 参见后文边码234以下。

〔231〕 Stockloser v. Johnson 〔1954〕1 Q. B. 476.

该案产生了什么影响，影响的范围都较宽。倘若萨默维尔法官和丹宁法官的意见最终占了上风，就这些有条件的给付，法院即有权限给予返还救济。倘若罗默法官的看法是对的，即得给予宽限期，但若无特殊因素，给付人得不到其他救济。

法律处在十字路口。法律委员会相信，金钱处罚性质的给付得予返还。[232] 这看起来是对的，盖在返还法中，总是很难证明如下局面的合理性，即在给付允诺不可强制执行的情形，给付不得返还，或者相反地（*vice versa*），在给付允诺可诉的情形，给付得予返还。[233] 这个论辩导向如下结论：由于允诺的金钱处罚不能在法律上主张，已转移到对方当事人手中的金钱处罚应予返还。

但在近来的案例中，法院立场很显著地变强硬，而且毫无疑问是为了提高法律的确定性，法院拒绝将返还遭剥夺之财产的立场一般化。有两点浮现出来。第一，倘若间接效果是不让被告以毁约为由行使解除契约的权利，从而实现隐蔽的实际履行（covert specific performance），即不予返还救济。[234] 第二，在遭剥夺的财产是土地权益这类案件之外，并没有牢靠的返还权利。[235]

三、个人不利处境

前面一直讨论的是生于特定关系或源于特定交易的不平等，原告发现自己在该关系或者交易中处于特别容易受伤害的地位。第三个类别生于个人不利处境。个人不利处境或应区分为外部处境与内部处境。外部个人不利处境表现为"环境压迫"（circumstantial compulsion），即原告处于急迫焦虑状态。前面看到

---

〔232〕 Working Paper No. 61（1975）. 可能方案有多个，参见报告第 61 段及以下。

〔233〕 参见前文边码 176 施蒂尔克诉麦里克案（Stilk v. Myrick）和斯基特诉比尔案（Skeate v. Beale）涉及的情形。

〔234〕 Scandinavian Trading Tanker Co. A. B. v. Flota Petrolero Ecuatoriana, The Scaptrade〔1983〕2 A. C. 694.

〔235〕 Sport International Bussum B. V. v. Inter-Footwear Ltd.〔1984〕1 All E. R. 376, limiting Shiloh Spinners Ltd. v. Harding〔1973〕A. C. 691. 但要注意，在不合理地拒绝接受毁约/拒绝履行（repudiation）的情形，法院非常倾向于只给予填补性损害赔偿救济：Clea Shipping Corp. v. Bulk Oil International Ltd., The Alaskan Trader〔1984〕1 All E. R. 129. 译按：土地权益（interest in land），用于防止诈欺法中，指所有权的一部分或占有权。《元照英美法词典》，第 712 页。

过，这种情况并不完全适宜置于强迫标题下。[236]内部个人不利处境涉及的是当事人理解世界并在这个世界中处理自己事务的能力（capacity）。

在这里，要划出清晰界限，困难格外大。原因不仅在于如下事实，即在应付裕如的当事人与完全无力应付的当事人之间，并没有天然分界点，而是有浮动的位阶，还在于语义学上的难题。不能用"低于正常能力"（sub-normal capacity）表述，盖不尊重人格。不管用什么语词，这里讨论的概念都属于无能力（incapacity）范畴，延伸到未成年和精神疾病之外的情形是，案涉当事人显著欠缺平均水准的市民参与社会生活应具备的智力素质，故很容易被剥削。

自然人无能力而应受保护的，普通法只确认了两大范畴：成年人心智受妨害（minds were disturbed），以及未成年人。其他人，皆假定为平等。即便在这两大范畴无能力的情形，普通法也未做太多事情，去顾及不明智交易之后寻求救济的积极权利。普通法提供的保护主要在于，他方当事人提起诉讼的，［无能力当事人］得主张抗辩。未成年人要对生活必需品负责，要对生于耐用财产（durable property）的权利请求负责（但有毁约选项）；但在其他情形，面对成年人的权利请求，未成年人通常有牢靠的抗辩得主张。[237]

假设未成年人出售自己的手表，或者拿自己的摩托车来交换，或者购买电唱机并付款。倘若该未成年人后来发现，这些履行完毕的契约对自己不利，是否得取消契约？不明智却又履行完毕的交易，大概正是民事主体期待得到保护，避免发生的事情。但乍看起来，成年人不享有的权利，该未成年人也不享有。先将欺诈和错误陈述放在一边，成年当事人发现自己对此等交易感到失望的，必须找到［对方的］违约行为［才能得到救济］。倘找到对方的违约行为，得请求损害赔偿；或者，倘违约行为表现为毁约/拒绝履行，设对价完全无效，得请求返还给予对方的任何金钱。至于转移的动产，不会重新取得占有（revest），但若是对价完全无效，如同在给付金钱的情形得请求偿还支付的数额，在同样场合，成年当事人得请求偿还合理价值。[238]在皮尔斯诉布雷恩案中，[239]遵循瓦伦蒂尼诉卡纳利案立场，[240]法院认为，类似地，未

217

---

[236]　参见前文边码 203。

[237]　参见后文边码 432。

[238]　参见后文边码 226。

[239]　Pearce v. Brain［1929］2 K. R. 310.

[240]　Valentini v. Canali［1889］24 Q. B. D. 166.

成年人的返还权利也依赖对价完全无效。未成年人拿自己的摩托车交换被告的汽车，后发现汽车有瑕疵。在汽车发生故障前，未成年人已持有汽车数天。并不存在对价完全无效，故不得请求返还。

经仔细检视，这个严格立场并不必然完全跟成年人场合一样。成年人的权利请求有两个要素：（a）因毁约而废除契约；（b）证明对价完全无效，这意味着该成年人必须并未受领任何无法归还的东西。未成年人得以其未成年为由废除契约，[241] 不必指明任何违约行为。为得到返还，未成年人只需要将受领的全部利益归还。这跟瓦伦蒂尼诉卡纳利案的立场完美契合。在该案中，未成年人使用案涉家具 4 个月，请求返还价款的请求未获法院支持。障碍并不在于该未成年人不能废除契约，只是由于不能逆返还。是以有空间得出如下结论，即承认基于未成年人欠缺经验而生的返还权利，但很容易败诉（lost）。可能有备用手段，盖在查普林诉莱斯利·弗雷温印务公司案中，[242] 丹宁勋爵坚持认为（尽管并未得到任何法官支持），倘法律要求采契据或书面形式，未成年人不能有效移转财产（该案中为版权）。

成年人罹患精神疾病从而不能理解案涉交易的，倘若对方当事人知道欠缺理解能力的情事，即不能要求［该病人］遵守契约条款。[243] 此际，得要求支付生活必需品的合理价格。[244] 病人的财产一旦受到法院控制，即不能使自己摆脱财产［不能任意处分］。当事人由于醉态暂时失去理解能力的，*类似规定适用之。

眼光越过这些司空见惯的不利处境类别，可以看到更远处一类易受剥削的人。穷人、没受到良好教育的人或者老人向被告转移了财产，而贫困、无知或年迈这些特征使得当事人并不适宜处理案涉事务，倘有剥削的证据，表现为被告支付的对价不充分，法院得撤销该财产转移。在格雷斯韦尔诉波特案中，[245] 妻子是位接线生，在婚姻破裂后，放弃了在婚姻居所上的地产权益。

---

〔241〕 要么依 1874 年《未成年人救济法》（Infants Relief Act），要么依普通法，只要契约并非以生活必需品为标的即可。

〔242〕 Chaplin v. Leslie Frewin (Publishers) Ltd. [1966] Ch. 71.

〔243〕 Imperial Loan Co. v. Stone [1892] 1 Q. B. 599.

〔244〕 1979 年《动产销售法》第 2 条。

* 译按：醉态（intoxication），指因饮用酒精饮料或服用药物而使人在一定时间内减弱甚至丧失辨认或控制能力。《元照英美法词典》，第 726 页。

〔245〕 Gresswell v. Potter [1978] 1 W. L. R. 255; cf. Fry v. Lane (1888) 40 Ch. D. 312.

在代表丈夫的调查员的请求下，妻子签署了书面文件。妻子得到的全部回报，就是对妻子在抵押契约关系中应承担之责任的补偿。*梅加里法官（Megarry, J.）将交易撤销。用古老判例中的说法，这位妻子"贫穷、无知"，也就是收入微薄，也没受过良好教育。这些个人特征必须跟案涉交易，也就是不动产权转让关联起来判断。妻子以低价出售了自己的地产权益，也没有得到法律建议。

　　未成年人或者心智不健全的成年人是否由于自己特殊的不利处境而享有返还权利，倘在个案情境下就此生出疑问，[原告的]妥当策略是将自己归入个人不利处境这个较大范畴。盖法院直接基于当事人无能力处理案涉交易这个理由而救济弱者的权限，显然并未埋入历史，在这些最为人知的无能力案件中，正如在易受剥削的不利处境这类不太容易界定的案件中，应该同等地给予法律救济。

---

　　* 译按：责任补偿（indemnity against liability），与损失补偿相对，指权利人不论是否已实际受到损害，只要对方负有责任，如有违约行为时，权利人就享有要求补偿的权利。《元照英美法词典》，第681页。

第七章

非自愿转移 II：意思附限制条件

　　在前一章中，返还原因在于原告的判断受破坏这个事实：或者原告根本不知道被告通过牺牲自己而得利；或者虽然知道，但错误、压力或者不平等让原告的意思无效。本章要讨论的情况完全不同。这里，原告充分运用了自己的判断力，但对转移财产的意思小心加以约束，即明确，虽然愿意让被告得利，但该意思不是绝对的，而是附条件的。现在的案情是，条件未能实现，案涉财产转移遂变成非自愿的。在"意思无效"情形，原告得称自己从未意图让被告得利。而在"意思附限制条件"（qualification）情形，原告称，自己确实形成了无瑕疵的意思，想让被告得利，但只在不同于实际情形的其他某种情形下［，转移意思方才有效］。

　　问题的实质在于，原告明确限定了给予的基础。正是此点将这里的原告与风险的自愿承担人区别开来，后者固然希望某种特定事态能够实现，但并未规定希望的事实必须发生。[1]就返还请求而言，那个风险自愿承担人与这里的原告一样，亦得声称，除非是以那个并未发生的事实为基础，否则他并不愿意增益于被告。这样，某人在我外出期间擦洗了我的窗子并且希望获得报酬，得声称，利益是以获得报酬为条件而有意提供的。不过，倘该人并未明确限定提供劳务的条件即贸然行事，即得令他承担自己甘冒的风险。相反，本章中的原告得免于这种不利，他并未承担风险，而是明确限定了在何等情形下，自己的给予意思会成为绝对的。

　　普通法用来描述这一返还法律事实的传统术语为"对价完全无效"。*假设我向你给付 2000 英镑，这是你同意为我修缮房屋的劳务价值的一部分。我

---

　　〔1〕　参见前文边码 102。

　　*　译按：无对价、对价无效（failure of consideration），此术语不一定表示合同或票据缺乏对价，而是指缔约时当事人所期待的对价因事物内在瑕疵或当事人的全部或部分不履行而变得全部或部分无价值或不存在。《元照英美法词典》，第 526 页。

之所以提前支付，可能是契约条款如此约定，也可能仅仅是为了我自己的方便或者你的方便。无论怎样，倘若你现在拒绝提供劳务，我得以你拒绝履行/毁约为由而解除契约，我得请求返还那 2000 英镑而不请求损害赔偿。我得"基于对价完全无效"，请求返还"供我使用而取得和收到的款项"。[2] 220

这样的语言无疑应该摒弃。返还法这套替代术语无法更好表述的，"取得和收到的款项"亦无济于事，而无可争辩地，普通法已选用"对价完全无效"来描述财产转移基础的无效。这一产生返还后果的法律事实总得命名，而普通法也没给其他名字。"对价完全无效"也存在自己特有的困难，而要想了解这个主题，最好的办法莫过于从传统术语可能导致误解的四种主要途径入手。

在接下来的整个讨论中，最好牢记在心，对价无效主要发生在契约履行受挫或者为应对毁约/拒绝履行而将契约提前解除的情形。但在不存在契约的情形，例如赠与的基础未能实现或者未能持续，亦可发生对价无效事实。这一部分的讨论旨在说明，就所有对价无效事实来说，得通过解释工作发展起统一的规则，就像 1943 年《法律改革法（履约受挫）》为履约受挫引入的规则。为实现这个目标，两个步骤必不可少。第一，应该承认，也必须承认，涉及金钱的一切返还事由同样适用于非金钱利益，只要非金钱利益满足得利要件；第二，倘非金钱利益表现为不可分契约下尚未完成的工作，法院必须将涉及得利争点的特别麻烦的问题拿出来单独解决。但不幸的是，虽说就对价无效来讲，得通过解释工作实现相关返还法的统一，但制定法可能会为这个单一不当得利类型的各种不同表现形式分别建章立制，从而打断刚才说的统一工作。在本章末尾，将讨论立法对普通法体系的介入。

有一点必须预先阐明。倘对价无效是因为契约对待给付无效而产生的 221（例如我付钱给你，要你为我修建新厨房，你将钱收入囊中，却并未提供劳务），原告通常得基于违约不法行为而请求［填补性］损害赔偿。除非是履约受挫或者某些其他可辩解的不履行事由导致对价无效，否则皆得请求［填补性］损害赔偿。本章关注的并非如下问题，即基于此类违约不法行为，原告

---

〔2〕 Giles v. Edwards（1797）7 Term reps.，181；Rugg v. Minett（1809）11 Esst 210；Devaux v. Connolly（1849）8 C. B. 640；Ashpitel v. Sercombe（1850）5 Ex. 147. 比较苏格兰法：Cantiere San Rocco S. A. v. Clyde shipbuilding & Engineering Co.［1924］A. C. 226.

是否得依返还标准（而非吾人更为熟悉的填补性标准）请求损害赔偿。违约是否得构成产生返还后果的不法行为，这个问题属于"因不法行为而发生的返还"一章中的内容。[3]

原告以对价无效为由寻求返还救济的，依赖的并非违约不法行为，而是完全不同的法律事实，该事实得通过跟违约并列的替代性分析来确认（不过，即便不存在违约，亦可经常发现）。[4]两种不同的事实产生不同的权利请求。当然，着眼于政策，其中一类可能会压倒另一类。例如，完全可能认为，虽说原则上承认返还为独立诉因，但如果原告得以违约为诉因，则不得乞援于不当得利诉讼。重要的是，这类决定应表现为政策问题：我们想要什么？而非，何者在逻辑上可行？倘不愿意承认有两类分立的原因法律事实，从而原则上也就有两条分立的救济途径，就只会导致混淆。承认有这样两条救济途径，正大光明地堵塞其一，既不会导致混淆，在逻辑上亦为可能。[5]

第一节　四个谬误

"谬误"（errors）一词在某种程度上是有倾向性的，盖跟着第一个谬误，其他几个一直身陷困境，该困境得认为源于传统术语。这些思维习惯往后都应该被视为谬误。

一、契约对价

这一点得几笔带过，盖这里涉及的谬误早经确认且已消除。在法布罗萨案之前，[6]依当时很牢靠的立场，倘契约订立时有充分对价，那么就依该契约所为的任何给付，都不能在事后认为"对价完全无效"，哪怕给付人为自己的给付并没有任何受领。[7]该立场在理论上承认一个例外，即契约得被自始撤销，以便切除契约赖以成立的对价。但可看到，该例外并未做任何让步。

---

[3] 参见后文边码334—336。

[4] 参见前文边码44。

[5] 参见后文边码244。

[6] Fibrosa Spolka Akcyjna v. Fairbairn Lawson Combe Barbour [1943] A. C. 32.

[7] Chandler v. Webster [1904] 1 K. B. 493.

违约与履约受挫一样，都是契约解除事由，而非撤销事由。[8]你同意以 5000 英镑的价格为我修缮房屋，我支付了 2000 英镑，你拒绝工作。我得面向将来解除契约，但不能切除一开始在你我之间订立的契约，在该契约中，你提供劳务的允诺即为我支付价款的允诺的对价，反之亦然。故，哪怕就我支付的金钱，我并未受领任何工作，也不得主张对价自始无效。无所受领这个事实无关紧要。法布罗萨案一举廓清，给付的对价是否完全无效这个问题，迥异于最初是否存在充分对价使得契约具有拘束力这个问题。故，自始撤销并非依该事由［对价无效］请求返还的要件。正如西蒙子爵（Viscount Simon, L. C.）在法布罗萨案中所说：

> "在英国法上，具有强制执行力的契约得以允诺换取允诺而成立，或者以允诺换取行为而成立（这里排除了盖印契约），故而，在涉及契约成立的法律中，做某件事的允诺往往得构成对价，但涉及对价无效的法律以及基于该事由请求返还金钱的准契约权利的法律，一般来说，被看作对价的则不是允诺，而是对允诺的履行。金钱的给付是为了确保履行，倘未履行，立约诱因即未实现。"[9]

第一个谬误是认为，对返还法来说，契约对价必须被彻底切除（cut away），才能认为"对价完全无效"，该谬误的根源在于，想当然地以为两块法律领域［契约法与返还法］是在同样意义上使用"对价"一词。第二个谬误亦根源于此。

二、种与属

"对价"与契约的联系很容易让人想当然地以为"对价完全无效"必须总是指契约对待给付无效，而事实上，这只是该属之下最普通的一种。在返还法上，应该为"对价"一词赋予其在普通法中崭露头角时的含义。"对价"曾经不过是指"所考虑者"（matter considered），做某事的对价即指在形成决

---

〔8〕　Johnson v. Agnew［1980］A. C. 367.

〔9〕　Fibrosa Spolka Akcyjna v. Fairbairn Lawson Combe Barbour［1943］A. C. 32, 48; cf. p. 72, per Lord Wright.

策时所考虑的事情。[10]简言之，对价指行为的原因、当作行为基础所考虑的事态。给付的对价无效即应在这种意义上理解。[对价无效]指的是，当作给付的基础或者原因而考虑的事态没有实现，或者已存在的话，未能持续。[11]

最常见的情形确实就是契约对待给付的无效。我与你订立的你为我修缮房屋的契约即为给付提供了明确基础：第一，你有义务从事该项工作；第二，在约定时间，应将工作成果落实。你拒绝履行义务，我将契约解除，这时，我的给付基础消灭，你不再负有义务，未做该项工作。曾经存在的基础不再存续，本应发生的事态未能实现。在这个例子里，是为了应对你的违约，我将契约解除，但没有什么要依靠该事实。履约受挫法律事实也是同样的结果，例如法布罗萨案。[12]原告是一家波兰公司，订购了一批机器并预先支付了1000英镑，这批机器应在嗣后运抵波兰。但在交付之前，纳粹入侵波兰，遂使契约目的实现受阻。原告成功拿回预付款项。

但给付的基础并不总是在契约中写明或者总是契约对待给付。例如，我对一栋房屋感兴趣，立即支付了小额定金，比如200英镑。我的意图仅仅在于表达诚意、建立友好关系。至于给付，还"有待签约"。一个月后，我取消了全部计划，契约未订立。我得要回那200英镑。[13]并无必要将案情事实曲解为默示契约，即你允诺，倘缔约谈判流产，你即应返还。这固然是支持返还结论的一条路径，却是过去对一切非契约性分析缺乏信心的表现。完全可以说，当我的购买欲一去不返，给付对价即无效。即便不存在关于案涉给付的契约，仍得存在这种意义上的对价。"有待签约"短语意味着（这是解释事宜），我的给付以契约成功订立为条件。也就是说，给付的唯一对价即为订立该契约。若无该契约，对价即无效。倘通过解释，得认为该笔给付意在用作防范我退出的制裁机制，情况即不同。如果这是给付的基础，当我撤回时，就不存在对价无效。[14]

---

[10] A. W. B. Simpson, *A History of the Common Law of Contract*, Oxford, 1975, 321.

[11] 《学说汇纂》对这种现象的表述是约定条件未成就（*causa data causa non secuta*，即基于无效对价所给予者）：D. 12. 4。

[12] Fibrosa Spolka Akcyjna v. Fairbairn Lawson Combe Barbour [1943] A. C. 32.

[13] Chillingworth v. Esche [1924] 1 Ch. 97.

[14] Cf. Howe v. Smith (1884) 27 Ch. D. 89；Mayson v. Clouet (1924) A. C. 980.

　　再假设，我与你就如下法律问题发生争议，即你对之主张权利的特定给付是否确实是应该给予你的。最后，"在等待法院就此存疑法律问题做出裁决期间"，我向你给付。法院做出于我有利的判决。同样，可以在这里构造出合意，我向你给付的对价是，你允诺在证据对你不利时偿还。[15]但没有必要这么做。我的言语已表明，我愿意让你取得金钱的基础是，法院将做出于你有利的判决。当法院判决对我有利时，该事态即未实现，换句话说，给付的对价无效。

　　你打算与我的外甥女共结鸳盟。我写给你如下文字："闻此佳音，甚感欢愉。祝福新人，快乐美满。附寄薄馈，以为婚姻之助。"随信附上5000英镑的支票。谁想婚约破裂，你必须归还该笔款项。[16]我已表明，婚姻是赠与的基础：这笔款项是为了婚姻的缔结，尤其是为了婚后生活而给付的。你并未同意偿还。硬要说这里存在一份偿还契约，实在过于牵强附会。只要说给付的对价无效，就足够了。在男女双方互赠订婚信物的情形，也适用同样的原则，但在解释方面有一些困难。[17]在戒指案中，制定法颠倒了过去的普通法推定。[18]于是现在的出发点就是，订婚戒指是不折不扣的赠与，不以婚姻缔结为条件。但赠与人仍得明示或者默示地做相反约定。倘明示或默示地附了条件，当然得请求返还。

　　赠与人为给予意思限定条件还有一种完全不同的情形，即要求受赠人将金钱用于特定目的。例如，我给你5000英镑，希望你用于反对猴子的活体解剖、对你女儿的教育或者清偿某宗债务。这是个很麻烦的主题，但麻烦主要在于意思表示解释工作，即要尽力回答如下问题：我增益于你的意思到底是绝对的（附加上我的苦口婆心），还是附条件的（只限于特定目的）？该解释工作在慈善领域之外被扭曲了，就为了避免得出赠与人为［非慈善］目的创设了信托的结论，盖该类非慈善信托无效，除非落实该信托目的能够促进可

225

　　〔15〕　As in Sebel Products Ltd. v. Commissioners for Custom & Excise［1949］Ch. 409；Cf. Banque de L'indo-Chine v. J. H. Rayner（Mincing Lane）Ltd. ［1983］1 All E. R. 468.

　　〔16〕　Essery v. Cowlard（1884）26 Ch. D. 191；Re Ames' Settlement［1946］Ch. 217；cf. Burgess v. Rawnsley［1975］Ch. 429.

　　〔17〕　Jacobs v. Davis［1917］2 K. B. 532；Coben v. Sellar［1926］1 K. B. 536.

　　〔18〕　1973年《法律改革法（杂项条款）》［Law Reform（Miscellaneous Provisions）Act］第1条至第3条第2款。

确定的人类受益人的利益；[19]而且即便扫清了这个障碍，还是会遭遇其他极为重大的实务和理论困难。[20]是以有强大压力反对得出如下结论，即赠与人意在以［非慈善］目的为给予的基础。[21]但这个不想要的结论仍然可以得到。一旦得到这个结论，当事人指定的该基础无效即意味着赠与无效。也就是说，不论是出于事实还是法律原因，若目的没有达成，依衡平法，受赠人即成为受托人，以归复信托形式为赠与人持有信托财产。[22]在指明特定用途的借贷契约中，亦可看到同样现象。我借给你 5000 英镑用以清偿特定债务，倘你未能清偿该笔债务，借贷基础即告无效，你将依归复信托为我持有财产。[23]

这些例子用来说明，当事人给付是为了得到契约对待给付（即受给付人依约定所为的对待履行），只是给予意思附限制条件这个更为一般的现象最为人熟知的例子而已。法布罗萨案即是为得到对待履行而给付，赖特勋爵道："给付自始附有条件，保有［金钱］的条件即为最终的履行。相应地，若条件未能成就，保有金钱的权利也就同时无效。"[24]这抓住了那个广义概念。保有金钱的条件可能是，既存的事态应维系自身至将来；或者受给付人应使这种情况发生；或者碰巧发生这种情况，不管是否为受给付人造成；或者同时存在前面的二三种情形。只有受给付人允诺让条件发生，才会同时存在附条件的给予与契约对待给付。在该通常情形，给付的对价（consideration for payment）与足以使契约成立的对价（consideration which suffices for contract to be made）之间会有交叉。

三、仅仅关注金钱

"对价完全无效"这个事实之为诉因，是在涉及取得和收到款项的简约之

---

[19]　Re Denley's Trust Deed［1969］1 Ch. 373.

[20]　特别是在针对不确定性、任性（capriciousness）以及永久性（perpetuity）的要件方面：cf. Re Astor's S. T.［1952］Ch. 534；Leaby v. A-G. for N. S. W.［1959］A. C. 457.

[21]　Cf. Re Lipinski's W. T.［1976］Ch. 235；Re Osoba［1979］1 W. L. R. 247.

[22]　Re Astor's S. T.［1952］Ch. 534；Re Shaw［1957］1 W. L. R. 729；Re Abbot［1900］2 Ch. 326；Re West Sussex Constabulary's Fund［1971］Ch. 1.

[23]　Barclays Bank Ltd v. Quistclose Investment Ltd.［1970］A. C. 567；Cf. National Bolivian Navigation Company v. Wilson（1880）App. Cas. 176.

[24]　Fibrosa Spolka Akcyjna v. Fairbairn Lawson Combe Barbour［1943］A. C. 32, 65.

诉中发展起来的。是以，就实物利益，很少听说以"对价完全无效"为返还事由。以"对价完全无效"为由请求返还所完成工作的价值，听来就很离谱，货物/动产类似。[25]假设我依买卖契约将一辆汽车交给你，期待得到约定的5000英镑价款。你未支付，我当然得提起契约诉讼。但我得否（哪怕仅在理论上）以"对价完全无效"为由对汽车价值提出请求？倘得以毁约为由而选择自始撤销，我将重新取得对汽车的权利（revest），那重归于我的汽车仍在你的侵占下，若有必要，我得寻求由该侵占而生的返还或其他救济权利。虽说在涉及土地的场合，近来曾与该进路有些瓜葛，[26][法律]终于还是选择了不同路径：就你的违约行为，我得选择面向将来而解除（termination *de futuro*），[27]这意味着你虽然尚未支付价款，但汽车仍是你的。经由自始撤销（rescission *ab initio*）而通往返还救济的道路既被阻塞，于是生出重要问题，即我是否得像"对价完全无效"情形那样对汽车的价值主张权利。答案一定是，原则上可以。相反的看法是谬误，该谬误主要（如将要看到的，并非全部）源于"完全无效"与返还金钱之利的诉讼［取得和收到的款项］在历史上的紧密联系。

227

给出上面答案的道理在于，这里的法律得适用于双方当事人，理性上要求对称处理，不考虑碰巧是哪方当事人先为给付。这样，如果我为汽车支付了价款，却未得到汽车，则我得请求返还价款，盖给付的对价无效。倒过来，如果我转让了汽车但未得到价款，原则上我当然得基于同样事由请求返还汽车价值，否则就要适用不同的法律，可又没有任何充分理由区别处理。在第二种假设情况下，除了案涉利益的性质，其他情节别无二致。倘在一种情况下，对价无效是充分返还事由，那么在另一种情况下也必然有同样效果。在［案涉利益表现为］完成工作的情形，完全一样。受领的利益虽性质有变化，返还事由（非关"得利"，指向"不当"）却为同一。你付我100英镑，要我为你焚烧垃圾；我依令而行，你却不肯付款。我得以"对价完全无效"为由请求"合理服务价款"（*quantum meruit*）。

这些主张，即原告得以"对价完全无效"为由请求返还货物或者劳务的

---

〔25〕 But see Pearce v. Brain［1929］2 K. B. 310, p. 315, per Swift, J.

〔26〕 Horsler v. Zorro［1975］Ch. 302.

〔27〕 Johnson v. Agnew［1980］A. C. 367.

价值，尚不为吾人所熟稔，故必须详细研讨，何以这些主张听起来如此陌生，何以必须小心区处。

（一）何以这些主张听起来如此陌生？

一为历史上的原因，一为分析上的原因。从历史事实看，将对价无效引入普通法，是为了解决返还金钱之利诉讼的适用范围，是该努力的一部分。倘若曼斯菲尔德勋爵将该诉讼看作罗马法上的返还之诉（condictio）在英国法上的对应物（看起来多半是这样），那么他一定会将英国法上的"对价无效"（consideration which happens to fail），[28]看作与罗马法上的"约定条件未成就"（causa data causa non secuta）对应的返还事由。[29]然而，英国法上的该诉讼不同于罗马法上的返还之诉，顾其名而知其义，其被系于金钱诉讼请求。倘原告主张的是实物利益的合理价值，就必须放弃"取得和收到的款项"，不得不基于被告的"特殊要求"构造词句形式。[30]在这些形式下，要说曾有过任何发展，据该发展，将受领满足得利要件的非金钱利益以及受领该利益的对价无效这两者结合起来，得从中"推断/默示"对给付的要求与允诺，这样的发展从未有过。换言之，在这个领域，并没有类似在伊格热昂诉帕特里奇案中所看到的发展，在该案中，将得利与强迫结合，得从中推断出［给付的］要求与允诺。[31]是以，在涉及实物利益时，之所以从未谈及对价无效，历史原因在于，在"取得和收到的款项"之外的简约之诉中，对价无效诉因从未扮演过任何角色，不论是正大光明的，还是隐而不彰的。

分析上的原因根植于如下事实，即试图请求返还非金钱利益的原告在得利问题上总是面临诸多困难。原告必须应对来自主观贬值的论辩。[32]最容易也最常用的办法是，证明被告自由接受了涉案利益。可是恰巧，自由接受不

---

〔28〕 Moses v. Macferlan（1760）2 Burr. 1005. 参见前文边码36—37。有很多迹象表明，曼斯菲尔德勋爵的摩西诉麦克法兰案判决受到罗马法影响，尤其是，将基于自然债务（naturalis obligaito）所为的给付排除在返还救济之外；列举提起诉讼的事由，遵循了《学说汇纂》将返还之诉适用于非契约案件时所用的分类法；以公正与善良（aequum et bonum）解释这些返还事由；将这些事由隶属于准契约（quasi ex contractu）债务范畴。

〔29〕 Digest, 12.4.

〔30〕 参见前文边码111以下。

〔31〕 参见前文边码186—187。

〔32〕 参见前文边码109以下。

仅能解决得利争点，本身也是返还事由，[33]故而，为了解决得利问题而不得不证明被告自由接受的原告，几乎不可避免地要依赖自由接受为返还事由，结果也就不会提及对价无效。在前例中，我将汽车转让于你而未得到付款，我多半得仅以你的自由接受为基础对汽车价值主张权利，不必劳心费力地固执已见，偏要提出另外的分析模式，在该模式下，以对价完全无效为指向"不当"的返还事由，仅依赖自由接受解决得利争点。看起来，没有明显的理由要舍易求繁。于是在实务中，原告的行为方式维护了各样诉讼程式造成的历史区分：当就非金钱利益的价值主张权利时，原告倾向于依赖自由接受。　229

倘认为该分析模式在理论上必要或正确，就会忽略如下事实，正如克雷文–艾利斯案表明的，[34]即便被告受领的乃为实物利益而非金钱，得利争点有时（尽管罕见）亦得依自由接受之外的其他标准来解决。这些其他标准并不像自由接受那样一身两任，并不能在解决得利争点的同时，将"不当"争点一手包办。克雷文–艾利斯得证明，他的工作对于公司来说是必要的，依"没有理性人"标准，公司得利，但仍必须确定返还事由。在该案中，返还事由为［认识］错误，不能乞援于自由接受。故而，该案立足于否定自愿性的因素与客观得利标准的结合。就错误之外的其他［不当］因素而言，同样的分析策略亦为可能，故得用于对价无效。

虽说此点尚未经研讨，却不能认为在理论上弱不禁风或疑窦百出。盖原告一旦克服得利难题（不论涉及的是金钱还是非金钱利益），再认为原告不能够援引在案件中有据可查的任何返还事由，那就太过荒谬，简直无理取闹。返还事由必须同样适用于一切得利形式。相反的观点源于未能区分"得利"争点与"不当"争点。虽说授予非金钱利益的原告得利用的返还事由看起来似乎比转移金钱的原告要少，但事实上，可援引的返还事由完全一样。涉及非金钱利益的返还法之所以相对薄弱，完全是因为给予金钱的原告在得利争点上不会遭遇任何困难。倘此论不谬，那么授予非金钱利益的原告得以对价完全无效为返还事由，这一主张虽属新鲜，却应无谬误。

（二）需要谨慎对待这些主张

不论这些于原告有利的主张在理论上多么有力，授予非金钱利益的原告

---

［33］　参见前文边码 104、116；参见后文边码 266 以下。

［34］　参见前文边码 118—119。

通常很难依该事由得到返还救济。道理诚如前面讲过的，他在得利争点上面临异常的困难。要增大得到返还救济的机会，法律处理得利争点的进路就必须做重大改变。或得以制定法实现变革。在履约受挫致对价无效的情形，立法已引入变革。[35]眼下的讨论只关注普通法，以便为立法或者其他改革打好基础。

这里原告的困难涉及不完全履行。前面的讨论用了这样的例子：原告将汽车转让给被告而未得到付款。在该例中，原告已完全履行。这正是依照契约，被告想要的履行。既完全履行，原告遂得成功主张，被告自由接受了履行；这样，如前面所说，原告得仅仅依赖自由接受，亦得结合主张对价无效与自由接受，仅以后者解决得利争点。可更为常见的是，争点在于不完全履行。据假定（ex hypothesi），不完全履行是被告不想要的履行，故绝不能说被告自由接受了不完全履行。[36]通常的得利判断标准遂被排除。法布罗萨案的案情若是颠倒过来，得为示例。[37]

在该案中，原告为机器的制造与交付预付了价款。在原告受领任何利益之前，契约目的实现受挫，原告以对价完全无效为由要回了价款。稍早的阿普尔比诉迈尔斯案，[38]除利益表现为非金钱形式外，其他与法布罗萨案一般无二。在阿普尔比诉迈尔斯案中，在契约目的实现受挫的时候，机器的制造人已完成转让。原告同意在被告的场地建造机器设施，价款已逐项列举，但应在全部机器设施安装完成后一并给付。工程进展顺利，但在任何得单独付款的部分完成之前发生大火，工程化为乌有。一审中，皇家民事法庭认为，原告得就已完成工作的价值主张权利，但财政署内室法庭的看法正好相反。该案判决以旁征博引的论证而引人注目，考虑了许多罗马法文本，可最后的判决却是典型英国式地，为应对火灾造成毁损的不测事件，"推断/默示"契约（right contract）。本案中的明示契约为不可分契约，故无从推断出在完全履行之前被告应为已完成工作付款的契约。

倘若将契约解释路径扔到一边，也不援引1943年《法律改革法（履约受挫）》，而是在自主的不当得利中为原告寻找诉因，就会发现，原告面临的困

---

〔35〕 1943年《法律改革法（履约受挫）》，参见后文边码249以下。

〔36〕 参见后文边码286—289。

〔37〕 Fibrosa Spolka Akcyjna v. Fairbairn Lawson Combe Barbour [1943] A. C. 32.

〔38〕 Appleby v. Myers（1867）L. R. 2 C. P. 651; cf. Cutter v. Powell（1795）6 T. R. 320.

难与 1867 年一样。依后见之明，法布罗萨案的原告有充分的返还事由：对价完全无效。在阿普尔比诉迈尔斯案中，原告提供的工作与材料的对价无效，正如法布罗萨案中预付款项的对价无效一样。故，阿普尔比诉迈尔斯案的原告就"不当"争点并未遇到任何困难。又由于工作与材料系从原告处直接转移至被告处，"通过牺牲"要件也不成问题。但必须证明非金钱利益亦为得利，这个常见难题却是原告无法逾越的。自由接受之外的其他得利标准总是很难满足，而原告又只完成了不可分契约下的部分工作，这一事实又将自由接受排除在外。倘契约可分并应按完成的部分或者工作的时间单位付款，则每个独立部分皆得被看作完全的和自由接受的履行。但案涉契约是不可分契约，故不能说［被告］接受了少于全部履行的任何内容。被告也从未表示愿意接受少于全部履行的任何内容。

在阿普尔比诉迈尔斯案中，由于目的的实现受挫，契约终止，对价无效。在下一节将会看到，在原告违约从而契约遭解除（discharge）的情形，适用同样的解释，正如森普特诉赫奇思案，[39] 原告建筑商已完成相当部分的工作，却将建筑契约弃置，就那丢弃不管的半完工建筑，原告的返还请求遭驳回。然而，倘契约解除既非原告违约，亦非目的实现受挫所致，而是被告违约，结论正好相反。在此情形，给予金钱的原告与授予非金钱利益的原告之间存在真正对称关系，而不仅仅是理论上对称。

在普兰谢诉科尔伯恩案中，[40] 原告签署了一份书面契约，为被告推出的"青少年图书馆"丛书撰写一部书稿。待原告完成部分工作，被告决定放弃出版计划并拒绝向原告付款。原告请求合理服务价款（*quantum meruit*）的主张得到法院支持。这很难解释。返还事由并未改变，但就得利争点而言，却不能说被告自由接受了原告的不完全履行。固然是被告的毁约/拒绝履行促使契约遭解除，但该事实无法改变他不会自由接受部分书稿的结论，原告从未交付全部书稿。最佳解释看来似乎是，基于案情事实，虽不存在自由接受，却存在"有限接受"（limited acceptance），这足以使得被告无法援引主观贬值论辩。也就是说，被告自由接受了全部工作，故在有限意义上，也接受了为实现全部履行而必要的工作。或会反对说，这种"有限接受"非为自己违约的

232

---

[39]　Sumpter v. Hedges［1898］1 Q. B. 673.

[40]　Planché v. Colburn（1831）8 Bing. 14；cf. Clay v. Yates（1856）1 H. & N. 73.

受领人所独有，在目的实现受挫或者原告违约导致契约终止的情形，对于受领了不完全履行的被告，也完全一样。然而，完全得合理认为，法院得凭直觉对违约的被告采取更为强硬的立场。简言之，"有限接受"可能是对有些被告不利的得利标准，考虑到对利益的受领，他对主观贬值的援引看起来不公平。普兰谢诉科尔伯恩案的权利请求很孤立（isolation），这可能不过是由于，有限接受之为得利标准，其效力及范围从未得到过彻底检视。倘正视这一问题，那么即便在其他情形下，"有限接受"亦得成为充分的得利判断标准。

以上几段旨在说明，授予非金钱利益的原告固得以对价完全无效为由请求返还，但除了针对违约的被告，原告在得利争点上多半会遭遇无法克服的困难。但还需要补充一点——消极的一点。诸如阿普尔比诉迈尔斯案这种情形，原告的困难并不在于被告未留下最后工作成果，没有适销的剩余物。困难仅在于原告无法证明自由接受；在不能证明自由接受的情形下，有限接受是否足够，尚未见先例。缺少适销的剩余物，实际上无关紧要。甚至在完全履行的情形，也通常是没有剩余物的。假设我决定拆除一座桥梁，这种服务无从计算，依其性质，亦无最终工作成果，但一旦履行完毕，基于自由接受主张权利即不再有任何障碍。事实上，依古老的诉状实务，主张合理服务价款的诉讼请求总是为主张契约价款的诉讼请求提供支持。[41]

原告要是能证明被告自由接受，没有最终工作成果这一点并不会妨碍原告的权利请求，同理，即便部分履行确实留下最终工作成果，就得利争点，也并不必然会给原告带来帮助。在森普特诉赫奇思案中，被告占有未完工的建筑，故受有利益，但原告不能证明被告自由接受，也就无法证明被告得利。[42]在有些情形下，原告不仅付出辛劳，还向被告提供了有价值的工作成果，原告得到返还的希望也就因该事实而大大增加。比方说，被告可能将适销的剩余物变现为金钱（例如出售经改良的汽车或房屋），[43]或者根据"没有理性人"标准，最终工作成果是有价值的，故法律不承认主观贬值；同样，正如将看到的，在考虑立法改革对普通法的影响时，最终工作可以很有份量。[44]

现将前述内容总结如下：不能想当然地以为对价完全无效是"取得和收

---

〔41〕 C. H. S. Fifoot, *History and Sources of the Common Law*, London, 1949, 363.

〔42〕 参见后文边码 239。

〔43〕 参见前文边码 121。

〔44〕 参见后文边码 251—252。

到的款项"独有的返还事由；该返还事由，正如一切返还事由，适用于一切形式的得利；不过，就请求返还非金钱利益的原告来说，除非被告违约或者原告向被告的履行并非不完全履行，否则成功的机会非常小；之所以论调如此悲观，盖在这种情形，原告几乎无法满足证明被告得利的任何标准；倘若非金钱利益留下了有价值的最终工作成果，那么这项证明任务有时（但非经常）会容易得多。

四、排除违约当事人

第四个谬误是，认为违约方当事人不能以"对价完全无效"为由请求返还。就对价完全无效，已经比较了两种不同观点：一种观点认为，对价完全无效总是根本违约事宜，而依该事由请求返还的原告也总是在主张契约对待给付全部无效。契约对待给付全部无效使得契约终止，并使得原告有权利请求返还。另一种观点则认为，契约对待给付无效不过是一个大属之下最常见的种，问题的本质则在于"基础无效"（failure of basis）或者"条件无效"（failure of condition）。[45] 只要同意契约观点，就会发现，违约方当事人不可能依对价完全无效事由主张权利，盖看起来很明显，倘一方当事人的毁约使得契约终止，不可能主张在实质上正是针对该违约行为的权利请求。吾人倾向的条件无效观点则导致不同结论。若是问题的实质在于，金钱得请求返还，是因为保有该笔金钱的条件无效，那么就很难理解，该条件的无效或者实现，如何会取决于在所考虑的法律事实发生或者不发生背后那远因的特征。前已述及，对价无效的原因是目的实现受挫抑或被告的违约行为，无关紧要。哪怕无效的远因是原告自己违约，原则上亦为真。盖保有得利的条件，要么无效，要么并未无效。

假设我给你1000英镑，让你为我修缮房屋。一周后，在你动工之前，我决定取消契约。也就是说，我毁弃整个交易。你接受我的毁约并解除契约，但未归还那1000英镑。毫无疑问，你得诉请损害赔偿，但你的损失多半远远低于我预先给付从而你得持有的那1000英镑。倘我得要回这笔款项，你就只能请求填补性损害赔偿金，结果是，我拿回的是你的损失与我的预先给付之间的差额。倘我不能要回那笔款项，你将由我的预先给付而获得意外利润。

---

〔45〕　参见前文边码223—226。

我能否要回那笔钱？一般认为，法律立场是，我虽违约，仍得请求返还；而且，正如那些对价无效的最终原因在于目的实现受挫或者被告违约的情形，返还事由仍是对价完全无效。不过这里有很大困难，盖判例并未明确承认原告造成对价无效的概念。

（一）金钱请求

从一开始就将对价并未无效的案件与对价确实无效的案件区分开来，这一点至关重要。前面审视过在"有待签约"前提下给付定金的例子，因给付的条件被解释为成功订立主契约，故原告得请求返还，哪怕原告自己造成对价无效。[46]假设根据具体案情，定金被解释为对给付人撤回的制裁，[47]或者定金的目的在于保留要约的效力（keep an offer open），让给付人有选择的机会。若给付人确实撤回，故未得到构成缔约最终目标的财产，那么在某种意义上，在契约终止时，虽给付了金钱，给付人却似乎一无所得。实际并非如此，对价并未无效。原告给付定金，是为了赢得受给付人的信赖与耐心，而受给付人也确实信赖给付人并为此等待。解释给付定金的具体情势及目的可知，"保有定金的条件"并未因给付人撤回或者毁约而无效。

再假设，我向你支付了一半购买价款。比如案涉汽车价值5000英镑，将于下周交付，我支付了2500英镑。然后我函告你，我改变了主意，不再想要那部汽车，也不再支付未付款项。你拒绝接受我的毁约。这时，对价并未无效。甚至假设，这笔预付款项并非用作惩罚性定金，不过是为了我自己的便利或者表达我得到汽车的急迫热情（是让我自己，而非你，更有把握顺利履行，扫除障碍），只要你仍受拘束并愿意交付汽车，给付的基础即不受影响。基于这些事实，你仍然交付了汽车，盖已假定，你拒绝解除契约。心不甘、情不愿的买受人（相对于心甘情愿的出卖人）并不能造成对价完全无效。[48]

再假设，在刚才的例子中，那2500英镑预付款确实用作惩罚性定金。你得决定解除契约，对价仍不会无效，原因前面讨论过。虽说依我最初的意思，

---

〔46〕 参见前文边码224。

〔47〕 Mayson v. Clouet〔1924〕A. C. 980.

〔48〕 Thomas v. Borwn（1876）1 Q. B. D. 714；Monnickendam v. Leanse（1923）39 T. L. R. 445；Heyman v. Darwins Ltd.〔1942〕A. C. 356. 但要注意，除非这么做有"合法利益"（legitimate interest），否则无辜/无恶意当事人不能维持契约效力（keep the contract open）：Clea Shipping Corp. v. Bulk Oil International Ltd.，the Alaskan Trader〔1984〕1 All E. R. 85.

给付变成了无条件的（unconditional），但我还是有得到救济的一线希望（理由完全不同于对价无效），即主张该金钱处罚及剥夺性质的给付负担过于沉重。[49]

倘若彻底排除对该给付的制裁性解释，即得把关键问题孤立出来讨论。倘你接受毁约，将契约解除，这样你得自由转售汽车，那么预付的 2500 英镑该如何处理？假设你我之间的交易有效，我同意支付 5000 英镑，但该车在市场上只能卖得 4500 英镑。你以该市场价将车转售，相较卖给我，你损失了500 英镑（得以我违约为由请求损害赔偿），但你又得到了我预先支付的 2500英镑，这样你的财产增加了 2000 英镑。已假定将给付解释为非制裁性质，如此结果难谓正确。虽说是我的违约行为引起，但你将契约解除，也就消灭了你保有给付的条件，如果这么讲是正确的，就要避免前面那个结论。

在戴斯诉英国国际矿业及金融公司案中，[50]原告向被告购买军火，价格为 13.5 万英镑，预付了 10 万英镑。由于不能受领交付，原告试图要回预付款。契约中有专门条款涉及该笔金钱，但该条款只适用于目的实现受挫情形，而根据案情，却是买受人违约。斯特布尔法官（Stable, J. ）将预付款解释为非制裁性质并判令返还。法官的推理模式，吾人甚为熟稔：返还救济取决于对契约本身的解释。法官并未全面检视不当得利法上的诉因。诚然，斯特布尔法官认为返还事由并非对价完全无效，确实走得太远。但他之所以这样讲，显然是为了避开如下主张，即不情不愿的买受人不能将对价无效强加给心甘情愿的出卖人。故法院并未考察如下问题，即出卖人是否并未接受毁约并（虽说是应对措施）解除契约，从而使得对价无效。*但这是支持返还结论的最妥当的解释。只有出卖人仍然持有军火，准备好了并愿意交货，才能说对价并未无效。

在某个方面，戴斯诉英国国际矿业及金融公司案很清楚。买受人为军火支付了款项，却一无所得。故，除非是买受人自己造成这一切，否则买受人很清楚地遭遇对价完全无效。这不同于提供劳务或者提供劳务及材料的契约。在后种情形，原告很可能已获得谈判指向的使用收益的一部分。假设你欲将

237

---

[49]　参见前文边码 213—216。

[50]　Dies v. British and International Mining and Finance Corporation［1939］1 K. B. 724.

* 译按：作者的意思应该是，最妥当的解释就是，出卖人接受毁约并解除契约。

村舍修葺一新，与我订立价款为 15 000 英镑的劳务契约，并预付 5000 英镑。待我刚刚卸下屋顶并打算清理内壁时，你却突然撕毁契约。即便我接受你的毁约，从而将契约解除，你也不能拿回那 5000 英镑，盖你已取得部分工作的利益，对价并未完全无效。[51]

在现代重工业公司诉帕帕多普洛斯案中，[52]这一点表现得不那么直接。现代重工业公司为一家利比里亚公司建造船舶，依照契约，价款应在施工期间分期支付。契约中有专门条款，详细规定了在逾期付款情况下的解约事宜。帕帕多普洛斯是担保人。[定作人] 有笔分期款未缴纳；现代重工业公司取消契约并要求担保人支付剩余款项。上议院肯定下级法院判决，认为担保人负有责任。其中三位勋爵还认为，尽管契约在付款期日届至后遭解除，利比亚公司仍应支付分期款。这就相当于说，只要款项已支付，哪怕没有取得船只，也不能请求返还。这样本案与戴斯诉英国国际矿业及金融公司案的结论之间就存在某种紧张关系，[53]但区别在于，本案不是单纯的买卖契约。[利比里亚] 公司应在施工期间付款，故分期款并不单纯是预付未完工船舶的价款，还是对已完成的或进展中的工作单位成果的报酬。换言之，本案接近于前面的村舍修葺案，而非戴斯诉英国国际矿业及金融公司案。倘款项已支付，而非仅仅得请求支付，那么阻却返还的理由即不得是原告违约，而是给付的对价并未无效。

即便这个解释是对的，在此类案件中，受领了预付款的当事人仍可能获得隐蔽的意外利益。付款人不能请求返还，盖就其给付已有所受领，但不能请求返还的预付款，数额可能远远高于部分履行的价值或者预付人毁约造成的损失。这样，受领人持有的利益就可能大于通过对合理服务价款主张非契约权利或者对填补性损害赔偿金主张契约权利所能得到的数额。这种意外利益源于对价完全无效要件，道理稍后阐述。[54]

前面几段所持立场为，倘给付的对价完全无效，违约方当事人亦得请求返还金钱。必须仔细考察，给付的基础到底何在。一旦明确保有金钱的条件

---

〔51〕 参见后文边码 242 以下。

〔52〕 Hyundai Heavy Industries Co. Ltd. v. Papadopoulos〔1980〕2 All E. R. 29.

〔53〕 See in particular p. 33, per Viscount Dilhorne; p. 40, per Lord Edmund Davies; p. 44, per Lord Fraser.

〔54〕 参见后文边码 242—245。

无效，哪怕是给付人自己的违约行为造成，亦无关紧要。

（二）非金钱利益

倘违约方当事人给予他方当事人的是非金钱利益，其处境又将如何？从金钱转向实物利益时的那些技术事项，不必重复讲述。此时仍然适用同样的法律，但在得利争点上有些细致操作。在判例法上，就非金钱利益，返还的机会很小。但不能说判例法是否已给出定论，盖得利问题从未被拿出来单独讨论。据假定（ex hypothesi），这种情形下的原告在完全履行之前抛弃了契约，故除可分契约下已完成的部分或者案涉利益在契约解除后仍得重新接受（fresh acceptance）之外，不能证明自由接受。判例法并未探讨得使违约原告对付主观贬值的其他方法。

在森普特诉赫奇思案中，[55]原告建筑商将未完工的房屋遗弃在被告的土地上，建筑材料亦弃置不顾。上诉法院拒绝就建筑物判给合理服务价款。对散落四处的建筑材料，土地所有权人仍得选择是拒绝还是接受，对房屋则别无选择。1858 年的芒罗诉巴特案与本案几乎一样。[56]在该案中，坎贝尔勋爵（Lord Campbell, C. J.）否决了任何有关［自由］接受的主张："哪怕只是拆毁并替换此前所做的一切，所有权人大概也必须占有该居所。单纯的占有又怎么能够推断，［当事人］放弃了特定契约或者订立一个新契约的前提条件呢？"[57]这一思路假定自由接受（以及约定的自由接受*）是原告唯一的救济路径。但从前面的讨论可知，原则上，原告亦得以对价无效为返还事由，并寻找任何可行的得利标准。

原告的瑕疵履行越是接近完全履行，高度重视这个问题的必要性就越显得急迫，直到突破实质履行规则的障碍。[58]一旦原告已"实质履行"，即得

239

---

[55]　Sumpter v. Hedges［1898］1 Q. B. 673；cf. Forman & Co. v. S. S. Liddlesdale［1900］A. C. 190.

[56]　Munro v. Butt（1858）8 E. & B. 738.

[57]　Ibid., 753. 译按：放弃［契约］的前提条件（waiver of conditions precedent），在前提条件/先决条件不再可能或不切实际的情况下，表示放弃，不再受该条件约束，虽未满足这些条件，仍继续履行契约。

＊　译按："约定的自由接受"（contractual free acceptance）这个表述首次出现。

[58]　Hoenig v. Isaacs［1952］2 All E. R. 176；Bolton v. Mahadeva［1972］1 W. L. R. 1009. 译按：实质履行（substantial performance），指对某一份合同虽非完全履行，但已善意地根据合同履行了其中主要的、必须的内容。该种履行仅与合同规定存在某些细小的或相对次要的不同。《元照英美法词典》，第 1304 页。

提起契约诉讼。故，在履行还算不上非常"实质"的情形，森普特诉赫奇思案的消极结果最让人痛苦。在这组案型的核心位置，最为棘手的案情为，根据常识，得认为原告已实质履行，但就法律问题而言，原告在技术上实施了毁约行为，使得他方当事人得解除契约。还有，在得利这个关键争点上，"自由"接受与"有限"接受之间的缺口也就变得非常狭窄了。

虽毁约却并不具有实质性，在海上货物运输中有这样的例子。倘船舶偏离约定航线，不论偏离多么微不足道，他方当事人皆得结束契约。可货物或许仍在约定时间抵达目的地。在海因轮船公司诉泰莱公司案中，[59]赖特勋爵说道：

> "试举一非常可能的情形。装载着冷冻肉的蒸汽船舶从澳大利亚驶往英240 国，船舶偏离航线，停靠于通常或允许的航线之外的港口：不过多花了几个小时充入蒸汽，除了微不足道的耽搁，并未引起什么麻烦。货物及时运抵英国的指定港口。货物所有权人实际上取得了一切契约利益；这艘船舶对货物所有权人来说可算物尽其用，船员、燃料、冷冻设备、运河税、码头费用、装卸工作，不一而足。而就船舶所有权人来说，在曾经偏离航线这个技术意义上，他是不法行为人，但除此之外，在这漫长的航行中，他一直尽职尽责地履行着海上承运人的艰难职责。"[60]

就该案本身而言，主要争点是共同海损分摊。一艘运糖船从古巴出发，船长收到船舶所有权人的无线电消息，知道无法联络到下一停靠港，遂折返航向。船舶随后搁浅，不得不将可挽救的货物转移至另一船只上。泰莱公司是收货人。船舶所有权人同意放弃共同海损留置权（lien for general average），但以依劳埃德保险社共同海损协议支付一大笔现金担保为交付货物的条件。*主要问题在于，泰莱公司是否对共同海损协议下的分摊额负有义务，另外还有一个对小额未付运费的诉讼请求。上议院认为，根据案情，在任何阶段，

---

〔59〕　Hain Steamship Co. v. Tate & Lyle Ltd.　［1936］2 All E. R. 597.

〔60〕　Ibid. , 612.

＊　译按：共同海损分摊（general average contribution），共同海损发生后，所有受益方按各自的分摊比例分担共同海损的全部损失金额。《元照英美法词典》，第596页。共同海损协议书、共同海损担保书（average bond），货主为使其托运货物及时得以交付而与船长签订的协议，即保证在发生共同海损的情形下，支付其相应的海损分摊金额。《元照英美法词典》，第122页。

都没有人意图让收货人承担运费。运费应由纽约的租船人负担。由于这个让泰莱公司单方受益的意思（gratuitous intent），赖特勋爵所举例子中提出的问题并未最终解决。倘该问题产生，（由于偏离航线，契约已被解除）船舶所有权人就完成的工作得否请求合理服务价款？上诉法院认为不能。上议院的附带意见倾向于认为，规则不应太过僵化，但还是将此点留待开放讨论。[61]

要解释这样的合理服务价款，绝非易事。像赖特勋爵举的那个澳大利亚冷冻肉的假设案例，依案情事实，毫无疑问，工作的对价无效，就像戴斯诉英国国际矿业及金融公司案这样的金钱案件一样。这里的疑难仍然涉及得利。倘不存在自由接受（原告违约，使得原告提供的服务不是被告想要的），那么唯一的解释似乎是，即便在违约原告向违约受害人主张权利的情形，上议院也愿意考虑将"有限接受"当作充分的得利标准。[62]如果这是对的，即提出如下待决问题：是否甚至在所有那些履行并不仅仅在技术上存在瑕疵的案件中（如森普特诉赫奇思案），都不应适用同样的标准。其效果是极大削弱如下规则的影响，即就不可分契约来讲，必须实质履行，才能依该契约主张权利。[63]

就海因轮船公司的合理服务价款请求来说，法国–突尼斯船舶装备公司案得提供些许支持。[64]案涉货轮依租船契约，要将一船铁矿石从印度默苏利珀德姆经苏伊士运河运往意大利热那亚，就在装船前夕，1956年战争爆发，运河不能通行，只好绕道好望角。部分依据海因轮船公司诉泰莱公司案的附带意见，皮尔逊法官（Pearson, J.）判定轮船所有权人得就那段更长的运输请求合理服务价款。但有两点不同于海因轮船公司诉泰莱公司案。第一，导致契约解除的事件系目的实现受挫，而非承运人违约。租船人确实希望维持原始契约，为那段更短的运输支付运费。第二，这里大概没有必要利用任何有限接受概念。看起来，租船人在装船之前已经完全了解全部事态以及运河将会关闭的前景，至少在启航后一天，知道船舶所有权人主张契约目的实现受挫。在此案情下，十有八九可能认定租船人完全自由接受。在该案

241

---

〔61〕 At p. 603, Lord Atkin; p. 604, Lord Thankerton and Lord Macmillan, conc.; p. 612 f, Lord Wright; p. 616, Lord Maugham.

〔62〕 Cf. Planché v. Colburn（1831）8 Bing, 14（针对违约当事人的诉讼请求）. 参见前文边码232。

〔63〕 参见前文边码220、232。

〔64〕 Société Franco Tunisienne D'Armement v. Sidermar〔1961〕2 Q. B. 278.

中，案情事实并未在这个有难度的范畴下考察。皮尔逊法官的判决稍后被推翻。合理服务价款未得到更多考虑。盖上级法院认为，原始契约根本未被解除。[65]

就此结束本章的第一部分。在这四小节中，第一小节让吾人重新注意到，即便案情事实表明，契约形成有充分对价，在返还法中，亦得以对价完全无效为事由。第二小节指出，契约对待给付无效仅仅是对价无效这个大属之下常见的一种，而对价无效还包括财产转移的非契约性基础无效。第三小节试图说明，不同于传统用法，称作"对价完全无效"的返还事由得适用于得利非为金钱的情形。第四小节则旨在证明，假设对价确实无效，且原告（在给予非金钱利益的情形）能够克服那个事关得利争点的经久未决的难题，那么即使违约当事人，亦得以对价完全无效为返还事由。

第二节　完全无效的要件

本节篇幅不长，专门考察何谓"完全"。有两个问题：为何必须完全无效？何者构成完全无效？

一、为何必须完全无效？

最便宜的出发点出乎意料。假设你为我建筑房屋或者为我的公寓安装中央供暖系统，工作将半，我毫无理由地撕毁契约。你当然有权利请求合理服务价款，哪怕是"不可分"（entire）契约。这是针对违约的被告，就不完全履行亦得请求合理服务价款的例子。前面说过，最佳分析模式为：对价完全无效（返还事由）以及有限接受（得利判断标准）。[66]现在假设我预付了款项。我撕毁契约时，你完成了一半工程并受领了10%的价款。从未有人主张，受领预付款会妨碍请求合理服务价款，而且一下子就能看出，也不该妨碍，盖在给予合理补偿的工作中准许该请求，并不存在任何困难。有两个办法：或者通过简单算术，将预付款从补偿中扣除；或者，将返还预付款当作完全补偿的条件。这表明，倘逆返还轻而易举，完全（total）无效要件消失。换

---

[65]　Ocean Tramp Tankers Corporation v. V/O Sovfracht [1964] 2 Q. B. 226.

[66]　参见前文边码232。

言之，假设得认为，原告所规定的对价归于无效，那么原告受领了部分想要的东西这个事实并不会挫败其返还请求权，只要没有什么事情妨碍原告抵消或者返还受领的利益。

现在假设当事人的位置颠倒，我向你支付了全部价款，而你在半途放弃了工程。现在我不能请求返还价款，盖对价并未完全无效。何以如此？原因即在于（这回反过来）逆返还有巨大困难，而这也是在涉及实物利益场合总是会遇到的同样困难。这完成了一半的履行，其价值难以金钱估量，故无法返还或抵消，也就使得我无法要回全部或部分预付的款项。

但得主张，在这个场景下，估价的困难不应夸大，而且即便没有立法帮助，普通法也能发展出返还与逆返还的规则。先前遇到主观贬值难题的场景是，原告请求不愿意支付的被告返还此种利益。在请求返还取得和收到的款项并且希望能够抵消实物利益的情形也是一样，但在一个重要方面有例外。一般困难还是一样，即为通常是依当事人之间的合意确定价值的案涉利益估价，但是那个其主观评价应被考虑在内的当事人，也就是利益的受领人，现在是原告，且处于丧失预付款的危险中。结果当然还是不想付得太多，可原告不会再强烈主张主观贬值，盖为了收回（不管多少）给付的金钱，他必须逆返还。简言之，如果法院摆脱估价困难的办法是向被告的观点严重倾斜，原告也不会反对。有一点总比没有好。

当事人的这个策略思路表明，在逆返还情形，非金钱利益的估价工作带来的麻烦较少，盖面对急切希望于己不利的所有疑难得到解决的当事人，法院不会轻易拒绝处理该难题。但就这个争点，还有另外的办法。得如是分析，认为这里包含两个分立的权利请求：我希望拿回金钱，你希望得到那部分工作的价值。前节提出如下论点：哪怕是你违约并且是你自己造成对价无效，要想主张普兰谢诉科尔伯恩案的诉讼请求，唯一的障碍也只是得利争点，以及（尤其是，倘涉及此事宜）"有限接受"能否构成充分得利标准的问题（哪怕针对并未实施不法行为的当事人）。假设问题的解决对于你的诉讼请求有利，那么你就没有什么阻碍了，盖如前所述，普兰谢诉科尔伯恩案的诉讼请求不会仅仅因为你受领了部分期待的给付而无效。就你的合理服务价款与我的预付款的差额，如果你的请求得到支持，我的也必然得到支持。这些路线上的发展，不过就是普兰谢诉科尔伯恩案得利立场的一般化，影响非同小可。这一法律领域将被带上已为1943年《法律改革法（履约受挫）》所开辟

243

244

的道路上。[67]

这些讨论主张，完全（total）无效要件起到了外围工事的作用，法院遂得避开不愿意涉足的非金钱利益估价难题。得反对说，并不限于此。是以有理由说，夸大完全无效要件，认为以对价无效为事由的返还请求要想成立，必须先满足完全要件，其中一个原因就是要维护如下观念，即违约情形的通常救济方式是填补性损害赔偿金：提起不当得利诉讼的难度越大，越多当事人会将违约赔偿看作常规救济，这些表面上相互冲突的救济原则引起的难题就会越少。

这是会带来危险的鲁钝观点，盖在很多情形下，基于对价无效的权利请求并不会跟损害赔偿请求相冲突（例如，契约因目的实现受挫而遭解除，或者给付人并未将保有财产的条件明确表述为得主张的契约对待给付）。另外，从逻辑上讲，只是在回答契约是否已被解除时，才需要加以控制。在契约被解除之前，唯一的救济方式即为违约损害赔偿。盖在利益的对价是契约对待给付的情形，在契约被解除之前，对价不会无效，给付的原本基础即为他方当事人的履行义务。一旦履行义务消灭（除非通过履行，盖如此，条件实现而给付为自愿），从逻辑上讲，再想将原告通常可得的两个赔偿原则拒于门外，为时已晚。

不过，即便在理论或逻辑上承认原告得提起这两种不同的诉讼（一个基于违约，另一个基于对价无效），亦得出于某些逻辑之外的原因，抑制其中某一种。这样的人为抑制，政策理由何在？答案在于，生于两种诉讼的两个救济标准不一致，将原告限制于其一，得使法院免于连篇累牍地（但又可行）解释这二元体制。[67a]这种人为抑制其中某一诉讼的可能性，让人试着得出结论：并非为了避开评估部分履行的金钱价值这个困难工作，之所以抱住对价完全无效要件不放，一个直观原因可能是，彻底坚持该要件，得大大减少那些两个赔偿标准相冲突的案件数量。正是这个"完全"（total）要件，让因对价无效而发生的返还变得稀见罕闻，而且这个稀见罕闻（不论多么矛盾）不需要太多解释。

---

〔67〕 参见后文边码 249 以下。

〔67a〕 参见曼斯菲尔德勋爵在摩西诉麦克法兰案判决［Moses v. Macferlan（1760）2 Burr. 1005, 1013］中对达奇诉沃伦案（Dutch v. Warren）的讨论。

二、何者构成完全无效？

不管是依前述思路解释普通法，还是立法改革，这些发展都使得［何者构成完全无效］这个问题不那么重要了；但就眼下来说，还是得问。答案的关键在于，"完全"一词通常严格依字面意思解释。但在某个方面，运用了解释技巧（artifice）。[*]

首先需要知道，被告得保有利益的条件是什么。盖下面的立场完全可以与通常有利于被告的严格进路共存，即被告完成的工作或者承担的费用并不妨碍对价完全无效，除非确实构成（至少）条件的部分实现。法布罗萨案即为例示。[68]波兰公司订购了一批纺织机器并预付了 1000 英镑，在契约目的实现受挫之后，要求返还款项。英国公司拒绝返还请求，主要理由是，为将机器装船，已经做了大量工作。但波兰公司仍得到法院支持。盖这是买卖契约，约定了格丁尼亚到岸价格（成本、保险费加运费），而不是提供劳务及材料的契约。原告的那些工作仅仅是预备性的。付款的基础是付款人受领机器本身。

但如果被告的工作构成了条件履行的一部分，而不仅仅是条件履行的预备，即不能再说对价完全无效，除非原告能使自己恢复到最初的状况。正是在这里，有了扩张金钱性质逆返还的必要。盖法院不愿意评估部分履行的价值，就意味着任何返还（以便重建完全无效）的可能性都很小。提供的服务无法返还，对有体财产的使用收益亦然。甚至在明确有必要返还之前，有体财产经常已被消费掉了。故一旦条件开始得到履行，就没有多少返还机会了。

在温克普诉休斯案中，[69]原告将其子送至钟表匠处做学徒，支付了为期 6 年的学徒费用，谁知一年后，钟表匠弃世而去，原告不能请求返还任何费用，盖对价并未完全无效。倘钟表匠是在契约订立一个月甚至一周后即与世长辞，情况又将如何？答案还是一样。在亨特诉西尔克案中，[70]原告［承租人］订立了一份不动产租赁契约，必要手续［由出租人］在 10 天内完成。案涉房屋亦由出租人修缮。原告支付了 10 英镑并获允占有。被告［出租人］并

246

---

[*]　译按：artifice，奸计、诡计。《元照英美法词典》，第 102 页。

〔68〕　Fibrosa Spolka Akcyjna v. Fairbairn Lawson Combe Barbour［1943］A. C. 32.

〔69〕　Whincup v. Hugbes（1871）L. R. 6 C. P. 78.

〔70〕　Hunt v. Silk（1804）5 East 449.

未修缮房屋，待 10 天届满也未完成手续。亨特抗议几天无果，遂接受被告的毁约并搬离。亨特不能要回那 10 英镑，盖对价并未完全无效。有好多论据提出来，以削弱亨特诉西尔克案路径的严厉性质，并将该案解释为确认（turning an affirmation），似乎亨特败诉不过是由于未及时放弃契约。但除了在法不干琐事原则（de minimis）得到合理适用的情形，*这绝非最佳解决之道。一个被稀释的［对价］完全无效概念只会让人摸不着头脑。对金钱形式逆返还的扩张也使得那些花招毫无必要。

　　［对价］完全无效与解除不一致。即便不再可能主张对价完全无效，契约解除仍有可能。在约曼信贷公司诉阿普斯案中，[71] 租购契约的标的物汽车在交付时不适合上路，虽出厂不过 5 年，却是瑕疵累累，刹车系统、离合器、转身装置，无一不成问题，一个半钟头只能跑出三四里远。阿普斯不屈不挠，虽牢骚满腹，却试图将车修好。他支付了 3 个月的分期款，但最终放弃了无用功并拒绝接受汽车。得认为他有权利这样做，但他却不能主张对价无效。如果他打一开始就拒绝接受，那就存在对价完全无效。但他却试图维系契约并且占有使用了汽车，这样白白折腾了好几个月。

247 　　还有一系列案件看起来倾向另外的路径，支持原告并改变了完全无效概念的性质。从罗兰诉迪瓦尔案开始，[72] 向来的看法是，倘契约目的是授予付款人权利（比如依买卖或租购契约），若是财产未转移，则对价完全无效。在这件指导判例中，汽车交易商罗兰于 1922 年 5 月以 334 英镑自迪瓦尔处购买了案涉汽车，在 7 月末，罗兰又以 400 英镑将车转售于雷尔斯顿上校。9 月，警方将车从雷尔斯顿处取走，盖在迪瓦尔购得该车之前，该车就已是赃物。保险公司赔付了最初所有权人因失窃所遭受的损失后取得汽车，罗兰偿还了雷尔斯顿 400 英镑，而后又以 260 英镑重新自保险公司处购得该车。罗兰转而要求第一次的出卖人迪瓦尔归还 334 英镑价款，理由是对价完全无效。布雷法官（Bray, J.）认为，罗兰与雷尔斯顿占有使用该车 4 个月，故对价并未完全无效。上诉法院以一致意见推翻原判。阿特金法官（Atkin, L. J.）写道：

　　"在这种情况下，待买受人发现违反合同条件时，已经受领并使用了货

---

*　译按：应该是指 10 英镑微不足道。

〔71〕　Yeoman Credit Ltd. v. Apps［1962］2 Q. B. 508.

〔72〕　Rowland v. Divall［1923］2 K. B. 500; 129 L. T. 757.

物，这一点对法律效果是否有影响？在我看来，这无关紧要。出卖人信誓旦旦，称自己有处分权，买受人这才接受了货物，但事实上出卖人并无处分权，他也不能将任何使用权利转让给买受人。出卖人不能说：'你已经取得了你对之并不能主张权利的案涉契约下的利益，这一点［取得利益］必须被考虑在内。'在我看来，在此案情下，买受人并未受领分毫其有权受领者。买受人并未受领货物，并未受领占有货物的权利，据此案情，对价实实在在完全无效。"[73]

"买受人并未受领货物"。实在讲，他确实受领了货物，但并未受领持有货物的权利；这已足够。此后，还有一些更为极端的案件。在巴特沃思诉金士威汽车公司案中，[74]原告的类似请求得到法院支持。原告自被告处购买了一辆汽车，差不多一年后，才发现自己并无权利。这辆车最初是由某租购契约的承租人出售，虽已将车脱手，该承租人仍继续支付分期款。在巴特沃思对金士威汽车公司提起诉讼后不久，该承租人支付了最后一笔款项，从而取得全部权利。故，若不是巴特沃思动作快，他也就无可诉请，谁让他免费使用了一年呢。

得如是理解这些案件，也就是将保有金钱的条件解释为受领权利，等于说，随权利而生的占有使用并不相干，正如法布罗萨案中的预备工作并不相干。但得更为简洁地表述该看法，即买受人没有必要逆返还，盖买受人应该让与的利益，是出卖人原本就无权利给予的：不是出卖人能给的，故也不能想着讨回。[75]可法律委员会的临时建议却是，买受人以对价无效为由讨还价款的，对表现为占有期间使用案涉汽车的非金钱利益，应受之泰然。在涉及提供货物场合的其他难题时，该临时建议应该得到更多重视。[76]

不能说法院对权利瑕疵的立场始终一贯。在林茨诉巴勒斯坦电缆公司案

[73]　Rowland v. Divall［1923］129 L. T. 757, 760. 这段话在判例汇编（*Law Reports*）中没有这么完整。译按：违反合同条件（breach of condition），指不履行合同的根本性条款，其在效果上相当于拒绝履行合同，故对方当事人以此可终止合同并要求赔偿损失。《元照英美法词典》，第172页。

[74]　Butterworth v. Kingsway Motors Ltd.［1954］1 W. L. R. 1286.

[75]　Cf. Goff and Jones, p. 375 f. "但看起来，他［买受人］并未通过牺牲出卖人而享受案涉利益；就案涉汽车在这段期间的占有使用（intermediate use），出卖人并无获得补偿的权利，盖出卖人并未被剥夺对某辆其享有权利的汽车得占有使用［的利益］。"

[76]　Working Paper No. 65（1975），para. 79；see now Law Com. 121（1983）para. 1. 12；参见后文边码423以下。

中，[77]原告购买了被告公司的股票，股票发行因未经核准而无效，但法院认为原告不能主张对价完全无效。原告将股票出售给第三人（正如罗兰诉迪瓦尔案中的原告一样），但很难讲，与第三人的这个瑕疵买卖怎么会影响第一个契约下付款的对价是否无效这个问题的答案。

在这段光谱的顶端假设如下案例（尚无先例）：你将属于第三人的食物或饮料出售给我，正如罗兰诉迪瓦尔案中的汽车一样，我将这馔饮消费一空。我还能说对价无效吗？倘可以，那就是既要留着蛋糕又要吃掉蛋糕的好例子，但箴言"以消费取得孳息"（*consumptos suos facit*）大概会给出相反的结论。*通过消费，食物及饮料成为我的；于是纯属偶然，我最终成为所有权人，虽非通过你的行为，但条件终究实现［，故不得请求返还金钱］。

第三节　立法改革

249　　在某些领域，制定法已修正了普通法的原则。最为重要的变革发生在履约受挫情形。

一、1943 年《法律改革法（履约受挫）》

紧跟着法布罗萨案，1943 年这部法律［The Law Reform（Frustrated Contracts）Act］引入重大变革，非关履约受挫规则，而是契约解除之后的返还规制。［新规制］适用于大多数契约，但非全部契约。[78]不久以前，还没有什么讼案为这部法律的解释贡献绵薄之力，但现在有了英国石油公司诉亨特案，[79]该案初审安排给时任法官的戈夫，真是让人高兴的事情。这件著名案例涉及的主要是关于非金钱利益返还的制定法规定。

---

〔77〕　Linz v. Electric Wire Co. of Palestine ［1948］A. C. 371.

*　译按：占有人善意消费之孳息属于自己（*Bona fide possessorfacit fructus consumptos suos*）。参见郑玉波：《法谚》（二），法律出版社 2007 年版，第 230 页。

〔78〕　第 2 条第 5 款将以下情形排除：（a）某些租船契约（charterparty）以及所有的海上货物运输契约；（b）保险契约；（c）在风险转移给买受人之前因货物毁损而目的实现受挫的特定物买卖契约。

〔79〕　B. P. Exploration Co.（Libya）Ltd. v. Hunt（No. 2）［1979］1 W. L. R. 783. 戈夫法官的判决在上诉法院及上议院（只处理了狭窄的争点）得到维持，现仍为对法案最重要的阐释。［从初审到上议院的］三审判决一并见于［1982］1 All E. R. 925。

该法的基本原则是，废弃对价完全无效进路，改采"相互返还"（mutual restitution）进路。倘有可能将"相互返还"与"伴随逆返还的返还"（restitution with counter-restitution）区分开来，前一进路或许更为准确，盖在一方当事人给付的是金钱而他方当事人给予的是实物利益的情形，该法的主要方案的确会考察两个分立的诉讼请求。主要是由于英国石油公司诉亨特案，首先考虑非金钱利益会比较方便，当然，这就颠倒了该法本身的顺序。

（一）非金钱利益：第1条第3款

"倘契约任一方当事人，由于他方当事人在契约履行过程中或者以契约履行为目的所为的任何行为，而在契约解除之前已经获得了（金钱给付之外的）有价值的利益，则该他方当事人得请求他［受益方当事人］返还（倘有），由法院考虑案件所有客观情势，尤其是下列事项，确定恰当数额，但不得超出该利益对获得利益一方当事人的价值：

（a）受益方当事人在契约解除之前于契约履行过程中或者以契约履行为目的而负担的任何费用的数额，包括他依照契约向任何他方当事人已付的或者应付的数额，以及该他方当事人依前款所保有的或者可请求的数额，以及

（b）导致契约目的实现受挫的客观情势就所说利益产生的影响。"

该款规制非金钱利益，赋予法院判给恰当数额的自由裁量权，规定了恰当数额的最高界限，以及必须考虑的因素。主要问题归结为两点：最高额度是多少？何为恰当数额？在检视这些问题之前，稍耽笔墨，简陈英国石油公司诉亨特案的案情，当很方便。

大略言之，亨特于1957年自利比亚政府手里获得石油开采权，在指定的那片黄沙之下是否蕴藏有达到商业数量要求的石油，尚不可知。亨特并没有资源亲历亲为，遂与英国石油公司订立契约，由英国石油公司勘探及（倘储量充分）开采。亨特将一半开采权让渡给英国石油公司，回报是，英国石油公司负责全部勘探工作并（甚至还不知道冒险能否成功）向前者给付金钱与石油，称"入伙额度"（farm-in contributions）。一旦发现油田并投产，亨特必须放弃他那一半石油的3/8，以补偿英国石油公司全部投机性投资的一半，直到通过这种方式，参照亨特的一半开采权，英国石油公司得到的补偿达到其投入的125%（而不是100%）。这样，英国石油公司就承担了找不到石油的巨

大风险，但若冒险成功，就能从石油收益中得到补偿。最终，英国石油公司发现了富饶的油田，投资没有打水漂。

契约于 1960 年订立，油田在 1967 年初投产。1971 年末，导致契约目的实现受挫的事件发生，利比亚政府征用英国石油公司的权益（expropriate），1973 年，亨特亦未能幸免。契约于 1971 年解除时，英国石油公司获得的补偿已达到（以桶计算）应得总量的大约 2/3。从 1971 年到 1973 年，虽说产量低，亨特还是得到相当可观的石油。

1. 最高额度（maximum award）

最高额度为受领人在契约解除之前获得的非金钱利益的价值。在 1943 年法律颁布前，或者若无这部法律，在此类案件中，向来很难说服法院评估此等利益的金钱价值。该法明令应予估价。由于该法的制订，法院遂处于原本要通过解释路径才能达到的位置；这里说的解释路径，要么发展"有限接受"这个得利标准，要么直接投奔客观进路。无论如何，这都是最为重要的变革：必须评估非金钱利益的价值。这部法律以及依该法发布的那些首创判例对于返还法有重大且普遍的重要意义，盖其让人看到，法院着手从事非金钱利益估价工作时会产生哪些问题，又不得不面临哪些困难。

基于英国石油公司诉亨特案的事实，戈夫法官的结论是，亨特受领了非金钱利益，应估价为 8500 万美元。戈夫法官得到这个数字的理由为，需要估价的利益并非英国石油公司勘探开采的日常工作，而是这些工作的最终成果（end-product），即亨特所持有之特许权的增值，从单纯的希望变为几乎无法计算价值的资产。当然，让契约目的实现受挫的事实发生，大大削减了该资产增值。依照 1943 年《法律改革法（履约受挫）》第 1 条第 3 款 b 项的规定，将该事实考虑在内，需要估价的资产就不该理解为变动中的特许权本身，而应理解为从油田投产开始，亨特实际获得的石油。于是，就有必要将那些归功于英国石油公司履行行为的价值（如该款要求的）与归功于亨特的特许权及其经营管理行为的价值区分开来。这一分摊比例大约是一半对一半。[80]故，亨特所受领的有价值的利益[应估价]为所获得的石油的一半。

戈夫法官的这部分判决并未终局性解决涉及最高额度的所有问题。带来

---

[80] 英国石油公司提出了这个"公允并大方"（fair and probably generous）的解决方案。See B. P. v. Hunt [1979] 1 W. L. R. 783, 816.

麻烦的是三类案例：案涉工作确实有最终成果，虽为受领人想要的，却不具有市场价值，在这个意义上是古怪的（eccentric）；案涉工作没有最终成果；案涉工作带来有价值的最终成果，却为目的实现受挫事件所损毁。

（1）戈夫法官指出，就最高额度问题来说，古怪的最终成果不应被视为无价值。这里的例子是装修房屋而未完工，虽价格昂贵，却趣味恶俗。[81]这样的工作甚至可能让案涉财产贬值，但仍应为该装修工作估价，并以契约价格为指导。这与法律在得利问题上的传统主观导向并无不合，相当于认可（甚至针对无辜/无恶意的受领人）以"有限接受"为价值判断标准。[82][该立场]还表明，原告的工作并不是必须有最终成果，才能被看作有价值的非金钱利益；并无此绝对要件。倘古怪的、无价值的工作本身足以满足法律要件，再坚持非有最终成果不可，就纯属无用之功。被洗白的煤或得被看作洗煤的最终成果，焚书却难说留下了什么成果。如果说，仅仅因为工作结束时能确认可见的最终成果，就认为被洗白的煤可以计算最高额度，实在谬不可及。用这种办法来确认最终成果，创造力真是荒谬可笑。能说空空如也的书架是焚书的成果吗？这种荒诞无稽遂可引出如下结论：在工作没有留下最终成果的场合，有价值的利益正是劳务本身。

（2）戈夫法官并未明确说，为了确定最高额度，是否得对劳务本身估价。但他肯定同意，"在合适案件中"，[83]应该评估最终成果而不是日常工作的价值，他对英国石油公司诉亨特案就是如此处理的。"在合适案件中"的措辞表明，在其他情形下，劳务本身应予估价，废品处理、拆卸工作、咨询建议、市场调查，诸如此类。另外，有迹象表明，戈夫法官认为，该法未规定劳务本身得被看作有价值的利益，令人感到遗憾。[84]即便在劳务没有留下最终成果的情形，也应该允许为劳务估价，如此来解决这一疑难是最好不过。这样不但合乎法官为古怪的最终成果估价的意愿，亦与法律本身的措辞立场一致，盖法律要求受领人在契约解除之前（before）已受领有价值的利益，而不是在契约解除之时持有该利益。如果我为你提供管理咨询服务，或者依据不可分契约在一段不可分期间内每周为你处理垃圾，这种劳务就是我给予你的具有

---

〔81〕　B. P. v. Hunt［1979］1 W. L. R. 783, 803.

〔82〕　参见前文边码232。

〔83〕　B. P. v. Hunt［1979］1 W. L. R. 783, 801.

〔84〕　Ibid. , 802 E F, 803 D.

253　市场价值的商品。如果契约在咨询报告拟就前或者在该段不可分期间经过前目的实现受挫，毫无疑问，在契约解除之前（before），你已经受领了利益，哪怕在解除之时，并没有任何有形或者可见的成果来彰显该利益。任何其他的结论都意味着认可，这部法律武断区分了制造业劳动与非制造业劳动。大多数人都是在非制造业（即服务业）领域出售自己的劳动，倘坚持认为这些人并未给予契约相对方有价值的利益，实在是刚愎自用。这些人在劳务市场上找到了自己的位置，该事实本身表明，用这部法律的措辞来说，这些人的劳务是"金钱给付之外的有价值的利益"。

　　（3）第三类疑难案型为，虽有最终成果，但正如阿普尔比诉迈尔斯案，[85]让契约目的实现受挫的事实将成果损毁。1943 年法律第 1 条第 3 款（a）（b）两项所描述的特别情势，倘若只是在涉及最高额度的情形，才必须被纳入考虑，[86]在计算最高额度时，是不可自由裁量的因素，而在计算恰当数额的时候，并非必须考虑，属法官自由裁量领域，那么像阿普尔比诉迈尔斯案情形下的原告，真就无计可施了。尽管在契约解除之前（before），原告已为被告提供了劳务并给予最终成果（已施工并完成一半房屋），但依（b）项，让契约目的实现受挫的客观情势必将使利益灭失。于是，基于该假定，最高额度必将为零。但是，如果（b）项的内容属自由裁量范围（看起来更接近该款的措辞），那么这个客观情势（剥夺了被告享有在契约解除之前所得到之利益的机会）就不会将[最高]额度减低至乌有。如果我基于错误向你给付了金钱，而你在步行回家途中遭遇劫匪，得利既受领，该得利的丧失不会消灭我的返还请求。是以，在这里，如果你在火灾之前已有所得利，那么虽说制定法规定，火灾对你使用收益的影响必须纳入考虑，但并不意味着[最高]额度是完全没有的。尽管分摊损失并非该法的基本原则，但在这里仍可用作自由裁量的基础。

　　2. 恰当数额（just sum）

254　　　1943 年法律第 1 条第 3 款规定，在最高额度内，法院得判给自己认为恰当的数额。在英国石油公司诉亨特案中，上诉法院特别强调了法官裁量自由

---

〔85〕　参见前文边码 230 以下。

〔86〕　戈夫法官即如是主张：B. P. v. Hunt［1979］1 W. L. R. 783, 801, 803 f.

的重要意义。[87]一方面，这表明法院令人失望地缺乏兴趣去创设据以行使裁量权的原则；另一方面，这证实了一审判决不同寻常的地位，这仍然是该法这一部分实施的唯一指导。在运用自己的裁量权时，戈夫法官不得不问自己两个重要的问题：应该适用怎样的基本原则？原始契约的条款应该起到怎样的作用（若有）？

就基本原则，戈夫法官说，在确定恰当数额时，追求的目标是防止一方当事人通过牺牲他方当事人而不当得利。[88]是以，法律要求的是，得利方当事人应将通过牺牲他人所得之利让与该他人。故恰当数额就是他方当事人投入（input）的价值，并以最高额度为限。如此主张，戈夫法官成功地将制定法安置于普通法那晦暗不明的模式之中。根据普兰谢诉科尔伯恩案，[89]契约在因违约而解除后，仍得对不完全履行主张合理服务价款，而戈夫依 1943 年法律第 1 条第 3 款规定认可的方案，本质上是对该立场的扩张。普兰谢诉科尔伯恩案就违约后［返还］所持立场，正是这部法律就契约目的实现受挫后［返还］所持立场。

比较普兰谢诉科尔伯恩案的请求与制定法的规制，具有显而易见重要意义的一点区别就是，制定法坚持双层进路：首先，一个最高额度；然后，一个恰当数额。与前面的主张相反，法院只有坚持通过参考留给原告的有价值的最终成果而非创造该成果的劳动来确定最高额度，这一区别才会变得真实而具体。假设将第 1 条第 3 款的方案适用于普兰谢诉科尔伯恩案的事实。原告实实在在做了研究并开始写作，但尚未提交任何手稿。如果只能为最终成果估价，最高额度就是零。反之，在契约解除之前依契约所做的日常工作如果得看作应予估价的利益，最高额度与合理服务价款即合而为一。盖同样的劳务，是被告的利益，也是原告的投入（input），正如原告付给被告一笔金钱。故，如果劳务得被视为有价值的利益，那么该款采纳的双层进路就不过是为了确保将"得利"争点与"牺牲"争点分别处理的谨慎办法（正如总是应该分别处理），否则很容易忽视原告投入的大小，判给最终成果（若有）的全部价值。

255

---

[87] B. P. v. Hunt〔1981〕2 W. L. R. 232, 242.

[88] B. P. v. Hunt〔1979〕1 W. L. R. 783, 805.

[89] Planché v. Colburn（1831）8 Bing. 14, L. J. C. P. 7.

就那个已消灭的契约起到的作用，戈夫法官认为，要确定原告应得的合理服务价款的价值，该契约是不可或缺的帮助。[90]契约中的约定报酬是原告投入的合理价值的证据。但除了劳务的价值，反映其他对价的契约条款不应考虑。一般而言，为了就案涉利益的恰当非契约给付得到正确推论，需要仔细考虑案涉契约的特质。在英国石油公司诉亨特案中，契约的两个方面必须排除。[第一，] 关于 125% 补偿的契约条款并不反映投入的价值，该款规定的是权益（interest）。该款表现的事实是，在英国石油公司往里砸钱之后几年内，亨特不必缴纳出资。戈夫法官认为，金钱的时间价值过于遥远，不必估价。于是，戈夫法官无视 125% 条款，转向 100% 固定补偿原则（flat reimbursement）。[91]第二，在油田投产之后，当事人已经通过固定数量的油桶而非特定数额的金钱确定了亨特的责任范围。这意味着双方当事人都承担了石油市场波动的投机风险。结果油价上涨，按货币计算，亨特的固定石油债务（fixed debt in oil）意味着他必须给付更多。但戈夫法官认为，这个变动条款无关英国石油公司合理服务价款的计算。该款只能解释为投机。最稳妥的办法是放弃案涉契约中设想的给付模式，而关注应予补偿的数额。

是以，体现英国石油公司投入之合理价值的"恰当数额"，在金钱上正好就是亨特依不变契约必须以石油来补偿的数额，* 而不必承担高达 125% 的偿还债务。亨特以石油形式已为之给付，必须扣减。将不同的通货适用于不同的条款，最后数额为 15 823 美元再加上 8 922 060 英镑，远远低于估定的约 8500 万美元的最高额度。

这些显而易见的复杂操作都源自估价作业的细节，阐发的原则本身并不困难。我为你建造一栋房屋，只完成了部分，契约目的实现受挫。就我的部分履行，我有权依"恰当数额"［规定］，请求得到合理服务价款。契约得被用作（区别对待 **）计算劳务价值的证据。但额度最终不能超过你所受领的有价值的利益。所有客观情势，尤其是 1943 年法律第 1 条第 3 款（a）项中负担的费用以及（b）项中让契约目的实现受阻的事件对案涉利益的影响，必须被考虑在内。当然，这些事项是否应对最高额度或者恰当数额产生影响，

256

---

［90］ B. P. v. Hunt［1979］1 W. L. R. 783, 805, 821 f.

［91］ Ibid. , 825 f.

* 译按：上段提到"变动条款"（varied provision），这句说的是"不变契约"（unvaried contract）。

** 译按："区别对待"（with discrimination），可能是指要考虑案涉契约的特质。

可以继续讨论。

（二）受领的金钱：第 1 条第 2 款

"在当事人从契约中解脱出来之前（本法称之为"契约解除之前"），依照契约向任一当事人已付的或者应付的金钱，在已给付的情形，得请求该人返还，如同该人是为金钱所从出之给付人的利益而受领，在应为给付的情形，则不再给付。

已向该当事人给付了金钱或者应该向该当事人给付金钱，在契约解除之前，在履行过程中或者为了履行，该当事人负担了费用，法院在考虑到案件一切客观情势后认为恰当的范围内，得允许该当事人保留，或者根据具体情况，请求偿还已付的或者应付金钱的全部或者部分，但不得超过其负担的费用。"

本款规定更为直截了当，而不像第 1 条第 3 款那样设计出双层结构。如果金钱已经受领，被告受领人的得利即为其应该返还的恰当数额。在英国石油公司诉亨特案中，如前所见，勘探开采与特许权的发展产生了第 1 条第 3 款下的争点。但早在发现油田之前，英国石油公司已经给予亨特 200 万英镑，用作入伙资金（farm-in money）。在一审中，法院并未从增加了亨特特许权价值的所有非金钱利益中将这笔钱区分出来。上诉法院的布里奇法官注意到了这一点。但上诉法院以为这仅仅是形式问题，并允许纠正。案涉金钱被看作是为英国石油公司的利益而受领，对该笔金钱的权利请求转而适用第 1 条第 2 款。[92]

制定法在两个重要方面背离了普通法的立场。第一，制定法不以对价完全无效为要件。原告哪怕已经受领了契约所规定之利益的一半甚至四分之三，仍得请求返还金钱。被告得依第 1 条第 2 款但书或者直接依第 1 条第 3 款规定就自己给予原告的利益主张权利。第二，第 1 条第 2 款径直设计了但书规定。这里就费用问题赋予法官的裁量权，很难嵌入普通法原则的框架内。倘从另一面看，得将被告负担的费用理解为给予原告的得利，就此而言，但书规定允许逆返还。在此范围内，同样的工作亦得由第 1 条第 3 款独立完成。不过，倘若法律承认的该费用并未相应增益［原告］，返还基础何在？

在英国石油公司诉亨特案中，戈夫法官认为，第 1 条第 3 款（a）项之所

257

---

[92] B. P. v. Hunt［1981］1 W. L. R. 232, 240.

以要求考虑［被告承担的］费用，基本原理就在境况变更抗辩之中。[93]想来，就第 1 条第 2 款的但书规定，戈夫法官也一定同样理解。就通过牺牲原告所受领的全部得利，得初步认为被告负有返还义务，但被告得证明，基于对受领的信赖或者期待，自己也遭受了损失。这一构想聪察睿智，是将法案重新整合进普通法框架这项工作的重要部分。但在接榫之处还很粗糙。第 1 条第 2 款规定设想的是［原告给付］预付款，不论是契约要求的，还是给付人主动支付的。在后种情形下，即给付人选择提前付款，就很难说他方当事人［被告］负担费用是基于对给付的信赖而为，尤其是负担费用发生在受领给付之前的场合。没有了信赖要素，就是在得利与费用（境况变更抗辩的基础）之间是否存在充分联系的问题。

另外，并非法律承认的所有费用看起来皆得解释为境况变更。费用必须在"契约解除之前"，且"在履行过程中或者为了履行"而负担。这一时间要件并无争议，"在履行过程中"也十足清楚，而"为了履行"可能会被带离太远。企业购买设备，得认为是为了履行企业订立的所有契约。依第 1 条第 4 款，"管理费用"以及"个人提供的工作或服务"也在但书规定的费用之列。根据这个明显意在扩大但书适用范围的立场，看起来很难通过境况变更抗辩将之嵌入普通法框架，也不敢说［法院］应该在更狭窄的基础上行使裁量权。

就费用事宜，有必要指出，倘契约并未包含预先给付条款，也没有预先给付要发生，负担了费用的当事人即无从提出权利请求，除非这些费用恰巧构成给予他方当事人的非金钱得利。也就是说，倘不属于第 1 条第 3 款的情形，负担了此等费用的当事人不能主张权利。这个疏漏倾向于确证戈夫法官的观点，即这部法律的基础原则是返还不当得利。依该原则，对此类费用的任何独立权利请求都是难以理解的。

二、1870 年《比例分配法》

当事人不完全履行不可分契约或者可分契约的一部分，未得到付款的，《比例分配法》（the Apportionment Act）或能提供帮助。例如，某人以月薪

---

[93] B. P. v. Hunt［1979］1 W. L. R. 783, 804.

500 英镑的条件为他人提供劳务，两周之后，契约遭解除。依该法，得于月底按照比例（pro rata）请求日工资。但该救济方式得被［约定］排除。该法第 7 条规定，倘在案件中有"明确约定，不按比例分配"，该法规则即不适用。

该法的特点在序言中表现得淋漓尽致："但在普通法上，租金及某些其他定期给付不能在时间上按比例分配（例如金钱借贷的利息）……"第 2 条接着写道，特定给付"（例如金钱借贷的利息），应该被看作逐日增加，相应地在时间上可按比例分配"。这种给付包括"租金、年金、红利以及其他具有收入性质的定期给付"。第 5 条明确规定，年金包括薪水和退休金。

该法的适用范围尚未经深入探讨。就先期解除（premature discharge）而言，该法以中立态度非常泛泛地谈到通过恢复占有（re-entry）、死亡或者其他方式决定［的租金、年金或者此类给付］。故，没有明显理由在原告违约造成的解除与其他事实造成的解除之间划出界限。[94]并不完全清楚，除开限制性同类解释的危险，*到底何者得构成"具有收入性质的定期给付"。想来，这种给付系依一定期间而为，故，"为一年的木工活儿支付若干英镑"就算数，"为在一年内打造一只衣柜而支付若干英镑"就不算。

三、1979 年《动产买卖法》第 30 条第 1 款

假设出卖人交付不足数，例如交付了 75 袋（而不是 100 袋）化肥，买受人有权拒绝接受。如果接受了，依 1979 年《动产买卖法》（Sale of Goods Act）第 30 条第 1 款，即必须依契约价格给付。通常来说，这种接受即为自由接受，买受人完全了解相关事实。但假设，农夫将化肥施于农田，嗣后才发现购买的 100 袋化肥并未得到完全履行，这就很难认为农夫自由接受。

四、法律委员会的建议

在利益转移附有条件的情形，条件最常用的形式即为对契约对待给付

---

〔94〕　But see Moriarty v. Regent's Garage & Engineering Co. ［1921］1 K. B. 423（勒什法官倾向于相反的观点）.

*　译按：同类解释规则（ejusdem generis），指在列举数项特定的人或物之后，紧接着采用了一个总括性表述的单词或短语时，该总括性语词只能解释为包括与其列举者同类的人或物。《元照英美法词典》，第 462 页。

的规定。倘对待给付无效，只要是完全无效，即生返还法律后果。在普通法上，若是被告受领了金钱，并且被告违约，自己要为［对待给付］无效负责，此际，前句主张最为牢靠无虞。前面的论证则试图阐明：（a）被告所受领利益的性质并不重要，但有个例外，倘受领的利益非为金钱，原告就很难证明被告得利并明确该得利的金钱价值；（b）从原则上讲，返还事由不受［对待给付］无效原因影响，不论是被告违约、契约目的实现受挫还是原告违约；（c）普通法坚持完全（total）无效要件，是以之为外垒，回避为非金钱利益估价，一旦克服该回避立场，完全无效即当避路，伴随逆返还的返还（restitution with counter-restitution）以及彻底将双方请求区分开来的相互返还（mutual restitution）进路，遂可出人头地。以上所论，系针对普通法。继而可看到，戈夫法官通过英国石油公司诉亨特案判决，让制定法的相关规制（契约因目的实现受挫而解除之后的返还问题）与普通法的基本立场保持一致。

法律委员会最早在 1975 年提出的建议亦得作如是观。这些建议见于名为"因违约而发生的金钱返还"（pecuniary restitution on breach of contract）的工作文件中。[95] 工作文件主要关注以森普特诉赫奇思案为典型的情形，[96] 在该案中，原告建筑商的违约行为导致契约解除。被告虽占有未完工的房屋，原告却不能请求返还分毫。工作文件的主要建议是，原告有权请求付款。数额的计算，应依戈夫法官在英国石油公司诉亨特案中采用的方法。法院得小心地利用案涉契约，用以克服估价困难。法官有裁量权，若违约方很自私，为从其他地方赚取利润而抛弃契约，法院得判令不支持其主张。[97]

另一项建议涉及返还受领的金钱（工作文件无视传统，称之为"已付款项"）。* 这里的改革建议是，违约当事人若是已受领付款，哪怕已在一定程度上履行了自己的部分，仍必须返还。倘违约当事人通过自己的不完全履行，已给予付款人一定利益，得保留代表这部分利益的数额，通过这种逆返还得到保护。例如，建筑商中途放弃工程，但已受领付款，必须返还受领的金钱，但那完成一半的工作，价值应得到补偿。换言之，虽说并非完全无效，仍得

---

［95］　The Law Commission, Working Paper No. 65.

［96］　Sumpter v. Hedges［1898］1 Q. B. 673；Cf. Bolton v. Mahadeva［1972］1 W. L. R. 1009.

［97］　Iibd., paras. 9-25, 39-47.

＊　译按：关于"已付款项""受领的金钱"，参见边码 111—112。

以对价无效为请求返还金钱的事由。原告以对价无效为由请求对方返还受领的金钱，用来交换，对于对方给予自己的非金钱利益，原告不得不允许对方主张合理服务价款。[98]

这类变革完全合乎目的实现受挫之后普通法及制定法规制的基础结构。然而，为三种不同契约解除分别设计仅有些微之别的规制，绝非妥善之道。现在考察这三种不同的解除事实：原告违约、目的实现受挫、被告违约。这三种事实皆为契约对待给付无效，用来控制这些事实情形返还后果的规则，同样适用于对价无效的其他情形。[99]从返还法的角度看，在这些不同表象下，只有一种原因事实。得称该单一事实为"附条件的得利"（conditional enrich-ment）或者"附限制条件的财产转移"（qualified transfer）。该事实发生情形为，一方当事人转移价值给他方当事人，同时给让对方当事人得利的意思附加限制条件，明确规定在何等情形下或者发生何等情形，转移意思才成为绝对的。倘明确规定的得利基础无效，即生返还法律后果。必须尽可能维持该单一返还领域的统一性，否则，促使法律形成体系并容易理解的原则结构，就将化为一堆各不相干的碎片。

片断式的制定法革命会使得法律背离隐含在判例法中的法律原则，而1975年工作文件提出的这些建议，倘若果真得到批准并写入制定法，该危险就更有可能成为现实。在1983年的一份报告中，[100]法律委员会极大修正前面的临时建议（尤其涉及预先给付了金钱的当事人的法律地位），现在的建议是，对请求返还金钱的原告与请求返还非金钱利益的原告，考虑非对称规制。

前面看到，在普通法上，倘原告为非金钱利益而提前付款，若是对价完全（totally）无效，得讨回付款；若是原告为其付款已有所得，即只能请求填补性损害赔偿。实务中，在付款人做了亏本交易的场合，这两个救济标准的分歧最让人注意。要是对价完全无效，可以得到救济；要是对价并未完全无效，只能请求损害赔偿，这意味着付款人将丧失多付的款项（element of over-payment）。[101]前面说过，坚持完全（total）无效要件的根本原因在于，对受

---

[98]　Ibid., paras. 48-56.

[99]　参见前文边码223以下。

[100]　Law Com. No. 121, (July 1983), Law of Contract: Pecuniary Restitution on Breach of Contract. 照例，报告包含了一份法律草案，称《法律改革法（总价契约）》[Law Reform (Lump Sum Contracts) Act]。

[101]　参见前文边码246。

领了金钱给付的当事人［被告］所为之不完全履行，估价有困难，该困难妨碍了付款人［原告］要想请求返还金钱所必须完成的逆返还。除了这个根本原因（根本性意指，立足于返还法原则的逻辑），这条严格规则还有另外的原因，即在法律政策上，将填补性损害赔偿定位为违约的通常法律后果，以及避免不同救济标准之间发生明显冲突（甚至在通过替代分析，得于同一案情中发现不同原因法律事实的情形）。[102]法律委员会现在的看法是，普通法的立场必须坚持，只有对价完全无效，付款人方得请求返还。[103]原因倒不在于得利争点下的估价事宜，或者说关系不大，而在于刚刚提及的政策事宜，属于对原则上得主张的返还请求加以抑制的那些因素。[104]法律委员会认为，在此情形，不应给予法院对部分履行估价的权力，付款人应受自己交易束缚。[105]一旦将这个排除返还请求的政策性理由拿上桌面并接受之，就很难说为什么付款人甚至在对价完全（*total*）无效的情形下亦得请求返还。若把这个事情与估价难题彻底分开来讨论（为部分履行估价在原则上被看作可行操作，故为可能），不同救济基础之间的冲突，在付款人无所受领的情形，相较付款人有所受领且（倘得估价）能够逆返还的情形，并不会少。

就给予非金钱利益的当事人而言，1983年报告遵循了1975年工作文件的主要建议。不完全履行的当事人，不论是基于不可分契约还是可分契约中的独立部分，就部分履行带给对方当事人的利益，有权利请求返还金钱。[106]是以，只完成了房屋或者中央供暖系统一半工程的当事人，得请求返还劳务的价值。评估［非金钱］利益的模式，不同于工作文件的建议。契约价款首先被扔到一边，"要绝对明确，接受估价的是无辜当事人得到的利益：该当事人得利的大小。提供救济的目的是反映无辜当事人的得利，故应以得利为赔偿［救济］标准，不应依据契约价款为利益估价"。[107]如果提供的劳务留下最终成果，似乎应考虑最终成果的价值，而非劳务本身的价值，[108]故，倘工作成

---

[102]　参见前文边码245。

[103]　Law Com. No. 121, para. 3. 11.

[104]　参见前文边码221。

[105]　Law Com. No. 121, para. 3. 8.

[106]　Paras., 2. 33, 2. 77. 法案草案（《法律改革法（总价契约）》）第1条第1款（d）项与第1条第5款不再将"自私的"（cynical）违约人排除在外：para., 2. 60.

[107]　Para., 2. 52.

[108]　Para., 2. 52, init.

果的价值低于劳务本身的价值，只有那个较低的数额应算作利益的价值，但1983年报告就此未做任何理论探讨。可以肯定，1983年报告并不打算将未产生最终成果的劳务排除在能够产生新返还权利的利益概念之外。一旦完成估价工作，独立于契约，得利用一个新机制，防止原告得到的返还大于契约价款：倘有必要，实际判给的数额必须削减，以便不超过"与完全履行情况下应付数额的比例，也就是依契约已完成的工作与允诺完成的工作两者间的比例"。[109] 很显然，通常很难说到底完成了多少比例的工作，盖投入与产出并不总是在时间刻度上均等分配。但在给非金钱利益估价时，这种困难是特有的（endemic）。法律委员会愿意在原告受领非金钱利益的案件中处理这些麻烦，正让人看清楚，在原告受领金钱利益情形所给的建议，是在政策推动下做不对称处理（policy-motivated asymmetry）。为了请求返还付款，那些原告希望将受领的非金钱利益以金钱形式为逆返还。估价难题还是一样，但不得在逆返还情境下处理。

　　为何涉及"对价无效"的法律如此麻烦，如果只让我指出一个原因，那么可能最佳答案就在于指出如下事实，即法律委员会的报告是置于"契约法"这个大标题下的。总是不言而喻地假定（不仅体现在报告中，而且深深根植于所有普通法学者的思维中），这里只有一个主要原因事实，即契约。这是数个世纪"默示契约"思维模式造成的无声损害。[110] 但在"附限制条件的财产转移"（qualified transfer）这个次级范畴下，涉及两个原因事实，一为契约（或者更准确地说，违约），一为不当得利。要想得到稳妥结论，必须首先承认这两个法律事实的独立性。只有在法律上明确产生于每一个法律事实的法律后果，才有可能基于政策论辩，退抑其中之一，而使另一法律事实独大，从而消除不同救济标准之间的冲突。

　　更为严重的是，普通法习惯于以片断式的制定法来改进判例法，而法律委员会的建议表现出对普通法的灾难性影响。判例法中概念的基础结构不再必须讨论了。若可以如此轻易地将法律改造为应该的样子，那些成规定例都

264

---

　　[109]　Para., 2.53. 此外，依1983年报告2.63-2.65段，即法案草案（《法律改革法（总价契约）》）第2条，就原告违约行为造成的损失，或者就若非保护原告的时效条款的豁免，不得通过违约损害赔偿得到救济的"无法挽回的损失"（irrecoverable loss），受领了利益的被告得通过抵消进一步扣减。

　　[110]　参见前文边码34以下。

已无足轻重。但有强大的论据，要求尊重传统。这就像是布拉德伯里的蝴蝶。*哪怕你只是踩到了一个小机关，整个结构都将化为碎片。在这个领域，只要没有立法来打碎旧世界，那么各种类型的对价无效就都适用统一的模式。

---

　　* 译按：美国小说家雷·布拉德伯里（Ray Bradbury）1952 年于《矿工杂志》发表科幻小说《一声惊雷》（A Sound of Thunder）。在小说里，时间旅行者不小心践踏了一只史前蝴蝶，这一看似微不足道的事件使历史发生巨大改变。这被称为"布拉德伯里蝴蝶效应"。

第八章
自由接受

前面两章一直在考察的因素否定了向被告所为之财产转移的自愿性质，故要求发生返还后果。是以，这些返还事由发生在原告一边，盖经证明，原告让被告得利的意思附有限制条件或者无效。但在本章，关注重点是完全转移。在原告依赖自由接受的情形，返还事由发生在被告，也就是受领利益的当事人一边。自由接受的构成要件，稍后将详细讨论。眼下只需要指出，"自由"一词不过意在强调如下要件，即被告必须有接受还是拒绝的选择机会，且必须充分知晓使得该选择成为真正选择的案情事实；或得认为，这个要件已暗含在接受概念中，哪怕不添加任何形容词。若是受领人知道提供给自己的利益并非无偿，且在有机会拒绝的情况下选择接受，即为自由接受（free acceptance）。

接受的真正机制逐案而异。有时要有在先请求，有时则否。有时这个接受应是积极的，比如，没有积极的行为，很难想象能接受没有生命的动产。有时接受是消极的，比如在劳务提供之际，只需要袖手旁观，即得接受劳务。有时，积极接受甚至构成对案涉价值的不法侵夺（tortious seizure）。[1]不过这是极端情形，满足了最低限度的必要且充分要件，极端案件自不待言。

从下面这个清晰简单的例子开始讨论会很方便。假设我看见一位擦窗工人开始清洁我房屋的窗户。我当然知道这位工人期待得到报酬。我退缩不前，直到这位工人完成工作，我才现身，坚持主张不会为自己未订购的劳务支付报酬。但为时已晚，我已自由接受了服务。我本来有机会将这位工人打发走，可却选择任其继续工作。我必须支付该清洗劳务的合理价值。

---

〔1〕 As in Lightly v. Clouston（1808）1 Taunt. 112 and Weatherby v. Banham（1832）5 C. & P. 228. 参见后文边码 269。

第一节　以自由接受为依据的理由

266　　原告或许愿意以自由接受案涉价值而不是非自愿转移财产为请求返还的依据，何以如此，理由有二。第一个是"不当"理由，第二个是"得利"理由。两个理由皆可独立起作用，亦可同时起作用。

　　[第一个理由。]有些潜在原告找不到任何因素以否定其所为之财产转移行为的自愿性质。这些自愿转移财产之人得归入两大类。[第一类，]有些人得到了最初想要的东西：要么是赠与人，本无所求；要么得到了明确约定的对待给付。这些给付人得其所哉，故返还主张无论如何不会成立。倘此等人有任何返还请求，依据只能是在最初的财产转移之后想法改变。自愿转移财产的第二类人是遭受挫折的冒险者，这些人希望得到相对给付，却一无所得，*而且并未订立任何契约，故只能在返还法上主张权利，否则别无他法。假设那位擦窗工人清洗我的窗户，不过是希望我跟形形色色的邻居一样，也想要得到清洗服务，并同意为此付费，那么这位工人就找不到任何因素以否定行为的自愿性质。再假设我正巧外出，这位工人即没有请求返还的基础。可由于我袖手旁观，默示接受了劳务，正如下文将看到的，这位工人即得主张得到劳务的合理价值。是以，这里就是关键点：自愿转移财产的第二类，也就是遭遇挫折的冒险者，得基于自由接受寻求返还救济。

　　求助于自由接受的另一个理由涉及"得利"的证明。原告将非金钱利益给予被告的，[倘请求返还，]被告或会主张所谓"主观贬值"论辩。[2]自由接受了案涉利益的被告不得主张该论辩。道理在于，倘被告自由接受，据假设（ex hypothesi），被告选择受领案涉利益，而主观贬值论辩的前提是，倘受领人并未选择案涉标的，通常不能认为该标的于受领人有价值。自由接受在得利争点上的这个效力意味着，原告将非金钱利益给予被告的，哪怕能指出否定财产转移行为自愿性质的因素，也会被推动着去援引自由接受。倘若那个擦窗工人是出于错误而提供劳务，以为我订购了清洗服务，[3]遂得证明并

---

　　*　译按：书中 reciprocation 多译为"对待给付"，这里姑且译为"相对给付"。

　　[2]　参见前文边码 109 以下。

　　[3]　比较错误或者"不知"（ignorant）的货物提供人：Boulton v. Jones（1857）2 H. & N. 564；Greer v. Downs Supply Co.［1927］2 K. B. 28.

非自愿；但要在我的选择［意思］表示之外，依其他标准证明得利，仍会遇　267
到困难，故该工人仍愿以我自由接受为依据。[4]

在此情形，原告得以两条路径分析其权利主张。［一条路径是，］原告得主
张，得利争点因被告的自由接受而得到证明，要求发生返还法律后果并落实
"不当"的因素是自己的错误。另一条路径是，原告得充分利用自由接受同时证
明两个争点的事实，此际，原告得放弃对错误的一切依赖，当然有个可能的例
外，就是为证明自己并非基于赠与意思而行为［，需要证明错误］。[5]倘若原
告情愿遵循前一条解释路径，那么权利请求看起来是"混合的"（mixed），部
分依据自由接受，部分依据否定自愿性质的因素。特别要指出，基于对现在
或过去事实的［认识］错误而行事的原告才有选择机会，倘若原告唯一的
"错误"就是错误预测被告会愿意回应，在两个争点上，就只能依赖自由接
受。那位擦窗工人若只是错误预测我会愿意付款，则得以该"错误"表明其
绝无赠与意思，但无法否定其行为的自愿性质。[6]

有许多非自愿财产转移的案例，有可能从自由接受路径解释原告的权利
请求，不过全无必要。倘若我出于错误向你支付了 100 英镑，你亦犯相同错
误，唯一可能的分析是：非自愿财产转移（错误），得利无可辩驳（金钱）。
反之，倘你知道该笔金钱并非你应得的，另外的分析路径遂为可能：知道事
实且有机会拒绝，你却选择接受我并非无偿提供的利益。不过，不管是就得
利争点，还是就"不当"争点，都没有充分理由去适用这个不太熟悉的分析
路径。在各方面［要件］都无问题的返还权利请求，针对的被告自己犯有错
误、不在场或者智力有障碍，若是被告一直知道发生的事情并且愿意这些事
情发生，返还请求不会受到妨碍。是以，基于这些事实，原告不会转而求助
于自由接受。

第二节　自由接受的发展

直到最近，正式的说法还坚持认为，自由接受通过契约发挥作用。也就　268

---

〔4〕　参见前文边码 116 以下。
〔5〕　参见后文边码 278 以下。
〔6〕　参见前文边码 147 以下。

是说，原告针对自由接受的被告主张返还，依据的理论是，基于构成自由接受的案情事实，有可能推断出被告已允诺给付。这个"默示契约"完全不同于在返还金钱之利的诉讼［返还取得和收到的款项］中详为说明的拟制契约或视为契约。此处契约被认为是从案情事实推断的/默示的契约（implied in fact），是真正但未明言的/默示的给付允诺（tacit promise）。

一、契约解释路径

要理解自由接受的发展，最好的出发点是跟 1616 年兰普利诉布拉思韦特案密切相关的规则。在该案中，被告请求原告帮忙拿到谋杀罪的皇家赦免令。原告拿到皇家赦免令后，被告允诺支付 100 英镑的酬劳，但并未支付。该案确立了，或者更准确地说，确认了如下立场，即在应请求的服务［提供］之后所为之［给付］允诺在法律上可诉，不适用过去的对价非为对价规则：*

"第一，公认看法是，单纯主动表示客气（voluntary courtesy）不构成支持简式合约（assumpsit）的对价。不过，倘若该客气表示是由作出允诺表示一方当事人的请求引起，即有拘束力；该允诺虽系事后而为，却并非无效（naked），而是允诺将自身与在先的请求以及应请求而为一定行为之人的法定权利（merits）结合起来，这就是区别所在。"[7]

倘若被告确实允诺为其请求［原告提供］的利益支付特定数额金钱，得就该特定数额金钱提起诉讼。倘被告并未允诺，得基于支付合理价值的默示允诺而提起诉讼（合理服务价款、合理货物价格）。请求支付合理酬金（recompense）的权利所依据的理论，**跟兰普利诉布拉思韦特案描述的理论完全一样，唯如下事实不同，即在陪审团面前证明主张的阶段，支付合理酬金的

---

* 译按：皇家赦免（royal pardon），指免除罪犯罪行和刑罚的皇家特权，1701 年《王位继承法》颁布之前，该权力的行使不受任何限制。此后，受下议院弹劾的人不能被赦免。但对其他罪犯的赦免权仍被保留并由内政大臣或苏格兰事务大臣行使。《元照英美法词典》，第 1210 页。过去的对价、以往的对价（past consideration），合同订立前已完成的行为一般不构成允诺的对价，盖不是对新允诺的交换，过去的对价对要约人无益，对受约人也无损，但也有例外，如对已逾时效的旧债或者经破产程序解除的债务作出同意还债的新允诺。《元照英美法词典》，第 1033 页。

〔7〕 Lampleigh v. Brathwait（1616）Hobart，105.

** 译按：recompense，劳务报酬，酬金。《元照英美法词典》，第 1157 页。

允诺是从［被告对原告的］请求中推断出来的，不必单独证明。需要证明的主张，措辞如下（得予微调）：

> "鉴于马丁嗣后应托马斯的特殊请求，向托马斯出售并交付了其他葡萄酒，该托马斯遂于嗣后让自己承担了义务并真诚允诺，该马丁就前述葡萄酒合理应得的款项，该托马斯将认真忠实地支付。但该托马斯并未支付。"[8]

269

此外，倘若原告并未亲自给予被告利益，但花钱使得第三人给予被告利益，那么原告请求偿还的权利，依据支付金钱供被告受益的一般诉因，以实质上类似的逻辑运行。[9]

倘停留在该处，可以看到，原告权利请求的关键之处是默示给付允诺——从真实请求中推断出来。不过，这个推断工作往前推进了一个阶段。请求本身，得从自由接受中推断出来。从［自由］接受中推断出请求，从请求中推断出允诺，原告的权利请求遂以该允诺为基础。得以两件案例来说明。在韦瑟比诉班纳姆案中，[10]每期《比赛日志》杂志出版，原告总是将之寄给韦斯特布鲁克先生（Westbrook）。这位先生去世，原告并不知晓，遂继续寄出杂志。被告接管了韦斯特布鲁克的房子，收到杂志后，留为己用。被告并未订阅案涉杂志，但在明知并非意在赠与自己的情况下，仍明确接受了这些杂志。坦特登勋爵（Lord Tenterden, C. J.）照准了原告的权利请求。在兰姆诉邦斯案中，[11]原告医生为被告教会堂区负责照料的一位接受救济的贫民瞧了病，争点在于原告得否请求教会堂区支付医疗费用。把医生召来的，并不是教会堂区官员。埃伦伯勒勋爵认为，虽说堂区官员事实上并未请求医生介入，但明知医生在提供医疗服务而袖手旁观，在实际效果上做了同样的事情："余以为，教会堂区官员依其职责探望那位接受救济的病人，遂知晓原告正为该病人看病（原告通常受雇为穷人服务），既未拒绝接受该诊疗服务，也就在

---

〔8〕 这是汤姆金斯案的简写版本［Tomkins v. Roberts (1701)］，出自 Lilly's Entries，引自法富特的普通法史专著（C. H. S. Fifoot, *History and Sources of Common Law*, London, 1949, 379）。译按：句中"该"（said），意为"上述的"，曾普遍用于合同、诉状或其他法律文件中，义同 aforesaid。现已过时，仅在专利权利要求书中继续使用。《元照英美法词典》，第1219页。

〔9〕 参见前文边码112关于"已付款项"的例子。

〔10〕 Weatherby v. Banham (1832) 5 C. & P. 228.

〔11〕 Lamb v. Bunce (1815) 4 M. & S. 275.

实际上要求了服务（command it）。"〔12〕

270   倘接受这个双重推断，也就意味着原告在诉状中要详述，被告请求［原告］介入（不管是劳务、货物，还是付款给第三人），且被告允诺支付；但在陪审团面前，原告只需要证明被告已自由接受案涉利益，不必证明更多其他内容。在1886年的福尔克诉苏格兰帝国保险公司案中，〔13〕鲍恩法官总结了这个立场。读者当还记得，该案争点为，为了不让人寿保险单失效而支付的费用，能否请求偿还。案涉保险单抵押过多次，原告是衡平法上回赎权的权利人。就自己支付的费用，原告需要优先权（lien）。没有担保的权利请求给不了原告任何东西。但法院认为，原告必须证明在案涉财产上有权益的其他人有自由接受的事实，才可能胜诉。从案情事实看，没有任何此类自由接受的证据。鲍恩法官道：

> "倘案情事实径直引向如下结论，即受保全财产（saved property）的所有权人知晓，他方当事人支出金钱是期待得到偿还，遂得毫不犹豫地推断，双方当事人就此有着共同理解（亦得翻译为他种语言，称默示契约），这可是千真万确。换言之，肯定得据案情事实合理推断，［对方当事人］请求提供服务。结果是一样的，但我刻意回避使用'请求'（requets）一词，［这个刻意回避的态度甚至］超过必要，盖担心深陷事涉请求的案件中所有那些古老的让人困窘的情况（archaic embarrassments）。"〔14〕

二、放弃契约解释

在刚刚引用的鲍恩法官的判决中，坚持声称的唯一事实（而非推断）是，"受保全财产的所有权人知晓，他方当事人支出金钱是期待得到偿还"。在没有充足理由指向相反立场的情况下，应该基于真正事实认定被告责任，而不是为了在真正事实为何会产生［当事人或法院］主张的某个结果这个问题上支持某派抽象理论，而以基于真正事实的间接推断为基础。回顾来看，确认

---

〔12〕 Ibid., 277. 译按：教会堂区官员（parish officers），英国的教会堂区官员分为堂区治安官、堂区俗人执事和济贫助理等。《元照英美法词典》，第1023页。

〔13〕 Falcke v. Scottish Imperial Insurance Co. (1886) 34 Ch. D. 234；参见前文边码194以下。

〔14〕 Ibid., 249; cf. p. 241, per Cotton, L. J. ; p. 253, per Fry, L. J.

自由接受本身足以构成责任基础，这个发展态势不可避免。不过，直到1957年，才看到这个态势。这个迟误主要归咎于前述双重推断表面看起来言之成理。前面已看到财产转移的非自愿性质以及被告无可辩驳地有所得利，除非推定（constructively），否则这些事实本来并不能证明双方当事人有所请求与允诺的诉讼主张；[15]而在如此认定的场合，［1957年］往前差不多20年，契约分析路径暴露出真相，即不过拟制而已。[16]倘若给付允诺是从请求或者自由接受中推断出来，就更容易对传统解释路径的弊端视而不见。甚至有人认为，发展壮大契约理论就是最好的道路。[17]

271

倘若如此，本来会走上拟制路径。就在［拟制契约的］表面之下，隐藏着重大难题，盖契约性推断往往对现实视而不见。像韦瑟比诉班纳姆案这样的案件，[18]被告必须为收到的《比赛日志》付款，而前文提及，被告十有八九是意图不付任何代价得到这些杂志，基于如此案情事实，如何推断被告的付款允诺呢？换言之，对付款允诺的推断，更多是基于对好人意图当如何的判断，而不是基于对本案被告意图到底何在或者大多数人意图当如何的真正解释。倘得以假想的理念人为标准，据之推断（默示）契约关系，侵权法也就没有存在必要了。并无疑问，［好］人愿意答应赔偿自己造成的损害，*本是凡夫俗子的过失驾驶人则不会。这句话同样适用于偿还错误给付的义务。正如侵权法上的赔偿义务，返还义务必须是法律令当事人承担的，盖好人会做的允诺，真实的人不会都允诺。对韦瑟比诉比纳姆案，更令人满意的解释是，被告自由接受了那些杂志，故应承担责任。一旦在诉状中补充说，自由接受能发生相应法律效果，是由于自由接受意味着被告允诺付款，人为臆造/拟制的影子也就蹑足潜踪而入。

韦诉拉蒂拉案展现了同样的紧张状态。[19]原告为被告在非洲取得了价值连城的采矿特许权。原告的劳务并未得到分文回报。双方当事人为原告应该

---

〔15〕　参见前文边码118以下、边码159以下。

〔16〕　Brook's Wharf and Bull Wharf Ltd. v. Goodman Bros. ［1937］1 K. B. 534；Craven-Ellis v. Canons Ltd. ［1936］2 K. B. 403.

〔17〕　A. T. Denning, "Quantum Meruit：The Case of Craven-Ellis v. Canon Ltd. ", （1939）55 *L. Q. R.* 54.

〔18〕　参见前文边码269以下。

＊　译按：这段中的"好人"（good man）与"假想的理念人"（ideal man），当为同义。

〔19〕　Way v. Latilla ［1937］3 All E. R. 759.

272 取得该特许权的一定份额而展开艰苦谈判，看起来被告也意图以此种方式让原告得到补偿。谈判一直未形成足够确定的结论，不足以支持原告的如下主张，即被告未给予案涉特许权的份额，故为违约。但上议院认为，在未完成的契约背后，得以某种方式发现第二契约（second contract），原告得据之主张合理服务价款（quantum meruit）。结果十分令人满意，可发现第二契约纯属人为臆造。看起来是发现了默示契约，可从案情看，双方当事人明示意图的发展方向是要达成一个完全不同的安排。法院并未细致阐述如下不切实际的假设，即依双方当事人意图，倘让与份额的谈判失败，被告愿意向原告支付金钱；为了在契约理论框架下得到令人满意的结论，强将该意图归属于当事人，遂与当事人的真实意图产生矛盾。倘将被告的责任与自由接受直接挂钩，摒弃任何中间推断，这个矛盾就不会产生。

在某些案件中，惯常的那套契约推断还会遭遇法律障碍，遂使前面两段讨论的事实障碍更难逾越。比方说，企业接收了货物，倘仅仅因为契约必须采取书面形式并签字盖章就认为该企业不必付款，法院可不情愿这么做。[20]若是自由接受必须通过契约发挥作用，也不容易判给合理货物价格（quantum valebant）。未见什么好办法来摆脱这个困境，可供货人的权利请求还是得到法院支持。[21]

前文多次提到克雷文–艾利斯案，案情涉及非自愿转移无可辩驳的得利，但看不到自由接受的事实。[22]在 1957 年的案件中，遵循上诉法院在克雷文–艾利斯案中采纳的模式，巴里法官（Barry, J.）阐述说，对允诺支付合理服务价款的推断纯属多余，从而摆脱了前述不必要的紧张状态。这里说的是威廉·莱西公司诉戴维斯案（以下简称"威廉·莱西公司案"），[23]原告投标重建被告在战争中遭损毁的基址，被告提出一系列修改意见，有些是为了满足建筑施工许可的要求，有些是为了满足被告个人需求。被告对原告说，原告要价最低，原告遂理解为将会订立契约。原告完成了大量工作，远愈得合

273 理期待一位为了拿到赚钱合约的建筑商所能做的工作，这时被告有变：被告

---

[20] 加盖印章在今天已非复定要件：1960 年《法人团体契约法》（The Corporate Bodies's Contracts Acts）第 1 条，1948 年《公司法》（Companies Act）第 32 条。

[21] Cf. Lawford v. Billericay R. D. C. (1903) 1 K. B. 772.

[22] 参见前文边码 118—119。

[23] William Lacey (Hounslow) Ltd. v. Davis [1957] 1 W. L. R. 932.

先是说，意图与其他公司订立契约，后又说决定不亲自开发案涉地块，而是出售给其他开发者。被告主张，双方当事人的共同期待是，原告将得到的酬劳（倘有）就是被告跟原告订立开发契约。被告认为，这个明确的意图排除了给予其他酬劳的任何默示契约。巴里法官拒绝了这个主张。该主张过分看重如下思路，即以默示契约为支付合理服务价款义务的基础。巴里法官道：

"实在讲，余以为，劳森先生的主张立足于对今天索取合理服务价款之诉过于狭窄的理解。该诉讼［程式］早期毫无疑问真正是契约法上的诉讼，以真正的支付允诺为基础，当然，该允诺并未以白纸黑字明示出来，亦未就支付金额达成合意。可后来的发展极大拓宽了该诉讼程式的适用范围，在很多案件中，系以所谓准契约为基础，在某些方面类似于返还金钱之利的诉讼［返还取得和收到的款项］。在这些准契约案件中，法院会检视真正案情事实并据之确定，能否从中推断出付款允诺，并不考虑双方当事人于提供劳务或服务之际的真实看法或意图如何。"[24]

这件判决是重大进步。不过有两点，该判决为进一步解释留下了空间。第一，该判决称法院会检视真正案情事实（而不是起诉状中叙述的事实），这说法当然没错，但没必要固守古老的话语，称法院会基于这些事实，决定是否"推断出允诺"。巴里法官所说"推断/默示"（implied），是在"强加"（imposed）意义上用的。"并不考虑双方当事人真实看法或意图而强加的"允诺，根本就不是允诺。"强加的允诺"，本身就是自相矛盾的术语。故，仍存活于法官词汇表中的默示允诺，更贴切的表达是"强加的义务"。在实际使用的单词下面［隐而未见的］，无疑才是法官意图表达的。第二，对合理服务价款的非契约权利请求实有不同基础，该判决未加任何区分。判决过于倚重克雷文–艾利斯案，但未提及，该案的"真正案情事实"在分析上并不同于威廉·莱西公司案：克雷文–艾利斯案涉及的是向公司非自愿转移财产，而该公司不能自由接受；威廉·莱西公司案除了以自由接受为基础，别无解释路径，盖原告建筑商唯一的"错误"就是错误预测了被告土地开发者将来的行为。不过，巴里法官没必要做这些区分，盖就巴里法官的思路来讲，克雷文–艾利斯

274

---

〔24〕　Ibid. , 936.

案的作用不过是证实，就因之而生的非契约权利请求，基于请求的传统诉状（old request-based pleadings）确实一直得到法院支持。

在英联邦范围内，还在威廉·莱西公司案之前，已有他国判例着了先鞭。在沃森案中，[25]新西兰的两兄弟联合起来创办剧木厂，双方的松散共识是，在初始阶段，除创办企业外，别无期待，但最终两人要订立合伙契约。被告后来变得支支吾吾、躲躲闪闪，原告终于放弃希望，诉请得到合理服务价款。格雷森法官（Gresson, J.）确认了该权利主张的非契约性质，照准了原告的请求。类似地，在德格尔曼诉加拿大担保信托公司及康斯坦丁诺案中，[26]康斯坦丁诺照顾自己的姨母多年，依双方未形成书面的共识，姨母会以遗嘱将房子留给康斯坦丁诺。加拿大最高法院认为，索取合理服务价款的非契约权利请求成立。原告的难题是，欠缺《防止欺诈法》要求的书面形式，*且无充分的部分履行来弥补这个欠缺。虽说如此，仍应将返还义务强加于姨母的遗产之上。更近些时候，新南威尔士州最高法院的谢泼德法官（Sheppard, J.）在一份极为严谨的判决中确认，巴里法官所采立场具有强大理性力量，应优先于那些坚持契约分析路径的"有份量的澳大利亚先例"。这里说的是萨比莫私人有限公司诉北悉尼市议会案，[27]案情跟威廉·莱西公司案惊人相似。被告启动市政中心大型项目，原告成功投标，在建筑工程租约下从事该项工作。**接受投标还不算订立契约，但使双方当事人形成密切规划关系（planning relationship）。三年后，建筑规划终于得到批准，原告这时已完成的工作量巨大，双方当事人谈判解决若干重大分歧；双方的态度很坚定，但都秉持乐观的合作精神。而后，北悉尼市议会政治立场转向，这个雄心勃勃的大型项目停摆。从投标到项目取消，北悉尼市议会请求并接受了萨比莫私人有限公司提供的大量劳

275

---

〔25〕 Watson v. Watson [1953] N. Z. L. R. 266.

〔26〕 Deglman v. Guaranty Trust Co. of Canada and Constantineau [1954] 3 D. L. R. 2d. 785; cf. Preeper v. Preeper (1978) 84 D. L. R. 3d. 74.

* 译按：《防止欺诈法》（Statute of Frauds），英国 1677 年通过的制定法，全称为《防止欺诈与伪证法》（Act for the Prevention of Frauds and Perjuries），立法宗旨是在证据法不发达的时代，当事人又无法提供适格证人的情况下，减少合同欺诈。该法规定有关地产权益转让、不动产遗嘱、信托声明或转让、某些特定种类的合同均需采用书面形式。该法的内容及立法原则受到广泛批评，并有大量的判例法对之予以解释。该法的大部分条文已被此后的立法所废止或替代。《元照英美法词典》，第 1289 页。

〔27〕 Sabemo Pty. Ltd. v. North Sidney Municipal Council [1977] 2 N. S. W. 880.

** 译按：建筑工程租约（building lease），一种土地租约，承租人承担在该土地上建造房屋的义务。《元照英美法词典》，第 178 页。

务，萨比莫公司得到了所有劳务的合理报酬。

在新西兰的范登博格诉贾尔斯案中，[28]类似权利请求得到杰弗里斯法官
（Jeffries，J.）支持。原告为工作故，来到惠灵顿地区，租住被告的周末住宅。
原告相信（被告也完全知晓），被告已同意在将来以3万英镑价格将房产出售
于自己，遂支出2.25万英镑，改善了房屋并新建了汽车库，此举使得房产升值
2.05万英镑。被告从未请求原告提供此劳务，但在原告大兴土木之际，被告袖
手旁观，并未纠正原告［错误］的期待。杰弗里斯法官认为，基于被告的自由
接受，被告遂负有义务偿付原告增加房产价值的支出，即2.05万英镑。

这些法律发展动向并不意味着，自由接受总是非契约性质的。倘某人向
我发送货物，在具体案情下构成出售要约，我留下这些货物即构成对该要约
的接受/承诺，这总不会有错；[29]我向裁缝定做一套西装，并未商量价格，
法官同样会认为契约已经订立。只有在如下情形，即对付款允诺的常规推断
受到阻碍，多半是被当事人表露出的相反意思阻碍，才有必要强调自由接受
非契约的效力。倘若自案情事实无法推断［付款允诺］，从而证明契约性推断
无关紧要，那么自严格逻辑言，［契约推断］在所有案件中都是多余的，这当
然也不会有错。换言之，虽说有些自由接受的例子得用真正默示契约的说法
来分析，但全都可以独立于契约，理解为不当得利的例子。只有原告打算以
违反义务为由请求损害赔偿的，才必须推断契约存在。[29a]

被告自由接受一笔得利，为何认为持有该笔得利"不当"？倘没有坚实基
础将返还义务强加于被告，就不可能将契约解释路径弃置不御。在极端案件
中，或得认为，被告的自由接受构成不诚实（dishonesty），或者至少违反了通
常行事体面的规则（rules of ordinary decency）。[30]但不必走得这么远。问题
以如下方式呈现。原告将一笔利益给予被告，期待得到某种回报，并非意在
赠与被告。一旦得利争点得到解决，为何被告不该受领案涉价值？答案是，
不应减轻被告承担的、后来发现对其不利的风险。被告的回应是，该答案不
能涵盖一切案件。第一，倘被告能证明某些否定自愿性质的因素，就根本没有

276

〔28〕　Van den Berg. v. Giles〔1979〕2 N. Z. L. R. 111.

〔29〕　Stevens v. Bromley & Son〔1919〕2 K. B. 722, esp. p. 728, per Atkin, L. J.

〔29a〕　British Steel Corporation v. Cleveland Bridge and Engineering Co. Ltd.〔1984〕1 All E. R. 504,
509-512（Robert Goff. J.）.

〔30〕　Cf. City Bank of Sydney v. McLaughlin（1909）9 C. L. R. 615, 625, per Griffith, C. J.

承担风险。[31]第二，倘被告自由接受了案涉利益，"不应减轻"被告确实愿冒的任何风险，这个说法并不对。自由接受的被告本得拒绝，既决定接受，遂使自己参与风险。被告未主动上前发出警示，就要自负责任。被告未予拒绝［这个情节］，使得其不能笼统回答说，原告本应慎思而后行。

还有个相关但次要的问题。自由接受的被告或会说，即便在其个案中，被告无法强迫原告退回到其［原告］所冒的风险当中，*将这些承担风险的介入人的期待打破，对社会也有好处。被告得主张，好事之人统统应该受到挫折，以免轻易地让他人在这些好事之人的背后承担责任。[32]但对此得回应说，即便社会在让好事之人遭受挫折方面确实有一般利益，那些于介入行为发生时在场，知道发生了何等事情，从而得（倘选择如此）阻止该行为的个体，也绝没有受到保护的必要。简言之，对那些在介入行为发生时不在场的人，或者虽在场，但不掌握充分事实，不足以意识到有必要采取措施拒绝介入的人，不得允许多管闲事的介入人对这些人主张权利，只要坚持这个立场，防范多管闲事的社会利益也就得到保护。

三、衡平法上的平行规则

277

在衡平法上，最容易碰到自由接受现象的，是在改良［他人］土地的情形。原告在被告的土地上营造工作物，争点在于原告是否一定丧失投入的劳务及材料而得不到补偿。字面上的"自由接受"并未发生。此类案件涉及"拉姆斯登诉戴森案规则"（doctrine in *Ramsden v. Dyson*）或者"默认/默许"（acquiescence）。二者思想是一样的。争点在于，土地所有权人是否袖手旁观，听凭原告以某种方式实施改良活动，该方式使得土地所有权人不得不为之负责，而不能对改良人表达想要拒绝的意思："你不该冒风险在我的土地上施工。"就拉姆斯登诉戴森案本身来讲，[33]19世纪的社会史将该案塞满：整个

---

[31] Greenwood v. Bennett [1973] 1 Q. B. 195, 202, per Lord Denning, M. R. ["吾人都记得波洛克法官的警句，'甲打理了乙的鞋子，除了将鞋子套上脚，乙还能做什么呢'：Taylor v. Laird (1856) 25 L. J. Ex. 329, 332。倘那个提供劳务的甲知道或者应该知道案涉财产并不属于自己，那么这无疑是法律的立场。甲承担了提供劳务却得不到报酬的风险。可要是甲真诚相信自己是案涉财产的所有权人，并基于该信念而提供劳务，情况就迥乎不同了。"]

* 译按：参见边码283。

[32] Falcke v. Scottish Imperial Insurance Co. (1886) 34 Ch. D. 234, 248, per Bowen, L. J.

[33] Ramsden v. Dyson (1866) L. R. 1 H. L. 83.

城镇都是在私人土地上建造起来的。很多市民是不定期地产承租（租赁）人。*
这些承租人坚称，是由于相信，在分配给自己的地块上建筑房屋，将得到长
期租约，遂如是为之，而土地所有权人的代理人完全知晓这些情况。上议院
同意，倘若土地所有权人明知承租人所持看法，仍允许在自己的土地上营造
建筑物，那么这些不定期地产承租人诚然有权得到救济。如是裁决案情事实
是该条［默认］规则的基础。基于案情，法院认定，土地所有权人没有理由
相信，在自己的慈善安排事实上给予的片刻安全之外，这些承租人还得生出
更多信赖。是以，因土地所有权人相信，这些承租人对事情的看法跟自己一
样，故没有什么因素要求土地所有权人主动发出警示。

若说这条衡平法规则跟自由接受完全一样，这个论断并非毫无争议。尤
其是，该论断会遭遇如下主张的竞争，即衡平法规则依靠［意思表示］错误，
故应一并考虑的并非自由接受，而是否定自愿性质的那些因素。是以，在威
尔莫特诉巴伯案中，[34]弗赖伊法官（Fry, J.）说："衡平法上的默认规则以
存在事实错误为基础。"[35]这是在论辩过程中发表的评论，但法官的判决书也
明确，第一个要件就是，原告"必须就其法律上的权利［普通法权利］犯有
错误"。[36]戈夫与琼斯也在"基于错误提供劳务"的标题下讨论拉姆斯登诉
戴森案。[37]是以，这个归类必须接受检视。

设我相信黑亩归我所有并于其上建造房屋，你明知黑亩实为你有，却于
暗中坐视我完成建筑工作，意图取得该房产价值。在此案情下，毫无疑问我
有［事实］错误。争点在于，就我对你主张的权利而言，该错误起到何等作
用？有两个可能：可能否定我［转移财产］的自愿性质，也可能证明并非无
偿的意图，表明我并非最初意图赠与而后改变了想法。就拉姆斯登诉戴森案
规则而言，错误起到何等作用？这很容易检验。假设我犯的错误并非黑亩归
我所有，而是你将来会将黑亩让与我，此类错误绝不会否定［财产转移的］

278

---

　*　译按：不定期地产租赁（保有）人、任意期限的地产租赁或保有人（tenant at will），指承租人
或保有人经所有人的同意而占有不动产，但双方未就具体期限作出明确规定的情况。《元照英美法词
典》，第1333页。

　[34]　Willmott v. Barber (1880) 15 Ch. D. 96.

　[35]　Ibid. , 101.

　[36]　Ibid. , 105.

　[37]　Goff and Jones, p. 106 ff.

自愿性质。此类错误不过是对将来的错误预测，跟下面的"错误"正是同类，即你清洗我的汽车，错误相信我会付款。[38]错误预测不过就是冒险而已，别无其他，[原告]运用了判断力但结果糟糕，而不是判断受破坏/意思无效。[39]这也就是何以法律会要求错误必须指向现在或过去的事实。但不管是错误预测，还是对现在事实的[认识]错误，皆得证明并非无偿的意思。是以，正如适才在普通法部分看到的，威廉·莱西公司错误预测戴维斯愿意订立开发契约。面对北悉尼市议会的萨比莫私人有限公司也是如此。某位商人向我发送了我并未订购的货物，既否定了自愿性质，也就未提供任何东西；但我若是自由接受，我就必须为此付款。是以，拉姆斯登诉戴森案的争点遂为：倘在给定案情事实下，那个据说是必要[要件]的错误不过是错误预测，这条[默认]规则是否仍起作用？倘不起作用，遂可断言该条规则依赖于错误，按否定自愿性质的因素对待。倘仍起作用，那么就无关对自愿性质的否定，而跟自由接受联系起来，实际上，根本就是自由接受。

答案出自拉姆斯登诉戴森案本身。不定期地产承租人所犯的，上议院认为在土地所有权人知晓的情况下已经足够的"错误"，不过就是错误预测：这些承租人相信，倘在土地上建筑房屋，将得到长期租约；这些承租人都知道自己在当时是不定期地产承租人。枢密院在普利默诉韦灵顿公司案中明确考虑了此点。[40]枢密院的意见是，上议院并非意在将这条规则的适用情形局限于对当下事实的[认识]错误，而不适用于错误预测。这个立场一定是对的，盖虽无先例，但显而易见，倘若你袖手旁观，看着我在你的土地上建造房屋而一言不发，那么我的权利请求在下面两种情形应别无二致：一种情形是，解释我的行为，结果是我相信你将会付款或者你将会给予我土地权益；另一种情形是，我相信已经得到了土地权益。道理在于，这里的返还事由在于你的行为，你袖手旁观，任凭我陷入麻烦。即便原告只是错误预测了将来，衡平法亦予回应，英沃兹诉贝克案提供了一个现代的例子。[41]在该案中，儿子在父亲的土地上建造了一栋平房。儿子知道土地并非自己的，但相信只要自己愿意，可以永久住在该平房里，而父亲也明确肯定了此点。是以，该案中

---

[38] 参见前文边码 273—274。

[39] 参见前文边码 147，尤其参见 Re Cleadon Trust Ltd. [1939] Ch. 286。

[40] Plimmer v. Wellington Corporation (1884) 9 App. Cas. 699, 710 f.

[41] Inwards v. Baker [1965] 2 Q. B. 29.

并不存在［认识］错误，至少不存在指称足以否定自愿性质的因素这个意义上的错误。

经过前面的论证，可得到如下结论：拉姆斯登诉戴森案规则是普通法上自由接受规则在衡平法上的对应物，并不依赖于［认识］错误。当然，下面的说法仍然不错：正如普通法上那些既得用自由接受来分析，亦得以否定自愿性质的因素来分析的案件，［在衡平法上，］基于对现在或过去事实的［认识］错误（而不是错误预测），受此影响而从事劳务的改良人，只要将得利争点单独拿出来考虑，确实得认为该改良人的权利依赖于错误。倘若我相信我已有［土地］权益，遂建造房屋，为了满足"不当"要件下的考察，我当然不是非得依赖自由接受不可。普通法上对应的是格林伍德案。[42]但正如该案，倘不乞援于被告的［自由］接受，得利争点不易措手，会碰上"主观贬值"这个常规难题。

这还不是拉姆斯登诉戴森案诸多难题的结束。还有个难题，下节会碰到：衡平法的救济并不机械局限于判令返还，至少在某些事实情形，还延伸及于实现当事人的期待。

第三节　自由接受的要件

自由接受的详细构成要件，尚未经过充分构思，而在契约解释路径的影响隐入历史之前，也不会得到完全清晰的图景。据称，自由接受为请求及允诺的推断提供正当理由，只要这就是必须满足的理论，就不可能全神贯注于界分两类［自由］接受，一类证明了非契约性质返还权利请求的正当性，一类则否。博尔顿诉琼斯案的案情事实是这个难题的典型。[43]琼斯曾向布罗克赫斯特订购货物，布罗克赫斯特是案涉商号此前的所有权人。案涉商号现为博尔顿所有，博尔顿认为订购［要约］是发送给商号的，而不是发送给布罗克赫斯特的，遂依订单发货，琼斯消耗了这些货物。若要满足契约理论，琼斯接受货物这个事实本身恐怕并不够，盖琼斯并不知道供货人身份，遂使接受［意思］无效（vitiated）。但并不清楚，该知情瑕疵［是否］会使非契约

280

---

[42] Greenwood v. Bennett［1973］1 Q. B. 195.　译按：参见前文边码第 124、155 页。

[43] Boulton v. Jones（1857）1 H. & N. 564.　译按：参见前文边码第 115—116 页。

自由接受的效果不能发生。争点在于：要构成非契约自由接受，"自由"必须达到怎样的程度？在衡平法这边，阻碍了自由接受完整图景发展的，从来都不是契约理论，而是认为拉姆斯登诉戴森案规则依赖于［认识］错误这个不正确的主张。

一、拒绝的机会

倘在被告知晓之前，案涉利益已不可逆转地给予被告，即不能认为被告自由接受，此点确凿无疑。这不过是时间事宜。未经请求的利益一旦给予，即便为之明示的付款允诺亦不可诉。[44]在莉诉迪克森案中，[45]一位共有人修缮、改良了共有不动产，争点在于，是否得请求另一位共有人依其共有份额给予补偿。上诉法院认为，除了共有财产分割及嗣后调整［分割份额］的诉讼，原告的主张无法得到支持，除非被告共有人有接受或拒绝的真正选择机会。掌卷法官布雷特（Brett, M. B.）道：

"自愿给付得分为两大类。［第一类，］为他人利益支出了金钱，有些场合，在具体案情下，该人有选择是接受还是拒绝案涉利益的机会：此际，倘该人决定选择接受案涉利益，即有义务偿还花在自己身上的金钱；倘拒绝案涉利益，即不必负责任。［第二类，］为他人利益支出了金钱，有些场合，在具体案情下，该人无法不接受案涉利益（cannot help accepting），事实上不得不（bound to）接受案涉利益：此际，该人没有选择的机会，故不承担责任。"[46]

281

这段话需要仔细限定。当布雷特法官说，若是没有接受或拒绝的选择机会，［案涉利益］受领人即不承担责任，其意为，并没有具体以自由接受为基础的责任。而吾人知道，即便被告在不知情的情况下得利，亦得基于非自愿得利而令被告承担责任，只要原告确实能指出某些否定自愿性质的因素，并能依某个标准证明被告得利，而该标准并不依赖于被告选择如何花费自己的

---

[44] 盖过去的对价不是对价：Re McArdle［1951］Ch. 669；Eastwood v. Kenyon（1840）11 A. & E. 438.

[45] Leigh v. Dickeson（1884）15 Q. B. D. 60.

[46] Ibid.，64.

金钱。一旦嵌入这个限定，布雷特法官这段话的意义也就显而易见了：被迫接受（forced acceptance）根本不是接受。假设你在我不知情的情况下改良了我的不动产，不能仅仅因为我利用了我的这些经过你改良的不动产，就认为我接受了你的劳务和开支。

波洛克法官在泰勒诉莱尔德案中形象地揭明这个道理："甲打理了乙的鞋子，除了将鞋子套上脚，乙还能做什么呢？"[47]在森普特诉赫奇思案中，[48]原告建筑商在被告土地上建造房屋，未完工而放弃。被告接管了这些未完工的建筑，不能以自由接受为基础令被告承担责任。建筑是附着于被告土地上的，被告没有决定接受还是拒绝的选择空间。建筑商遗留在土地上的建筑材料则不同，被告有机会选择是否利用这些材料。倘选择利用，被告即对这些材料的价值负有责任。

二、知道并非无偿的意思

并非无偿的意思，即不同于赠与的意思。承担风险的自愿行为人，期待某些回报却并未约定清楚，即为此种意思。在威廉·莱西公司案中，[49]建筑商希望并期待得到回报，即赢得开发契约。建筑商无意无偿给予土地开发者利益。类似地，错误地相信案涉地块已属于自己，遂于其上施工（错误改良），诸如此类并非自愿转移财产之人，亦属并非无偿意思的情形。改良人无意向土地真正所有权人赠与，改良人对该人一无所知。改良人意图以该利益增益自身。

原告没有无偿给予的意思，这还不够，被告还必须知道该［并非无偿的］意思。否则，没有什么事情会要求被告自问，是否应采取措施拒绝案涉利益；盖正如每个人都知道的，有些利益，若是知道对方期待自己有偿取得，肯定会拒绝，但若为赠与，则不妨接受。在上段错误相信土地归自己故改良土地的例子里，必须证明，旁观的真正所有权人知道改良人的看法是错误的。[50]倘若土地所有权人跟改良人犯了同一错误［以为土地归改良人］，该所有权人

---

[47] Taylor v. Laird (1956) 25 L. J. Ex. 329, 332.

[48] Sumpter v. Hedges [1898] 1 Q. B. 673.

[49] William Lacey (Hounslow) Ltd. v. Davis [1957] 1 W. L. R. 932.

[50] Ramsden v. Dyaon (1866) L. R. 1 H. L. 83; Willmott v. Barber (1880) 15 Ch. D. 96.

甚至不会将自己看作受赠人。他会认为改良人在致力于改善他自己的状况，是以，完全意识不到有任何必要介入或者发出警示。[51]

有时，会出现如下情况：极为明显地，原告确实没有无偿意思，可被告却有正当理由认为案涉利益对自己来说是无偿的。在布朗与戴维斯公司诉加尔布雷思案中，[52]原告的汽车厂修理了被告的跑车，被告的保险公司倒闭，原告遂要求被告支付修理费用，盖被告是修理劳务的受领人。原告的诉讼请求被法院驳回。案涉劳务只是基于保险公司的信用而提供。上诉法院的分析完全基于契约路径。若是遵循非契约的自由接受路径，当然也不会得到不同结果。就被告来讲，施于被告跑车的劳务，被告将之看作无偿的甚为合理。是以被告没有理由自问，不修理是否更为明智。没有什么事情要求被告警示原告，要提防遭受损失或者期待落空的危险。

在吉尔伯特及伙伴诉奈特案中，[53]原告是从事土地勘测检查的商号，其
283　与被告奈特女士达成协议，为被告监督一些建筑施工，费用为 30 英镑。开始施工后，被告改良建筑物的想法不可遏抑地滋长，待施工结束，原告勘测检查的工程规模相较最初商定费用时增加了 4 倍。原告请求偿付额外工作的合理价值。该请求未得到法院支持，理由是，在具体案情下，原告并未向被告传递足够信息，让被告了解最初的费用已耗尽的事实。被告认为额外的劳务是无偿提供的，也就是说，被告认为一笔费用涵盖了全部劳务。

三、忽视拒绝机会

被告必须曾有拒绝的机会，却决定接受。此外，在该决定中，还必须有忽视（neglect）的成分，*足以令被告要对案涉价值转移给自己负责任。前面看到，自由接受的关键在于，阻止了被告将原告推回去承担其［原告］冒的

---

〔51〕　在埃文代尔印刷公司诉哈吉案中（Avondale Printers v. Haggie［1979］2 N. Z. L. R. 124），原告曾对案涉土地享有衡平法权益，在此期间于土地上施工，在将衡平法权益转让给被告后，仍继续施工，被告警示原告停止，否则要承担一切风险。马洪法官（Mahon, J.）正确指出，不能认为被告自由接受了原告在被告享有衡平法权益这段时间提供的劳务（at p. 143 f.）。

〔52〕　Brown and Davis Ltd. v. Gabraith［1972］3 All. E. R. 31.

〔53〕　Gilbert and Partners v. Knight［1968］2 All E. R. 248.

* 译按：懈怠、不作为、遗弃（neglect），指在客观上没有实施其应当实施的行为，该种行为义务通常是由其业务或职业产生的，也可以是法律规定的义务。当事人在主观上可以是故意，也可以是过失。《元照英美法词典》，第 954 页。

风险。[54]倘确是如此，顺理成章可知，在［自由］接受所发生的那个具体案情下，案情一定使得原告也是风险的参与人。争点必然是：在具体案情下，被告［对案涉利益］的接受是否使得其不能反驳（retort）？

在布鲁尔街投资公司诉巴克利·伍伦公司案中，[55]被告急迫地想要租赁原告的房产，且自信谈判将要成功。还有个问题没解决，涉及购买归复权的权利。*被告相信这个争议能解决，遂要求原告对房产做大规模改造。改造只完成了一部分，谈判破裂。谈判破裂的原因恰恰在于归复权争议。原告向分包人付清了费用，然后请求那个眼看要成为承租人却期望破灭的被告偿付。法院认为原告的权利成立。还有，还算清楚的是，倘若当事人的安排正好相反，即被告亲自入场组织施工，在谈判破裂后请求补偿合理价值，法院会得到同样的结论。也就是说，这个差点成为承租人的当事人，其主张得不到法院支持。遂可认为，倘由于未就归复权达成一致，使得租约未能订立，差点成为承租人的当事人一定会失去案涉劳务的价值，不管双方当事人选择怎样安排来完成施工。在一件非常类似的案件中，上诉法院却得出相反结论。在詹宁斯与查普曼公司诉伍德曼、马修斯及伙伴公司案中，[56]差点成为次承租人的当事人胜诉。该方当事人预期转租契约会订立，故订购了施工劳务，可终未拿到转租契约。转租契约未成功订立的缘故是，主租约中有这样的条款，即出租人得禁止承租人将房产转租给从事案涉特定类型营业活动之人，而那个想要成为次承租人的当事人并不知道该条款。次出租人没把这个危险放在心上，故未警示次承租人。

就自由接受，这些案件提出的问题是：在前述案情中，土地所有权人清楚知道发生了什么事情，并未出声禁止，为何不能自动得出结论，认为土地所有权人自由接受了施于土地的劳务，故必须返还劳务的价值？答案看起来是，基于布鲁尔街投资公司诉巴克利·伍伦公司案的事实，那个表面上成立

284

---

〔54〕　参见前文边码 276 以下。

〔55〕　Brewer St. Investment Ltd. v. Barclays Woollen Co. Ltd. ［1954］1 Q. B. 428.

*　译按：归复权、财产归复权（reversion），指根据法律规定而产生的一种将来权益。例如，地产所有人将其中的先行地产权而非其所享有的全部权益授予他人，地产所有人在该先行地产权存续期间享有地产归复权，期限届满后，该地产权复归其所有。《元照英美法词典》，第 1197 页。

〔56〕　Jennings and Chapman Ltd. v. Woodman, Matthews & Co. ［1952］2 T. L. R. 409；cf. Pulbrook v. Lawes ［1876］1 Q. B. D. 284.

的自由接受，经仔细检视可知，并未使土地所有权人成为承租人所冒之风险的一方。很清楚，还有处争议条款待商榷（也就是归复权），故出租人有权认为并无必要发出如下警示：倘若那块绊脚石未能搬开，可能成为承租人的这位当事人会丧失案涉劳务的价值。这个危险如此显而易见，从而意味着，出租人嗣后主张承租人应自行承担所冒之风险，并无任何困窘之处。相比之下，在詹宁斯与查普曼公司诉伍德曼、马修斯及伙伴公司案中，对那个最终实现的危险，可能成为［次］承租人的当事人并不知情。次出租人得反对说，自己也没有真正机会发出警示，盖自己并未觉察到成为次承租人路途上的那个障碍。然而，倘若处理这些事情的起点是下面这个问题，即次出租人能否公允地主张，次承租人冒了不应减轻的风险，那么显然不能这么主张［欠公允］，盖次出租人理当知晓，主租约的出租人有权力坚持主租约中的协议，从而使得可能的次承租人无法自这些劳务中得到益处，且次出租人同样知晓，可能的次承租人并未打算将该不测情事理解为由自己承担的风险。是以，此处次出租人确实使得自己参与了［那个可能的］次承租人所冒之风险，即在未拿到租约之前即大兴土木，成为风险的一方。

285　　　不过，并没有大致内容如下的简单规则：倘原告自始知晓且应该知晓的危险发生，自由接受即不成立。在彼得·林德诉默西·多克及港务局案中，[57]同样涉及原告建筑商操之过急的案情。双方正磋商订立一大宗建筑契约，有个关键问题还未谈妥。就如何表达所应支付之价款，双方未达成一致方案。最终磋商无果，该问题未解决。可原告在这段期间已经施工，价值在百万英镑以上。本案中，在任何阶段都未曾订立契约，正如在前面两个案例中，既未曾订立租约，亦未曾订立给予租赁权的契约［当指转租］。此外，如同布鲁尔街投资公司诉巴克利·伍伦公司案，契约最终未订立的障碍，恰恰是这个有争议的核心事宜。可彼得·林德对合理服务价款的请求得到法院支持。那么，关键区别在何处？这个问题得通过如下提问来测试，即港务局能否公允地将原告彼得·林德推回去承担其［原告］所冒的风险；港务局做不到。要说港务局拒绝付款的问题在哪里，［那就是］港务局本该利用确实有的机会，指示原告将工程停下来，或者至少澄清，倘继续施工，除非谈判顺利，成功缔约，否则投入的劳务得不到报酬。在布鲁尔街投资公司诉巴克利·伍

---

[57]　Peter Lind v. Mersey Docks & Harbour Board［1972］2 Lloyds L. R. 234.

伦公司案中，得合理假设，承租人坦然接受了如下风险：倘租约由于归复权争议而未能订立，将丧失改造工程的价值。而在彼得·林德诉默西·多克及港务局案中，港务局即不得这么讲。有两点特殊案情事实有助于得出刚才关于两案不同的结论：第一，［彼得·林德诉默西·多克及港务局案］工程的规模和价值要大很多；第二，在双方当事人之间，最初希望施工的，是现在仍占有工程成果的港务局。[57a]

在赫西诉帕尔默案中，[58] 岳母花钱帮女婿扩建房屋，期待得不限期地居住在那里。女婿接受了以此为前提的改良施工。这个安排最终失败。法院支持这位岳母拿回自己的投入。不能说这位女婿就该比岳母在法律上受到更多责难。单纯考察过错，难以解释结果［的不同］。若问女婿是否得公允地保有岳母的投入，将岳母推回到她承担的风险当中，答案一定是不能。两个人都冒了险，女婿跟岳母所冒之险一样多。这个安排的破裂是得预见的，但为何实质性后果只由岳母来承担，这是没有理由的。

286

第四节　三个困难的主题

前面的内容一直试图析分自由接受的构成要件。待将该概念适用于实务，会碰到三块格外困难的领域。本章即在对这三个难题的考察中结束。

一、自由接受与契约

截至目前，本书只讨论了不存在契约的案例。原告至多是希望得到一些相对给付，* 或者期待稍后会订立契约，依该契约，就其给予的价值，可以得到一些回报。但假设双方当事人间有契约关系，是否还能同时存在自由接受并足以让原告的权利请求成立而不依赖该契约？在契约为不可分契约的情形，

〔57a〕　See British Steel Corporation v. Cleveland Bridge and Engineering Co. Ltd. ［1984］1 All E. R. 504（案情事实和结论都很相似，参见前注 29a）.

〔58〕　Hussey v. Palmer［1972］1 W. L. R. 1286. 该案得以自由接受来解释，但或许更为恰当的"不当"因素是某种"不平等"，由以下两个要素构成：（a）当事人之间关系的性质，（b）原告想要满足的需求的性质。这两个要素都表现在短语"家庭住所"（family accommodation）中：岳母需要永久住所，并试图在家庭关系的框架下解决。还要指出，法院愿意给予岳母在房屋上一定比例的受益份额（但原告拒绝）。参见后文边码 292。

＊　译按：书中 reciprocation 多译为"对待给付"，这里姑译为"相对给付"。

比如建造房屋或者写书，当工作推进时，能否认为［被告］自由接受了这些工作？

这个问题要分两部分回答。第一，存在不完全履行的情况。契约的内容是建造完整的房屋，契约突然结束，委托人只得到半个房子，原因可能是建筑商违约，可能是目的实现受挫，也可能是委托人违约。就眼下而言，只需要考虑第三种可能。倘若不能认为委托人在自己毁约的情形得自由接受，那么在另外两种情形也不会发生自由接受。

吾人知道，基于这些事实［委托人违约］，建筑商可以得到合理服务价款，这是在普兰谢诉科尔伯恩案中得到支持的权利请求。[59]唯一的问题是，权利请求是否得以自由接受为基础。［答案是］不能。委托人既意在得到完整的房子，即不能认为会自由接受完成一半的房子或者随工程逐日推进当下的状态。得从两个方面来解释：或得认为，委托人实际上没有机会拒绝，盖依契约，委托人在法律上有义务接受看起来正走向完全履行的每一小块工作。亦得认为，虽说委托人随时都有机会拒绝，但委托人未加拒绝也并不意味着任何忽视态度，从而令其为建筑商嗣后的困境共负责任。最终，是委托人违约造成建筑商的困难，正是该事实很难让人不认为，回溯地看，委托人一点一点地自由接受了建筑商的工作。但自由接受这个事情，无法回溯证实。自由接受取决于，当案涉利益给予接受人时，接受人的心理状态。当［建筑商向委托人］提供不可分给付中的一部分时，不能说受领人自由接受了给付。这并不意味着普兰谢诉科尔伯恩案有误，只是说该案应解释为非自愿财产转移，而非自由接受的适例。

第二，在完全履行情形，必须重复这个问题。假设建筑商完成了全部工程，委托人拒绝付款。建筑商能否以非契约的自由接受为基础主张权利？答案一定是可以。相反的结论（涉及不完全履行）依赖如下事实，即对给付整体的接受排除了对构成整体之各部分的分别接受。但在这里，该难题非复问题。委托人确实需要完整的房子，现在也得到了完整的房子。委托人拒绝的机会延伸至订立契约时。委托人本可以取消项目，但并未这么做；而且很显然，委托人始终知道建筑商并非基于无偿意思而施工。

在这种情形乞援于非契约的自由接受，德格尔曼诉加拿大担保信托公司

---

〔59〕 Planché v. Colburn（1831）8 Bing. 14. 参见前文边码232。

及康斯坦丁诺案乃为适例。[60]在这件加拿大案例中，外甥同意为姨母提供各种劳务，姨母同意将房子留给外甥。这虽是契约，但由于欠缺《防止欺诈法》要求的书面形式，不得强制执行。外甥尽心尽力，姨母却并未订立以外甥为受益人的遗嘱。外甥不能基于契约主张权利，但就劳务主张合理服务价款的请求得到法院支持。基于非契约的自由接受来解释这个立场，不会有什么障碍，盖就某些不想要的部分履行（unwanted part-performance），外甥主张得到价值偿还，并无问题。

即便有充足理论基础支持此类权利主张，原告也并非得毫无限制地选择是基于契约起诉，还是以非契约的自由接受为基础。这样的选择权得让原告得到合理价值，哪怕在原告愚蠢到同意低于市场价格提供劳务的情形。是以，倘允许在不同路径间自由选择，会颠覆交易。故，原告不得提出契约权利请求，除非契约得到清偿；[61]即便那样，十有八九亦得认为，原告通过非契约路径寻求救济并不会比在契约法上主张权利得到更多。[62]

二、自由接受与清偿他人债务

前面看到，[63]清偿他人债务是特殊形式的利益，而依英国法的一般规则，除非债务人接受清偿，否则给付行为本身不会发生清偿债务的效力。英国法的这个立场使得清偿他人债务的相关法律变得格外复杂。

倘若法律规则是这样的，陌生人的给付总是能让债务消灭，那么就返还法而言，在这种非金钱利益［清偿他人债务］与任何其他种类利益之间，在分析上就不会有差别。但在实务上有差别，即在得利争点上，非金钱利益非常容易满足无可辩驳利益的"没有理性人"标准。是以那些要提的问题，会在"不当"争点下以通常方式提出：陌生人能否指出某个否定自愿性质的因

---

[60]　Deglman v. Guarantee Trust Co. of Canada and Constantineau［1954］3 D. L. R. 2d. 785. 译按：参见边码274。

[61]　Toussaint v. Martinnant（1797）2 T. R. 103；The Olanda（1917）［1919］2 K. B. 729；Stevens v. Bromley & Son［1919］2 K. B. 722；Luxor（Eastbourne）Ltd. v. Cooper［1939］4 All E. R. 411；Re Richmond Gate Propery Ltd.［1964］3 All E. R. 936. 译按：句中"契约得到清偿"（contract is discharged），从上面两段看，不等于完全履行。

[62]　Cf. B. P. Exploration Co.（Libya）Ltd. v. Hunt［1982］1 All E. R. 925, 942-943. 同样的论证思路既适用于目的实现受挫导致的部分履行，亦适用于完全履行，不过还没有制定法规定。

[63]　参见前文边码190。

素？倘不能，能否证明被告债务人已自由接受了清偿结果？对自由接受的考
289 察遂极为简单而快速：被告债务人是否知道陌生人在向债权人清偿？债务人
在本得上前阻止给付的情况下是否仍袖手旁观？[64]

陌生人的给付并不能清偿债务，这条规则的效果是延长了［被告］得拒绝
案涉利益的期间。是以，也就延长了使自由接受成为可能的期间。倘有陌生人
要清偿我的债务，虽在我不知情也不在场的情况下将金钱交到了债权人手上，
从分析上看，跟有人将一箱威士忌放在我门口台阶上，是一样的状况。[65]倘我
相信这送上门的利益是赠与，我得安心据为己有，不会承担任何责任。但倘
若我知道该给予并非出于无偿意思，得认为是自由接受。现实后果是，在大
多数债务得到"实际履行"（physically paid）［相对于"技术上清偿"（tech-
nically discharged）］的案件中，债务人接受清偿相当于自由接受，足以使得
债务人对陌生人（给付人）负返还义务。盖当债务人面对是否接受清偿的问
题时，基于诸多案情事实，债务人所处位置并不会使得其认为给付方意在赠
与。理所当然的解释是，倘债务人选择接受清偿，债务人于选择之际，知道
给付人并没有无偿意思。

在克林顿信托公司案中，[66]一位董事清偿了公司在担保合同下的债务。
这位董事是冒风险的自愿行为人，自信公司稍后会接受清偿。由于涉及自身
利益，该董事被取消表决资格，使得董事会不够法定人数，无法形成有效决
议。是以，公司未能接受清偿。而后，公司进入清算阶段，清算人拒绝了该
董事关于清偿债务的证据。上诉法院认为清算人做得对，掌卷法官格林勋爵
持异议。格林勋爵支持返还的立场可能是对的。这取决于债务是何时清偿的。
倘若给付自动地、立即地清偿［消灭］了公司的债务，即没有任何自由接受
的空间。倘非如此，清算人若是决定将该笔债务看作已消灭，相当于自由接
受该仍有瑕疵的清偿（imperfect discharge）。此际，格林勋爵通过不同［于本
书的］论证思路形成的立场，看起来是对的。遗憾的是，该案并未检视关键
290 问题，即案涉债务是否因为［董事的］给付或者［清算人自由］接受而清偿
［消灭］。

---

[64]　Roberts v. Champion (1826) 5 L. J. (O. S.) K. B. 44.

[65]　Stevens v. Bromley & Son [1919] 2 K. B. 722.

[66]　Re Cleadon Trust Ltd. [1939] Ch. 286.

在归复权基金与保险公司诉梅森·科斯韦公司案中，[67]原告贷给被告公司一位董事一笔钱，该董事［用借款］清偿了被告公司欠的债务。原告知道该董事并未从公司得到借款授权。如同克林顿信托公司案，本案中［案涉董事］的计划也是嗣后得到授权，但结果表明他对公司将会接受其所作所为的预期太过自信。可上诉法院认为，在该董事以借款清偿公司有效债务的范围内，原告得请求公司偿付。沃恩·威廉姆斯法官（Vaughan Williams, L. J.）持异议。沃恩·威廉姆斯法官想把原告的返还权利局限于如下案情，即原告得指出否定自愿性质的因素，比如错误相信该董事已获得为公司借款的授权。[68]巴克利法官（Buckley, L. J.）和肯尼迪法官认为不需要这些要件。依这两位法官的立场，找不出任何因素指向"不当"并要求返还。就［被告］公司而言，原告贷款给未获授权的董事以及该董事清偿［公司］债务，都是他人之间的事情。*这两件事情结合起来的作用，就跟一个彻头彻尾的陌生人花自己的钱清偿了公司债务完全一样。但该案得以自由接受来解释。陌生人的清偿仍有瑕疵（imperfect），直到公司接受该清偿。虽说公司从未正式肯定案涉交易，但也从未否定［拒绝接受］自己的债务被清偿。倘若债务人以充分的承认消除了清偿的瑕疵，那就很难主张这里不存在足以给予陌生自愿者返还权利的自由接受。

三、衡平法上救济的不确定性

拉姆斯登诉戴森案规则有个侧面，完全无关返还/不当得利。基于某些案情事实，法院的救济方式将使原告得到更多，远愈原告在只能请求被告返还通过牺牲原告所得之利情况下可以得到的。救济方式的多样，在今天被理解为自由裁量事宜，而不是说，不同类型事实情境之间可辨识的差异决定了使用不同的救济手段。这会促成令人担忧的法律不确定。稍后或会知道，有可能更为准确地预测，哪些事实只发生返还法律效果，哪些事实会发生更多法律效果。倘如此，即等于承认拉姆斯登诉戴森案规则实非一个规则，而是两

291

---

〔67〕 Reversion Fund and Insurance Company Ltd. v. Maison Cosway Ltd. ［1913］1 K. B. 364.

〔68〕 As in Bannatyne v. MacIver［1906］1 K. B. 103.

＊ 译按：他人之间的事情（res inter alios acta），按其性质无法推断出争议的主要事实，故与当事人无关的行为、事务或事件不能当证据提出。《元照英美法词典》，第 1189 页。

个规则。分界线最有可能划在这里，一边是自由接受规则（或默认/默许），一边是允诺禁反言规则（promissory estoppel）。*

一个世纪前，普利默诉韦林顿公司案即概括了多样化的救济方式。[69]司法委员会在该案中如是描述多样可能：

> "在拉姆斯登诉戴森案中，[70]证据表明，承租人期待得到特定类型的租约/租赁权，副御前大臣斯图尔特（Vice-Chancellor Stuart）即如是判给原告，不过，看起来这并不是金斯当勋爵（Lord Kingsdown）打算给予的救济形式。……在博福特公爵诉帕特里克案中，[71]为了在衡平法上救济那些在土地上支出金钱之人，别无他法，只有对土地的永久留置权（retention）**让权利人在特定价值上得到担保。……在迪尔温诉卢埃林案中，[72]儿子在父亲的土地上支出了金钱，御前大臣认为应予救济，只有授予非限嗣继承地产权，才能满足衡平的要求。……在联合银行诉金案中，[73]儿子在父亲土地上建造了定着物，掌卷法官认为，父亲并非意图将土地让与儿子，为了在衡平法上救济儿子，其在土地上支出的费用应得到补偿。事实上，法院必须检视个案具体案情，决定以何种形式达到衡平的要求。"[74]

面对如此丰富灵活的救济手段，似乎得沿着下面两个问题的边界做重要区分：第一，法院是否打算按照原告的实际期待给予救济？第二，法院是否打算将救济方式局限于原告请求返还所花的费用？若要对第一个问题给予肯定回答，唯一的正当理由就是案情事实表明，被告的所作所为诱使原告形成特定期待。诱使（inducing）不同于不戳破/不点醒（not undeceiving）。在擦

---

* 译按：promissory estoppel，允诺的不容否定，允诺人相信对方将由于信赖其允诺作出某项实质性的作为或不作为，所受允诺人确实因此作出某项作为或不作为，且作出的允诺不得否定或取消，以免给对方造成损害。《元照英美法词典》，第1105页。

[69] Plimmer v. Wellington Corporation (1884) 9 App. Cas. 699.

[70] Ramsden v. Dyson (1886) L. R. 1 H. L. 129.

[71] Duke of Beaufort v. Patrick (1853) 17 Beav. 60.

** 译按：retention，苏格兰法上的留置权，指一方当事人有权扣留他人动产并予以占有，直至他人清偿债务。对应英格兰法中的留置权（lien）。《元照英美法词典》，第1194页。

[72] Dillwyn v. Llewelyn (1866) 4 De G. F. & J. 517.

[73] Unity Bank v. King (1858) 25 Beav. 72.

[74] Plimmer v. Wellington Corporation (1884) 9 App. Cas. 699, 713.

窗工人那个例子里，该工人未经我的请求即主动清洗我的窗子，要区分下面两种情境：我隐身于厨房，不让他看见（我的想法是，保留稍后冲出去表达反对态度的自由，告诉对方，我不喜欢这些工作）；迥乎不同的场景是，我抱有别样想法，遂招手示意继续。在第二种情形，我制造了期待或者诱使工人形成牢靠期待，以为将会得到报酬。第一种情形则否。如果说我秘密地藏身于工人视野之外，以此手段鼓励该工人怀抱期望，这个说法不过意指，我消极对待，没有戳破他的幻想。我当然没有在制造期待、诱使形成期待或者确认期待的意义上鼓励这位工人。我也做不到这一点，盖我的策略不过是不让他发现我知道他在干什么。

期待的实现完全无关返还。期待的实现属于契约范畴，若说语词下的实体多少有些差异，也属于禁反言范畴。契约与基于自由接受的不当得利或得并存；同样，禁反言与不当得利亦得并存。在英沃兹诉贝克案中，[75]父亲让儿子确信，倘在父亲的土地上建筑平房，儿子得但凭己意，永久居住。儿子果然建造了房屋。这些事实足以发生衡平法上禁反言的效力。*遗嘱执行人想要驱离儿子，上诉法院认为，只要儿子将案涉房屋当作居所，即享有衡平法上的权益。父亲引发该期待，儿子据该期待行事，法院终于将该期待落实。儿子没有必要退回到不当得利。另外，父亲也自由接受了建筑工程，不过儿子寻求救济的，并不止是工程费用。儿子希望实现该期待。是以，儿子必须在单纯的自由接受之外举出事实证据。

禁反言与不当得利是彼此分立的规则，克拉布诉阿伦区议会案将此点揭橥甚明。[76]阿伦区议会让克拉布形成期待，克拉布将在阿伦区议会的一块狭长土地上取得通行地役权。阿伦区议会口头表示同意，而后的某些行为也仿佛协议已成立一般。比如，阿伦区议会在克拉布进入公路的对应入口位置修建了大门。克拉布遂分割自己的土地并将其中部分出售，剩下的留给尚未得到的通行路径用。[阿伦区议会终未给予通行权。]法院满足了克拉布的期待。这里适用禁反言规则，完全不存在不当得利。阿伦区议会并未由克拉布对自

---

〔75〕　Inwards v. Baker［1965］2 Q. B. 29；cf. Dillwyn v. Llewelyn（1866）4 De G. F. & J. 517.

＊　译按：衡平法上的不容否认（equitable estoppel），参见前文边码第52、279页。

〔76〕　Crabb v. Arun R. D. C.［1976］Ch. 179；cf. Salvation Army Trustee Company v. West Yorkshire Metropolitan County Council（1981）41 P. & C. R. 179.

已不利的行为中得到任何东西。与之不同的是赫西诉帕尔默案，[77]更接近英

293　沃兹诉贝克案。岳母花了6000英镑扩建女婿的房屋，依安排，岳母得住进

来。岳母的确住进案涉房屋，但后来关系破裂。法院打算实现岳母的期待，

在案涉房屋上为其设立地产权益（岳母本来希望在这所房子里度过余生），但

这位岳母只要拿回扩建房屋的费用即满足。换言之，尽管判决并未使用明确

的术语来表述，但这位岳母的立场显然是从诱致期待的禁反言规则，后退到

基于自由接受的不当得利规则。

这位岳母的退让，为法院应该坚持做的事情提供了样板，也就是区分基

于允诺的诉因与基于自由接受的诉因。[78]倘若并没有允诺或者诱致期待的行

为，那就只能认可自由接受诉因，只能提供以返还为手段的救济。但这并不

是说，不可能存在某些其他案情，虽存在某些诱致期待的行为，法院也没有

理由将原告能得到的救济局限在返还范围内。

衡平法上的救济措施不确定是很糟糕的事情，这个观点颇遭反对。今天

不少法律人相信，司法裁量权是好事。在过去，向来更容易理所当然地认为，

权力应受到规则的束缚。这个态度有两点好处。[第一，]这个态度有利于促

进法律立场确定，得帮助委托人回避[不必要的]诉讼。[第二，]这个态度

也保护了法官，使其免遭政治批评。在这个立场看来，对宽泛裁量权的迷信

简直是放弃法律的传统使命。虽说这可能没错，但仅就眼下讨论的自由裁量

事宜来讲，返还法的组织构造有一些特殊的知识难点，盖在目前，在法院发

话之前，根本没办法知道得到的是返还救济还是非返还救济。

---

〔77〕　Hussey v. Palmer [1972] 1 W. L. R. 1286, above, p. 285. 译按：参见边码285。

〔78〕　有关该分界线的证据，see Amalgamated Investment v. Texas Commerce [1981] 1 All E. R. 923, 935, per Robert Goff, J（aff'd [1981] 3 All E. R. 577）; cf. Taylor Fashions v. Liverpool Victoria Trustees Co. [1981] 1 All E. R. 897, 917-923, per Oliver, J.

第九章

政策推动的返还：各式案例

在宽泛意义上，一切返还皆得认为是"政策推动的"（policy-motivated），
这么讲诚然不错。是以，即便是错误给付人的返还权利，最终也是立足于政策或者价值判断，大意略谓：虽说考虑到在受领安全上的社会利益，对［意思表示］错误仍应给予救济。简言之，该权利是权衡各样利弊之后决定的结果；纯粹是政策，不会是其他。但这里所说"政策推动的返还"，排除了非自愿性质或自由接受场合支持返还的政策，仅包括其他政策。亦可换个方式来表达同样观点，即该短语指称的返还事由压倒了如下政策：一般而言，自愿行为人不能证明自由接受的，不予返还救济。

这里存在一定危险：这类标题或许看起来不好控制，很容易将这个主题拉回到"不当"的莫测难解中去。为了对付这个危险，有必要遵守两点纪律。第一，要求发生返还法律效果的政策必须清楚说明。倘若论辩只是宽泛指向"政策理由"，甚至不提及需要考虑哪些具体目标，那么要论造成法律立场的不确定，莫过于此。第二，必须小心，不要过于轻易得出结论，以为某个具体的返还例子应放在这个杂项标题下解释，而不是看作［财产转移］非自愿或者自由接受的适例。假设遵守了这些约束条件，就没有道理认为政策推动的返还案件应理解为数目有限或者必然很少。本章事实上只讨论五个例子，但肯定还有其他案例得包括进来。

第一节　无议会则不纳税

这条政策关注的是，保护市民不受公共机构越权索取（*ultra vires* de-
mands）。［在此场合，］法律就返还事宜的立场尚不清楚，但看起来法律很可
能会认可，至少基于某些案情事实，应判令返还，比方说，地方政府代理人没有合法权限而强索费用。但没有任何疑问的是，在其他方面，对于自称得

收缴诸如罚款、税款之类款项的权力，法院会以严厉立场对待。对于据称授予了此等权力的法律条款，法院在解释时坚持，只有非常清晰的措辞才会产生合法授权的效力，[1]倘索取行为被认定越权，法院会毫不犹豫地宣布该行为无效。[2][相对人] 在给付之前于法律上质疑索取行为的，法院做出宣告判决即足以救济。[相对人] 在给付之后方于法律上发出质疑的，法院判决倘宣告索取行为不法，时或引起 [公共机构] 出于恩惠的偿付。[3]但关键问题是，返还权利在这里是否成立。

今天的主导观点似乎是，面对公共机构的索取而支付了款项的市民，如同请求自然人返还的情形，必须证明同样的要件事实。可以认为，依此观点，原告必须证明是基于事实错误或者受胁迫而给付，或者订立了如下契约，即一旦结果表明不应支付，即应偿还金钱。而在分界线的另外一边，倘若基于法律错误而给付，或者根本未陷入认识错误，只是对于自己的立场能战胜官僚机器的立场感到绝望从而给付，依主导观点，即没有得到返还救济的希望。

倘若这个立场是正确的，那么可能得到返还救济的案件，也就是落入前面数章讨论过的标题之下的案件，也就不会有需要用现在讨论的政策来解释的返还案件。反过来，倘若居主导地位的正统说法是错误的，而由公共机构越权索取费用这个事实本身即得直接认可返还权利，那么必然得到结论，在这里认可返还权利是为了落实保护市民不受非法强索的政策。接下来几个段落，先是介绍支持传统立场的案例，继而证明，这些案例仍未澄清法律立场。

296　　　在斯拉特诉伯恩利市政法人案中，[4]被告计算自来水费的依据有误，原告斯拉特 "提出异议"，但最终放弃。原告 [缴费后寻求救济，] 诉讼请求遭驳回。被告有权力切断自来水供应，但并未威胁这么做。是以，并不存在胁迫情事。高等法院分庭认为，本案中的索取 [收水费]，无异于自然人之间诚

---

　　〔1〕　A-G. v. Wills United Dairies Ltd. （1921）37 T. L. R. 884（C. A. ）;（1922）127 L. T. 822（H. L. ）; Brocklebank v. R. ［1925］1 K. B. 52.

　　〔2〕　Daymond v. South West Authority［1976］A. C. 609; Congreve v. Home Office［1976］Q. B. 629; Bromley v. G. L. C. ［1982］2 W. L. R. 62.

　　〔3〕　参见后文边码 298 以下。译按：出于恩惠、出于特准（ex gratia），并非基于权利。《元照英美法词典》，第 511 页。

　　〔4〕　Slater v. Burnley Corporation（1888）59 L. T. 636.

实提出请求并妥善解决。在威廉·怀特利有限责任公司诉税务署案中，〔5〕原告坚持主张，供应餐饮的雇员并非 1869 年《岁入法》（Revenue Act）所说"男性雇员"（male servants），故不必拿到许可证。原告将该争议提交法庭并胜诉。不过，在发生纠纷期间，原告支付了许可证费用，沃尔顿法官驳回了返还该费用的权利请求。在特怀福德诉曼彻斯特公司案中，〔6〕石匠支付了费用，好进入当地墓园，在那些墓石上施工。石匠在支付买路钱时提出抗议，结果也表明，案涉索取行为未经《墓葬法》（Burials Acts, 1852-1906）授权，但罗默法官拒绝了返还请求。罗默法官认定案情事实为，原告支付费用并非因为担心若不照办就会被拒之门外。既然并不存在此类压力，本案中涉及公权的维度也就无甚影响：当事人诚实提出请求，并以通常方式解决。罗默法官显然认为，倘原告不能证明胁迫，即不能得到返还救济。

在梅森诉新南威尔士州案中，〔7〕被告依许可证制度向公路运输业者收取了费用，而该制度已被宣告为违宪，法院要考虑，这些［滥收的］费用是否应予返还。法院认为得请求返还，但理由并非该许可证制度越权，而是该制度不仅越权，而且包含了扣押未获许可之卡车的不法权力。法院遂据此得出结论：给付系受此［扣押］胁迫而为。虽说结论不同，但法律立场跟适才讨论的案例一致。法院看起来很满意现状，即在公共机构越出权力界限的场合，英国先例并不支持存在特殊的救济［返还］权利。但欧文·狄克逊法官（Owen Dixon, C. J.）在判决中提到，倘有必要，愿意将该问题展开，并予深入检视。〔8〕

这个问题不能认为已经解决。英国行政法在过去差不多 25 年间已是旧貌换新颜，而判例法迄今未接受过跟现代行政法相匹配的检讨工作。判例法也未考虑过反对行政权课税（executive taxation）的宪法原则。〔9〕最后，判例法未能充分发掘看起来支持相反立场的一系列案例，依相反立场，在针对公共

297

---

〔5〕　William Whiteley Ltd. v. R. （1909）101 L. T. 741; cf National Pari-Mutuel Association v. R. （1930）47 T. L. R. 110; Glasgow Corptn. v. Lord Advocate 1959 S. C. 203.

〔6〕　Twyford v. Manchester Corporation [1946] Ch. 236.

〔7〕　Mason v. New South Wales （1959）102 C. L. R. 108.

〔8〕　Ibid. , 114.

〔9〕　Bill of Rights （1688）1 W. m. 3 and M. , Sess. 2, C. 2; cf. Newdigate v. Davy （1693）1 Ld. Ray. 742; Campbell v. Hall （1774）1 Cowp. 204.

机构的情形，返还事由不过就是没有索取的权限。

在胡珀诉埃克塞特市政法人案中，[10]原告为进口的石灰石支付了港务费，但并不知道制定法上有费用豁免条款，比如该案中的情形，进口石灰石是为了通过燃烧制造石灰。原告请求返还港务费，高等法院分庭似乎直接以被告欠缺权限为［原告］返还权利的基础。在泰晤士河女王蒸汽轮船公司诉泰晤士河管理局案中，[11]原告为使用码头支付了服务费，菲利莫尔法官（Phillimore，J.）判令泰晤士河管理局返还多收取的部分。返还理由似乎也是欠缺合法权限。南苏格兰电力委员会诉英国氧气公司案[12]涉及超过法定费率收取电费，法院似乎也采纳了类似规则。[12a]

这些案例涉及的案情事实是，原告面临被告施加压力的可能性，比方说，扣留货物，或者拒绝让原告使用特定设施，或者拒绝向原告提供特定商品。但不同于斯拉特诉伯恩利市政法人案以及特怀福德诉曼彻斯特公司案，其他案例皆不依赖如下问题，即被告是否实际施加了压力或者原告是否实际感受到压力。古老的斯蒂尔诉威廉案[13]将此点清楚揭明。原告从堂区登记簿抄录一些内容，堂区执事不法收取了费用，原告的返还请求得到法院支持。*原告是在抄录完成后，对该执事的越权请求予以支付。该案不能从胁迫角度分析。堂区执事虽得以不提供登记簿来施加压力，要求付费，但从案情看，并无此等情事。堂区执事允许原告抄录了相关内容，而后越权索取并得到支付。本案与特怀福德诉曼彻斯特公司案不能相容，此点显而易见。

近来的越权索取案例引起了公众关注，最为引人瞩目的莫过于布罗姆利市议会反对大伦敦市议会补贴伦敦交通费的政策。[14]但该案并未问及返还问

298

---

[10] Hooper v. Ezeter Corporation (1887) 56 L. J. Q. B. 457.

[11] Queen of the River Steamship Co. Ltd. v. The Conservators of the River Thames (1899) 15 T. L. R. 474.

[12] South of Scotland Electricity Board v. British Oxygen Co. Ltd. (No. 2) [1959] 1 W. L. R. 587.

[12a] 参见爱尔兰案例：Dolan v. Neligan [1967] I. R. 247；Rogers v. Louth County Council [1981] I. R. 265.

[13] Steele v. Williams (1853) 22 L. J. Ex. 225.

* 译按：堂区登记簿（parish register），英格兰国教要求每个堂区的教会及附属小教堂对教民的婚丧、洗礼等登记造册。堂区执事（parish clerk），协助堂区牧师处理堂区事务的俗人职位，其职责有主持堂区学校，协助牧师主持洗礼、婚礼和葬礼等仪式并收取费用。该职位由受俸牧师和堂区管理委员会共同任命。通常意义的执事与堂区执事地位不同。《元照英美法词典》，第1023页。

[14] Bromley London Borough Council v. G. L. C. [1982] 2 W. L. R. 62.

题，即告结束。戴蒙德诉西南水务局案（对未使用公共系统的家庭不法收取了污水处理费），[15]康格里夫诉内务部案（多收了电视入网费），[16]亦是如此。普遍的想当然是，这些案例是要"把钱拿回来"，但从技术上讲，争点只涉及索取行为的合法性。不过，此类惹人注目的案例诚然显示，将公法上基于越权规则的返还权利开诚布公地提出来，一定不会太久。

不过，论据并不都是单向的。在有些案例中，涉及诸多特定个体利害的金额与某些公帑需要向所有这些个体支付的金额，两者比例显著失衡。倘若公帑面临遭受破坏的严重风险，或有必要限制或排除返还权利。[17]在有些法域，成文宪法的存在包含税收制定法可能被打垮的危险，*前句所言即向来为颇有份量的考虑。不过，亦得从反面主张，为捍卫法治的利益计，现代国家的资源完全得承担此等风险。在戴蒙德诉西南水务局案发生后，通过了一部制定法，专门规制公共机构返还越权收取的水费事宜。[18]返还法律效果的发生，遂成为立法的恩惠，最终是行政权的恩惠（executive grace）。但这个事实本身削弱了立足于担忧破坏公帑的论据。倘若得出于恩惠承认返还而不带来混乱，那么同样得当作权利而判令返还。承认返还权利，才能跟上后里奇诉鲍德温案时代行政法的发展。[19]

支持这个立场的最后一点是，从公民与政府的对等关系看，也有必要[认可基于越权规则的返还]。大概情况是，倘将双方当事人的地位颠倒过来，政府机构没有权限而支出了金钱，政府机构要请求返还，直接基于没有权限本身，即有立场严厉的［返还］权利（stringent right）。在英国法上尚未经过检验，但在澳大利亚联邦诉伯恩斯案中，[20]这个返还权利的立场极为严厉，竟至剥夺了受领人主张任何禁反言抗辩的机会（比如主张实际为给付行为的公务员的所言所行），盖没有任何个体得给予公权力机构让出金钱的权力。这个规则大概会受到一些限制，但尚未有过深入探讨。倘若这是对的，即便以

299

---

〔15〕　Daymond v. South West Water Authority ［1976］A. C. 609.

〔16〕　Congreve v. Home Office ［1976］Q. B. 629; cf. Air Canada v. Secretary of State for Trade ［1983］2 W. L. R. 494.

〔17〕　Sargood Bros. v. The Commonwealth （1910-1911）11 C. L. R. 258, 303, per Isaacs, J.

＊　译按：原文为 contains the danger that general taxing statutes may be struck down。

〔18〕　《水费法》（Water Charge Act, 1976）。

〔19〕　Ridge v. Baldwin ［1964］A. C. 40.

〔20〕　Commonwealth of Australia v. Burns ［1971］V. R. 825.

稍微改动的形式，其政策动因也不会是"无议会则不纳税"（no taxation without parliament），*而是更接近"不得滥用公帑"（no abuse of public funds）之类。这两个口号，不过都是在稍低的层次上，重新表述捍卫法治这个单一政策。

<h2 style="text-align:center">第二节　遏抑不法行为</h2>

上节关注者为，遏制公共机构从事不法行为。本节回到私人领域。本节的问题是，为了引导民事主体不要从事不法行为，判例法是否曾直接给予返还权利。在讨论的开始，必须区分抗辩和权利请求，盖毫无疑问，在返还法上，确实曾在抗辩中见到这个法律政策的表达。抗辩事宜主要放在第十二章，但也不妨趁着方便，在这里简单考察得以遏抑不法行为政策来解释的抗辩。

倘我为不法目的向你付钱，比方说诱使你盗窃，而你拒绝动手盗窃，这必定会受到法律的赞扬和鼓励。现假设我已向你支付 1000 英镑，而后你拒绝行窃，我要求返还。我声称，我的意思是，你得到这笔钱是附限制条件的，而我向你支付金钱的对价已完全无效。显然，我会败诉。倘不会败诉，处在我这样位置的人就有了强迫完成不法给付的手段。虽不能在契约法上提起诉讼，但得威胁诉请返还，这是很管用的约束工具。是以，见你犹豫不决，我得对你说，"你要是不干，我就要拿回我的 1000 英镑"。这可能会促使你动手行窃。故，针对我基于对价完全无效提出的返还权利请求，应该给你相应抗辩手段，很容易且显而易见，该抗辩得依据遏抑不法行为政策来解释。

300　　更加细致地分析对该抗辩的解释，即得发现，针对不法行为，该抗辩事实上表现为三个有别的遏抑机制。第一，剥夺了原告强迫被告完成不法计划的法律工具。第二，允许被告保有案涉金钱，故有不实施不法行为的激励机制。第三，使原告认识到，法院绝不会帮助公然藐视法律之人：不法行为不生诉因（*ex turpi causa non oritur actio*）。

或认为，对刚才提到的不法性抗辩最好的补充是积极权利请求（active claim），不法计划一旦实施，即得主张该积极权利请求。法律规则遂当为：不法行为实施前，返还权利不成立，不法行为一旦实施，返还权利自动成立。

---

*　译按：正文所说"改动"，当指改动了格言"无代表，不纳税"。

如此规则看起来将对合法性的需求最大化了，被告只要约束住自己，不从事不法行为，即得垂手获益，一旦未能约束住自己，即会丧失利益。这样的权利请求（倘若存在），只能以［遏抑不法行为］这个政策来解释，盖原告必然是自愿行为人，通过［向被告］给付，得到了意图得到的对待给付。不过，并不存在此类积极权利请求。道理同样显而易见。在不法行为实施后支持原告的返还请求，诚然有着优异的威慑及激励功能，但跟上段所说三个政策目标中的最后一个相冲突，盖会让法院帮助干坏事的原告。是以，假设我付给你 1000 英镑，让你偷盗，而你果然偷盗；接着我要把钱拿回来，为此表达了我最初对法律的蔑视。显然，没有法院会支持我：不法行为不生诉因。虽说此类权利请求得产生鼓励合法行为、遏抑不法行为的效果，但不能让干坏事的原告充当落实该政策的工具。将该原告排除于法院之外，本身就是政策的一部分。是以，该政策很容易通过抗辩来表达，而不是通过补充性质的积极权利请求。

但有一组案例是例外。上段提到，在不法行为实施后起威慑作用的权利请求具有积极价值，但干了坏事的原告不能得到帮助，故不支持此类权利请求。倘若这是对的，那么在原告未为任何恶行的场合，此类权利请求应该得到支持。简言之，倘原因（causa）并非不法（turpis），应该肯定不法行为实施后［原告］的返还权利请求，发挥其威慑及激励功能。这是本书的发现。原告对造成不法性的事实认识错误，或受被告欺诈，以为目的合法，或者双方地位不平等（即受强迫或剥削），或者在不法目的（甚至部分）实现前有悔改行为，在这些情形，得请求返还。[21] 以上例子，原因并非不法，用这个领域里另一句法律格言来讲，也就是"双方当事人犯有同等过失的，被告地位占优"（in pari delicto potior est conditio defendentis），不法行为并非同等行为（the delictum is nto par）。在所有这些情形（除了最后一种，必须在［不法］给付前悔改），皆得请求返还，哪怕不法给付已经完成：不法行为实施后的权利请求，其威慑效果可用，盖原告永远都是落实该政策的管用手段。

不过，这些权利请求实际上并不需要解释为该政策的产物（再一次，先将基于悔改的权利请求放在一边）。也就是说，这些权利请求有助于实现遏抑不法行为政策，但并非该政策催生出来。道理在于，这些权利请求皆得独立

301

---

［21］　参见后文边码 425 以下。

解释为产生于无效的自愿意思（错误、强迫、不平等，诸如此类）。恰当的分析看来是，不法性抗辩（双方当事人犯有同等过失的，被告地位占优）并不适用于基于无效自愿意思的权利请求。这些返还权利请求不必援引不法性来解释。

悔改案件必须区别处理。悔改案件应该解释为，也仅仅解释为由遏抑不法行为政策产生。就通常的合法契约来说，你愿意履行，我当然不能单方面将契约取消并要回已经转让给你的不管什么东西。[22]但判例法承认，不法契约的当事人确实有改变想法的时间：悔改的机会（locus poenitentiae）。[23]只要当事人在不法计划实现前主动悔改，即得请求返还。[24]当事人改变想法有两点重要效果。第一，将事情公之于众，不法计划曝光，遂无从执行。第二，扫清了恶行污点，遂将原告从不值得法院帮助之人的范畴中解脱出来。

主动性在这两点都很关键。倘若是对方当事人拒绝履行不法契约让原告的计划受挫败，原告即不值得保护。此外，在挫败情形倘予救济，就等于给了原告借以强迫对方履行的手段，同时让对方当事人失去了避开不法行为的激励机制。比方说，我给你钱，以欺诈方式对某匹马下注。我希望你隐瞒投注于该马的金钱数额，从而能控制赔率。你确信我的马肯定会输，故你冒险将我的钱径直揣进你的口袋。你没下任何赌注。你的不诚实行为让我的计划受挫败，故不法目的未曾实现。我得不到法律的［返还］救济。[25]基于"悔改"（repentance）理由而予返还救济是荒唐念头。这实际上是允许直接基于对价完全无效而主张权利；前面已经看到，这抵触了遏抑不法行为这个政策的全部三个要素。[26]是以可知，不仅要改变想法（change of mind），还要洗心涤虑（change of heart）。

不过总体而言，从事不法行为之人不会主动悔改，故悔改的机会（locus poenitentiae）仍是不太常用的返还事由。依通常看法，泰勒诉布劳斯案是支持基于悔改事由认可返还权利的指导性判例，[27]事实上该案支持的可能是规则

---

[22] Thomas v. Brown (1876) 1 Q. B. D. 714.

[23] Taylor v. Bowers (1876) 1 Q. B. D. 291.

[24] Kearley v. Thomas (1890) 24 Q. B. D. 742.

[25] Harry Parker v. Mason [1940] 2 K. B. 590; Bigos v. Bousted [1951] 1 All E. R. 92.

[26] 参见前文边码 300。

[27] Taylor v. Bowers (1876) 1 Q. B. D. 291.

的变体，即在特定案情下，只需要当事人改变想法，不必伴以洗心涤虑。

在该案中，原告从美国回来，发现自己的营业陷入困境。原告试图将一台蒸汽机及一些其他机器［虚假］转让给外甥，以此欺骗债权人。谁知外甥背叛了原告，与原告的一位债权人串通，将这些财产让与该债权人。外甥的举动不仅让原告的计划遭受挫败，还巩固了对其他［债权］人的欺骗。原告遂以该债权人为被告提起动产返还之诉（detinue），*对机器和蒸汽机的价值主张权利，该权利请求得到法院支持。显然，本案中并不存在主动的洗心涤虑。要点大概在于，法院未理会不法诉因（*turpis causa*），只要不法目的尚未实现且返还能阻止该目的的实现，虽未伴以洗心涤虑，法院亦会救济改变想法［的行为］。在这里，倘若泰勒得请求返还，［全体］债权人只会少受一些欺骗。故，返还救济只会减弱那些有助于不法计划的力量：将不法计划彻底毁灭。［在这里，］返还救济的威胁不可能用作强迫完全履行的工具。

法律规则是否承认这个变体？当将这个规则变体适用于动产，会碰到一 303
个两层次的难题。目前很清楚（泰勒诉布劳斯案发生时并不清楚），财产权得依不法契约而转移。[28] 故依不法买卖契约，一般产权（general property）转移，盖此乃契约意图。依不法寄托契约或者租赁契约，暂时产权（temporary property）转移，暂时产权的存续期间由契约条款设定。第一个问题是，在原告悔改的当时发生了什么。得认为，悔改的效果是消灭依契约转移的财产权。是以，这一定是普通法上的撤销类型，类似于受欺诈情形的撤销，故在悔改机会期间（*locus poenitentiae*），受领人得到的是可撤销的产权（voidable title）。第二个问题涉及的是悔过者［原告］所得之救济的性质。撤销本身即为返还性质。悔过者让自己重新取得物［对物权］（res）。但在泰勒诉布劳斯案中，原告坚持的权利不过是侵权法上的权利，即请求返还动产。故得认为，正确的分析是，原告享有对物的返还权利，一旦行使该权利，即使原告处于如下位置：就妨害动产的侵权行为，得主张一切通常权利请求。亦即，原告得请求法院命令被告交出标的物，或者得请求赔偿，要么是通常的填补赔偿标准，

---

* 译按：detinue，请求返还动产之诉，原告请求返还属其所有但被被告非法占有的动产的一种普通法上的格式诉讼。此种诉讼存在的根据是对动产的非法占有，而非最初的取得方式。《元照英美法词典》，第410页。

[28] Simth v. Ali［1960］A. G. 167；Belvoir Finance Co. v. Stapleton［1971］1 Q. B. 210.

要么是不那么熟悉的返还标准。这个可能性的范围大小，将在第十章讨论。[29]

这一部分的结论是，遏抑不法行为的政策目标只为基于悔改的返还权利请求直接负责。至于其他情形，该政策目标主要表现于针对返还权利请求的抗辩行为中，这些权利请求依通常方式基于错误、强迫及不平等产生。基于悔改的权利请求遂于返还法理论构造中占有重要位置，不过在实务中，不可能有太多适用机会。

还有其他事宜得置于这个标题下讨论，不过在分界线的另外一边（这里说的是通过减损的不当得利返还与因不法行为而生的返还之间的分界线）。在法律允许原告请求不法行为人返还获利的情形，道理几乎总是在于，有必要遏抑对某些不法得利模式（unlawful modes of enrichment）的钻营。这些将在后面讨论。[30]

第三节　鼓励海上救助

304　　在海上救助他人财产的情形，救助人得请求给予合理报酬。1949年，伊丽莎白女王号在进入南安普敦港口时搁浅。拖船想趁着第一次涨潮，把伊丽莎白女王号拖出来，但未成功。伊丽莎白女王号将一些货物和燃料倾倒，第二次涨潮时，拖船顺利将之拖出。参与救助的拖船有8艘，威尔默法官（Wilmer, J.）判令将4.35万英镑报酬在8艘船之间平均分割。伊丽莎白女王号搁浅差不多24个小时。船舶加上货物，即便以当时的币值计，价值也超过600万英镑。[31]

为海上救助主张得到报酬的权利来自海事法庭判例法，从未受到默示契约解释进路的影响。只在船舶及船上货物得到救助的情形得主张该权利，不过，只要财产得到救助，对于救助生命得给予补偿。对于救助生命主张得到报酬，依附于因救助财产而生的权利，这条依附路径已被制定法放弃。生命得到救助而财产未得到救助的，制定法亦赋予救助人权利。[32]制定法将航空

---

〔29〕　参见后文边码321以下。

〔30〕　参见后文边码326以下。

〔31〕　The Queen Elizabeth (1949) 82 Lloyds L. R. 803.

〔32〕　1894年《商船法》（Merchant Shipping Act）第544条第1款。

器也纳入同样规则。[33]

或以为，海上救助应该放在前面的章节考察，就好比原告基于非自愿［转移财产］主张权利的案件，尤其是被告的急迫困境生出道德强迫的案件。戈夫与琼斯给了这个话题专章待遇，但将该章与另一章（非海上的紧急情况）合并置于同一个大标题下，即"急迫需要（necessity）：在紧急情况下未经请求而给予之利益的返还事宜"。[34]该大标题又属于一个更大序列，"强迫"和"错误"是该序列里的前面两个。这意味着戈夫与琼斯确实认为海上救助应该从自愿意思无效这个路径来解释，是因紧急情况而生的道德强迫逼使救助人介入。不过，该章本身倒是回避了任何此类断言。

确实有很多救助案例，救助人基于道德强迫，展现出了英雄品质及自我牺牲精神。但法律并不要求原告证明自己是在英雄主义和自我牺牲精神的感召下出手相助。原告可能没有感受到任何义务的召唤。原告很可能怀抱希望，要是成功救助了财产，可以赢得报酬。法律政策是鼓励紧急情况下施以援手，但鼓励机制是让成功救助之人得请求给付报酬。

这个法律政策不会受质疑，在判例法上往往得到重申。在忒勒玛科斯号案中，[35]威尔默法官于论辩中设问，"必须给海员报酬，以鼓励海员救助他人财产，这难道不是海上救助［法律］的基本原则吗？"威尔默法官在判决中回答了自己的设问，将之描述为"根本原则"（root principle）。[36]在圣布兰案中，[37]救助人员在判断上有些小失误，布兰登法官（Brandon, J.）在论及法院对此类失误的态度时，重申了最为重要的政策目标："对［救助人的］错误应以宽大立场对待，这是重要原则。该原则源于海上救助相关法律的基本政策，即总是鼓励提供此等救助服务而不是相反。"[38]

基于这个政策目标，不能认为，只有那些感受到了压力从而施以援手的救助人，法律才给予报酬。如下情形最为鲜明生动地证实了该立场，即救助人行事极不体面，明确表态说自己并不感到有义务介入，［就是为钱，］并不

---

〔33〕 1982 年《民用航空法》（Civil Aviation Act）第 87 条（取代 1949 年《民用航空法》第 51 条）。

〔34〕 Goff and Jones, p. 280.

〔35〕 The Telemachus〔1957〕p. 47.

〔36〕 Ibid., 49.

〔37〕 The St. Blane〔1974〕1 Lloyds Rept. 557.

〔38〕 Ibid., 560.

妨碍其得到报酬。法院会谴责这样的原告，但不会拒绝给付请求。在梅迪纳号案中，[39]搭载着超过 500 位朝圣者的梅迪纳号（Medina）从苏门答腊岛驶往吉达，在红海触礁损毁，朝圣的乘客不得不弃船。礁石不过刚刚高出海面，乘客众多，几无立足之地。蒂莫号（Timor）这时驶过，但蒂莫号船长不肯让这些朝圣者上船并送至吉达港，除非梅迪纳号船长允诺支付 4000 英镑报酬。这是梅迪纳号这趟长途旅程能得到的全部收入，可梅迪纳号船长别无选择，这些乘客正面临没顶之灾，极有可能葬身大海。布雷特法官称："蒂莫号索取的金额可谓漫天要价，并不仅仅是要价太高，而是就将要提供的服务来讲，高到上天了，而且是在现实困境的压迫下，强加到梅迪纳号船长头上。"[40]这位介入者，几乎不受道德压力驱动，更愿意跟海难事故的受害人讨价还价。"不过"，罗伯特·菲利莫尔爵士（Sir Robert Phillimore）在初审中说，"依照本院审理海难救助案件向来遵循的原则看，这次海难救助无疑极为成功……

306 我愿判给 1800 英镑"。[41]该金额得到上诉法院支持。类似地，在喀里多尼亚港号诉安娜号案中，[42]喀里多尼亚港号在霍利黑德港遭遇风暴，被告拖船安娜号在得到 1000 英镑的报酬允诺后，才向原告提供绳索。安娜号船长遭到猛烈批评，最后得到 200 英镑报酬。

　　法院对待职业救助人的态度也表达了同样立场。倘若道德强迫是［返还］权利请求的要点，当发掘出让职业救助人自称受到强迫的需求时，这些人就只能被排除在［返还权利］范围之外。但法院采纳的立场［跟第二句］相反。在伊丽莎白女王号案中，威尔默法官（还把救助报酬描述为支付给"自愿行为人，该人自愿提供服务"）写道：

　　"在巴斯特勒号案和梅迪纳三世号案中，我试图澄清如下事实的法律效果，即救助人主要是或者首先是职业救助人。正如威廉·麦克奈尔爵士（Sir William McNair）的表述，对这类原告来说，救助报酬乃是涂黄油的面包［基本生计］，而对本案中的其他原告来说，将救助报酬描述为果酱或许更恰当。不必再找先例来支持这个观点……具备此类特征的原告有权利得到特别的慷

---

〔39〕　The Medina（1876）1 P. D. 272, affd.（1876）2 P. D. 5.

〔40〕　Ibid. 2 P. D. 5, 7.

〔41〕　Ibid. 1 P. D. 272, 275.

〔42〕　The Port Caledonia and The Anna［1903］P. 184.

慨待遇。"[43]

最后，斯卡拉曼加诉斯坦普案提出如下争点，[44]即本来会构成违约的绕航行为，倘若是为了救助生命或财产，是否就有了正当理由。奥林匹亚斯号（*Olympias*）发现阿里昂号（*Arion*）遇到麻烦，试图将之拖入特瑟尔港，结果奥林匹亚斯号自己在工作中搁浅，丧失了货物。原告即货物所有权人提起违约诉讼，得到法院支持。虽说是为了救助阿里昂号，但绕航并不因之具有正当性。是以，奥林匹亚斯号不能援引契约中的海难免责条款。科伯恩法官（Cockburn, C. J.）区分如下两者：一是为挽救生命所必要的最小绕航，故不属海难救助；*一是为救助财产而更多绕航。在后种情形，不必减轻救助船舶的责任，也不必保留其保险（preserve its insurance），盖并不存在救助财产的道德压力，即便有些论据支持认可此等义务，"法律已为救助他人财产提供了另外一个充分动机，即让救助人得到案涉财产的相当大比例"。[45]这里，用来解释救助人介入动机的，显然是得到报酬的希望，而不是道德义务；还有许多案件，是为找回失事船舶的碎片或货物而给予报酬，也不能另作别解。[46]是以，将此类返还权利请求定性为并非政策推动，并无真正可能。这类返还权利请求旨在鼓励救助，并非基于［道德］强迫。

就海上救助案件在返还法中的位置，还有一个难题。依最开始讲过的内容，在以被告通过牺牲原告所得之利为被告责任的度量标准之前，没有什么可以算作返还。倘松动该标准，结果就是将返还主题转变为契约及不法行为之外一切事情的杂凑（omnium gatherum）。前面仔细讲过，只有将返还理解为在那个较大杂集中发现又从中脱离出来的范畴，返还/不当得利才能形成连贯的法律体系。故在将返还拿出来之后，还有一些案件仍被归类为"其他法律事实"，也就是在同意、不法行为以及不当得利三个有名范畴之后的剩余杂集。[47]海上救助案件可能属于这个范畴。

307

---

[43] The Queen Elizabeth (1949) 82 Lloyds L. R. 803, 821.

[44] Scaramanga v. Stamp (1805) 5 C. P. D. 295.

* 译按：大概指本节第二段所说，此种情形不得请求海难救助报酬。

[45] Ibid. , 305.

[46] E. g. The Boiler ex Elephant (1891) 64 L. T. 543.

[47] 参见前文边码 32、54。

这个问题取决于报酬的度量标准。为了构成返还，必须以救助人的劳务价值，加上其支出为标准。还有些空间讨论细节问题。尤其是，有些人坚决拥护如下立场，即最终产品（这里得认为是获救助之财产的价值）构成在基于救助人的投入［劳务及支出］计算"恰当金额"（just sum）时的最大值。简言之，计算被告通过牺牲救助人所得之利时，这个计算方式会卷入英国石油公司诉亨特案探讨过的那些难题。[48]

不过，判例法并未着手处理这些难题，缘故在于，这些案件并未开诚布公地致力于返还度量工作。法院的任务是确定公平合理的报酬。法院必须牢记在将来鼓励类似努力的必要性，必须考虑危险、技术以及得到救助的不管什么价值。这可能被理解为，反对将之纳入称作返还的范畴。但案例仍处在边界上。虽说并未明确乞援于返还标准，也可能并不适用［于海上救助案例］，但并不清楚，［法院救济时］考虑的因素跟界定救助人服务价值的那些因素［是否］并不完全一致。［答案］很大程度上取决于这个领域最终适用的价值理论。只有这些问题更为明朗，才可能看得清楚，海上救助案件是否得恰当看作返还的适例。

海上救助案件既然脱离道德强迫范畴，转而向鼓励救助的政策寻求支援，则得将之理解为特殊类型的无因管理（negotiorum gestio）。民法法系认可无因管理规则，倒不在于救济受道德强迫而介入他人事务的原告，而在于促进如下政策，即不应听凭不在场之人［被告］的事务毁灭。管理人（介入人）既不必证明自己这方面有否定自愿性质的因素，也不必证明被告方面的自由接受。就海难救助人而言，给予管理人（gestor）的救济，其度量标准得否被称作返还，还有讨论空间。

第四节　保护债权人及投资人

有众多返还案例，最为切合实际的理解就是服务于保护债权人及投资人的政策；当然，也有些或得由其他路径解释。最为显著的例子，就是债权人有权利撤销（avoid）债务人出于欺骗债权人的目的所为之财产让与。[49]原则

---

〔48〕　参见前文边码 250 以下。

〔49〕　1925 年《财产法》（Law of Property Act）第 172 条。

上，比较类似的是，为了挫败配偶一方给予经济帮助的请求，配偶他方通过处分行为造成较实际经济状况更为贫穷的假象的，配偶一方有权利撤销该处分行为。[50]

在这些情形，很容易立即认为，返还权利系立足于不法行为。上段示例中的出让人，也就是债务人或者想要逃避责任的配偶，无疑实施了不法行为。不过，[由于债权人或配偶一方主张权利，]要[向原告]让与[已转移之案涉]财产权的，并不是出让人，而是受让人。在原告与该受让人之间，很难讲原告的权利系生于不法行为。受让人很可能未做任何错事。诚然，受让人若是不知情的善意有偿购买人，得主张抗辩，但不能由此事实推断得出结论，只有恶意受让人要承担责任。完全无辜/无恶意的受赠人亦无从主张抗辩，理由是未支付对价。不能认为这样的受让人实施了任何不法行为，哪怕在"义务违反"（breach of duty）的意义上也不能这样讲。义务违反的不法行为并不要求道德上可责难（moral culpability）。

替代解释路径是，以"不知"为权利基础：[51]受让人取得的财产本来会增益债权人的财产，却让受让人从中拦截了（拦截型减损），而债权人并未同意该得利（由于不知）。这个解释不能令人满意，盖对拦截型减损的理解看起来宽泛到了夸张的地步。

这些解释路径都遭遇困难，看起来就债权人对受让人的权利，最为方便的解释是，承认该权利就是为了直接回应如下需求，即保护债权人不受此种不端行为之害。

还有个不同例子，来自公司法领域，尤其来自越权规则的实际运行。这里只关注公司以原告身份主张的权利。[52]至于针对公司主张的权利，肯定不能

---

〔50〕　1973 年《婚姻诉讼法》（Matrimonial Causes Act）第 37 条。

〔51〕　参见前文边码 141 以下。

〔52〕　Brougham v. Dwyer（1913）108 L. T. 504. 但即便在普通法上，公司也可能得依契约本身起诉，盖很难［让相对方当事人］针对无能力人主张无能力（for incapacity to be pleaded against incapax）；不同观点，参见 Bell Houses Ltd. v. City Wall Properties Ltd. ［1966］1 Q. B. 207；［1966］2 Q. B. 656。译按：越权（ultra vires），通常指公司超越公司法或公司章程规定的权力或业务范围的行为。在过去，公司设立目的受到限制，故对公司的章程目的条款通常作严格解释，从而将越权行为认定为非法和无效。现代公司实质上已不再受到限制。除了关于股东对公司的禁制令之诉，越权规则已被现代成文法规定废除。依1972 年《欧洲共同体法》（European Communities Act），为保护与公司交易的善意相对人，任何由董事决定的交易行为都应视为属于公司权力范围之内，不受公司章程限制。交易相对人在决定交易时并无义务查明公司或董事的权力范围。交易相对人被假设为善意的，除非有相反证明。《元照英美法词典》，第 1367 页。

解释为保护公司债权人及投资人制度的一部分。公司自己请求返还越权给付的权利当然得如此解释，盖越权规则的基本原理一开始就是确保那些往公司投入金钱之人得以知晓，这些钱将被用于公司章程要点中描述的项目，而不会被挥霍于完全不同的目的。是以应如是理解，基于公司债权人及投资人的利益，公司资产应该用于公司成立目的之所在，而公司请求返还越权给付的权利即是应此需求而生的外围规则。不过，就本段所述，必须添加两点重要限定。

第一，乞援于越权规则在今天稀见罕闻，盖依制定法改革后的立场，在几乎所有案件中，相对方皆得［请求］确认，必须将公司当作有权力［限］实施案涉交易。[53]制定法在这里规定了重要构成要件，即公司与相对方之间必须存在某些交易，得被描述为"与公司交易"（dealing with the company），且相对方必须为善意［不知公司越权］。这意味着对公司债权人及投资人的保护力度大大减弱，必须如此的道理在于，公司章程要点中的公司目的条款经过经心起草，涵盖范围极为宽泛，完全摧毁了越权规则意图实现的约束效果，而有些公司的目的范围没有那么面面俱到，对于不幸正好跟这些公司交易的相对方来说，越权规则反成陷阱。公司的章程要点是公共文件（public document），* 审慎的商人都会查阅，这个观念显然不能掩盖如下事实，即越权规则事实上伤害的人要比保护的人更多。

第二，就公司权利，再一次地，有两条竞争解释路径。得认为，公司通过其机关自愿交出金钱，但基于眼下正讨论的政策理由，法律允许公司请求返还。或者依替代思路，得认为，公司乃是不能自立、不能思想的实体，公司事务必须交由类似受托人的自然人办理，这些人不得为了超出公司权力范围的目的而让出公司财产。基于这第二个思路，没有必要将公司的返还权利理解为这里所讨论之保护政策的产物，盖得解释为减损型得利，相对方在公司不知晓的情况下获得利益。最近，在国际销售代理公司诉马库斯案中，[54]原告公司的一位前董事（也是控股股东）向被告借了一笔款，原告公司用自

---

〔53〕 1972 年《欧洲共同体法》第 9 条第 1 款。这主要涉及针对公司的权利请求，但在公司提起的诉讼中，被告也可能援引这个立场，以维护公司向自己所为之给付的有效性，比如脚注 54 中的案例。

＊ 译按：public document，官方文件，政府文件；供公众查阅或使用的公共文件，如登记簿、法院记录等。《元照英美法词典》，第 1116 页。

〔54〕 International Sales and Agencies Ltd. v. Marcus ［1982］2 All E. R. 551.

己的资产清偿了该笔债务，原告公司的返还请求得到法院支持。也就是说，用公司的钱清偿了个人的债务。劳森法官（Lawson, J.）为返还权利提供了两个不同基础：第一，这个清偿行为，乃是某受信任人违反义务挪用公司财产而为；第二，该清偿行为越权。这两个基础，对应刚刚提出的解释。依第一个基础，通过清偿债务的那位董事，公司的金钱遭减损，转让给了被告，而公司"不知"该财产转移。依第二个基础，案情事实是，被告无法证明制定法为排除越权规则适用而规定的构成要件，[55]公司确实支付了金钱，但得请求返还，盖就挪用公司资产这种类型的自愿行为，公司债权人和投资人仍然需要得到保护。

第五节 消灭异常结果

最严格的权利，最大的伤害（*Summum ius summa iniuria*）：*将合乎逻辑 311 的规则框架适用于现实，有时可能造成异常的、骇人的结果。倘若如此，与其极端严格地捍卫允许这种结果发生的法律规则，不如想办法消灭这种结果，这样更值得称赞。此外，倘若开诚布公地承认，仅在极端案件中，当规则框架的逻辑会造成让人不满意的结果时，方得以消灭异常结果的政策目标压倒该逻辑，那么法律规则的框架就不会受到实质损害。

欧文诉泰特案即为此类论辩本当获胜的典型案例。[56]前面已经看到，[57]原告是自愿的保证人，清偿了被告的债务，但返还请求未得到法院支持。倘若原告系自愿给付人，但并非先允诺给付而后方实际给付，而是立即清偿了债务，那么得基于自由接受请求债务人返还（倘若债务人接受清偿效果），或者基于对价完全无效请求债权人返还（倘若债务人拒绝接受清偿效果）。相反地，倘若是债务人请求原告［向债权人］允诺给付，或者是急迫需要（necessity）催逼着原告清偿，那么不管被告对清偿行为的态度如何，原告皆得请

---

〔55〕 被告不能证明，在受领清偿那笔个人债务的给付时，是在"与公司交易（dealing with the company）"，且为"善意（in good faith）"：International Sales and Agencies Ltd. v. Marcus [1982] 2 All E. R. 551。

＊ 译按："法之极，即不法之极"，指不可过分拘泥于法律，否则会生不当之结果。参见郑玉波：《法谚》（一），法律出版社 2007 年版，第 7 页。

〔56〕 Owen v. Tate [1976] 1 Q. B. 402.

〔57〕 参见前文边码 189。

求被告返还，盖在这些情形，法律强迫下的给付行为诚然清偿了债务，并使清偿人有权利请求返还。同样地，倘若原告受让了债权，*即得起诉被告。是以有四条返还路径，每一条路径对原告来说都并非理所当然可得。

可多条解释路径并不足以得出如下结论，即自愿给付人对债务人总是得请求返还。这［么讲］当然有充足理由，但并不延伸及于欧文诉泰特案的具体案情。不足以得出该结论的充足理由在于：虽说债权转让法律的立场是，得不顾债务人的意愿而将一个新债权人强加给债务人，可债权人着实有利益知道以下事情，即清偿债务之人这么做，是否怀有对债务人不利的意图。[58]债权人或许对其债务人很友好，可能会愿意接受某人的清偿，却绝不会将债权让与该人。*是以，从债权人的角度而不是从债务人的角度看，有必要阻止想要受让债权的人矫情饰诈，扮作是为了对债务人示好而急切地来清偿债务。但在欧文诉泰特案中，原告是以保证人身份清偿债务，保证人负有清偿义务的，在清偿之后都会追偿，故并不存在清偿人嗣后向债务人追偿从而让债权人大吃一惊的真正危险或假设危险。

是以，欧文诉泰特案中的原告被不同返还路径所环绕，而且扫清了那个唯一重大的法律立场含糊之处（serious mischief）。但法律规则的逻辑不让原告得到法院支持。原告本来应该得到返还救济，理由是，这个领域的法律发展让自愿清偿的保证人处于无法抵抗的孤立状况，极为不利。

还有件不同领域的案例，即莫斯科商业银行、威伦金诉清算人案。[59]倘若我向未成年人或者欠缺行为能力之人提供生活必需品，只要我的意图是有偿交易，哪怕并不存在道德强迫，亦得诉请支付合理价值。这样的受领人虽欠缺缔约能力，但在法律上要负责任。但在莫斯科商业银行、威伦金诉清算人案中，受领人并不仅仅是无能力，而是暂时［一度］不存在。案涉银行被苏联政府解散，原告［威伦金先生］提供了必要服务来保存银行的财产。原告的返还请求未得到法院支持。在韦西法官（Vaisey, J.）的裁决中得发现如下逻辑，即在案涉银行遭解散到后来英国法院任命清算人这一期间（这正是原告提供服务的期间），并不存在能够接受或受领案涉劳务利益的实体［指法

312

---

* 译按：原文为 assignment of the debt。

[58] Norton v. Haggett (1952) 85 A. 2d. 571.

* 译按：原文为 assign the debt。

[59] Re Banque des Marchands de Moscou, Wilenkin v. The Liquidator [1952] 1 All. E. R. 1269.

人］。倘若案涉劳务是必要的，从而达到了无可辩驳的利益标准，那么并无实体受领劳务这个技术上的反对理由很可能应该驳回。可以肯定，若最终任命了清算人，清算人确实接受了这些劳务的利益。即便假定未成年人和精神疾病患者的类似并不当然延伸及于消灭的公司，差异也并非实质性的，很难以让各方当事人都满意的方式捍卫这个差异［捍卫不类推适用的立场］。虽说要牢记在心，这个论辩应谨慎使用，且仅用于极端案件，但得认为，为了避免得到虽在逻辑上成立，但从实质上看却很反常也无必要的结论，返还请求本来应该得到法院支持。[60]

---

〔60〕 不过韦西法官认可，法院得不待其他债权人同意，批准给予出于恩惠的补偿款（ *ex gratia allowance* ）。威伦金先生事实上得到了补偿。See Re Banque des Marchands de Moscou, Wilenkin v. The Liquidator（No. 2）［1953］1 W. L. R. 172.

第十章
因不法行为而生的返还

就在这里，要跨越大分水岭。迄至目前，所关注的都是这样的原告，其初步看来成立的返还权利请求皆认为自己有所失，而此所失正是被告所得。也就是说，这些原告将自己置于"通过牺牲"的减损意义范畴之下，在证明被告于该意义上通过牺牲自己而得利之后，原告接着要找到要求发生返还法律效果的因素，从而证明得利"不当"。前面已看到，这样的原告从来不必依靠不法行为，以之为要求发生返还法律效果的因素。[1] 这些原告需要的是受破坏的/无效的自愿意思、附限制条件的自愿意思、自由接受，或者在特定案情下支持返还的某个可辨识的政策。相反，在本章中，原告将自己置于"通过牺牲"的另外一个意义范畴下。原告初步看来成立的返还权利立足于如下陈述，即被告通过对原告为不法行为而得利。在证明此点后，原告还必须证明，案涉不法行为是得引起返还法律效果的不法行为，盖如下断言并不正确，即任何可获利不法行为的受害人皆得对不法行为人的获利主张权利。读者当还记得，这正是将返还原因事实这个属概念一分为二的重要理由，也是批评盲目追捧"反对不当得利的原则"的重要理由。

这里使用"不法行为"（wrong）一词，是为了避免将讨论的内容局限于在普通法上可诉的侵权行为。该词不能从道德上可责难的角度来界定，盖即便某些侵权行为，亦不以过错为成立要件。该词涵盖包括作为和不作为在内的一切行为，这些行为的特征在于义务违反，其引起的法律效果亦归因于此。是以，该词不仅包括一切侵权行为，也包括违反衡平法和制定法上义务的行为，还包括违约行为。

特别要指出，这个不法行为概念，也就是理解为义务违反行为而不是应受责难的行为，意味着不仅要接受，道德上无辜的行为得为不法行为，还要接受，道德上应受责难的行为也可能不构成不法行为。比方说，在构成自由

313

---

〔1〕 参见前文边码99—106。

接受的具体案情下，对他人将利益给予自己袖手旁观，往往在道德上可责难。不过，基于这些事实而产生的法律效果，并不取决于将自由接受定性为违反对介入人的义务。相反，介入人得请求返还仅仅是因为，受领人既然放弃了拒绝［介入人］所给予之案涉价值的机会，*也就不能合理主张，介入人应自行承担风险。受领人要是反对偿付，只能怪自己没有早点站出来。同样思路的议论亦得适用于在错误给付情形明知案涉给付并不属于自己的受领人。受领人在道德上可责难，但给付人之享有返还权利，并不归因于将受领人的行为定性为义务违反。

　　本章最为重要的问题是：哪些不法行为产生返还法律效果？对这个问题，眼下还不能给出牢靠和明确的答案。一个重要理由在于，在这个主题［因不法行为而生的返还］的普通法部分，"放弃侵权之诉"术语催生了长久存在的矛盾含糊，必须扫除干净，法院才能就因不法行为本身（wrongs *qua* wrongs）而生的返还问题给出连贯的回答。**故而，这里的首要任务就是澄清"放弃侵权之诉"的意义。本书所持立场为，该术语应予摒弃。

第一节　放弃侵权之诉

　　就眼下而言，当在非技术性的意义上说到不法行为发生"后"的返还，而不是"因"不法行为而生的返还（restitution "after" as opposed to "for" wrongs），有三条完全不同的路径，可获利不法行为的受害人得对不法行为人主张返还。从"不法行为发生后"（after wrongs）这个用法开始讨论，目的是将并不依赖于不法行为定性这个事实的那些返还路径也吸纳进来，而只有准许这样理解，才能说有三条从不法行为人那里请求返还的路径。这三条路径内容如下。

---

　　* 译按：原文 reject to proffered value，当为 reject the proffered value 之误。

　　** 译按：某人受到侵权从而享有选择救济方式之权利，倘选择以准合同起诉，要求被告返还不当得利，而替代以侵权行为提起诉讼，要求获得损害赔偿的，则被称为侵权之诉的放弃、放弃侵权之诉（waiver of tort）。但是，在此情况下，侵权之诉并未消灭。实际上，这两种救济方式是无之则不然（*sine qua non*）的关系，原告均应证明侵权行为之存在。《元照英美法词典》，第 1411 页。

一、不当得利中的替代分析路径

不法行为的受害人通过对案情事实的分析，有可能在完全无关不法行为的基础上，构建起返还权利请求。也就是说，依前面勾勒并讨论过的图表中所用语言，[2]该受害人或得无视不法行为，在独立不当得利（autonomous unjust enrichment）中构建其诉因。最为简单的例子得见于"不知"标题，也就是自愿意思无效四个主要类型中的一个。[3]比如尼特诉哈丁案，[4]被告闯入原告母亲的房子，拿走属于原告的金钱。在该案中，以返还金钱之利的诉讼[返还取得和收到的款项]为返还权利的诉因，不必提及非法侵犯（trespass），即得完全解释清楚。被告通过减损原告而得利；原告并不知晓金钱被拿走，是以并未表示同意。在诸如此类的案情事实下，基于跟错误给付情形同样的基本原理，发生返还法律效果；老实讲，[这比错误]更有理由（a fortiori）。对出于错误而让出金钱的原告来讲，是给予意思无效，而对于被他人夺走了金钱的原告来讲，根本没有给予意思。倘原告旁观，道理还是一样，盖原告仍会处于"不能自立"（helpless）或"受强迫"（compelled）的状态。很多涉及压力的案件落入同一范畴。倘若你将我非法拘禁，迫使我支付金钱，[5]这既是非法拘禁侵权行为，又同时表现为受强迫转移财产的不当得利。非法拘禁是可诉不法行为这个事实，并非证明财产转移不自愿的事实。哪怕将非法拘禁从侵权行为清单上除去——当然这并不可能（per impossible），财产转移也还是非自愿的。

二、消灭不法的追认

刚才所说的"替代分析"技术，并未消灭不法行为，只是无视之。不过有种情形，依通常的代理规则，不法行为的受害人得追认不法行为人的行为，使之事后合法（ex post）。[6]设我未获授权，将你的车出售，但宣称系以你的代理人身份为之。自封的代理人，其行为得被追认。倘你愿意，你得追认该

---

[2]　参见前文边码43。

[3]　参见前文边码140以下。

[4]　Neate v. Harding (1851) 6 Exch. 349; cf. Moffat v. Kazana [1968] 3 All E. R. 271.

[5]　Duke de Cadaval v. Collins (1836) 4 A. & E. 858.

[6]　Verschures Creameries Ltd. v. Hull and Netherlands Steamship Co. [1921] 2 K. B. 608.

不法出售。追认最有可能发生的情形是，你想要诉请买受人支付价款，但真正追认的一个法律后果是，*代理人［指无权处分人］要承担一个代理人通常要承担的一切债务，包括为了本人［被代理人］而将受领的一切转让［给本人］的义务。是以，在这个例子里，倘我受领了该车的价款，将车不法出售给第三人，你要得到返还，一个手段就是追认该不法行为，从而将我转变为你的合法代理人。实际上，通常来讲不必这么做，盖纵不追认，在另外两条路径下亦可得到返还。但从理论和历史的角度看，追认是不该忘记的可能手段。

316

三、因不法行为而生的返还

第三个可能是，可获利不法行为的受害人既不必无视不法行为，亦不必消灭不法行为，即可得到返还：受害人得证明，案涉不法行为属于本身（qua）会产生返还法律效果的类型。亦即，受害人得证明，由此不法行为生出两条救济路径，一为填补性赔偿，一为返还。同样的事情亦得换种方式表达：受害人得证明，就此类不法行为，受害人有权得到的损害赔偿金得不以填补标准，而以返还标准来计算。因上议院持此立场，故可知晓这第三条返还路径着实成立（但并不精确知道，哪些不法行为既产生赔偿法律效果，亦产生返还法律效果）。

在联合澳大利亚公司诉巴克利银行案（以下简称"联合澳大利亚公司案"）中，[7]联合澳大利亚公司收到一张支票，公司秘书实施欺诈，将该支票背书转让给跟自己有关联的 MFG 公司［在该公司任董事］。巴克利银行［明知前述利益冲突仍］承兑支票并支付款项。联合澳大利亚公司对 MFG 公司提起返还诉讼，诉因表述为返还金钱之利诉讼或者返还所借款项之诉。**但在法院判决之前，原告放弃了该诉讼请求，并对巴克利银行提起第二件诉讼，这一次的诉因是侵占侵权。***巴克利银行认为，联合澳大利亚公司此前对

---

*　译按：真正追认（genuine ratification），大概指买受人已付款，相对于前一句买受人尚未付款。

〔7〕　United Australia Ltd. v. Barclays Bank Ltd.〔1941〕A. C. 1.

**　译按：所借款项（money lent），在普通法的违反简式合同索赔之诉中是专门名称，指被告曾允诺将归还原告所借给款项的声明。原告若要收回此款，须证明被告收到过他的钱。《元照英美法词典》，第 926 页。

***　译按：侵占（conversion），用于侵权行为法和刑法中，指非法地将他人的财产当作自己的财产占有或处分；或指没有合法根据而侵犯他人动产权利，并导致剥夺了财产权利人对动产之占有和使用的一个或一系列行为。《元照英美法词典》，第 319 页。

MFG 公司提起返还诉讼，为了主张返还权利而消灭了侵权，故现在主张侵占侵权太过迟误。上议院的看法是，主张返还权利并不意味着消灭侵权，哪怕针对同一被告（MFG 公司），也不会产生这样的后果。道理在于，基于案情事实，不管原告主张的是返还性赔偿还是填补性赔偿，侵权皆得构成诉因。简言之，同一不法行为产生两个可能的救济途径。想当然地以为，依返还标准寻求救济即必然追认不法行为而消灭了不法，这是错误的。

在可获利侵权行为发生后，产生以上三条返还路径，而"放弃侵权之诉"术语并不能清晰区分彼此。此类侵权行为的受害人决定寻求返还救济，以"放弃侵权之诉"来描述该决定，太过含糊不明，实在过时落伍。联合澳大利亚公司案表明，原告的该选择并不必然是对案涉侵权行为的追认，从而消灭不法。而依"放弃/权利放弃"（waiver）一词的通常含义，传统术语让人最容易想到的就是消灭不法的追认（extinctive ratification）。这种混淆更因如下事实而变本加厉，即就历史而言，放弃侵权之诉［术语］最初就是用此等追认的思路来构设的，这个观点颇有道理；当然，这确是拟制（盖受害人从未有过任何真正愿望要追认不法行为人的行为），且过于扩张（盖不法行为人从未自称以受害人代理人身份行事）。

生动揭明"放弃/权利放弃"与"消灭不法的追认"之间这种［历史］关联的，是开创性判例拉明诉多雷尔案。[8]在该案中，被告非法侵占/处分属于他人的爱尔兰债券，将之出售。原告并未提起侵占诉讼，而是以返还金钱之利为诉因，对被告得到的价款主张权利。原告的请求得到法院支持。两个领域令人不安的状况，推动法院从追认的思路来分析。第一，返还金钱之利的诉讼程式要求原告主张被告曾允诺支付（an assumpsit），于是在已实施的不法行为与原告的该主张之间，便存在令人难以惬意的抵牾。这个抵牾得由追认克服。如鲍威尔法官（Powell, J.）所说，"案涉行为自性质言倘构成侵权行为，即很难将之转变为契约，［据返还金钱之利的诉因起诉］不合简约之诉的常理（reason of assumpsit）"。[9]这是个难题。鲍威尔法官接着试图克服困难："但原告得将不法行为弃置不御，并假设案涉出售行为系经自己同意而为，从而对出售所得价款提起诉讼，如同供自己之用而取得和收到的款项。"

---

[8] Lamine v. Dorrell (1701) 2 Ld. Ray. 1216.

[9] Ibid. , 1217.

　　第二点令人不安之处在于，拉明诉多雷尔案所涉及的对双重救济的担忧。倘若原告会在稍后就被告的侵占提起诉讼（被告毫无疑问实施了该侵权行为），该当如何？以消灭不法的追认来放弃侵权诉讼（extinctive waiver）是个好办法。是以上诉法院霍尔特法官（Holt, C. J.）写道："显然，这里得予之救济并非基于动产侵占之诉中的过失，盖原告提起本件诉讼［返还金钱之利的诉讼］，遂使得并确认被告出售债券的行为合法，故案涉出售行为并非侵占/无权处分。"[10] 不过这是历史，不是现行法。该案立场于联合澳大利亚公司案之后即不再有效，但该案确实让人看明白，"放弃侵权之诉"概念何以最初实为"消灭不法的追认"的勉力延伸。[11]

　　最后，或得认为，在因不法行为而生返还的场合，由于消灭不法的追认稀见罕闻，也不必要，对"放弃侵权之诉"短语主要的不满在于，该术语不能区分以下两者：第一条路径的替代分析，第三条路径因不法行为本身（qua）而生的返还。这个不满更因如下事实而变本加厉，这个短语依其字面意思及其历史，联系最为紧密的既不是第一条路径，也不是第三条路径，而是第二条路径，消灭不法的追认。后文将会看到，这会造成严重的实际后果，除非放弃让人混淆的术语，否则问题无法解决。

　　本章后面的内容将尽可能避免使用"放弃"（waiver）这个词，也不会关注消灭不法的追认。后面的内容将区分另外两条返还路径，即"替代分析"和"因不法行为而生的返还"。显然，正如本章标题所示，关注的重点在后者。至于前者，所有案例都在本书前面数章中给予了解说。但遗憾的是，现在还不能划出清晰界限，缘故正在于如下事实，即"放弃"术语的含糊不清妨碍了法院区分替代分析与因不法行为而生的返还。

第二节　产生返还效果的不法行为

　　本节要讨论的问题是，是否有可能认定哪些不法行为确实产生返还法律效果。但本节的第一部分先要试图说明，在目前的判例状况下，要将这个问题清晰摆到表面上有多么困难。

---

　　[10]　Ibid. , 1217.

　　[11]　Cf. Re Hallett's Estate (1880) 13 Ch. D. 696, 727 per Jessel, M. R.

一、初步难题

虽说在很多案例中，原告都从不法行为人那里得到返还，但往往不可能讲清楚，原告胜诉的依据到底是替代分析，还是因不法行为而生的返还。尤319其是，只有极少数案例毫不含糊地落入后一范畴，而该范畴正是这里特别感兴趣的内容。通常来讲，得期待法官自己阐述，判令返还的依据是这一个还是那一个。可正如刚刚讲到的，由于"放弃"术语忽视了理论上的全部可能，法院判决并未明明白白地区分替代分析与因不法行为而生的返还。

是以有必要以极大谨慎向前探索，盖任何得理解为替代分析路径下例子的案件，就如下问题都讲不出什么，即被告实施的不法行为是否确实（或者不会）产生返还性赔偿（restitutionary damages）。回到非法拘禁的例子，可以看到，原告拿回为脱身而支付的赎金，不能说是因不法行为本身（qua）而得到返还，盖原告的返还权利亦得基于替代分析路径，解释为非自愿财产转移，并不依赖于将案涉事实定性为不法行为。倘若返还救济归因于非自愿财产转移，那么就不法行为产生的救济权利，就什么也没说；由此可知，除非法官澄清其判决依据，否则这类案件对于产生返还法律效果的不法行为种类来说就是不安全的证据。［这类案件］在前面勾勒的三条返还路径中的两条之间，处于模棱两可的状态。接下来几段，先试着辨识得毫不含糊地构成因不法行为而生之返还例证的那类案件，接着回来讨论含糊的案件。

毫不含糊的案件是指，这些案件中的原告除主张被告通过对自己为不法行为而得利外，要在自己和想要拿回的得利之间建立联系，别无办法。设有人付给你 1000 英镑，让你殴打我，倘不证明那笔钱是通过对我为不法行为而取得，对那笔金钱，我根本不能证明哪怕初步看来成立的权利请求。要是有案例认为，我能得到那 1000 英镑，当作返还性赔偿，那么毫无疑问，你的殴打行为即为产生返还法律效果不法行为的例子。在这些案情事实下，替代分析路径并不可能。

雷丁诉总检察长案即为此类案件。[12]雷丁军士收了钱，引导走私犯通过军方设在开罗的路卡，违反了对王国政府的义务而让自己得利。没有该义务违反，王国政府与该笔贿金之间即无关联。肯定不能认为，倘若雷丁军士未

---

[12] Reading v. A-G. ［1951］A. C. 507.

收受那笔钱，那笔钱本来会增益于王国政府。是以，这里并不存在拦截型减损。王国政府必须依靠不法行为这个类型。博德曼诉菲普斯案也是这样，[13] 只不过案涉行为的道德品质完全不同。在该案中，上诉人［一审被告］博德曼律师违反了对某信托财产的信托义务，*为自己取得了股份。并不存在博德曼若不取得，该信托财产本可取得案涉股份的问题。该信托财产的受益人要对博德曼得到的利益主张权利，唯一的理由就是，虽说博德曼系秉善意而为且是为了促进信托财产的最佳利益，但博德曼为得到案涉利益而采取的手段在技术上违反义务，即不得从个人利益与信托财产的利益可能发生冲突的任何状况中谋求个人利益。

这两件案子都是因不法行为而生返还的毫不含糊的例子，道理在于，原告与被告获利之间唯一的联系就是案涉不法行为，此点无可争辩。在普通法上，多数出售［他人财产的］侵占/无权处分侵权都合乎同样的分析思路。前面考察过出售汽车的案例。[14] 该处结论是，原告汽车所有权人不能认为不法行为人是通过拦截减损原告财产而受领价款。原告要将自己与案涉价款联系起来，只能依靠不法行为，盖不能肯定，原告本来得受领该笔或任何价款。而一旦将关注点从不法行为人通过不法行为本身所受领的金钱上移开，那么这个大概已经向他人支付了汽车价款的不法行为人，看起来根本就没有得利。受害人的财产也完全没有减少，盖案涉汽车虽在他人手中，［所有权］很可能仍是原告的。基于这些理由，所有权人确实得主张不法行为人通过实施对自己不利的不法行为而得到案涉价款，除此之外，不能在自己和该笔价款之间建立任何其他联系。但该结论并不意味着，任何变卖［他人］财产的侵占/无权处分侵权必然以同样方式处理。尤其在涉及支票的情形，有余地得出不同结论。在联合澳大利亚公司案中，[15] 据称受侵占的案涉财产是应向原告支付的支票［以原告为收款人］。显然，原告得认为，出示票据请求付款的 MFG 公司通过实施不法行为而得到案涉金钱。但不那么肯定的是，原告［是否］不能同样主张基于减损而得利。这取决于你在多大程度上愿意透过理论（look

[13] Boardman v. Phipps [1967] 2 A. C. 46.

* 译按：受托人责任、信托义务（fiduciary duty），为他人利益办事时，必须使自己的个人利益服从于他人的利益。这是法律所默示的最严格的责任标准。《元照英美法词典》，第 550 页。

[14] 参见前文边码 138。

[15] United Australia Ltd. v. Barclays Bank Ltd. [1941] A. C. 1.

320

behind the theory），将支票看作不过就是让金钱流动起来的车辆而已。基于这个看法，那个伪造背书而实施欺诈的秘书，以及随之将支票变现的 MFG 公司，不过就是将在通往联合澳大利亚公司［账户］途中（*en route*）的金钱拦截。道路于是打开，得基于替代分析解释针对 MFG 公司的返还权利请求：原告并不知情的拦截型减损，正如尼特诉哈丁案或者莫法特诉卡赞那案例示的，[16] 是同样类型的返还请求，只在减损的拦截性质上有区别。

基于联合澳大利亚公司案的事实会产生疑问，即能否认为（或者是否不能认为），在不法行为之外还存在减损。在其他案件中，原告得基于两者主张权利，并不存在疑问。于是，在缺乏司法指导的情况下，很难说是针对不法行为还是基于独立不当得利而给予返还救济。通常来讲，这于当事人无关紧要，但有时，正如下一节的案例表明的，会对当事人产生影响。就联合澳大利亚公司案本身而言，提出的问题是，返还权利请求是否具有消灭侵权法上诉因的效力。倘若以消灭不法的追认为基础［主张返还权利］，得产生此效力。倘若经由替代分析，以非自愿的减损型得利为依据主张返还权利，即不会消灭侵权行为［的不法性］，盖此路径当会完全无视侵权行为。反过来，倘基于不法行为本身，主张就侵权行为得到返还性赔偿，同样不会消灭侵权行为，不过理由不同，盖此际事实上要依赖该侵权行为。上议院说，这正是已经发生的事情，但严格来讲，有必要的不过是，消灭不法的追认应予排除。是以，就该特定事宜而言，碰巧没有什么取决于替代分析与因不法行为而生返还两者间的差异。后面会看到，倘返还标准成为争点，情况即迥乎不同。同样重要的是如下事实：若有诸多不同可能性隐藏于同样案情事实下，各样论辩很容易在各种可能性之间横越、转换而不引起注意。同样，有些要点会全部或部分漏掉。这些难题的性质，下面先在抽象层面考察，接着结合疑难案件菲利普斯诉霍姆夫里案讨论。[17]

在抽象层面，原告倘为可获利不法行为的受害人，而该行为自类型言，又包含原告财产减损而增益于被告的要素，那么原则上，原告要将自己与案涉得利联系起来，既得将得利看作对自己的减损，亦得将之理解为通过对自己为不法行为而获取，这样的原告要问自己两个重要问题：是否打算独立于

---

〔16〕　Neate v. Harding（1851）6 Exch. 349；cf. Moffat v. Kazana〔1968〕3 All E. R. 271.

〔17〕　Phillips v. Homfray（1883）24 Ch. D. 439.

不法行为，在不当得利［规则］中寻求救济？或者，是否打算依赖不法行为本身？倘为前者，原告必须检视全部不同返还事由（非自愿财产转移、自由接受等），但除了返还概念范围内的标准，不能期待任何其他救济标准。倘为后者，原告必须进一步考虑，在填补性赔偿和返还性赔偿之间如何选择。也就是说，即便依单一系列事实，原告亦得经由不同路径寻求返还救济：或者是替代分析，或者在针对不法行为提供的不同救济权利之间选择。是以，即便依单一系列事实，也需要从事两步骤考察：第一，是否存在不依赖于不法行为而产生返还权利的独立不当得利？第二，案涉不法行为本身是否是产生返还性赔偿［法律效果的］不法行为范畴中的一员？

　　菲利普斯诉霍姆夫里案让人看到，[18]倘不能让所有这些争点保持清晰，要处理这些案件有多么困难。在原告同时碰上减损和不法行为的情形，难题反复发生，而本案即为挑选出来的显著例证。除非律师及法院明确说出自己遵循了哪条返还路径，否则不可能弄清楚，在给何以应返还或者何以不应返还提供理由时，心里的主要想法到底是什么。但就菲利普斯诉霍姆夫里案本身来讲，凭借后见之明的优势，吾人敢说，只有依替代分析路径证明主张，原告才能胜诉。理由在于，被告是最初实施不法行为之人的遗产代理人，而基于不法行为本身的任何诉讼都遭如下规则阻却，即侵权诉讼不能比侵权行为人存续更久：对人诉权因人之死亡而消灭（*actio personalis moritur cum persona*）。[19]

　　被告是遗产代理人，死者（*de cuius*）生前从原告的土地挖煤，当然也从自己的土地挖煤，并利用穿过原告土地的通道将煤运出。原告得到一纸命令，得调查这位未支付费用的土地侵犯者［死者］利用该通道运出了多少煤，进而据之判断通行权价值几何。该命令是在衡平法上取得的，但基础是以侵害之诉为诉因，*不得依据其他诉因。在依命令调查之前，土地侵犯者死亡。由此而生的问题是，遗产代理人能否依据"对人诉权因人之死亡而消灭"规则

323

----

〔18〕　Phillips v. Homfray (1883) 24 Ch. D. 439.

〔19〕　该立场遭 1934 年《法律改革法（杂项条款）》［Law Reform (Miscellaneous Provisions) Act］废弃。

　　*　译按：侵害之诉（trespass），英格兰中世纪的诉讼形式，指因自己的身体、财产、权利、名誉或人际关系被侵害而索赔的诉讼。后来又发展出间接侵害之诉的诉讼形式。在现代法中，trespass 有三类：侵害他人财物、侵犯他人人身以及侵入他人土地。《元照英美法词典》，第 1356 页。

要求取消该调查。上诉法院认为，该命令诚然应被撤销；巴格利法官（Bag-gallay, L. J.）持异议。由此而生的问题呈现为如下形式：非法侵入土地这种侵权行为的受害人，能否放弃侵害之诉，转而提起简约之诉（assumpsit）性质的诉讼，对非法侵犯者不法所得之利主张权利？倘得以此种方式放弃侵权之诉，受害人即得继续对遗产代理人的诉讼。

鲍恩法官和科顿法官（Cotton, L. J.）给出的一个理由是，非法侵入土地根本就不是得放弃的侵权行为。[20]这个立场对基于不法行为提起返还诉讼产生了持久的抑制效果。[21]但不得将该立场的意义理解为，就非法侵入侵权行为来说，不得基于不法行为本身（qua）而判给返还性赔偿。就非法侵入侵权行为本身可能得到哪些救济，这在本案中并未成为争点，其首尾之故在于，倘原告以非法侵入土地为诉因，就无法挫败"对人诉权因人之死亡而消灭"规则。原告需要把非法侵入土地完全放到一边。是以，不管菲利普斯诉霍姆夫里案是何主张，都并非支持如下立场的先例，即原告不能就非法侵入土地主张返还性赔偿，哪怕在个案中，就何以不能以不法行为本身为依据，其实并无理由。

上诉法院多数意见给出的另外一个理由是，死者实未曾得利。[多数意见认为，]死者利用穿过原告土地的通道，省下了获得通行许可本该支付的费用，得到的只是消极利益（negative benefit）。[22]认定被告得利是一切返还权利请求的必备要件，不论以替代分析来塑造还是以不法行为本身为基础，这一点都是肯定的。但要说消极利益，也就是节省了费用而非财产积极增加，绝不构成得利，这个说法不可能正确。倘若正确，那么就服务（除非碰巧留下一些最终成果）或者受清偿的债务，就永远不会发生返还权利请求。这个理由若正确，则得适用于一切返还路径，是以不必理会。

现在遂有可能提出如下问题，即案情事实是否表露出依据替代分析的任何权利请求，而不必理会非法侵入。死者利用［原告土地的］地下通道，原告并不知情。是以，原告最有可能的主张是，不论非法侵入者从原告那里得到什么利益，该利益都是以非自愿方式到达对方手里的。简言之，该案属

324

---

［20］ Phillips v. Homfray (1883) 24 Ch. D. 439, 461, 463.

［21］ A.-G. v. De Keyser's Royal Hotel (1920) A. C. 508; Morris v. Tarrant［1971］2 Q. B. 143; but see, Nissan v. A.-G.［1968］1 Q. B. 286.

［22］ Phillips v. Homfray (1883) 24 Ch. D. 439, 454-455.

"不知"案型。对土地的占有利用同样减损了原告：这是原告的土地，原告得随意控制或处分，而就内在于所有权的潜在使用收益，非法侵入者从原告那里拿走了一点点。剩下的争点，还是得利。倘若对土地的使用收益能达到无可辩驳得利的"没有理性人"标准，那就不必多说什么了。[23]原告应该得基于通过牺牲原告的非自愿得利而胜诉，跟讨还错误给付的金钱，方式完全一样。反过来，倘若对土地的实际利用并未达到"没有理性人"标准，原告就必须证明，死者［非法侵入者］自由接受了案涉利益。倘原告在得利争点上乞援于自由接受，原告很可能亦以之为返还原因，盖自由接受一肩两任，同时解决两个争点。[24]

　　原告本来能否证明自由接受？看起来更大可能是能证明。跟我此前某篇论文的断言正相反，[25]该案早前的下级审程序将此点揭橥甚明，[26]死者［非法侵入者］及同伙完全知道是在原告土地下方实施非法侵入。是以，若说［认识］错误或者其他什么无辜的想法阻却了自由接受的成立，这说法不可能成立。故而，正如巴格利法官坚持的，该案本来应以莱特利诉克劳斯顿案同样的思路裁判。[27]在莱特利诉克劳斯顿案中，被告以侵权手段将原告的仆人诱走，就这位仆人的工作和劳务，原告得到合理服务价款（quantum meruit）。一件是明知而僭夺他人土地的使用收益，一件是明知而诱夺他人训练有素的仆人提供的劳务，无法在学理上将两者区分。这两件案子，被告皆自由接受了实物利益。在此场景下，若说"自由接受"听起来有些古怪，那也不过是以"自由接受"来描述此等被告的恶劣行径，太过软弱无力。比较下面两者，一是袖手旁观案涉利益归于自己，一是不辞辛劳地谋取案涉利益而所有权人并不知晓，对前者既为真，对后者必更为真（a fortiori）。曼斯菲尔德勋爵在汉布利诉特罗特案中亦得到同样结论，[28]当时论及某人未经所有权人同意而骑乘其马匹，应依简约之诉承担责任（in assumpsit），支付合理租赁费用。

　　菲利普斯诉霍姆夫里案的恰当路径在以下几点。第一，仅仅以返还性赔 325

〔23〕　参见前文边码116以下。
〔24〕　参见前文边码267。
〔25〕　Birks, "Restitution and Wrongs", (1982) C. L. P. 53, 60.
〔26〕　Phillips v. Homfray (1870) L. R. 6 Ch. Ap. 770.
〔27〕　Lightly v. Clouston (1808) 1 Taunt, 112. cf. Goff and Jones, p. 474 ff.
〔28〕　Hambly v. Trott (1776) 1 Cowp. 371.

偿而不是填补性赔偿为救济标准，并不能避开"对人诉权因人之死亡而消灭"规则，是以，任何直接以非法侵入为基础的权利请求必定败诉。第二，在独立不当得利［规则］中确定诉因。第三，要探讨"对人诉权因人之死亡而消灭"规则是否应类推（而不是在逻辑上）适用于该替代诉因。诉讼程式时代以来的法律发展，尚未到达得以利用该类型路径的阶段。但在一个世纪后，吾人得将之用于那些本身不能利用该路径的案件，不要再畏葸不前。

自菲利普斯诉霍姆夫里案以下，这条判例法脉胳里更为晚近的例子是莫里斯诉塔兰特案。[29] 该案起于离婚纠纷。在离婚判决生效后，前夫，也就是被告，继续留在婚姻居所生活。显然，判决既生效，对前妻来讲，前夫即成为非法侵入者。这里的问题是，前夫这段期间于案涉房屋生活，得否判令其为此向前妻支付占用租金。莱恩法官（Lane, J.）认为，被告无可辩驳地得利，盖被告若非继续居住在案涉房屋，就不得不找钱另寻地方住。[30] 但是否存在独立于侵权行为的任何返还诉因？莱恩法官并未分析构成若干种类不当得利的不同诉因，径直排除任何此类权利请求。从案情事实看，这个结论十有八九是对的，缘故在于，双方当事人牢骚满腹地谈判过。正是这个谈判关系，在妻子这边否定了"不知"，在丈夫这边否定了强迫因素。是以，十有八九不存在否定自愿性质的因素。至于自由接受，大概应该认为，这位前夫相信自己有权利继续居住而不必支付费用。无论如何，这些事情并未经过充分检验。基于侵权行为本身，是否存在返还诉因？该案并未将此点当作独立问题考虑过。不过，在非法侵入的中间收益这个名目下，*妻子确实得到了［法院判给的］占用租金。这笔钱被看作通常的填补性赔偿金的一部分，盖妻子所失（对房屋的占有使用），得以判给合理租金来填补。再一次地，因不法行为本身（qua）而生的返还这个话题，并未得到独立考虑。这是个很难单独拿出来考虑的问题，除非原告主张，让被告得利的，并不只是被告的使用收益。盖使用收益本身在返还和填补赔偿之间通常是中立的。[31] 倘若被告从使用收益中进一步得到利润，高过这一期间对权利的占有收益，即会产生返还问题，

326

---

　　〔29〕　Morris v. Tarrant〔1971〕2 Q. B. 143.

　　〔30〕　Ibid., 162.

　　＊　译按：中间收益（mesne profits），指两个既定期间的收益，如侵占他人土地期间的收益，一般以租金和收益计算。《元照英美法词典》，第912页。

　　〔31〕　See Strand Electric and Engineering Co. Ltd. v. Brisford Entertainments Ltd. 参见后文边码330。

就好比被告在不是自己的房产中从事营业的情形。[32]

截至目前的讨论意在指出，由于［此前］问题都是在"放弃侵权之诉"的思路下提出来的，哪怕那些看起来很有可能将返还事宜暴露出来并予解决的案件，也没有去探索更好的解释路径即告结束。主要缘故在于，"替代分析"和"因不法行为而生的返还"并未分开考察。不管是照准返还权利请求（如莱特利诉克劳斯顿案），还是驳回返还权利请求（如菲利普斯诉霍姆夫里案），这些案例都不会谈及自己是否正在讨论这一条返还路径，或者另一条，或者两者。此外，有些论据或反对意见实际只适用于这些返还路径中的某一条，这些案例也从未区分。

二、三个标准

虽说有刚刚描述的这些难题，但仍有可能提出三个标准，这三个标准协力，大概能令人满意地解说因不法行为本身发生的返还法律后果。

（一）故意利用不法行为（deliberate exploitation）

倘被告故意对原告为不法行为以增益自身，被告应负义务将所得利润返还。假设你明知关于我的故事乃为杜撰且败坏我的名誉，仍决定将之出售，并赚到 1 万英镑利润；或者，假设有人向你付钱，让你损毁我的店铺或殴打我。在这些情形，我应该能够讨要你的利润或报酬，在很多案情下，［这笔钱］很可能高过我得请求赔偿的损失。除了以不法行为本身为依据，我无法主张这个权利，盖基于此类案情事实，我和你的得利之间不存在减损性质的关联。那么额外的返还事由即为，你故意利用该不法行为，以之为得利手段。[33]

很难证明这个标准已为法律所接受。最有力的论据是，该标准来自返还领域之外。在民事不法行为这个法律领域，惩罚性赔偿金是罕见现象。在鲁克斯诉巴纳德案中，[34]德夫林勋爵（Lord Devlin）论及惩罚性赔偿金的发生情形，认为有一类案件应该仍然判给惩罚性赔偿金，即不法行为人有意识地

327

---

〔32〕 See Edwards v. Lee's Administrators（1936）96 S. W. 2d. 1028. 参见后文边码 355。

〔33〕 仅证明你通过牺牲我（对我实施不法行为）而得利并不够。还必须证明，得利的具体案情要求发生返还后果（通过牺牲我而不当得利）：参见前文边码 105。译按：额外的（additional），大概是相对于减损不当得利而言。

〔34〕 Rookes v. Barnard［1964］A. C. 1129.

而且不择手段地实施不法行为，相信所得利润有很大可能会大于通过赔偿所要付出的任何东西。在卡斯尔及伙伴公司诉布鲁姆案中，[35]上议院多数意见遵循了德夫林勋爵在鲁克斯诉巴纳德案中采纳的路线。迪普洛克勋爵说，这是惩罚性赔偿范畴，自己于此全无疑虑。迪普洛克勋爵将之描述为"防止因不法行为而不当得利的钝器（blunt instrument）"，并在为［该规则］不够灵敏辩护时说，必须有所安排，让不法行为人处于不利地位。不法行为人不得不更多地仔细掂量失败可能性，甚于想赢。[36]

这个领域之所以需要惩罚性赔偿，如迪普洛克勋爵所说，是由如下危险造成的：不择手段的不法行为人可能发现，利润很大，可能高过应该对不法行为受害人赔付的任何损失，此际，不得以不法手段谋求得利的义务看起来只得到软弱无力的支持。同样的道理亦适用于判给返还性赔偿，差别仅在于，惩罚性赔偿是钝器，而返还性赔偿当更为灵敏。惩罚性赔偿不够灵敏的道理在于以下事实，即这笔赔偿金并非意图将不法行为人的实际所得给予原告。这笔赔偿金超越了该标准。这个工具不够灵敏的钝性，必然对被告行为的恶毒程度提出更高的要求。返还性赔偿金以被告实际所得为限，得适用的案件范围要更宽一点，对被告行为的恶毒程度要求也低一些。

还有些其他迹象，法律确实回应了这个标准。如下文会看到的，返还标准会受影响：故意不法行为人要赔付的受领利益的价值，对无恶意的不法行为人来说，案涉利益或被视为过于遥远。[37]

328 （二）防止得利的不法行为（anti-enrichment wrongs）

产生返还法律后果的不法行为中，最为常见的即为侵占/无权处分，且未见任何主张，认为返还权利局限于被告故意利用原告财产的案件。相较侵占，一般认为，诽谤/败坏名誉并非产生返还法律后果的不法行为。[38]虽说特定案情可能合乎故意利用标准（deliberate exploitation），但若你无恶意地败坏了我的名誉，且由于我的故事，杂志销量大增，那么我不能就你的利润主张权利。类似地，某人在自己的地产上从事有害/有毒活动，以此为谋生手段，即由妨

---

[35]　Cassell & Co. Ltd. v. Broome［1972］A. C. 1027.

[36]　Ibid.，1130. 译按："钝器"意指打击力度大，倘被告得利大于原告损失，即赔偿得利，这样有助于威慑不法行为人。

[37]　参见后文边码 354—355。

[38]　See e. g. Hart v. E. P. Dutton Ltd.（1949）N. Y. S.（2d.）871.

害行为而获利。*但就妨害行为带来的利润，未见讨要的案例。过失亦是如此。我不让机器得到适当维护，以此省下维修费用。我将机器或运输工具运转太快或运转太久，以此赚钱。一旦出了事故，［受害人］肯定会要求我赔偿，但从来不会有人就过失操作产生的得利成功主张权利。

戈夫与琼斯似乎认为，就任何可获利不法行为主张返还权利，并不存在理论障碍。戈夫与琼斯遂道：

"除非被告不正当得利，否则不会有返还问题。为此缘故，某些侵权一般不能放弃：威胁/恐吓（assault）、殴打（battery）、诬告及过失，通常不会让侵权行为人得利。相反，侵占或欺诈（deceit）往往导致被告得利，故得放弃。"[39]

这段话应理解为（上下文也肯定了确实如此理解），唯一不发生返还法律后果的侵权行为，是那些在具体案情下不会让不法行为人得到利润的侵权行为。如此理解必然太过宽泛，如败坏名誉、妨害及过失案例所示。

在这个标题下建议的标准假定，为了防止［法律］不赞成的得利模式，法律认可某些不法行为［具备防止功能］，某些不法行为则否。更准确些讲，意思是，不法行为所违反的主要义务，有些就是用来防止得利的，有些则否。倘防止得利的义务遭违反，是以预防［得利］机制失灵，则得命令不法行为人返还得利，以挽救义务背后的政策。反过来，倘遭违反的义务并非旨在防止得利，返还即无关义务背后的政策，不应判令返还。不法行为背后的义务往往服务于多个不同政策，这个事实让事情更复杂。比方说，尊重秘密信息的义务既保护隐私，也防止不当得利。[40]是以必须针对具体案情提出如下问题：防止被告取得实际已得之利，是否是被告所实施之不法行为背后的主要［政策］目的？倘是，案涉不法行为即为防止得利的不法行为，返还法律后果

---

* 译按：妨害（nuisance），一般指在使用自己财产（通常涉及土地占用）时的不合理、不正当或不合法行为，或法律规定的其他不法行为，损害或妨碍社会公众共同享有的人身或财产权利，或者妨碍他人使用土地或享受与土地有关的权利。《元照英美法词典》，第986页。

[39] Goff and Jones, p. 470.

[40] 隐私，比如公众人物试图防止个人信息泄露：e. g. Prince Albert v. Strange（1849）1 Mac. & G. 25；Duchess of Argyll v. Duke of Argyll（1967）Ch. 302；得利，比如商业秘密被利用：e. g. Peter Pan Mfg. Corp. v. Corsets Silhouette Ltd. ［1964］1 W. L. R. 96。

随之而生。

并非每个不法行为都会干净利落地落在分界线的这边或那边，这是肯定的。但同样明白易晓的是，这个标准确实充分解释了，何以不能针对妨害、过失及败坏名誉主张返还权利。这些都是防止损害的不法行为，而非防止得利的不法行为。就这些不法行为而言，虽说有时也会让不法行为人得利，但不可能将防止得利抬升到主要目的这个层次。

相反，一般认为防止得利是侵占/无权处分侵权［规则］的一个主要目的。当然不是说，防止损失就并非目的。我不得吃掉你的蛋糕，或背着你卖掉蛋糕，道理在于法律不会让你丧失财产，也不会让我从中赚取收益，无喜无惧。两个目的同等重要。这就是得称侵占侵权为防止得利的不法行为的原因。非法侵入土地亦是如此。你不必忍受对土地的非法侵入，同样地，我也不得就你的土地为使用、收益。反之，非法侵犯人身的所有表现，［规则目的］显然意在防止受害人遭受损害，而非防止不法行为人赚取收益。假设甲殴打了乙，而后，甲乙两人皆想赢得某有利可图的契约，但乙下颌骨折，不能行动，甲遂胜出。这里不存在乙讨要甲之收益的问题，盖殴打行为并非防止得利的不法行为。倘乙证明，甲殴打乙乃是计谋，好让乙在关键时刻不能行动，*情况或有不同，盖此际得落入第一个标准之下考察。

某不法行为诚为防止不当得利的不法行为，这个事实并不意味着该不法行为在任何场合都在增益被告。设我吃掉你的蛋糕，盖误以为是我的，这个错误意味着不存在自由接受，蛋糕也不太可能在"没有理性人"标准下被理解为不可辩驳的利益。是以，基于替代分析的权利请求很大可能跌倒在得利争点上。那么基于不法行为本身的权利请求能否胜诉？这取决于早前考虑过的一个问题，即在得利争点的处理上，是否要对不法行为人更为强硬些。[41]倘答案为否，那么即便是基于不法行为本身的返还权利请求，也会被主观贬值论辩击退。这并不完全是理论事宜。倘若某制定法在具体案情下阻挡了赔偿权利请求，但照准了返还权利请求，就会影响实际生活。

在斯特兰德电力工程公司诉布里斯福德娱乐公司案中，[42]原告将剧院照

---

 * 译按：原文这句中的甲乙颠倒了。

 [41] 参见前文边码126。

 [42] Strand Electric and Engineering Co. Ltd. v. Brisford Entertainments Ltd. ［1952］2 Q. B. 246.

明设备先借后租给贝德福德戏剧公司，该公司正尝试从被告处购得贝德福德剧院。收购交易失败，被告仍将照明设备留在剧院，否则剧院不能正常运转，也就无法开门营业。原告提起请求返还动产之诉（detinue），成功拿到法院命令，令被告要么交出设备，要么支付相应价值，并得到判决，令被告支付这扣留不还的 43 周的全部租金。上诉法院认为，虽说原告的损失十有八九会小于被告使用收益的价值，盖原告很大可能不会或不愿在这段时间将设备一直出租，但被告仍应支付使用收益的全部价值。这本来可以基于自由接受，从替代分析的思路来解释。事实上，一切都包含在为非法占有动产（detinue）计算赔偿金的工作中。丹宁法官认为自己是在判令返还，而萨默维尔法官和罗默法官似乎认为，租金包含在赔偿概念中。丹宁法官的思路更为可取，盖依此思路，法院不必从事矫情饰伪的工作，证明判给的租金正好相当于原告遭受的损失。[43]此外，曾经，[44]非法占有他人动产无可争辩地属于防止得利的不法行为，这个事实让丹宁法官的路径很容易解释。

　　下文会看到，在这个话题背景下，当受信任人违背避免利益冲突的义务而实施不法行为时，在某些案件中生出特别难题。[45]在该困难领域之外，毫无疑问，该义务的一个主要目的即在于，防止受信任人通过牺牲信赖他之人而得利。这里的危险永远都是，受信任人会中饱私囊。董事抢走了公司本来会签订的契约，[46]受托人收受秘密佣金，未尽心处置信托业务，[47]这里的董事和受托人必须返还所得利润。诸多此类案件都得解释为，实施防止得利的不法行为而生返还法律后果。不过，亦得以下面的第三个标准来解释。像雷丁诉总检察长案这样的极端案例，[48]亦得理解为故意利用不法行为的例子。

　　英格利希诉戴德姆河谷地产公司案，[49]乍看起来，正是刚才提到的违反信任义务而生返还的例子，但直接乞援于防止得利的不法行为概念，当会更容易分析。被告是房地产开发商，想得到原告的土地。双方认为不太可能很

331

---

〔43〕　帕克法官（Parker, J.）似乎利用了赔偿分析路径（compensatory analysis）：Hillesden Securities Ltd. v. Ryjack Ltd.［1983］2 All E. R. 184, 188.

〔44〕　1977 年《侵权法（妨害动产）》[Torts（Interference with Goods）Act]第 2 条第 1 款将之废弃。

〔45〕　参见后文边码 341—342。

〔46〕　Industrial Development Consultants Ltd. v. Cooley［1972］1 W. L. R. 443.

〔47〕　Williams v. Barton［1927］2 Ch. 9.

〔48〕　Reading v. A-G.［1951］A. C. 507.

〔49〕　English v. Dedham Vale Properties Ltd［1978］1 W. L. R. 93.

快拿到开发规划许可，遂据此商定了价格。在交换契约前，*被告以原告名义提出建筑许可申请。交易尚未完成，申请已获批准。被告从未告知原告此事。原告知晓真相后，就案涉地块开发所得利润主张权利，得到法院支持。斯莱德法官（Slade, J.）以一套复杂精致的论辩，判定被告承担责任，依该论辩思路，被告以原告代理人的身份申请规划许可，遂成为受信任人。这个信任关系可谓极其紧张，盖不动产出卖人与购买人非常典型地都想占上风，是以基于各自独立利益展开锱铢必较的谈判。但显然这个裁决是工具性质的。认定当事人间的关系具有信任特征，实际是斯莱德法官结论的一部分，是由其他事实得出来的。该结论有着误导人的形式，之所以需要这个误导人的形式，仅仅是由于斯莱德法官需要为判令被告承担返还责任找到可接受的解释：被告必须退还金钱，盖被告违反义务；被告违反义务，盖被告是受信任人。被告何以是受信任人？盖得肯定，被告必须返还。

还有条不那么循环的路径。依 1962 年《城乡规划法》（Town and Country Planning Act）第 16 条第 1 款，非所有权人申请规划许可的，必须证明已通知所有权人。推论可知，该条规定让此等申请人承担了通知所有权人的义务。被告并未依法行事，而是申请时自称所有权人。本来能让原告知晓申请事宜的一切机制，一下子全短路了。这些机制的目的是什么？一个主要目的正是防止以这种方式谋求开发利润。是以，不遵守第 16 条第 1 款即为防止得利的不法行为。在防止得利的机制未能发挥期待效果的情形，判令返还巩固了制定法的政策。遵循这个论证思路，即无必要乞援于在本质上是推定的信任关系。

（三）预防（prophylactic）

不管你的最终目的是要防止得利，还是防止损失或其他损害，都有可能采纳预防路径。也就是说，与其等待灾害发生，不如事先采取措施，防范灾害降临。一个预防手段是，令当事人承担义务，不要引起让案涉灾害可能（might）发生的状况。此等义务［背后］的支持措施不可能是填补性赔偿，盖依假设，你并非在等待损失发生。比方说，你很担心屋顶上落物伤人，你得设定义务，倘若落下会造成损害的任何东西都不得置于屋顶。此等义务必须以禁制令、定额罚款或者其他方式来支持，但无论如何不会是填补性赔偿：要是等待损失发生，也就放弃了预防路径。

---

* 译按：双方交换签字的契约文本，契约这才对双方当事人具有拘束力。

就受托人以及处于类似位置之人，衡平法采纳了一条预防路径。说到类似受托人的位置，大略言之，这类人参与管理他人财产或事务，如同受托人的职位，但对管理的财产没有法定产权/普通法产权；只有嫌那个形容词太过笨拙时（trustee-like），才会使用拉丁语用法，即"受信任人"（fiduciary），源于［罗马法］"信托"（*fiducia*），也就是［英国法］"信托"（a trust）。公司董事及大学管理机构并非受托人，盖对管理的财产并无权利，故在这些管理人员与财产受管理的公司或大学之间并不存在普通法所有权与衡平法所有权的分割。不过，这类管理人员［面对］的诱惑跟受托人太过相似，故衡平法让这些管理人员遵守跟受托人同样的行为准则，并称这些人为受信任人。不管是信托受益人（*cestui que trust*），还是依赖受信任人（fiduciary agent）的人（依赖的不是受托人），皆得方便地以"受益人"（beneficiary）称之，并得以"受信任人"涵盖受托人。

在处理受益人事务的过程中，受信任人常常发现谋求个人利益的机会。衡平法力图避免的危害是，倘受信任人捕捉此等机会，很可能会牺牲受益人的利益。衡平法并不会等着受益人的利益被牺牲。衡平法为受信任人设定了义务，倘若追求自身利益可能会诱使受信任人牺牲受益人的利益，即不得为之。[50]这是避免利益冲突的义务。即便无恶意的受信任人，亦可能违反义务：在受信任人可能受诱惑而牺牲受益人的具体案情下，受信任人若是为自己有所取得，必须将利润转让给受益人。这条规则极为严厉，这个严厉态度不偏不倚地体现在［冲突］调查的假定性质中（hypothetical nature）。[51]

违反此等义务的制裁措施是返还。在预防思路下，不可能是填补性赔偿。填补性赔偿要坐待实际损害发生。即便唯一目的是防止受益人遭受损害，而不是防止受托人得利（得认为在某些案情事实下正是如此），判令返还服务于预防思路这个事实亦得充分解释，何以违反此等义务发生此等法律后果。不

[50]　Parker v. McKenna（1874）L. R. 10 Ch. 96, 124 f；Bray v. Ford（1896）A. C. 44, 51；Wright v. Morgan（1926）A. C. 788, 797；Boardman v. Phipps［1966］3 W. L. R. 1009, 1066.

[51]　即便冲突的假定可能性必须真实且合理（real and sensible），非出于向壁虚造（fanciful），文中判断仍为真：see Boardman v. Phipps［1966］3 W. L. R. 1009, 1067, per Lord Upjohn。译按：调查（inquiry），在英国高等法院的诉讼中，经常要查明主要争议问题的某些附属性事实，法庭有权将此种事项提交给指定的官员或特别公断人，调查并作出报告。现在通常是由主事法官或其他官员在法官室中调查当事人提交的证据来完成（《元照英美法词典》，第702页）。正文意指，在调查程序中，假定受信任人违反义务，受信任人必须举证反驳。

过，事实上极少有必要依靠这个解释，盖除了在后文将论及的某些特殊事实背景下，[52] 避免利益冲突的义务不仅直接针对受益人的损害，还直接针对受信任人的得利。是以，在多数案情事实下，违反此等义务属于前面小标题防止得利的不法行为。

三、若干特别不法行为

普通法和衡平法认可的不法行为，全面检视固无可能，检视大部亦无可能。是以这部分只是简略浏览若干疑难情形，目的有二，既为观察疑难所在，亦得展示刚才建议的三个标准如何工作。

334

（一）违约

前面讨论过如下情形的返还权利，即在被告违约、契约目的实现受阻或者原告违约使得契约被解除之后，[53] 仍依契约给予对方利益。这些权利系依替代分析产生，并非生于违约不法行为，而是生于不当得利：原告（财产转让人）增益被告（受让人）的意思附有限制条件，在实际发生的事实情形下，保有得利的条件落空。这里关注的则为不同问题，即违约行为本身是否得为产生返还法律后果的不法行为。

前面建议的三个标准中，第三个也就是预防并无可能。另外两个标准原则上得产生积极结果。戈夫与琼斯确认，"就被告自其违约行为得到的利润，无恶意的当事人〔原告〕不得主张返还权利"，但也指出，或得认为，适用于侵权的原则亦适用于这里。[54] 戈夫与琼斯所举例证为路易斯安那州的新奥尔良市诉消防员慈善协会案，[55] 在该案中，被告依契约有义务维持具备一定力量的消防队伍，结果发现被告竟一直冒险克扣消防投入。发生的火灾倒是都扑灭了，但被告未依契约在人员和设备上投入金钱，从而大赚一笔。原告未得到救济，盖未遭受任何损失。戈夫与琼斯称，普通法各法域当会得到同样结论。但该案实属"故意利用"标准应发生作用的案件类型，得判令悖德的违约人返还利润。

---

〔52〕 参见后文边码 341—342。

〔53〕 参见前文边码 219—264。

〔54〕 Goff and Jones, p. 370.

〔55〕 City of New Orleaus v. Fireman's Charitable Association（1891）9 So. 486.

　　另外一个重要问题是，违约能否构成防止得利的不法行为，从而不必考虑故意利用，而得产生返还法律后果。不能就一切违约行为一概而论，而要考察特定契约条款的目的。枢密院的一件案例非常接近于证明，得在这个名目下判令返还。在里德-纽芬兰公司诉英美电报公司案中，[56]电报公司沿着铁路铺设了电报线路，供铁路公司运营使用，并在契约中写明，铁路公司不得利用电报线路从事传输电报信息的业务，从中赚钱；倘若由此业务受领了金钱，应向电报公司报账。铁路公司果然利用电报线路从事商业经营。司法委员会建议，电报公司有权利要求铁路公司提交利润账目。固得认为，契约条款明确约定铁路公司对商业利润负有报账义务，这一点很关键；但很难接受如下看法，即假设只有不得以营利为目的使用电报线路的单纯允诺，司法委员会不可能得出同样结论。此等条款设定了义务，一个主要目的显然是防止铁路公司通过这种特殊形式得利。

　　在罗瑟姆公园地产公司诉公园畔建筑公司案中，[57]被告建造案涉房屋，违反了为原告土地利益而达成的限制性协议。布赖特曼法官拒绝发布推倒房屋的命令性禁制令，*而是判令赔偿，用为替代。判令赔偿的金额，是得合理期待案涉受益土地的所有权人同意为之放宽协议限制的金额。案涉受益土地并未遭受生活便利方面的损失（loss of amenity），亦未贬值，这个事实无碍判令赔偿。限制性协议［产生的］当然是对物权（right in rem），但［该协议］生于契约，继而发生对物权效力（real effect），故违反该协议得类比违约。就本案中原告所得赔偿的性质，一个解释是，当事人达成协议时约定此等义务有个主要目的，即缔约当事人不得以此种特殊方式得利。在当事人的约定发生对物权效力的情形（effect in rem），倘能得出此结论，那么在更为常见的情形，也就是允诺只发生对人权效力的情形，同样理当得到这一结论。

　　回过头来看摩西诉麦克法兰案，[58]曼斯菲尔德勋爵或将之理解为，原告

---

〔56〕　Reid-Newfoundland Co. v. Anglo-American Telegraph Co. ［1912］A. C. 555.

〔57〕　Wrotham Park Estates Ltd. v. Parkside Homes Ltd. ［1974］1 W. L. R. 798.

*　译按：限制性协议（restrictive covenant），契据中关于限制使用财产的规定，一般指在让与人和受让人签订的合同中限制受让人对土地的使用和占用，通过保护生态环境和控制周边土地的使用，使土地保值或增值。《元照英美法词典》，第1192页。命令性禁制令（mandatory injunction），强制进行一定行为以改变现状的禁制令。《元照英美法词典》，第890页。

〔58〕　Moses v. Macferlan (1760) 2 Burr. 1005；曼斯菲尔德勋爵在摩西诉麦克法兰案判决中讨论达奇诉沃伦案时（Dutch v. Warren），就如何协调返还标准与赔偿标准的难题，提出了解决方案（at 1011）。

请求得到的是违约收益，正如在拉明诉多雷尔案中，*原告主张的是侵占/无权处分收益。麦克法兰曾向摩西允诺，不会就票据起诉摩西，但还是这么做了，摩西支付了款项。曼斯菲尔德勋爵显然认为，摩西仍得提起普通的违约之诉。唯一的问题是，用现代术语，能否请求返还，用为替代。倘若试图将摩西的权利请求解释为以某些其他事由为基础，势必被推动着认为，这是在法律程序强迫下的给付，故已无法挽回，盖此类强迫（经被告申请）并不产生返还法律后果。[59]

336

（二）妨害契约关系

乍看起来，妨害契约关系是得予［受害人］返还救济的不法行为。现代侵权法得追溯源头至古老的类案诉讼，针对让原告失去服役的诱拐行为，在雇员或配偶被他人诱走的情形，就丧失的服役得请求损害赔偿；[60]依早前看法，针对诱拐人，同样得主张合理服务价款（*quantum meruit*）。这是莱特利诉克劳斯顿案的立场，前面讨论过。[61]不过，该案在这里不能完全依赖，盖该案案情允许基于自由接受，将返还请求解释为替代分析的例子。还有，一般来讲，倘若被告对原告的契约关系过分感兴趣，直接从原告处为自己谋求利益，那么原告必定能够独立于不法行为而主张权利。是以，在稍后将讨论的蒙罗维亚世界油船公司诉国际运输工人联盟案中，[62]被告将原告的轮船圈黑。通过这样妨碍原告履行契约，被告得到一笔金钱。被告的返还责任并不依赖于其实施的侵权行为，盖案情事实亦构成非自愿财产转移：被告通过减损船舶所有权人而得利，而导致"不当"的因素是强迫。

不过，不是所有不法妨害都涉及减损型得利。我引诱你毁弃跟某甲的契约，就同样的给付与我订立契约，我得到的利润得认为是通过对某甲实施不法行为所得，并在该意义上牺牲了某甲。在美国法上，向来认为这类侵权行

337

---

* 译按：参见边码 317。

[59] Marriott v. Hampton (1797) 7 T. R. 269.

[60] Lumley v. Gye (1853) 2 E. & B. 216. 译按：他由此失去服役（*per quod servitium amisit*），古时主人对殴打或虐待其家仆的人，或父亲对诱奸其女儿的人，提起诉讼时的用语，以此表明其遭受的特殊损害。关于主人和家仆的关系无需特别证明，但要求说明失去的服役或遭受的损失。《元照英美法词典》，第 1048 页。

[61] 参见前文边码 324。

[62] Universe Tankship Inc. of Monrovia v. International Transprot Workers Federation ［1982］2 W. L. R. 803, below, p. 349 f. 译按：参见边码 178—179。

为得产生返还法律后果。在联邦炼糖公司诉美国糖业公平委员会案中，[63] 被告引诱挪威食品委员会放弃从原告处购入食糖的契约，转而以更高价格从被告处购买。原告主张得到被告赚取的利润，被告表示异议。法院认为原告的权利主张成立。原告提起返还诉讼，背后动机显然出于以下事实：原告同意向挪威人供应食糖的价格低于市场价，倘若挪威人并未受引诱而改从他处购买，原告会遭受损失，故若是请求通常的填补性损害赔偿，将一无所得。

为何前面提到的那些替代分析案件，要让英国法院遵循美国立场，即这个侵权行为本身产生返还性赔偿法律后果，并无必要理由。很难断言，不要妨害他人商业关系的义务会将防止某种方式得利当作主要目的。此等义务看起来意在防止损害，而不是防止得利。倘这说法没错，则只有案情事实落入"故意利用"标准下，受害人方得请求返还。侵权法对意图（intentionality）的要求并不自动满足该标准。比方说，在蒙罗维亚世界油船公司诉国际运输工人联盟案中，被告无疑相信自己有权利做这些事情。这并不妨碍基于强迫的权利请求，强迫不需要恶意（mala fides），但肯定会阻止基于故意以不法行为作为得利手段的任何权利请求。

有一类妨害行为必定落入故意利用标准之下，即贿赂。行贿者以腐化手段贿赂原告的代理人，即有义务弥补损失。在普通法上，对该赔偿责任的通常理解是，该责任源于如下事实，行贿者对代理人背后的本人实施了欺诈侵权行为。[64] 但将该侵权看作妨害代理人与本人间的契约关系，要更容易些。在衡平法上，在受信任的代理人腐败的情形，行贿者弥补损失的责任得解释为，在明知状态下参与对信任义务的恶意违反从而承担帮助责任的例子。[65] 通常而言，行贿者会由于行贿而自己受领一笔得利。在某些情形，行贿者不会得利，比如付钱让［对方的］代理人毁灭某份文件或者不披露某件事实。

倘若行贿者确实受领得利，原告得通过返还寻求替代救济，而非填补性

338

---

〔63〕　Federal Sugar Refining Company v. U. S. Sugar Equalisation Board（1946）26 Wash. （2d.）282.

〔64〕　Salford Corporation v. Lever［1891］1 Q. B. 168；Mahesan v. Malaysia Housing Society［1978］2 W. L. R. 444, 449. 译按：欺诈（deceit），使他人因不明事实真相而受骗上当并遭受损失的虚假陈述或手段。《元照英美法词典》，第 374 页。

〔65〕　Barnes v. Addy（1874）9 Ch. App. 244, 251. 译按：帮助责任（accessory liability），陌生人明知而出于恶意，帮助受托人违反信托义务的，以帮助者（accessory）身份承担责任。《元照英美法词典》，第 11 页。

赔偿。比如，行贿者向买方代理人支付秘密佣金，引诱该代理人从自己这里购买，行贿者得到买卖价款 1000 英镑，向该代理人支付秘密佣金 100 英镑，本人［买受人］得向行贿者请求返还 100 英镑。[66]这并不容易一下子解释清楚，[67]盖这 100 英镑显然并非受领的金钱，而是支出的金钱。看起来应该这样解释：本人［买受人］到底向行贿者［出卖人］多支出了多少价款，得以行贿者向代理人支付的金钱为度量标准，正是那非预期的多支出的款项，得予返还。返还权利得基于替代分析来解释（通过虚假陈述真实价格的减损型得利）；不过，一目了然，行贿属于故意利用不法得利手段，同样得解释为因不法行为本身而发生的返还。

这些针对行贿者成立的赔偿或返还权利请求，对受贿者同样成立，不过正如马上会看到的，并不必然不偏不倚地依据同样的理论基础。[68]不过，跟曾经的看法正相反，本人的多个民事救济措施不得聚合（cumulate）。要么主张返还，要么请求赔偿；不管如何选择，不能同时从行贿者和受贿者那里得到［赔偿或返还］。[69]

（三）利益冲突

这里关注的是受信任人避免利益冲突的义务：倘若案涉事务会让受信任人受到诱惑，牺牲受益人的利益，受信任人即不得谋求自身利益。有些案件，受信任人屈从于诱惑，对此类受信任人，几乎不必多讨论。如适才看到的，此类受信任人的返还责任得基于故意利用标准来解释。雷丁诉总检察长案即为典型，[70]莫黑森诉马来西亚住房协会案是另一例。[71]莫黑森是住房协会的董事，决定为住房协会购入土地，结果与第三人达成协议，该第三人依卖方要价购入土地，继而以初始价格的两倍转卖给住房协会，莫黑森为此得到一

339

---

〔66〕 Hovenden and Sons v. Millhoff（1900）83 L. T. 41.

〔67〕 See Mahesan v. Malaysia Housing Society ［1978］2 W. L. R. 444, 451（"将贿赂款看作取得和收到的款项，令行贿者向本人报账，将报账责任延伸至行贿者的立场，不论在概念上生出怎样的疑难，在英国法上已牢固确立，不容质疑"，per Lord Diplock）.

〔68〕 参见后文边码 339。

〔69〕 Mahesan v. Malaysia Housing Society ［1978］2 W. L. R. 444, 451.

〔70〕 Reading v. A. -G. ［1951］A. C. 507.

〔71〕 Mahesan v. Malaysia Housing Society ［1978］2 W. L. R. 444, and cf. Boston Sea Fishing & Ice Company v. Ansell（1889）39 Ch. D. 339; Lister v. Stubbs（1890）45 Ch. D. 1; A. -G. v. Goddard（1929）45 T. L. R. 609.

笔贿赂款。司法委员会建议，住房协会要么主张返还，要么请求赔偿。这些受贿者的返还责任，与得利的行贿者的责任（刚才讨论过的）有重大区别。在受贿场合，没有任何疑问，责任得直接立足于不法行为，但若说能以替代分析来解释就极为可疑，盖替代分析路径需要大致如下的罕见案情事实认定：从第三人手里得到的利益，倘未被拦截，本来一定会增益原告。在雷丁诉总检察长案中，这样的事实认定当然不可能。[72]

还有这样的案件，受信任人系秉善意行事。善意受信任人应返还违反此等义务所得利益，所有这些案件皆得解释为以预防政策为依据。衡平法并不等着看受益人是否实际遭受损失，是以，不能通过迫使受信任人赔偿损失来支持这个义务。相反，要考虑的问题是，在给定案情下，受信任人是否本可能（might have been）受诱惑牺牲受益人的利益。是以，一旦受信任人确实取得案涉利益，唯一可用的支持手段即为返还。[73]即便受益人并未遭受损失，而只有本可能遭受损失的假想可能性，仍得令这个不走运的受信任人交出所得利润。

显而易见，在多数案件中，违反此等义务的返还亦得基于此等义务的主要目的来解释，即防止得利。处理他人事务之人不得寻找机会中饱私囊。简言之，衡平法主要担心的、不想让受益人遭受的损害，表现为财产转移进受信任人的口袋。衡平法将防止那个实际的、非假想的恶行发生当头等大事，故而采纳了心怀忧虑的预防进路。不过有个问题，即违反避免利益冲突义务的行为，是否每个都得理解为防止得利的不法行为。比较妥当的回答是，有些不能。在那些［不能这样理解的］案件中，对返还唯一可能的解释是预防损害，而非受信任人通过牺牲受益人而得利。

重要的是区分案情事实：依有些案情，利润本有可能到达受益人手里，而在有些案件中，由于法律上或事实上不可能，利润无法到达受益人手里。在工业发展咨询公司诉库利案中，[74]被告是原告公司负管理职责的董事，其以自己名义订立了一份契约，原告公司本来也几乎没有机会得到该契约。罗斯基尔法官（Roskill, J.）说，原告公司得到该契约的机会至多为10%。[75]即便在这样的案情下，亦得认为被告的责任乃是立足于防止得利的不法行为。

340

---

[72]　参见前文边码319。

[73]　参见前文边码332。

[74]　Industrial Development Consultants Ltd. v. Cooley [1972] 1 W. L. R. 443.

[75]　Ibid. , p. 454.

受信任人必须为受益人付出一切努力，哪怕增益受益人的可能性极小，也不能转过脸去增益自身。倘若根本没有真正可能（real possibility）让受益人得到案涉利益，情况即有不同。此际，受信任人通过牺牲受益人的获取性利益（acquisitive interest）而增益自身的危险并不存在，盖据假设，并没有这样的获取性利益受保护。是以，倘义务继续存在，仍禁止受信任人取得特定利润，那么衡平法关注的危险即不可能是受信任人的得利本身，而是某些其他损害。

哪怕受益人无法取得的财产，受信任人亦不得攫取，（相对于毫无疑问以不得谋求得利为内容的义务）此等义务的目的在于防止损失，违反该义务并非防止得利的不法行为，而是防止损害的不法行为。由于已假设不存在故意利用不法手段的问题（盖此处讨论的是善意受信任人），顺理成章可知，基于此等事实判令返还，唯一的道理即在于，决计不要等待损害发生，此即预防政策本身。简单讲，法律关注的是，不要发生管理资金不善、冒险、差劲的建议等情况，给受益人造成损失，而是预防为先。先将禁制令放在一边，唯一可能的预防手段就是：先令受信任人承担义务，谋求某些利益，或会（might）分散其注意力或干扰其判断，即不得为之；接着以返还法律后果支持该义务，违反该义务得到的收益应予返还。要是没有了预防元素，将之删除会将调查工作从假想层面转到真实层面，那么显而易见，这些案件中成为争点的灾害是损失：并非假想的（是以并非预防的）调查是，受益人是否遭受了损害。下面以两件判例揭明此点。

一件是博德曼诉菲普斯案。[76]上诉人（博德曼）是某信托财产的事务律师，被上诉人（菲普斯）是其中一位受益人，上诉人在初审阶段是被告。该信托财产在某公司持有少数股份，该公司经营状况不佳。该信托财产不打算获取多数股份（并未向法院申请，也没有权力取得）。博德曼以受信任人身份得到重要信息，并未向［信托财产的］受托人充分披露其计划以使受托人得表示同意；博德曼凭借技艺精湛的操作，取得该公司多数股份，不管是博德曼自己还是信托财产，都获利颇丰。虽说博德曼系秉善意行事，且为信托财产的利益尽心竭力，但仍必须［向信托财产］让与所得利润，只能为自己的智慧与辛劳得到一笔慷慨的补偿。

因该信托财产不能取得这些股份，故仅仅是博德曼取得股份这个事实本

341

---

[76] Boardman v. Phipps [1967] 2 A. C. 46. 译按：参见边码 125、320。

身，不会给信托财产带来危险。故，为维护该案结论，需要找到某些其他应予防范的危险。这个其他危险看起来是，在追求收购计划的过程中，得到个人利益的希望可能会蒙蔽受信任人的眼睛，使其看不到风险，也看不到有必要警示受托人，好让后者叫停。虽说这次操作大功告成，但也可能失败。此举可能让持多数股份的股东疏远并敌视信托财产。简言之，此举存在损害风险，但无关拦截信托财产的机会。博德曼可能会受到诱惑，隐瞒损失风险，（虽说是假设）这是真实且合理的可能。基于这个立场，判令返还的道理并不在于受信任人实施了防止得利的不法行为，而在于其违反的义务继续存在，以预防错误的、会造成损失的建议。

另一件是雷加尔（黑斯廷斯）公司诉格利弗案。[77]雷加尔公司拥有一家电影院，几位董事希望该公司再收购两家电影院，但发现该公司财产不足以抓住这个机会，遂自己提供资金，成立了第二家公司。这几位董事认购了 3000 股，让雷加尔公司认购 2000 股。第二家公司收购了案涉两家电影院。这两家公司的股份后来都被出售，带来可观利润。但雷加尔公司的新控制人反击，让［雷加尔］公司成功要回出售第二家公司股份的利润，这样实际上扣减了部分价款。

上议院接受雷加尔公司不能抓住案涉收购机会的事实认定。虽说如此，这些董事仍违反了信任义务。倘接受雷加尔公司财力不足的事实认定，那么维持该义务旨在针对的危险，就不可能是几位董事得利本身。再一次，如下说法为真：一旦几位董事决定谋求个人利益，那么就有了真实且合理的可能，看不到怎样做真正合乎公司最佳利益或者不会说出来。预防义务用来防范差劲的建议，这很容易理解，并非用来防止本身很危险的得利。

在某个方面，雷加尔（黑斯廷斯）公司诉格利弗案远比博德曼诉菲普斯案薄弱。［在雷加尔（黑斯延斯）公司诉格利弗案中，］要让受益人得到受信任人实际攫取的得利，只是事实不可能，并非法律不可能。倘若认定事实不可能并不真正免除被告的返还责任，法院就很容易如是认定［事实不可能］。[78]倘若该事实认定确实免除被告责任，事实不可能的证明责任将由受信任人承担，

[77]　Regal（Hastings）Ltd. v. Gulliver［1942］1 All E. R. 378.

[78]　Luxor（Easthourne）Ltd. v. Cooper［1941］A. C. 108, 112, per Viscount Simon, L. C. （以多少有些不同的方式，讲了同样的故事）.

且很难完成证明任务。

这一部分的主题是，违反此等义务在具体案情下会生返还法律后果，而产生返还法律后果的不法行为的三个标准皆找到例证。或会认为，后两个范畴间的区别荒唐无稽。这个问题得通过假想将预防进路放宽来检视。倘若衡平法决定，不让受信任人承担责任，直到灾害实际发生，那么衡平法要找的是什么灾害？问题将是：受信任人是否实际牺牲了受益人的利益？损害受益人利益的方式很多，远不止拦截受益人的收益。受益人遭受损失也可能是由于差劲的建议，甚或由于被强加精神损害（moral damage），如雷丁诉总检察长案。预防进路意味着，法院不能坐视该损害发生。是以可知，即便具体案情下并不存在防止得利不法行为发生的危险，避免利益冲突的义务也必须辅以返还责任。此际，对返还责任的唯一解释是，希望防范倘若实施当然得以判给赔偿金来救济的不法行为。

（四）泄露秘密信息[79]

为何人会期待法律保护秘密信息，不使外泄？有两个主要理由。第一个理由是保卫自己的私生活/隐私（privacy），比如名人生活细节将被披露，[80]或者政府秘密将遭泄露。[81]对隐私利益的捍卫，最好的工具是禁制令。虽说泄露他人隐私之人多半是想赚取金钱，寻求法律保护隐私之人却通常不会将案涉信息视作财产。可寻求法律保护的第二个理由，又正是要捍卫财产。工艺、产品、书籍以及娱乐表演的主意/点子，跟机器、劳动力、土地及其他财产形式一样，都是赚钱的手段，且毫不逊色。

在有信任关系的场合，不太情愿说秘密信息是某种形式的财产。[82]道理在于，一旦说秘密信息是财产，未经深入调查，你就被强力推动着得出结论：利用了秘密信息的受信任人，自动负有义务，应交出由此得到的任何利润，正如同使用信托金钱的场合一样肯定。办法不是回避财产类比（property analogy），而是要记得，在某些情况下，信息或为受信任人得利用的财产。

---

[79] See Law. Com. 110 (1981)：Breach of Confidence.

[80] Prince Albert v. Strange (1849) 2 De G. & Sm. 652; Duchess of Argyll v. Duke of Argyll [1967] Ch. 302.

[81] Fraser v. Evans [1968] 1 Q. B. 349; A. – G. v. Jonathan Cape Ltd. [1976] Q. B. 752（the Crossman Diaries case）.

[82] See Boardman v. Phipps [1967] 2 A. C. 46, 102, 127; contra, 107, 115. cf. Law Com. No. 110 (1981) para. 2. 10.

在信任关系场合以外，不存在上段提到的不太情愿。赚钱的主意/点子虽说无体，*但得被视为财产，类似于汽车或机器。法律将尊重秘密信息的义务从契约中割裂分离［意指不以约定为前提］，实际上就遵从了这个立场。[83]不过，由于相关保护规则一直是在衡平法上发展，又尤其由于衡平法在判给赔偿金上向来有困难（除替代禁制令外），故花了不少时间，对秘密信息遭泄露的救济才发展到得认为跟妨害动产侵权情形可得救济相对称的地步。即便到今天，要断言两者完美对称，怕还要犹豫。虽说往这个方向发展的趋势很明显，历史却阻碍着这个衡平法侵权（equitable tort）的生长。

侵占/无权处分侵权［法］的作用在于同等防止两种情况，不能让对财产享有权利之人失去财产，也不能不法增加不享有权利之人的财产。这个双重目的表现于如下事实，即不法行为产生的或是赔偿后果，或是返还后果。在滥用秘密信息的情形（这是防止得利的不法行为，隐私也受保护的事实无碍此点），返还权利最牢靠，盖衡平法不会犹豫给予利润清算/报账的救济（account of profits）。在彼得·潘制造公司诉内衣公司案中，[84]被告曾获许可生产原告的产品，在秘密状态下掌握了原告若干技术，后将该技术用于自己生产的文胸。彭尼奎克法官（Pennycuick, J.）命令，利用案涉生产工艺所得一切利润都要清算/报账：

> "余以为，原告选择利润清算救济形式的，有权利在我刚才讲到的意义上要求清算利润，即被告生产案涉货物的成本是多少？被告出售案涉货物收到的价款是多少？两者差额即为利润。这就是彼得·潘主张的……"[85]

这是返还权利，正可类比动产所有权人就侵占/无权处分动产所得价金主张的权利，如拉明诉多雷尔案认可的。[86]区别在于，［就秘密信息而言，］不法行为的收益是在一段期间内，反复使用秘密信息而逐日取得的。

在彼得·潘制造公司诉内衣公司案之前，赔偿救济已得到确认，但仅限

---

　　* 译按：无体物、无体财产（intangible），指不可触摸之物，尤指无体财产，如知识产权。《元照英美法词典》，第709页。

〔83〕　Saltman Engineering Co. Ltd. v. Campbell Engineering Co. Ltd . (1948)［1936］3 All E. R. 413.

〔84〕　Peter Pan Mfg. Corporation v. Corsets Silhouette Ltd.［1964］1 W. L. R. 96.

〔85〕　Ibid. , 108.

〔86〕　Lamine v. Dorrell［1701］Ld. Ray. 1216.

于有禁制令支持的情形。在索尔特曼工程公司诉坎贝尔工程公司案中，[87] 原告的秘密图样暂时放在被告手中保管，被告利用了秘密工艺，制造并出售皮革冲孔机。上诉法院提示说，依 1858 年《衡平诉讼修正法》(Chancery Amendment Act) 第 2 条，不管是过去的行为还是将来的行为，皆得判给赔偿金，以替代禁制令，如此看来，命令损毁工具似乎并不可取；是以合适的救济形式
345 应该是，命令交出秘密图样，并调查原告实际遭受的及可能遭受的损害。[88]

稍后，在西格诉高贝公司案中，[89] 原告曾向被告披露叉状地毯抓手的点子，惜乎未引起被告的兴趣。被告后来使用了这个点子，并未意识到点子来自原告。上诉法院并未费力从《凯恩斯勋爵法》*赋予衡平法院的权力入手来阐述判决的理由，不过简单地命令给予"合理赔偿"(reasonable compensation)。[90] 案件后来又回到上诉法院，以澄清该表达的含义。[91] 上诉法院称，类比侵占/无权处分的损害赔偿，该表述意指案涉信息的市场价值。倘若案涉信息是得从商业顾问处得到的信息，市场价值即为咨询费用。倘若是原创的想法，市场价值即为有意的出卖人和买受人达成的价格，这一金额代表出售富有创造力的想法通常可得之使用费的资本价值 (capitalized value)。

哪怕没做其他什么惊人的事情，西格诉高贝公司案本来亦得在秘密信息案件和侵占动产案件之间引入或多或少算是完美的对称规制。虽说返还权利要比请求赔偿的权利更早确立，且基础更牢靠，上诉法院却拒绝让原告清算被告赚取的利润。[92] 是以，原告实际得到的是赔偿，而非返还。[法院]何以拒绝返还替代路径，未见说明。合理的解释想来不过以下几条：要么是清算账目有困难，要么是被告无恶意，乃是"无意的剽窃者"(unconscious plagiarists)，而彼得·潘制造公司诉内衣公司案中的被告却是故意的不法行为

---

[87] Saltman Engineering Co. Ltd. v. Campbell Engineering Co. Ltd . (1948) [1936] 3 All E. R. 413.

[88] Ibid. , 415; cf. Nicrotherm Electrical Co. Ltd. v. Percy [1957] R. P. C. 207.

[89] Seager v. Copydex [1967] 2 All E. R. 415; cf. Fraser v. Thames Television [1983] 2 All E. R. 101 (判给了赔偿金，并未详细说明).

* 译按：《凯恩斯勋爵法》(Lord Cairns' Act)，1875 年颁布的《土地转让法》(Land Transfer Act) 的俗称。该法授权衡平法院得判决以损害赔偿金代替禁制令。《元照英美法词典》，第 868 页。

[90] But see English v. Dedham Vale Properties Ltd. [1978] 1 W. L. R. 93, 111, per Slade, J.

[91] Seager v. Copydex [1969] 2 All E. R. 718.

[92] Seager v. Copydex [1967] 2 All E. R. 415, 419.

人，要么是这两个因素的结合。[93]

法律委员会虽说承认清算账目在某些案件中极为困难，但建议将返还定位为原告总得主张的救济方式，以之为损害赔偿金的替代路径，并由法院裁量。不过法律委员会看起来对裁量权的理解是，仅在清账有困难的情形，得不予清算账目的救济，并不考虑被告行为的道德品质。[94]不过通常来讲，是否愿意忍受清账的困难，是由原告自己决定的事情。[95]

针对［被告所得］利润的返还权利请求（彼得·潘制造公司诉内衣公司案支持，而西格诉高贝公司案拒绝），是因不法行为本身而发生返还法律后果不可辩驳的例子。在原告和出售原告的汽车从而受领了金钱的被告之间，并不存在减损意义上的关联。类似地，要得到案涉利润，原告必须依靠"通过牺牲"的"不法行为"意义；原告必须如是主张，即被告违反了对自己的保密义务，从而得到案涉利润。对产生于不法行为的该返还权利的解释是，类似侵占/无权处分动产，现在认为滥用秘密信息是防止得利的不法行为。

从西格诉高贝公司案的事实看，就被告对案涉信息的使用收益（而不是该使用收益带来的利润），是否亦得基于替代分析成立返还权利请求，这是另一个问题。一边是使用收益本身，一边是由使用收益产生利润，两者的关键区别在于，使用收益本身是减损性利益（substractive benefit），而利润只有通过不法行为取得。就减损性利益，原告倘能证明被告得利，并指出得到认可的要求发生返还后果的因素，原则上得请求返还合理价值。西格诉高贝公司案中的原告不能证明自由接受以解决这两个争点，盖被告并不知晓全部事实。[96]可被告在原告并不知情的情况下利用了案涉信息，并将信息的价值变现为金钱。是以，基于以下两点，被告依"变现标准"得利，[97]原告"不知"证明得利不当，[98]独立于被告不法行为的返还权利请求应当成立。

346

---

[93]　参见后文边码 355。

[94]　Law Com. No. 110, paras. 4. 86, 6. 114; draft Bill, clauses 13（1）（c）and 14（2）.

[95]　参见后文边码 354。

[96]　Cf. Boulton v. Jones（1857）2 H. & N. 564.

[97]　参见前文边码 121。

[98]　参见前文边码 324。

第三节　现实考虑

现在知道，在被告实施可获利不法行为的情形，原告必须检视以下选项：因不法行为而生的损害赔偿，因不法行为而生的返还，以及依替代分析因不当得利而生的返还。本节关注的是原告选择的实际影响。这些在两个标题下讨论：避开法律障碍以及返还标准。

一、避开法律障碍

前面看到过，"对人诉权因人之死亡而消灭"规则如何发挥其影响实践的力量，支持放弃侵权之诉。让受害人遭受损害的那个不法行为人若是死亡，受害人唯一的希望就是找到不受该法律障碍束缚的权利请求。"对人诉权因人之死亡而消灭"规则已走入法律史，但针对其他法律障碍，比如时效期间届满，仍会生出同样类型的策略决定。

此类策略操作，受一条基本原则控制：单纯的措辞改变不会产生任何实际法律效果，除非伴以某些实质改变或原理改变。[99]这意味着，倘若原告坚持普通的损害赔偿诉讼，那么乞诸"放弃侵权之诉"表达本身并不能帮助原告绕过本来会撞上的障碍。务必探求仔细，案涉法律障碍旨在适用于何种法律现象。倘该障碍适用于法律后果（赔偿），那么自逻辑言，返还权利请求即不受该障碍束缚。反之，倘该障碍适用于法律事实（侵权，或违反义务，或有名不法行为），那么仍基于不法行为的返还权利请求即受其束缚，而基于替代分析的返还权利请求（无视不法行为并找到不同的法律事实，即非自愿财产转移或者自由接受），自逻辑言，即不会遭遇该障碍。

对上段的论述，必须补充重要的一点。在逻辑上，基于替代分析的权利请求并不会遭遇为基于不法行为的权利请求所设的障碍，但逻辑本身并不具有绝对意义。有可能出现这种情况，倘允许原告悄无声息地绕过法律障碍，该障碍背后的基本原理就会被颠覆，这在实质上不能接受，虽说未必在逻辑上不能成立。是以可知，在逻辑论辩胜出之前，法院务必探查，这是否会抵

---

[99]　Cf. Beaman v. A. R. T. S. Ltd. 〔1948〕2 All E. R. 89, 92, per Denning, J.; Universe Tankships v. I. T. F. 〔1982〕2 W. L. R. 803, 814, per Lod Diplock.

触案涉法律障碍背后的政策。倘会抵触，出于实效而非逻辑的理由，法院必须将该障碍延伸及于不当得利权利请求。同样的考虑亦适用于如下情形，即请求返还的原告，试图避开针对损害赔偿权利请求的法律障碍。倘若返还/不当得利在此类事务上总是得到独立考虑，这类操作即无必要。那么就只会有自己的规则。

在切兹沃思诉法勒案中，[100] 原告古董商试图规避 1934 年《法律改革法（杂项条款）》第 1 条第 3 款（经 1954 年《法律改革法（诉讼时效）》修正）的诉讼时效期间规定。制定法设置的该障碍针对诉权：

> "就侵权法上的诉因而言，由于本条规定而针对死者遗产继续存在的，诉讼不得维持（maintainable），除非（1）于死者死亡之日，程序［已启动而］未决，或者（2）……程序的启动……不迟于遗产代理人取得代理权后 6 个月。"

原告曾是死者的承租人，但长期不露面，欠缴租金。依法院命令，死者［生前］占有了原告的财产。原告现对死者的遗产代理人主张，死者［生前］侵占/无权处分遗留在房屋里的古董，未将出售收益交给自己。这里的问题是，以拉明诉多雷尔案为模板，[101] 返还金钱之利的诉讼［返还取得和收到的款项］是否为前述制定法障碍所阻却：该权利请求是否生于"侵权法上的诉因"？埃德蒙·戴维斯法官（Edmund Davies, J.）认为并非如此，其援引赖特勋爵在法布罗萨案中的立场，[102] 认为本件诉讼生于"准契约或返还"，是不同于侵权的范畴。[103]

不能肯定这是对的。本章主题是，不法行为发生后的返还权利请求是否得由不法行为而生。联合澳大利亚公司案本身 [104] 即是支持如下立场的先例：返还权利请求诚然得基于侵权诉因而生。"准契约"术语的逻辑属性并不稳固，但肯定不牢靠的是，在逻辑上主张法律事实与法律后果之间排他的反对关系（exclusive opposition）。是以，就抽象立场而言，称原告的权利请求"生

348

349

---

[100]　Chesworth v. Farrar [1967] 1 Q. B. 407.

[101]　Lamine v. Dorrell (1701) Ld. Ray. 1216.

[102]　Fibrosa Spolka Akcyjna v. Fairbairn Lawson Combe Barbour [1943] A. C. 32, 61.

[103]　Chesworth v. Farrar [1967] 1 Q. B. 407, 417 f.

[104]　United Australia Ltd. v. Barclays Bank Ltd. [1941] A. C. 1.

于返还"并不排除同时"生于侵权"。[105]此外,前面已看到,动产被他人侵占并出售的,所有权人通常并不能在"通过牺牲"的减损意义上将自己与不法行为人受领的价款联系起来。为建立联系,必须依靠不法行为。[106]由是可知,除下段所述情形外,基于切兹沃思诉法勒案的事实,返还权利请求诚然且只能产生于侵权行为。

但又不能说,该结论必然错误。倘仔细检视,案情事实在两个方面可能表现得不同于通常案件。[第一,]死者[生前]出售案涉动产时,可能自称原告的代理人,此际,原告即有可能通过消灭不法的追认获得返还。[107]这种情形,诉因不可能生于侵权。第二,由于原告是商人,案涉古董在日常营业中本来也会售出,遂有可能主张,不同于常见案件,受领出售收益在这里即等同于拦截型减损,此际,原告的权利请求得基于非自愿财产转移而依替代分析来解释:死者[生前]通过在拦截意义上减损原告而得利,原告全不知情。

除开这些少见的可能,在切兹沃思诉法勒案中,从赔偿向返还的转换不得避开一切因不法行为所生的诉讼都面临的法律障碍。一个初步看起来的反例是蒙罗维亚世界油船公司诉国际运输工人联盟案。[108]在该案中,原告/上诉人面临的法律障碍是,工会在侵权诉讼中享有豁免待遇。尤其是,1974年制订、1976年修订的《工会与劳工关系法》规定,工会行动促成该法第29条第1款所界定之劳资纠纷的,像国际运输工人联盟这样的工会组织不必为第13条列举的那些侵权行为承担责任。[109]

在该案中,工会的政策是为那些在悬挂方便旗的船只上工作的海员谋福350 利,改善船员的雇佣条件,为此圈黑了上诉人的星系哨兵号油船。圈黑意味着不提供拖拽服务,案涉船只遂困于港内,无法移动。船舶所有权人只好妥协,并依国际工人运输联盟提出的条款支付了金钱,船舶方得出港。船舶一旦脱身,所有权人即基于多项理由主张索回金钱。这里关注的是基于胁迫的

---

[105] 参见前文边码10。

[106] 参见前文边码138。

[107] 参见前文边码315。

[108] Universe Tankships v. I. T. F. [1982] 2 W. L. R. 803.

[109] 得到豁免待遇的是生于以下案件的侵权责任,即引诱或威胁引诱违反契约,或者对业务的其他干扰:1976年《工会与劳工关系法》[Trade Union and Labour Relations (Amendment) Act] 第3条第2款。

权利请求，上议院多数意见持此立场。如果不在第 29 条及第 13 条的豁免范围内，工会的行为本来构成妨害契约关系侵权；[110] 多数意见认为工会行动不在法条涵盖范围内，盖工会行动事实上并未促成第 29 条意义上的劳资纠纷。该案关涉眼下场合之处在于，基于胁迫的返还权利请求与侵权诉讼中豁免待遇之间的关系。

　　上诉人的律师承认，倘工会行动落入豁免范围，基于胁迫的返还权利请求即不能成立。但道理何在呢？是因为案涉法律障碍在逻辑上适用于胁迫案件中的权利请求吗？抑或是因为在政策上，必须将之延伸及于此类权利请求？依据本章采纳的主要区分，这是替代分析可能成立的案件。原告得主张属于"通过牺牲"的减损意义范畴，从而以自愿意思无效为权利请求的依据。如此，原告得无视不法行为，在逻辑上，得避开豁免规则。由是可知，案涉法律障碍适用于这个基于独立不当得利的返还权利请求，只能是出于政策理由，从侵权法领域延伸至此。上议院多数意见及少数意见皆持此立场。[111] 迪普洛克勋爵阐述如下：

　　"以经济胁迫，诱使他人让出财产或金钱，这本身（per se）不构成侵权；胁迫的具体方式，可能构成，也可能不构成侵权……倘若所用经济胁迫的具体方式本身就构成侵权，原告得以被告为原告之用而取得和收到款项为由，寻求返还救济，以之为侵权法上损害赔偿诉讼的替代救济路径。

　　将普通法上的经济胁迫概念以及因之而生的返还救济权利延伸适用于劳资关系领域……在我看来，上议院倘打算发展如下理念，就不会为此等工作[指延伸适用]施加限制，即通过'放弃侵权之诉'这个方便手段，将针对取得和收到款项的返还救济落实于这样的案件，就这些案件，在很多年里，议会一直表达出来的倾向都是，为公共政策计，某特殊类型的侵权行为应该合法化（legitimised）——在我正使用该表达的意义上。

　　只有用这个间接办法，1974 年《工会与劳工关系法》的相关规定才会关

---

〔110〕　Markur Island Shipiing Corporation v. Laughton［1983］2 All E. R. 189.

〔111〕　迪普洛克勋爵的观点见正文，拉塞尔勋爵（Lord Russell）赞成。克罗斯勋爵（Lord Cross）表达了类似看法：Universe Tankships v. I. T. F.［1982］2 W. L. R. 803, 820。斯卡曼勋爵持异议（at p. 829）；布兰登勋爵亦持异议，拒绝探究原告方面的承认，即侵权责任的法律障碍亦是因胁迫而生之权利请求的障碍（at p. 833）。

系到胁迫问题。第 13 条和第 14 条豁免侵权责任的规定并不直接适用于船舶所有权人请求返还金钱之利的诉讼。不过，这些规定，结合第 29 条对劳资纠纷的界定，就公共政策会要求将界线划在哪里给出了指示，上议院各位法官当然应予尊重。"[112]

在不法行为发生后，为规避法律障碍，试图寻求返还救济而不是损害赔偿的，这段论述为如何处理提供了模板。第一步总是要考察，规避在逻辑上是否起作用。若是起作用，第二步就要看，依据法律障碍背后的政策，该逻辑论辩是否应予禁止或取代。因胁迫而生的不当得利诉因，依替代分析，逻辑上不同于侵权及侵权责任豁免。不过，出于政策理由，法律障碍亦得延伸适用。区分这两步，是澄清的关键。

二、返还标准

截至目前，都是在第一个返还标准下讨论：只看被告受领了多少，不考虑被告是否仍持有代表最初所受领之利益的任何东西。即便在第一个标准下，也仍有空间讨论，被告实际受领的利益有多少应该算入［返还数额］。在损害赔偿诉讼中，规模不断膨胀的损失由远因规则切断。*返还法亦然，有必要引入收益的远因规则（尚未做到）。设我盗得你的金钱，投资于股票市场，大获成功。每天变换投资组合，我使最初的 100 英镑增长到了 10 000 英镑，可在黑色的一天，我赔光了老本。你当然不能请求我返还这笔财产最大时候的金额（这里是 10 000 英镑），可道理何在呢？[113]很方便地提一句，这里要考察的，无关追踪。争点并不在于我手头是否还有什么留下来的东西代表了最初受领的 100 英镑，而在于（无关刚才的问题）"受领的价值"是否包括由第一笔收入带来的间接收入。

这个难题仅产生于因不法行为本身而生返还后果的案件中。以独立不当

---

[112]　Universe Tankships v. I. T. F.　[1982] 2 W. L. R. 803, 814.

*　译按：远因（remote cause），相对于直接原因/近因（proximate cause），指并不必然或直接造成事故或伤害的原因，例如，按一般人的经验并非造成伤害或意外事故的原因，后果不确定或不一定产生后果的原因，通过其他原因才产生后果的原因，不大可能的原因。《元照英美法词典》，第 1178 页。

[113]　Cf. Heathcote v. Hulme (1819) 1 Jac. & W. 122. 不过，掌卷法官托马斯·普卢默爵士（Sir Thomas Plumer）在该案中似乎认为，在某些情况下，原告或得请求返还最大额，比如在成功的经营与不成功的经营之间有重大断裂的情形。

得利为基础的权利请求，都有自己内置的、适用极为严格的远因规则［，故无关此处讨论］。道理在于，在此类权利请求中，原告总是认定自己为财产遭减损之人。由是可知，原告唯一能证明享有权利的财产（不依赖被告实施的不法行为），就是确实从原告处减损的财产。是以上段中将金钱用于投资的例子，只有那 100 英镑，再加上表现为利息的那段时间的使用收益，得认定为自你处减损的财产。而要证明你和那 10 000 英镑之间有什么关联，你必须主张我是通过不法行为而得到的。是以，不法行为发生后的一切返还权利请求，只要是基于替代分析的，必须被框束在这个受限制的返还标准里，盖一切此类权利请求的关键在于，原告依赖的仅仅是"通过牺牲"的减损意义。

倘原告据不法行为主张权利，并没有类似的切断点。不法行为本身在原告和［被告］得利之间建立了关联。对不法行为人受领的任何东西，皆得头头是道地称之为通过牺牲原告而取得，唯一的前提就是，案涉利益得被描述为是由于或通过不法行为而获得的。设你手头拮据，欺骗我给了你一笔钱，而后你时来运转，靠着最初那笔钱竟事业发达，我得头头是道地称，你的一切财富都是靠着对我实施不法行为而赢得的。收益会随着时间推移而不断累积，必须以远因规则来阻断，但还没有案例不偏不倚地面临设计出切断标准的需要。在远因难题背后，还有同样麻烦的量化难题。在刚才的例子里，你会认为，即便最早的收益，也是部分归功于你自己的智慧和辛劳，只有部分归功于从我那里不法得到的资本。到了某个点，就必须引入某些原则，基于过于遥远（远因）的理由将更远的收益切断，可在到达该点之前，归因和量化的难题就已经产生了。

利用"第一笔非减损性利益"（the first non-subtractive receipt）概念，有助于解决这些问题。"非减损性"用以指称这样一笔利益，该利益与原告之间的唯一联系就在于，其是通过对原告实施不法行为而获得的。倘若我为自己的目的，不法使用你的汽车一个月，使用收益即为减损性利益。你得主张合理租金。现假设，下个月，我使用你汽车的方式有变，以 400 英镑将汽车租给某甲。这 400 英镑即为第一笔非减损性利益。经过费力谈判，我和某甲达成协议。就第二个月的使用收益，你想要主张的不是归因于持续的减损性利益的合理租金（我确实持续使用你的汽车，不过是以特殊方式使用，即将之租给某甲），而是我通过对你实施不法行为而实际得到的 400 英镑。倘若你仅仅主张得到减损性使用收益，你将会得到，比方说，每个月 250 英镑。倘你

353

能得到第一笔非减损性利益，你将得到 250 英镑加上 400 英镑。

接着，再添加一些情节：收到那 400 英镑后，我买了某公司的股份，在得到 50 英镑股息后，又将股份以 500 英镑售出。股份、股息以及这 500 英镑，都是"第二笔或后续"（second or subsequent）非减损性利益，是通过对第一笔非减损性利益（也就是那 400 英镑）的使用收益而得到的。还有一点要指出：第一笔非减损性利益得为复数。在前例中，我将你的车租给一人整整一个月，但亦得日租，租给不同的人。每笔日租金都是"第一笔非减损性利益"。盖"第一笔"表述旨在区别于"第二笔或后续"，而"第二笔或后续"指称的是，（直接但非减损）由不法行为取得收益后，自该收益得到的利益。

倘若斩钉截铁地以为，第二笔或后续的非减损性利益必定过于遥远，这个说法肯定不牢靠，但一般而言，诚然如此。盖从判例法中浮现出来的问题甚至是，原告是否一定能够得到第一笔非减损性利益（得为复数）。基本规则是一定可以，但有个例外，不过这个例外有多大规模、有多大力量，都还比较可疑。

基本规则由三类案件确立。第一，在被告出售原告的动产从而实施侵占/无权处分侵权，而原告就被告受领的价款主张权利的情形，该价款并非减损性利益，相反，是第一笔非减损性利益的例子。第二，在衡平法上，受信任人违反了避免利益冲突的义务而取得佣金或其他利润的，应交出受领的利益，同样是被迫让与第一笔非减损性利益。博德曼诉菲普斯案即为生动适例，[114]并强调了如下事实，即这个责任并不仅仅适用于有意的或恶意的不法行为人。第三，受托人在自己的事务中动用信托资金或者使用信托财产的，在清算账目后，有义务偿付所得利润中归因于信托资产的那部分。同样，很清楚，这是偿付非减损性利益的责任。这里涉及诚实的受托人。[115]在多克尔诉索姆斯案中，[116]布鲁厄姆勋爵（Lord Broughman, L. C.）认为，清算账目会碰到实际困难，这当然是鼓励原告接受复利以替代实际利润的充分理由，*但除了在

354

---

〔114〕 Boardman v. Phipps〔1967〕2 A. C. 46. 参见前文边码 125、320、341。

〔115〕 Re Davis〔1902〕2 Ch. 314；Re Jarvis〔1958〕All E. R. 336.

〔116〕 Docker v. Somes（1834）2 My. & K. 655；cf. Siddell v. Vickers（1892）9 R. P. C. 152, 163, per Lindley, L. J.

＊ 译按：复利（compound interest），又称利滚利，指本金利息再加以前利息期应计而未付利息的利息，一般为法律所不允许。《元照英美法词典》，第 271 页。

极端案件中，法院不得强迫原告接受这个更具模拟性质的选项。

虽说基本规则允许返还第一笔非减损性利益，但看起来，在有信任关系的领域之外，倘若涉及清算很复杂的账目，无恶意的被告得拒绝超出减损性利益的权利请求。倘这个看法是对的，想必是基于如下观念：只有承担特殊责任的受信任人，或者故意利用不法得利手段的恶意不法行为人，才应该承受麻烦，即接受复杂的账目清算调查。

支持这个例外的证据并没有压倒性的强大力量。在西姆斯案中，[117]一位财产管理人侵占了破产人［建筑商］的建筑材料，用这些建筑材料完成了［破产人此前放弃的］建筑契约，为此得到报酬。上诉法院称，破产人［本来］不会赚到这笔利润。不过这笔利润是第一笔非减损性利益，与出售他人财产的侵权行为所得收益唯一的区别在于，要确定破产人的建筑材料以及财产管理人自己的投入对赚得这笔利润各起到多大作用，是很困难的事情。不过正如戈夫与琼斯所说，[118]该案并非不容辩驳。法院的论证被两个思路严重束缚住了：一个是返还债务的默示契约理论那套逻辑，一个是在联合澳大利亚公司案之前对放弃侵权之诉的理解，即原告不能在将其诉因描述为侵占/无权处分的同时，又寻求返还救济。

虽说西姆斯案有这些不足，但在前文秘密信息部分已看到，[119]上诉法院认为，被告利用原告的点子制造并销售产品的，倘被告虽有过失但无恶意，法院有拒绝清算账目的裁量权。倘被告将该点子出售给其他制造商，得到一笔得立即识别出来的金钱，无法想象原告会拒绝请求返还该非减损性利益。是以，唯一的解释看来是，对无恶意的被告来说，复杂的清算账目工作是不恰当的负担。

美国法清晰区分两类案件，一类是被告"有意侵权"（consciously tortious），一类是被告"跟原告一样无甚过错"（no more at fault than the claimant）。[120]在前类案件中，被告利用以侵权行为得到的财产，所得一切利润皆应让与原告，后类案件则否。在爱德华兹诉李的遗产管理人案中，[121]被告发

355

---

〔117〕 Re Simms〔1934〕Ch. 1.

〔118〕 See Goff and Jones, p. 480.

〔119〕 Seager v. Copydex〔1967〕1 All E. R. 419.

〔120〕 Restatement of Restitution, sections 150−157, 202−205.

〔121〕 Edwards v. Lee's Administrators（1936）96 S. W. 2d. 1028.

现了一处风景优美的洞穴，将之改造为旅游景点，入口在被告土地上，但洞穴的三分之一延伸于原告土地下，那里有不少绝胜美景，被告于此知之甚详。被告坚持，只需要就原告土地下的那部分空间支付合理租金价值（即减损性得利）。但法院认为，被告恶意侵入原告土地，必须支付招揽游客所得全部利润的三分之一（非减损性得利）。

在英国法上，依西姆斯案的思路，得以出售他人财产（侵权）所得收益应予返还来充分解释该判决。跟［出售他人财产的］收益一样，从游客那里收取的金钱是得自不法行为的第一笔非减损性利益，区别在于，这些金钱是在很多年里逐日收取的，而不是通过直接出售获得的。英国法的难题在于如何回答，为何此等救济只针对恶意不法行为人，盖即便并无恶意的侵占人，对第一笔非减损性利益（出售所得收益）也要负返还责任。复杂的清算账目工作耗时很长，不让无恶意的被告遭受这个折磨大概是对的，不过要允许［被告］保留利用原告资产所得之利，这个理由看起来很薄弱。最佳办法是，在一切案件中，都允许请求返还被告的第一笔非减损性利益，但就被告的投入，得予慷慨补偿。[122]

第四节　术语难题

356　　泄露秘密信息是否构成侵权，要让该陈述为真［构成侵权］，理论上必是怎样的，就此问题曾有深入讨论。[123] 还有另外一个重要且差不多的问题：产生返还性赔偿而非填补性赔偿法律后果的不法行为（倘确实有），恰当名称是什么？在布罗克班克诉 R 案中，[124] 请愿人主张，为获得许可而支付了金钱，但在具体案情下，索取金钱乃为越权，故当返还。原告的主张看起来有处弱点，即越权索取并非侵权行为，倘确实不是侵权行为，即不能产生称作"放弃侵权之诉"的诉因。事实上，本案是减损型得利案件，请愿人实际上并无必要为了让返还请求成立而证明任何不法行为。不过，假设请愿人有必要依赖不法行为，那么如下说法是荒谬的，即为得到返还，必须先证明该不法行

---

〔122〕　参见后文边码 419。

〔123〕　See esp. P. M. North, "Breach of Confidence: Is There a New Tort?", (1972) 12 *J. S. P. T. L.* 149. *Cf. Law Com.* No. 110 (1981), para. 6. 2.

〔124〕　Brocklebank v. R. ［1925］1 K. B. 52.

为可诉请赔偿；而这正是那个看法（你必须先确认一个侵权行为而后才能放弃该侵权行为）背后未曾明言的命题。一旦将"放弃"［侵权之诉］这样的语言弃置不用，就会看得清楚，可能会有只得诉请返还的不法行为。由于衡平法院乞援于预防政策，衡平法上有熟悉的例子。戈夫与琼斯考虑了下面这种情形是否给予返还救济：不恰当地侵犯他人隐私并由此得利，但就该行为，却不得诉请损害赔偿。该书建议将此际的返还事由称为"应受谴责的手段"（reprehensible means）。[125]该表达的危险在于，暗示道德过错是必备要件，而前面的讨论已认定，"不法行为"不过就是"违反义务"而已。相较命名工作本身，更重要的当然是应记得，"发生返还后果的不法行为"范畴与"发生［填补性］赔偿后果的不法行为"并不共享边界：正如某些发生［填补性］赔偿后果的不法行为（compensatory wrongs）不发生返还后果，有些发生返还后果的不法行为（restitutionary wrongs）也不发生［填补性］赔偿后果。绝不可想当然地认为，每个不法行为都会发生返还［赔偿］、［填补］赔偿或者惩罚赔偿的后果，或者每个不法行为必会发生其中某一特定法律后果。相反，每个不法行为都会产生这些不同标准的救济权利中的某一个或某几个。这也是本书导论部分所作图表的含义。[126]实际需要的，并不是依救济后果将各民事不法行为区分开来的命名法，而是要坚决不使这些不法行为与任何标准的法律后果构成正方形。如此，即有可能避开如下风险：就特定不法行为的潜在救济措施，甚至尚未提出问题，已经决定了如何回答。

357

---

〔125〕　Goff and Jones, p. 523.

〔126〕　参见前文边码43。

第十一章

返还的第二项标准

　　返还的第一项标准，亦即通常标准，是"受领的价值"，但有时原告希望转向第二项标准，即"幸存价值"（value surviving）。在原告主张返还权利时，被告手中仍持有的价值即为幸存价值。设原告最初向被告支付了 1000 英镑，被告将之存入某建筑贷款协会的专用账户。被告支取了 250 英镑并花掉。原告倘依第一个标准主张权利，仍为 1000 英镑，正如同被告刚受领 1000 英镑即被抢走的情形；倘依第二个标准主张权利，金额即跌为 750 英镑。乍看起来，不知道何以会有原告认为第二个标准更好，盖依刚才假设的简单事实，显然价值更低。依第二项标准主张权利的策略优势将于本章第二部分考察。

　　清晰区分下面两个问题，格外重要。第一，最初受领的得利，是否还有一部分得辨识出在被告手中幸存。第二，就已辨识的得利，是否得主张某类权利请求。正是涉及这第二个问题，知道原告试图实现的策略目标是什么才变得重要起来。有些目标，只能牺牲第三人利益或让其遭受危险才能实现。当原告的权利请求确实或可能害及第三人时，或有必要否决其依第二个标准得到返还救济。不过，就是否还有最初得利仍得被告手中辨识出来这个问题，不必考虑原告倾向于此类权利请求的理由，即得回答，盖纵得出被告确实仍持有某些受领的利益这个结论，也不意味着原告必然对全部或部分得主张权利。

第一节　辨识幸存得利

　　辨识幸存得利的工作称追踪（tracing）。倘被告仍依原貌而保有最初所受领者，如案涉的那头牛、那台车或那袋密封的钱，此际不生任何疑难。倘被告已将最初所受领者损毁或消耗，比如将金钱丢失，或者将酒饮用，此际同样不生疑难。在这两个极端情形之间的案件中，被告持有的利益，基于某些观点，或得认为代表了最初所受领者，或是最初受领利益的产物，比如被告用［受领的］金钱购买了某公司的股份，后又售出股份，购买汽车。不管普通法还是衡平法，都认可得利得以某些替代形式幸存，不过衡平法在处理资金混合时更为灵活，策略更为丰富。这些规则都是人为的（artificial），也并不完备。基于第二个标准的权利请求还算不得很普遍。

一、基本规则

追踪是人为工作，基于规则而非性质，故调查会受到被告道德品质的影响。也就是说，倘若原告不得不跟实施了不端行为的被告交涉，*追踪规则得做有利于原告的处理。不端行为的影响将于下一小节讨论。这里的"基本规则"意指，这些规则甚至得适用于无恶意的权利请求人之间（innocent claimants），不依赖于造成替代之人所实施的不端行为的任何强化。**

（一）普通法与衡平法

普通法不会追踪混合资金。设我支付给你 100 英镑，你将这 100 英镑与［另外的］1 英镑混合，并用 101 英镑购买了公司股份。在普通法上，由于混合，看起来辨识工作到此结束。[1]换言之，在普通法上，是否还有什么［利益］在你手中幸存这个问题，转变为如下问题，即若不从外部向你最初所受领者增加金钱，你是否持有什么东西，是一个或多个纯正替代（clean substitutions）的结果。这个限制［不从外部增加金钱］意味着，普通法上的追踪很容易被阻断。

泰勒诉普卢默案乃此间开创性判例。[2]普卢默将一笔钱交给经济人沃尔什，用以购买可交换债券。沃尔什意图逃往美国，用普卢默的这笔钱购买了美国的投资品及若干金银。普卢默的律师赶在沃尔什离开法尔茅斯之前，将之拿获，占有了案涉投资品及金银。沃尔什破产，其代理人试图讨回普卢默占有的财物，但未获法院支持。为能保有案涉财物，普卢默必须证明这些投

360

---

* 译按：不当行为、不端行为、不合法行为（misconduct），泛指违反确定的行为规则，不符合应有要求的行为，具有不合法、玩忽职守和故意性质，不同于一般的过失或疏忽大意。《元照英美法词典》，第 919 页。

** 译按：参见后文边码 363。

〔1〕 Re Hallett's Estate（1879）13 Ch. D. 696, 717, per Jessel, M. R.

〔2〕 Taylor v. Plumer（1815）3 M. & S. 562.

· 345 ·

资品和金银替代了最初的金钱，从而成为自己的。就辨识事宜，埃伦伯勒勋爵阐述如下：

"最初受领的利益可能会转变为什么样的其他形式，不管在道理上还是在法律上，都无关紧要：可能是像斯科特诉瑟曼案那样，[3]将本人的货物出售而得到金钱，又为安全计将金钱转变为本票；也可能像惠特科姆诉雅各布案那样，[4]转变为其他商品。[无关紧要的]缘故在于，由最初受领之物所得的产物或者最初受领之物的替代物，仍然沿袭了最初受领之物本身的性质，只要能查明（ascertain，指辨识）是如此即可；只有查明手段失败，[原告的返还]权利才会到此为止，比如受领之物转变为金钱，跟同种类的大量金钱混合、掺杂在一起，即为此种情况。这里的难题是事实难题，不是法律难题，而金钱无标记（money has no ear-mark）的格言也必须如此理解，亦即，[该格言]仅针对没有分割的（undivided）、无法区别的（indistinguishable）大量流通货币。但装在袋子里的钱，或者以其他方式跟其他金钱、几尼或其他有标记的铸币分离开来的金钱，倘事实如此，就区分目的来讲，即有标记从而为本主题这条规则所涵盖，这也适用于任何其他类别的，仍在代理人（factor）或其遗产管理人手中的个人财产（如本案的案涉财产这般）。"[5]

事实上，追踪在普通法上并不特别重要。正如普通法上的报账诉讼（action of account）被衡平法上的相当诉讼取代，盖衡平法院有更好的措施来清算账目，此处亦然，普通法上的追踪被衡平法上辨识幸存得利的规则取代，盖普通法在纯正替代案件中所做的一切，衡平法都能做到，而且在案涉金钱进入或经过混合资金的场合，仍能在金钱上保持标记。设我付你一笔钱，你放入空口袋，在普通法上得辨识；倘你将这笔钱转而放入另一个口袋，该口袋里还有你自己的一些钱，依普通法规则即不复得辨识，但在衡平法上仍得辨识。在这些情形，显然得将衡平法理解为在普通法规则遭受挫败的那个时刻开始接管工作，或者理解为彻底取代普通法规则。重要的是，由于在几乎

---

[3] Scott v. Surman (1742) Willes, 400.

[4] Whitecomb v. Jacob (1710) 2 Salk. 160.

[5] Taylor v. Plumer (1815) 3 M. & S. 562, 575. 译按：几尼（guinea），威廉四世时所有硬币均称几尼，现在仅指1英镑1先令。《元照英美法词典》，第619页。

所有案件中都会发生混合，在几乎所有案件中，幸存得利皆得依衡平法规则辨识，要么就是根本不存在幸存得利。衡平法规则不过是在必要时取代或补充普通法规则，这样的关系正吻合杰塞尔法官在哈利特遗产案中那番讲述的精神，[6]亦为上诉法院比利时海外银行诉汉布鲁克案所明白接受。[7]

361

在该案中，汉布鲁克曾为佩拉邦先生工作，职位是办事员，他伪造了一张以自己为收款人的支票，声称是雇主签发。汉布鲁克将支票存入自己在法罗银行的账户，法罗银行从佩拉邦的开户行比利时海外银行处收取了款项。汉布鲁克又用自己在法罗银行的账户，签发以情妇斯帕诺格小姐为收款人的支票，斯帕诺格小姐将支票存入自己在伦敦联合城市及米德兰银行的账户。当汉布鲁克的欺诈行径败露时，斯帕诺格小姐的账户里还剩下 315 英镑。问题在于，比利时海外银行对该 315 英镑是否得主张权利。伦敦联合城市及米德兰银行将这笔钱支付给了法院。问题遂表现为比利时海外银行与斯帕诺格小姐之间的竞争。这 315 英镑是否是汉布鲁克最初受领的金钱可辨识的剩余物？上诉法院给予肯定回答。站在斯帕诺格小姐立场的反对意见认为，案涉金钱先是进入并经过法罗银行的一个账户，接着又进入第二个银行账户，也就是自己在伦敦联合城市及米德兰银行的账户［，故不可追踪］。

上诉法院并未彻底澄清，不管在哪个账户，是否曾有金钱与汉布鲁克通过欺诈所得金钱发生混合。比如阿特金法官就说，"本案中，追踪案涉金钱流向的难度要比普通案件小，盖实质上，并没有其他金钱曾与案涉欺诈行为的收益相混合"。[8]法院何以得避开就事实争点清晰表态，相对地，何以得满足于不那么精确的"实质上"表述？缘故在于，法院认为，即便在依普通法主张权利的场合，亦得依据更为精巧的衡平法规则来解决辨识争点。是以，斯克鲁顿法官先是指出，斯帕诺格小姐本来依严格的普通法规则已可得到答案，而后又说：

"但很清楚，那立足于哈利特遗产案[9]并经辛克莱尔诉布鲁厄姆案阐释

---

　　[6]　Re Hallet's Estate (1879) 13 Ch. D. 696, 717 f. 掌卷法官杰塞尔批评说，埃伦伯勒勋爵未指出衡平法的手臂可伸得更远："他不知道衡平法将一直追踪金钱，哪怕案涉金钱放入了口袋或者进入不可区分的大堆 (mass)，手段就是取出同样数量。"

　　[7]　Banque Belge pour l'Etranger v. Hambrouck [1921] 1 K. B. 321.

　　[8]　Ibid., 336.

　　[9]　Re Hallet's Estate (1879) 13 Ch. D. 696.

362 的规则，[10]经过衡平法的扩张，使得纵使改变了性质（character）的金钱，只要能追踪到，即得索回。正如帕克勋爵（Lord Parker）在辛克莱尔诉布鲁厄姆案中所说，[11]基于衡平法的原则，最初的所有权人得'追逐案涉金钱，或者以该金钱得到的任何财产，只要能够辨识'。"[12]

阿特金法官也说：

"问题总是，查明手段是否失败。若说在1815年的时候，普通法还驻足于银行门外，到了1879年，衡平法终于有了勇气拉起门闩，走进来检视账目（books）：哈利特遗产案。我看不出有何理由，在今天，这样的查明手段不得同时适用于普通法与衡平法的程序。"[13]

相反的立场无可争辩。倘有人主张，只是基于某些特殊案情事实，衡平法的追踪规则方能起作用（比如，仅在当事人有信任关系的场合），那么必须回答说（不考虑先例比利时海外银行诉汉布鲁克案本身），围绕最初受领之利益发生的这些特殊案情事实，其作用必是决定，倘已辨识出有幸存利益存在，就由此进入视野的事宜，衡平法是否会承认任何种类的权利请求。围绕最初受领之利益而发生的具体案情事实，其特性对如下问题具有决定意义：原告是否享有任何返还权利，是普通法还是衡平法上的，是第一项标准还是第二项标准。但具体案情事实的特性，除了一处例外，并不能对下面这个自足的、机械的问题产生任何影响：被告仍持有的某东西，是否是最初受领之利益可辨识的剩余物。对于返还权利［是否产生］，辨识工作（判例法所说的"查明手段"）是中立的，且独立于决定该权利的具体案情事实。那个例外前面已提及。[14]对混合和替代负有责任之人，若实施了不端行为，法律不无道理地调整了辨识规则。否则，该人可能由于一个无关其不端行为的理由，即查明手段的偶然故障，而过于容易地逃避责任。

---

[10]　Sinclair v. Brougham［1914］A. C. 698.

[11]　Ibid. , 447.

[12]　Banque Belge pour l'Etranger v. Hambrouck［1921］1 K. B. 321, 330.

[13]　Ibid. , 335.

[14]　参见前文边码359。

（二）资金混合（mixed funds）

1. 同等规则 *

在造成混合之人并未实施不端行为的场合，基本规则是，衡平法把案涉 363 资金理解为同等减少。也就是说，被告持有的案涉资金，在发生混合的那个时刻，即应被视为同时包含了原告的金钱和被告自己的金钱，并按照最初构成的比例而贬值/减少。假设被告的存款账户 ** 里有 300 英镑，将原告的 100 英镑与自己的钱混合，而后支出了 200 英镑，这笔资金的减少部分应按 25：75 这个比例由两人分担，而剩下来的部分，仍按最初的比例归于两人。这条基本规则意味着，一般来讲，并不存在适用先进先出规则的问题。[15] 依这个先进先出规则，原告的金钱将仍留在账户里，直到被告的 300 英镑花出去。

这个起点，即同等规则，得到迪普洛克案支持。[16] 在该案中，被告是慈善组织，受领了一笔金钱，这是某位遗嘱执行人犯了法律上的错误而支付的，被告将这笔钱与自己的金钱混合。原告是死者的近亲属，案涉金钱原本是应该支付给原告的。故本案案情为，混合金钱的被告并无恶意。同样的基本起点在辛克莱尔诉布鲁厄姆案中得到恰当考虑。[17] 在该案中，某建筑贷款协会越权从事银行业务，其董事允许越权经营的金钱进入一般资产账户，遂发生混合。主张权利的数位原告是存款人，是［越权］银行业务的客户。倘若这几位董事造成的或者［办事人员］代表这几位董事造成的混合被理解为违反义务，那么辛克莱尔诉布鲁厄姆案即为如下立场的先例，即哪怕混合系由实施了不端行为之人造成，只要案涉竞争发生在几个于不端行为并无过错的权利请求人之间，同等规则仍得适用。在该案中，某建筑贷款协会本身并无权力接受或混合越权经营的金钱。几位董事于不端行为有过错，但某建筑贷款协会本身并无过错。是以，在［复数］存款人与某建筑贷款协会之间，并无其他规则得替代同等规则。

---

　　* 译按：同等地、同步地（*pari passu*），尤指债权人应平等受偿，相互间不存有优先权。《元照英美法词典》，第 1023 页。

　　** 译按："存款账户"（deposit account），有别于边码 364 的"活期往来账户"。

　　[15]　The rule in Clayton's Case：Devaynes v. Noble, Clayton's Case（1816）1 Mer. 572.

　　[16]　Re Diplock [1948] Ch. 465, affd. sub nom. Ministry of Health v. Simpson [1951] A. C. 251. 译按：参见前文边码 33、143。

　　[17]　Sinclair v. Brougham [1914] A. C. 398.

2. 例外：先进先出（first in, first out）

即便并不存在不端行为，迪普洛克案亦表明，资金混合案件有个普通类型，同等规则例外地不予适用。倘案涉金钱在活期往来账户 *里混合，对金钱给付的辨识适用先进先出规则。也就是说，案涉金钱进入账户时，账户中已存有一定数额，在累计达到该数额的金钱支付出去之前，案涉金钱仍存在于账户中。上诉法院对该例外的理解似乎是，出于方便的理由而多少有些勉为其难地接受，却并不清楚，事实上［是否］确实有什么令人信服的理由，采纳一个会在实务中造成更为极端、武断结果的规则。上诉法院写道：

"或认为，既将混合资金里的两个原告/权利请求人理解为按比例享有权益（interested rateably），那么即可推论，从该混合资金里取出的款项应归于两个原告的权益。但在涉及活期往来账户的情形，这个推论思路在实务中会造成极大困难和麻烦，在很多案件中，还会引发无法解决的难题。那么该如何应对？吾人以为，应适用与克莱顿案同样的规则［先进先出］。[18]这确实是出于方便考虑的规则，立足于所谓推定意图（presumed intention）。该规则向来适用于有两个受益人的案件，两个受益人的信托金钱存入混合不分的银行账户，而后又有款项自该账户取出，就吾人所知，该规则的适用并未遭到不利批评（see per Fry, J., in Hallett's Case, [19] and per North, J., Re Stenning[20]）。在这样的案件中，两个原告皆无恶意，彼此并不存在信任关系，倘若混合资金尚未动用，两个原告对该笔资金按比例享有权益（rateable charges）。倘原告并非两个受益人，而是一个受益人、一个自愿行为人，亦面临同样的问题，而吾人以为应适用同样的原则。"[21]

这个由此保留下来的例外，应以开放姿态接受检视。该例外以［法律适

＊　译按："活期往来账户"（active current account），有别于边码363的"存款账户"。Current account意为，①往来账户，指双方当事人未结清的、仍在往来的账户，与已结清账户相对；②活期存款账户。《元照英美法词典》，第359页。

　　〔18〕　The rule in Clayton's Case: Devaynes v. Noble, Clayton's Case（1816）1 Mer. 572.

　　〔19〕　初审：Hallett's Case（1879）13 Ch. D. 696, 699 et seq; and see Thesiger, L. J., diss. at 745. 上诉法院多数意见取代克莱顿案，仅针对过错实施不端行为的被告。

　　〔20〕　Re Stenning［1895］2 Ch. 433.

　　〔21〕　Re Diplock［1948］1 Ch. 465, 554.

用］方便为理由，说服力存疑，又以所谓推定意图为基础。戈夫与琼斯亦持批评立场。[22]

3. 补充耗尽的资金

混合资金可能适用一般规则，从而同等［按比例］减少，也可能是活期往来账户，从而适用克莱顿案的先进先出规则。不管哪种情况，倘若原告的金钱已由混合资金中用尽，而被告又注入新的金钱补充了该笔资金，原告不得主张自己的金钱得到恢复。假设原告的金钱在混合资金中的比例为25%，该笔混合资金由400英镑减少至100英镑，原告只能认为这100英镑中的25英镑代表自原告处受领的得利。再假设被告次日往里注入自己的300英镑，补充了快耗尽的资金，原告仍只能辨识出25英镑为其给付之金钱的剩余物。即便针对那个于不端行为有过错的造成混合之人，这个说法亦为真。对无恶意之人，更是如此（a fortiori）。在詹姆斯·罗斯科公司诉温德尔案中，[23]温德尔将公司的钱打入自己的账户，又将账户里的钱差不多花光，只剩下25英镑18先令，而后往账户里补充了金钱，余额为358英镑5先令5便士。萨金特法官（Sargant, J.）认为，公司在该账户里能辨识的，不超过25英镑18先令。这看起来绝对正确，盖规则虽系人为，可一旦法院认定，案情事实已发展到某个时刻，只能认为得利已消灭，法院即不可能确认得利嗣后重生。不过，若是被告自己宣称，系为原告账户补充金钱，情况即有不同；这时被告持有的，不是自己最初得利的幸存剩余物，而是被告自己用来代替已消灭之得利的其他东西。[24]

4. 用混合资金购买资产

前面几段关注的问题是，被告的最初得利是否在混合资金中幸存。用混合资金购买资产的，亦生同样的问题。假设被告从混合资金中取款100英镑，购得若干股份，那么原告能否在被告所购得之股份中，辨识出最初得利？一般的回答是，在金钱从账户中取出的那个时刻，不管原告就该笔金钱得主张何等权利，就被告以该笔金钱所取得的任何资产，皆得主张同样权利。在迪普洛克案中，慈善机构巴纳多博士之家（Dr. Barnado's Home）将3000英镑的

365

---

〔22〕　See Goff and Jones, p. 59.

〔23〕　James Roscoe (Bolton) Ltd. v. Winder [1915] 1 Ch. 62.

〔24〕　Ibid., p. 69. 本质上，被告这是宣布自己为一笔新信托财产的受托人，受益人则为在案涉资金耗尽之前享有权利之人。

赠款存入自己的活期往来账户。克莱顿案的立场应予适用，贯彻先进先出规则的结果是，迪普洛克的 3000 英镑赠款被用于部分清偿一笔 40 000 英镑的价款［债务］。*是以，原告即死者近亲属有权在投资贷款中辨识出他们的 3000 英镑。[25]倘若这笔钱所由出的混合资金适用同等减少的一般规则，那么返还权利请求当基于如下假定：价款中出自混合资金的那部分，按一定比例来自原告和被告。假设出自混合资金的是 1000 英镑，而原告的比例是 25%，那么原告在［所购得］资产中的份额是 250 英镑。

5. 资产增值

倘若某笔资产系用来自原告的金钱购得，或部分使用原告的金钱，不管是否通过某笔混合资金，在资产价值发生变化的情况下，总有难题产生。混合资产（mixed asset）与混合资金原则上并无区别。故，倘资产贬值，适用一般规则，即对数个出资人同等贬值；当然，倘竞争发生于无恶意的原告与过错实施不端行为的被告之间，规则再次有异。倘混合资产价值增长，原则上有两条路径来考察结果。假设原告出资份额是 1000 英镑，被告出资份额是 3000 英镑，案涉资产价值从 4000 英镑增长至 8000 英镑。或得认为，在被告手中幸存的最初得利是 1000 英镑，跟最初受领的价值毫厘不爽，不多不少。不过，站在更有利于原告的角度，也为了跟贬值情形的同等减少规则更为对称，亦得认为，幸存的是案涉资产的比例份额（这里是 25%）。

在哈利特遗产案中，掌卷法官杰塞尔似乎认为，哪怕针对不法行为人，也不允许第二条路径。[26]倘该看法正确，顺理成章可知（举重明轻），针对无恶意的被告，受领人只能说，最初受领之得利的全部价值皆幸存于增值的资产中。不过，在哈利特遗产案中，杰塞尔法官的该看法只是附带意见（obiter），盖该案并未以增值资产为争点。该看法亦与如下场合表达的观点不符，即用未混合的资金购买资产：受托人用且仅用信托金钱购买了资产，即纯正替代，允许受益人取得该资产本身，并不只是购买该资产所用金额。[27]是以，似乎可认为，倘受托人使用的金钱部分来自信托财产，部分是自己的，受益人得主张一定比例的权益份额。现在看来这是更可取的观点，至少针对不法

---

* 译按："投资贷款"（Funding Loan）可能是某种福利投资形式。

[25] Re Diplock [1948] 1 Ch. 465, 552 ff.

[26] Re Hallett's Estate (1879) 13 Ch. D. 696, 709.

[27] Ibid.

行为人是如此。[28]基于价值减少场合适用同等规则的立场，得认为，哪怕针对无恶意的被告，同样的结论也应适用，道理如下：若说在价值减少场合适用同等规则的主要理由是，在不存在不法行为的情形，没有哪个原告能指出让自己优先于对方的任何因素，[29]那么在资产增值的情形，就很难说基本规则不应适用。还要指出（并非不相干），在获取案涉资产的资源来自多个人，而资产只归属于一人的情形，倘若案情事实很容易适用归复信托规则，那么可推定如下结论，即出资反映在比例份额中，故出资人确实得从案涉资产的任何增值中得到利益。[30]

6. 意图的作用

有时，被告表现出来的意图，或者还有可能是其他利害关系人表现出来的意图，会修正基本规则。前面提到过，给付金钱以补充耗尽的混合资金，通常来讲，不能被看作替代从原告处受领而后又消灭的价值。不过，倘若被告注入新的金钱，意图即在于替代消灭的价值，该意图应发生一定后果。[31]至于从混合资金支出的金钱，被告的意图得取代克莱顿案的法律效果或者令价值同等减少的规则。在迪普洛克案中，上诉法院认为，倘若受领利益的某个慈善机构从混合资金中取出金钱，存入独立账户，意图将之标记为信托金钱，近亲属［即原告］得追踪至这笔独立金钱，哪怕依一般规则，本来会在不同地点辨识出案涉金钱。掌卷法官格林勋爵道：

"自愿行为人将被证明是信托财产的金钱与自己的金钱混合，倘认为合适，当然得于嗣后'消除混合'（unmix）。由于衡平法的作用指向阻止自愿行为人做不道德的事情，如下做法一定是不道德的：自愿行为人为自己的目的，已标记了信托金钱，却声称所标记的金钱并非信托财产，而是有权据为己有的金钱。"[32]

---

〔28〕　Re Tilley's Will Trusts［1967］Ch. 1179.

〔29〕　Re Diplock［1948］1 Ch. 465, 539.

〔30〕　Dyer v. Dyer（1788）2 Cox Eq. 92, 93 per Eyre, C. B. 这条规则已被无数婚姻法案例扭曲了：see Cowcher v. Cowcher［1972］1 W. L. R. 425。

〔31〕　参见前文边码 365。

〔32〕　Re Diplock［1948］1 Ch. 465, 552.

对通常规则更为极端、更为罕见的偏离，见于蒂利遗嘱信托案。[33]在该案中，受托人将一笔数额不大的信托金钱存入自己的账户从而发生混合，而后用该账户的金钱投资，颇为成功。机械适用通常规则或会得到如下结论，即信托受益人就案涉有利可图的投资财产，得享有比例份额。不过，昂戈德-托马斯法官发现，可以得到受托人事实上并未使用信托金钱的结论。另外两件事实的结合，构成该结论的基础。第一，受托人从未意图为自己的目的而使用信托金钱，将该笔金钱存入自己的账户纯粹是为了方便控制，当然，在技术上诚为不法；第二，受托人总是有足够金钱或透支额度，足以应付自己的商业事务。[34]是以，得出的事实结论是，受益人的金钱从未从账户中支出，至多是不时起到作用，减少了受托人向其宽松透支额度寻求帮助。或有案情事实证明，混合资金被看作跟常见的联合账户一样，故，为获得某项资产而从该账户中支出金钱，得被视为仅为获取人的利益而使用，不会被他方当事人追究责任。[35]这样的结论当然稀见罕闻。

前面简单考察了辨识规则在以下情形的适用：混合资金在价值上减少，混合资金嗣后得到补充，利用混合资金的金钱购买了资产。也注意到，在某些情形下，有相反的意图表达出来并据之行事，基本规则遂得修正。截至目前的讨论都假定，涉及混合资金的竞争发生于原告和无恶意的被告之间。现在有必要考察不端行为对被告的影响。

二、不端行为的影响

法谚有云，"一切均作不利于掠夺者之推定"。*针对过错实施不法侵占行为的被告，**辨识工作即本此精神而为。从技术上讲，此等不端行为的效果是，于混合资金中辨识幸存得利时取代基本规则。也就是说，于实施不端行

---

〔33〕 Re Tilley's Will Trusts［1967］Ch. D. 1179.

〔34〕 Ibid. , 1192 f.

〔35〕 Re Bishop［1965］Ch. 450; cf. Borden （U. K. ） Ltd. v. Scottish Timber Products Ltd. ［1981］Ch. 25.

＊ 译按：一切均作不利于掠夺者之推定（Omnia praesumuntur contra spoliatorem）。《元照英美法词典》第 1002 页。

＊＊ 译按：挪用、盗用、侵占（misappropriation），私自、非法将某种款项或财产移作他用或予以侵占。《元照英美法词典》，第 918 页。

为有过错的被告不能利用混合资金价值同等减少的规则，也不能利用活期往来账户转而依赖的先进先出原则。相反，此间出发点为，被告对混合资金的任何部分都不能主张权利，除非被告成功证实，混合资金的某个部分代表自己的投入。[36]是以，当要完成该证明工作时，不法行为人即被置于这样的位置，不能否认自己意图保存原告的财产份额，消费或花掉自己的财产份额。这在法律后果上意味着，倘若混合资金中还剩下些什么，原告得主张该剩余物代表自己的财产份额；倘若混合资金中什么也没剩下，但受托人此前从混合资金中取出款项，购得某项资产，原告得辨识其财产份额存在于该项资产中。

　　在哈利特遗产案中，[37]科特里尔女士将一些俄国政府债券存放于其事务律师［哈利特先生］处，该律师将债券不法出售，并将出售收益存入自己的银行账户。这位律师在某信托财产中享有终身权益，又指示将属于该信托财产的一笔资本存入同一账户。这位律师将若干金钱花掉。主要问题是，账户中剩下的金钱是否代表律师的投入，还是代表原告的财产份额（原告的资金被不法侵占）。上诉法院认为，必须假定这位律师意图诚实行事，意在花掉自己的资金，保存并不属于自己的金钱。掌卷法官杰塞尔写道：

　　　　"余以为至为清楚，不允许他［哈利特］主张，在有权利拿走自己金钱的情况下，他拿走的是信托金钱……倘若并未将信托金钱存放入单独的口袋，而是存入自己的银行账户，接着又存入自己的其他金钱，继而为自己的目的而取出若干金钱，那么［是否允许其为前述主张］区别何在？他能否主张，取出的都是其他金钱，唯独不是自己的金钱？他的钱就在那里［银行账户里］，他有权利取出，那么取钱这个简单的自然行为（natural act，指事实行为），何以应归于任何事情［任何他人的金钱］，唯独不是他对账户里自己金钱的所有权？"[38]

　　这条进路似乎意味着，法院会认为不法行为人总是先花掉自己的钱。不过这条进路忽视了如下可能，即被告的第一笔花销可能还会留下一些耐用资

---

〔36〕　Lupton v. White（1808）15 Ves. 432.

〔37〕　Re Hallet's Estate（1879）13 Ch. D. 696.

〔38〕　Ibid. , 727 f.

产（durable asset），而后面的花销可能就会耗尽案涉资金，留不下任何可辨识的结果。假设被告将原告的 1000 英镑与自己的 1000 英镑混合，花掉一半购买股份，另一半用于奢侈的海上航游。机械适用哈利特遗产案规则将得到不令人满意的结论，即原告的金钱已被用于支付假期［旅游］。

奥特韦案的案情即为此类。[39] 奥特韦是受托人，其将 3000 英镑信托金钱存入自己的账户，发生混合。奥特韦以 2137 英镑购买了大洋洲公司的股份，当时账户里奥特韦自己的钱就足以支付这次交易。而后，奥特韦花光了账户余额。问题是，案涉股份是否代表由信托财产支出的金钱。乔伊斯法官（Joyce, J.）认为确实如此。乔伊斯法官对哈利特遗产案的理解很恰当，并非如下假定立场的先例，即不法行为人总是先取出自己的钱，而是如下假定立场的先例，即不法行为人诚实地意图保存他人财产。是以乔伊斯法官认为，在购买大洋洲公司股份之后，花光的是受托人自己的财产份额。依乔伊斯法官的思路，购买股份用的全是信托金钱。这意味着，倘若股份升值到 6000 英镑（并非实情），信托财产对全部金额得主张权利。另外的替代思路会认为，在股份的价值中包含 2137 英镑实际投入的价款。乔伊斯法官事实上遵循的是折中路径，其逻辑难以重建。乔伊斯法官说，信托财产得以优先权为手段（lien），从案涉公司股份中拿到 3000 英镑，这是最初投入混合资金的信托金钱数额。不过这只是学术观点，盖公司股份的价值要低许多。

这些针对不法行为人的敌意推定（hostile presumption），留下诸多问题有待回答。尤其不清楚的是，假设不法行为人将第一笔开销用于投资，混合资金的余额一直保留在手里未动，那么该适用怎样的辨识规则。原告能否回到哈利特遗产案的思路，主张自己的钱最先取出，从而用在那笔成功的投资上？在蒂利遗嘱信托案中，昂戈德-托马斯法官看起来确实认为，倘若原告证明他的钱已花掉，则得在投资中辨识出来，既得表现为固定金额，亦得表现为一定比例的股份。倘若这是对的，原告当然有理由主张，应该追踪至投资，而非追踪至［混合］资金余额。但并不清楚，应该依据何等原则来认定，被告是否确实使用了原告的金钱。在此情形，恰当路径大概是回到混合资金同等使用的通常规则，而不是/除非是活期往来账户以及此等账户的先进先出规则。

---

[39] Re Oatway [1903] 2 Ch. 356.

三、幸存得利消灭

[说到得利消灭,] 有些情形很清楚。最为清楚的情形是,最初受领的利 371
益在真正意义上被消耗或损毁,比如受领的是一瓶酒,受领人已将之饮用。
倘若最初受领的是金钱,钱已花掉,没留下成果(比如环球旅行),或者虽留
下成果,但已消耗掉(比如购得一瓶酒,已饮用),这种情形同样清楚;有一
处,有些含糊或复杂,将在稍后提及。但有两种情形,需要讨论:第一,经
过辨识工作,最后发现,最初受领的利益已用于改良或改动受领人已持有的
某项资产;*第二,追踪工作表明,受领的利益已用于清偿债务。

倘若受领的利益已用于改动既有资产,比如在土地上构造建筑物,此际,
迪普洛克案认为案涉金钱已无法再追踪。[40]不过,该案并未彻底澄明其立场
的含义:到底是指,在此情形,得利已消灭(extinguished);还是指,虽说有
些幸存得利仍得于劳动成果中辨识,就该得利却不得主张返还权利。第二条
可能的解释路径导致如下主张,即迪普洛克案认可(纵未在名义上也在实质
上认可),就依第二种返还标准主张的权利,境况变更抗辩确实起到作用。这
一点放在后文讨论。[41]这里只需要指出,第一条解释路径看来是对的,而且
本身足以说明何以返还权利得不到支持。

理由就在得利标题下[第五章第一节]。虽说对资产的某些改动得被称为
"改良"(improvements),但除了下面两种情形,非金钱利益不会被视为得利:
要么[被告]自由接受[非金钱利益],要么通过了其他得利标准,该标准
与"主观贬值"现象能共存。[42]这里所说其他得利标准甚少得到探究,难以
满足,故在实务中,前句所说意味着,若非自由接受,非金钱利益极少能算
作得利。某人将金钱用于改动已有资产,错误地以为该笔金钱已不可改变地
成为自己的,很难说该人自由选择了以劳动成果[形式]幸存于自己手中的
最终成果。这在最终成果异常古怪的场合生动表现出来,比如巨大而丑陋的 372
建筑或者品味低劣的内部装修计划,但只要还记得法律在得利判断上的主观

---

* 译按:改变、改动、更改、变更(alteration),指形式或状态的改变,而不损害其本质特征。如
在租赁条约中明确禁止租户对房屋做实质改变。《元照英美法词典》,第 64 页。

[40] Re Diplock [1948] 1 Ch. 465, 546 ff.

[41] 参见后文边码 411。Cf. Goff and Jones, pp. 59, 547.

[42] 参见前文边码 109。

[价值] 导向，那么对客观上确实增加了资产价值的改动，即同样为真。除了在得利的主观理论被完全压倒的领域（依主观理论，非金钱利益的价值主要取决于受领人的自由选择），没有什么非金钱利益仅仅因为有充分的社会需求赋予其金钱价值即构成得利。是以，依此观点，追踪案涉金钱至资产改动的，不得请求返还金钱的理由在于，得利已消灭。以该种方式使用了金钱的受领人，事实上跟如下情形 [中的受领人] 处于同样位置：从海外归来，结果发现一些不请自来的介入者为自己提供了劳务。该解释的推论是，倘若（例外地）改动确实满足了得与主观贬值现象相容的某个得利标准，那么顺理成章可知，追踪活动将成功辨识出某些仍由被告保有的幸存得利。此际，依据第二个标准请求返还，打开始（in limine）就不存在障碍。

　　或会反对说，依上述论辩的思想，在以主观进路评估非金钱利益价值的背景下，花费在改动上的金钱，并未在被告手里留下幸存得利，该论辩得适用于一切将最初得利花费在非金钱利益上的案件，比方说，购买汽车或公司股份 [，得利亦消灭]。但该反对不成立，道理在于，倘追踪表明，最初得利幸存于（若有）某些于受领得利之后取得的独立资产中，得将金钱价值评估工作强加于被告，而不冒犯或抵触主观贬值概念。理由是，倘被告打算用原告金钱购买的这部车并非其自由选择，是以并非得利，也就承认了不反对将车从自己这里拿走。被告必须让与自己并不想要的，这对被告当然不会有影响。并不存在对被告选择自由的侵犯。

　　另一个难题是，倘被告将最初受领的利益用于清偿债务，得利是否消灭。不可能认为得利消灭。*假设你向我的债权人清偿。在某些情形下债务当然（ipso iure）受清偿；在其他情形下，当我接受你为我安排的清偿时，债务受清偿。[43]不论何种情况，一旦债务在技术上得到清偿，我即得到表现为责任卸下的利益。这是非金钱利益，但前面看到过，达到了不可辩驳得利的"没有理性人"标准。[44]而且，只要你能找到指向"不当"从而要求回转得利的因素，即有权请求返还。[45]由此可知，根据案情事实，直接给予清偿 [利益] 的，清偿债务得构成得利。此际，清偿 [法律后果] 即为"受领的得

---

* 译按：句首"Authority aside"，未能译出。

〔43〕　参见前文边码 190。

〔44〕　参见前文边码 117 以下。

〔45〕　参见前文边码 191—192，188—290。

利"，支持依据第一个标准请求返还。但"受领的得利"要是保持不变，总会变成"幸存的得利"。假设我受领了一台车并一直持有，直到你主张权利，该车既是最初受领的利益，亦是仍保持的利益。债务受清偿这种得利类型，自性质言，以同样形式保持。只要债权人（倘未获清偿）本得提起诉讼，至少在此期限内，该得利会持续存在。是以，或会认为理所当然，债务受清偿不仅是得利，而且该得利持续存在，无日中辍，从而使得两种返还标准同时可用：幸存的得利正是受领的得利。

在原告向［被告的］债权人给付使得债务直接受清偿的情形，倘适才所述为真，那么在如下最为简单的情形，即原告向被告支付了款项，被告用最初受领之利益的全部或部分向其债权人清偿，很难否认必然同样为真。是以，假设你付给我 1000 英镑，我丢失或花光 500 英镑，用另外 500 英镑清偿了对第三人所负债务。看起来无法否认，我最初受领得利 1000 英镑，在清偿债务之后，幸存得利即为 500 英镑的债务受清偿，以金钱评估，即为价值 500 英镑的利益。

不过迪普洛克案认为，倘若最初受领的利益被追踪至清偿某笔债务，不能依第二个返还标准主张权利。[46] 这个结论必须开放地接受检视，盖该结论不仅违背前面两段论辩的逻辑，而且不合很多案例的立场，在这些得利以债务受到清偿形式幸存的案例中，返还请求得到支持。[47] 其中有些案例后面还会深入讨论。[48] 这些案例在眼下这个话题背景下不太受关注，缘故在于皆以代位术语表达结论，称被告以受领自原告的金钱清偿债务的，原告有权代位取得［该债务对应的］权利请求。比如，在温洛克男爵夫人诉迪河公司案中，[49] 法院认为贷款人不得向［借款人］公司讨还越权的借贷款项，但公司用于清偿权限内债务的金额，贷款人得讨还；* 还认为，这些债务发生于越权贷款发放之前抑或之后，无关紧要。公司并未用这笔钱直接清偿债务，而是

374

---

〔46〕 Re Diplock〔1948〕1 Ch. 465, 548 f.

〔47〕 Re Cork & Youghal Rly（1869）L. R. Ch. App.；Blackburn Benefit Building Society v. Cunliffe, Brooks & Co.（1882）22 Ch. D. 61；Re Wrexham, Mold & Connah's Quay Rly.（1899） 1 Ch. 440. cf. Bannatyne v. D & C. MacIver〔1906〕1 K. B. 103；B. Ligget（Liverpool）Ltd. v. Barclays Bank〔1928〕1 K. B. 48.

〔48〕 参见后文边码 397。

〔49〕 Baroness Wenlock v. River Dee Co.（1887）19 Q. B. D. 155.

* 译按：在权限内（*intra vires*），某行为处于行为人的合法权力范围之内，称该行为在权限内，反之为越权（*ultra vires*）。《元照英美法词典》，第 726 页。

存入公司账户，亦无关紧要。只要依追踪规则证明，贷款人的金钱事实上用于清偿有效债务，即得讨还让公司财产增加的得利金额。

该案是辛克莱尔诉布鲁厄姆案的先驱。[50]越权贷款人不得讨还最初受领之得利的金额。倘允许贷款人依据不当得利（而非契约）构造权利请求，会让越权政策丧失意义，盖救济标准将完全一样，但若是允许依第二个标准（即幸存价值而非受领价值）主张权利，不会像刚才那样公然抵触越权规则，盖判决的金额完全取决于幸存于被告手中的仍可辨识的得利数额。这对两个案件都成立，区别在于，在辛克莱尔诉布鲁厄姆案中，幸存得利经辨识表现为混合资金的一定比例；在温洛克男爵夫人诉迪河公司案中，幸存得利存在于债务受清偿。

迪普洛克案认为无法想象追踪［幸存得利］至受清偿的债务，这么认为的理由在于想当然假定，倘能成功辨识出任何得利，那么针对该得利的任何权利请求都必须采取主张所有权的形式。亦即，原告必须主张，在辨识出来的利益上享有衡平法上的所有人权益。*很难想象对受清偿的债务如何主张所有权。代位隐喻（metaphor）帮助避免了这个困难，但在如下情形亦碰到难题：原告理当代位取得的权利请求已消灭，无甚可供原告接管。但这主要是语义学上的难题。一旦接受，追踪的目的不过是辨识何等得利（若有）仍幸存于被告手中，而将要主张的权利到底性质如何，在辨识工作结束之前，仍得且确实不确定，难题即消失。该权利不必是财产权/对物权性质。这是下节讨论的事宜。

倘若得利确实得幸存于债务受清偿，且此际的权利请求原则上得以于该形式中辨识的得利为度量标准，那么有个难题不得不面对。有些涉及得利消灭的案件，看起来很清楚，现在却不是了。假设我从你那里受领了100英镑，用其中的10英镑买了瓶酒并饮用，酒无疑已消灭。倘你确实能证明，是用你的10英镑支付了酒商的账单，该笔债务受清偿［的利益］仍然幸存。是以，你有可能依第二项返还标准对10英镑主张权利。[51]此等权利请求绝不会是财

---

〔50〕 Sinclair v. Brougham ［1914］A. C. 398.

＊ 译按：所有人权益（proprietary interest），包括财产所有人的所有权及各项从属权利，例如股东按股份的表决权及对公司事务的参与管理权。《元照英美法词典》，第1108页。

〔51〕 倘若受领利益之后负担的债务被排除于辨识程序之外（与前面提到的温洛克男爵夫人诉迪河公司案相反），即无此可能。

产权/对物权，但如马上会看到的，或有这样的案情事实，你会发现就幸存得利主张对人权于己有利。

第二节　对幸存得利主张权利

很多事情取决于原告从"受领价值"转向"幸存价值"的目标何在。尤其是要区分两类案件。第一类案件，原告的主要目的在于主张，在代表着最初受领利益的物或者最初受领利益部分体现于其上的物上，自己享有受益权或者担保权益。也就是说，原告想要主张幸存得利全部或部分归自己，或者自己享有留置权/优先权（lien）。此际，倘得到法院支持，结论该如何表达，要看原告主张权利时是否利用了（从历史角度看）源于衡平法院的规则。通常来讲，就辨识工作本身而言，原告不得不依赖衡平法规则，缘故在于，普通法上的追踪技术太容易遭受挫败。[52]是以，在多数案件中，倘原告证明自己在物上享有受益权，那么应将结论表述为，被告为原告持有信托财产，或者以一定比例为原告及他人持有信托财产；倘原告证明自己享有担保权益，那么原告享有衡平法上的留置权/优先权或担保权益（charge）。反之，倘原告证明自己享有受益权，完全未依赖任何衡平法规则，即得简单说拥有物［所有权］，盖此际被告于物上不享有任何权益，甚至名义上的（bare）普通法产权也没有。在所有这些情形，原告的主要目的都是主张对物权，乞援于第二项返还标准的道理并不在于发现该标准本质上更为可取，而在于对物权于破产情形优先于没有担保的债权人，而依第一项标准不能主张［对物权］。[53]为了能够主张拥有［物］或享有留置权/优先权，原告必须能在被告手里辨识出其对之主张权利的资产。是以，在这些情形，原告希望依第二项标准返还，是主张对物权的愿望带来的结果。

第二类案件，原告的主要目的是依第二项标准返还。也就是说，在原告所处位置看来，"幸存得利"比"受领得利"更为可取。这或许是由于，依第一项标准主张权利遇到障碍，第二项标准则否。此际，依第二项标准主张权利当然看起来更为可取，哪怕被告剩下的远远少于最初受领的。也或许是

边码 376

---

〔52〕　参见前文边码 360—361。
〔53〕　参见前文边码 83—88。

由于，原告相信自己能证明，现在代表着最初受领之利益的［剩余物］，价值高过最初受领的得利本身。可以设想，原告并不稀罕某些仅仅属于对物权的优势，这些案件只关注返还标准，别无其他。亦即，没有理由强迫原告以对物权为手段，依第二项标准寻求返还，虽说实情的确是，对物权会让原告依第二项标准寻求救济，仅仅是因为对物权给不了其他返还标准。

假设，你上个月从我这里受领了 5000 英镑，经辨识工作，追踪至你现在戴在指上的钻戒。倘若我有理由就该幸存得利主张权利，而该理由又仅在于如下事实，即在我的处境下，相对于对你最初受领的 5000 英镑主张权利，依幸存得利标准主张权利更为可取，那么，我是否能说，"这枚戒指是我的"，从而得到法院支持，抑或"你应给我该枚戒指（即戒指是你的，不是我的），或者戒指的价值"，从而得到法院支持，对我来说无关紧要。以更为技术的语言表述，我的权利请求是对物权抑或对人权，是财产权性质的权利请求抑或针对特定人的请求权，对我并不重要。倘若法院基于案情事实告诉我，我不享有财产权性质的权利请求（proprietary claim），我会回答说，我并未打算主张此等权利。

一、第一类范畴：财产权性质的权利请求

有一块返还领域，相较对人权，对物权最为频繁地表现出优势，即被告破产情形。假设我出于错误向你支付了金钱，那么毫无疑问，就你受领的金额，我享有对人权。可你若是破产，我就不得不和其他未受担保的债权人一样，只能主张未受担保的对人权，而我的错误给付将会增加破产偿金（若有）；*在有担保的债权人受清偿之后，由全体受领。要是我能证明，我对你手中某些可辨识资产享有担保权益（charge），或者你是以信托形式为我持有某些资产，我即得于普通债权人拿走任何东西之前，实现担保权益或者取回我的资产。

在公司清算并破产的情形，亦是如此，不过会有细节上的差异。大通曼哈顿银行诉以色列–英国银行案即为生动写照。[54] 在该案中，原告将超过 200

---

* 译按：破产偿金、清偿金额（dividend），指破产清算过程中对普通债权人的偿付，有时也包括对优先债务的清偿。《元照英美法词典》，第 427 页。Dividend 有"被除数、分母"义项。

〔54〕 Chase Manhattan Bank N. A. v. Israel-British Bank (London) Ltd. ［1981］Ch. 105.

万英镑的款项转入被告在梅隆国际银行的账户。当天晚些时候，显然依据不同指示，原告将同样金额的款项再次转入同一账户。第二次转账是出于错误。这是文书失误造成的，事实上该失误已被及时发现，阻止转账的指示也已发出，可惜还是不够快。在收到第二笔款项后不久，被告进入清算程序，原告不能指望在清算中通过破产偿金拿回全部款项。古尔丁法官在开始追踪工作之前决定了相关事宜，认为应将被告看作其手中可辨识金额之任何部分的受托人，也是类似地可被追踪到的任何利息或收入的受托人。故，倘于被告手中仍得辨识出什么，原告得从清算人为分配给多数债权人而裒集的资产集合中将之取走。

378

　　显然，针对破产的被告倘得主张对物权，固为有益于原告的优势，但对没有担保的债权人全体而言，却是危险和损害。是以可知，不得轻易承认对物权，而且对物权要让人确定地知道其细节。现在的情况并非如此。就幸存得利，基于何等案情事实得主张对物权，从未得到清晰阐述。戈夫与琼斯在讲到相关事宜时，亦未鼓励对确定性的探求：

　　"在吾人看来，唯一相关的问题应该是：在个案案情事实下，强加信托关系或者衡平法留置权，*或者允许代位取得留置权，是否公正？要回答这个问题，并非必须认定当事人之间存在信任关系。"[55]

　　该建议问题如此含糊［"是否公正"］，只能理解为是对第二句所讲的限制性（但同样不确定）要件，也就是信任关系，回应以反对态度。诚然，向来的看法是，除非最初得利是在有信任关系的场合受领，否则就通过追踪工作辨识出来的幸存得利，不得主张衡平法上的财产权（proprietary right）。这个不令人满意的看法，将在下面几段讨论。但是，对原告是否享有对物权这个问题的该条处理路径［信任关系］，不管可能有什么缺陷，若是将此间争点理解为，这是基于抽象合理性或公平正义而逐案决定的事情，那么这些缺陷不可能得到根治。

---

　　*　译按：衡平法上的留置权（equitable lien），指将特定财产的一部或全部用于偿还某项债务或一组债务的权利，该项权利在普通法上不被承认。衡平法上留置权的产生，或者是来源于书面合同中当事人明确的、用特定财产偿还债务的意思表示，或者是衡平法院根据当事人之间的关系及交易情况，出于公正的考虑而作出的宣告。《元照英美法词典》，第482页。

　　[55]　Goff and Jones, p. 61.

（一）财产权基础

对最初得利（通过替代或混合）现幸存于其上的资产，要产生返还性质的财产权，*唯一令人满意的基础是：被告受领最初利益的具体案情事实必须是，要么在普通法上，要么在衡平法上，原告或者保持着，[56]或者取得被告所受领之标的物上的财产权，而后一直保持，直到替代或混合发生。比方说，像大通曼哈顿银行诉以色列–英国银行案这样的案情：当被告受领错误给付的金钱时，原告即取得对人权，得请求归还最初得利（200 万英镑）；同时，案涉错误足够根本，从而阻止了财产权转移，原告仍保持对金钱的所有权，直到在被告账户里发生混合，或者更准确些，从受领到混合倘有一段时间，原告在这段时间仍保持着对金钱的所有权。同样的事情还可换个说法：倘若被告一直让最初得利处于分隔状态，原告得主张财产权并未转移。

在这些情形，被告受领之得利（除了替代或混合）本该继续属于原告，而最初受领的利益于原告主张权利时体现于不同资产上的，法律得于该资产上创设新的返还性质的对物权。相反的情况，倘若案涉错误不够根本，不足以阻止财产权转移，那么总是假设原告针对被告受领的价值得主张对人权，就不存在于任何幸存得利上认可对物权的问题，盖除了中性的或偶然的混合或替代事实，据假设（*ex hypothesi*），案情事实使得原告［只能］主张纯粹对人权。短语"财产权基础"（proprietary basis）用来表达如下思想：倘若原告希望在幸存得利上主张对物权，即必须证明，在故事的开始，原告对标的物享有财产权，且并无替代或混合之外的其他事实发生，从而剥夺其对物权。

这个区分的道理在于：倘若在最初受领利益时，财产权已转移给受领人，从而原告已处于只能主张对人权的状态，不得不与其他未受担保的对人权一起排队，那么法律已经决定了立场，基于这些事实，原告不得享有任何对物权的好处。是以，被告嗣后碰巧将受领的标的物［与其他物］混合，或用来换得其他资产，这些事实并不能让原告重新取得对物权［较对人权］的优先

---

* 译按：财产权（proprietary right）与对物权（right *in rem*）同义，即就案涉标的，针对不特定的一般人享有权利，相对于针对特定人的对人权。

〔56〕你自我处受领一枚硬币，倘若我保持所有权，同时得到一项新的对人权（你应归还硬币的价值），那么存续的对物权并非返还性质的权利（参见前文边码 50 以下），但新的对人权是返还权利。倘你以戒指替换了硬币，而法律给我戒指上的对物权，那么这项新创设的权利是返还性质的权利，旨在使你［向我］让与得利。

地位。倘持其他立场，会使混合或替代这些偶然行为发生无法解释的法律后果。假设我［自你处］受领了 5000 英镑，这笔钱不管在普通法还是衡平法上都是我的，但依具体案情，我有义务向你偿付相当金额，那么不能认为，我将这笔钱存入我的账户或者用来购得一部车的行为，使你取得在汽车上的对物权或者对我的账户的优先权。不仅从本质上讲，所有这些嗣后行为都不可能发生如此法律后果，而且［从实际角度看，］倘能发生此等后果，那么只要借款人将款项花出去或存入银行，举国上下，所有未受担保的贷款人都将立即取得有效担保权益。反之，倘若案情事实为，受领人于受领利益时并未取得产权（title），而是在原告权益的约束下控制着案涉财产，那么嗣后发生的混合或替代（就原告的优先地位争点，完全是中性的），就使得法律有空间利用能用的手段来保留原告最初的地位，法律得通过在这些行为的幸存成果上创设对物权来实现这一点。现将以上立场简洁概括如下，原告要想在幸存得利上主张对物权，不仅必须证明最初受领的得利至少部分幸存，还必须证明，发生在案涉得利上的变化，始于标的物归属于原告，亦未曾经历自性质而言会消灭原告产权的事实（除了混合及替代的中性事实）；欲以对物权终，必以对物权始，且不得发生让该对物权消灭的事实，除了丧失同一性。

　　为了在幸存得利上成立返还性质的对物权益，普通法要求以财产权为起点，对此向无任何疑问。但如前面看到的，普通法辨识剩余物的手段很容易受挫败。衡平法的处理方式不同。依向来的主张，只有标的物通过了信任关系的棱镜，从而将普通法权利与衡平法权利分离开来，衡平法上的所有人权益才能成立。是以在迪普洛克案中，上诉法院仔细分析了辛克莱尔诉布鲁厄姆案（稍后讨论[57]），并得出结论说，辛克莱尔诉布鲁厄姆案于追踪之后认可衡平法权利是基于如下事实，即越权将案涉款项存入伯克贝克银行的存款人，是在自己与受领金钱的几位董事之间存在信任关系的背景下让出金钱。代表法院发布判决的掌卷法官格林勋爵写道：

　　"帕克勋爵和霍尔丹子爵都断言，以在某个阶段存在某种信任关系（不过不必是积极的受托义务），而该信任关系足以产生衡平法上的财产权为前提，衡平法会认可存在财产权（right of property）。就眼下正讨论的规则，怎样的

---

〔57〕　参见后文边码 396 以下。

［信任］关系足以产生这样的衡平法权利，是个尚未精确定谳的问题。有些关系肯定包括在内，比如信托的（真正或推定）受托人与受益人（cestui que trust），还有诸如本人与代理人之间的'信任'关系。辛克莱尔诉布鲁厄姆案本身提供了另外的例子。在该案中，得认定存款人与银行董事之间存在充分信任关系，理由在于如下事实，即存款人将案涉金钱交与银行董事是出于特定目的，而该目的依法律规定根本不能实现。"[58]

为何如此执着于"信任关系"要件？理由有二。第一，从历史角度看，衡平法在幸存得利上成立对物权，是从受托人滥用信托财产的案件扩展开来的。"受信任人"（fiduciary）意指"类似受托人"（trustee-like），该词维系着［对物权］与最早的核心案件的联系：信任关系意指，得如同受托人与信托受益人之间的关系，以同样方式或诸多同样方式中的某些来处理的关系。第二，正是在信任关系的场合，衡平法打算确认，正如信托受益人与受托人之间的关系，［信任关系中的］受益人或者本人在系争标的物上获得衡平法权益。换言之，在某物由甲处转移至乙处的场合，确认甲乙之间有信任关系，实际上就等同于并且以某种方式确实表达了如下结论：在衡平法看来（哪怕普通法不这样认为），甲保持着在物上的财产权/所有权（property）。

将该术语的历史角色放在一边（这项工作得一劳永逸地完成，继而从日常词汇表中清除），可以这么讲，以信任关系为要件，在此场合，完全等同于前面描述的以未消灭的财产权基础为要件：原告要在幸存得利上主张衡平法上的所有人权益，必须证明如下事实，即对最初受领之利益的财产权/所有权，在普通法及（and）衡平法上，并未转移给受领人。倘能证明此等事实，故（至少在衡平法上）仍持有物上的财产权/所有权，那么在辨识出幸存得利之后，即得于那些不同资产上成立衡平法上的所有人权益。在这些事实得到证明的情形，原告与受领人之间的关系得被恰当称作"信任关系"，盖类似信托受益人与受托人之间的关系。诚然，倘事实是，在得利上的普通法产权确实转移给被告，衡平法上的产权产生并仍在原告手里，那么［原被告间的］法律关系就不是"类似"（like）信托受益人（cestui que trust）与受托人间的

---

[58] Re Diplock [1948] 1 Ch. 465, 540.

关系，*而就是这样的关系。最好是时刻探问，案情事实是否是这样的（至少在衡平法上，哪怕普通法上不然），即在最初受领利益的时候，原告消极地保持或者积极地取得产权。一旦能证明这个衡平法财产权基础（在财产转移的那个时刻，原告成为衡平法上的所有权人，或者仍然为衡平法上的所有权人），信任关系的［那套］语言或者信托与受托人的［那套］语言随之自动而至，盖这不过是重新描述财产权基础。

即便在前面援引的迪普洛克案判决的片断中，也显而易见，对信任关系的要求是由其他事实所得出之结论的一部分，本身并非得出该结论的理由。掌卷法官格林勋爵说及辛克莱尔诉布鲁厄姆案，"在该案中，得认定存款人与银行董事之间存在充分信任关系，**理由在于如下事实，即存款人将案涉金钱交与银行董事是出于特定目的，而该目的依法律规定根本不能实现**"。[59]并不是说，在案涉事实发生之前，一般存款人与一般银行之间有信任关系（正相反，盖银行与顾客之间类似于债务人与债权人的关系），而是说，由于交付目的不能实现，衡平法愿意介入并认可，在［被告］几位董事最初得利时，［原告享有］持续的所有人权益。一旦认可存款人享有所有人权益，几位董事就必定为受信任人。在辛克莱尔诉布鲁厄姆案中，霍尔丹子爵澄清说，依彼之见，重要的事实就是这个对价无效。运营伯克贝克银行的建筑贷款协会的意图是完全支配这笔金钱，以换取成立债务人–债权人关系的有效银行契约：

"但其意图在于，考虑到给了对方这样的允诺，协会应有权像自己的一样任意处分。对价无效（*failure of consideration*），存款人有权追踪这笔无效借入的金钱，追踪至这笔金钱投于其中的资产……"[60]

帕克勋爵的判决表达得同样很清楚，重要的并不是案涉法律关系有着特别的内在特征，使之得被描述为信任关系，而在于具体案情事实创设了对物权/财产权的出发点，由此遂有可能在辨识出来的幸存得利上，也就是在仅仅代表权利最初标的（original subject）的物上，成立衡平法的对物权。帕克勋爵相信，383

---

* 译按：后面这个"受托人"（trustee），原文误作"受益人"（beneficiary）。

〔59〕　Ibid. 作者加粗。

〔60〕　Sinclair v. Brougham［1914］A. C. 398, 423.

从金钱交付到发生混合，存款人在这一期间甚至保持着普通法财产权。[61] 在这个普通法财产权的基础上，帕克勋爵附加了其所谓不同的衡平法路径：

"衡平法则从不同的立场来处理问题。衡平法认为，这几位董事（或代理人）与出借人［指存款人］之间的关系是信任关系，他们［董事］手中的金钱实际上是信托金钱。［这条路径］从个人衡平法权益（personal equity）出发，考虑到让不能主张善意有偿购买之人保有滥用信托金钱得到的利益将显失公平，［这条路径最终达到的］结果是，正如很常见的，创设出实际上的财产权（right of property），虽说普通法并不认可这是财产权。"[62]

放在上下文中读这段判决，还算清楚。在帕克勋爵看来，此等衡平法财产权发展起来的必要性在于如下事实，即普通法所持立场为财产权并未转移，但又无法追踪到代表最初受领之利益的幸存得利。正是为此，衡平法必须如同回应保护信托财产的必要，以同样方式回应眼下的局面。

前面勾勒过大通曼哈顿银行诉以色列-英国银行案的案情，在该案中，古尔丁法官不得不应对如下论辩：原告纵能辨识出若干幸存得利，亦不得于其上成立任何衡平法权益，盖原告与受领错误给付的被告之间并不存在信任关系。古尔丁法官的看法显然是，要求当事人之间有信任关系这个限定条件，取决于对如下问题的回答，即在受领最初得利的时候，原告能否指出财产权基础。当标的物转移至错误的人手上时，倘若原告仍保持有衡平法财产权，那么由于该时刻存在的财产权基础，当事人间的关系即为信任关系，俾便于幸存得利上成立新的对物权。

过去曾有看法认为，阿特金勋爵明确了如下立场，即只有做决定的人不仅有权力影响个体权利，而且有义务依法行事，行政决定方得接受司法审查。[63] 里德勋爵（Lord Reid）在里奇诉鲍德温案中证明，阿特金勋爵的意思是，依法行事的义务是从影响个体权利的决定中推断出来的。在任何［行政］决定得被法院审查之前，是否合法并非必须证实的独立要件。[64] 在大通曼哈顿银

---

[61] 参见后文边码 387 页。

[62] Sinclair v. Brougham [1914] A. C. 398, 441.

[63] R. v. Electricity Commissioners [1924] 1 K. B. 171, 205.

[64] Ridge v. Baldwin [1964] A. C. 40, 74 ff.

行诉以色列-英国银行案中，就涉及幸存得利的财产权利请求，古尔丁法官以类似思路解释了信任关系。在这段重要判词中，古尔丁法官指出，要求当事人之间的关系具有信任特征，是从衡平法上的财产权基础得到的推论：

> "这第四点［亦即古尔丁法官对迪普洛克案判决的总结］表明，应受追踪的资金，在到达错误的人手中之前，不必（如迪普洛克案那样）曾为信任债务的标的（subject）。只要将金钱交付到错误的人手中这个事实本身会产生信任关系（如辛克莱尔诉布鲁厄姆案），即已足够。还是这个第四点，也让人对被告律师的如下意见产生极大怀疑，即必不可少的信任关系必须产生于合意交易（consensual transaction）。在辛克莱尔诉布鲁厄姆案中，不管是存款人还是几位董事，都并无意图在存款人与身为本人的董事之间建立任何［信任］关系。双方的目的是（很遗憾，该目的漠视了制定法对建筑贷款协会权力的限制），在存款人与身为本人的董事之间建立契约关系。*但在具体案情下，存款人在交出的资金上仍保持着衡平法财产权，于是在存款人与董事之间产生信任关系。以同样方式，我得假定，某人由于事实错误而交付金钱的，仍在金钱上保持有衡平法财产权，而相对方的良心令其负有信任义务，尊重该财产权。"[65]

总的来说，在两个不同情形下，法律在幸存得利上成立衡平法上的对物权。一种情形是，受领人确实取得对最初得利的普通法产权，但据案情事实，分离出衡平法产权并赋予原告，从而在两人间产生类似信托的关系。另一种情形，受领人并未由于财产转移而取得任何产权，故原告仍为普通法上的所有权人，直到发生混合，使得普通法产权消灭，这时不得不援引衡平法规则，以辨识最初价值幸存于其上的资产。在这两种情形，在被告最初得利后，原告都有必要的财产权基础；据此基础，通过追踪程序辨识出最初得利幸存于其上的不同资产，于该资产上成立新的衡平法权益。

不同于上述两种情形，还有第三种情形，不能在幸存得利上主张财产权。在此情形，原告的财产转移给被告，依案情事实，被告虽负有［表现为］偿还价值的返还债务，但（就对物权而言）确实享有完全的权利，不管在普通

---

* 译按：前后两句都有"身为本人的董事（directors as principals）"。

[65] Chase Manhattan Bank N. A. v. Israel-British Bank (London) Ltd. [1981] Ch. 105, 119.

法上还是衡平法上。在迪普洛克案中，上诉法院在论及辛克莱尔诉布鲁厄姆案的判词时写道，"可以注意到，不管是帕克勋爵，还是霍尔丹子爵，都未曾说过，衡平法救济延伸及于一切甲占有属于乙之金钱的案件，而这正是达尼丁勋爵（Lord Dunedin）看起来倾向于接受的观点，虽然其未真正这样做"；[66]上诉法院所指的，应理解为就是前句所说的那一类案件。在这类案件中，属于原告的金钱，随着转移给被告，不再属于原告。基于转移事实，原告丧失了财产权基础。

这第三类案件有些比较特殊的例子发生于如下情形：甲将货物出售并交付于乙，但附有约款，甲仍保留产权，直到乙付清价款，或者乙对甲所负一切债务皆清偿完毕。此际，依保留条款，货物仍属于甲，但有可能会给乙转售或者使用货物的权限。问题遂生：乙的权限是得为自己的利益而行使，还是只能为甲而行使？假设乙将货物转售，得到 1000 英镑，这笔钱归乙所有吗？抑或甲对得追踪的部分享有所有人权益？出发点是，甲确实享有必要的财产权基础，得据之对可辨识的幸存得利主张对物权，但这个初步看来成立的权利，[能否得到法院支持，]取决于如何解释甲赋予乙的权限。倘若甲的意思是，乙得自由为自己的利益而出售，那么甲只能寻找自己能主张的对人权；[67]倘若赋予权限的意思是，只能为甲而行使，那么甲得主张财产权，乙将被界定为甲的受信任人。[68]但要记得，英国法院对这样保留衡平法产权抱有敌意，故当事人很容易发现其企图得不到法院支持。[69]

386 （二）两个难题

前面小节的核心主张是，原告要想在幸存得利上主张对物权，必须证明自己享有并且从未丧失"财产权基础"（proprietary base）"，混合或替代情形除外。援引信任关系会扰乱注意力，影响对财产权基础的考察，盖信任关系或会被错误理解，以为是描述产生此等财产权基础在衡平法上的必要条件，

---

[66] Re Diplock [1948] 1 Ch. 465, 540; cf. p. 543.（"达尼丁勋爵的意见或很吸引人，但不能认为合乎霍尔丹子爵、阿特金森勋爵以及阿特金勋爵的意见。这几位尊贵而博学的法官将返还权利局限于这样的案件，此类案件中存在衡平法理解的财产权。达尼丁勋爵则将其青睐的原则理解为，只要甲的财产并无正当理由而转移到乙的手里，即得适用。"）译按：原注误作 Sinclair v. Brougham。

[67] Borden U. K. Ltd. v. Scottish Timber Products Ltd. [1981] Ch. 25.

[68] Aluminium Industrie Vaasen B. V. v. Romalpa Aluminium [1976] 1 W. L. R. 676.

[69] See e. g. Re Peachdart Ltd. [1983] 3 All E. R. 204. Cf. Re Bond Worth Ltd. [1979] 3 All E. R. 99.

而不是［实则是］财产权基础产生时存在的情势。即便该理解是对的，仍有两个重大难题必须在这里提示。当然，这两个问题都需要更为深入的考察，那已不属本书范围。

1. 第一个难题

第一个难题是：到底在怎样的案情下，对被告享有返还性质对人权的原告，并没有充分的财产权基础（至少在衡平法上），好让其对幸存得利主张受益权或担保权益？前面假设过如下案情：案涉财产系出于错误而转移，该错误足以产生第一种返还标准（受领价值）下对特定人的返还权利，但还不算根本错误，不足以保留原告的财产权基础。找不到具体案例。前面还给过另外的例子：初步看来有充分的财产权基础，但原告表达出来的相反意思将之取代，依该意思，被告对任何替代或混合的成果都享有绝对权利。[70]这类案件很罕见，站在寻求返还救济的原告是否缺乏充分财产权基础这个问题的角度看，这类案件也不会让人感兴趣，盖此种情形，原告不是缺乏财产权基础，而是选择放弃该基础。

有两类案情事实，格外需要密切关注。第一，原告为对价而转移财产，可对价无效。原告明确将之当作自己给付基础的对价，是相对方基于契约的对待给付，此际，如吾人所知，契约并非溯及既往（*ab initio*）被撤销，而是面向将来（*de futuro*）被解除。我向你支付金钱，是为了你允诺的货物，或者反过来，你给我货物，是为了我允诺的金钱；不论违约还是履约受挫，都并未将契约完全切除（cut away）。[71]这意味着，依［普通］法，不管你我两人谁先让与，所有权都会转移，而且（由于解除没有溯及效力），不会回转。顺理成章，依［普通］法，你我两人都只享有针对特定人的请求权。你我都丧失了财产权基础。是以，即便我能够证明，你现在持有的戒指代表你受领的价款，我也不能通过转向第二个返还标准，期望将自己从对人权的原告推进到对物权的原告那个位置。

这看起来是很清楚的案子。可辛克莱尔诉布鲁厄姆案却让人生出很多疑惑，该案似乎认为，在对价无效情形，原告确实有充分的财产权基础。[72]即

387

---

〔70〕　Borden U. K. Ltd. v. Scottish Timber Products Ltd. ［1981］Ch. 25.

〔71〕　参见前文边码 222，注 8；边码 226，注 26。

〔72〕　参见前文边码 382 以下。

便辛克莱尔诉布鲁厄姆案的这个侧面或许错误（如下节将会论及的），如下说法仍是对的：衡平法确实给了对价无效一定法律后果，手段是归复信托，[73] 从而认可，在此等情形，原告确实有充分财产权基础。很难看出，如何能够区分一个对价无效与另一个对价无效。比如，不可能主张，在某些案情下，由于对转让人增益受领人的意图附加了格外清楚或严格的限定条件，财产权基础得以保留。盖真相是，对价无效总是依赖于将该附限制条件的意思清楚表达出来。假设我给你 1000 英镑，期待或希望你下周给我一部车或者你下周会和某甲结婚，而你并未给我车或者并未结婚，倘我并未清楚表示，这些事实的发生是我给予的基础，那么我就处于冒险自愿行为人的脆弱位置上。倘若你并未自由接受，那么以上事实未发生的法律后果是，让我丧失一切返还权利，而不仅仅是财产权基础（在我主张权利时，最初得利仍幸存于其他资产上的，财产权基础让我得对该资产主张对物权）。

[第二，] 另一 [类] 案件是，被告违反了对原告的义务，从而自第三人手中受领最初得利。此类案件或得称为利斯特诉斯塔布斯案难题。[74] 被告违反对原告的义务，倘若表现为挪用/盗用原告的财产，那么无疑，原告有充分财产权基础。这是简单的核心案件。你占有我的牛，用牛换得一匹马，用马换得 1000 英镑，用这笔钱购得某公司股份。我得从牛开始，牛虽在你手中，但仍是我的。这给了我所需要的财产权基础。我遂得接着在你现在持有的股份上，主张新的对物权。倘若我是享有衡平法财产权的信托受益人（cestui que trust），而你对牛享有普通法财产权，情况完全一样。我的衡平法权益将给我必要的财产权基础。倘与前述情况不同，被告的义务违反并未表现为挪用/盗用财产，比如博德曼诉菲普斯案，[75] 要说原告能在幸存得利上主张对物权，极为可疑。在博德曼诉菲普斯案中，博德曼违反了避免利益冲突的义务，从而得利。博德曼被看作 [衡平法] 推定受托人，但该术语并不指示任何具体结论。吾人确切知道的一切不过是，博德曼在衡平法上负有义务让与所得利润；信托受益人享有相关的对人权，要求博德曼这么做。至关重要的事实

---

[73] 参见前文边码 224 以下，esp. Barclays Bank Ltd. v. Quistclose Investments Ltd. [1968] 3 W. L. R. 1097；Essery v. Cowland (1884) 26 Ch. D. 191。遵循这个脉络会导致对霍斯勒诉佐罗案（Horsler v. Zorro [1975] Ch. 302）离经判道的观点抱持更为同情的态度。

[74] Lister v. Stubbs (1890) 45 Ch. D. 1.

[75] Boardman v. Phipps [1967] 2 A. C. 46. 译按：参见前文边码 125、320、341。

是，博德曼没有破产。是以，原告没有必要主张任何对物权。原告也没有任何理由从第一个返还标准转向第二个返还标准。"受领价值"即是原告想要得到的。

依前文所述，对幸存得利主张对物权的前提条件是，在故事的开始（亦即在最初受领得利的时刻）享有财产权基础。倘此论不虚，基于诸如博德曼诉菲普斯案这样的案情事实，有必要说，违反避免利益冲突的义务而有所得，该事实赋予义务违反的受害人以所有权。这正是上诉法院在利斯特诉斯塔布斯案中不会说的。

在该案中，斯塔布斯是利斯特公司的领班，职责是购进雇主业务中需要的任何材料，在与字号为瓦利的公司缔约时，收受了大笔佣金，并用于投资。争点在于，利斯特公司能否取得案涉投资。斯特林法官（Stirling, J.）认为不能，[76]理由是应区分以下两者：一是为特定用途，利斯特公司交给斯塔布斯的金钱；二是外人给斯塔布斯的金钱。就前者（原告当有充分的财产权基础），原告或可取得不法投资的收益；就后者，原告就案涉金钱从未取得任何财产权，是以只能主张对人权。[斯特林法官的]判决得到上诉法院支持。科林斯法官（Collins, L. J.）称，"余以为，这并非原告的金钱，无法使被告成为原告的受托人"。[77]原告只享有对人权：贿赂款应支付给原告，构成债务。林德利法官（Lindley, L. J.）指出，倘持其他立场，将意味着"斯塔布斯若是破产，那么斯塔布斯用瓦利公司支付的金钱取得的财产，将从全体债权人那里收回，全部交给利斯特公司"。[78]

这看起来是对的，不过戈夫与琼斯认为是错的，其称本案判决有失正义，盖法院未能区分"纯粹的财产权请求（pure proprietary claim）和返还性质的财产权请求（restitutionary proprietary claim）"。[79]恕我直言，这个场合不存在"纯粹"和"返还性质"的对比。倘若法院不过打算说，那笔贿赂款在受

---

[76] 遵循海罗尼案立场［The Metropolitan Bank v. Heiron (1880) 5 Ex. D. 319］，该案区分了衡平法债务（equitable debt）与衡平法财产权（proprietary right）。科顿法官（Cotton, L. J.）说，"前案与下面的案件有极大不同，即信托受益人（cestui que trust）请求返还的金钱，在受托人实施任何不法行为前属于原告自己。整个权利（whole title）都取决于有管辖权的法院以判决确认，受托人的欺诈行为给了信托受益人对金钱的权利"（at p. 315）。

[77] Lister v. Stubbs (1890) 45 Ch. D. 1, 12.

[78] Ibid., 15.

[79] Goff and Jones, pp. 62-63.

领的时候是衡平法上的债务，那么在后来金钱被其他投资物替代的时候，并没有理由将原告由对人权原告的位置提升到对物权原告的位置。不过还有个问题，利斯特诉斯塔布斯案并未解决。并无疑问，就辨识工作来讲，投资物代表着贿赂款。利斯特公司败诉的道理是，并没有充足的财产权基础，让该公司得在投资物上取得对物权，但并不清楚，倘若原告只是依据投资物价值主张对人权，当会怎么讲。这样的权利请求不会涉及从对人权向对物权的任何地位提升，不会危及其他债权人或第三人的利益。认为衡平法做不到认可这样的权利而不同时给予对物权效力，这个看法不能成立。[80]利斯特诉斯塔布斯案判决中并没有任何内容会排除以幸存得利为度量标准的对人权。

2. 第二个难题

这个难题同样棘手，不过局限于一个狭窄场合，即当追踪工作证明，最初受领的价值最终用于清偿一笔有抵押担保的债务时，原告是否有权取得因清偿而消灭的物上担保权益。这个问题不同于稍后将深入讨论的另一个问题，即原告是否有权在受清偿债务的数额范围内取得对人权。

390 　　一般认为，这个问题原则上应如是回答：倘若原告的情况是，自原告处受领的金钱若是花在某些有体资产上，或者投入混合资金，原告即得对在主张权利时辨识出来的幸存得利享有对物权，那么，［不是有体资产或混合资金，］案涉金钱若是被追踪至［因清偿而］消灭的抵押权，原告应能恢复（revive）该抵押权。*换言之，原告倘有充足的财产权基础主张对物权，那么在最初受领的价值碰巧被追踪至因清偿而消灭抵押权这种情形，不应剥夺原告原有的利益［对物权］。反之，原告并无财产权基础的，不得仅因辨识规则证明案涉金钱清偿了有担保的债，就将原告提升到有担保债权人的位置，正如案涉金钱已被证明用于购得诸如汽车或者房屋这样资产的情形，不能如此提升。这意味着，设我借给你金钱，而依案情事实，契约完全无效（比如身份根本错误），你用部分钱购买了汽车，用剩余部分消灭了抵押，我得对该车主张所有权，并恢复该抵押权；至于我最初是打算成为有担保的还是无担保的出借人，并不重要。关键案情事实是，将金钱转移给你的那个法律事实，

---

　　〔80〕　这是基于沃尔什诉朗斯代尔案［Walsh v. Lonsdale (1882) 21 Ch. D. 9］的反驳论辩，不能适用于物的价值，即便就物本身而言，也是对"衡平法将应为视作已为"（equity regards as done that which ought to be done）法律箴言的讽刺性滥用。

　　*　译按：revive，更新、恢复、使再生效。《元照英美法词典》，第 1198 页。

让我的财产权基础得以保留。倘若金钱上的所有权已转移给你，我即不能对汽车主张所有权，也不能恢复抵押权。在［金钱］所有权转移给你的情况下，假设我是依你的指示开出支票，直接寄给售给你汽车的车行或者你希望清偿的抵押权人，以此种方式借给你款项，亦是如此。

上段所述情形，必须与如下不同事实情形对照来看，即原告依据自己的意思而取得担保权益。有两个事实版本。第一个，原告与抵押权人直接交涉。原告找到抵押权人，基于自己的考虑，清偿了债务人的债务。看起来，这里的原告有权得到推定待遇，推定原告意图为自己保留抵押权。[81]第二个，原告将金钱交至被告手中，但附了条件，约定这笔钱只能用于清偿抵押［担保的债务］。由于这个附带条件，原告有权得到［债务］受清偿的抵押权。[82]这是［得到］担保权益的两条合意路径。

在诺丁汉建筑贷款协会诉瑟斯坦案（以下简称"瑟斯坦案"）中，[83]建筑贷款协会贷给瑟斯坦款项以购买土地，并意图在土地上取得抵押权。应瑟斯坦的请求，建筑贷款协会直接将款项支付给了土地出卖人，后发现借款人未成年，依 1874 年《未成年人救济法》（Infants' Relief Act）第 1 条，贷款及抵押皆无效。未成年人与土地出卖人之间的契约让未成年人取得土地上权益，该契约并非无效，只是可撤销。除非未成年人放弃土地，否则土地出卖人得请求支付价款，此外，未受清偿的出卖人还享有衡平法上的留置权。*不过出卖人得到了清偿，建筑贷款协会依该未成年购买人的指示，支付了价款。上议院认为，建筑贷款协会有权得到担保权益，即未受清偿之出卖人的留置权。

更近些时候，在奥拉克波诉曼森投资公司案中，[84]上议院考虑并阐释了瑟斯坦案。上议院认为该案向来被认为正确的基础在于，建筑贷款协会与未成年人之间的契约绝对无效。这一点的重要性大概在于，使得该案得被理解为属于上面讨论的第二类案件。**完全不理会建筑贷款协会与未成年人之间的交易，法院得如是理解该案，即建筑贷款协会找到土地出卖人，越过购买人

391

---

〔81〕 Ghana Commercial Bank v. Chandiram［1960］A. C. 732, 745.

〔82〕 Wylie v. Carlyon［1922］1 Ch. 51.

〔83〕 Nottingham Permanent Benefit Building Society v. Thurstan［1903］A. C. 6.

* 译按：衡平法上的留置权，参见边码 378 页。

〔84〕 Orakpo v. Manson Investments Ltd.［1978］A. C. 5.

** 译按：似乎当指边码 390 末段所说第一类案件。

与出卖人交易，达成清偿出卖人留置权［所担保之债务］的合意。换言之，在与土地出卖人的交易中，建筑贷款协会通过自己明确表达出来的，或者推定明确表达出来的意思，而取得该留置权。

对瑟斯坦案的这个修订解释，事实上是唯一可能的解释。倘若着眼于非合意路径，探问能否认为，建筑贷款协会有权得到留置权，是由于其［贷出］的金钱可追踪至留置权［所担保之债务］受清偿，答案十有八九为否定。依据被 1874 年《未成年人救济法》确认为无效的契约，意图转让的［金钱］所有权确实转移。[85] 故不能认为，就贷出的金钱，建筑贷款协会保持有任何财产权基础。虽说仅就辨识事宜而言，案涉金钱得被追踪至出卖人留置权［所担保之债务］受清偿，但并无理由将建筑贷款协会提升到对物权的权利人位置。称原告一开始就意图成为有担保的权利人，这说法不得要领，盖取得的担保权益完全无效。

在奥拉克波诉曼森投资公司案中，[86] 上诉人从被上诉人（放贷人）处借得大笔款项。贷款有抵押担保。依 1927 年《放贷人法》（Moneylenders Act）第 6 条第 1 款，贷款和抵押权都不能强制执行（unenforceable），盖两份契约的书面备忘录都不完备。遵循自己的先例康格斯伯里汽车公司诉英比法合资公司案，[87] 上诉法院认为，如同瑟斯坦案，贷款人有权取得以借贷款项清偿的出卖人留置权（或其他担保权益）。上议院撤销了上诉法院判决，先例康格斯伯里汽车公司诉英比法合资公司案也被推翻。无疑，贷款人不能主张享有任何财产权基础，为取得受清偿的担保权益提供理由。贷款契约并非无效，只是不能强制执行。故不能认为，［案涉］金钱上的所有权仍归贷款人。由此可知，只有基于前面第二类案件描述的合意路径，才能恢复担保权益。基于案情事实，只有原告将之写入契约条款，即借贷款项要用于清偿此前的留置权及其他担保权利［所担保之债务］，才有希望胜诉。没有包含此类条款的备忘录即有缺陷，而依赖此等条款的担保权益与贷款人实际取得的抵押权一样不可强制执行。是以，不管是"财产权基础"路径，还是合意路径，贷款人都不能取得担保权益。

---

[85] Stocks v. Wilson ［1913］2 K. B. 235；Pearce v. Brain ［1929］2 K. B. 310. 若这是错的，看来（semble），未成年人得利用罗兰诉迪瓦尔案（Rowland v. Divall ［1923］2 K. B. 500）；另外，第三人会受损害。

[86] Orakpo v. Manson Investments Ltd. ［1978］A. C. 5.

[87] Congesbury Motors Ltd. v. Anglo-Belge Finance Ltd. ［1971］Ch. 81.

这个领域的主要难题是如下事实：上议院在奥拉克波诉曼森投资公司案中否认贷款人得经由合意路径取得［债务］受清偿的担保权益，［重新］阐释了瑟斯坦案，可几乎没做什么来澄清或确认另一类案件，即原告不能主张和抵押人或抵押权人订立过契约以取得担保权益，却不得不仅仅依赖财产权基础，主张自己的金钱［清偿］消灭了抵押权。结果就是，该类案件的存在，现在或会受到怀疑。不过有些案件，无法另作别解。在巴特勒诉赖斯案中，[88]原告贷出款项专用于清偿抵押［担保的债务］，但订立的契约系基于错误的假定，即以为借款人赖斯先生是案涉房屋的所有权人-抵押人，事实上案涉房屋归赖斯太太所有。原告与赖斯先生之间的契约，就赖斯太太而言，实际上是他人的事情，跟赖斯太太完全无关。不过，当赖斯先生事实上清偿了抵押［担保的债务］时，原告即得取得担保权益。类似的情节再次发生于布罗克莱斯比诉戒酒建筑贷款协会案中，[89]贷款人受欺骗提供了款项，这笔钱在所有权人-抵押人不知情的情况下，用于清偿其财产上的抵押［担保的债务］；原告再次得到担保权益。在这些案件中，由于有错误和欺诈的案情，故有可能主张说，尽管贷款人与抵押人或者抵押权人之间并不存在契约关系，但贷款人保持着充分的财产权基础，使得贷款人得于追踪之后，成为对物权的权利人，而不是仅享有对人权。

（三）混合或替代的期间

这个小节简单讨论在如下期间原告权利的性质问题：起于受领的时间，必须确定在这个时候原告是否有充分财产权基础；终于原告就幸存得利主张受益权或者担保权益的时间。［假设］由于原告的根本错误，你受领了1000英镑。假定基于案情事实，原告仍保有钞票上的所有权。你将这1000英镑存入银行账户，发生混合。适用克莱顿案［先进先出规则］后证实，*你先是签发了一张6000英镑的支票购买股份，而后以12 000英镑售出，为买房支付了定金，那1000英镑已不在账户。现在的问题是，在这整个期间，原告是否对你的账户、股份以及现在的房子享有对物权。答案是，原告对以上任何财产从来都不享有留置权/优先权或者比例权益，只有权力具体化此等权利

---

　　[88]　Butler v. Rice［1910］2 Ch. 277. 但要补充，倘太太不接受清偿（确实打算否认丈夫的代理权），案涉事务即为他人的事情（*res inter alios acta*）。

　　[89]　Brocklesby v. Temperance Building Society［1895］A. C. 173.

　　*　译按：参见边码363以下。

（power to crystallise such a right）。

这类问题很难回答，盖只在具体案情下才需要决定。在莱斯利工程公司案中，[90] 奥利弗法官（Oliver, J.）必须考虑 1948 年《公司法》第 227 条在涉及混合资金时的适用事宜。第 227 条写道：

> "在法院命令的停业清理程序中，对公司财产的任何处分，包括权利动产，*股份的任何转移，或者公司成员地位的改变（alteratioin），于清理程序开始后所为者，皆为无效，除非法院另有命令。"

394　　在公司清理程序开始后，某位董事从公司账户中取出金钱，存入自己和妻子的联名账户，而后将这笔钱付给了某具体债权人，该人曾为公司提供劳务。争点是，向该债权人付款是否是"对公司财产的任何处分"。奥利弗法官认为，存在账户里的钱并不是公司财产。"公司财产"并不表现为账户余额，而表现为已发生的法律事实为公司创设的权利。是以公司对该董事享有对人权，得要求董事偿还最初占有的金额，并有权在衡平法上追踪案涉金钱。

奥利弗法官指出的两点，[第一，]公司有"追踪的权利"，[第二，]但账户里的金钱，或者更准确地说，针对银行的权利请求，并非"公司财产"，其意义是，在原告主张权利并从事辨识工作之前，原告有的，不过是有权力具体化确定的对物权（crystallise vested right *in rem*）。[91] 这个分析有用，盖解释了为何下面两个权利得有不同：一个是原告在一切混合及替代发生后最终主张的权利，一个是原告在被告最初受领得利后享有的权利。也就是说，并无必要去理解原告最初的财产权在存续中发生了什么。这也阻止了原告财产的几何式增长。倘若公司董事占有公司的汽车，以 1000 英镑出售给恶意购买人，依任何其他分析，公司都将同时拥有汽车和 1000 英镑。

二、第二类范畴：针对特定人的权利请求

针对幸存得利的对人权是这样的权利：就通过追踪程序辨识的相关资产，

---

[90]　Re Leslie Engineers Co. Ltd. ［1976］1 W. L. R. 292.

*　译按：权利动产（things in action），指并未实际占有，而只有通过诉讼才能取得金钱或其他动产的权利。《元照英美法词典》，第 224 页。

[91]　Cf. Re Bond Worth Ltd. ［1979］2 All E. R. 919（analysis of Slade, J.）.

依该权利，原告放弃主张任何所有人权益，而是主张被告负有债务，将幸存得利的价值交给自己。用衡平法的传统语言，原告并非主张被告基于信托为原告持有资产，或者原告有重新取得案涉资产的衡平法权益，而只是说，被告就案涉资产的价值对原告负有报账义务（accountable）。前文曾指出，"清账/报账"（account）不应不严谨地用以指称"支付"（pay）。* 是以，原告现在应该主张的是，被告负有债务，将幸存得利的价值支付给原告。这类针对特定人的权利请求，优点是在破产场合不具有优先地位。

得将该特征理解为优点的道理在于，这意味着，原告依第二个标准寻求返还救济的，以及并不需要对物权优先地位的，不会仅仅因为处于原告位置的其他人可能会主张原告既不需要也不想要的优先地位，而被两手空空地打发走。也就是说，针对特定人的权利请求不会遭遇"最大共同障碍"（highest common obstacle）现象。这一点得通过修改博尔顿诉琼斯案的案情来说明。[92]读者当还记得，博尔顿误以为琼斯［向自己］订购货物，遂向之供货，琼斯将货物消耗掉，方才知道全部事实。前文还指出，由于琼斯不知道真相，这个事实给博尔顿基于自由接受主张任何权利造成了困难。即便博尔顿基于自愿意思无效（错误）主张权利，第一个返还标准下的权利请求也会在得利争点上遭遇困难。但假设琼斯仍保有最初受领的货物或者替代物，比如拿最初受领的货物换得一匹马，在博尔顿主张权利时，马匹仍在琼斯手中。既然由于得利争点，不能依第一个标准主张权利，那么为何博尔顿不能转向依第二个标准主张权利，从而（基于这些事实）避开主观贬值的可能？[93]简言之，为何不对马匹的价值主张权利？倘若幸存得利只能依对物权主张，那么答案是，相对于琼斯的其他未受清偿的供货人，原告会取得不应得的优先地位，而倘若琼斯破产，那么答案是，处于类似位置的其他人，相对于破产的被告，会得到不应得的优先地位。是以，博尔顿对幸存得利的权利请求会被任何坚持同类权利请求的人都可能遇到的最大障碍阻挠。对人权则不会遭遇该障碍。对"受领价值"主张权利既然无法克服得利争点难题，遂得转而

---

* 译按：参见前文边码 81。

〔92〕 Boulton v. Jones（1857）2 H. & N. 564. 译按：参见前文边码 115—116。

〔93〕 参见前文边码 128。倘若返还权利请求针对受领的特定物或其价值，只要标的物可返还给原告（returnable），主观贬值论辩即受阻碍，盖既得返还，被告自不得拒不返还无价值的标的物；倘虽将标的物描述为无价值却不愿返还，则不得拒不支付物的价值。

396 对"幸存价值"主张权利，盖基于具体案情，能依第二个标准证明得利。在破产场合，与其他无担保债权人处于同等地位。

对博尔顿诉琼斯案的这个假设变形让人看到，什么样的动机会让原告希望依第二个标准主张对人权。一般说来，这会发生在依第一个标准主张权利会遭遇某些困难而依第二个标准得避免的任何情形。

辛克莱尔诉布鲁厄姆案即为此类案件。[94]越权［银行业务］的存款人不能依第一个返还标准（也就是受领价值）主张权利。缘故在于，依第一个标准实现返还的判决，跟案涉越权契约一直都在权限内（intra vires）时将得到的判决，在内容上完全一致。换言之，依第一个标准实现返还，将公然抵触越权规则。依第二个标准请求返还，也就是考察建筑贷款协会还剩下些什么，不会抵触越权规则，盖建筑贷款协会可能还剩下的，与存款人在契约有效情形本得讨还的，两者间不存在必要等值。整个案件的关键在于，上议院决定，第二个标准下的返还权利请求合乎越权规则的文义和政策。如何救济存款人，以此为依据。如萨姆纳勋爵（Lord Sumner）所说，"该如何做，我想很清楚；唯一的困难在于，如何描述这里的原则，如何使之成为其他普通法或衡平法规则的一部分"。[95]

这里的假定是，存款人为了能依第二个标准得到救济，必须主张对物权。霍尔丹子爵如是说："原告的权利请求不能是对人的，必须是对物的，这是追踪并讨还财产的权利请求，在衡平法上无论如何，原告从未真正让出过该财产。"[96]但精确来讲，存款人需要的是对人权，盖该案结果仍有一处可供批评，仅关乎财产权利请求。由该案必须得到如下结论（正如目前的状况），即越权［银行业务］的出借人原则上优先于未受担保的债权人。这是可接受的结论（哪怕越权出借人最初并未意图成为有担保的债权人），只要如下说法确实是对的（至少在衡平法上），即案涉财产权在越权交易中并未转移。换言之，只要越权出借人确实保留着财产权基础，结论即可接受。但要说越权出借人确实如此，极为可疑。在类似案例中，即案涉交易依 1874 年《未成年人救济法》

397 绝对无效的情形，虽说契约无效，但法院向来认为权利确实转移。[97]倘若越

---

[94] Sinclair v. Brougham［1914］A. C. 398. 译按：参见前文边码 363。

[95] Ibid., 458.

[96] Ibid., 418.

[97] 参见前注 84。

权交易的债权人果真得优先于有效交易中未受担保的债权人，那么在某些案情事实下，越权交易的债权人会抓住这个好处，不利用制定法现在给予［债权人］的将贷款作有效处理的选择权。[98]

　　不过，更恰当的理解是，上议院从未意图给予任何此等优先地位。基于具体案情，有两点事实，使得有可能不必纤毫毕现地关注该问题。第一，依当事人间的协议，未受担保的债权人得到清偿。第二，得认为，混合资金的性质使然，在债权人得到清偿前，存款人不可能辨识出其所为之给付的幸存剩余物。这两点事实意味着，上议院得承认存款人的权利，在特定案情下，如同对人权般行使，没有优先地位。倘得说，想知道法律是什么样，要看法律是怎么做的，而不是怎么说的，那么辛克莱尔诉布鲁厄姆案就为第二个返还标准下无担保的对人权提供了典型例子。

　　当追踪工作证明，越权贷款被用于清偿一笔有效债务，故公司得利幸存于债务受清偿而不是混合资金或混合资产，同样的问题遂以不同形式发生。倘受清偿的债务本身有担保，越权贷款人的返还权利请求是否有担保？前文指出，贷款人与借款人或者有担保的债权人之间若是并无有效契约，贷款人不会成为有担保的债权人，除非能证明自己保留了财产权基础。[99]这意味着，在这个场合，如果（如前面主张的）越权贷款人在给付之后并没有保留在借贷款项上的财产权，温洛克男爵夫人诉迪河公司案认可的对幸存得利的权利[100]应被限制为针对特定人的权利请求。在雷克瑟姆、莫尔德及康纳码头铁路公司案中，[101]上诉法院就是这么主张的。要说该案法院是以这里的讨论（即幸存得利及财产权基础）来界定该案的问题，那当然不对，但可以肯定，该案认可的是以幸存得利为标准的对人权。［在该案中，］越权贷款人向公司提供了金钱，这笔钱被用于清偿有担保的债权人。贷款人主张［得到］受清偿债权人的优先地位，法院称这让人吃惊、不可接受。[102]虽说法院拒绝认可原告的权利请求有担保，但这不意味着贷款人根本不享有权利。就有效支出的金钱，

398

---

　　[98]　依 1972 年《欧洲共体法》（European Communrities Act）第 9 条第 1 款，交易在绝大多数情形都有效（参见前文边码 309），但只"为与公司交易的善意相对人利益计"。一般认为，这意味着该相对人有选择权。

　　[99]　参见前文边码 378。

　　[100]　Baroness Wenlock v. Rive Dee Co.（1887）19 Q. B. D. 155. 译按：参见前文边码 374。

　　[101]　Re Wrexham, Mold & Connah's Quay Railway Co.［1899］1 Ch. 440.

　　[102]　尤其是罗默法官在初审阶段的意见（［1898］2 Ch. 663, 666）。

原告享有对人权。

正如萨姆纳勋爵发现很难将辛克莱尔诉布鲁厄姆案的做法归类，[103] 在雷克瑟姆、莫尔德及康纳码头铁路公司案中，上诉法院亦然，知道该做什么，但不知该如何描述。掌卷法官林德利说，用"代位"来解释判决结果并不牢靠，[104] 盖这可能暗示，不管在怎样的法律关系中，*越权贷款人必须处在受清偿债权人的位置。[105] 在另外一件案例中，塞尔伯恩勋爵（Lord Selborne）认为贷款人成为有效债权人：倘越权贷款被用于清偿［公司］权限内债务，公司的债务总体事实上并未增加，故跟越权规则立场一致，有可能在案涉数额范围内（pro tanto），确认贷款人债务有效。[106]

法院已接受，依第二个返还标准主张权利并不冒犯越权规则，并通过塑造一个对人权利请求将该观点落到实处，从而不让越权贷款人相对于未受担保的债权人取得不应得的优先地位。经由这般立场，前述判决的实用主义结果也就令人满意地统一起来。

在涉及向未成年人贷款的情形，浮现的画面并无不同。依 1874 年《未成年人救济法》，这些贷款无效，盖案涉契约并非出售生活必需品。不过，让未成年人将成年人请求返还时自己仍持有的不管什么［利益］归还，只要并未通过牺牲其他债权人而谋取不公平利益，就不会冒犯常识，至少在未成年人并未以某种其他方式变更境况时是这样。简言之，这又是一个以幸存得利为标准的对人权的好例子。

若是未成年人将无效贷款用于生活必需品，或者任何其他对未成年人有约束力的债务，也就是说，类似于雷克瑟姆、莫尔德及康纳码头铁路公司案的情形，那么无疑，成年人得主张对人权，请求返还。[107] 前面在瑟斯坦案中已看到，无效贷款人的金钱被用于支付给土地出卖人，无效贷款人亦得主张

---

[103]　Sinclair v. Brougham [1914] A. C. 398, 458.

[104]　Re Wrexham, Mold & Connah's Quay Railway Co. [1899] 1 Ch. 440, 447.

*　译按：原文为 for all purposes or for none。

[105]　Cf. Rigby, L. J. p. 455.

[106]　Blackburn Benefit Building Society v. Cunliffe, Brook & Co. (1882) 22 Ch. D. 61, 71. 译按：句中的"贷款人债务"（lender's debt）恐为"贷款人［对公司的］债权"或者"公司［对贷款人的］债务"之误。

[107]　Marlow v. Pitfield (1719) 1 P. Wms. 558；Lewis v. Alleyne (1888) 4 T. L. R. 650.

对物权。[108]还看到，瑟斯坦案的该侧面需要精致的解释。假定贷款人并未保留财产权基础，要取得留置权/优先权（lien），唯一的解释是贷款人与出卖人达成协议，而证据是通过推定补充的。在瑟斯坦案中，留置权有疑问，但对人权是独立事宜，并无问题。正如在雷克瑟姆、莫尔德及康纳码头铁路公司案中，并无必要说及代位。倘若无效贷款用于清偿有效债务，即未成年人手中有幸存得利。幸存得利表现为这种特殊形式的，得依第二个标准请求返还，并无疑问。

若是幸存得利表现为银行账户或者其他形式的资产，又当如何？或会回答说，为了最大力度保护未成年人，未成年人甚至不必依第二个标准负责任。但上诉法院在莱斯利公司诉希尔案中采纳了相反立场，[109]至少在未成年人以欺骗手段瞒报年纪的案件中是这样。[110]在该案中，被告未成年人是借款人。据案情，已无法追踪到贷款的任何幸存剩余物，是以不会直接产生第二个标准下的任何责任问题。不过有这样的主张，即对使用欺诈手段的未成年人，甚至得强迫其依第一个标准返还，即只看受领了什么，不看还剩下什么。上诉法院直截了当地拒绝了这个主张。不能有相当于偿还（repayment）的返还，即强迫未成年人找寻其不再持有的金钱。偿还开始，返还止步。但甚为明了，上诉法院接受，只要能辨识出来，衡平法得强迫未成年人返还仍占有的得利。这些判决的要旨在于，依第二个标准请求返还的权利不能超出恰当边界。不能演变为命令未成年人偿还或归还其不再持有之物。

在上一年的斯托克斯诉威尔逊案中，[111]勒什法官确实允许衡平法越出了恰当边界。在该案中，未成年人以赊账方式购买了家具及众多刀剑，价款300英镑。将部分物品出售，价款30英镑，将剩余物品签了份卖据，*借得100英镑。勒什法官判令未成年人就130英镑承担责任，这是未成年人将货物变现得到的数额。在莱斯利公司诉希尔案中，萨姆纳勋爵说："我想很清楚，勒什

---

[108]　参见前文边码391。

[109]　R. Leslie Ltd. v. Sheill［1914］3 K. B. 607.

[110]　是否以普通法上的欺诈为要件，仍有疑问。衡平法上的欺诈（equitable fraud），想要保留有违良心的意外之财的愿望，或已足够，比如克拉克诉科布利案［Clarke v. Cobley（1789）2 Cox 173］。

[111]　Stocks v. Wilson［1913］2 K. B. 235.

＊　译按：卖据、卖契（bill of sale），参见边码188译注。

法官认为自己不过是在适用衡平法的返还规则。"[112]异乎如此适用并不正确，盖并未辨识那 130 英镑的任何部分仍以某种形式为未成年人所持有。可以说，勒什法官停止了追踪程序，半途而废。勒什法官也对自己的判决不太放心："倘若被告仍占有家具，判令被告必须返还，我就不会感到有困难。"[113]

这些案例显然认可，在衡平法上，得依第二个标准请求返还。这些判决并未说，这个权利只能表达为对人权，构成衡平法上的债务（equitable debt）。但出于在讨论辛克莱尔诉布鲁厄姆案时已经说明的理由，正是对人权的形式应该得到法院支持。倘若以对物权形式主张权利，会遭遇不应得的优先地位这个障碍。没有理由认为，贷款人在将货币转移之后还保留着所有权，正如依契约售出动产而 1874 年《未成年人救济法》认定契约无效的，也不能保留所有权。既然并无财产权基础，无效贷款的贷款人就只能依第二个标准主张对人权。

如此统一了立场的这些案例，若限制在一个重要性日减的主题，也就是欠缺行为能力场合，建树未免太小。这些案例的重要性在于，提供了一个得适用于如下所有案件的模板，在这些案件中，初步看来原告得依第一个标准主张的权利请求，碰巧遇到一些障碍。在无行为能力案件中遇到的障碍是，依第一个标准请求返还会抵触无行为能力规则背后的政策。是以这里要问，依第二个标准主张权利是否也会遇到同样的障碍。同样的问题要反复问。前面已指出，在某些案件中，依第二个标准主张权利会避开得利标题下面的难题。再一次，在奥拉克波诉曼森投资公司案中，[114]应该探问，[115]那些令贷款契约不可强制执行的规则，其文义及政策是否甚至排除了对借款人仍持有之得利的对人权。该案中的贷款人并未滥用或试图避开制定法的控制机制。或许，至少就此类贷款人，应照准其请求。奥拉克波诉曼森投资公司案并未试图在返还法中建立任何规则模型。为了法律立场连贯、可理解及可预测，"经验"路径应予摒弃。一个有效措施是，总是探究第二个标准下的权利请求是否有可能成立，并且总是考察清楚下面这个次级问题，即该权利请求能否基于纯粹对人权得到法院支持。

---

[112]　R. Leslie Ltd. v. Sheill［1914］3 K. B. 607, 618.

[113]　Stocks v. Wilson［1913］2 K. B. 235, 244.

[114]　Orakpo v. Manson Investments Ltd.　［1978］A. C. 95.

[115]　这是肖诉格鲁姆案的立场（Shaw v. Groon［1970］2 Q. B. 504）。

　　最后，还有个难题，涉及一切"幸存得利"大于"受领得利"的案件。倘若原告转向第二个返还标准的唯一动机就是，希望得到更大数额的救济[116]（比如被告有偿债能力，将受领的金钱用于投资并大获成功，价值增长了 10 倍），这样的原告能否不经证明任何财产权基础，即依第二个标准主张权利？答案是一定可以。倘若并无财产权基础的原告得就最初受领之价值减少的剩余物主张对人权（假设得依追踪规则辨识出剩余物），那么对碰巧价值增加的剩余物，一定同样可以主张对人权。但有可能，除了针对过错实施不端行为的被告，法院或会认为，在得利得被认为幸存于其上的两个基础之间，主张对人权的原告只能利用"固定投入"（fixed input），而非"比例份额"（proportionate share）。于是，对这类原告来说，依第二个标准得到肥厚返还的事情就不会发生。即便是完全用原告那 1000 英镑购买的资产，也只被拿来容纳那固定的 1000 英镑。

　　回顾本章，可见三个命题，构成在过于茂密的枝叶覆盖下的主干。第一，务必不要让辨识被告［持有之］幸存得利的工作（即追踪）被有些问题迷惑，这些问题只是要弄清楚，原告就打算辨识的幸存得利所要主张之权利的性质（倘有权利）；第二，倘原告能证明自己有"财产权基础"（意指，在被告得利的那个时刻，原告即保留或者获得在标的物上的财产权，且从未丧失财产权，除非发生替代或混合这样的道德中性事实），原告对幸存得利即只能主张财产权（即对物权）；第三，原告对辨识出来的幸存得利不享有对物权的，不能由此认为原告完全不能依第二个标准主张权利，盖仍有可能依该标准主张对人权。

---

[116]　As in Re Tilley's Will Trusts ［1967］Ch. 1167.

第十二章

抗　辩

402　　本章考察针对返还权利请求的六类抗辩，分别是禁反言/不容否认、境况变更、逆返还不可能、不法性、无能力、善意购买。这张清单并非封闭列举，而不法性到底是算作抗辩机制，还是理解为独立返还事由，也有讨论的余地。从不法计划中悔改，当然是截然不同的返还事由。前面第九章将之纳入政策推动的返还这个杂项集合。或得证明，在这里讨论得越多，就越是认为应安置于彼处。* 另外的粗糙之处在于，涉及三方当事人的财产转移这个綦难话题，仅仅在讨论善意购买的场合方有所考虑。这些事宜当然都需要在篇幅更巨的书籍中设置专章。

第一节　禁反言

禁反言抗辩首先以［原告］有所陈述为前提。在眼下话题的背景下考察的是特定类型的陈述，即当事人要大致表达出如下意思：案涉得利的受领人得认为自己受领该笔利益是安全的。具体怎么措辞，当然逐案而异。可能会有一些限定条件，比如受领人固得将给付看作自己的，但要允许有一段合理时间，好运作核查程序（checking procedures）。倘原告明示或默示地如此陈述，且被告基于对该陈述的合理信赖而行事并受不利益，禁反言规则即起作用，返还权利请求将被阻止。如同一切禁反言规则，正是［产生］不利益的信赖，** 使得他方当事人食言（违背陈述）在法律上是错误的。是以，这里必须有此等信赖，足以阻止原告破坏正是自己引导被告形成的信任，［以为财产

---

　　*　译按：参见前文边码 301 以下。

　　**　译按：不利益的信赖、致人损害的信赖（detrimental reliance），一方当事人对他人的行为或陈述产生信赖，从而使自己处于不利地位的，该信赖即属不利益的信赖。不利益的信赖得替代合同的对价，使某一单方允诺成为可强制执行的合同。《元照英美法词典》，第 411 页。

转移〕是安全的、终局的（security and finality）。

一、内在于给付的陈述

被告打算信任的陈述，或者内在于，也或者附随于金钱支付或其他财产
转移。内在于给付的陈述意指（inherent representation），在给付行为发生的场
景下，从给付事实本身得推断出来此等陈述；不同于内在陈述的是附随〔于
给付的〕陈述（collateral representation），若是默示而非明示，则是以单纯给
付事实之外的事实为〔推断〕基础。比如，在向你给付之后，我对你说，我
已核查了给付原因及给付金额，现在得确认，我支付给你的金额事实上是你
应得的；这句给付之后的单独表述，即为附随陈述的鲜明实例。相反，有许
多给付，在给付发生的事实情境下，受领人得从给付事实本身合理推断出给付
人在说，"这笔钱是给你的，我希望你收下"，或者"这是我欠你的钱"；这么
断言绝非空中楼阁。雇主向雇员支付金钱，或者消费者向商人付款，即便并未
附上白纸黑字的明确说明，亦得理解为此类表述。此种类型的内在陈述确实暗
含了给付终局性的意思。给付人告诉了受领人，得将金钱看作自己的。

不过，几乎没有希望将禁反言抗辩建立于内在陈述基础上。*缘故有二。
第一，倘法律在这方面的立场并非如此，那么既要承认禁反言抗辩，又要拒
绝任何境况变更的一般抗辩，两者间存在无法解释的矛盾。说到拒绝该抗辩，
相较以往，现在看起来让人生出更多疑虑，这个话题将于下节讨论。不过可
以确定的是，立足于内在陈述的禁反言抗辩，跟境况变更抗辩有太多共同点，
故而，法律不可能不去检视自己在境况变更抗辩上的立场，而不管不顾地沿着
〔禁反言抗辩〕此前的发展往下走。第二，不能将该抗辩建立在内在陈述基础
上，还有个理由在于，至少就错误的责任而言（mistaken liabilities），**受领人通
常不可能主张任何权利去信任这样的陈述，盖受领人应该知道自己事务的状
况。正如给付人应该知道自己事务的状况，受领人也应该清楚自己应得的金
额。是以，在平等当事人之间，受领人不能合理信赖给付人，给付人也不能
合理坚持受领人本应提醒自己注意案涉错误；反之亦然（vice versa），倘受领
人主张信赖〔了给付人〕，给付人亦得同样主张，自己有权利获知意思表示有

---

* 译按：原文作"内在不实陈述"（inherent misrepresentation），当为手民误植。

** 译按：指错误给付，不负义务而清偿。

错误。

404 倘双方当事人完全不平等，情况即迥乎不同，比如给付人掌握全部信息和专门技术，而受领人很大程度上形成了依赖习惯。此种情形，法院可能认可居优势地位的给付人有确保准确的义务（duty of accuracy）。禁反言抗辩遂得基于内在陈述而成立。在斯凯灵诉格林伍德案中，[1] 王座法庭认为，军需官即受此类型抗辩约束。阿博特法官（Abbott, C. J.）道：

> "依本案的具体事实（也是我据以裁判的事实），军械署（Board of Ordnance）在 1816 年即已通知被告 [军队中发薪的出纳部门]，不允许向处在斯凯灵少校（Major Skyring）岗位的军官支付这些款项 [津贴]，但被告从未将此事实告知他 [斯凯灵]，并在 1821 年之前一直向他 [斯凯灵] 透支发放这笔津贴。我想被告有义务向死者 [斯凯灵] 通报从军械署那里得到的信息。"[2]

被告别无其他陈述。被告只是未向斯凯灵少校说明其正确状况 [不享受加薪待遇]，故斯凯灵少校相信津贴是发放给自己的。这些事实即已足够阻止被告毁弃内在于给付的陈述。

确保准确的义务是很严厉的要求。倘认定此项义务，给付人为了得到返还就必须迅速行动，盖基于给付事实本身的不利益信赖即足以将受领人的抗辩夯实筑牢。最近，上诉法院在埃冯县议会诉豪利特案中指出，[3] 地方政府身为雇主的，对雇员负有此项义务。不过在该案中，市议会承认有附随陈述，[4] 是以，严格来讲，确保准确的义务足以促成内在陈述这个问题在该案中并未发生。有可能，在这些不平等案件中，优势方给付人的表述不应理解为，给付正确且立即产生终局效力，而应理解为，不论是给付行为还是给付后的核查，给付人已经并一直尽到 [合理] 注意，从而任何给付错误都能在合理的短时间里被揪出来。[5] 对内在陈述如此解释，倒是契合普通人在跟雇

---

[1] Skyring v. Greenwood (1825) 4 B. & C. 281.

[2] Ibid. , 289.

[3] Avon County Council v. Howlett [1983] 1 W. L. R. 605, 621; cf. Rogers v. Louth County Council [1981] 1 R. 265.

[4] Avon County Council v. Howlett [1981] I. R. L. R. 447, 449, per Sheldon, J.

[5] 参见后文边码 405。

主、金融机构、百货商店等［优势主体］打交道时的期待，对于此类给付人的返还权利请求，［经如此解释］构筑的障碍在阻却效果上不至于瞬时发生（less sudden and immediate）。基于内在陈述这个更受约束的版本，遂有可能更为积极地发展这个抗辩，以保护不平等的受领人。*

二、附随于给付的陈述

附随陈述，即不能单纯自财产转移本身推断出来的陈述，给了被告更多希望。比如，在霍尔特诉马卡姆案中，[6]原告是银行业者，在第一次世界大战结束后，以空军委员会代理人身份向空军军官发放款项。在向马卡姆上校支付了退伍费两年后，原告写信称，被告受领的退伍费多过应得额。原告给出的说明本身有错误，被告回信纠正。被告两个月未得到回音。而后，原告基于不同理由，仍请求返还多付的款项。这个时候，被告商业投机失败，丧失了这笔金钱。勒什法官认为原告的返还请求不成立。上诉法院维持原判，一个理由是，案涉错误乃是法律错误，而非事实错误。倘若案涉错误是事实错误，原告即受禁反言规则约束。斯克鲁顿法官看起来倾向于从前面提到的受到束缚的内在陈述角度来分析，大概思想是，不管任何错误，给付人都应该在合理期间内通知对方："原告告知被告，称被告有权利得到一笔金钱并向被告支付，经过一段长到足够纠正任何错误的时间，被告依据该陈述而行事，并将钱花掉。"[7]但班克斯法官（Bankes, L. J.）和沃林顿法官（Warrington, L. J.）认为，被告回信纠正原告最初的错误，原告对此未予回复，是为默示［推断］陈述。由这个不回复的不作为，原告默示地告诉被告，此前的问题已解决，对此感到满意，被告现在得高枕无忧地将那笔钱当成自己的。

德意志银行诉贝里罗公司案亦从附随陈述角度支持禁反言抗辩，[8]不过得认为，该案还可找到替代判决理由（ratio），即原告负有确保准确的义务，使被告得信赖内在陈述。原告系票据的被背书人，自被告处取得票据，被告又是通过背书自墨西哥商人贝纳塔处取得票据。原告错误地告知被告，票据

---

* 译按：这里的"受领人"（payee）不知是否应为"给付人"（payor）。

　[6]　Holt v. Markham［1923］1 K. B. 504.

　[7]　Ibid. , 514.

　[8]　Deutsche Bank v. Beriro & Co. ［1895］73 L. T. 669.

已被托收，款项已付清。被告不仅相信款项已付清，而且相信票据已成功被托收的单独陈述，遂向贝纳塔支付了金钱。上诉法院支持马修法官（Matthew, J.）的判决，基于案情事实，原告表面上的返还权利遭阻却。

406 　　不过，对支票已被托收这个附随陈述的信赖，并不能用于一切目的。在西敏寺银行诉巴克莱银行案中，[9]第二被告伊斯梅尔将一张以原告为付款人的支票交给自己的银行，也就是第一被告。伊斯梅尔请求银行特别托收支票，并请银行当作紧急事务告知，支票能否承兑。巴克莱银行将支票交给西敏寺银行查询。由于这张支票看起来是某位可信赖的顾客签署的，西敏寺银行决定结算这张支票，尽管这会让这位顾客的账户严重透支。西敏寺银行通知了巴克莱银行，巴克莱银行通知了伊斯梅尔。伊斯梅尔以尼日利亚货币溢价购得这张支票，希望拿支票在伦敦换取英国货币，［接到通知后］遂向将支票出卖给自己的人支付了价款。两周后，西敏寺银行发现支票是手段高明的伪造物。克尔法官（Kerr, J.）认为原告并未被禁反言规则阻止。西敏寺银行并不负有严格义务，要识别顾客的签名；为特别托收而查询并未让西敏寺银行注意到关于支票真伪是否有任何可疑之处，仅在涉及此类调查范围内的常规事宜时，陈述才受信赖，即开票人的资金或信用是否充足。

　　更近些时候，在埃冯县议会诉豪利特案中，[10]原告在相当长的时间里，一直向一位教师多付了薪水和疾病津贴。在初审中，谢尔登法官（Sheldon, J.）认为，埃冯县议会受禁反言规则约束。谢尔登法官本来会驳回全部请求，但基于诉答程序确定的事实，被告形成不利益信赖的，仅是多付款项中的一部分。当事人希望利用该案来检测几个特定争点，这个愿望扭曲了若干争点，这将于稍后考虑。这里讨论的是，被告信赖的陈述是什么。并未清晰出现，盖埃冯县议会承认，除了暗含在给付中的陈述，还有更多陈述。谢尔登法官仔细区分了两类案件：一类是［确保准确］义务案件（duty cases）；还有一类，在给付之外还有更多情节，这些情节构成对事实的明示或默示陈述，使得受领人相信有权将这些金钱看作自己的。埃冯县议会的承认并未涉及任何确保准确义务。故在一审中，判决依据的是附随陈述，而这是从未清楚说明的。

---

[9]　National Westminster Bank Ltd. v. Barclays Bank International Ltd. and Another ［1975］1 Q. B. 654.

[10]　Avon County Council v. Howlett ［1981］I. R. L. R. 447; ［1983］1 W. L. R. 605.

如前面看到的，上诉法院后来大概认为，埃冯县议会也负有确保准确义务。

抗辩要在法律上成立，很关键的要求是，被告据之形成不利益信赖的附随陈述应该是原告所为。在琼斯公司诉韦林与吉隆公司案中，[11]禁反言抗辩未得到法院支持，看起来就是因为，经过仔细检视，发现陈述并非原告所为。案情事实很罕见。一个叫博登海姆的无赖，想通过租购方式从韦林公司得到大量昂贵家具。博登海姆欺诈琼斯公司，让后者相信韦林公司正支持引入［某款］新汽车。琼斯公司同意购买500辆汽车，并受诱使，开出两张以韦林公司为收款人的支票，总额5000英镑。这笔钱是用作定金，数额为价款的10%。博登海姆用这两张支票作为幌子，仿佛是为自己的订单准备的价款。韦林公司受领支票后，发现支票记载有些小的违规之处。韦林公司联系了琼斯公司，后者同意开具一张新的5000英镑支票，纠正此前错误。两个受害人虽经这番沟通，却未将博登海姆的欺诈行为暴露出来。琼斯公司开具了新支票，韦林公司基于不利益的信赖，让博登海姆占有了家具。上议院多数意见认为，禁反言规则不适用于琼斯公司。就内在陈述而言（"我欠你这笔钱"），没有理由认为琼斯公司负有确保准确的义务：韦林公司应该知道什么是自己应得的，什么不是自己应得的。就任何其他陈述而言，韦林公司以为，博登海姆掌握着（他并不掌握的）资金，但这是博登海姆的陈述，并非琼斯公司的陈述。上议院多数意见显然认为，不能让琼斯公司为博登海姆的陈述承担责任。为了得到不同结论，上议院不得不认为，琼斯公司将支票交到博登海姆手里，就给了博登海姆表见的授权，*得代表公司为博登海姆愿意的任何解释。

三、不利益的信赖

一旦原告为得使被告信赖之陈述，［禁反言］抗辩成立需要的其他要件为，被告确实信赖该陈述并据之行事，从而受不利益。

实际信赖要件并不意味着，基于案涉陈述的信念必须是后来境况变更唯一且压倒性的原因。只要该原因起了作用，影响了被告的想法，即已足够。

---

〔11〕 R. E. Jones Ltd. v. Waring and Gillow Ltd〔1926〕A. C. 696.

* 译按：表见的权限、表见的授权（ostensible authority），指由于本人的故意或缺乏普通注意而导致或听任他人相信代理人所拥有的权限，虽然该代理人实际并未获得授权。《元照英美法词典》，第1013页。

你若是并不相信该陈述，即不得嗣后伪称信赖了陈述。在大华银行诉吉瓦尼案中，[12] 被告收到银行通知，贷款已到账。由于银行职员出错，给了两次信贷，被告也收到两次通知。被告后来编造了一套故事，来说明自己可能相信得到第二笔完全相同的信贷，但法院并未采信该说法。被告并未相信得到第二笔信贷，从而也未据信赖行事，仅此事实（不需要更多）即已足够摧毁禁反言抗辩。

倘若你自己促成了原告的错误，或者一直知道原告［意思表示］有错误，或者在发现原告［意思表示］有错误后方才采取行动，或者你有所猜疑却并未传达给原告，使原告有所考虑，在这些情形，你不得主张信赖了原告的陈述。[13] 禁反言抗辩系以你的如下主张为依据，即原告引导你错误相信受领安全（false security）。若是你诱导了原告，或者你本可将原告从某个表述中拯救出来，反抓住这表述［加以利用］，禁反言抗辩自然不能成立，此点彰彰明甚。[14]

仅有信赖还不够，必须是［让被告遭受］不利益的信赖。何等情形足以认为构成不利益（detrimental）？这里有个初步立场。没有理由假定，让情况往坏处发展的行为，必定不偏不倚地使用了实际受领的那笔财产：你不必证明你将特定硬币（金钱）花在某顿饭或某次旅游上。简单讲，这里不要求追踪。在西敏寺银行诉巴克莱银行案中，[15] 原告往伊斯梅尔账户贷方支付的金钱，从未有人触动过。诚然，原告得到了冻结该账户的禁制令，但这并不会排除［禁反言］抗辩。问题仍然是，被告相信会在伦敦拿到英国货币从而在尼日利亚支出了该国货币，在特定案情下，是否足以支持主张禁反言。[16]

很容易构想出典型的不利益信赖案件。设你不过是手段平平之人，突然得到一笔巨款，比如遗产或者报酬。后来证实这是个错误，但此时你已用这笔钱环游世界。在另一个极端，假设你得到 50 英镑的现金付款，这次还是错误。一周后你证明，有了这 50 英镑，没有像惯常那样从银行账户里取钱。你

---

［12］ United Overseas Bank v. Jiwani［1976］1 W. L. R. 964.

［13］ Larner v. L. C. C. ［1949］2 K. B. 683.

［14］ 受领陈述之人必须真正被误导，由此要件得推导出正文论述。See United Overseas Bank v. Jiwani［1976］1 W. L. R. 964, 966, per Mackenna, J.

［15］ National Westminster Bank Ltd. v. Barclays Bank International Ltd. and Another［1975］1 Q. B. 654.

［16］ Ibid. , 664 f.

用这 50 英镑给汽车加油，购买了一周的日用杂货，还支付了在洗衣店清洗套装的费用。这些事情是你无论如何都要做的。是以，虽说你花掉的正好是这笔金钱，却不能说你［据信赖］行事并受不利益。

在埃冯县议会诉豪利特案中，[17]被告教师和太太靠薪水过活，量入为出，时或还会存些钱，以备不时之需。［原告］多付的薪水和津贴也是这样消耗掉的，并非生活方式起了重大变化，而是小幅提升了日常生活质量。谢尔登法官认为，这就足够了。引用林斯基法官（Lynskey, J.）在劳埃德银行诉布鲁克斯案判决中的话，[18]谢尔登法官认为被告只需要证明，被告改变了自己的状况而受不利益，盖受了诱导，相信自己的收入增长了（比实际收入要高），从而增加了开销，支出了否则不会花的金钱。在上诉法院审理阶段，对该观点并无异议。

相反，在大华银行诉吉瓦尼公司案中，[19]由于［原告的］错误，被告账户贷方记入了两笔款项，超过 1.1 万英镑，被告未做任何若非收到额外信贷就不会做的事情，故没有理由考虑这个问题。即便假设被告事实上信赖了陈述，基于这个单独的事由，也会败诉。被告借钱是为了买旅馆，无论如何都要买，额外的 1.1 万英镑只是让这个事情更容易点。纵使信赖了错误信贷，被告也不会做任何不同的事情，而且被告所为在任何方面都谈不上不利益，盖购买旅馆实在可以算是优质、持久的投资。

四、两个难点

禁反言抗辩的运行有个逻辑难题，将来或会严重妨碍其在这个领域的发展。倘被告证明了不利益信赖，那么原告不能否认陈述的真实性（truth），即被告可能把案涉金钱看作自己的。是以在逻辑上得主张，即便受领的金钱为 5 万英镑，而不利益信赖不超过 500 英镑，陈述［真实性］仍不得被否定，结果就是部分信赖构成对全部请求的抗辩。上诉法院在埃冯县议会诉豪利特案中极为不情愿地得出结论，跟谢尔登法官在初审中的观点正相反，该逻辑上的论辩肯定成立。[20]这个极端结果一定有利于将于下节讨论的境况变更抗辩

〔17〕　Avon County Council v. Howlett［1981］I. R. L. R. 447；［1983］1 W. L. R. 605.

〔18〕　Lloyds Bank Ltd. v. Brooks（1950）6 Legal Decisions Affecting Banks, 161.

〔19〕　United Overseas Bank v. Jiwani［1976］1 W. L. R. 964.

〔20〕　Avon County Council v. Howlett［1983］1 W. L. R. 605, esp. 624 f., per Slade, L. J.

的发展。但必须指出，上诉法院为在更强有力的案件中重新考虑此点留下了空间。或许仍有余地认定，部分不利益信赖对否定陈述［真实性］的阻止，只是逐笔的（pound-by-pound），并非针对全部金额。当然，倘若案涉金钱是逐笔给的或分期付款，哪怕是为同一原因，禁反言法律效果的全有或全无逻辑也会力量大减。

公共机构越权行事［有所给付］而后请求返还的，［受领人］要证明禁反言抗辩，面临特别的难题。在澳大利亚联邦诉伯恩斯案中，[21] 在有权受领抚恤金之人死亡之后，政府仍支付了一笔款项。死者的女儿试图让支付款项的办公室注意到错误，但未成功。有利于禁反言抗辩的论据，看起来由霍尔特诉马卡姆案顺理成章推导得来（a fortiori）。[22] 可是，甚至在被告已将这笔钱花掉之后，政府的返还权利请求还是得到法院支持。雇员的行为并不能修正越权给付权限的欠缺。英国判例尚未在特别涉及返还权利的场合面临这个议题，不过近来，针对在非程序事宜上禁反言的可能性，英国法院［反对的］立场似乎正变强硬。[23]

第二节　境况变更

境况变更抗辩类似禁反言抗辩，皆以［原告］废弃陈述为要件。换言之，得利的被告若能证明，其基于对受领的信赖而有所行为并受不利益，即可得到法院支持。同样，这并非追踪问题。亦即，被告不需要证明他利用受领的特定货币、财产或者用来替代的其他财产做了些什么。被告只需要证明，基于对自己财富增加的信赖，较本来的预算支出更多，从而将财产增值部分消耗殆尽。但在主张这一抗辩时，需要格外小心。这一抗辩虽为美国法所承认，但除了一两种特殊情形，英国法尚未认可。

---

　[21]　The Commonwealth of Australia v. Burns［1971］V. R. 825.

　[22]　Holt v. Markham［1923］1 K. B. 504.

　[23]　Western Fish Products Ltd. v. Penwith District Council［1981］All E. R. 204；cf. Maritime Electric Co. v. General Dairies Ltd.［1937］A. C. 610；Howell v. Falmouth Boat Construction Ltd.［1951］A. C. 837. 不同立场：Robertson v. Minister of Pensions［1949］1 K. B. 227；Lever Finance Ltd. v. Westminster Corpn.［1971］1 Q. B. 222。

一、第二种返还标准下的权利请求 411

尽管境况变更抗辩不依赖于追踪，但是，就一切确实依赖追踪的权利请求，是以就一切第二种返还标准下的权利请求，视个人观点而定，该抗辩在某种程度上要么全无必要，要么是组成部分。盖第二种返还标准为"幸存价值"。如果被告已将其受领的利益消费或者挥霍，那么在该范围内，利益已不能在被告手中辨识，权利请求亦将随之而减：你拿我的钱买了一块蛋糕；一片一片，你将其吞食入腹，第二种返还标准下的权利请求随之减少。但迪普洛克案表明，[24] 只要第一种返还标准下的权利请求不受影响，那么第二种返还标准下的权利请求固有的这个特征就不过是无用的安慰。

第二种返还标准下的权利请求因此有趋减的内在倾向。但迪普洛克案提出了进一步的问题，即不论第一种标准下的返还请求情形如何，英国法院是否尚未接受以境况变更为抗辩，从而得使第二种标准下的返还请求降至被告手中尚可辨认的幸存价值水平之下。也就是说，尚未将境况变更看作在追踪工作结束之后应该独立考虑的问题而接木于普通抗辩之上？[25] 盖一般认为，即便追踪至最后，发现案涉金钱已被慈善机构用于建筑施工，并且即便依案情事实，设立衡平法上的留置权原则上是对的，可真要附加留置权，仍可能不公平；尤其是，当改良工作在技术上过于专门或者很古怪，完全不会增加市场价值时，肯定不公平。[26]

为了评估这个立场，有必要回忆一下在涉及像改良这样的实物利益时，"得利"争点所起到的关键作用。倘某个陌生人改良你的土地，你没有义务返还，除非你自由接受了该利益，或者在更少见的情形下，该改良行为并非自愿且通过了某个得利标准，该标准得与法律对"主观贬值"的接受相容。以上立场的理由在于，即便该陌生人能够举出一些通常得要求返还的因素，若你根本无所得利，他当然无从获得返还。在讨论追踪工作时，前面说过，倘某人利用一笔误以为得自由处分的资金改良了自己的土地，适用同样的分析模式。[27] 如果这

---

[24]　Re Diplock［1948］1 Ch. 465.

[25]　参见前文边码 371。

[26]　Re Diplock［1948］1 Ch. 465, 546 ff.

[27]　参见前文边码 371—372。

412 是正确的，那么即便改良行为确实在客观上增加了受领人的土地或者其他财产的价值，从而通过了得利的"没有理性人"标准，也是如此。是以，诸如愚蠢荒唐或者惨不忍睹的装修方案之类的改动行为，客观上不但无所增益，甚至有损，那就更不必说了。除非运用客观得利标准并且不存在自由接受的情形，否则实情就是，当案涉财产被消耗于改良行为时，没有价值幸存下来。故而，对第二种返还标准下的权利请求，你之所以不负有返还义务，是没有得利剩下。如果你将钱花在客观上毫无价值的改良行为上，其理亦同，自不待言。并非具体案情使得坚持请求返还将导致不公平，而是因为没有幸存价值，返还请求当然也就不存在。是以迪普洛克案最终并未支持如下观点：就第二种返还标准下的权利请求，已经认可了境况变更抗辩。然而，正如将看到的，就第一种返还标准下的权利请求，同样的主观贬值论辩却为境况变更抗辩发表了有力的陈词。

二、第一种返还标准下的权利请求

针对第一种返还标准下的权利请求，英国法是否已承认或者是否应该承认境况变更抗辩，这是个重要的问题。简洁的回答是，就此问题，凯利诉索拉里案早已将成见深植，[28]贝利斯诉伦敦主教案立场坚决地将境况变更抗辩拒之门外。[29]格林福德教区的教区长破产，该教区主教被任命为破产人生活收入的扣押令执行人（sequestrator）。身为扣押令执行人，主教依制定法有义务将金钱先用于满足教区的宗教生活需要，在缴纳了特定专门费用之后将余额交给教区长的破产受托人。*就某特定地块，原告持续经年地向身为扣押令执行人的主教支付什一税租费；**主教则依制定法上的义务要求支配了这笔费用。结果发现原告就案涉地块并不享有权利；事实上租期已届满，原告出于错误未注意到这一点。上诉法院支持内维尔法官（Neville, J.）的判决，就原告基于事实错误而提起的返还请求，主教并无抗辩可资利用。如果代理人为

---

[28] Kelly v. Solari (1841) 9 M. & W. 54.

[29] Baylis v. Bishop of London [1913] 1 Ch. 127.

* 译按：破产财产管理人、破产受托人（trustee in bankruptcy），接受破产财产，按信托方式为债权人利益进行经营管理的人。《元照英美法词典》，第 1361 页。

** 译按：什一税租费（tithe rent-charge），根据 1836 年至 1891 年的《什一税法》，实物什一税被什一税租费替代。1936 年《什一税法》废除了什一税租费。《元照英美法词典》，第 1345 页。

本人受领了金钱，一旦将金钱付与本人，付款人即不得对其提起返还之诉，[30]这当然没有疑问，但这只不过是"给付本身并非抗辩事由"（payment out was no defence）这个一般原则的孤立例外。主教是以本人而非代理人身份受领，故仍负有返还义务。

　　一方面，若是试图通过解释路径将这一抗辩引入英国法，贝利斯诉伦敦主教案构成了难以逾越的强大障碍。主教使用案涉款项，系为履行法定义务，非为自己的利益。是以，该案身处代理案型（对本人负有交付义务）与利己主义支出或消费案型之间。该中间案型构成了踏脚石，法院甚至不肯向这块踏脚石挪动，这无异于是说，代理法律规则与任何类型的境况变更抗辩扯不上干系，仅仅是选择正确被告以便最大限度地减少诉讼的问题。看来，这让代理案型失去了进一步一般化的可能。另一方面，同样得主张，法院的如下假定/想当然削弱了该案的影响，即只有承认诉讼系直接以模糊的正义与公平观念为基础，方能成功主张境况变更抗辩。[31]这种毫无必要的偏见，使得承认境况变更抗辩的种种好处从未得到严肃认真的检视。

　　在一般原则的层次看，承认境况变更抗辩的最有力论据即存在于主观贬值的逻辑中。你出于错误将我的汽车重新喷漆并将汽车性能调整至最佳，虽说汽车的市场价值因之提高，但我肯定不会为你的劳务价值支付报酬。理由是，我可以说，我从未要求你这样做，而且也不需要你提供的工作。我为何要卖掉自己喜欢的汽车？从更大的范围来看，这正是波洛克法官在判决附带意见中说的那种情况："甲打理了乙的鞋子，除了将鞋子套上脚，乙还能做什么呢？"[32]但现在另做假设，我确实需要将汽车重新喷漆并调谐引擎，但这仅仅是因为我手头有一大笔钱可供支配，而付给我钱的人现在正试图将钱要回。如果正是这笔钱驱动我去追寻本来不会想的利益，那么让我偿还就无异于强迫我为并不想要的服务付费。故我得有理有据地论证说，某个法律体系，若是承认在直接授予实物利益的情况下得适用主观贬值论辩，那么在如下情形，若是否认境况变更抗辩，看起来即不合逻辑，即误以为自己的财富增加，并

---

〔30〕　Sadler v. Evans（1766）4 Burr. 1984；Buller v. Harrison（1777）2 Cowp. 565；Kleinwort, Sons & Co. v. Dunlop Rubber Co.（1907）97 L. T. 263；Cf. Gowers v. Lloyds and National Provincial Bank Ltd. [1938] 1 All E. R. 766.

〔31〕　Baylis v. Bishop of London［1913］1 Ch. 127, 132, 137, 140.

〔32〕　参见前文边码281。

基于对更大物质自由的错误信赖而追求了同样的［实物］利益。

414　　　这一论证亦得从相反的方向表现其力量。如果法律甚至在实物利益已被消费之后仍打算评估其市场价值，从而彻底废弃主观贬值论辩，那么事实上就不再可能支持境况变更抗辩。如此，如果我必须为那强加于我的汽车之上的工作付费，哪怕我并不想要该工作，那么误导我做出了本来负担不起的选择的那笔金钱，是否也该让我返还呢？盖无论如何，我已享受了案涉利益，是那些肥马轻裘的富家子弟的品味创造了案涉利益的市场，从而得评估其价值。倘若废弃得利争点的主观进路，那么，我的个人品味对于创造案涉利益的市场需求无所贡献这个事实就无关紧要。

　　　境况变更抗辩的前景如何，无人可卜。该抗辩的重要性，未可轻估。返还诉讼的泛滥动摇了交易安全。依现行法律立场，对交易安全利益的维护就表现在对返还诉讼的束缚上，仅在极端情形下，返还方可一求。倘若接受境况变更抗辩，交易安全利益的表现会有不同：返还救济将更容易获得，例如在错误不那么具有根本性的情形，但也会被更快地否决。同时，正如戈夫与琼斯强调的，[33]不能让被告援引境况变更抗辩过于容易。尤其是，要想成功援引境况变更抗辩，应以不利益信赖为要件，至少合乎禁反言抗辩对该要件的要求，而且，被告若是不法行为人，或者在声称对自己财富的表面增长形成信赖时存在其他形式的过错，则不得援引境况变更抗辩。

　　　根据四点事实，得大胆预测，境况变更抗辩未卜的前景将朝着有利于获得承认的方向发展。其一，在贝利斯诉伦敦主教案中，尽管上诉法院的判决立场明确、影响深远，但正如前述，根基并不牢靠：该判决错误地假定，在模糊的公平观念与境况变更抗辩之间存在必然联系，故承认该抗辩会置法律于普遍的不确定性当中。其二，戈夫与琼斯开诚布公地表达了对该抗辩的支持态度。[34]其三，那些支持境况变更抗辩的法官，时不时地将表达支持态度的判决附带意见潜输偷运进判例当中。[35]其四，上诉法院近来在这一领域减

---

　　　〔33〕Goff and Jones, p. 546.

　　　〔34〕Goff and Jones, p. 545.

　　　〔35〕Larner v. L. C. C. ［1949〕2 K. B. 683, 688［"禁反言抗辩，如通常的叫法，**或者更精确地，应称情势变更**（*change of circumstances*），不能延伸超出其恰当界限"，丹宁法官；着重标记为作者添加］；Barclays Bank v. W. J. Simms Ltd. ［1980〕1 Q. B. 677, 690 f.，per Goff, J.；参见戈夫法官对1943年《法律改革法（履约受挫）》的看法，前面讨论过，第257页以下。

少了禁反言抗辩的适用机会，理由是该抗辩将整个权利请求挡在门外，哪怕被告指出的信赖损害已经表明，被告仅仅花掉了所受领之得利的一部分，也是如此。[36]这意味着，境况变更抗辩的分内之事再也不能通过宽松适用禁反言抗辩来令人满意地完成。如果（且当）这类案例再度出现，上议院很可能因此认为，英国法拒斥境况变更抗辩实在是错误。若果真如此，英国法将采取全新策略来平衡两个利益：一是对返还的本能支持，一是所有受领人维护受领安全的利益。当境况变更抗辩得其所哉，得期待看到，那些初步看来得请求返还的事由将成倍增长。

第三节　逆返还不可能

"逆返还/对待返还"（counter-restitution）术语意指，原告为了满足请求被告返还的条件，必须向被告所为之让与。显然，在通常情形，原告不能指望既拿回给被告的东西，同时还保留从被告处受领之物：倘欲拿回，亦必归还。是以，逆返还不可能的，得以此为返还请求的抗辩。

有三类案件，逆返还抗辩确定地不能适用。第一，原告受领的利益，是被告原本不应给予原告的，或者虽可给予但不会索取任何费用或其他补偿。第二，原告并未受领利益以换取［现在］寻求返还的得利，也不会由于判给返还而得到此等利益。第三，原告能够且确实将受领自被告处的任何利益分毫不差地返还给被告。第一类案件稍后考察。[37]第二类案件并未生出难题。第三类案件也是如此，原告受领金钱的案件皆属此类。［第三类案件，］分毫不差的逆返还总是可能，并非以实物/同样方式返还（in specie），而是精确等值返还。

由此可知，得主张逆返还抗辩的是如下案件，即原告自被告处受领的是非金钱利益，且该利益无法恢复原状/归还（restore）。比如原告向被告支付价款，得到货物并使用了一段时间。或者被告为原告提供了劳务，以赚取原告现请求返还的得利［比如报酬］。这个抗辩的精确适用范围遂取决于法院在多大程度上坚持精确、完全的逆返还。若是大致的或"实质的"恢复原状即已

---

[36]　Avon County Council v. Howlett［1983］1 W. L. R. 605.

[37]　参见后文边码423—424。

足够，那么该抗辩的适用范围就会比较小，而最为重要的是，倘若允许以金钱为替代逆返还，那么适用空间就更小了。是以，假设我为你只完成了一部分的工作支付了金钱，完全逆返还即不可能，盖一部分工作既不能以实物/同样方式返还，也不能做到精确等值返还。但要是法院愿意评估部分给付的价值，并允许我以金钱逆返还，那么我的返还权利即不会被阻却。这里特别要指出，不但不会主张那些基于主观贬值的论辩，我还可能愿意接受于我不利的价值评估。假设你将为我提供的劳务最终价值为 50 000 英镑，我预先支付了 5000 英镑，你完成了全部工作任务的 1%。你此前已经接受了 10% 的价款。受你的抗辩威胁，我不太可能反对哪怕是 150 英镑或 200 英镑的估价，盖否则的话，我就只好在契约法上寻求救济，要是契约订得不好，那更为不利。故，倘有反对意见认为，估价的困难使得逆返还不可能，我会回答说，所有存疑处，皆作有利于被告的处理，我用这个办法处理估价难题。是以关键问题在于，法院是否允许以金钱形式逆返还，以弥补那些不能以实物/同样形式返还的［利益］。

在直接处理该问题之前，还有个重要预备问题。在实物返还的场合，自被告处受领的［非金钱］利益在价值上已减少，这个事实不会妨碍该利益的返还，只要价值减少非关原告的过错。也并不要求偿还金钱，以弥补贬值。在亚当诉纽比金案中，[38] 亚当劝说纽比金入伙纺织企业，称企业有效率，利润不高，但在不断增长，纽比金在劝诱下加入。亚当的陈述不实，但并非欺诈。账户一直由另一位合伙人控制，以隐瞒企业滑向破产的真相。待到纽比金发现真相并请求返还，企业已难以为继。企业资产已出售，以清偿债务。但上议院认为，纽比金得撤销使其取得股份的契约，讨回投入的资本，不用承担合伙企业的债务。在阿姆斯特朗诉杰克逊案中，[39] 经纪人受委托为原告购买股份，擅自将自己的股份出售给了原告。经纪人未披露该事实，遂违反信任义务。股份价值从 3 英镑跌至 5 先令。麦卡迪法官认为原告得归还贬值的股份，据此请求返还价款。法官指出，倘标的恶化本身足以使得逆返还不可能，那么撤销即为徒劳之事。如此结论会让最为需要的人得不到救济。

这些案例涉及的情形是，原告受领的标的由于自身内在品质而恶化。这

---

[38] Adam v. Newbigging (1888) 13 App. Cas. 308.

[39] Armstrong v. Jackson [1917] K. B. 822.

样的［价值］减少，以实物/同样方式逆返还仍为可能。反之，倘案情事实再进一步，原告消费或消耗掉得之于被告（或来自被告的标的）的某些利益，逆返还显然不可能，除非以金钱或其他形式替代。这里，普通法传统向来不接受任何类型的近似逆返还或替代逆返还。这意味着，普通法给了逆返还不可能抗辩最大适用范围。这个立场最为清楚地表现于如下规则：为了以对价无效为由请求返还，必须证明"完全"无效。你为取得土地权益而订立契约，在不动产权转让之前支付了价款，现对方拒绝转让，只要你曾占有土地，哪怕不过数天，也不能以对方拒绝为由讨还支付的价款。[40]那占有的数天不能退回去。类似地，你购买了一辆汽车，该车有严重缺陷，足以让你得拒绝受领，但甚至在契约法上的拒绝救济之前，你可能已丧失请求返还价款的权利，盖你若是已使用该车一段时间，即便够不上对契约的确认（affirmation），亦不得请求返还。[41]同样，一段时间的使用收益不能退回去，故不能说对价完全无效。在由于履约受挫而［对价］无效的情形，钱德勒诉韦伯斯特案的错误规则将"完全"要件推到更为极端的地步。[42]但法布罗萨案暂时在履约受挫后的返还与毁约/拒绝履行后的返还之间重建了对称关系。[43]

普通法的立场在对价无效情形看得最清楚。但这也是［意思表示］错误 418
案件的深层次特征。坚持责任错误有个一般优势，即稳定这个困难的主题。责任错误应该发生返还后果，为何没有争议？部分答案肯定在于，将返还框束于这种错误类型，也就自动认可了逆返还不能抗辩的最极端版本，盖排除了在一切可能要求逆返还的案件中返还的可能性。我向你给付，目的在于清偿债务，而事实上并不存在债务，据假设（ex hypothesi），我的给付并不会换来受领任何利益，关于逆返还也不必提任何问题。贝尔诉利弗兄弟公司案得看作相反的案件。[44]利弗兄弟公司并非未受领任何东西：利弗兄弟公司诱使贝尔和斯内林离职，［使他俩］在艰难时刻并未抗争，而从另外一面看，贝尔和斯内林基于善意放弃了抵抗的权利。是以，这里有逆返还难题，不过，基

---

〔40〕 Hunt v. Silk（1804）5 East 449；cf. Giles v. Edwards（1797）7 T. R. 181；Linz v. Electric Wire Co. of Palestine Ltd.［1948］A. C. 371.

〔41〕 Yeoman Credit Ltd. v. Apps［1962］2 Q. B. 508.

〔42〕 Chandler v. Webster［1904］1 K. B. 493. 参见前文边码 222。

〔43〕 Fibrosa Case［1943］A. C. 32.

〔44〕 Bell v. Lever Brothers［1932］A. C. 161. 译按：参见前文边码 160 以下。

于其他事由未予返还救济，将这个难题避开了。

　　普通法的传统态度是为了避免巨大难题。尤其是，传统态度意味着，就表现为部分履行或者不完全履行的非金钱利益，在这个场合，不会发生试图评估金钱价值的问题。而这一点又意味着，法院并不必须解决在此等价值评估工作中会碰到的如下难题：该不完全履行的客观市场价值，是否应以某种方式，由当事人约定的全部履行的价值来判定。普通法路径还有着相关但不同的优点，即以清晰且或许有些武断的方式来固定下面两者间的关系：依独立不当得利法主张的权利请求以及因违约（偿有）而生的权利请求。是以，一旦你不再能精确逆返还（没有以金钱来平衡双方之给付的帮助），你就必须利用在违约情形能找到的救济措施。在此之前，你得依不当得利法提起诉讼。缩短原告得在两条分析路径间选择的期间是可取的，盖该选择会导向不同救济标准。不当得利权利请求得将原告从不合算交易的结果中拯救出来。在逻辑上有理由认为，最好将这个冲突限制在一个狭窄范围里。

　　虽有这些优势，但不可能将普通法立场确认为现行法或以为现行法仍将如此，盖衡平法及制定法都已倾向于允许以金钱逆返还；也不能认为在这个领域里，依据理性，会让人相信不同路径适合不同情境。在下面三种情形，法律已做出选择，支持以金钱形式逆返还：其一，履约受挫/契约目的实现受阻；其二，在请求返还的标的上（或为得到该标的）付出了劳务；其三，给予撤销救济。

　　第一，履约受挫。

　　除了第 2 条第 5 款写明的三种例外情形，1943 年《法律改革法（履约受挫）》事实上废除了对价完全无效要件。[45]该法允许在契约解除之前已支付金钱的一方当事人请求返还，不管是否受领了有价值的非金钱利益。这个立场写在第 1 条第 2 款：凡支付的金钱皆得讨还，凡应付的金钱应停止支付。倘援引此条的原告已受领了非金钱利益，该法给了两条以金钱形式逆返还的路径。第一，第 1 条第 2 款本身有但书：针对该条给予的救济，法官得自由裁量，补偿被告在契约履行过程中或者为契约履行而支出的费用。第二，第 1 条第 3 款提供了独立权利请求，法院得考虑一切具体案情，尤其是承担的费用以及履约受挫事实对［非金钱］利益的影响，基于自由裁量，判给不超过

----

〔45〕　参见前文边码 249 以下、边码 256 以下。

解除之前所受领之非金钱利益价值的恰当数额。

一旦完全逆返还不可能，传统规则即不允许返还，这是为了保护法院避开难以克服的困难，英国石油公司诉享特案充分展现了该困难。[46]不过该案亦表明，困难其实并非不可克服。如此，克服该难题的愿望诚然只是在制定法的强制下产生，但就履约受挫之外领域里的理性推论而言，该事实并不重要：比如，在任何其他情形，仅仅因为金钱形式的逆返还难以落实（impracticable），就要捍卫对价完全无效要件，鉴于立法都认为这是可能的，该立场很难得到维护。

第二，为标的付出劳动。

假设我请求返还的财产是你提供劳务而取得的。一旦初步认为我的权利请求成立，那么有三个可能：其一，除非以金钱形式，否则你投入的劳务无法逆返还，故我得不到法院支持；其二，我可以得到案涉财产以及你劳务的价值；其三，我可以得到案涉财产，但要以金钱形式逆返还。第三个可能显然最为合理，博德曼诉菲普斯案即采纳此路径。[47]事务律师博德曼违反了对原告的信任义务而取得案涉股份，但博德曼一直诚实行事，以自己对之负有建议义务之人的最佳利益为准。博德曼以高超的技能和极大的耐心做这些事情。虽说必须返还所得利润，但博德曼得到逆返还，表现为法院对其劳务给予慷慨补偿。

这种逆返还在衡平法上有很长历史。在1711年的布朗诉利顿案中，[48]船长随身携带大笔金钱用于做生意，奈何殁于航程中。大副接管了轮船，并动用船长的金钱从事经营，大获成功。大副坚决认为，自己只需要向船长的遗嘱执行人偿还该笔金钱的本息。基普·哈特考特勋爵（Lord Keeper Harcourt）判令大副让与全部利润，但补充说，"为了补偿被告在用这笔钱从事贸易过程中付出的注意，应该为大副在经营活动中的劳心费力支付合理报酬"。[49]后来的案例遵循了同样的方案，[50]在库珀诉菲布斯案中也可见类似脉络。[51]在该

420

---

[46] 参见前文边码250—255。

[47] Boardman v. Phipps [1967] 2 A. C. 46. 译按：参见前文边码125、320、341、388。

[48] Brown v. Litton (1711) 2 P. Wms. 140.

[49] Ibid. , 144.

[50] Brown v. De Tastet (1819) Jac. 284；Wedderburn v. Wedderburn No. 4. (1856) 22 Beav. 84.

[51] Cooper v. Phibbs (1867) L. R. 2 H. L. 149.

案中，叔父将一块爱尔兰三文鱼渔场连同其他地块租给侄子，后来发现侄子一直是渔场的终身地产权保有人。*侄子的撤销诉状得到法院支持，但有个条款是，叔父此前以为自己是所有权人，在该期间内从事了改良工作，就此应得到留置权/优先权（lien）。叔父死亡，侄子是叔父几个女儿的受托人，该留置权/优先权遂增益于侄子。

1977 年《侵权法（妨害动产）》第 6 条第 1 款得到了类似结果。该款规定，不法侵害动产当然要赔偿，但就出于错误却诚实的改良，必须给予补偿。就改良增加的动产价值，法官必须从损害赔偿金中扣除。*可这不过类比而已。严格来讲，并非返还和逆返还，不过是侵权法上损害赔偿金的评估。在该特殊领域之外，改良人的返还权利并不取决于该制定法，而在于对格林伍德案的正确解释。[52]

421

在此类案件中，针对金钱形式的逆返还，通常并不存在原告主张主观贬值论辩的问题。一方面，原告的利益在相反的方向，唯恐被告随意主张说，精确逆返还不可能，故原告的诉求不应得到支持。另一方面，原告通常请求返还金钱，一旦实物利益已变现为金钱，主观贬值论辩不可能成立。[53]但这第二个理由并不适用于库珀诉菲布斯案，在该案中，租赁一旦撤销，侄子即以实物/同样方式持有土地以及并未自由接受的改良。

第三，撤销。

衡平法并不坚持要求精确逆返还，只要达成的结果切合实际且公正，愿意以金钱来调整。在厄兰格诉新松布雷诺磷酸盐公司案中，[54]被上诉人公司从公司发起人手里购买了松布雷诺磷酸盐岛，价款已支付（部分为现金，部分为已缴股份），现请求返还价款。发起人将该岛卖给公司的价款是发起人购入价格的两倍，未向公司充分披露该事实。公司试图开采磷酸盐矿，未获成功。公司不久发现真相，遂诉请撤销。法院判令向公司返还价款中的现金，归还股份或者将股份出售所得收益。通过逆返还，公司要让与从该岛所得任

---

* 译按：终身地产权保有人（tenant for life），指在其生命存续期间或其他人生命存续期间保有土地的人。《元照英美法词典》，第 1333 页。

* 译按：参见前文边码 122。

[52] Greenwood v. Bennett [1973] 1 Q. B. 195. 译按：参见前文边码 124、155。

[53] 参见前文边码 121 以下。

[54] Erlanger v. New Sombrero Phosphate Co. (1878) 3 App. Cas. 1218.

何利润。法院并未判令补偿贬值，不过上议院认为，法院也有权力判令该种形式的调整。布莱克本勋爵（Lord Blackburn）回顾了制度分离的时期，解释说，普通法之所以不得不坚持要求完全恢复原状（要么全无），缘故在于普通法缺乏相应机制以金钱评估得自案涉财产的利益以及案涉财产的贬值（deterioration）。"我想"，布莱克本勋爵说，"衡平法院向来的实践是，虽说不能将当事人精确恢复到缔约之前的状态，但只要能在实际上践行正义，就会动用其权力给予救济"。[55]

　　动用这些权力来实现实质上的（虽说只是近似的）逆返还，法院愿意走多远，难以遽下定论。不同于前面提到的普通法上的判决，衡平法肯定会要求偿付占有期间的使用收益。这也是库珀诉菲布斯案的一部分。一部分土地确实属于叔父。故协议"应被撤销，但就除外的这部分土地及农舍，以及土地上的建筑物，应支付恰当的占有租金，数额由法官助理以通常方式评估……"[56]同样得确定的是，倘主要诉求针对的是于不端行为有过错的被告，法院在此类案件中愿意走得更远。在拉古纳斯硝酸盐公司诉拉古纳斯·辛迪加案中，[57]掌卷法官林德利认为，应根据被告于"欺诈"（fraud）是否有错来区别处理。但该术语不能理解为德里诉皮克案中的欺诈（deceit）。[58]该术语在衡平法上的意义是不道德/显失公平的行为（unconscionable conduct）。斯彭斯诉克劳福德案涉及的真是普通法意义上的欺诈，[59]要想知道法院多么不想让不讲良心的被告以逆返还不可能为由逃脱返还责任，该案即为最好例示。

　　在该案中，被上诉人克劳福德错误陈述公司财务状况，诱使斯彭斯将股份出售给自己。克劳福德动了账目，以此证明公司状况糟糕。数年后，斯彭斯诉请返还股份。价款中的现金部分要逆返还当然不存在任何难题，但克劳福德主张，其他附随利益（collateral benefits）的逆返还不可能。尤其是，克劳福德替代了斯彭斯的位置，成为银行透支的保证人，并且出售了自己的股份，将收益贷给公司，以维持公司的资产变现能力。上议院打算不理会受担保人的利益。该利益得予忽视，盖事实上从未被主张过。至于出售的股份，

[55]　Ibid. , 1278.

[56]　Cooper v. Phibbs（1867）L. R. 2 H. L. 149, 173; cf. Lee Parker v. Izzet［1971］1 W. L. R. 1688.

[57]　Lagunas Nitrate Co. v. Lagunas Syndicate［1899］2 Ch. 392.

[58]　Derry v. Peek（1887）14 App. Cas. 337.

[59]　Spence v. Crawford［1939］3 All E. R. 271.

上诉人愿意支付两个价格间的差额（实际得到的价款与后来市价上涨本该得到的价款间的差额），从而解决了难题。换言之，通过对原告不利但原告愿意接受的一番计算，法院准许了以金钱形式逆返还。

423　　就此间事务，衡平法灵活性的一个侧面就是愿意忽视不甚重要或者无足轻重的利益。在斯彭斯诉克劳福德案中，就是这么对待受担保人的。在赫尔顿案中，[60]丈夫不实陈述财产信息，诱使妻子订立案涉分居协议，妻子的撤销诉求得到法院支持。该协议让妻子承担了一些义务，最重要的是销毁丈夫的函件。这个事情，虽说不可逆转，但得忽视。该案以另一种方式，生动例示了同样的灵活性。并未以金钱形式做任何调整，法院愿意抵消彼此的非金钱利益。在协议履行期间，妻子依协议得到了一些实物利益，比如不受骚扰等，但丈夫也是，将两者抵消即可。

当这样三个领域（即只要能以金钱或其他形式做令人满意的调整，精确逆返还即不必要）与普通法上传统的相反规则衔接起来，基于逆返还不可能的抗辩，其一般条件就很难得到说明。十有八九敢预言，哪怕没有制定法进一步介入，灵活进路也会揉进普通法上的权利请求。在这个基础上，稳妥的说法大概是，虽说逆返还不可能总是构成抗辩（稍后会提到一些例外），但只有超出纯粹估价困难的事由阻碍了金钱或其他调整，才能认为确实不可能。至于估价难题，得用类似于1943年《法律改革法（履约受挫）》利用的方法来对付。

有些情形并不需要逆返还。设你以扣押财产相胁迫，我向你支付了金钱，如阿斯特利诉雷诺兹案的情形，[61]盖我不付钱，你就不交出/让与我的财产。要说我必须交还受领的利益，而后才能拿回我的金钱，那太荒谬了。你从来都不能扣留我的财产。或者假设，你趁着我寻找栖身之所，敲诈了一笔费用。若是有相关立法保护我，我在向你讨回那笔费用的同时，要是不能保有案涉房间，法律的保护目的就会遭到破坏。你本来不该收那笔钱就让我住。[62]在赫尔顿案中，[63]在履行分居协议的5年间，妻子每年受领了500英镑。归还这些金钱并非得到撤销救济的条件。倘若丈夫并未以欺骗手段塞入写在分

〔60〕　Hulton v. Hulton［1917］1 K. B. 813.

〔61〕　Astley v. Reynolds（1731）2 Str. 915.

〔62〕　Kiriri Cotton Co. v. Dewani［1960］A. C. 192.

〔63〕　Hulton v. Hulton［1917］1 K. B. 813.

居协议中的那些安排，本来也必须支付至少这些数额，用作离婚之前的抚养费。以分居协议中保留给丈夫的那些好处为对照，这笔钱丈夫不能扣留不给。 424

故一般规则是，倘若原告受领的利益就其性质言，在具体案情下，法律不会允许被告收费，即不会有逆返还的要求。虽说有几分踌躇，但罗兰诉迪瓦尔案，[64]还有后继案例，[65]大概可归入此范畴。我将属于第三人的汽车出售给你，你将汽车归还/让与真正所有权人之前，使用了一段时间。这些案例表明，在普通法上，那段时间的使用收益并不会妨碍你付款的对价完全无效。换言之，你得请求返还价款，但对使用收益不必逆返还。理由大概是，我没有权利为他人财产被使用而收费，是以，也不能期待为此得到任何补偿。倘若这个解释不对，不管从哪方面看，都不可能说清楚下面两者间的反差：普通法在这些案件中很愿意稀释对价完全无效概念，而就其他事实则持严格文义及绝对进路。

第四节　不法性

倘若被告取得［案涉利益］涉及不法行为，虽说不恰当，被告对返还权利请求往往得主张抗辩。法谚有云，双方当事人于不法行为有同等过错的，被告地位占优（*In pari delicto potior est conditio defendentis*）。这条格言只是个指引，但传递了两点有用信息。有时，被告最终会得到一笔意外财产，而被告最终并未得到意外财产的案件，就是那些过错并不同等的案件（*delictum* is not *par*）。也就是说，以某种在法律上有决定意义的方式或程度，双方并非"同等过错"（alike guilty），而是相反，原告相对来说比较无辜，得予豁免。

判例法表明，一边是落入"自愿意思无效"范畴或者直接基于被告不法行为的返还诉因，另一边属于"自愿意思附限制条件"或者"自由接受"的诉因，两者间有巨大差异。道理在于，在前面的范畴中（而不是后者），就诉因的性质而言，原告要证明此等诉因，通常要证明，不管发生了什么不法情事，原告一定不知情或者违背原告意志。倘如此，顺理成章可知，双方过错 425

---

[64]　Rowland v. Divall［1923］2 K. B. 500.

[65]　参见前文边码 246—248。

并不同等。若是避免使用格言中的术语，得这样讲：得认为此等原告希望不法行为不要发生，结果是，（a）原告未沾染道德污点，以及（b）不必担心原告（或者稍后处在同样位置的其他人）会以自己的返还权利为工具，强迫履行。

专论"意思无效"的那一章有很多例子，不法性元素并不致命。在乌姆诉布鲁斯案中，[66]原告依据想当然认为有效的保险契约支付了保险费用，却不知道跟俄国开战了，也就是说原告出于错误，并不知道导致契约不法的原因；原告讨回了保险费用。在休斯诉利物浦法律互助协会案中，[67]原告受欺诈，对法律理解错误，以此为由成功索还。被告的代理人故意隐瞒了原告所购得之保单类型的不法性。这些是意思表示有错误的案件，错误或为自发，或为受诱使。不是每个错误都隐瞒不法性，倘没有，那么不法性即为抗辩。比如，错误或发生于不法交易情形，就好比我允诺，你要是杀害某甲，我就付给你 1000 英镑，我误以为你已实施，遂付款。在摩根诉阿什克罗夫特案中，[68]赌马经纪人往被告账户贷方记入两次，故多付了款项。上诉法院的结论是不支持返还，一个理由是，法院要是调查此类错误，不可能"不认可博彩契约会发生法律上的义务，而这正是 1845 年《博彩法》不允许发生的事情"。[69]最后，在不存在欺诈的情况下，有一类错误确实隐瞒了不法性，却不构成诉因，即法律错误。[70]受此等错误蒙蔽的原告或许在道德上无辜，但仍不得讨还。原告没有诉讼理由/诉因。

有些案件涉及压迫和不平等。在史密斯诉古夫案中，[71]被告坚决反对原告与他的［当指被告的］债权人达成的和解协议，直到被告受领了一张本票，得到一笔额外款项。原告支付了票据金额后，成功索回该笔款项（这是取得和收到的款项）。埃伦伯勒勋爵说，"这并非同等过错（*par delictum*）的案例；这是一方压迫，一方屈服，即一方拿着棍棒，他方向之俯首。绝不可能将这种情况定性为同等过错"。[72]聚拢于"不平等"标题下的案例，很多都涉及

426

---

[66] Oom v. Bruce (1810) 12 East 225.

[67] Hughes v. Liverpool Legal Friendly Society [1916] 2 K. B. 482.

[68] Morgan v. Ashcroft [1938] 1 K. B. 49.　译按：参见前文边码 155。

[69] Ibid. , 66, 67.

[70] 参见前文边码 164—167。

[71] Smith v. Cuff (1817) 6 M. & S. 160.

[72] Ibid. , 165.

身属脆弱阶层而法律给予专门保护的原告，原告嗣后请求返还的财产转移，正是违反了这些法律规定。在住房短缺的环境中，倘若寻求栖身之所的人应受保护，或有必要禁止支付或收取费用。倘若新订合同的承租人支付了费用并寻求返还，那么允许房东主张不法性抗辩显然并不明智。这样做会严重削弱立法保护目的。此际，排除该抗辩是对的。[73]

倘若原告是不法行为的受害人，主张返还的理由是被告通过侵占、胁迫、违反信任义务等手段而得利，显然有必要得到同样结论。这些案例不同于上段的案例，盖在上段的案例中，原告卷入了不法性，只不过是无辜的，而在这些案例中，原告除了遭受损害，未有任何参与。单纯立足于被告自己的不法行为的抗辩，不存在问题。

在所有这些不法性抗辩不成立的案件中，返还权利请求并不要求逆返还。换言之，并不必须对价完全无效。前面已解释过：[74] 就不法的从而被排除于商业交易之外的利益，不能期待我将之归还给你或者给予任何补偿。但要补充一句，这条规则对落实遏抑不法行为的政策亦发挥作用。倘若实施不法行为所得报酬或酬劳无论如何都必须让与出去，那么实施不法行为即无意义。倘若该政策为唯一争议事项，最佳规则是：不履行即无返还，履行后全返还。但这并非唯一争议事项，盖该政策与反对帮助不法行为人的政策会生冲突：基于自己的恶行而主张权利者，法院不理（nemo suam turpitudinem allegans audiendus est）。不过，就截至目前讨论的原告来讲，也就是错误、受欺诈、受压迫、不平等或遭受不法，并不存在品行败坏的原告得到法院支持的问题，是以并未阻碍遏抑不法行为的政策。[75]

倘若原告的判断并未受破坏，故（法律错误除外）原告知道自己在做什么，原告通常会被不法性抗辩挫败。这往往产生不想要的结果，即让坏人得到意外之财，却得解释为（a）面对品行败坏的原告，法院表示拒绝其乞援，以及（b）尽力确使不要将返还用作工具，来强迫完成不法计划。对不能指出任何意思无效因素的原告来说，最为常用的返还诉因即为对价无效，而得以对价无效为由讨还的原告，也就有了有力威胁手段，得利用该手段努力确使

〔73〕　Kiriri Cotton Co. v. Dewani［1960］A. C. 192.

〔74〕　参见前文边码 423—424。

〔75〕　参见前文边码 300—302。

对价不会无效。我付给你 1 万英镑，让你杀害某甲，你没做。对我这个品行败坏的原告，没有法院能给予支持。但在这之外，在对价无效的情形倘有可能提起诉讼讨还那 1 万英镑，将会鼓励［当事人］履行，在这个例子里即为谋杀。故而，你这个品行败坏的被告得主张抗辩：被告地位更优（*potior est condition defendentis*）。

在帕金森诉救护车协会案中，[76]原告与救护车协会的秘书哈里森订立了一份腐败的契约，大致内容为，原告若是向救护车协会捐献可观金钱，救护车协会将为原告安排，让原告得到骑士爵位；其实办不到。秘书说救护车协会有权力安排此等事宜，事实上并没有，故秘书的行为构成欺诈。但该欺诈并未隐瞒不法性。帕金森知道或者本应该知道，试图购买爵位是腐败行为。故，虽说原告付款的对价无效，勒什法官仍驳回了原告的返还诉求。在伯格诉萨德勒与穆尔案中，[77]原告是烟草商人，被烟草贸易协会列入禁业清单。原告遂出钱，让他人购买烟草贸易协会的烟草，试图以此得到供货。在款项付清之后，货物交付之前，被告知道了真相。被告既不肯交付货物，也不归还金钱。麦克诺滕法官（Macnaghten, J.）认为，被告挫败了以虚假陈述获取货物的犯罪企图。上诉法院支持拒绝给予返还救济的立场。盖欺骗行为的受害人得信赖，一旦知道实情，绝不会被驱动着去完成不法计划。故本案表明，"品行败坏的原告"（disgraceful plaintiff）原则本身即足以支持抗辩。斯科特法官（Scott, L. J.）说，"不诚实的人为不诚实的目的而支付金钱，由于走好运，意图实施的不法行为实际并未实施，这样的人是否有权来到本法院讨还金钱？我的意见是，不行"。[78]

同样的原则亦适用于非金钱利益。在比戈斯诉鲍斯泰德案中，[79]该争点于反诉中出现。鲍斯泰德交出股份证书，以担保将于意大利发放的一笔贷款。这笔交易的目的是规避当时生效的外汇管制法令，让鲍斯泰德在国外得到意大利货币，在国内以英镑偿还。比戈斯女士并未支付意大利货币。持有股份证书的条件未实现，鲍斯泰德要求拿回该证书。普里查德法官（Prichard, J.）认为，股份证书不能拿回。鲍斯泰德参与这笔交易，部分动因是女儿患了重

〔76〕 Parkinson v. College of Ambulence［1925］2 K. B. 1.

〔77〕 Berg v. Saddler and Moore［1937］2 L. B. 158.

〔78〕 Ibid. , 168.

〔79〕 Bigos v. Bousted［1951］1 All E. R. 92.

病，但这个事实没有意义。或许，在基于对价完全无效而主张权利的情形，这样的事实情节应纳入考虑。同样地，在切蒂亚案中，[80]父亲将位于马来亚的一块土地转移给儿子，意图是让儿子为自己（父亲）持有土地。相关法律文件写明（但有误），儿子支付了金钱价款。交易目的是规避限额法令，该法令针对持有橡胶林土地面积超过 100 英亩的人。后来父亲决定出售案涉土地，儿子拒不配合转移土地，称土地是自己的。父亲遂乞援于法院，想讨还产权，但未获支持。司法委员会持此意见的重大理由是，法院不应帮助品行败坏的原告。父亲一方的论据更为技术一些，思路是利用归复信托规则，以之为获得返还的恰当手段。是以父亲必须先证明从未索取过金钱对价，接着提出关于真实意图的证据，以推翻预付推定。*司法委员会认为，原告没有披露自己的恶劣行径，遂不能质疑该推定的效力，故儿子得保有案涉土地。

近年来，法院表现出自己的担心，认为以不法性为由不准当事人落实本得落实的私人权利，有时并无必要。这个担心在如下情形格外真切，即契约在表面上（*ex facie*）打开始就是合法的，［当事人］打开始也并未意图以不法方式或为不法目的而履行该契约，但在契约履行过程中发生不法行为，是否应该让不法性危及契约权利。采纳更为宽松路径的直接原因是，现代制定法上控制措施激增，往往虽无太多违反公德的行为，**也会插手干涉。在判例法上，德弗林法官（Devlin, J.）在圣约翰航运公司诉约瑟夫·兰克公司案中开辟了创新路径，[81]上诉法院在肖诉格鲁姆案中发扬之。[82]上诉法院放弃了德弗林法官在最初创新时无法避免的技术区分，明确如下立场：原告的契约权利取决于，遭违反的制定法的文义、制定法的政策或者个案的具体案情是否果真认为有必要剥夺原告的权利。在肖诉格鲁姆案中，上诉法院得出结论，

---

　　[80]　Chettiar v. Chettiar［1962］A. C. 294.

　　*　译按：世间预付、预早遗赠（advancement），父母或处于父母地位的人生前给予子女或为子女利益而支出钱财并预计将从子女将来所继承遗产中扣除的行为。在衡平法上，父母或处于父母地位的人以子女的名义购买或投资也被推定为世间预付。世间预付也适用于丈夫给予妻子或为妻子花费财物的行为。《元照英美法词典》，第 41 页。

　　**　译按：违反公德的行为（moral turpitude），与他人和社会应负的个人责任与社会责任，以及与人们之间应遵循的约定俗成的权利义务规则相悖的卑劣、可耻、腐败堕落的行为。《元照英美法词典》，第 929 页。

　　[81]　St. John Shipping Corporation v. Joesph Rank Ltd.［1957］1 Q. B. 267.

　　[82]　Shaw v. Groom［1970］2 Q. B. 504.

即土地出租人未依制定法要求提供包含恰当信息的租册，*并不一定使其丧失请求支付租金的权利。虽说案涉违法行为背后的政策是保护承租人，确使承租人知道自己的权利，本案的结论仍为可能。在制定法设定的惩罚之外，添加剥夺契约权利的措施，并不当然会强化前述政策。

可以肯定，在任何案件中，只要当事人的契约权利能通过肖诉格鲁姆案［标准］的调查，当事人的返还权利也会完好无损。盖若是没有决定性的理由反对落实契约，那么在不履行场合，更没有理由反对源于返还的更为拐弯抹角的落实措施。是以，不法行为若是通过了肖诉格鲁姆案标准，不管在契约法还是不当得利法上，都是"不会让人丧失权利的不法行为"（non-disqualifying illegalities）。不过，虽说这两类权利一般而言命运一致，同时成立或不成立，但重要的是，如下可能应是开放的，即哪怕契约权利受到阻却，同样风格的第二调查（second inquiry）仍可得出结论，认为基于对价无效的返还权利仍为可能。换言之，从丧失契约权利并不能自动推断出丧失返还权利。在这个调查工作中，格外重要的是询问涉及返还的两个标准的问题。对全部"受领得利"主张权利可能会遭遇的反对，若是针对"还剩下些什么"（幸存得利）主张权利，就可能摆脱。此外，案情事实本身不构成独立返还事由，应在这个调查工作中纳入考虑，以决定在对价无效情形，原告的诉求是否不能得到支持。在不法目的终未实现的情形（哪怕是出于自发悔改以外的事由），若并无真正的道德败坏行为，诸如法律错误或者情势压力这样的因素，或得压倒不法性抗辩。一个重要问题是，这种构成压力的情势是否可能过于频繁地反复发生，使得返还救济成为强迫履行的工具。

就前面讨论过的返还事由来讲，若是"自愿意思无效"及"不法行为"，不法性几乎不能成为抗辩；若是"自愿意思附限制条件"，几乎总是成立抗辩。还有两个返还事由需要提及。第一，自由接受。从原告卷入不法性这个角度来看，关于对价无效的一切必然适用于这里。原告同样清楚事态。诚然，许多对价无效案件都得换个角度，通过替代分析，表述为自由接受的例子；这个可能性不该改变"让人丧失权利的不法行为"（disqualifying illegality）的

---

*　译按：租册（rent book），依 1962 年《出租人与承租人法》（Landlord and Tenant Act），住房的租金按周支付时，出租人应向承租人提供租册，但租金包括膳食费的除外。如出租人是公司，则承租人可要求提供其董事和秘书的姓名和地址。《元照英美法词典》，第 1180 页。

法律后果。第二，在政策推动的返还这个杂项集合里的案件，[83]一般原则一定是，务必将案涉特定政策与不得帮助品行败坏的原告、不得鼓励不法行为的原则放在一起，权衡轻重。不同政策有不同权重，有些承认不法性抗辩，有些则否。归入该范畴的案件，完全由案涉特定政策支配，不受其他竞争因素影响。原告在任何不法目的达成前自发悔改的，得予返还救济。理由有二：其一，原告的悔改恢复了其道德立场；其二，[以返还救济] 奖赏悔改者，有利于鼓励 [当事人] 放弃不法计划。

倘若不法交易的意图在于给予被告某些暂时利益（temporary interest），会生出一个特殊难题。比如，[动产或劳务] 租赁契约或担保契约受到不法性影响；或者不动产租赁契约，要么在表面看来不法，要么出于不法目的，要么附带某种腐败目标。在这些暂时利益的利用期间，返还争点完全等同于意图转移所有权的不法交易情形，只要标的物还在，[不法] 利益就在。但在暂时利益终止后，由于所有权不会终止，产生了一个不同问题。假设基于不法条款，我将汽车租给你，租期一个月。期间届满时，你拒绝交出汽车。即便在此刻，是否只有就案涉租赁契约不存在同等过错（par delictum），我才享有 [返还] 权利？换言之，是否只有我证明自己陷入错误、受到欺诈、受到胁迫等，不法抗辩才成立？

暂时不考虑不法性。在租出去之前，车是我的。我在那个时刻的占有权利，由于给了承租人暂时利益，遂受剥蚀（eclipse）。待该暂时利益终止，在那段期间里暂受剥蚀的先前权利又在我身上存活。我得提起非法妨害动产的侵权诉讼，以此维护我的权利。倘若这个例子里的标的是土地和土地出租，基于同样的分析，我得提起收回土地的诉讼（recovery of land）。严格来讲，在这个情节里，并不存在返还，盖最初的权利虽暂受剥蚀，仍保留在原告手里。[84]但若是不提出以下问题，即多有不便：一旦将动产租赁或不动产出租的不法性添加到案情事实中去，那么这些最终基于原告在先权利的诉讼是否会失败，除非原告证明自己并不具有同等过错（in pari delicto）？一般的回答看来似乎是，并非如此。[85]道理在于，超出暂时利益本身的剩余时间从未被

431

---

[83]　参见前文边码294—312。

[84]　参见前文边码13—16。

[85]　Bowmakers Ltd. v. Barnet Instruments Ltd. [1945] K. B. 65.

纳入不法交易。涉及我的汽车的不法交易，*并不会阻止我对房屋主张权利。同样地，涉及对汽车一个月使用收益的不法契约，除了那一个月，不会影响我的权利。一段段的时间，就跟分立的物理实体一样，清晰易辨。

这个逻辑导向如下结论：对这些［基于］"在先权利"（anterior title）提出的权利请求，不法性绝不构成抗辩。该结论并不十分稳妥。设我将汽车借给你一周，助你抢劫银行或绑架某个大富翁，而后你拒绝还车。此类案件真正要求政府罚没，不让被告得到意外之财。但要是制定法并无罚没规定，法院几乎无甚选择，只有背离逻辑立场，在原告的恶行构成违法（offensive）的场合，允许被告得到意外之财。

还有个问题应该提到，但在这里不能充分讨论。暂时利益得以多种方式来界定。尤其是，得基于各不相同法律事实的发生，让合法的暂时利益归于结束。我把车租给你一个月，租金按周提前支付，一旦你允许他人驾驶，租赁契约即告终止。期间的届满、我接受你的毁约，或者某法律事实自动发生解除后果，都会让契约结束。前面几段都假定了期间届满。不法的暂时利益以这些其他方式结束的，是否适用同样论辩？答案存疑。鲍梅克公司诉巴尼特保险公司案认为，[86]不管暂时利益如何结束，皆应予同样回答。

这个解释思路向来受到鼓励，用来削弱不法性让原告丧失权利的效果。反过来，正如基于对价无效的返还权利得被看作强迫履行的工具，在不法寄托或者不法出租不动产情形，对在先权利的重新主张（re-assertion）会有完全一样的效果。在合法契约情形本会是原告接受的毁约，［在不法情形］让剥蚀结束的，此点格外真切。在自动解除法律事实发生的情形，至少在如下意义上，即细致的起草工作得利用此等事实的法律效果在不法契约中安装一个落实机制，此点亦为真。仅在暂时利益由于期间届满而结束的情形，不存在通过拐弯抹角的办法间接落实［不法契约］的危险。盖当［暂时］利益到期，据假设，无法通过重新主张权利的诉讼手段威胁对方来诱致履行：不论好坏，整个交易安排都已隐退入历史。但在暂时利益有着很长存续期间的情形，主张将此类权利请求局限到期案件的观点，遭遇反对意见。在该情形，［将动产交付他方占有的］寄托人，或者更有可能的，［不动产的］出租人，若是丧

---

* 译按：这句里的"汽车"，不知是否是"房屋"之误。

[86] Ibid.

失一切权利，直到随着时间流逝，暂时利益的存续期间届满，［这样处理］会遭受重大而且十有八九不成比例的惩罚。唯一让人满意的解决办法，就是将"让人丧失权利的不法行为"局限于［相对于不法性］此等后果还不算不成比例的情形。[87]

第五节　无能力

倘就生于不当得利的责任欠缺承担能力，就此事宜，迄今尚未形成立场连贯的法律整体。是以这里的问题主要呈现为如下形式，即考察契约法上关于公司、未成年人以及精神疾病患者欠缺能力的规则在多大程度上得适用于这个不同领域。第一个命题必然是，并没有逻辑上的理由支持应当适用，也就是说，纵能证明被告在契约法上不用承担责任，也不能自动推断出，旨在保护无能力人的同样规则也适用于不当得利法。盖契约与不当得利乃是不同法律事实。正是关于不当得利的古老默示契约理论的弊病，以这类貌似合乎逻辑的论辩掩盖了谬误。衡平法未犯类似错误。未成年人即使经明示任命，仍不能成为受托人；但不能说未成年人不能成为［衡平法上的］推定受托人。[88]

适才发出的警示，即不要想当然地认为契约法上的无能力规则必然适用于不当得利，并不意味着不能在某些情形（基于案情事实，照准不当得利权利请求会使契约法的无能力规则丧失意义，或者会遭遇同样的承认保护性抗辩的必要）找到并非逻辑上的充足理由，将某些契约法抗辩延伸适用于某些不当得利。

倘可确认无能力人仍持有受领得利的某些部分，则并无强有力的理由允许其继续保有，除非在某些相关方面变更了境况。比如该未成年人自你处受领了 100 英镑，现仍持有 90 英镑，同时将自己的 50 英镑花在某些赏心乐事上，而若非信赖自你处得到的这笔款项，本来是不会计划这些开销的。至少在未发生此等事实的情形，第二个返还标准下的对人权利请求应该总是会得到支持。判例法跌跌撞撞地通向这个结论。这在前一章讨论过。[89]

---

[87]　参见前文边码 428—430。

[88]　*Snell's Principles of Equity*, 28th ed., London, 1982, 1968.

[89]　参见前文边码 394 以下。

至于第一个返还标准下的权利请求，即主张受领价值，就金钱利益和非金钱利益分开讨论无能力抗辩比较方便。

一、实物利益

这里的关键问题是，案涉利益是否落入"生活必需品"（necessaries）范畴。倘答案为肯定，无能力即不构成抗辩。生活必需品意指，考虑到被告的财富和处境，理所当然得期待其获取之物，并不受其无能力影响。从返还权利请求的角度看，重要的是，生活必需品构成不能主张主观贬值的一类实物利益。你不能说必需的商品或服务不是你自己选的，故对你无价值，事实上你要是有机会选择，你还是希望得到这些。生活必需品这样的物以"无可辩驳的利益"标准解决了得利争点这个难题。该标准是客观标准，不取决于特定被告的真实愿望。是以，哪怕被告无能力，该标准亦得适用。故，被告受领了生活必需品的，无可辩驳地通过牺牲提供人而得利。

仅有得利还不够。还必须有要求发生返还后果的因素，指向"不当"；即便到这里，这些要件也不过是说明何以原告得主张权利。这些要件并未说明何以该权利请求不受无能力抗辩的影响。这两点都必须检视。

说到要求发生返还后果的因素，严格来讲，不该在这里讨论，这里的争点仅仅是能否主张抗辩，而前提应该是，依本书前面讨论过的某个事由，能构造出一个初步看来成立的返还权利请求。但必须警惕，要防止混淆。并没有哪个返还事由，跟生活必需品的供应有任何特殊关系。是以，我向你提供生活必需的食物和住处，可能是出于错误、受武力胁迫、出于对你急迫需求的同情，或者以你每周支付 50 英镑为条件。正如所有这些返还事由皆得跟生活必需品的供应相关联，其皆得跟向无能力人供应生活必需品相关联。这些可能事由的范围很广，罗兹案并未充分意识到此点。[90] 在该案中，外甥/侄子付了款，把姨母/姑母安置于精神疾病患者疗养院，由于未以积极证据证明其意图从姨母/姑母那里得到补偿，返还请求未得到法院支持。这就假定（虽未明言），其主张权利的事由是对价无效。足够清楚的是，除非你能证明某些对待给付是给予的条件，否则该类返还请求不可能得到支持。但也可能，外甥/侄子意图以道德强迫为依据。若是以使得自愿意思无效的因素为依据，除了

---

〔90〕　Re Rhodes（1890）44 Ch. D. 94.

受破坏的意思表示，不必再以独立证据证明并非无偿的意思。错误给付的给付人不必证明其意图拿回金钱。面对持枪歹徒，受害人不必为掠走的食物出具账单。罗兹案承认原则上对生活必需品得主张权利，不应解读为如下立场的先例，即只有证明自己意图收费，才能得到支持。

假设有返还事由成立，为何针对生活必需品的权利请求必定不受无能力抗辩影响？这是对实物利益的权利请求比对金钱的权利请求更为有力的例子。道理在于，虽说无能力人在两种情形同样得利，但金钱更为危险，盖金钱带来了可能需要特别保护的物质自由（material freedom）。未成年人或者精神疾病患者受领了金钱，很容易挥霍掉，为此，不得不减免其偿还责任。但未成年人受领了实物形式生活必需品的，据假设，无从挥霍掉得利。若能确信该人总会把钱花在这些东西上，该人完全不需要受保护。倘能证明确实如此，也就是说，得追踪受领的金钱至取得的生活必需品，即不用保护该人。[91]

这个道理除了适用于由于未成年或者精神疾患而在法律上不能负责任的人，同样适用于公司。[在公司领域，]越权规则的力量渐告衰乏，以至善意的供货人几乎不会再被该规则从契约领域驱赶到不当得利。[92]但原则不变。比如某公司在其权限内业务中需要使用煤炭、信纸或会计服务，越权[交易]供货人的返还权利请求不会受到任何阻碍。盖不管向哪些业务活动提供必需品，都不会给予从事越权活动的任何特殊自由。在立法引入改革之前，克雷文–艾利斯案即指向如下结论，[93]即针对必需品的权利请求成立，虽说严格来讲，该案涉及的是冒名顶替的代理人订立契约，而不是越权规则的通常例子。在乔恩·博福特公司案中，[94]煤炭提供给了从事越权经营的公司，在清算程序中，供货人就煤炭价值主张权利，未获支持，[95]但未见基于克雷文–艾利斯案的论据提出。本来应该能证明，被告公司在"没有理性人"标准上得利，盖节省了燃料开销，而这是无论如何也要支出的费用。至于"不当"，供货人

---

〔91〕 Marlowe v. Pitfield (1719) 1 P. Wms. 558; Lewis v. Alleyne (1888) 4 T. L. R. 650.

〔92〕 参见前文边码 309。

〔93〕 参见前文边码 118 以下。

〔94〕 Re Jon Beauforte Ltd.〔1953〕Ch. 131.

〔95〕 罗克斯伯勒法官（Roxburgh, J.）保留了如下可能，即供货人或得基于辛克莱尔诉布鲁厄姆案模式（参见前文边码 396 以下），依第二个标准主张权利。

无法主张自己陷入错误，盖推定其知道无能力事宜，*但供货人得证明供货的对价无效。

这里的讨论已假定，未成年人为生活必需品支付费用的责任（就必需的动产，已成为制定法上的义务[96]），得看作不当得利法上的权利请求得到正确分析。[97]还有一条竞争或替代分析路径，立足于未成年人残余的契约能力。也就是说，未成年人并非完全不能承担契约义务，最为重要的是，有能力承担为生活必需品支付费用的义务。这条契约分析路径的难题在于如下事实，即未成年人必须支付的不是商定的价格，而是合理价款。反过来，对契约路径有利的事实是，在罗伯茨诉格雷案中，[98]上诉法院认为，基于以必要服务为标的之契约，得诉请未成年人支付填补性损害赔偿金。这类判决无法以不当得利分析路径来解说清楚。此外，契约尚未履行，未成年人尚未受领利益。是以，不当得利权利请求完全没有基础。不过，该案判决发布的时候，正是法院系统对于将不当得利理解为契约之外独立责任基础的观念抱持敌意的时候。在该时代背景下，很容易得出结论，对生活必需品的责任必为契约责任。

倘若无能力人受领的利益并非生活必需品，要想依第一个标准主张权利，极难得到法院支持。主要理由倒并不在于，（直接地）无能力抗辩的适用，而在于，（间接地）被告的无能力使得原告无法证明得利要件。盖并非生活必需的利益敞开面对主观贬值可能，而绕过该障碍的明显路径又被阻塞。主观贬值论辩通常会推动原告主张［被告］自由接受。但针对契约法上的无能力人，十有八九不能如此主张，盖类似于契约，［自由接受］也要求被告曾有意识地做决定。

除了该一般反对理由，在契约对待给付落空情形，针对非金钱利益的权利请求还会遇到特殊反对理由。被告主张自己在契约法上无能力，从而拒绝为并非必需的商品或服务支付费用的，就案涉商品或服务的合理价值若得主

＊ 译按：推定知道（constructive notice），指法律认定对某一事由已给予足够关注，可以取代事实上的告知，即视同已经告知。例如，对于一个登记在案的产权契据，无论第二个买方事实上是否知悉，应推定为已被告知。《元照英美法词典》，第 305 页。

[96] 1979 年《动产销售法》第 2 条。

[97] Nash v. Inman [1908] 2 K. B. 1, 8, per Fletcher Moulton, L. J.; cf. Pontypridd Union v. Drew [1927] 1 K. B. 214, 220, per Scrutton, L. J.

[98] Robberts v. Gray [1913] 1 K. B. 520.

张不当得利权利请求，将会使契约法的保护目标显得荒谬，最好的情况也会改变契约法的保护目的。是以，未成年人赊购奢侈品的，不会在任何契约诉讼中承担责任，未成年人受到完全保护。[99]被告一旦拒绝付款，即必须依普兰谢诉科尔伯恩案模式承担责任，[100]添加具有这样法律效果的规则，就会把［对未成年人的］保护水平降低到不过是合理价格调控的水平。

二、受领金钱

通过借贷取得金钱，而无能力人得主张自己无能力从而抵抗任何契约诉讼的，上段的论辩于此处同样适用。若是允许非契约的返还请求成立，将使无能力规则丧失意义，盖非契约返还请求的内容将与借贷契约的内容完全一致，导致一模一样的判决。莱斯利公司诉希尔案，[101]还有辛克莱尔诉布鲁厄姆案，[102]表明此类权利请求必定得不到支持。这两件判决是以默示契约的语言表达立场，但应理解为不过是修辞方式，表达的内容是，法律不能让当事人承担某种义务，从而使得最终效果抵触契约法的结论。在莱斯利公司诉希尔案中，借贷契约依据1874年《未成年人救济法》第1条无效，而在辛克莱尔诉布鲁厄姆案中，同样的结论是从越权规则得出来的，该案涉及的是银行存款，就眼下的讨论而言，与贷款无从区分。

倘若受领金钱所依据的契约是为了不同于支付金钱的某种给付，法律立场就不那么清晰了。在拒绝契约诉讼与允许返还金钱之间，并无绝对抵触，盖在这里，两类诉讼的救济标准不同。但在考恩诉尼尔德案中，[103]针对未成年人的此类权利请求未获法院支持。原告为车轴草和干草支付了费用，被告并未交付干草，交付的车轴草质量太差，原告拒绝受领。原告依据对价完全无效主张权利，上诉法院准许未成年人以自己无契约能力来论辩。但［上级法院］命令重审，盖法院的观点是，原告若能证明［受］欺诈，即得胜诉：在欺诈情形，原告的权利请求"本质上源自侵权（ *ex delicto* ）"，无契约能力的规则不予适用。该案再次假定，只有两个责任名目可供考虑。

---

〔99〕　1874年《未成年人救济法》第1条；Nash v. Inman［1908］2 K. B. 1.

〔100〕　参见前文边码232。

〔101〕　R. Leslie Ltd. v. Sheill［1914］3 K. B. 607.

〔102〕　Sinclair v. Brougham［1914］A. C. 398.

〔103〕　Cowern v. Nield［1912］2 K. B. 419.

438 　　涉及越权规则，判例法得到了相反结论。在凤凰人寿保险公司案中，[104] 保险公司为越权的海事保险单收取了费用，以对价无效为由讨还保险费用的请求得到法院支持。在辛克莱尔诉布鲁厄姆案中，法院对该案的看法颇有几分犹豫，[105] 但公司法与未成年人法之间合当有差异，理由在于，未成年人纵因受领金钱而得利，在将金钱挥霍之后才面对返还权利请求的，需要保护。依目前的法律立场，对该未成年人的保护实际上表现在，推定未成年人于受领金钱之后变更了境况，只有追踪案涉金钱至购买了生活必需品或者清偿了其他有拘束力的债务，才能推翻该推定。[106]

　　若返还事由并非对价无效，画面又不甚清晰。在针对公司的诉讼中，公司由于错误、压力等而受领金钱，大抵绝不会越权，是以也不用主张无能力抗辩。考恩诉尼尔德案着手处理以下观点，即对基于不法行为的返还权利请求来说，未成年人不得主张抗辩。这是凯尼恩勋爵（Lord Kenyon）在 1794 年的布里斯托诉伊斯门案中所持看法，[107] 不过这条规则必须附以但书，即案涉权利请求不得涉及契约太深，以至于不过是试图规避契约法的保护。莱斯利公司诉希尔案的判决附带意见认为，在所有其他案件中，对任何普通简约之诉（indebitatus assumpsit），向来得以未成年为答辩。[108] 这个思路支持者甚寡，并受到契约理论破坏。

　　布里斯托诉伊斯门案本身是件侵占案，*年轻的学徒受到雇主信赖，对外付款，假装支付了比实际更多的款项。回头检视，在这件案子里，原告并不必须据不法行为起诉。[109] 被告不过是未经原告知晓，从原告那里减损了金钱。基于这个分析思路，该案甚至得以错误为由令被告承担责任。支持同样结论更进一步的理由是，受领错误给付并不是需要某种判断力而欠缺经验之人可能不具备该能力的交易。是以，倘若［无］能力构成抗辩，只得以纯粹的偿

439 还困难来解释。最好的解决办法当然是准许返还（甚至依第一个标准），但要

---

〔104〕　Re Phoenix Life Assurance Co. （1862）4 J. & H. 441.

〔105〕　Sinclair v. Brougham ［1914］A. C. 398, 414, 440.

〔106〕　参见前注 92 以及 Nottingham Permanent Benefit Building Society v. Thurstan ［1903］A. C. 6。

〔107〕　Bristow v. Eastman （1794）1 Peake 291；1 especially 171.

〔108〕　R. Leslie Ltd. v. Sheill ［1914］3 K. B. 607, 612, 621, 626.

　*　译按：侵占罪（embezzlement），是指受物主委托管理其财产的人，为了自己的利益，对该财产实施欺骗性挪用、吞没或转换的行为。《元照英美法词典》，第 467 页。

〔109〕　参见前文边码 140 以下。译按：这个脚注似应放在后一句末。

受到宽松的境况变更抗辩制约。

第六节　善意购买

在某些案情下，被告得证明自己基于善意支付了对价，从而取得案涉标的物，对于让原告享有权利的事实并不知情，*此际，返还权利即得不到支持。得主张该抗辩的，并不是返还权利请求最初形成时所针对之人，而是自该人处受领标的物之人。假设我出于错误向你支付了金钱，你又交给某甲。这里的某甲以及嗣后自某甲处受领之人，得笼统称作"第三人"。这些第三人或得利用该抗辩。显然，只有初步看来第三人应承担责任，才需要这些抗辩。

一、初步看来应承担责任的第三人

有理由立即指出，这里关注的并不是另外类型的第三人责任，即出于过错参与违反衡平法上义务的活动，成为帮助者，从而承担责任。[110]帮助者的责任直接基于被告的不端行为。帮助者的责任不取决于受领任何得利，不能称之为返还。这里关注的只是以受领人身份承担的责任。但很显然，受领人也可能成为帮助者；该事实在以下情形会很重要，即受领人身份的责任受到阻却，或者若能证明帮助者责任所要求的更大道德恶意，救济额度会更大一些。[111]

被告是否确实得利的问题不能由印象来决定。假设我的银行多付给我 1 万英镑，次日，为庆祝这个好运气，我把我的旧车送给你。诚然，银行并未意图慷慨奉送，而你间接成为该"慷慨"行为的受益人；但初步看来，你不

440

---

　　* 译按：在本节中，不"知情"（notice，knowledge）似不同于善意（*bona fide*，good faith）。本节中，notice 与 knowledge 同义，往往互换使用，不同于《元照英美法词典》的解释。依该词典，知情（notice）指某人已获得通知的状况，无论其实际是否知道，而明知（knowledge）指某人实际意识到某一事实状况。《元照英美法词典》，第 981 页。

　　[110]　Barnes v. Addy（1874）9 Ch. App. 244, 251；cf. Belmont Finance Corporation v. Williams Furniture Ltd.（No. 1）[1979] 1 Ch. 250, 264 f（No. 2）[1980] 1 All E. R. 393, 405, 412.　译按：从犯（accessory），帮助实施犯罪行为者。参见前文边码 337 译注。

　　[111]　是以，纯粹的代理受领人（ministerial recipient）一旦将受领的货币支付给成为受益人的受领人（beneficial recipient）（或依其指示而支付），该代理受领人或得主张抗辩，可若是证明代理受领人充分知情，仍应以有过错的帮助人身份承担责任：参见后文边码 445。

会承担任何责任，盖并没有银行金钱得被追踪至你处。为了辨识我最初从银行受领的金钱现在到达你的手里，必须适用追踪规则。

但追踪本身还不够。同样关键的是，当案涉标的物还在第一受领人手里时，原告应该对之享有对物权。此等权利通常是确定的所有权（vested ownership），亦得为力量稍弱的权利，比如在追踪或撤销之后重新占有的权力（power to revest）。倘若原告在当时只是对第一受领人享有对人权（不论以受领得利、幸存得利，还是同时以两者为标准），那么第二受领人将受领标的物，不受任何［返还］权利请求影响。简言之，辨识出标的物到达被告的路径并不足够：原告必须对辨识出来的标的享有所有人权益。试举一极端例子，以资说明。假设我的银行借给我 1 万英镑，这笔贷款是若干张 100 英镑的钞票。借入的金钱属于借款人。我离开柜台后，还没有把刚从银行拿到的钞票弄乱，将最上面的 10 张钞票当礼物给了你（1000 英镑）。你拿到这笔钱，不用担心银行会对你主张任何权利。那 1000 英镑虽可辨识出是原来的钞票，却是我的，是我花掉的，银行关注的只能是针对我的对人权。银行要是很明智，会设立物的担保，当然是设在所借出之钞票以外的其他标的物上。

这个贷款的例子，对出于错误的给付以及对产生返还后果的其他给付，都有意义。假设案涉错误并未构成足以阻止所有权转移的根本错误，那么法律后果是，受领的第三人取得硬币或钞票后，不会受任何权利请求影响，跟刚才讨论过的贷款情形一样。类似地，在为了无效的对价而给付的情形，比如原告付给我 5000 英镑，让我提供劳务，我毁约/拒绝履行并将那 5000 英镑原封不动地转移给你，原告若对你主张权利，不会得到支持。盖金钱上的所有权已依契约转移给我，正如转移动产［占有］的情形动产所有权转移一样；毁约不会产生自始撤销的后果，只会导致面向将来的解除。[112]是以，［原告］接受毁约的，不会重新取得权利。就案涉金钱来说，原告在其上并无权利。即便得追踪至你处，得辨识出来到达你手上，这个事实也并无任何法律后果。

二、受领的第三人承担何等责任？

441   倘追踪标的物至被告处，且原告对之享有所有权性质的权利，被告也就是受领标的物的第三人，或得以两个基本返还标准中的任一个承担责任：要

---

［112］ 但请参见前文边码 387，基于衡平法上对价无效处理办法而生的疑虑。

么以受追踪的价值到达被告手里的那个时刻为准，要么以仍幸存于被告手里的价值为准。依第一个标准主张权利，必然为对人权，盖这些权利请求都不需要询问被告仍持有些什么。第二个标准下的权利请求，原则上既得为对人权，亦得为对物权。盖原告若是未证明，当标的物还在前一个受领人手中时，原告对标的物享有对物权，原告就根本不能到达第三人那里 ［向第三人主张权利］，这不属于法院根本不可能承认对物权及其伴随之优先地位的情形。

上段阐述了可能承担之责任的范围。这些责任实际上是否会发生，主要取决于能否主张善意购买抗辩。该抗辩的主要要件是给予价值 ［对价］，故绝不会有助于受赠人，也就是有时所称"纯粹无偿受让人"。*

三、受赠人的地位

受赠人不能利用该抗辩，应依 ［全部］ 两个标准承担责任。就第二个标准，也不存在任何疑问：看受赠人还剩下些什么。在比利时海外银行诉汉布鲁克案中，[113] 被告汉布鲁克从原告那里窃取了金钱，原告不知情。汉布鲁克将钱存入自己的银行账户，继而又转入情妇在巴克利银行的账户。上诉法院认为，原告得对被告情妇银行账户里的余额主张权利，巴克利银行已将这笔钱打给法院。原告的金钱在通过汉布鲁克的银行账户时，哪怕在普通法上已丧失同一性，在衡平法上仍可辨识。是以，在案涉金钱进入情妇账户的那个时刻，原告至少享有衡平法院认可的权利。没有其他金钱进入账户，故原告对余额得主张权利。不过该案判决并未提及，情妇是否应该依第一个标准，就受领的价值承担责任。不过在迪普洛克案中，[114] 得到错误付款的慈善组织被判令依两个标准承担责任。但该案并非支持如下立场的有力先例：受赠人负有一般责任，偿还受领的全部金额。理由在于，该标准下的个人/对人责任显然被理解为遗产管理相关法律的特性，此外，该责任的前提是用尽针对遗

442

---

* 译按：无偿受让人、无偿取得人（volunteer），指在自愿而无对价转让财产中的受让人。在有关遗嘱与财产授予的法律中，指无需支付对价即可获得遗产者，例如普通的受遗赠人。《元照英美法词典》，第1408页。

〔113〕　Banque Belge pour l'Etranger v. Hambrouk［1921］1 K. B. 321. 译按：参见前文边码361。这里提到巴克利银行，与前文不一致。

〔114〕　Re Diplock［1948］Ch. 465. 译按：参见前文边码33、143、363。

产管理人能用的救济措施。这第二点限制向来受到强有力的且正确的质疑。[115]

迪普洛克案在这方面有不足，其正确立场为，即便无恶意的受赠人，也要依第一个标准承担个人/对人责任。倘非如此，就无法解释，受赠人的处境跟错误给付无恶意的第一或直接受领人的处境为何会有不同。类似该受领人，受赠人受领了他人金钱，却未经该人自由同意。那么，为何受赠人的责任应被局限于第二个标准，而无恶意的第一受款人［受领人］哪怕花光了所有金钱，也必须偿还？另外的类比指往同一方向。假设我的汽车被盗，并沿着无恶意买受人的链条出售，就这些无恶意侵占/处分中的任一次，我皆得请求赔偿，我亦得请求返还所得价款，而不是赔偿金。[116]也没有任何意见认为，我的返还权利应取决于无恶意的出卖人还保留着所得价款或者价款的一部分。

在贝克公司诉梅德韦建筑公司案中，[117]原告公司的审计员受托管理原告的一笔资金，以欺诈手段将部分资金付给了被告公司，而该审计员是被告公司的董事。争点是，原告是否能讨回这笔钱，不考虑被告是否仍持有。换言之，被告是否对受领的资金承担个人/对人责任？被告打算以自己的无辜来争辩，认为不知情这个事实足以挫败原告的对人权，哪怕并未支付价值。丹克沃茨法官（Danckwerts, J.）拒绝被告在最后时刻修改诉答文书，这会让被告从"不知情"（no notice）抗辩转换到善意购买抗辩。基于被告是无恶意受赠人的事实，法官仅以被告受领了属于他人的金钱为由判令被告承担责任。上诉法院准许被告修改诉答文书，并令重审。上诉法院的看法是，被告的律师一直合理相信，原告的权利请求是基于［衡平法］推定信托，而信托关系源于被告知道所受领之金钱的出处。法院显然认为，同样标准下的迪普洛克案式权利请求（无关知情），还是太过新鲜的经验，律师未预见，可以理解。但除了不许修改诉答文书这一点，上诉法院并未说丹克沃茨法官做错了。

是以必须确认如下立场：原告对［第一受领人］持有的案涉财产享有对物权，自该人处受领的受赠人，依第一个标准对原告承担返还责任。该受赠人不能主张善意购买抗辩，盖据假设，他并未给予价值。指向不当的返还事

---

[115] Goff and Jones, pp. 452-453.

[116] 参见前文边码246。

[117] G. L. Baker Ltd. v. Medway Building and Supplier Ltd. [1958] 1 W. L. R. 1216.

由是"不知"（ignorance），从原告的角度看，自第一受领人处受领正是"不知情"（without knowledge）而受领的例子，与通过盗窃或偶然发现而受领并无本质不同。*

四、有偿受领人的地位

在普通法上，给予价值不会影响动产上的所有权，哪怕给予行为诚实且不知情。假设我并无恶意而购得你的汽车，并将之出售，我并无恶意而给予价值这一点于我无甚助益。若我仅仅有偿取得衡平法上的权益（相对于普通法地产权），在衡平法上也是如此。但在普通法上，金钱上的所有权规则不同。一方面，金钱上的普通法产权很快变得不可强求（inexigible），盖普通法迅速放弃维持可辨识性的一切努力。另一方面，除开可辨识性争点，基于善意而给予价值之人取走金钱的，普通法产权丧失。在衡平法上，善意购买普通法地产权，付出了价值且不知情的，不管在金钱还是其他物上，不会负担衡平法上的权益。

倘若受赠人以两个返还标准承担责任的立场是正确的，对已给予价值的受领人来说也应该为真，除了刚才提到的情形，即给予价值时并不知情。依一般原则，"不知情（without notice）"指既不实际知情，也不推定知情，**或者改动 1925 年《财产法》第 199 条的用词，意指案涉事实不在当事人明知范围内，或者经过本应采取的合理调查，仍不会为当事人所明知。在纳尔逊诉拉霍尔特案中，[118]被告为遗嘱执行人兑现了支票，向遗产的银行账户支取。被告从遗产中取得金钱，用给予的价值交换。丹宁法官认为被告有责任返还受领的全部金额。并不是在实际知晓遗嘱执行人欺诈遗产的意义上说被告不诚实，但案情事实要求被告调查。本应更仔细地考察相关事宜。为何遗嘱执行人请被告兑现支票，而不是在工作时间请银行兑现？遗嘱执行人［对被告］

444

---

* 译按：这里的"盗窃"（secret stealing）"偶然发现"（chance finding），让人费解。

** 译按：实际通知（actual notice），指当事人知悉某一事实或情况，而该事实或情况会使得有理性的当事人去作进一步调查，或者当事人知道去了解某一特定事实的途径，这被认为是一种实际通知，也称默示通知。推定知道（constructive notice），指法律认定对某一事已给予足够关注，可以取代事实上的告知，即视同已经告知。例如，对于一个登记在案的产权契据，无论第二个买方事实上是否知悉，应推定为已被告知。《元照英美法词典》，第 27、305 页。

[118] Nelson v. Larholt［1948］1 K. B. 339.

的解释极为薄弱。被告主张自己是有偿的善意购买人。丹宁法官说，倘被告对盗用行为知情，善意并不足够；说到知情，知道或者本应该知道即足够。

这里需要以卡尔·蔡司基金会诉赫伯特·史密斯公司案的判决理由来解释。[119] 在该案中，被告是事务律师，客户从某笔基金中划出款项，支付律师费用。被告收到这笔钱的时候，知道原告对自己［被告］客户的一切财产主张权利。是以，被告受领这笔钱，付出了价值，且明知有人对案涉金钱主张对抗的权利请求（虽说案情复杂），而自己的客户正为之奋力抗争。上诉法院认为，明知存疑的权利请求还不足以判令被告偿还案涉金钱，哪怕该权利请求最终得到法院支持。是以，不同于纳尔逊诉拉霍尔特案，支付了对价的受领人［被告］并不实际知情。

这完全吻合丹宁法官在纳尔逊诉拉霍尔特案中的立场，但卡尔·蔡司基金会诉赫伯特·史密斯公司案判决中有这样的附带意见，认为就"受领价值"标准下的返还责任，在刚才阐述意义上的知情之外，还要证明更多。换言之，善意购买抗辩被排除的，并非一切案件都会涉及返还责任，只有那些额外添加了不诚实或道德恶行情节的案件，才涉及返还责任。[120] 不过，这些意见只适用于本节开始处提到的帮助责任。这些意见不适用于第三人（受领人）的责任，在已给予价值的情形，只需要能挫败善意购买抗辩的知情即可。是以，在最近的国际销售及代理公司诉马库斯案中，[121] 劳森法官认为，受领人若是居于受益人地位，并非仅仅以代理人身份或者起代理人的作用而居辅弼地位（ministerially），而处于受领人位置且具备受领人属性的普通理性人本应该知道相关的违反信任义务的事实，那么受领人有责任偿还受领的全部金额。是以，1925 年《财产法》第 199 条意义上的推定知情即足够。在该案中，马库斯借钱给控制着原告公司的自然人，在该借款人死亡后，马库斯收到还款。还款是由死者的朋友兼合作者安排的。这位朋友是原告公司董事，遂得利用公司的金钱以偿还该笔债务。虽说给予了价值（表现为清偿债务的形式），但马库斯对公司要负返还责任，且仅以对金钱来源的推定知情为要件。也就是说，只要求挫败善意购买抗辩的知情。

---

［119］　Carl Zeiss Stiftung v. Herbert Smith & Co（No. 2）［1969］2 Ch. 276.

［120］　Ibid. , 298, 301.

［121］　International Sales and Agencies Ltd. v. Marcus［1982］3 All E. R. 551; cf. Barnes v. Addy（1874）9 Ch. App. 244.

有可能，倘第三人（受领人）确实是以辅弼地位受领，而非以受益人地位受领，即不依第一个返还标准负责任，除非被告表现出较大恶性，从而要求适用卡尔·蔡司基金会诉赫伯特·史密斯公司案的附带意见。倘如此，正确解释大概是，被告居于受领人地位的责任为境况变更抗辩所阻却，类似于清偿了本人债务的代理人所得援引的抗辩。[122] 该责任既被阻却，只有辅弼责任仍起作用。也可能这样主张，要求居于辅弼地位的受领人有较大恶性，得以如下理由解释，即哪怕不提及帮助责任，境况变更抗辩的这个特殊表现形式也只适用于纯粹过失场合，而不适用于不诚实的被告。不过也有可能，居于辅弼地位的受领人与居于受益人地位的受领人，事实上不应区别对待，故其责任终究不是取决于恶行，而仅仅取决于足以挫败善意购买抗辩的推定知情。在雪兰莪联合橡胶园公司诉克拉多克案中，[123] 昂戈德-托马斯法官在对判例法极为细致的检讨中，倾向于这个严厉立场。

五、第三人是否真是第三人？

判例法并不总是保持同调，依这最后几页中判例的立场（将居于辅弼地位的受领人以及并非受领人的辅助人放在一边），第三人（受领人）依［全部］两个标准承担责任，且第三人承担责任不考虑是否知情。也就是说，即便无恶意的/无辜的受领人，不仅要为剩下的［利益］承担责任，还要为受领的［利益］承担责任。例外是，在被告试图主张善意购买抗辩的情形，知情诚然变得关乎紧要。倘若具体案情事实在其他方面都支持该抗辩，那么只有知情的受领人应承担责任。如此理解的一个理由是相信，在分析上，对"第三人"的如下描述并不恰当：第三人的位置与第三人由其处受领的那个直接受领人的位置，事实上无法区分。如果该描述是对的，第三人即必须承担同样的责任。

从事实观察的角度看，显然，"第三人"受领人得与直接受领人区分开来。我出于错误付给你 100 英镑，你又将这 100 英镑转移给某甲。一目了然，就该 100 英镑，你是第一个承担返还债务的，某甲事实上是自你处嗣后受领

446

---

[122] 参见前文边码 412—413。"代理受领"（ministerial receipt）意指"通过代理人"（by an agent）而受领，代理人这类受领人确信可主张境况变更抗辩，虽说是特殊化的（specialised）。

[123] Selangor United Rubber Estates Ltd. v. Cradock（No. 3）［1968］1 W. L. R. 1555.

之人。但在分析上，某甲的责任取决于我对该笔金钱享有对物权。由此可知，某甲的位置即是拦截了我对之享有权利的财产之人的位置，我并不知道财产转移到了他手里。不管是下面哪种情形，皆然：对物权在案涉法律事实发生前即存在并存续下来，此际，该对物权并非返还权利；也可能是由案涉法律事实而新产生对物权，此际，该对物权是返还权利。不管哪种情形，嗣后受领人的受领不能跟第一受领人的受领区分开来：皆是通过减损我而得利，两种情形的财产转移同样是非自愿的。

这在涉及动产的情形表现更为清楚。假设你从我这里拿走了一盎司鱼子酱并吃掉。现在不考虑乞援于侵权法的可能，你（直接受领人）是否必须返还的问题，得由非自愿财产转移路径来解决。这会遇到常规难题：案涉利益是实物利益而非金钱，你有权利主张（不同于市场观点），对你来说，这在价值上还不如好吃的鱼肉酱。这个得利争点上的论辩会将调查工作转向自由接受：你是否充分知道你在做什么？若你知道，那么你必须付款的结论，既得整体用自由接受的语言来表述，亦得同等地使用两套语言，就"不当"争点，以非自愿财产转移的语言表述，就得利争点，以自由接受的语言表述。[124] 现假设，你并未将我的鱼子酱吃掉，而是当礼物送给了朋友，朋友将之吃掉。在事实层面，该朋友是第三人。这无可争辩，但在分析上，针对该人产生的问题与针对你这个第一受领人产生的问题完全一样。这位朋友同样是通过减损我而有所受领，即我的鱼子酱。是以，仍要提出同样的问题，即基于案情事实，鱼子酱对他是否构成得利。倘是，受领得利的案情事实是否要求返还？（是否"不当"？）同样，答案取决于非自愿性质和自由接受。由是可知，对"第三人"责任的任何调查工作，在起点处都必须承认，第三人责任在性质和程度上十有八九和第一受领人的责任是同样的，唯有如下可能，即嗣后受领人时或得利用善意购买抗辩。倘得主张该抗辩，在受领的那个时刻，即消灭了我在物上的所有权。我的物上权利消灭，随之两个标准上的返还权利亦告消灭，盖显然，善意购买抗辩（支付了价值且不知情）的性质和目的是让合乎抗辩要件的受领人拿走得利，不受任何对抗权利请求影响。反过来，倘受领人并不合乎抗辩要件，即必须如同任何未经所有权人同意（*invito domino*）而占有或发现他人之物的人一样，依同样的标准和程度承担责任。是以在通

---

〔124〕 参见前文边码 267。

常案件中，一旦该抗辩被排除，并不存在必须证明受领人的过错知情或者"恶行"（improbity）的问题，哪怕涉及的是第一个返还标准下的责任。

同样的结论亦适用于标的物为金钱的情形。盖就动产得证明者，对金钱亦必定为真。盖在整个不当得利法中，在受领非金钱利益与受领金钱之间，唯一起作用的区别在于（假设所有其他事实不变），金钱无可辩驳地让人得利，而其他利益几乎总是在该争点上留下论辩的空间。对不当得利法的将来发展来说，几乎没有什么比下面这件事情更重要，即将来的案例应该揭橥并分析那些论辩，澄清在这些问题上的法律立场。

参考文献

著作

Atiayh, P. S. , *The Rise and Fall of Freedom of Contract* (Oxford, 1979).

Atiayh, P. S. , *Essays on Contract* (Oxford, 1986).

Burrows, A. S. , *Remedies for Torts and Breach of Contract* (London, 1987).

Chitty, J. , *Law of Contracts*, 25th ed. (London, 1983), esp. vol. i, chap, 29 (Beatson).

Dawson, J, P. and Palmer, G. E. , *Cases on Restitution*, 2nd ed. (Indianapolis, Kansas City, New York, 1969).

Finn, P. D. , *Fiduciary Obligation* (Sydney, 1977).

Finn, P. D. (ed.), *Essays in Equity* (Sydney, 1985).

Fridman, G. H. L. and McLeod, J. G. , *Restitution* (Toronto, 1982).

Goff, Lord, of Chievely and Jones, G. , *The Law of Restitution*, 3rd ed. (London, 1986).

Gurry, F. , *Breach of Confidence* (Oxford, 1984).

Jackson, R. M. , *The History of Quasi-Contract in English Law* (Cambridge, 1936).

Munkman, J. H. , *The Law of Quasi-Contracts* (London, 1950).

Klippert, G. B. , *Unjust Enrichment* (Toronto, 1983).

Keener, W. A. , *A Treatise on the Law of Quasi-Contracts* (New York, 1893).

Oakley, A. J. , *Constructive Trusts*, 2nd ed. (London, 1987).

Palmer, G. E. , *The Law of Restitution* (four vols. , Boston, 1978).

Shepherd, J. C. , *The Law of Fiduciaries* (Toronto, 1981).

Stoljar, S. J. , *The Law of Quasi-Contract* (Sydney, 1964).

Waters, D. W. M. , *The Constructive Trust* (London, 1962).

Winfield, Sir P. H. , *The Law of Quasi-Contracts* (London, 1952).

Woodward, F. C. , *The Law of Quasi-Contracts* (Boston, 1913).

Wright, of Durley, Lord, *Legal Essays and Addresses* (Cambridge, 1939).

Zweigert, K. and Kötz, H. , *An Introduction to Comparative Law* (tr. T. Weir), 2nd ed.

(Oxford, 1987).

论文

Atiyah, P. S. , "Contracts, Promise and the Law of Obligations", in *Essays* (above), 10.

Austin, R. P. , "Constructive Trusts", in *Essays*, ed. Finn (above), 196.

Ball, S. N. , "Work Carried out in Pursuance of Letters of Intent—Contract or Restitution", (1983) 99 *L. Q. R.* 572.

Barton, J. , "Contract and Quantum Meruit: The Antecedents of Cutter v. Powell", (1987) 8 *J. Leg. Hist.* 48.

Barton, J. , "The Enforcement of Hard Bargains", (1987) 103 *L. Q. R.* 118.

Beale, H. , "Inequality of Bargaining Power", (1986) 6 *Ox. J. L. S.* 123.

Beatson, J. , "The Nature of Waiver of Tort", (1979) 17 *Univ. of Ontario L. R.* 1.

Beatson, J. , "Duress as a Vitiating Factor in Contract", (1974) 33 *C. L. J.* 97.

Beatson, J. , "Discharge for Breach: The Position of Instalments, Deposits and Other Payments Due Before Completion", (1981) 98 *L. Q. R.* 389.

Beatson, J. (with Birks), "Unrequested Payment of Another's Debt", (1976) 92 *L. Q. R.* 188.

Beatson, J. , "Benefit, Reliance and the Structure of Unjust Enrichment", (1987) 40 *C. L. P.* 71.

Beatson, J. and Bishop, W. , "Mistaken Payments and the Law of Restitution", (1986) 36 *U. Torono L. J.* 149.

Burrows, A. S. , "Contract, Tort and Restitution — A Satisfactory Division or Not?", (1983) 99 *L. Q. R.* 217.

Burrows, A. S. , "Free Acceptance and the law of Restitution", (1988) 104 *L. Q. R.* 576.

Corbin, A. L. , "Waiver of Tort and Suit in Assumpsit", (1910) 19 *Yale L. J.* 221.

David, R. , "The Doctrine of Unjustified Enrichment", (1935) 5 *C. L. J.* 204.

Davies, J. D. , "Shamia v. Joory: A Forgotten Chapter in Quasi-Contract", (1959) 75 *L. Q. R.* 220.

Dawson, J. P. , "Negotiorum Gestio: The Altruistic Intermeddler", (1960) 74 *Havard L. R.* 817.

Dawson, J. P. , "The Self-Serving Intermeddler", (1974) *Harvard L. R.* 1409.

Dawson, J. P. , "Restitution or Damages?", (1959) 20 *Ohio State L. J.* 175.

Denning, Rt. Hon. Lord, "The Recovery of Money", (1949) 65 *L. Q. R.* 37.

Denning, Rt. Hon. Lord, "Quantum Meruit and the Statute of Frauds", (1925) 41 *L. Q. R.*

79.

Denning, Rt. Hon. Lord, "Quantum Meruit: The Case of Craven-Ellis v. Canons Ltd. ", (1939) 55 *L. Q. R.* 54.

Farnsworth, E. A. , "You Loss or My Gain? The Dilemma of the Disgorgement Principle in Breach of Contract", (1985) 94 *Yale L. J.* 1339.

Finn, P. D. , "Equitable Estoppel", in *Essays*, ed. Finn (above), 59.

Fridman, G. H. L. , "Waiver of Tort", (1955) 18 *M. L. R.* 1.

Fridman, D. , "Restitution of Benefits Obtained through the Appropriation of Property or the-Commisson of a Wrong", (1980) 18 *M. L. R.* 1.

Fuller, L. L. and Perdue, W. R. , "The Reliance Interest in Contract Damages", (1939) 46 *Yale L. J.* 52, 373.

Goode, R. M. , "The Right to Tract and its Impact on Commericial Transactions", 92 *L. Q. R.* 360 and 528.

Goode, R. M. , "Ownership and Obligation in Commercial Transactions", (1987) 103 *L. Q. R.* 433.

Grodecki, J. K. , "In pari delcto potior est conditio defendentis", (1955) 71 *L. Q. R.* 254.

Hardingham, I. J. , "Unconscionable Dealing", in *Essays*, ed. Finn (above), 1.

Harpum, C. , "The Stranger as Constructive Trustee", (1986) 102 *L. Q. R.* 114 (Part Ⅰ), 267 (Part Ⅱ).

Harpum, C. , "Liability for Intermeddling with Trusts", (1987) 50 *M. L. R.* 217.

Haycroft, A. M. and Waksman, D. M. , "Frustration and Restitution", (1984) *J. B. L.* 207.

Hedley, S. , "The Myth of Waiver of Tort", (1984) 100 *L. Q. R.* 653.

Hedley, S. , "Unjust Enrichment as the Basis of Restitution – An Overworked Concept", (1985) 5 *L. S.* 56.

Ibbetson, D. , "Sixteenth Century Contract Law: Slade's Case in Context", (1984) 4 *Ox. J. L. S.* 295.

Ibbetson, D. , "Implied Contracts and Restitution: History in the High Court of Australia", (1988) 8 *Ox. J. L. S.* 312.

Jones, G. H. , "The Recovery of Benefits Gained from a Breach of Contract", (1983) 99 *L. Q. R.* 443.

Jones, G. H. , "Restitutionary Claims for Services Rendered", (1977) 93 *L. Q. R.* 273.

Jones, G. H. , "Change of Circumstances in Quasi-Contract", (1957) 73 *L. Q. R.* 48.

Jones, G. H. , "Unjust Enrichment and the Fiduciary's Duty of Loyalty", (1968) 84 *L. Q. R.* 472.

Jones, G. H. , "Restitutionary of Benefits Obtained in Breach of Anoter's Confidence", (1970) 86 *L. Q. R.* 563.

Jones, G. H. , "Claims Arisig out of Anticipated Contracts which Do not Materialise", (1980) 18 *U. W. Ontario L. R.* 447.

Klippert, G. B. , "Restitutionary Claims for the Appropriation of Property", (1981) 26 *McGill L. J.* 506.

Lanham, D. J. , "Duress and Void Contracts", (1966) 29 *M. L. R.* 615.

Matthews, P. , "Proprietary Claims at Common Law for Mixed and Improved Goods", (1981) 34 *C. L. P.* 159.

McCamus, J. D. , "Restitutionary Recovery of Moneys Paid to a Public Authority under a Mistake of Law: Ignorantia Iuris in the Supreme Court of Canada", (1983) 17 *U. B. C. L. R.* 233.

McKendrick, E. , "The Battle of the Forms and the Law of Restitution", (1988) 8 *Ox. J. L. S.* 197.

McLeod, G. (with Birks), "The Implied Contract Theory of Quasi-Contract; Civilian Opinion Current in the Century before Blackstone", (1986) 6 *Ox. J. L. S.* 46.

Mather, H. , "Restitution as a Remedy for Breach of Contract: The Case of the Partially Performing Seller", (1982) 92 *Yale L. J.* 14.

Matthews, P. , "Freedom, Unrequested Improvements and Lord Denning", (1981) 40 *C, L. J.* 340.

Maudsley, R. H. , "Proprietary Remedies for the Recovery of Money", (1959) 75 *L. Q. R.* 234.

Merkin, R. M. , "Restitution by Withdrawal from Executory Illegal Contracts", (1981) 97 *L. Q. R.* 420.

Millett, P. J. , "The Quistclose Trust: Who Can Enforce it?", (1985) 101 *L. Q. R.* 269.

Needham, C. , "Mistaken Payments: A New Look at an Old Theme", (1978) *Univ. of British Columbia L. R.* 159.

Needham, C. , "Recovering the Profits of Bribery", (1979) 95 *L. Q. R.* 536.

Nicholas, B. , "Unjustified Enrichment in Civil Law and Louisiana Law", (1962) 36 *Tulane L. R.* 605; 37 *Tulane L. R.* 49.

Oakley, A. J. , "Has the Constructive Trust become a General Equitable Remedy?", (1973) 26 *C. L. P.* 17.

Palmer, G. E. , "The Contract price as a Limit on Restitution for Defendant's Breach", (1959) 20 *Ohio State L. J.* 264.

Pearce, R. , "A Tracing Paper", (1976) 40 *Conveyancer* 277.

Rose, F. D. , "The Effects of Repudiatory Breach of Contract", (1981) 34 *C. L. P.* 235.

Scott, M. , "Tracing at Common Law", (1965–66) 7 *Western Australia L. R.* 463.

Scott, A. W. , "Constructive Trusts", (1955) 71 *L. Q. R.* 43.

Seavey, W. A. , and Scott, A. W. , "Restitution", (1938) 54 *L. Q. R.* 29.

Sharpe, R. S. , and Waddams, S. M. , "Damages for Loss Opportunity to Bargain", (1982) *Ox. J. L. S.* 290.

Shepherd, J. C. , "Towards a Unified Concept of Fiduciary Relationships", (1981) 97 *L. Q. R.* 51.

Stoljar, S. J. , "The Doctrine of Failure of Consideration", (1959) 75 *L. Q. R.* 53.

Stoljar, S. J. , "The Transformations of Account", (1964) 80 *L. Q. R.* 203.

Stoljar. S. J. , "Re-Examining Sinclair v. Brougham", (1959) 22 *M. L. R.* 21.

Stoljar, S. J. , "The Great Case of Cutter v. Powell", (1956) 34 *Canadian B. R.* 228.

Stoljar, S. J. , "Unjust Enrichment and Unjust Sacrifice", (1987) 50 *M. L. R.* 603.

Thal, S. N. , "The Inequality of Bargaining Power Doctrine: The Problem of Defining Contractual Unfairness", (1988) 8 *Ox. J. L. S.* 17.

Waddams, S. M. , "Restitution for the Part Performer", *Studies in Contract Law*, eds. B, J. Reiter and J. Swan, (Toronto, 1980) 151.

Winder, W. H. D. , "Undue Influence and Coercion", (1940) 3 *M. L. R.* 97.

Winfield, P. H. , "The American Restatement of the Law of Restitution", (1938) 54 *L. Q. R.* 529.

Winfield, P. H. , "Quasi-Contract Arising from Compulsion", (1944) 60 *L. Q. R.* 341.

Winfield, P. H. , "Quasi-Contract for Work Done", (1947) 63 *L. Q. R.* 35.

Wright, of Durley, Lord, "Sinclair v. Brougham", (1936–38) 6 *C. L. J.* 305.

Wright, of Durley, Lord, "United Australia Ltd. v. Barclays Bank", (1946) 62 *L. Q. R.* 40.

索　引

（页码为原书页码，中译本边码）

acceptance　接受

free, 104, 114-116, 128, 230, 265-293, 324, 449-450, 465-466　自由接受

limited, 116, 127, 232, 238-241, 243, 251　有限接受

account　账目，报账，清算账目

modern sense of, 81-82　现代意义

writ of, see *Actions*　令状

acquiescence, *see also* acceptance, free 277-279, 466　默许，默认

actio personalis, 322-323　对人诉讼

actions　诉讼

account, 78　账目，报账

assumpsit, 35　简约之诉，简式合约，承诺

indebitatus assumpsit, 36, 448-449 债务人承诺偿还或履行，普通简约之诉

money had and received, 79-80, 111　返还金钱之利的诉讼，返还取得和收到的款项

money paid, 78, 111-112, 117 已付款项

quantum meruit, 78, 111, 227, 232, 238-242, 268-276, 324-326, 449, 467　合理金额，服务的合理价格，合理服务费请求权

quantum valebat, 78, 146, 156　依其所值，货物的合理价格

special *assumpsit*, 268-269　特别简约之诉

debt, 35, 79　金钱债务诉讼

for recovery of land, 15, 50　＊　收回土地的诉讼

on the case, 35　类案诉讼

agency, 199-203, 331, 412-413, 445　代理

alternative analysis, 44, 46, 65, 267, 314-315, 334, 418　替代分析

anticipation　预防

of unjust enrichment, 25　不当得利

＊　译按：这里的第 50 页似有误，另见边码 431。

of expenditure, 117-121　费用

anticipatory subtraction, *see* interceptive subtraction 预期减损，拦截减损

anti-enrichment wrong, 328-332, 334-335, 344-345, 471, 479　防止得利的不法行为

apportionment, 258　按比例分配

assignment, *see also* subrogation, 94-98, 311　转让

assumpsit, *see* actions 简约之诉

attornment, 134-135, 144　承认

Austin, John, Preface, 29, 43　约翰·奥斯汀，序言

bailment, 201, 430-432　寄托

bank, 382　银行

benefit, *see also* enrichment, 13, 109-114, 238, 249-256, 266-267, 323, 433　利益

bill of exchange, 198　汇票

blackmail, 25, 117-118　敲诈勒索

Blackstone, 34, 37 布莱克斯通

bona fide purchase, 439-442, 477-478　善意购买

breach　违反

　of contract, *see* contract　契约

　of duty, *see* wrongs　义务

bribes, 337-339, 389　贿赂

capacity, 211-218, 432-439, 459-460, 476　（行为）能力

change of position, 76-77, 410-415, 438-439, 445, 474　境况变更

claims　权利请求，权利主张

　personal (*in personam*), 49-50, 396-401　对人的

proprietary (*in rem*), 49-73, 377-396, 440　对物的

coercion, *see* compulsion　强迫

cohabitation, *see also* marriage, 57, 285　*　男女同居

commissions, 338-343　佣金

common law, *see* equity, and common law　普通法

company law, *see also* ultra vires, 74, 308-310　公司法

compensation, 10-11, 39, 316, 448　［填补性］赔偿

compulsion, *see also* wrongs　强迫

　by duress, 174-184　胁迫

---

* 译按：本条索引有误。

circumstantial, 203　情势强迫

legal, 185-188　法律

undue influence, actual, 184-185, 454-456　不当影响，真实不当影响

condictio, 31, 153, 227-228　返还之诉

condition, 225-226, 261　条件

confidence, 343-346, 473-474, 479　秘密信息

conflict of interest, 338-343, 473-474　利益冲突

consideration　对价

contractual, 219, 222-223　契约

failure, 219-264　无对价，对价无效

total failure, 242-249, 417-419, 464-465　对价完全无效

constructive trust, *see* trusts　［衡平法］推定信托

constructive trustee, *see also* third parties, 80-82, 238-246, 471-472, 477-479　推定受托人

contract, *see also* consideration; economic dress; frustration; illegality; *ultra vires*　契约

and free acceptance, 286-288 467　自由接受

and mistake, 159-164, 464　错误

and restitutionary rights, 44-48, 221, 242-245　返还权利

breach of, 234-241, 334-346, 418, 463-464　违反

entire, 230-234, 239, 260-264　完全，全部

contribution, 192-193　分担

conversion, *see also* wrongs, 138, 317, 320-321, 328-329　侵占/处分

counter-restitution, *see also* consideration, total failure of, 415-424, 475-476　逆返还

credit, 211-213, 215　信贷

creditors, 87, 308-310, 377, 395-396　债权人

damages, *see also* compensation; remoteness of gain, 11, 42, 170, 244-245, 316, 321-322, 334-335, 343-347, 471　赔偿金

danger, 193, 456　危险

debt, *see also* actions, 17, 35, 448-449　金钱债务诉讼

defamation, *see also* wrongs, 326-328　败坏名誉

dependent description, 44, 45　依赖描述

deposits, 224, 235-238　定金，存款

detinue, *see also* wrongs, 330　请求返还动产之诉

deviation, 239-241　绕航

diagrams, 26, 40-42, 43, 106-107　图表

directors, 137, 144-145, 160, 338-343, 382　董事

discharge of another's obligation, 186-192, 288-290, 389-393, 397-399　清偿他人债务

duress, *see* compulsion　胁迫

economic duress, *see also* compulsion, 182-184　经济胁迫

emergency, 193-202, 304-308, 456　紧急情况

enrichment, 7, 109-132, 167, 238-241, 250-256, 262-263, 449-451, 465　得利

equity　衡平法

　and *aequitas*, 80　衡平，良知

　and common law, 9, 32-33, 71-72, 81-82, 154-156, 163-164, 185, 277-279, 359-362, 420-
423　普通法

estoppel, 47, 290-293, 403-410, 465-466　禁反言，不容否认

event　法律事实

　causative events and legal response, 6, 9, 18, 26, 97　法律事实和法律后果

　miscellaneous events, 30-31, 48　杂项事实

executors, 81, 143, 443-445　遗嘱执行人

expectant heirs, 210-211　期待继承人，候补继承人

expectations, 47, 292-293　期待

expenditure, 117-121　花费，费用

expense, at the expense of, 23-24, 132-139　通过牺牲

exploitation　利用，剥削

　of wrongdoing, 326-327, 470-471　不法行为

　vulnerability to, 208-216　易受伤害的性质

express trust, see trusts　明示信托

fiduciaries, 82, 331, 338-343, 380-385, 471-473　受信任人

forfeiture, 67, 213-216　剥夺，丧失

forms of action, *see also* actions, 2-3　诉讼程式

fraud, 62, 66, 167, 168-170, 183, 422, 425　欺诈

frustration, 220, 230-234, 241, 244, 249-258, 419　履约受挫，目的实现受挫

funds, mixed, 83-85, 359-375　资金，混合

Gaius, 29, 31　盖尤斯

generic conception, 17, 42-44　属概念

gifts, 9, 153-156, 223-226, 441-443　赠与

identification, of surviving enrichment, 83-85, 358-375　辨识，幸存得利

ignorance, 140-146, 445-446　不知

illegality, 299-303, 402, 424-432　不法性

implied contract, *see also* quasi-contract, 4, 29-39, 263, 268-273　默示契约

improvements, 122-124, 125, 155, 277279, 290-292, 371-372　改良

incontrovertible benefit, *see* enrichment　无可辩驳的利益

indebitatus assumpsit, *see* actions　债务人承诺偿还或履行，普通简约之诉

induced mistakes, 167-173　诱致的错误

inequality, *see also* compulsion, circumstantial　不平等

　　personal, 216-218, 458-461　个人，对人的

　　relational, 204-208, 457-458　关系

　　transactional, 208-216　交易

influence, *see* undue influence　影响

inhibiting policies, 9, 148-149, 166, 173-174, 262, 264, 245, 335　抑制政策

insolvency, 86, 377-379, 395　破产

interceptive subtraction, 133-139, 142-146　拦截型减损

Justinian, 30, 31　优士丁尼

land, *see also* actions; anticipation　土地

　　improvements to, 277-279, 290-293　改良

　　trespass to, 322-326　非法侵入

law, *see* common law; lawful pressure; mistake; rule of law　法律

lawful pressure, *see also* compulsion　合法压力

　　lawful pressure *contra bonos mores*, 177-179, 184-185　违反善良风俗的合法压力

　　legal process, 185-186　法律传票，法律令状

liability, discharge of, *see* discharge of another's obligation　责任，义务

lien, *see* security interests　留置权，优先权

loans, 46, 437-438　借贷，贷款

marriage, *see also* cohabitation, 127-128, 210　婚姻

measure of recovery, *see also* remoteness of gain　返还标准

mental incapacity, 216, 432, 434-435, 458-460　智力不全，缺乏智力能力

minors, 216-218, 398-401, 432-439, 458, 476　未成年人

mispredictions, 147-148, 278-279　错误预测

misrepresentation, *see* induced mistake　虚假陈述

mistake, 9, 100, 146-173, 277-279, 377-379, 386, 452-454　错误

mixed funds, *see also* identifications, 83–85, 363–375　混合资金

money, *see also* mixed funds, 12, 84, 109, 167, 226, 235, 256, 263, 437, 441–446　金钱，款项

money had and received, *see* actions　（被告）取得和收到（原应付给原告）的款项

necessaries, 120–122, 433–436　必需品

necessitous intervention, *see* compulsion, moral　必要介入

negligence, 11, 329, 464　过失

negotiorum gestio, 31, 308, 456, 479　无因管理

nuisance, 329　妨害

obligations, *see also* claims *in personam*, 28, 49–50　债务

Occam's razor, 75, 91, 102　奥卡姆剃刀

officiousness, 102–103　多管闲事

payment over, *see* agency; change of position　偿付

penalties, 213–216　金钱处罚

personal claims, *see* claims *in personam*　对人权利请求

personal disadvantage, *see* inequality, personal　个人不利处境

personal representative, *see* executors; trusts, secret　遗产代理人

policy　政策

grounds for restitution, 294–312, 467–470　返还事由

　inhibitions, 9, 148–149, 166, 173–174, 245, 335　禁止令

powers, 91–93, 394　权力

pre-payment, *see also* deposits, 223–225, 234–138, 463　预付

presumptions, 9, 60–64　推定

prevention, *see also* deterrence, 25　防止，预防

profits, *see* non-subtractive profits; remoteness of gain　利润，利益

property, *see also* claims *in rem*, 49–73, 377–394　财产，所有权，不动产

prophylaxis, 332, 338–344　预防

proprietary claims, *see* claim *in rem*　对物权利请求

punishment, 9, 25, 40–43, 327　惩罚

purchaser for value, 439–445, 478–479　支付价值的买受人

qualification, *see also* consideration, failure of, 101, 219–264　限制条件

quantum meruit, *see* actions　合理金额，服务的合理价格

quantum valebat, *see* actions　依其所值，货物的合理价格

quasi-contract, 29-39, 273　准契约

reasonable remuneration, seeactions, *quantum meruit*; actions, *quantum valebat*　合理报酬

receivers of money, 78-81　金钱的受领人

remoteness of gain, 351-355　过远的收益

repentance, 299-303, 401　悔改

request, 111-114, 268-276　要求，请求

rescission, 65-67, 93, 170-173, 303, 421-423　撤销

rescue, 193, 304-308　救助

responses, *see* events, causative　法律后果

restitution　返还

and compensation, 11, 448　赔偿

defences to, 402-447, 474-479　抗辩

　definition of , 9-16　定义

differentiation from other categories of, 29-74　辨异

grounds for, *see* free acceptance; policy; qualification; viatiation; wrongs　返还事由

　measures of, 6, 75-97, 359　［返还］标准

unjust enrichment, relationship to, 16-22, 27-28　不当得利

restitutio in integrum, *see* counter-restituion　恢复原状

resulting trust, *see* trusts　归复信托

rights in *personam*, *see* claims *in personam*　对人权

rights *in rem*, *see* claims *in rem*　对物权

Roman Law, 29, 30, 32, 227　罗马法

rule of law, 299　法治

salary, 258, 464　薪水

sale of goods, 247-248, 259, 424　出售动产

salvage, 304-308, 456　海上救助

seal, 45, 272　印章

security interests, 88, 93, 212, 370, 375-377, 389-393　担保利益，担保物权

self-interest, 195, 204　利己

services, 110, 118-121, 250-256, 265-293　服务

social contract, 34, 36-37　社会契约

subjective devaluation, *see also* enrichment, 109-117, 167, 228-229, 266, 371-372, 411, 413, 449-451　主观贬值

subrogation, *see also* assignment, 93-98, 374-375, 389-393, 398　代位

subtraction, *see* interceptive subtraction; expnese　减损

summum ius summa iniuria, 310-312　最严格的权利, 最大的伤害

sureties, *see also* discharge of another's obligation, 189, 192-193, 198, 311　保证, 保证人

surviving enrichment, *see* enrichment　幸存得利

textbooks, role of, 1-6　教科书, 角色

third parties, 133-139, 439-447, 477-479　第三方当事人

tort, *see also* wrongs　侵权行为

　waiver of, 314-318　放弃

　wrongs, reaction to, 39, 470-471　不法行为

total failure of consideration, 242-249, 415-424, 463-465　对价完全无效

tracing, *see* identification　追踪

trespass, 322-326　不法侵犯

trusts, *see also* rights *in rem*　信托, 信托财产

　constructive, 55-57, 60, 63, 64-65, 88-93, 433, 477-479　［衡平法］推定的

　express, 54, 65, 135-136　明示

implied, 59, 135　默示

　resulting, 9, 60-64, 156, 428; automatic, 61; in origin, 60-61; in pattern, 60-61; presumed, 60, 62, 63, 156, 428　归复

　secret, 64-65, 135-136　秘密

ultra vires　越权

　companies, 308-310, 394-399, 432-437　公司

　public law, 296-299, 468-469　公法

undue influence　不当影响

　actual, 184-185　真实不当影响

　relational, 205-208, 454-455, 458　关系

unjust enrichment, *see also* generic conception, 16-22, 25-27, 40-44, 99-108　不当得利

　principle against, 22-25, 26-27　反对不当得利的原则

usurpation of office, 35, 134　篡夺职位

value, *see* enrichment　价值

vitiation, 100-103, 140-218　无效

void transaction, 13-16, 25, 159-163　无效交易

void consideration, 423-424　无效对价

voidable title, *see also* rescission, 93, 66-67, 303　可撤销产权

voluntariness, 99-101, 139, 219-220, 265-267, 318-320　自愿性

waiver of tort, *see* tort; wrongs　放弃侵权之诉

wills, 64, 143, 442-445　遗嘱

wrongs, 22-25, 39-44, 105-108, 130, 221, 313-357, 368-370, 470-474　不法行为